8.7.2016
DIEBURG
ANGELIKA

*

Helle Blätter – dunkle Blätter

Rudolf Nissen

Helle Blätter –
dunkle Blätter

Erinnerungen eines Chirurgen

Deutsche Verlags-Anstalt Stuttgart

2. Auflage 1973
© 1969 Deutsche Verlags-Anstalt GmbH., Stuttgart.
Schutzumschlag: Atelier Frick - Kirchhoff
unter Verwendung einer Photographie von Steffi Brandl-Olsen.
Gesetzt aus der Linotype Baskerville-Antiqua.
Satz und Druck: Druckerei Georg Appl, Wemding.
Bindearbeit: Deutsche Verlags-Anstalt GmbH.
Printed in Germany. ISBN 3 421 01499 X

Meinen beiden Lehrern der Chirurgie,
meinem Vater und Ferdinand Sauerbruch gewidmet

Vorwort

Mein Lebensweg ist wie der von Millionen anderer durch den Nationalsozialismus nachhaltig beeinflußt worden. Es war ein Glücksfall, daß ich in der Vorwegnahme der späteren Entwicklung, kurz nach dem Beginn der Herrschaft dieser Gescheiterten, meine Stellung und mein Heimatland verließ.
Zur Wilhelminischen Zeit aufgewachsen in einer schlesischen Kleinstadt, hatte ich das andere Glück: im Ersten Weltkrieg dem erzieherischen Einfluß eines überzeugt liberalen Kommandeurs ausgesetzt zu sein. So habe ich früh die Leere und Verschlagenheit der nationalistischen Phraseologie erkennen gelernt. Ein anderes Geschenk des Schicksals war die dreißigjährige berufliche und freundschaftliche Verbindung mit meinem Lehrer, Ferdinand Sauerbruch. Sein Bild wird in diesen Seiten immer wieder zu finden sein, wirklichkeitsnäher vielleicht als es bisher gezeichnet wurde. Wenn ich nach dem Verlassen von Berlin – meine Wanderung ging über Istanbul (1933–1939), nach Boston in den USA (1939–1941), nach New York (1941–1952) und schließlich nach Basel – überall mit Befriedigung arbeiten, lehren und lernen konnte, so ist das einem weiteren Glücksfall zu verdanken: der Tatsache, daß ich an allen Wirkungsstätten loyale und schaffensfreudige Mitarbeiter fand.
Dieses Buch ist auch dem Andenken meines Vaters gewidmet. Er ist – ein unvergleichlicher Arzt – das Opfer seines chirurgischen Berufes geworden. Seit er vor 40 Jahren verstarb, ist wohl kein Tag vergangen, an dem ich nicht des menschlichen und beruflichen Beispiels, das er gab, gedacht hätte.
Die Fährnisse, welche die geistige, moralische und wirtschaftliche Existenz des Vertriebenen und seiner Familie bedrohen, sind Legion. Meine beiden Kinder und ich waren in allen diesen Jahren umsorgt von einem Schutzengel, der uns in jedem Lande Heimatgefühl gegeben – von meiner Frau, der ich im Grunde alles Positive der Wanderjahre verdanke, das in diesem Buche verzeichnet ist.

Inhalt

Vorwort	7
Kindheit und Jugend	11
Der Krieg	27
Studium und Examen	41
Der Assistenzarzt und seine Lehrer	49
Das Wunder der Heilung	73
Lehrjahre bei Sauerbruch in München	79
Mit Sauerbruch nach Berlin	94
Abstecher nach Südamerika – In den Bergen	105
An der Charité in Berlin	114
Extraordinarius	124
Sauerbruch	143
Von Berlin zum Bosporus	181
Professor für Chirurgie in Istanbul	199
Zum ersten Mal in den USA	230
Das letzte Jahr in der Türkei	240
Schwerer Anfang in den USA	248
Glücklichere Jahre	264
Erfahrungen und Begegnungen in Amerika	276
Neue Kontakte mit Deutschland	295
Nach Basel	310
Medizinisches Studium und chirurgische Ausbildung	319
Der Kreis schließt sich	339
Wandlungen der Chirurgie	379

Kindheit und Jugend

Am 9. September 1896 wurde ich in Neisse in Schlesien geboren. Die starke Bindung an diesen Fleck Erde hat – so eigenartig es sein mag – durch die politischen Ereignisse der dreißiger und vierziger Jahre kaum eine Einbuße erfahren. Das Heimatgefühl, in der Regel auf den starken und nachhaltigen Eindrücken der Kindheit beruhend, hat wenig mit Vaterlandsliebe oder Nationalität zu tun. Allenfalls ist es die Sprache, die geographische und politische Beziehungen zum Staatswesen schafft. Es war ein verschlafenes Städtchen mit dem holprigen Pflaster jener sieben Jahrzehnte zurückliegenden Zeit, mit spärlich erleuchteten Straßen, Festungswällen, einem alten Jesuitenkloster, das das humanistische Gymnasium beherbergte. Das Schönste: die Hügel, die die Stadt einsäumten mit ihren laubbedeckten Reitwegen, der Fluß, die Kulissen der Berge, die, in leicht erreichbarer Nähe, den Grund legten für eine lebenslange Freude am Erleben der Natur.
Das früheste Erinnerungsbild, das ich bewahrt habe, ist ein breiter lichter Korridor, durch den, von weiß vermummten Gestalten begleitet, ein Kranker getragen wird. Die Farbe an den Wänden war frisch, der Bodenbelag glänzend. Ich muß zwei oder drei Jahre alt gewesen sein; der Schauplatz war die neue Klinik, die mein Vater sich eben erbaut hatte und in deren erstem Stockwerk wir wohnten. So hat sich mein ganzes bewußtes Leben in der Nähe von Kranken und unter der Ausstrahlung von Operationssälen zugetragen. Über unserem Eßzimmer lag der Operationssaal der Privatklinik. Ich habe noch heute den gedämpften Schall der Schritte im Ohr, das Rücken der Tische dort oben. So wie der hohe weiße Raum mit seinen großen Fenstern der Mittelpunkt der Arbeit dieses Hauses war, so war er für lange Zeit auch ein Konzentrationspunkt des Interesses der kleinen Stadt. Mein Vater war während der ersten zehn Jahre meines Lebens der einzige Chirurg in Neisse und der einzige Chirurg in einem Umkreis von hundert Kilometern. Von seiner Tätigkeit hörte ich wenig zu Hause, um so mehr aber von meinen Spielkameraden. Sie wußten fast immer, wer gestern oder heute operiert wurde, und wenn abends zu einer Notoperation der Saal hell erleuchtet war, dann schlug das strahlende Licht der Fenster jede andere Beleuchtung der kleinen Stadt, die von gemütlichen Petroleum- und Gaslaternen dürftig erhellt war.
Kein Wunder, daß die Gestalt meines Vaters in diesem Hause alles überragte. Kranke und Pflegepersonal waren ganz in seinem Bann. Sie verehrten und respektierten ihn. Der starke Eindruck, den er auf jeden machte, der ihn

in seiner Arbeit erlebte, war nicht auf ein besonders würdevolles Gehaben zurückzuführen. Er war jeder Pathetik abgeneigt, einfach und bescheiden in seinem Wesen und ließ keine Gelegenheit zum Lachen vorübergehen. Sein Sinn für Humor war eine der Ingredienzien, die Patienten und Mitarbeiter an ihm liebten. Ohne nervös zu sein, hatte er eine starke Abneigung gegen jedes laute Wesen, und es ist, glaube ich, eine der fatalsten Eigenschaften, die ich von ihm ererbte oder durch frühe Gewohnheit übernahm, daß ich unter lauten und geschwätzigen Personen in meiner Umgebung stets körperlich gelitten habe.

Das Idol meiner Knabenzeit war Karl. Er versah Burschendienste bei meinem Vater, als er zu einer militärischen Übung eingezogen war. So kam er in zwei Funktionen zu uns: als Kutscher und als Klinikwärter für „besondere Aufgaben". Ein Enaksohn von ungeheurer Körperkraft, wurde er in der Klinik zum Heben von Schwergewichtigen und zum Refrakturieren ungünstig verheilter Knochenbrüche benützt. (Mein Vater beschäftigte sich – wie damals wohl alle Chirurgen – auch mit Orthopädie.)

Barschheit, Gutmütigkeit und Anhänglichkeit hielten sich bei Karl die Waage. Er konnte stundenlang von seinen Kraftleistungen erzählen und fand in mir einen nimmermüden Zuhörer. Wenn ich bei seiner Mahlzeit zugegen sein durfte, beeindruckte mich besonders stark seine Art, sich vor dem Genuß auf Semmeln zu setzen, um sie krachend flach zu drücken. Als ich das am Abendtisch der Familie nachahmte und Karl als Quelle dieser Technik angab, äußerten beide Eltern Zweifel an der Zweckmäßigkeit meiner Freundschaft mit ihm. Leider war er dem Alkohol stark ergeben. Selbst die Autorität meines Vaters hat wenig Einfluß auf Karls Bier- und Schnapskonsum gehabt. Wenn mein Vater spätabends oder nachts zu einer Operation oder Konsultation über Land fahren mußte, wurde Karl erst auf seine Konduktionssicherheit geprüft. Er hatte im Arbeitszimmer meines Vaters zu erscheinen und durch Gehen am Teppichrand sein Gleichgewichtsgefühl zu beweisen. Glücklicherweise wurde ich oft ausgeschickt, ihn zu diesem Examen zu holen. Ich versuchte dann, wenn er mir unsicher erschien, durch Kaffee seinen Zustand zu ernüchtern und die Verzögerung seines Erscheinens auf mich zu nehmen.

Was keiner von uns fertiggebracht hatte, ihn doch vom Alkohol abzubringen, gelang später seiner Frau, einer kleinen, mageren Person, die bei uns Köchin war und deren hartem Gezänk gegenüber der gutmütige Bär hilflos war. Die Besuche bei Karl mußten aufhören, als ich – vielleicht sieben Jahre alt – meine auf einer Couch liegende Mutter mit einer Bürste striegelte, wie Karl es mit den Pferden tat, und sie mit Karls Worten: „Rum, du Aas, auf die andere Seite" zum Seitenwechsel aufforderte.

Der Erziehung seiner Generation entsprechend hatte mein Vater ein ausgesprochenes Gefühl für Disziplin. Sein Verhältnis zu den Kindern war patriarchalisch. Vielleicht war es auch die erzwungene Rücksicht auf die Entspannung dieses immer mit Arbeit überlasteten Mannes, die daran schuld war, daß wir Kinder im Zusammensein mit ihm nur sprachen, wenn wir gefragt wurden.
Trotz des scharfen Blickes, den heranwachsende Kinder für Schwächen und Fehler ihrer Eltern erwerben, habe ich niemals einen wirklichen Fehler an ihm entdecken können; die einzige Schwäche, die ich viel später kennenlernte, war sein Ehrgeiz, die geistige und berufliche Entwicklung seiner Kinder über die naturgegebene Reifung hinaus zu beschleunigen. Darunter habe ich gelitten. In fast jeder Schul- und Arbeitsgemeinschaft war ich der Jüngste und – was ich nachhaltig empfand – der Unreifste.
Wenn auch meine Schulleistungen gut waren, hatte ich den wesentlich älteren Mitschülern gegenüber doch ein Unterlegenheitsgefühl, das einmal eigentümlichen Ausdruck fand. Einer meiner Klassengenossen, der mit 22 Jahren auf die Versetzung nach Obersekunda („Befähigung zum einjährig-freiwilligen Dienst") recht lange wartete, war Vater eines unehelichen Kindes geworden. Meine, des Fünfzehnjährigen, Hochachtung für diese erwachsenmännliche Leistung war ungeheuer, und ich berichtete mit Bewunderung und Stolz ob der Klassengemeinschaft zu Hause davon. Eine eingehende Belehrung über das moralische und soziologische Problem des illegitimen Kindes schloß sich an.

Die Verbundenheit mit der „chirurgischen Atmosphäre" verstärkte sich im Laufe der Zeit. Meines Vaters medizinisches Studium fiel in die Großzeit bakteriologischer Entdeckungen. Begeistert wollte er sich der neuen Wissenschaft widmen; er wurde Assistent von K. Flügge und später von Robert Koch in Berlin. Die enge einseitig bakteriologische Krankheitsbetrachtung ließ ihn aber nicht recht glücklich werden. Seine erste experimentelle Arbeit, die er zusammen mit E. v. Behring veröffentlichte, behandelte die bakterienvernichtende Eigenschaft des Blutes. Damals, als im Überschwang der neuen Befunde Existenz von Mikroben und Krankheit gleichgesetzt wurden, zeugte eine solche Fragestellung von seltener, selbständiger Denkweise. Jahrzehnte später hat L. v. Krehl in seiner „Pathologischen Physiologie" auf den besonderen Wert der Arbeit hingewiesen. Zum wissenschaftlichen Unbehagen, das mein Vater im jungen Gebäude der Bakteriologie empfand, gesellten sich finanzielle Schwierigkeiten. Assistentenstellen an theoretischen und klinischen Universitätsinstituten waren in Deutschland vor dem Ersten Weltkrieg mit einem minimalen Gehalt honoriert. Man mußte aus eigenem oder väterlichem Vermögen leben. Die finanziellen Verhältnisse meines

Großvaters ließen das nicht zu. Der Übergang zur praktischen Medizin war naheliegend. Im Entschluß, Chirurg zu werden, mag meinen Vater eine auffällige manuelle Geschicklichkeit unterstützt haben. Maßgebend waren aber wohl die Beziehungen, die sich frühzeitig zwischen Bakteriologie und Chirurgie herausgebildet hatten. Er ging an die Berliner Klinik Ernst v. Bergmanns.

Als Kind lernte ich diesen Großen der Chirurgie kennen. Einmal – als Siebenjähriger – durfte ich ihm die Hand zum Gruß reichen, als mein Vater auf der Reise in ein Ostseebad seinen alten Chef besuchte.

Die heutige Generation weiß nur noch wenig von E. v. Bergmann, der drei Jahrzehnte hindurch die deutsche Chirurgie repräsentierte. Von seinen wissenschaftlichen Leistungen wird heute – 60 Jahre nach seinem Tod – nur wenig noch in der Medizingeschichte erwähnt. Die ersten schüchternen, systematischen Versuche der Hirnchirurgie in Deutschland sind von ihm unternommen worden. Als junger Chirurg trat er für die konservative Behandlung der Schußwunden ein und belegte ihren Wert mit eigenen kriegschirurgischen Erfahrungen (im Russisch-Türkischen Krieg). So richtig seine Schlußfolgerungen *damals* waren, ihre dogmatische Überspannung hat im Ersten Weltkrieg viel Schaden gebracht.

Ein großes Verdienst hat Bergmann sich um die Ausarbeitung technischer Möglichkeiten keimfreien Operierens erworben.

Bergmann, ein chirurgischer Lehrer von hinreißender Redegabe, war nicht im vollen Besitz dessen, was man wissenschaftlichen Instinkt nennt. Mehrfach hat er in der Beurteilung von Wert und Bedeutung neuer Entdeckungen geirrt; er war unter denen, die vor dem Forum der Deutschen Gesellschaft für Chirurgie mit der Verurteilung C. Schleichs einverstanden waren, als der junge Gelehrte, begeistert von seinen ersten Versuchen örtlicher Betäubung, eine rhetorische Übertreibung sich zuschulden kommen ließ.

Bei einer anderen Gelegenheit, die in die weiteste Öffentlichkeit reflektierte, hat Bergmann den entgegengesetzten Fehler gemacht. Es handelte sich um das eben von Koch gefundene Tuberkulin. Neben Lungentuberkulosen wurden die äußerer Betrachtung leicht zugänglichen Knochen- und Gelenktuberkulosen mit dem neuen Heilmittel behandelt. Nach kurzer Beobachtungsfrist und ungenügender Untersuchung wurden in einer denkwürdigen Sitzung der Berliner Medizinischen Gesellschaft von Bergmann die „glänzenden Behandlungsresultate" demonstriert. Ein Taumel der Begeisterung ging durch die Welt. Die Tuberkulösen strömten nach Berlin, um von dem Wundermittel geheilt zu werden. In der Umgebung der klinischen Lehranstalten wurden Dutzende von Impfstellen eingerichtet; auf dem Gelände des Charité-Krankenhauses errichtete man in aller Eile dürftige Holzbaracken (die übrigens 1933 noch standen und immer noch zur Hospitalisierung von Phthisikern benutzt wurden). Ärzte und Kranke waren so stark unter der Suggestion der Lobpreisungen Bergmanns, daß erst spät die katastrophale Verschlechterung des Leidens erkannt wurde, die eine fast regelmäßige Folge der Impfung war. Es war eine bittere Stunde für Bergmann, als er einige Monate nach der ersten überschwenglichen Berichterstattung der ärztlichen Öffentlichkeit die traurige Wirklichkeit mitteilen mußte. Er tat es mit jener Empfindungsstärke und außergewöhnlichen Dialektik, welche einen großen Teil der Wirkung seiner Persönlichkeit ausmachten. Seine literarischen Arbeiten zeigen eine in der medizinischen Publizistik seltene Schönheit und Klarheit der Sprache.

Die Erfahrung mit dem Tuberkulin hatte bei ihm, wie F. Munk betont, „eine nachhaltige Skepsis gegen alle therapeutischen Neuerungen hinterlassen". Sie erstreckte sich selbst auf die Entdeckungen E. v. Behrings (Diphtherieserum) und auf die Leistungen von Th. Gluck (Transplantation). Allgemein bekannt ist seine Bemerkung geworden: „Ich schließe die Diskussion bis zur Entdeckung des nächsten Syphiliserregers", mit der er als Vorsitzender der Medizinischen Gesellschaft die Diskussion nach dem Vortrag F. Schaudinns: „Über Spirochätenbefund bei Syphilis" an jenem historischen 17. Mai 1905 beschloß.

Nichts wäre törichter, als bei dem Manne, der Großes geschaffen, diese Urteilsirrtümer zu überwerten. Sie zeigen nur an, wie selbst die Großen unseres Faches gelegentlich ihrer Urteilskraft und Objektivität mehr zutrauen, als sie zu leisten imstande sind.

E. v. Bergmann ist besonders bekannt geworden als einer der behandelnden Ärzte des unglücklichen Kaisers Friedrich III. In der Tat hatte er die von K. Gerhardt festgestellte Wucherung am Stimmband des Kronprinzen als Krebs diagnostiziert, nachdem mehrfache Hitzezerstörung (Kauterisation) ohne Erfolg geblieben war. Bergmann empfahl die Ausschneidung des betroffenen Stimmbandes nach Kehlkopfspaltung. Der Operationstag war schon festgelegt, die Räumlichkeiten im Schloß für den Eingriff vorbereitet, als entweder auf Bismarcks oder der Kronprinzessin, einer Tochter der englischen Königin Victoria, Veranlassung der britische Laryngologe Sir Morell Mackenzie zur Konsultation gebeten wurde. Es ist bekannt, daß Sir Morells Einspruch die Operation verhinderte. Er schlug vor, die Entscheidung von dem Resultat einer *ohne* Kehlkopfschnitt vorgenommenen Gewebsentnahme abhängig zu machen. Damit war Bergmann selbstverständlich einverstanden. Dieser „endolaryngeale Probeschnitt", den Sir Morell ausführte, hatte, wie Gerhardt bei seiner nachträglichen Untersuchung festzustellen glaubte, das gesunde Stimmband getroffen. Sir Morell, von Gerhardt darauf aufmerksam gemacht, soll geantwortet haben: „It can be", eine sprachliche Unmöglichkeit. Rudolf Virchow untersuchte das entfernte Gewebe und konnte keinen Krebs finden. Die diagnostische Schlußfolgerung, daß eine Knorpelentzündung vorliege, war, wie sich später herausstellte, falsch. Aber – ist dieser Irrtum wirklich so verhängnisvoll gewesen, wie es dargestellt wird? Die Sterblichkeit bei einem so begrenzten Eingriff, wie die vorgesehene Kehlkopfspaltung, war damals recht erheblich und das Spätresultat jeder Form der Behandlung des Kehlkopfcarcinoms schlecht. Schon in der Beurteilung gerade dieser Phase der Erkrankung spielten nationale und politische Voreingenommenheiten eine Rolle: wie die „Zuziehung eines Ausländers" und die von Virchow, der durch seine „Linksabweichung" den Konservativen verdächtig war. Einen Hauch dieser Atmosphäre zeigt noch eine Arbeit des 87jährigen Ernst v. Küster aus dem Jahre 1926, in der er über einen endgültig geheilten Fall von operativ behandeltem Kehlkopfkrebs berichtet und daran die Bemerkung schließt: „Eine ähnliche Tragödie wie die des Kaisers Friedrich III. wird sich dann (d. h. wenn man wie Küster vorgeht) wenigstens in Deutschland nicht mehr abspielen können."

Man ist noch weiter gegangen und hat Mackenzie beschuldigt, daß er das Leiden wider besseres Wissen falsch interpretiert und behandelt habe. Einer solchen Annahme fehlt jede innere Logik und Wahrscheinlichkeit. Auf Friedrich III., der als liberaler Mann bekannt war, setzte England alle Hoffnungen für eine Verständigungspolitik; er war aus dem gleichen Grunde den konservativen Parteien in Deutschland unbequem; aber gerade ihre Zeitungen waren es, die am hemmungslosesten gegen Mackenzie polemisierten – gegen manches, wie sein Publizitätsbedürfnis, mit Recht, mit Unrecht aber gegen seine berufliche Befähigung. Als das Carcinom zur Verlegung der Luftwege führte, mußte in der Dringlichkeit der Situation der zum permanenten Ärztestab kommandierte erste Assistent Bergmanns, Fritz G. Bramann, den Luftröhrenschnitt vornehmen. Auch hier wurde eine absichtliche Fernhaltung Bergmanns vermutet, und von ihm stammt der Satz: „Es ist, seitdem es Könige und Operateure gibt, nicht geschehen, daß der nach dem Kaiser mächtigste Mann auf Erden von einem Sekundärarzt hat operiert werden müssen." In seinen offiziellen Äußerungen hat Bergmann bis zum Tode Friedrichs III. sich große Reserve auferlegt. Erst in dem von der Reichsregierung veranlaßten Bericht der behandelnden Ärzte finden die Ressentiments einen manchmal peinlichen Ausdruck, und fast fünfzig Jahre nach dem tragischen Tod des Kaisers erschien 1937, geschrieben von der Tochter Bergmanns, Freifrau von Brand, die Wiederholung törichter Chauvinismen, unter dem Titel: „Persönliche Erinnerungen an ihren Vater während der Krankheit Kaiser Friedrichs III.".

Wenig bekannt geworden ist ein dramatisches Nachspiel, das erst 1922 von Schleich publiziert wurde. Bergmann stellte in der klinischen Vorlesung einen Patienten mit einem histologisch durch Probeschnitt angeblich erwiesenen

Carcinom des Kehlkopfes vor. Die Sachlage sei die gleiche wie bei Friedrich III., der, wie Bergmann sagte, bedauerlicherweise „in unsachgemäße Hände" gefallen sei; und er fährt fort: „Wir werden jetzt die Operation ausführen, welche allein geeignet gewesen wäre, auch S. M., dem Kaiser, Thron und Leben zu erhalten." Nach Spaltung des Kehlkopfes stellte sich heraus, daß nicht, wie diagnostiziert, ein kleines Carcinom, sondern eine ausgedehnte wulstig-plastische Infiltration tuberkulöser Natur vorlag. Nach eineinhalbstündigem Versuch der Exstirpation wird die Operation abgebrochen. Zwei Stunden später ist der Patient tot.

Als Antwort auf die offizielle Darstellung der Krankheit Kaiser Friedrichs III., herausgegeben von seinen Ärzten, hatte Sir Morell seine eigene Version unter dem Titel „Frederic the Noble" publiziert. Das kleine Werk wurde von den englischen Chirurgen als so unkollegial empfunden, daß ihm der Vorstand des Royal College of Surgeons einen Verweis erteilte – eine Kritik, die fragwürdig in der Sache und Form war.

Bramann erhielt für die gewiß nicht große, aber, an der besonderen Situation gemessen, schwierige und schwerwiegende Operation auf Kaiser Wilhelms II. Wunsch den Lehrstuhl der Chirurgie in Halle, der durch R. v. Volkmanns Tod frei geworden war; einige Jahre später wurde Bramann nobilitiert. Mein Vater siedelte mit Bramann nach Halle über. Die Fakultät in Halle war über die kaiserliche Berufungseinmischung, die über ihren Kopf hinweg erfolgte, ungehalten und brachte ihren Unmut auch zum Ausdruck. Bei Betrachtung einer späteren Periode, während der in Deutschland bei akademischen Berufungen das Parteibuch, die Mitgliednummer und die Sicherheit, „daß der Betreffende jederzeit vorbehaltslos für den nationalsozialistischen Staat eintritt", nur zu oft entschieden, muß man ob der Aufregung lächeln, die damals eine Kompetenzüberschreitung Wilhelms II. auslöste. Bramann war ein hervorragender Operateur. Es war eine große und schwere Aufgabe für den 35jährigen, das hohe Ansehen, das der Lehrstuhl der Chirurgie in Halle durch seinen Vorgänger Volkmann gewonnen hatte, zu bewahren. Und es gelang ihm. Er starb als 59jähriger.

Den Beginn selbständiger chirurgischer Tätigkeit meines Vaters habe ich später in den Krankenbüchern der ersten Jahre studiert. Damals – im letzten Jahrzehnt des vorigen Jahrhunderts – war durch die neuen Errungenschaften (Narkose und pathologisch-anatomische Erkenntnisse) das potentielle Betätigungsfeld gewaltig erweitert worden. Die Vermeidung operativer Infektion erschien als Morgenröte unübersehbarer und ungekannter Erfolge am Horizont. Das Schicksalsmäßige war dem Operationsausgang genommen, und zum ersten Mal, seitdem es eine Chirurgie gab, war das Los des Kranken zum größten Teil von der Weisheit, Entschlußkraft und Handfertigkeit dessen abhängig, der auf dem Instrument neuer Kenntnisse und Methoden zu spielen verstand. Eine Teilung der Verantwortung, auch im technischen Sinne, gab es nicht, und das in einer Phase unseres Faches, die fast jeden Chirurgen zum Empiriker machte und von ihm verlangte, daß er aus eigener Initiative ein ungepflügtes Feld bearbeitet. Es ist begreiflich, daß er Optimismus und Rührigkeit besitzen und Autorität ausstrahlen mußte. Wer diese Eigenschaften hatte, dem flog das Vertrauen zu, und eine ausgleichende Gerechtigkeit gab ihm die Stellung in der Gesellschaft, die wir heute nur noch aus Erzählungen kennen.

Je mehr ich selbst in die Chirurgie eindrang, um so größer wurde meine Bewunderung für die große klinische Erfahrung und die diagnostischen Leistungen meines Vaters – seine Kenntnis internistischer Erkrankungen war so groß, daß sein Rat in komplizierten Fällen auch auf nicht-chirurgischem Gebiet eingeholt wurde. Die ersten Phasen der Geschichte der Blinddarmoperation, der Chirurgie der Gallenwege und des Magens finden ihren Niederschlag in dem Krankenbuch eines strebsamen und erfolgreichen Provinzchirurgen der Jahrhundertwende.

Mein Interesse an der Chirurgie wurde durch Erzählungen meist der Klinikpfleger und -schwestern früh geweckt. Die erste Gallenblasenentfernung, die mein Vater vornahm, habe ich schon bewußt miterlebt. Ich mag sieben oder acht Jahre alt gewesen sein. Das Operationspräparat könnte ich heute noch zeichnen. Einen tiefen Eindruck hat H. Kehrs Buch der Gallensteinchirurgie hinterlassen. Ich las – kaum zwölf Jahre alt – mit klopfendem Herzen die sehr ausführlich abgedruckten Krankengeschichten, an denen mir besonders der – stets fettgedruckte – Beruf und Herkunftsort des Patienten imponierte. Die weltumspannende Tätigkeit eines berühmten Operateurs hat meine kindliche Phantasie beflügelt. Aber, auch um mich herum sah ich täglich, wie groß Achtung, Verehrung und Neugierde waren, die vom Publikum dem Chirurgen entgegengebracht wurden. Im engen Kreis einer kleineren Stadt und ihres Hinterlandes kommt diese Popularität besonders stark zum Ausdruck. Ich war stolz auf meinen Vater und bin heute noch stolz darauf, daß die Bewunderung der Tätigkeit an seiner Bescheidenheit und Selbstkritik nichts änderte. Er ist nicht der Verführung erlegen, die gerade dem Alleinchirurgen einer Stadt droht, daß seine Erfolge Quelle von persönlicher Eitelkeit und einer Art von Unfehlbarkeitsgefühl werden. In der Großstadt sorgen Konkurrenz und kompetente Kritik dafür, daß die chirurgische Selbsteinschätzung sich in mäßigen Grenzen hält. In der Kleinstadt fehlt beides; es ist menschlich begreiflich, daß dann die Bewunderung der Laien zur Heroisierung der eigenen Leistungen führt.

Ein erheiterndes Beispiel dafür erlebte ich, als mir einmal der Chirurg eines Kleinstadtspitals in der Nähe von Berlin seine Abteilung zeigte. Es waren meist Kranke der kleinen und mittleren Bauchchirurgie; bei keinem versäumte mein Führer hinzuzusetzen: „Durch Operation gerettet" – jedesmal mit einem durchdringenden Blick auf den erschauernden Kranken.

Eine besondere Note erhielt damals das Leben des in der Provinz praktizierenden Chirurgen durch die geographisch große Ausdehnung seines Tätigkeitsbezirkes. Notoperationen, die er in der weit entfernten Wohnung von Verletzten oder akut Erkrankten oder in kleinen Spitälern vornehmen mußte, waren mit dem Zeitverlust und der Unbequemlichkeit einer Reise im Pferdewagen oder Schlitten verbunden. Aus den Erzählungen der alten Landärzte, besonders der Geburtshelfer, kennen wir diese Schwierigkeiten. Die Chirurgen in kleineren Städten waren ihnen nicht weniger ausgesetzt. Sie wurden Meister der Improvisation und der chirurgischen Arbeit unter primitiven Außenbedingungen. Ich habe später oft daran denken müssen, als ich den luxuriösen Operationssaal der Berliner Universitätsklinik mit dem der Istanbuler Klinik vertauschte.

Eines Tages – ich mag acht Jahre alt gewesen sein – wurde der Besuch von J. v. Mikulicz angekündigt. Mikulicz war der Inhaber des chirurgischen Lehrstuhles in der schlesischen Hauptstadt Breslau, einer der gesuchtesten Ärzte und Operateure des deutschen Ostens und – wohl neben Th. Kocher in Bern – der bedeutendste Chirurg seiner Zeit. Ich glaube nicht, daß jemals ein Mensch beim ersten Anblick so tiefen Eindruck auf mich machte wie dieser sprühende Mann mit den vornehmen Gesichtszügen, den klugen Augen. Das Bedauern, daß sein Leben – er starb mit 55 Jahren – nur in der subalternen, wenn auch liebevollen Darstellung seines Operationswärters geschildert ist, wird durch das kürzlich erschienene biographische Buch von Julius Neugebauer nicht ganz beseitigt. Die große Verehrung, die mein Vater für ihn hatte, traf ich auch bei Sauerbruch, der zwar nur kurze Zeit sein Assistent war, aber diesen zwei Jahren die Anregung zu seinen wesentlichsten wissenschaftlichen Themen verdankte.

Der Tod von Mikulicz, die Dramatik seines Sterbens an einem Leiden, um dessen Bekämpfung er sich zeitlebens besonders nachdrücklich bemühte, hat die schlesische Bevölkerung zu *einer* Gemeinde der Trauernden gemacht, und noch als ich zehn Jahre später als Student zum klinischen Studium nach Breslau kam, waren Mikulicz und seine Klinik unter Ärzten und Schwestern häufiges und bewundertes Erzählungsobjekt.

In den ersten Jahren der Schulzeit hatte ich die enttäuschende Erfahrung gemacht, daß die großen Sommerferien zu einem schnellen Vergessen des vorher erlernten Wissens führten. Ich muß acht oder zehn Jahre alt gewesen sein; meine Eltern waren für einige Wochen verreist, da kam mir plötzlich der Gedanke, daß es vielleicht meinem Vater ebenso ginge: daß er am Schluß der Ferien die Chirurgie vergessen haben könnte. Am nächsten Morgen ging ich zu dem Assistenten, der meinen Vater vertrat, setzte ihm meine Bedenken auseinander und bat ihn, an den ersten Tagen nach der Rückkehr ihm nur „leichte Operationen" aufs Programm zu setzen.

Ich weiß nicht, ob das Gymnasium meiner Heimatstadt, in dem ich neun Schuljahre zubrachte, zu den „berühmten" humanistischen Bildungsstätten gehört hat. Dazu ist meine philologische Kenntnis zu gering. Jedenfalls habe ich allen Grund, der Mehrzahl meiner Lehrer dankbar zu sein für die Fundamente klassischer Bildung, die sie vermittelt haben. Es war ein königlich-katholisches Gymnasium – der konfessionelle Zusatz eine staatliche Konzession an die weit überwiegende Majorität der Bevölkerung. Die beiden katholischen Religionslehrer sorgten indessen dafür, daß Unduldsamkeiten sich kaum ereigneten. Auch bei den Mitschülern, die sich schon frühzeitig zum Theologiestudium entschlossen hatten – zwei davon sah ich nach vielen Jahren in Berliner Pfarrstellen wieder –, fand ich eine erstaunliche Aufgeschlossenheit weltlichen Dingen gegenüber. Einmal im Monat trafen wir uns später in einer Berliner Gaststätte, und es hat wahrscheinlich manchen Besucher in Erstaunen versetzt, wie vergnügt die beiden Geistlichen mit dem Weltkind in ihrer Mitte waren. Einer von ihnen, Albert Heidrich, lebt noch; wir stehen in regem Briefaustausch.

Politisch wurde die kleine schlesische Stadt von der katholischen Zentrumspartei beherrscht, in den maßgebenden städtischen Ämtern direkt oder indirekt durch Altmitglieder von Studentenvereinigungen, die dem C. V. und K. V. angehörten. Die sozialdemokratische Bewegung war in ihren kleinsten Anfängen. Als ein örtlicher Parteitag abgehalten wurde, warnten die Lehrer uns Schüler davor, auf die Straße zu gehen. Sie nahmen, wahrscheinlich guten Glaubens, an, daß jeder gut bürgerlich Angezogene an diesem Tage seines Lebens nicht mehr sicher sei.

Die Schulzeit, nicht so kärglich bemessen wie heute, war mit wenig Emotionen belastet. Periodenweise wurde sie von mir als überlang dauernde Unterbrechung der Freizeit betrachtet. Die Prügelstrafe war auf dem Gymnasium theoretisch abgeschafft. Mancher temperamentvolle Lehrer konnte aber der Verführung körperlicher Züchtigung nicht widerstehen. Für etwaiges Ungemach entschädigten die freien Spätnachmittage und der Sonntag. Neisse hatte Festungswälle aus der friderizianischen Zeit, die Spiel und Spaziergänge mit dem Zauber der Romantik umgaben. Körperliche Betätigung, besonders ein höheres Maß von Sport, wurde von den meisten Lehrern als bedenkliches Hemmnis der geistigen Entwicklung betrachtet. Als ich an dem heimatlichen Tennisturnier teilnahm und auf diese Weise namentlich in der lokalen Zeitung erwähnt wurde, wies mich der Rektor auf die Unzweckmäßigkeit der „Kraftvergeudung" hin. Nur die Abhängigkeit der

Schule von meines Vaters Röntgenapparat – der Physiklehrer hatte den Besuch der Röntgenstation in sein Lehrprogramm eingeschlossen – verhinderte wohl eine schärfere Zurechtweisung.

Das soziale Leben der kleinen Stadt war nicht in dem Maße von preußischen Klassenvorurteilen beherrscht, wie es in den meisten anderen Provinzen des Königreiches der Fall war, wahrscheinlich deswegen, weil Schlesien bis zu den friderizianischen Kriegen zur österreichischen Monarchie gehört hatte. Nationalistische Demonstrationen blieben dem 27. Januar („Kaisers Geburtstag") und den Versammlungen des „Flottenvereins" vorbehalten. Eine von den meisten Schülern als besonders widerwärtig empfundene Entgleisung war die Ansprache des Geschichtslehrers zum Tode des britischen Königs Edward VII. Er wurde mit vulgären Worten als der Todfeind Deutschlands dargestellt.

Wenn man geistig und politisch in der Wilhelminischen Zeit herangereift ist, sucht man in der Rückerinnerung unwillkürlich nach Eigenarten, wie sie in politischen und soziologischen Betrachtungen der Weimarer Zeit und der Periode nach dem Zweiten Weltkrieg geschildert werden. Ich hatte indessen lange Zeit bei vergleichender Beurteilung den Eindruck, daß die Freiheit der Meinungsäußerung und Bewegung im autokratisch regierten Deutschland vor dem Ersten Weltkrieg uneingeschränkter vorhanden war als heute in den besten und ältesten Demokratien. Die wenigen Jahre, die ich in der Atmosphäre jener Vorkriegszeit erlebte, haben mich später an Talleyrands Ausspruch denken lassen: „Wer die Zeit vor der Französischen Revolution nicht erlebt hat, weiß nicht, wie schön das Leben sein kann." Erst Gerhard Ritters Werk „Staatskunst und Kriegshandwerk" hat diese Vorstellung korrigiert.

Die sentimentale Bindung an meine Heimatstadt hat mir gewisse Schwierigkeiten gebracht, als ich 1952 nach Europa zurückkehrte und in enger Nachbarschaft der deutschen Grenze – in Basel – zu lehren hatte. Schlesiervereinigungen suchten mich für die Bewegung der Heimatvertriebenen zu interessieren. Die Besitznahme des Landes jenseits der Oder-Neiße-Linie durch Polen ist das seit Jahrhunderten geläufige Ergebnis eines verlorenen Krieges, eine Genugtuung, zu der sich Polen deswegen berechtigt fühlt, weil es aus den Händen der Deutschen Furchtbares erlitten hat. Denen, die als aktive Nazis in der Hitlerzeit sich betätigt haben, fehlt meines Erachtens die Legitimation, in den Bemühungen um Verbesserung des Loses der Vertriebenen eine führende Rolle zu spielen, geschweige denn Wortführer von Restitutionsbemühungen zu sein.

Selbstverständlich bedauere ich es, daß die Heimatstadt für mich ihre Identität verloren hat. Sie lebt für ihre früheren Bürger nur noch in der Erinnerung. Der Irrsinn der „Verteidigung bis zum letzten Mann" und die Rückgratlosigkeit der Generalität, welche die niederträchtigen Befehle Hitlers zur Ausführung brachte, haben das alte Neisse in Ruinen verwandelt. Eigenartigerweise ist inmitten einer völlig zerstörten Gegend die Klinik meines Vaters unbeschädigt geblieben. Sie hat vorübergehend das Rote Kreuz beherbergt und dient heute als Museum.

Der Gemeinsamkeit der Jugendzeit mit Mitschülern und Mitbürgern hat mich manche Beziehungen zur Heimatstadt bewahren lassen. In einem allvierteljährlich erscheinenden Neisser-Heimatblatt wird ein gewisser Kontakt mit der früheren Zeit aufrechterhalten. Dabei spielen Personalnachrichten die Hauptrolle; es wird gern über diejenigen berichtet, die in der breiteren Öffentlichkeit bekannt geworden sind. Als Ende 1966 ein Buch „Forscher und Gelehrte" erschien, erhielt ich zahlreiche Zuschriften, die darauf hinwiesen, daß *zwei* Neisser (der Pharmakologe W. Schulemann – Bonn und ich) dort abgebildet seien. Der Frankfurter Zoo-Direktor Bernhard Grzimek ist ein oft zitiertes Neisser Kind. Emin Pascha (ein Arzt, der das Neisser Gymnasium besuchte und ursprünglich Eduard Schnitzler hieß) wurde eine historische Figur durch seine Teilnahme an dem Feldzug General Gordons im Sudan. Er war Gouverneur der Äquatorialprovinz des Sudans und wurde als 52jähriger von arabischen Sklavenhändlern im Kongo ermordet, als er bei den Kranken seines Expeditionscorps zurückblieb.
Der letztjährige Nobelpreisträger für Chemie, Konrad Bloch (Harvard University, Boston/USA) hat Kindheit und Schulzeit in Neisse zugebracht und wurde sehr nachdrücklich von Presseorganen für Neisse in Anspruch genommen – wobei man zu erwähnen vergaß, daß sowohl Emin Pascha wie Bloch wie ich wegen „nichtarischer" Abstammung für Stadt und Land bis vor kurzem „nicht tragbar" gewesen wären.
Unter den Emigranten habe ich den bedeutendsten nicht genannt: den Dichter Max Herrmann – Neisse. Die Gedichtsammlung, die er als Gymnasiast veröffentlichte, habe ich noch in meiner Bibliothek. Er war der Sohn eines Gastwirtes, dessen etwas versteckt liegende Wirtschaft ein beliebter Ort heimlicher, bierseliger Zusammenkünfte von Schülern der oberen Gymnasialklassen war. Max selbst – buckelig und eher häßlich – war der Stolz der wenigen, die sich in den Schuljahren mit der modernen Literatur, besonders der Lyrik des Expressionismus, eins fühlten. 1933 verließ er mit seiner Frau Deutschland. Beide waren keine Juden: Sie, die Tochter eines Neisser Kaufmannes, von fern verehrt von uns Jungen nicht weniger wegen ihrer Schönheit als wegen ihrer betont demonstrativen Zugehörigkeit zu Max Herrmann, schon Jahre vor der Heirat. Seine Auseinandersetzung mit der Heimatstadt ist immer ambivalent gewesen, ebenso wie die von Eichendorff, der seine letzten Lebensjahre in Neisse zugebracht hat und von „literarischer Wüste"

sprach. Ähnlich muß Herrmanns Urteil („grämliche Enge und Erdenschwere") gewesen sein. Trotzdem läßt ihn in den langen Jahren des Suchens die kleine Stadt nicht los, und er ist ja schließlich mit ihrem Namen in die Geschichte der modernen Literatur eingegangen – viel zuwenig bekannt gerade heute in einer Periode der Ebbe lyrischer Werke. Max Herrmann war ein Pazifist „der ersten Stunde", ein Mann, den auch die überschäumende Kriegsbegeisterung von 1914 nicht irremachen konnte. Sein autobiographischer Roman „Cajetan Schaltermann", der in den Kriegsjahren entstand, wurde von der Zensur verboten und erschien erst 1920. Im Jahre 1941 starb er in London – in und an der Fremde, die ihn seit Jahren umgab. Stefan Zweig hat für ihn die schönen Worte gefunden: „Immer wenn ich ihn sah, den kleinen verhutzelten Mann, hatte ich das Gefühl der Ehrfurcht und sogar des Stolzes, daß einer unter uns offen der Reine blieb und unbekümmert dem dichterischen Dienst hingegeben inmitten einer katastrophalen Welt."

Als in den letzten Gymnasialjahren die Frage der Berufswahl sich aufdrängte, begann ich meine Begabungen zu untersuchen, ganz besonders solche, die auf ererbte Fähigkeiten hinwiesen. Auf dem Gymnasium waren mir Mathematik, Deutsch und Geschichte die liebsten Fächer. Die mathematische Gabe geht wahrscheinlich auf den Großvater väterlicherseits zurück, der „kgl. Geometer" (beamteter Landmesser) war. Sie zeigte sich auch sehr ausgesprochen bei meinem Vater. Ein naturwissenschaftlicher Sinn konnte das Erbteil von Ferdinand Cohn, einem Onkel meiner Mutter, sein. Er wird in der „Encyclopaedia Britannica" als der „Begründer der wissenschaftlichen Bakteriologie" bezeichnet, war Ordinarius der Botanik an der Universität Breslau und ist auch als Förderer und Lehrer von Robert Koch bekannt geworden, der als Kreisarzt von Wollstein ihm jeweils seine mikroskopischen Präparate zur Beurteilung vorlegte.
In diese Überlegungen hinein platzte die Vorstellung einer künstlerischen Begabung. Ich fühlte mich zum Maler berufen. Mein Vater war weise genug, diese Neigung zum „brotlosen" Beruf nicht zu verdammen. Ich erhielt einen in der Maltechnik erfahrenen und geschickten Lehrer, der meine Fähigkeiten eher positiv beurteilte, so daß ich, nach bestandenem Maturitätsexamen, mich an der Breslauer Kunstschule als Student einschrieb, gleichzeitig aber auch – als Konzession an meinen Vater – in der medizinischen Fakultät. Die künstlerischen Aspirationen fanden ein schnelles Ende, als mein „Klassenlehrer", der Maler Fritz Erler, eines Tages erklärte, daß mein Ehrgeiz wesentlich größer sei als mein Talent. Er sagte mir eine enttäuschungsreiche Zukunft voraus und tat es in so herzlicher und ehrlicher Weise, daß mir kein Raum blieb, mich verkannt zu fühlen. Der Übergang zur Medizin erfolgte aber nicht mit viel positiven Empfindungen.

In späteren Jahren habe ich mir oft die Frage vorgelegt, ob und wie weitgehend antisemitische Tendenzen in der kleinen Stadt meiner Jugend fühlbar waren. Ich habe wenig oder nichts davon bemerkt und glaube auch, daß die Bevölkerung relativ frei davon gewesen ist, eine Erfahrung, die im vornazistischen Deutschland (im Gegensatz zu den USA) besonders für vorwiegend katholische Gegenden anscheinend ihre Geltung hatte. Bei der großen Garnison, die Neisse beherbergte (5000 Mann = ein Fünftel der Einwohnerzahl), wußte ich natürlich, daß Juden nicht Offiziere oder Reserveoffiziere werden konnten (eigenartigerweise galt diese antisemitische Regelung nicht für Sanitätsoffiziere). Da nicht-katholische Studentenverbindungen dort nur eine ganz geringe Rolle spielten, erfuhr ich auch erst auf der Universität von den rassenmäßigen Restriktionen einzelner farbentragender Verbindungen, unter denen der Verein deutscher Studenten, die Landsmannschaften und Burschenschaften, aber auch der C. V. in diesem Punkt besonders exzellierten; die „nichtarische Großmutter" fand sich zuerst in den Statuten dieser katholischen Verbindungen. Zum Teil handelte es sich um einen religiösen Antisemitismus, der in der weiteren Entwicklung kaum noch eine Rolle spielte. Man konnte bis zum Ersten Weltkrieg den Eindruck gewinnen, daß in Deutschland ein Assimilationsprozeß Erfolg haben werde: Bismarcks unartiges Wort von dem germanischen Hengst und der semitischen Stute, von deren Vermischung er sich für die hohe Beamtenschaft des Landes Gutes versprach, wurde viel kolportiert. Wilhelms II. tolerante Haltung war ein weiterer Grund, der vulgäre Äußerungsformen des Antisemitismus vor 1914 einschränkte. Wirtschaftsführer jüdischer Provenienz wurden in nicht geringer Zahl hoffähig – eine schöne Geste, die den letzten Kaiser allerdings nicht davon abhielt, das Wort „Judenjunge" in einem offenen Telegramm an den Minister J. v. Miquel zur Charakterisierung des in Ungnade gefallenen langjährigen Führers der Konservativen in Preußen, F. W. von Limburg-Stirum, zu gebrauchen (Graf Limburg-Stirum war der Sohn eines holländischen Aristokraten und einer Jüdin). Es war übrigens für die erdrückende Majorität der jüdischen Staatsbürger niemals fraglich, daß sie sich mit den nationalen Interessen weitgehend, manchmal in überspannter Weise identifizierten. Hans Zinsser, ein Deutsch-Amerikaner der zweiten Generation, drückte es so aus: „Englische Juden wurden Lords und Präsidenten des Obersten Gerichtshofes, französische Juden wurden Bankiers und Minister, deutsche Juden wurden Deutsche."

Glücklicherweise waren meine eigenen Vorstellungen vom studentischen Leben anders als die des Korporationsstudententums. Mit den Mitgliedern der meisten Verbindungen stimmte ich nur in dem sparsamen Gebrauch von Vorlesungen überein. Sonst waren Skifahren, Klettern, Tennis meine reichlich bemessenen Freizeitbeschäftigungen. Da ich bei den farbentragenden Studenten nur die äußeren Lächerlichkeiten sah, wie das unsinnige Saufen, die bunten Mützen und Bänder, den versnobten Ton, ihre gesellschaftliche Arroganz, wurde mir nicht so klar bewußt, daß die Sehnsucht nach korporativem Zusammenschluß den meisten jungen Männern eigen ist und daß in manchen Verbindungen die erzieherischen Aufgaben mit Ernst und Takt gelöst werden. Nie habe ich mich indessen – heute noch weniger wie früher – mit der Mensur befreunden können, und ich kann es mir noch heute nicht verzeihen, daß ich nach einer Säbelforderung nicht den Mut des „Kneifens" hatte. Ich bin durch das possenhafte Theater des Ehrengerichts gegangen; später wurden mein Kontrahent und ich Freunde. Wir haben viel über unseren törichten „Ehrenhandel" gelacht.

Ich habe kürzlich wieder mit einem mir nahestehenden Studenten, der Mitglied eines Corps ist, über die sogenannte Bestimmungsmensur gesprochen. Es sind auch heute noch dieselben substanzlosen Phrasen von früher, die er zur Motivierung anführte: den „inneren Schweinehund bekämpfen", „den Kopf hinhalten können" usw. – als ob es heute nicht wesentlich fruchtbarere Möglichkeiten der Betätigung physischen Mutes gäbe! Und die Zivilcourage, der Mut, aus einer Gesellschaftsklasse oder irgendeiner Korporation mit seiner anderen Auffassung herauszutreten – das ist die Tapferkeitsäußerung, die den meisten Deutschen so bitter fehlt. Der Anziehungskraft studentischer Verbindungen liegen natürlich noch sehr realistische Vorteile zugrunde; das sind Protektion und Beziehungen, welche die gleiche Vereinszugehörigkeit schafft. In der Tat waren in meiner Assistentenzeit viele Direktoren chirurgischer Universitätskliniken Altherren eines Corps; sie öffneten ihre Ausbildungsmöglichkeiten mit Vorliebe ihren jungen Corpsbrüdern. Sauerbruch war eine dezidierte Ausnahme. Seinen Neigungen zur Uniform hatte er wohl während seiner Schulzeit Genüge getan: Das Ärztekasino der Münchener Chirurgischen Klinik schmückte eine Photographie, die den jungen Sauerbruch als ein gewichtig uniformiertes Mitglied der Schülerkapelle des Gymnasiums darstellt. Jeder Nepotismus war Sauerbruch zuwider. Seiner unkonventionellen Entwicklung entsprechend, war er nicht Corpsstudent gewesen (ich glaube, er hatte einmal einem akademischen Turnverein angehört) und äußerte sich zu dem auf Vereinsaffären begrenzten Horizont mancher Corpsstudenten in herrlich satirischen Bemerkungen. So wurde einmal – in München – ein Student als Notfall in die Klinik aufgenommen, der von einer Griechenlandreise heimkehrend, an einer akuten intestinalen Infektion erkrankt war. Wir zeigten Sauerbruch den Patienten. Er fragte ihn: „Wo kommen Sie her?" Antwort: „Von Athen." „Was sind Sie?" Antwort: „Corpsstudent." Sauerbruch: „Hatten Sie dann einen Farbenabend auf der Akropolis?" Einige bitter-ironische Bemerkungen über den Einfluß der alten

Corpsstudenten auf die Besetzung medizinischer Ordinariate hat Friedrich v. Müller in seinen Lebenserinnerungen zu Papier gebracht. Er nennt sie die Herren mit dem Genetiv, weil sie im intimen Kreis, wenn einer der ihren genannt wird, seinem Namen im Genetiv den des Corps hinzufügen. Müller war damals Polikliniker in Breslau.

Der Krieg

Ein heute schwer begreifliches Phänomen war die überquellende Begeisterung beim Ausbruch des Ersten Weltkrieges. Sie schien uns allen damals selbstverständlich. Der Zweifrontenkrieg war seit Jahren Gesprächsthema von Stammtischen jeder Art, von Schülern und Studenten, und die Reihe glücklicher Feldzüge seit den Freiheitskriegen von 1813–1815 war ein weiterer Grund, die kommenden Feindseligkeiten als reinigendes „Stahlbad" zu betrachten. Ein Teil der wohlhabenden Bevölkerung hoffte wohl auch, daß neue steuerliche Belastungen nach errungenem Siege wegfallen würden. Als 1913 eine „Wehrabgabe" von 1 Milliarde erhoben wurde – für den einzelnen Steuerzahler gegenüber heute fast ein Nichts –, wurden ernste Bedenken laut, daß es auf diesem Wege nicht weitergehen könne.
Erwähnenswertes habe ich im Kriege erst in meiner Funktion als Feldunterarzt und Feldhilfsarzt erlebt. Im Jahre 1916 wurde der Bedarf an neuen Truppenärzten bei der Feldarmee immer drängender. Die Studenten der Medizin, die schon drei Semester hinter sich gebracht hatten, konnten vorzeitig ihr Physikum ablegen, um dann mit ärztlicher Tätigkeit betraut zu werden. Keiner von den vielen Hunderten, die unter dieser Voraussetzung zu einem Mixtum von Leutnant und Feldwebel befördert wurden, hatte klinische Erfahrung. Das Zutrauen der Truppe war zunächst wie leicht begreiflich gering. Wer es nicht für unter seiner Würde hielt, von den älteren Sanitätsunteroffizieren, die ihm unterstellt waren, zu lernen und wer primitive medizinische Literatur wie das damals beliebte Viermännerbuch studierte, konnte die gröbsten Fehler vermeiden. Trotzdem war die Gewissensbelastung enorm.
In Basel habe ich als Referent eines theologisch-medizinischen Symposiums über „Glaube und Heilung" die eigenartige Situation von damals darzustellen versucht. Es war genau 50 Jahre her, daß ich meine ärztliche Laufbahn unter so außergewöhnlichen Umständen begann (s. S. 73). Das Examen selbst trug wenig zur Erhöhung des Wissens bei; denn es war bekannt und auch in meinem Fall erwiesen, daß die Prüfer bei diesen, meist kriegserfahrenen Feldsoldaten durch schonende Fragen die Aufdeckung von Kenntnislücken vermieden.
So wurde ich Truppenarzt und – bar jeder klinischen Vorbildung – die oberste ärztliche Autorität einer mehrere hundert Mann umfassenden Artillerieabteilung. Die Möglichkeiten, aktiv zu handeln, und die Last des Verantwortungsgefühls standen in reziprokem Verhältnis zueinander. Dabei gab es besonders im Bewegungskrieg zahlreiche Verwundete, die nicht unverzüglich

in die chirurgischen Versorgungsstellen hinter der Front gebracht werden konnten. Die Unfähigkeit, akut lebensbedrohlichen Situationen gewachsen zu sein, die Schwierigkeit in der Auswahl derjenigen, die bei begrenzten Transportmöglichkeiten nach hinten geschafft werden sollten, dieses furchtbare Dilemma wirkt noch heute, nach über 50 Jahren, wie ein Alpdruck nach. Zur therapeutischen Untätigkeit verurteilt, aber trotzdem im Banne einer gewaltigen Verantwortung, suchte ich den verständlichen psychologischen Ausweg darin, unter angespannter Beobachtung auf Besserung aus des Körpers eigener Kraft zu hoffen. Ich glaube, daß es für einen angehenden Arzt keinen eindrucksvolleren Weg gibt, die Selbstheilungskräfte des Organismus kennen und bewundern zu lernen, an sie zu glauben.

An sich waren die ärztlichen Funktionen des Sanitätsoffiziers bei der Truppe gering; um so wichtiger wurden seine organisatorischen und moralischen Fähigkeiten. Man darf sich fragen, ob bei der kämpfenden Truppe Ärzte überhaupt notwendig sind; jedenfalls geht Verbinden, Schienen, Injizieren von Morphium und Tetanusantitoxin ebensogut ohne sie. Zur Schaffung hygienischer Verhältnisse im Stellungskrieg ist gleichfalls eine ärztliche Vorbildung unnötig. Vielleicht ist es die Rücksicht auf die Psychologie der Truppe, die in allen Heeren das Amt des Truppenarztes belassen hat – trotz der Erfahrungen des Ersten Weltkrieges, die *nicht* eindeutig im Sinne dieser Lösung sprachen.

Das Zusammenleben von Truppenoffizieren und Sanitätsoffizieren ging in der Regel reibungslos. Schwierigkeiten entstanden eher, wenn es sich um Berufsmilitärs handelte. In Deutschland haben die aktiven Militärärzte jahrzehntelang „gekämpft", um als Offiziere „anerkannt" zu werden. Schließlich wurden sie es, aber – in der Schätzung des Truppenoffiziers – im Sinne einer zweitklassigen Offizierskategorie. Diese Klassifizierung trübte das Verhältnis zwischen Truppenführung und Ärzten und gab Anlaß zu törichten und unnötigen Ressentiments auf beiden Seiten. Unter den Reservemilitärärzten befanden sich, dem Prozentsatz innerhalb der Ärzteschaft entsprechend, eine große Anzahl „nichtarischer" Ärzte. Sie haben als Truppenärzte ihre Pflicht erfüllt, ihre Opferbereitschaft mit dem Tode besiegelt. Das nationalsozialistische Regime hat diese Ärzte genauso um ihre Berufsrechte betrogen wie die anderen „Nichtarier".

Die chirurgische Versorgung des Feldheeres geschah in der Hauptsache durch mobile Sanitätsformationen. Hier herrschte eigentlich während des ganzen Krieges – ebenso wie anscheinend auch bei den übrigen kriegführenden Nationen – ein Mangel an qualifizierten Operateuren. Die zur Verfügung stehenden Chirurgen konnten nicht entfernt den Bedarf des Feldheeres decken; obendrein hatten die höheren Sanitätskommandostellen bei der vorbereitenden Einteilung (im Frieden) sehr störende Fehler begangen. Gynäkologen, Otolaryngologen waren als „Chirurgen" zu Feldlazaretten kommandiert. Bei näherer Untersuchung solcher Mißgriffe zeigte es sich meist, daß Rücksichten auf den militärischen Dienstgrad maßgebend gewesen waren. Es war eine militärisch verständliche Logik, daß ein Oberstabsarzt leistungsfähiger sein muß als ein Stabsarzt. Die Maschinerie der militärischen Hierarchie in Deutschland versagte oft, wenn es sich darum handelte, Änderungen zu improvisieren (so großartig sie im Organisieren war). Es dauerte darum lange, bis diese unzweckmäßige Ärzteverteilung revidiert wurde.

Als der Weltkrieg 1914 ausbrach, war die deutsche Chirurgie beherrscht von der Vorstellung, daß Schußwunden im allgemeinen als aseptisch zu gelten haben. Die Theorie ging auf die schon erwähnten Erfahrungen E. v. Bergmanns im Russisch-Türkischen Kriege zurück. Bergmanns Lehre wurde chirurgisches Dogma. So blieb es auch, als die Schußverletzungen ihren Charakter änderten, als die glatten Gewehrschüsse zurücktraten gegenüber den Explosionsverwundungen. In der kriegschirurgischen Literatur sind die Wandlungen der Anschauungen und ihre praktischen Konsequenzen zunächst nicht mit der notwendigen Schärfe klargestellt worden, sehr zum Nachteil der Verwundeten. Erst vom zweiten Kriegsjahr ab hatten sich die neuen Prinzipien der Wundversorgung durchgesetzt. Bei schweren Granatverletzungen wurde sofortige operative Versorgung, breite Spaltung, Ausschneidung zerfetzten und verbrannten Gewebes Gesetz.

Eine besonders dringliche Kategorie von Schußverletzungen waren die des Bauches. Als die Auffassung der möglichst unverzögerten Operation sich durchsetzte, haben einige Chirurgen Operationsmöglichkeiten in der vordersten oder zweiten Grabenlinie geschaffen, um die Zeit bis zur Wundversorgung abzukürzen. Einer von ihnen in unserem Frontabschnitt war der frühere Küttnersche Assistent D. Danielsen. Er wurde ein Opfer seines ungewöhnlichen Wagemutes.

Die Leistungen der Chirurgen bei den Feldformationen waren natürlich unterschiedlich; neben dem Grad der Ausbildung, Erfahrung und operativem Geschick spielten Arbeitswille und Fähigkeit zum behelfsmäßigen Praktizieren eine große Rolle. Die Anforderungen an die physische und psychische Widerstandskraft des Chirurgen waren zeitweise enorm. Viele der Älteren (40–50jährigen), die in selbständiger Friedenstätigkeit erprobt waren, mußten von den mobilen Formationen zurückgezogen werden. Es blieben in den letzten beiden Kriegsjahren bei der kämpfenden Truppe in der Hauptsache Jüngere, die – chirurgisch gesehen – mehr empfangen als geben konnten. Zum Teil betrachteten sie die chirurgische Tätigkeit als willkommene Gelegenheit zur spezialistischen Ausbildung. Diese „Kriegschirurgen" sind im Nachkriegsdeutschland noch lange Zeit ein Publikumsschreck gewesen. Ich denke heute mit Bitterkeit an manche Herren, die ich als Chirurgen von

Feldlazaretten und Sanitätskompanien wirken sah. Damals habe ich natürlich die Unbeholfenheit und Ziellosigkeit des operativen Vorgehens nicht recht begriffen. Der Wunsch nach chirurgischer Bewährung führte dazu, daß manchmal unnötig komplizierte und zeitraubende Eingriffe (Gefäßnaht!) vorgenommen wurden, während dringendere Verletzungen zurückgestellt wurden.

Man könnte glauben, daß dieser Ehrgeiz, dem ein Verständnis für übergeordnete Gesichtspunkte fehlte, nur bei den jungen Unerfahrenen anzutreffen war. Die „beratenden Chirurgen" sollten Unzulänglichkeiten ausgleichen. Sie, Universitätsprofessoren oder Chefärzte großer Krankenhausabteilungen, waren je einem Armeekorps beigegeben und zur Beratung der Operateure von Feldlazaretten und Sanitätskompanien bestimmt. Ein Teil von ihnen legte aber weniger Wert auf Beratung als auf Selbstoperieren. Da sie zumeist irgendein Spezialgebiet zur wissenschaftlich-kriegschirurgischen Bearbeitung erkoren hatten, beschäftigten sie sich vorzugsweise mit Verletzungen, die im Rahmen ihrer Sonderinteressen lagen. Nicht selten störten sie den Fortgang der täglichen Arbeit mehr als sie ihn förderten und hinterließen bei ihrem Fortgang den Eindruck, daß sie ihrer wichtigsten Aufgabe, unnötige Eingriffe zu verhindern und bei den notwendigen eine überlegte Reihenfolge durchzusetzen, keineswegs immer gerecht geworden sind. Später, als sich die Zwecklosigkeit herumreisender beratender Chirurgen erwiesen hatte, gab man ihnen immobile Speziallazarette, in denen sie Ausgezeichnetes leisteten.

Zu einer kritischen Beurteilung der operativen Behandlungsmethoden, die ich während des Weltkrieges sah, fehlte mir damals natürlich jede Reife. Als ich später kriegschirurgische Sammelwerke und Einzelarbeiten las, war ich erstaunt über die günstigen Ergebnisse der operativen Behandlung der Bauchschüsse, der Gasgangrän und Hirnschüsse, über die von den betreffenden Autoren berichtet wurde. Ich hatte nicht das Glück, Operateure zu sehen, die solche Erfolge aufzuweisen hatten. Psychologisch bemerkenswert war der Standpunkt in der Behandlung der Brustschüsse. Die Auffassung, daß man eine Verletzung der Brusteingeweide nur unter Druckdifferenz operieren dürfe, war unumstößliches Gesetz. Wer einen Überdruckapparat nicht besaß, rührte drum einen Brustschuß nicht an. Für die überwiegende Mehrzahl der Lungenverletzten war diese erzwungene chirurgische Abstinenz ein Glück. Bei anderen (mit stärkeren Blutungen) war aber eine Operation angebracht. Sie unterblieb in der Regel – beim Fehlen eines Druckdifferenzapparates – wegen des Schreckphantoms der gefährlichen Folgen eines weitoffenen Pneumothorax. Heute wissen wir, daß der Überdruckapparat *in der Not* entbehrt werden kann; (ich habe unter dem Zwang äußerer Mängel in meiner Istanbuler Klinik über 100 größere intrathorakale Operationen – darunter solche, die bis zu zwei Stunden dauerten – ohne Druckdifferenz durchgeführt; weder während des Eingriffes noch nachher zeigten sich Störungen, die auf das Fehlen der künstlichen Lungenblähung zurückgeführt werden mußten). Trotzdem wurden immer wieder für Kriegszwecke „behelfsmäßige" Überdruckapparate konstruiert.

Neben den schweren Gesichtsverstümmelungen haben mich während der Kriegsjahre die vielen Amputierten besonders stark beeindruckt. Unter allen Bemühungen, das Schicksal der Amputierten zu bessern, stand meines Erachtens die Sauerbruchsche Methode obenan; durch eine plastische Operation werden die am Armstumpf verbleibenden Muskeln so hergerichtet, daß ihre Kraft auf eine Prothese übertragen und zum aktiven Öffnen und Schließen der künstlichen Hand benützt werden kann. Für Doppelarmamputierte bedeutet sie auch heute noch die beste Lösung, und ich habe niemals begreifen können, daß viele Chirurgen und Orthopäden sie grundsätzlich ablehnten. Die Mißerfolge waren meist durch unsachgemäße Ausführung der nicht ganz einfachen Operation bedingt.

Die furchtbarste Kriegsperiode war die der Hoffnungslosigkeit, welche nach der mißglückten Frühjahrsoffensive des Jahres 1918 begann. Es wirft ein bezeichnendes Licht auf die Disziplin des deutschen Heeres, daß es sich noch sieben Monate immer wieder dem Feinde stellte, obwohl kaum einer der Frontsoldaten daran zweifeln konnte, daß dieser Krieg verloren war. Es bedurfte keiner feindlichen Propaganda, um den Truppen ein wahres Bild von der inneren und äußeren Situation Deutschlands zu geben. Briefe aus der Heimat, der erschreckende physische Zustand der neuankommenden Ersatztruppen, die ständige Verschlechterung von Nahrung und Kleidung im Feldheer selbst wirkten überzeugend genug. Es gehörte schon eine überdimensionale Unverfrorenheit dazu, daß die Generäle in ihrem Hinweis auf den „Siegfrieden" fortfuhren und dann später, als die kopflose Heeresleitung einen überstürzten Waffenstillstand herbeiführte, vom „Dolchstoß" sprachen, den die kämpfende Truppe von der versagenden Heimat empfangen habe. Man muß in die Napoleonische Kriegsgeschichte zurückgehen, um das Maß von Geduld, Schicksalsergebenheit und Opferbereitschaft wiederzufinden, das von den deutschen Divisionen in diesen letzten Monaten jeden Tag neu bewiesen wurde. Die Unaufrichtigkeit und Verantwortungslosigkeit der höheren Führung, wie sie im Jahre 1918 zum Ausdruck kamen, dürfte in der Geschichte ohne Beispiel dastehen.

Der schwache Ansatz einer Revolution, die dem Waffenstillstand folgte, ist mehr eine Zeitbestimmung als ein geschichtliches Ereignis. Wenn man von einem Dolchstoß sprechen kann, dann hier – als die Umwälzung der Dinge, für die die heimkehrenden Soldaten bereit waren, von einigen Gewerkschaftsfunktionären verhindert wurde. Sie saßen, geistig und seelisch subaltern, in ihren Ministersesseln und sahen ihre wichtigste Aufgabe darin, revolutionäre Schlagworte so umzudeuten, daß die Generäle mit ihnen zufrieden waren. Der Grad ihrer Phantasielosigkeit war erschreckend. Die akademische Jugend, die aus dem Krieg mit einer tiefen Sehnsucht nach sozialer und geistiger Demokratie zurückgekehrt war, sah sich enttäuscht. Die Militärs witterten wieder Morgenluft. Sie benützten die Leimrute des „gemeinsamen Fronterlebnisses", um die Jugend in Hunderten von militanten Verbindungen zu sammeln und sie für eine neue politische Umwälzung nach „innen und außen" vorzubereiten. Aus dem trüben Wirkungskreis dieser reaktionären Drahtzieher ist auch Hitler emporgestiegen.

Wie die anderen meines Alters bin ich im Kriege viel herumgeworfen worden; nach der Einnahme von Lemberg kamen wir nach dem Westen, wo wir außer Verdun eigentlich jeden Teil dieses Kriegsschauplatzes sahen, lange Zeit an der Somme, am Hartmannsweilerkopf, in Flandern und Artois, Vimyhöhen, Souchez, an der Ancre, bis im Spätsommer 1916 ein guter Stern uns nach Arad in Ungarn brachte – zur Versammlung für den rumänischen Feldzug, der wahrscheinlich der einzige war, der noch etwas vom „frischfröhlichen" Krieg des vorigen Jahrhunderts hatte. Am 7. Dezember 1916 marschierten wir in Bukarest ein, wo ich zum ersten Male in meinem Leben Frauen so erlebte, wie sie in den Abenteuern von Landsknechten geschildert werden. Es war angeblich eine bewährte Vorsichtsmaßnahme fürs Übernachten in Bukarester Hotels, ein Paar Damenschuhe zu erwerben, um sie nachts vor die Zimmertür zu stellen. Dann konnte man hoffen, daß der Schlaf nicht von vagabundierenden Damen gestört würde.

Nachdem ein Kommando als Adjutant des Divisionsarztes zu Ende war, wurde ich am zweiten Tage nach der Rückkehr zur Truppe verschüttet. Nach vier Stunden waren wir herausgeschaufelt, aber nur zwei von sechs zeigten Lebenszeichen. Bei der Untersuchung im Lazarett stellte sich heraus, daß ich weder innere noch äußere Verletzungen – außer einer Schulterquetschung – hatte. Nach zwei Wochen war ich wieder dienstfähig und kam direkt in die große Flandernschlacht, dann folgte ein neues Kommando zu einer Fliegerstaffel und schließlich das Inferno des Jahres 1918, aus dem mich Anfang Oktober eine Lungenverletzung befreite. Die sogenannte Revolution erlebte ich im Lazarett Köln.

Wenn ich an diese vier Jahre zurückdenke, die mich wahrscheinlich mehr geformt haben als die folgenden fünfzehn, so ist mir heute noch die Gedankenlosigkeit unbegreiflich, mit der ich das Treiben erlebt habe, bis zu dem Augenblick, da bei einem Angriff an der Somme drei meiner besten Freunde fielen. Es muß sich irgend etwas an Protest unbewußt vorbereitet haben; denn – entsprechend der jugendlichen Reaktionsstärke – kam mir der Widersinn dieses Schlachtens so ununterdrückbar zum Bewußtsein, daß ich von einem zum anderen Tage den vergnügten und unproblematischen Kontakt mit meiner Umgebung verlor und alles Militärische zu kritisieren begann. In diese Phase kam durch Zufall ein neuer Kommandeur, der ein Pazifist realistischer Prägung war. Für die heutigen totalitären Begriffe ist es unverständlich, daß die Äußerung dieser unkonventionellen Gedanken für ihn anscheinend nicht die geringsten Nachteile nach sich zog, und es hat ihm wohl wenig ausgemacht, daß er sich außerhalb des Kreises seiner Berufsgenossen (er war aktiver Offizier) stellte. Um so mehr aber wurde diese nichtkonformistische Gesinnung von seiner Familie als belastend empfunden, wie ich bei seinem Tod feststellte. Der Krieg bekam plötzlich ein anderes Gesicht; gewiß, keiner hätte daran gedacht, die Kameraden im Stich zu lassen, die an das gleiche Schicksal gebunden waren, aber darüber hinaus existierte nichts, was zu diesen Schlagworten von Vaterland, Königstreue und Sieg irgendeine Beziehung hatte. Ich begann, in einem an Intensität ständig wachsenden Zustand moralischer und intellektueller Unabhängigkeit zu leben. Es ist, ex post betrachtet, nur bedauerlich, daß wir – unserer mehr reflektierenden Erziehung entsprechend – den Übergang zu einer tätlichen Gegnerschaft nicht fanden; sie fiel fast ohne Gegenwehr denen in die Hände, für welche die tägliche Misere über das Erträgliche hinausging, und denen, die eine Revolution mit kleinen Zielen machten und sie dann bald in subalternem Denken ersticken ließen. Alle, die durch dieselbe geistige Entwicklung wie ich gegangen waren, hatten den großen Augenblick befreiender Möglichkeit zu handeln tatenlos an sich vorbeigehen lassen und damit eine historische Schuld auf sich genommen, die erst viele Jahre später – als Nationalismus und Faschismus Deutschland vergifteten – von den gleichen Subalternen heimgezahlt wurde.

Das Kriegsende sah mich als Patienten in einem Kölner Reservelazarett. Ende September war ich in der Nähe von Le Cateau verwundet worden. Der rechtsseitige Bluterguß in der Brusthöhle machte mehr durch die Art der Behandlung als durch seine Existenz Schmerzen. Der Chirurg hielt es für richtig, alle zwei Tage das Blut abzusaugen – mit dem Ergebnis, daß der Erguß sich immer wieder schnell ersetzte. Die Punktion – mit einem dicken Rohr (Trokar) durchgeführt – war eine schmerzhafte Prozedur, die jeweils von Temperatursteigerungen gefolgt war. Ich kam völlig herunter, verlor jeden Appetit – bis diese sinnlose Therapie das Mitleid der Stationsschwester erregte. Sie brachte mich, sobald die Stunde der ärztlichen Visite nahte, ins Badezimmer und erfand immer neue Ausreden, um meine Abwesenheit vom Krankenraum zu motivieren. Nachdem ich so zehn Tage dem Zugriff des Chirurgen entzogen war, fiel die Temperatur, der Erguß resorbierte sich. Eines Nachts fuhr man mich ins Röntgenzimmer, und dort wurde – im Komplott mit der Ordensschwester, die die Röntgenabteilung versorgte – eine Aufnahme gemacht, die kaum noch Flüssigkeit in der Brusthöhle erkennen ließ. Am nächsten Morgen wurde ich wieder bei der Visite vorgezeigt. Der Chirurg war begeistert von dem Endresultat seiner vielen Punktionen und verfehlte nicht, seinen Stab von Assistenten auf die Weisheit seiner Behandlungsgrundsätze bei Brustverletzungen aufmerksam zu machen. Nach zwei Tagen konnte ich das Bett verlassen.

Inzwischen war Peter, mein Bursche, aus eigener Machtvollkommenheit zu mir gestoßen. Alle Bande preußischer Disziplin waren anscheinend zerrissen. Keiner fragte Peter, wer ihn nach Köln geschickt hatte; um so aktiver wurde er im lokalen Arbeiter- und Soldatenrat, der schon seit längerer Zeit im geheimen gebildet war.

Die Stimmung unter den Patienten in der Militärabteilung des Krankenhauses war tief depressiv. Die Katastrophe, deren Kommen seit dem 8. August 1918 selbst unheilbare Optimisten sahen, stand vor der Tür. An den Gedanken der Niederlage hatte man sich gewöhnt. Unvoraussehbar und darum beängstigend war der politische und soziale Umsturz, dessen Anfänge sich abzeichneten. Das Beispiel der russischen Revolution war in aller Gedanken. Während beim Feldheere in den letzten Monaten Soldaten und subalterne Offiziere sich in besserer Kameradschaft zusammengefunden hatten als je zuvor im Kriege und sich in gemeinsamer Kritik gegen die phrasendreschende und verlogene höhere Führung trafen, war erschreckend der Haß gegen jede Kategorie von Offizieren, den wir in der Heimat antrafen.

Selbst wenn blutige Auseinandersetzungen ausblieben, mußte ein Umsturz des Klassensystems, in dem wir groß geworden waren, erwartet werden. Das Gefühl, daß die Basis der bürgerlichen Existenz in Frage gestellt wurde, war vorherrschend; Andeutungen einer aktiven Reaktion fehlten. Als am 9. November junge uniformierte Burschen (frisch ausgehobene Soldaten der Garnison) in unsere Zimmer eindrangen und die Schränke durchsuchten, um von Uniformröcken und -mänteln die Achselstücke abzuschneiden, erhob sich kein Widerstand. Die Nachricht von der Kapitulation des Heeres und der Flucht des Kaisers nach Holland bedeuteten kaum noch eine Überraschung. Am Abend versammelten sich einige Offiziere im Zimmer meines Nachbarn, eines Oberstleutnants. Die Diskussion ging um die Handlungsweise von Wilhelm II. Man hatte mehr Mitleid für ihn als Verurteilung. Im Juli 1918 hatte ich ihn zum ersten und einzigen Male gesehen, in der Nähe von Arras auf dem vorgeschobenen Feldquartier eines Korpskommandos. Keiner der höheren Führer, die dort versammelt waren, kümmerte sich um ihn. Er stand verloren abseits und ließ sich anscheinend von einem jungen Oberleutnant die Kampflage erklären. Die Behandlung als quantité négligeable, die er dort erfuhr, zeigt, daß vom „Obersten Kriegsherrn" nichts mehr übriggeblieben war. Hindenburg und E. Ludendorff hatten durch Entfernung aller widerstrebenden Elemente in der zivilen und militärischen Umgebung des Kaisers eine so hieb- und stichfeste Diktatur errichtet, daß sie dem Kaiser nicht einmal mehr das Privilegium höflicher Behandlung zuteil werden ließen. Im übrigen war mein Gefühl damals berechtigt; zahlreiche Memoiren der Nachkriegszeit haben gezeigt, daß bei vielen schicksalsschweren Gelegenheiten (wie Krügerdepesche, Tangerlandung, Bosnien–Herzegowina) Wilhelm vernünftiger urteilte als seine Berater, die ihn dann oft gegen seine bessere Einsicht zu politischen Dummheiten und Extravaganzen verleiteten. Ich glaube, daß auch das ungünstige Bild, das sich aus den Tagebuchaufzeichnungen von Wilhelms Adjutanten Ilsemann ergibt und das ihn als einen Illusionisten (Wiedereinsetzung als König von Preußen) und großen Egoisten darstellt, zum guten Teil auf mangelnde Aufklärung durch die Männer seines Haushaltes und seine Besucher zurückzuführen ist. Dieser Vorwurf muß auch Ilsemann gemacht werden.

So unkorrigierbar dunkel das historische Bild Wilhelms ist, so sehr glaubte man während des Ersten Weltkrieges an die einzigartigen militärischen Gaben und Leistungen Hindenburgs und Ludendorffs. Im Vertrauen auf diese unerschütterliche Publikumsmeinung konnten die beiden Feldherren jede Autokratie ausüben, die dann eine Isolierung des Kaisers möglich machte. Ludendorff erlebte ich in Sauerbruchs Klinik einige Jahre bevor er zu seiner Operation hospitalisiert wurde. Es war nach dem Hitlerputsch im November 1923. Die Verwundeten der Schießerei an der Feldherrnhalle waren in unsere Klinik eingeliefert worden; einige starben kurz nach der Aufnahme. Unter den anderen war U. Graf, der als Hitlers Leibwächter bekannt war, ein stämmiger, martialisch aussehender Mann. Ihn besuchte Ludendorff öfters, und da ich Arzt der Station war, auf der er lag, erkundigte sich Ludendorff gelegentlich bei mir über den Zustand des Patienten. Das erste Gespräch begann mit der typischen Einleitungsfrage besichtigender preußischer Offiziere: „Waren Sie im Kriege und bei welchem Truppenteil?" Er nannte dann sofort die Namen der Divisionskommandeure, unter denen ich gedient hatte. Seine Sprache war wie sein Gang: kurz hervorgestoßene Sätze im Telegrammstil, ohne daß seine Mienen oder Augen eine persönliche Teilnahme an der Unterredung verrieten. Es ist mir immer ein Rätsel geblieben, wie die Bayern, die viel Freude an Heiterkeit und Gemütlichkeit haben, so wenig Sinn für die kontaktarme Seite seines Wesens aufbrachten. Die Kranken der Station wenigstens genossen das Auftreten des humorlosen Mannes wie die Szene aus einem Thomaschen Lustspiel.
Graf hatte übrigens seine Verwundung erhalten, als er sich, um Hitler und

Ludendorff zu schützen, vor die beiden stellte. Er berichtete einige Jahre später, daß er Hitler nie mehr zu Gesicht bekommen und nur die Mitteilung erhalten habe, daß seine Stelle definitiv an einen anderen vergeben worden sei. Später, als Patient der Privatabteilung, war Ludendorff – in eindrucksvoller soldatischer Disziplin – relativ einfach zu handhaben. Zur Komplikation wurde seine zweite Frau, die Ärztin war und fortlaufend die belanglosesten Fragen stellte.

Diese Frau hat, wie er betonte, viel zur Fundamentierung von Ludendorffs Weltauffassung beigetragen. Sie war damit beschäftigt, Dokumente über die Vergiftung Mozarts zu sammeln. Das Buch erhielt den vielversprechenden Titel: „Der ungesühnte Frevel an Luther, Lessing, Mozart und Schiller im Dienste des allmächtigen Baumeisters aller Welten".

Als sie ihren Mann besuchte, war es nur Mozart, von dessen Tod durch Quecksilbervergiftung – „von Freimaurern und Juden veranlaßt" – sie mehrere unserer Assistenten überzeugen wollte. Luther, Lessing und Schiller sind anscheinend erst in der weiteren Entwicklung angefügt worden, und in der letzten Auflage dieses törichten Machwerkes waren noch Dürer, Fichte, Leibniz, Nietzsche und Schubert hinzugekommen. Dabei sah die voluminöse Dame mit ihrem vernachlässigten Äußeren eher phantasielos aus. Der Generalquartiermeister des Ersten Weltkrieges war ein fanatischer Anhänger ihrer „nordischen Religion". Man ist in historischer Darstellung gern geneigt, ihm deswegen psychopathologische Zustände zu konzedieren. Sein Schreiben an Hindenburg zu Hitlers Ernennung spricht nicht in diesem Sinne; die Beurteilung der Situation war besser, als sie die Majorität der Deutschen hatte; er schrieb: „Sie haben den größten Demagogen zum Reichskanzler ernannt, und Tausende werden Sie für diese Entscheidung verfluchen."

Die Krankengeschichten der Verletzten des Hitlerputsches haben übrigens ein eigenartiges Schicksal gehabt. Als Sauerbruch schon in Berlin war, kamen anscheinend zahlreiche Fragen an die Münchener Klinik mit der Bitte, ärztliche Befunde mitzuteilen, die bei den Opfern des 9. November 1923 erhoben worden seien. Da die Stationsärzte, die das beantworten konnten, sämtlich mit Sauerbruch nach Berlin gegangen waren, entschied E. Lexer, Sauerbruchs Nachfolger in München, daß die Krankenblätter oder ihre wortgetreuen Kopien nach Berlin geschickt werden sollten. Das geschah, und da es sich um Kranke handelte, die mit der Berliner Universitätsklinik nichts zu tun hatten, nahm ich sie in eigene Verwahrung. Sie machten, soweit ich mich erinnere, versehentlich unter meinen Privatpapieren den Umzug nach Istanbul mit, und dort muß dieses „nationale Heiligtum" geblieben sein, bis es 1940 beim Brand unseres Hauses in Flammen aufging.

Hindenburg lernte ich im Sommer 1932 kennen, als er Reichspräsident war. Die Familie seines Sohnes wohnte mit ihm im Reichspräsidentenpalais. Während Sohn und Schwiegertochter auf Reisen waren, wurden die Enkelkinder von dem alten Herrn und einer Verwandten betreut. Eine Enkeltochter war versehentlich im Gewächshaus eingeschlossen worden. In ihrer Angst brach sie ein Fenster ein und beim Durchschlüpfen durch das zertrümmerte Fenster brachte sie sich stark blutende Schnittwunden am Hals bei. Der Leibarzt, Hugo Adam, wurde zitiert; er telefonierte an die Klinik. Da Sauerbruch abwesend war, bat er mich, mit Operationsschwester und Instrumenten ins Palais zu kommen. Die Aufregung, die wir antrafen, war verständlich. Selbst der alte Herr hatte seine steinernen Züge verloren. Es stellte sich heraus, daß bei dem Kind auf einer Seite die äußere Drosselvene minimal verletzt war. Als alles versorgt war, bat mich Hindenburg zum Tee. Er war sichtlich erleichtert und begann mit seiner tiefen Stimme von seinen chirurgischen Erfahrungen zu sprechen – aus dem Preußisch-Österreichischen und Deutsch-Französischen Krieg, von G. F. Stromeyer und B. von Langenbeck, die er im Feld hatte wirken sehen. Ich mußte mir einige Kriegserinnerungsstücke ansehen, die anscheinend immer auf seinem Schreibtisch standen. Er wurde mitteilsam und fuhr fort, von seiner Jugendzeit zu plaudern, als er im Hause seines „Onkels Cohen" in einer Posenschen Garnison zum ersten Male mit Medizin in Berührung gekommen sei. Da der „Onkel Cohen" mehrfach erwähnt wurde, konnte keine akustische Täuschung von meiner Seite vorliegen.

Ich habe später versucht, in Biographien diese nichtarische Verwandtschaft zu finden – aber ohne Erfolg. Erst als ich im Jahre 1954 in der Umgebung von St. Moritz E. Berger (Basel) auf einem Spaziergang traf und dieses Gespräch mit Hindenburg erwähnte, versprach er, einem befreundeten Historiker zu schreiben, der sich mit Hindenburgs Lebensgeschichte beschäftigt hatte. Nach einigen Wochen erhielt ich die Antwort: Eine Tante Hindenburgs war mit einem Militärarzt Dr. Cohen verheiratet, der in einer Posenschen Garnison Dienst tat.

Hindenburg berichtete von seinem eigenen Gesundheitszustand. Ich hatte in keiner Phase der Unterhaltung, weder diesmal noch bei späteren ärztlichen Besuchen, den Eindruck fehlender Konzentrationsfähigkeit. Nach Abschluß der Behandlung meiner kleinen Patientin erhielt ich einen handschriftlichen Dankesbrief des alten Herrn, der mir zufällig – im Jahre 1933 – an dem Tage gebracht wurde, an dem ich von meiner Klinik- und Universitätsstellung zu resignieren beschloß. Einige Tage zuvor war Hitler von Hindenburg als Kanzler berufen worden. Sein Arzt, Dr. Adam, hatte angedeutet, daß Hindenburg gern etwas für meine Laufbahn tun würde. Ich hätte ihm antworten können, daß dies schon geschehen sei.

Doch zurück zu den Novembertagen 1918. Als die Waffenstillstandsbedingungen (Besetzung der Rheinlande) publik wurden, entschloß ich mich, auf eigene Faust nach Hause zu reisen. Peter, mit dem ich mich beriet, besorgte einen Zivilanzug von meinem Onkel Adolf Wernicke, der Staatsanwalt in Köln war. Peters Beziehungen zauberten einen Passierschein des Kölner Arbeiter- und Soldatenrates herbei. Der Schein tat Wunder. Jeder geregelte Personenverkehr hatte aufgehört. Peter verfrachtete meinen Koffer in einen nach Berlin abgehenden Güterzug, und da ich noch recht schwach war, machte er mir ein Lager auf den Koffern zurecht. Er selbst ließ sich im selben Wagen häuslich nieder und war während der 36 Stunden dauernden Fahrt rührend um meine Ruhe und Verpflegung besorgt. In Berlin gelang es ihm, mir Platz in einem nach Breslau fahrenden Personenzug zu besorgen. Der Abschied von Peter, der eineinhalb Jahre mein Bursche gewesen, war tränenreich auf beiden Seiten. Peter kehrte von Berlin in seine Heimatstadt Hamburg zurück. Er war dort für einige Monate im Arbeiter- und Soldatenrat aktiv. Mit der aufkommenden Inflation wurde er „Bankier". Ich hörte nichts von ihm, bis ich im Frühjahr 1923 aus Dresden einen Brief erhielt. Er hatte mit viel Mühe meine Adresse in der Münchener Chirurgischen Klinik ausfindig gemacht. Da er gehört hatte, daß Assistenten im festen Besoldungsverhältnis stünden und drum den Härten der Inflation voll ausgesetzt waren, trug er mir die dritte Teilhaberschaft („ohne Einlage") in seinem Bankgeschäft an. In seinem Brief hatte er zum Ausdruck gebracht, daß die Bank sich von meinem Doktortitel eine Erhöhung ihres Prestiges verspreche. Unnötig zu sagen, daß ich tief gerührt war und alle stilistische Wärme aufbot, um den Absagebrief zu formulieren. Peter ist dann später, als die Seifenblase der Inflation geplatzt war, zu seiner Drogistentätigkeit zurückgekehrt.
Bei der Ankunft in Breslau fühlte ich mich elend und fieberte. Das erbarmungswürdige Aussehen war wohl der Grund, daß der Manager des Hotels Vierjahreszeiten mir ein Zimmer gab, obwohl die Hotelangestellten sich im Streik befanden. Beim Hinaufgehen in mein Zimmer begegnete mir eine Dame, die entsetzt die Augen aufriß und stehen blieb. Eine halbe Stunde später kam der Hoteldirektor zu mir und berichtete, daß die Dame, die ein angrenzendes Zimmer bewohnte, zu ihm gekommen sei und gefragt habe, was sie für den „Todkranken" tun könne. Sie bot sich an, einen Arzt zu finden und die Pflege zu übernehmen. In der Tat kam sie bald darauf mit einem in der Nachbarschaft wohnenden Arzt an, ließ sich Anweisungen geben und ging mit der Selbstverständlichkeit einer Krankenschwester zu Werke. Zwei Wochen blieb ich in ihrer Obhut. Sie war – nach ihrem Akzent zu urteilen – Polin und besaß die füllige Schönheit, die man bei vielen Frauen slawischer Herkunft findet. Die politischen Verhältnisse wurden kaum je in unseren Unterhaltungen erwähnt. Erst später, als diese Bekanntschaft zu

grotesken Folgerungen führte, wurde mir klar, daß die Vermeidung jeder politischen Erörterung Absicht war. Sowie geplanter Eisenbahnverkehr wieder aufgenommen wurde, beschloß ich, nach Hause zu fahren. Zwei Tage vor der Abreise verschwand meine Freundin, ohne Abschied genommen zu haben. Als ich zu Haus ankam, war der Abfall der Provinz Posen die letzte Neuigkeit. Wenige Wochen später, als ich zur Demobilisierung und Fortsetzung des Studiums nach Breslau zurückkehrte, wurde ich auf die Kommandantur bestellt, um wegen der „polnischen Spionin", mit der ich „intim befreundet" gewesen sei, vernommen zu werden. Es war ein Glück, daß ein Bekannter, der zu Beginn des Krieges vorübergehend mein Vorgesetzter gewesen war, die Untersuchung führte. Ich versicherte ihm, daß meine Beziehungen zu Frau S. alles andere als politisch gewesen seien, was er mir lächelnd zugestand. Auf meine Frage, wie eine „Spionin" in Breslau den Abfall der Provinz Posen hätte vorbereiten können, blieb er die Antwort schuldig. Die ganze Sache verlief anscheinend im Sande. Ich wurde von den Militärbehörden nicht mehr damit belästigt. Zwölf Jahre später erhielt ich wieder ein Lebenszeichen von der „Spionin". Kurz nach meiner Ernennung zum Professor – die üblicherweise in den deutschen Zeitungen vermerkt wurde – erschien in Berlin ein Patient aus Lodz in Polen, der einen Brief meiner Freundin mitbrachte. Sie hatte meinen Namen in deutschen Zeitungen gelesen, die Identität festgestellt und einem ihrer Bekannten, der nach Berlin zur Operation eines Darmleidens gehen wollte, den Brief mitgegeben.

Meinen Vater fand ich bei der Rückkehr in die Heimatstadt bedrückt, abgearbeitet und kränkelnd vor. Er hatte als Chirurg der Neisser Reserve- und Festungslazarette vier Jahre hindurch ein gewaltiges Maß von Arbeit geleistet, daneben immer noch mit der ihm eigenen Gewissenhaftigkeit die zivile Praxis versorgt. Obwohl er das katastrophale Ende des Krieges schon seit zwei Jahren hatte kommen sehen, war er durch die Wucht der Ereignisse niedergeschlagen; wahrscheinlich war auch der unvermeidliche Vermögensverlust ihm, der die Früchte seiner jahrzehntelangen Arbeit in Kriegsanleihen angelegt hatte, sehr zu Herzen gegangen. Seine Energie und mitreißende Schaffensfreude war einer tiefen Mutlosigkeit gewichen. Einige Tage nach meiner Rückkehr legte er sich mit hohem Fieber zu Bett. Eine Grippepneumonie hatte in dem vergrämten und erschöpften Körper ein leichtes Spiel. Zwei Wochen lang schienen bei ständigem Fieber seine Lebenskräfte täglich abzunehmen. In vielen Stunden, die ich an seinem Bette zubrachte oder in der Nacht seinen schnellen Atemzügen lauschte, erlebte ich so etwas wie ein Erwachen zu dem Beruf, den ich eigentlich schon drei Jahre halb lernend, halb praktizierend ausübte. Aber bis dahin war das berufliche Leben so stark im Militärischen untergegangen, daß sich sein Kern erst herausschälte, als ich über das Werk des Mannes nachdachte, der jetzt, nach Luft ringend, im Krankenbett lag und den ich so geliebt habe wie wenige Menschen mehr seit ihm. Recht zaghaft begann ich von den Kranken zu sprechen, die gerade in seiner Klinik lagen. Von Tag zu Tag wurden die Gespräche animierter, und ich hatte den Eindruck, daß sie – statt ihn zu ermüden – seine Kräfte eher mehrten. Als er zum ersten Male fieberfrei war, kehrten Entspannung und Lebensfreude in seine Gesichtszüge zurück, und die zwei Wochen der Rekonvaleszenz waren wahrscheinlich die glücklichsten, die ich gehabt habe. In diesen Stunden begann der Austausch von Gedanken, beruflicher und allgemein menschlicher Natur, die – bis zu seinem frühen Tode – fast zehn Jahre hindurch meine Entwicklung entscheidend beeinflußten.

Studium und Examen

Während die Demobilisierungsformalitäten liefen, schrieb ich mich in der Breslauer medizinischen Fakultät zur Beendigung des Studiums ein. Für die zurückkehrenden Kriegsteilnehmer waren besondere „Zwischensemester" eingerichtet, die es ermöglichten, den fünfsemestrigen klinischen Kurs in eineinhalb Jahren zu beendigen. Bei der großen Menge von Hörern konnte eine solche verkürzte Ausbildung in dem wichtigsten Teil – der Unterweisung am Krankenbett – nur skizzenhaft sein. Der große Arbeitseifer der Zurückkehrenden holte aber alles, was zu erreichen war, aus den theoretischen Vorlesungen und den Übungen heraus. Die Leistungsfähigkeit der Heimkehrer war um so erstaunlicher, als die Ernährungsverhältnisse im Nachkriegsdeutschland erbärmlich, die Wohnungs- und Heizungsschwierigkeiten (im harten Winter 1918/19) verzweifelt waren. Die zunehmende Entwertung des Geldes schuf eine akademische Gesellschaft, die politischer Demagogie leicht zugänglich war. Trotzdem hatten radikale Bewegungen unter den Studenten zunächst nur eine geringe Gefolgschaft. Reaktionärer Konservatismus, der für die deutsche Vorkriegsstudentenschaft charakteristisch war, hatte einer ehrlichen Sehnsucht nach Sozialismus Platz gemacht. Es ist ein tragisches Versagen gewesen, daß die deutsche Sozialdemokratie es nicht verstand, die Mitarbeit eines begeisterungsfähigen, einflußreichen und für die Zukunft wichtigen Teils der Bevölkerung zu gewinnen. Mitreißende Führer fehlten der sozialdemokratischen Partei. Die Funktionäre, die ihre Politik bestimmten, waren nicht in der Lage, sich von den alten Vorstellungen eines reaktionären Studententums freizumachen, und sahen in den Universitätshörern die hartnäckigen Feinde ihres Regimes – bis sie es wirklich erreichten, daß „die sozialistische Sehnsucht" durch ihre Voreingenommenheit erdrosselt wurde. Als ich im Sommer 1919 nach Marburg übersiedelte, mit dem mich hübsche Erinnerungen an eine Rekonvaleszenz während des Krieges verbanden, war die Rechtsradikalisierung der Studenten schon in vollem Gange.

Die Marburger Idylle, die ich während des Ersten Weltkrieges erlebt hatte, stand im Zusammenhang mit einem Mädchenpensionat, dessen oberes Stockwerk als Offizierslazarett eingerichtet war. Da wir uns alle in gut konsolidierter Erholungsphase befanden, hatte der Chefarzt der Abteilung, der Physiologe A. Gürber, Mitverfasser eines damals sehr beliebten Lehrbuches, wenig ärztlich-therapeutische, sondern mehr erotische Probleme seiner Patienten zu lösen. Auf der Suche nach einer Arbeitstherapie – um die Energie seiner gesundenden Schützlinge in sittenstrenge Kanäle zu leiten – fand er die Beschäftigung in seinem Universitätsinstitut zweckentsprechend. Wer immer von den Offizieren mit Pipetten und Druckmeßapparaten umzugehen verstand oder lernte, mußte die Wirkung des Medikaments „Uzara" an verschiedenen Organteilen prüfen. Es hat mich kürzlich wie eine Art Heimkehr berührt, als ich „Uzara" in einem großen Inserat zur Bekämpfung von Diarrhöen angepriesen las. Guter Professor Gürber! Wir haben Ihnen viel Unannehmlichkeiten bereitet, wenn wieder mal – wie so oft – über unseren Mangel an Sittenstrenge geklagt wurde und Sie dann drohend sagten: „Wenn Sie im Flirten so tüchtig sind, dann könnten Sie eigentlich zur Truppe entlassen werden." Aber Sie haben die Entlassung dann doch immer wieder hinausgeschoben. War es der Uzara-Untersuchungen wegen oder weil Sie so viel Verständnis für unsere Sünden hatten? – was wir daraus schlossen, daß wir Sie schmunzeln sahen, wenn Sie sich, heimwärts wendend, unbeobachtet glaubten.

1919 war es interessant, die Wandlung des politischen Geistes der Studenten von der Nähe zu beobachten. Vertreter liberaler und demokratischer Ideen wurden durch einen an Zahl schnell zunehmenden bramarbasierenden Landsknechtstyp in die Minorität gedrängt, obwohl vernünftige Diskussionen keineswegs selten waren. Ähnlich wie später vor Hitlers Aufkommen wurde der Antisemitismus das Mittel zur Scheidung der Geister. Als A. Dinters antisemitischer Hintertreppenroman „Die Sünde wider das Blut" zum ersten Male diskutiert wurde, war das Urteil ganz allgemein ablehnend und spöttisch. Vier Monate später hörte man im gleichen Kreise „objektive" Erörterungen des biologischen Unsinns, der die Grundlage des Romans bildete. Im übrigen war das Marburger Semester so unbeschwert, wie es die schnell abwärtsgehenden Wirtschaftsverhältnisse gestatteten. Während ich in Breslau wenig von meinen klinischen Lehrern beeindruckt war, wirkte Marburg fast wie eine Offenbarung. Die Chirurgie war durch N. Guleke vertreten, der hier in seinem ersten Ordinariat auf alle Studenten durch Ernsthaftigkeit, Sachlichkeit und großen Fleiß wirkte; Gustav v. Bergmann, dessen formvollendetes Kolleg ein intellektueller Genuß war (seine menschlichen Unzulänglichkeiten lernte ich erst später in Berlin kennen). Wir kamen mit unseren Lehrern in diesem kleinen Städtchen weit mehr in Kontakt als in Breslau, auch wenn dieser Kontakt nicht direkt gesucht wurde. Als ich im Juli 1919 Marburg verließ, nachdem ich vorher bei meinem Freunde Wolrad Marc in Wildungen mehrere Tage zu Gast gewesen, war ich entschlossen, zum Examen zurückzukehren.

Eine Reise nach Westerland, die ich mit einem Freund Walter Goßmann, seiner Verlobten und einer Freundin unternahm, brachte mich mit einer neuen Welt von Menschen in Berührung, die als Nutznießer der Inflation es in kurzer Nachkriegszeit zu Reichtum gebracht hatten. Die geläufige Vorstellung, daß diese ersten Ritter des „schwarzen Marktes" sich aus „landfremden" Elementen vom Typ des Gustav Freytagschen Schacherers rekrutierten, mußte gründlich revidiert werden. Was sich in Westerlands Spielsälen und Hotels zusammenfand, war deutscher akademischer Mittelstand, der zu erfolgreichen Schiebungen vertrauenerweckendes Aussehen und gutbürgerliche Reputation mitbrachte. Das Glück im Spiel war uns hold, und wir konnten von unseren Gewinnen am Roulette- und Bakkarattisch den Aufenthalt in Westerland auf sieben Wochen ausdehnen. Bedenkenlos hatte ich mit vielen dieser fragwürdigen Existenzen Freundschaft geschlossen und genoß nach Jahren zum ersten Male wieder einen Zustand vergnügungsreicher Beschäftigungslosigkeit. In unserem Hotel traf ich meinen alten Divisionsarzt Gritzka an, dessen Adjutant ich für kurze Zeit gewesen. Er trug mit Würde den Abstieg von der hohen militärischen Stellung zu der des Kleinstadtarztes, der nach Kassenpraxis jagen muß.

Als ich mit meinen neugewonnenen Erfahrungen und im Gefühl eines gesellschaftlich erfolgreichen Mannes nach Hause kam, konnte ich kaum begreifen, daß mein Vater sich nur am Termin meines medizinischen Staatsexamens interessiert zeigte. Er hielt – wohl irrtümlich – die Marburger Atmosphäre für den Kern des Übels und bat mich, nicht dorthin zurückzugehen. Sein Zutrauen zu meiner Arbeitslust war gering; ich mußte mich zum letzten Studiensemester wieder in Breslau einschreiben, aber zur Vorbereitung zum Examen zunächst in der Heimatstadt bleiben, um meinen Vater von der Ernsthaftigkeit meiner Arbeit zu überzeugen. Diese drei Monate nicht ganz freiwilliger Abgeschiedenheit in Neisse brachten das zustande, was keiner meiner akademischen Lehrer bis dahin erreicht hatte: mich für die wissenschaftlichen Fragen der Medizin zu interessieren. Ich habe kaum nachher wieder einen Arzt gefunden, der so wie mein Vater imstande war, zu lehren und anzuregen, ohne schulmeisterhaft zu wirken. Wenn ich ihm bei Operationen assistierte, wenn er zu gelegentlichen Unterhaltungen in mein Zimmer kam und mich um das Objekt meines Studiums befragte, immer wußte er wissenschaftliche Neugierde zu erwecken und die Angreifbarkeit medizinischer Dogmen zu zeigen. Er hatte theoretische Kenntnisse von erstaunlicher Gründlichkeit und Breite, eine große praktisch-klinische Erfahrung, die ihn befähigten, mir ein Betrachtungsfeld zu eröffnen, das an keiner der deutschen medizinischen Fakultäten zu dieser Zeit gelehrt wurde: die pathologische Physiologie. Daneben war er – wie mir in den folgenden Jahren noch klarer wurde – ein Chirurg von außergewöhnlicher Begabung.

Die drei Monate „Studienhaft" im Elternhaus haben mir mehr gegeben als nur die Vorbereitung zum Staatsexamen. Die beruflichen Beziehungen zu meinem Vater nahmen eine Intensität an, die mein ganzes weiteres Leben beeinflußte. Als ich im Februar 1920 nach Breslau übersiedelte und die Meldung zum Staatsexamen einreichte, stellte sich heraus, daß mir ein Praktikantenschein fehlte. Ich schickte die Meldung trotzdem an die angegebene preußische Ministerialstelle und ging zunächst einmal ins Riesengebirge zum Skifahren, da ich sicher war, daß ich zum Märztermin nicht zugelassen würde. Nach drei Monaten Klausur war der Aufenthalt auf einer kleinen Baude mit Skitouren im Sonnenschein ein besonderes Erlebnis. Ich habe selten eine gleiche psychische und physische Harmonie empfunden wie in diesen zwei Wochen, die durch ein Telegramm jäh unterbrochen wurden, das mir die Examenszulassung zum Märztermin ankündigte. Man hatte also im Ministerium das Fehlen des Praktikantenscheins übersehen. In zwei Tagen war die erste Station fällig. Das Examen dehnte sich dem vorgeschriebenen Plan entsprechend über eineinhalb bis zwei Monate aus. Ich habe später noch zweimal (in Boston und New York) die fragwürdigen Freuden des medizinischen Staatsexamens erlebt, war in Berlin sechs Jahre lang und sechs Jahre in Istanbul, 15 Jahre in Basel Prüfer in Chirurgie. Das hat mir genug Einsicht gegeben, um die *verschiedenen Prüfungssysteme* vergleichen zu können.

Das deutsche und schweizerische System besteht im wesentlichen aus mündlichen Prüfungen, die in den sogenannten Hauptfächern (Innere Medizin, Chirurgie, Gynäkologie und Geburtshilfe) mehrere Prüfungstage vorsehen. Das schriftliche Beiwerk ist bedeutungslos (Krankengeschichten, an deren Abfassung der Examinand nicht immer großen Anteil hat). In den Hauptfächern hat jeder Student zwei Prüfer zu überstehen. Wie der medizinische Unterricht an den deutschen Fakultäten ist das Prüfungssystem für eine beschränkte Anzahl von Studenten geschaffen worden (ungefähr die Zahl, die vor der Jahrhundertwende üblich war) und hat in diesem Rahmen unzweifelhafte Vorteile, weil es dem Prüfer Gelegenheit gibt, jeden Prüfling sehr eingehend und an mehreren Tagen zu examinieren. Damit soll Ungerechtigkeit in der Beurteilung ebenso vermieden werden wie Täuschung durch ein nur oberflächlich angelerntes Wissen. Bei der in die Hunderte gehenden Zahl von Prüflingen, die seit dem Ende des Ersten Weltkrieges allsemesterlich von jedem Prüfer zu examinieren sind, ist die mündliche Prüfung eine fast unerträgliche Belastung für Zeit und Geduld des Ordinarius und seines Stellvertreters geworden. (Die Prüfer sind in Deutschland ausschließlich die Professoren der Fakultät.) Es ist unmöglich geworden, dem einzelnen Examinanden genügend Zeit und Gelegenheit zur Demonstration seiner Kenntnisse oder der Lücken seines Wissens zu geben. Da die Prüfungen zwischen andere dringende klinische und Unterrichtsaufgaben eingezwängt werden, besteht beim Prüfer der begreifliche Wunsch, diese Arbeit schnell hinter sich zu bringen. Die Folge davon ist die überspannte Atmosphäre der Hast mit ihren verderblichen Rückwirkungen auf Prüfling und Prüfer. Das ursprüngliche Ziel des mündlichen Examens ist damit in sein Gegenteil verkehrt. Die Kontrolle der Kenntnisse durch zwei Prüfer (in den Hauptfächern) – so weise sie ausgedacht ist – hat wenig Vorteile, wenn beide Examinatoren durch Prüfungen überlastet sind. Ich habe, als ich in Berlin prüfte, bei „schwachen" Kandidaten immer das Gefühl gehabt, daß ich ihnen durch mangelnde Widmung Unrecht tun könnte, und darum im Zweifelsfalle für sie entschieden. Sicher sind auf diese Weise manche durchgeschlüpft, die es nicht verdienten. In der Türkei waren die Bedingungen insofern besser, als nur einmal im Jahre, und zwar im Monat Juni, die Prüfungen vor einer Kommission abgehalten wurden, die sich aus Ordinarien und ihren ältesten Dozenten zusammensetzte. Es wurde fünf bis sechs Stunden täglich geprüft, und die Zahl der jeden Tag zu verdauenden Kandidaten war so begrenzt, daß genügend Zeit für den einzelnen zur Verfügung stand. Das war natürlich nur möglich durch einen numerus clausus – im System der Studentenzulassung – nicht anders als in amerikanischen Medizinschulen.

Ich komme auf meine *eigenen* Examensnöte in Breslau zurück. Es wurden Gruppen von drei bis sechs Kandidaten zusammengestellt. Das Ganze vollzog sich ohne Hast, ungefähr in der Weise, daß in jeder Woche ein Fach absolviert wurde. Man hatte also Zeit, sich zwischendurch noch vorzubereiten. Ich fand eine nette Gruppe von dreien, der ich mich anschloß. Wir waren Kriegsteilnehmer, fühlten uns aber wissensreich genug, um auf die mildernde Wirkung von Uniform und Orden zu verzichten. Nur in der Psychiatrie, die uns allen gleichmäßig unverstanden geblieben war, zierten wir den Zivilrock mit kleinen Ordensketten. Der Psychiater O. Bumke gab einen Beweis seines psychologischen Scharfblickes, als er beim Anblick der Orden lächelte, uns zum Tee einlud und bat, ihn nach psychopathologischen Zuständen zu fragen, die uns interessierten. Die Unterhaltung drehte sich bald um das, was man später psychosomatische Medizin nannte.

Im März 1920 war die letzte Examensstation überstanden, und ich siedelte als „Volontärassistent" an die Minkowskische Klinik über. „Unter Anrechnung des Kriegsdienstes auf das praktische Jahr" war mir, wie üblich, die Medizinalpraktikantenzeit geschenkt worden.

Während des Krieges war ich mit dem Pathologen L. Aschoff in Berührung gekommen. Als ich Adjutant beim Divisionsarzt der 225. Division war, wurde eines der Infanterieregimenter mit Granaten, die Phosgengas enthielten, beschossen. Zwei Tage später erhielten wir vom Feldsanitätschef die Mitteilung, daß der „Armeepathologe beim Feldsanitätschef", Generaloberarzt Aschoff, auf dem Wege zu unserem Frontabschnitt sei, um die Sektionen der Phosgengas-Vergifteten vorzunehmen. Ich wurde zu ihm für die Zeit

seiner Tätigkeit im Divisionsbereich als Adjutant kommandiert. Er kam mit einem jungen Assistenten, ließ sich zu den Feldlazaretten führen und begann sofort mit den Obduktionen. Der rastlose Mann war ohne Unterbrechung von früh bis abends tätig. Der Flugplatz einer Jagdstaffel, der in der Nähe lag, veranlaßte ihn zu vielen Fragen – bis ich endlich merkte, daß er gern in einem Jagdflugzeug aufgestiegen wäre. Der Führer der Staffel war Oberleutnant R. Greim, der später, kurz vor Ende des Zweiten Weltkrieges von Hitler zu Görings Nachfolger ernannt, am Tage des Zusammenbruchs der deutschen Armeen Selbstmord verübte. Ich kannte Greim seit längerer Zeit und erzählte ihm von Aschoffs Wunsch. Man lud ihn zu einem recht alkoholischen Abendessen ein, und am nächsten Tage nahm ihn ein Flieger in dem zweisitzigen sogenannten Einkaufsflugzeug zu einer Rundfahrt mit. Aschoff kam entzückt zurück, und ich schrieb es seiner Begeisterung zu, daß er mir eine Assistentenstelle in seinem Freiburger Institut anbot. Ich nahm es nicht ernst, sagte aber natürlich zu. Als ich nach Beendigung des Staatsexamens an ihn schrieb, erhielt ich sehr zu meinem Erstaunen einen längeren handgeschriebenen Brief, in dem er sein Angebot für Freiburg wiederholte, mir aber mitteilte, daß er einen Ruf nach Wien erhalten habe und mit Wien in Verhandlungen stehe. Er riet mir, die Wartezeit bis zu seiner Entscheidung an der Minkowskischen Klinik zuzubringen. Er schrieb an O. Minkowski, mit dem Erfolg, daß Minkowski mich wie ein Wunderkind aufnahm – und recht enttäuscht war, als ich mich als medizinischer Anfänger entpuppte. Immerhin hat die gute Meinung, die Minkowski suggeriert bekam, während der fünf Monate, die ich an seiner Klinik blieb, und auch später vorgehalten.
Minkowski, den Sauerbruch einmal – mit Recht – den größten experimentellen Pathologen seiner Zeit nannte, war ein Mann von kristallklarem Denken, frei von jedem wissenschaftlichen Dogma, allumfassend in seinem Wissen und voll von Ideen. Die Fähigkeit, seine Gedanken mitzuteilen, kam nur im engen Kreis seiner Mitarbeiter zur Geltung. Im studentischen Vorlesungssaal versagte er; sein Vortrag erschien unbeholfen und „zu hoch" für das Niveau seiner Hörer. Seine diagnostischen Fähigkeiten waren im Sinne eines mathematischen Denkprozesses entwickelt; sie waren erstaunlich und selten übertroffen, wenn ihn das Krankheitsbild interessierte. Experimentellen Untersuchungen gehörte seine ganze Liebe; er war unermüdlich in Hilfe und Anregung. Er empfahl mir, Felix Rosenthal, der damals der älteste Stationsarzt war, um ein experimentelles Thema zu bitten. Noch heute wird es mir warm ums Herz, wenn ich an die Monate denke, in denen ich unter Rosenthals Anleitung arbeitete. Ich weiß nicht, was mich mehr beeindruckt hat: die Vornehmheit seiner Gesinnung, sein kindlich-reines und hilfsbereites Wesen oder die Ernsthaftigkeit und intellektuelle Sauberkeit, mit der er wissenschaftliche Probleme, Untersuchungen und Experimente an-

ging. Ich habe ihm viel mehr zu verdanken, als in der Feststellung zum Ausdruck kommt: er war der erste, der mich mit seiner Begeisterung für Laboratoriumsuntersuchungen ansteckte. Die kleine Arbeit über Blutkatalase, die die Liste meiner Veröffentlichungen einleitet, wird der Bedeutung dessen, der sie anregte, gewiß nicht gerecht.

Das innere Leben der Klinik bot manches Merkwürdige. Die Zusammenarbeit zwischen Ärzten und Schwestern war oft mehr als freundschaftlich. Mein Stationsarzt lag in den strengen Banden seiner Stationsschwester. Sie war eine vollbusige, herrische Dame, die keine Abwege duldete. Als sie ihren Freund doch einmal auf fremden Pfaden überraschte, entzog sie ihm alle fürs Zivilleben bestimmten Kleidungsstücke auf die Dauer von vierzehn Tagen – sehr zur Freude der jüngeren Volontärassistenten, die merkten, daß die Autorität ihres Vorgesetzten einige Lücken hatte.

Als ich – nach Vollendung der experimentellen Arbeit, die zur Doktorthese bestimmt war – die Klinik verließ, nahm ich den Eindruck mit, daß Innere Medizin in der Hauptsache eine diagnostische Laboratoriumsangelegenheit sei und daß Therapie und therapeutische Erfolge zweit- oder drittrangige Bedeutung hätten.

Da ich nicht wußte, ob meine experimentelle Arbeit zu einem für die Doktorthese verwendbaren Ergebnis führen würde, und ich mich schon seit Jahren mit dem Thema „Krankheit und Schönheit in der bildenden Kunst" beschäftigt hatte, suchte ich den Anatomen Kallius auf, der sich dafür interessierte. Er war ein vergnügt mitteilsamer Mann, dem, sehr im Gegensatz zu dem fast feierlichen Ernst seiner Vorlesung, außerhalb des Hörsaales der Schalk in den Augen blitzte. Er sprach gern von seinen außerberuflichen Neigungen, die anscheinend in der bildenden Kunst und der Bibliophilie lagen. Sein männlich schöner Kopf, seine etwas extravagante Kleidung sind mir nachhaltig im Gedächtnis geblieben. Von den Studenten wurde er verehrt, ja geliebt. Er war mit meinem Plan einverstanden, erwähnte einige Beispiele und gab mir Literaturquellen an. Die Arbeit blieb – wie viele andere – halb vollendet, und ich hatte sie schon längst vergessen, als ich im Dezember 1932 einen Brief von Kallius erhielt. Er war inzwischen nach Heidelberg gekommen und schrieb als Dekan der Fakultät, deren chirurgischer Lehrstuhl durch die Emeritierung von Enderlen vakant geworden war. Kallius erinnerte sich an unsere, wie er sich ausdrückte, amüsanten Gespräche, die 12 Jahre zurücklagen und fragte mich (wahrscheinlich noch andere Kandidaten der jüngeren Generation) völlig unverbindlich, ob ich einen Ruf nach Heidelberg auch dann annehmen würde, wenn kein Klinikneubau bewilligt würde. Die erste Garnitur: Erich von Redwitz – Bonn, ein Schüler von Enderlen, und Kirschner – Tübingen, hätten auf eine Anfrage geantwortet, daß sie nur bei gesichertem

Neubau kommen würden. Ich schrieb zurück, daß ich selbstverständlich einem Ruf Folge leisten würde. Die Angelegenheit schien sich zu verdichten. Eine Woche später erhielt ich einen Anruf von Ministerialrat V. F. Schwörer aus Karlsruhe. Er war zu Besprechungen in Berlin und wollte mich bei dieser Gelegenheit sehen. Die Zusammenkunft fand in einem Zimmer des königlichen Schlosses Unter den Linden statt; an die näheren Umstände dieser Treffpunktwahl erinnere ich mich nicht mehr. Der badische Ministerialrat lud mich dann noch zum Essen ein; er verabschiedete sich mit den Worten: auf Wiedersehen in Heidelberg. Trotzalledem – obgleich auch Aschoff, der ja in Baden großen Einfluß hatte, mir im gleichen Sinne schrieb, blieb ich skeptisch, und mit dem 30. Januar 1933, der Einsetzung der Naziregierung war dieses Zwischenspiel beendet. (Siehe S. 181.)

Der Assistenzarzt und seine Lehrer

Im Juni teilte mir Aschoff mit, daß er in Freiburg bleibe; ich solle am 1. September die Stellung an seinem Institut antreten.
In Freiburg traf ich an einem Spätsommertag ein, der trotz des Sonnenscheines nichts von der Hitze ahnen ließ, die das Dreisamtal im Sommer zur Hölle machen kann.
Alle Neigung zu Kritizismus war wie weggeblasen, als ich als Assistent in das Aschoffsche Pathologische Institut eintrat. Hier in dem baufälligen Freiburger Institut erlebte ich die schönste Zeit meiner Berufsvorbereitung, und wenn ich mich bemühen will, in diesen Zeilen Wärme und Licht dieses herrlichen Jahres einzufangen, dann lasse ich bewußt alle Schattenseiten beiseite, die eine spätere Erkenntnis den Erlebnissen beigegeben hat. Keiner der vielen Assistenten konnte sich dem faszinierenden Einfluß der Person Aschoffs entziehen. Alles an ihm war für uns beispielhaft: seine sprudelnde Lebhaftigkeit, sein Fleiß, seine Gründlichkeit, seine Anspruchslosigkeit, seine Verachtung der materiellen Werte dieser Welt, sein soziales Verständnis. Die wissenschaftliche Arbeit war der eigenen Initiative entzogen; jeder neueintretende Assistent bekam ein Thema zur Bearbeitung gestellt. Die Durchführung der Arbeit wurde von Aschoff gewissenhaft überwacht. Ein- oder zweimal monatlich mußte man über den Fortgang der Untersuchungen und Experimente berichten. Gegen die wissenschaftliche Zwangsproduktion, die Aschoff veranlaßte, läßt sich manches einwenden. Er war sich durchaus darüber klar, daß Begabung zur wissenschaftlichen Tätigkeit nicht allen gegeben war. Mit seiner Methode wollte er die Begabung dort wecken, wo sie – dem Eigentümer unbewußt – vorhanden war; er wollte seine Schüler mit der Technik der Forschung bekannt machen und ihnen Erfahrung und Ehrgeiz in der literarischen Bearbeitung von wissenschaftlichen Fragen vermitteln. Wer den späteren Werdegang von Aschoffs Assistenten verfolgt, wird seine Gründe anerkennen müssen.
Privater Kontakt zwischen Chef und Assistenten war reichlich vorhanden; eine gemeinsame tägliche Teestunde sorgte ebenso dafür wie Ausflüge in die schönen Täler des Schwarzwaldes. Das Bild, welches das Institut auf der Wanderschaft bot, erinnerte an die Spaziergänge von Töchterpensionaten.
Die Aschoffsche Vorlesung war ein Genuß. Er hatte eine packende Art der Darstellung, war leicht faßlich und mehr als der durchschnittliche pathologische Anatom an klinischen Fragen interessiert; er konnte ein Thema, auch

wenn er es zum 50. Male behandelte, immer mit gleicher Begeisterung vortragen. Überhaupt liebte er Reden in der Öffentlichkeit und erfreute sich an seiner seltenen Dialektik.

Aschoffs Stellung innerhalb der Fakultät war außergewöhnlich. Er herrschte gedämpft autokratisch, obwohl recht selbstbewußte und eigenwillige Männer, wie der Chirurg E. Lexer, der Pharmakologe W. Straub und der Psychiater A. Hoche, damals der Fakultät angehörten. Eine besondere Gruppe bildeten Aschoffs „Bundesbrüder", der Pädiater C. Noeggerath und der Dermatologe G. Rost, sie waren zur Gefolgschaft verpflichtet und wurden zur Ordnung gerufen, wenn sie wider den Stachel zu löcken versuchten. Sonst war Aschoff kein „Verbindungssimpel", wie ältere Herren genannt wurden, die für die Angelegenheiten ihrer studentischen Verbindung zeit ihres Lebens ein übergeordnetes Interesse bekundeten und sich in ihrem Arbeitskreis am liebsten mit alten und jungen Vereinsbrüdern umgaben. Er interessierte sich für seine „Burschenschaft", besuchte gelegentlich auch ihre Feiern, trieb aber im eigenen Institut keine Protektionswirtschaft.

Der Höhepunkt unserer Arbeitswoche war die Demonstrationsstunde, die für die Chefs und Assistenten der Universitätskliniken veranstaltet wurde. Die Obduktionsfälle der Woche kamen zur Besprechung und Kritik, und es war für uns Junge eine ebenso erstaunliche wie nervenkitzelnde Feststellung, daß manche akademische Größe vor dem oft harten Kreuzverhör Aschoffs versagte. Wir unreifen Assistenten waren natürlich leicht bei der Hand, Urteile zu fällen. Später habe ich beständig das Glück gehabt, mit Pathologen zusammenzuarbeiten, die duldsam waren; einige schienen sogar ehrlich davon überzeugt zu sein, daß eine klinische Diagnose schwieriger zu stellen ist als eine histologische.

Im Assistentenstab des Aschoffschen Institutes befanden sich nur wenige, die Fachpathologen werden wollten.

Für die übrigen Assistenten war die pathologische Anatomie nur Vorbereitung zum klinischen Spezialfach. Die Zusammensetzung des Mitarbeiterstabes war – unmittelbar nach dem Weltkrieg – schon wieder recht international. Als erste von den Kriegsgegnern Deutschlands erschienen die Japaner. Ihre Aufnahme in das Institutskollegium ging nicht ohne parlamentarische Ingredienzien vorüber. In einer eigens dafür anberaumten Sitzung sollte sich jeder darüber äußern, ob er die Zulassung der bisherigen Feinde für angebracht hielt. Bevor Aschoff den Saal betrat, platzten die Meinungen hart aufeinander; es schien eine Majorität der Ablehnung vorhanden zu sein. Aschoff, der gerne Ausländer im Institut hatte, erfühlte die Atmosphäre; er hielt eine kurze Ansprache, in der er von den Gegnern sprach, die um „wissenschaftlichen Frieden" bitten kommen – ohne weitere Diskussion stimmten alle zu. Damals ist mir zum ersten Male bewußt geworden,

wie schnell die Jugend entwaffnet und begeistert wird, wenn ihr Gegengründe in glücklicher rhetorischer Form vorgetragen werden.
Ein eigenes Erlebnis hat mir dies viele Jahre später bestätigt. Es war in Berlin im Februar 1933, zu einer Zeit, als die Nazis einen großen Teil der Studentenschaft bereits erfaßt hatten. In der Vorlesung der allgemeinen Chirurgie, von ungefähr 300 Hörern besucht, wurde gerade das Kapitel der Wundbehandlung erörtert. Am Tage nach dem Kolleg erhielt ich einen anonymen Brief mit der Bitte, daß auch über Kriegschirurgie gesprochen werden sollte, da „zu hoffen ist, daß der faule Frieden, in dem wir leben, bald von einem reinigenden Krieg abgelöst wird". Ich las den Brief in der nächsten Kollegstunde vor, der Endsatz wurde begeistert akklamiert. Ich fuhr fort, daß ich gern dem Wunsch nachkomme, da es für einen Arzt nicht nur wichtig sei, die Grundsätze der Wundversorgung in Notlagen zu kennen, sondern noch wertvoller, daß er die Furchtbarkeiten und Grausamkeiten des modernen Krieges an den Wunden, die er schlägt, begreifen lerne, um gegen kindische und verantwortungslose Chauvinismen gefeit zu sein. Es war rhetorisch eine glückliche Stunde für mich, denn der Beifall war nach diesem Bekenntnis eher noch stärker als vorher, da ich den Brief verlas. Wie ich die kleine Episode so niederschreibe, klingt sie – in der damaligen Atmosphäre betrachtet – vielleicht heroisch. Das war es aber nicht; ich war zum Verlassen von Stellung und Vaterland entschlossen und hätte nichts dagegen gehabt, diesen Abschied dramatischer zu gestalten, als er stattfand.

Aschoffs rührige Teilnahme an den Fakultätsangelegenheiten brachte es mit sich, daß auch wir für die Fakultätsmitglieder interessiert wurden. Der Psychiater Hoche, der Physiologe J. A. v. Kries und der Pharmakologe Straub waren nach Aschoff die Bewundertsten. Hoches und Straubs Vorlesungen übten durch die witzige und pointierte Art des Vortrages einen besonderen Reiz aus. Bei Hoche gewann man indessen den Eindruck, daß für ihn innerhalb und außerhalb seines Berufslebens nichts existierte, das er ernst nehmen konnte. Über seine wissenschaftlichen Leistungen zu urteilen, fehlt mir jede Kompetenz. Nach seiner Emeritierung hat er Sammlungen von Vorträgen allgemeinen und populär-medizinischen Inhaltes herausgegeben, die in Deutschland eine große Leserschaft fanden. Hoche lief Gefahr, in denselben Schichten berühmt und gelesen zu werden, die einst mit Kretschmers „Körperbau und Charakter" ihren psychiatrischen Dilettantismus befriedigten. Hoches Klarheit der Diktion und sprachliche Vollendung sind einzigartig, solange sachliche Dinge erörtert werden. Seine Versuche in Poesie und Gefühlsliteratur sind dagegen schwerer verdaulich.
Eine schon damals umstrittene Erscheinung war der Anatom E. Fischer. Er beschäftigte sich mit anthropologischen Studien, besonders der „Erbfor-

schung", und hat eifrig für Popularisierung unausgereifter „Vererbungsgesetze" gesorgt. In dem zweibändigen Werk E. Bauer, E. Fischer, F. Lenz „Menschliche Erblehre und Rassenhygiene" hat er das „wissenschaftliche" Substrat geschaffen, mit dem Hitler, Goebbels und Streicher ihre antisemitische Propaganda unterbaut und die physische Vernichtung der Juden gerechtfertigt haben. Es war durchaus logisch, daß Fischer der erste von den Nazis eingesetzte Rektor der Universität Berlin wurde. Ich werde später noch auf die ärztlichen und chirurgischen Konsequenzen der „Rassengesetzgebung" zu sprechen kommen, ein besonders düsteres Kapitel ärztlichen Versagens im Dritten Reich. Hier sei nur ein Schriftsatz aus der Ansprache von Justice Robert H. Jackson zur Eröffnung des Nürnberger Prozesses zitiert: „Die Geschichtsschreibung kennt kein Verbrechen, das an so vielen mit so ausgesuchter Grausamkeit begangen wurde", und der Herausgeber der dokumentierten Sammlung „Hitlers Professors", Max Weinreich, fügt hinzu: „In der Geschichte der Menschheit hat es Dschingis Khans und Eugen Fischers gegeben, aber niemals zuvor haben die beiden wie bei den Nazis zu gemeinsamer Arbeit sich verbunden."

Es ist bedauerlich, daß dieses traurige Kapitel deutscher Wissenschaft nur zu schnell der Vergessenheit verfällt. Als Fischer – 83 Jahre alt – starb, wurde sein Ableben, auch in den Schweizer Zeitungen, mit dem Zusatz mitgeteilt, daß er ein „berühmter Vererbungsforscher" gewesen sei – „fragwürdig" wäre treffender gewesen.

Wie viele Männer, die in ihrem Berufe Hervorragendes leisten und zu führen erkoren sind, glaubte Aschoff an die Überlegenheit seiner politischen Überzeugungen. Während er aber Schwächen und Unsauberkeiten wissenschaftlicher Arbeiten sofort erkannte, war er auf politischem Gebiet weniger kritisch – beeindruckt von Schlagworten und Schaustellungen.

Eine Korrespondenz, die ich mit ihm über sein Verhältnis zu Hitlers Regime hatte, führte dann auch schließlich zur Entfremdung. Bei der großen Anhänglichkeit und Verehrung, die ich für ihn hatte, war es ein schwerer Entschluß, einen Austausch abzubrechen, der 16 Jahre bestanden und durch den ich viel gelernt hatte.

Unter seinen eigenen Fachkollegen begegnete Aschoff mancher Gegnerschaft, die zum Teil auf seine gelegentlich scharfe Kritik, mehr aber noch auf Neid zurückzuführen war.

Seine Stellung innerhalb der deutschen Medizin war überragend, sein Einfluß auf medizinische Berufungen an deutsche Universitäten einzigartig. Für das Ausland war er schlechterdings der Repräsentant deutscher Pathologie, der geistige Nachfolger Virchows. Da obendrein seine wissenschaftliche Arbeit fast alle Gebiete der Pathologie umfaßte, sein Lehrbuch für Studenten und Kliniker die bevorzugte Informationsquelle war, hatte das Freiburger Institut den größeren in Berlin, München, Leipzig den Rang abgelaufen. Daraus resultierte ein Ressentiment, das z. B. in O. Lubarschs, des Berliner Pathologen, (s. S. 152) Mund – in einer persönlichen Unterredung – den Ausdruck der Gehässigkeit annahm. Das enge Verhältnis, das Aschoff zu seinen Assistenten hatte, und das sich auch über das Zusammensein im Institut ausdehnte, war ein weiterer Grund, ihn unter seinen Fachkollegen unpopulär zu machen. Es war kein glücklicher Entschluß der Kinder Aschoffs, seine Privatbriefe in einem „Ludwig Aschoff, ein Gelehrtenleben in Briefen an die Familie" betitelten Buch zu publizieren. Seine wissenschaftliche Persönlichkeit war frei von den Einseitigkeiten, Übertreibungen und der Sprunghaftigkeit, die er politischen, kriegerischen und gesellschaftlichen Ereignissen gegenüber gelegentlich annahm und die in dieser Korrespondenz ihren Niederschlag finden.

Das schöne Freiburger Jahr! Die Freude an der Arbeit, an den Schönheiten des Schwarzwaldes, das Fehlen eines praktischen Zieles – alles trug dazu bei, ein Gefühl von Sorglosigkeit aufkommen zu lassen, wie ich es weder in den Kriegsjahren noch später nach der Freiburger Zeit wieder gekannt habe – trotz zunehmender finanzieller Beengung, die mit der ansteigenden Geldinflation einsetzte. Da wir alle gleichmäßig an der Grenze des Existenzminimums lebten, war das kein Faktor, der das Herz beschwerte. In den Osterferien bot sich eine ideale Gelegenheit, der Ebbe in meiner Kasse abzuhelfen: ich spielte als Komparse in der zweiten Fassung des Filmes „Schnitzeljagd im Engadin" mit. Die Skiszenen wurden im Arlberg gedreht. Ein Quersprung vom schneebedeckten Dach einer kleinen Holzhütte war der Höhepunkt der schönen Abfahrtsbilder, die dann später Skibegeisterte in vielen Ländern ergötzt haben.

Natürlich hörten wir durch freundschaftlichen und beruflichen Umgang mit Assistenten der Kliniken viel über die klinischen Ordinarien. Der Chirurg Lexer war – für die Einwohnerschaft Freiburgs – der Stern der Fakultät. Seine Leistungen in der plastischen Chirurgie, Erzählungen von bildhauerischen Werken, ließen ihn im Lichte einer idealen Kombination von Operateur und Künstler erscheinen. Seine kurz angebundene Art trug dazu bei, ihn mit dem Mysterium übermenschlicher technischer Leistungen zu umgeben. Sein Lehrbuch der Allgemeinen Chirurgie hat ihn über Deutschlands Grenzen hinaus bekannt gemacht. Im Vortrag war er formvollendet, kurz und prägnant, wohl ein Geschenk seines Vaterhauses. Der ältere Lexer war Professor für Germanistik gewesen. Angriffe auf andere zeitgenössische Chirurgen belebten Vortragenden und Hörer. Jedenfalls war der Eindruck, den Lexer hinterließ, stark genug, um mich für plastische Chirurgie zu interessieren. Als bei der Übersiedlung Sauerbruchs Max Lebsche in München zurückblieb, hatte die Klinik keinen Chirurgen, der Freude an plastischen Eingriffen hatte, und so fiel mir von selbst dieses Gebiet zu – ob mit Erfolg, das mögen andere beurteilen.

O. de la Camp, der Ordinarius für Innere Medizin, zeichnete sich durch ein schönes Kolleg, große diagnostische Sicherheit und Liebe zu heiterem Lebensgenuß aus. Er war ein vornehmer, humorvoller Mann – vielleicht nicht ganz in der Lage, eine Persönlichkeit wie Aschoff zu erfassen oder zu verstehen. Als Aschoff – der Anhänger des 18stündigen Arbeitstages – ihm die Ankunft seines spätgeborenen Sohnes mitteilte, war seine Antwort: „Ludwig, wo hast du denn die Zeit dazu hergenommen?" Zur Chirurgie war de la Camp durch die Heirat seiner Tochter in familiäre Beziehungen gekommen. H. Bürkle – später Bürkle de la Camp – war Assistent und Oberarzt der Lexerschen Klinik und hat dann eine große und segensreiche Tätigkeit im westdeutschen Industriegebiet als Chefarzt des Krankenhauses „Bergmannsheil" in Bochum entfaltet. Nach seiner Emeritierung wurde er Generalsekretär der Deutschen Gesellschaft für Chirurgie. Eine regelmäßige Korrespondenz, die er mit mir in meiner Istanbuler Zeit unterhielt, hat ihn den Nazibehörden verdächtig gemacht. Ich habe ihn vor der Briefspionage gewarnt, durch die von der Nazi-Regierung die neuen Istanbuler Professoren anscheinend besonders ausgezeichnet wurden.

Es ist interessant, die Ursachen der bewußten und unbewußten Vernachlässigung zu untersuchen, mit der damals in Deutschland die ausländische chirurgische Literatur behandelt wurde. Sie ist in erster Linie beeinflußt worden durch die Einschätzung, die der chirurgische Leistungsstand der verschiedenen Länder erfuhr. Vor dem Ersten Weltkrieg hatte sich die Entwicklung der Chirurgie in den einzelnen Staaten nicht gleichmäßig vollzogen. Deutschland nahm zweifellos eine Spitzenstellung ein. Auf operativ-technischem Gebiet war am ehesten noch der angelsächsische Standard mit dem deutschen vergleichbar. Die Vorstellung einer von anderen unerreichten Höhe wurde zum Dogma der deutschen Chirurgen; sie fand ihren Ausdruck in der Beschränkung der wissenschaftlichen Studien auf die eigensprachliche Literatur. Der Erste Weltkrieg und die Nachkriegszeit hatten diese Einschätzung des Fremden nicht geändert. Warnende Stimmen von Ärzten, die Amerika und England besucht hatten, verhallten ungehört. Die bemerkenswerten Fortschritte, die als erste Folge der Spezialisierung in USA auf einzelnen chirurgischen Gebieten veröffentlicht wurden, erfuhren oft eine ironische, ja gehässige Kritik. Ich war im Jahre 1929 Zeuge, als eine zahlreiche, vom Wein beschwingte Tischgesellschaft führender Männer die Cushingschen Statistiken als fragwürdig bezeichnete. Die deutschen Chirurgen, die ein Spezialgebiet mit Vorliebe pflegten, waren eigenartigerweise besonders ablehnend gegenüber den Berichten, die aus Amerika kamen. E. Heymann, der Schüler und Nachfolger Fedor Krauses im Berliner Augusta-Krankenhaus, ein sehr erfahrener Hirnchirurg, übersah die großen praktischen Resultate der amerikanischen Hirnchirurgie und beschränkte sich darauf, sehr sorgfältig zu studieren, welche amerikanischen Arbeiten auf Grund einer ungenannten geistigen Anleihe in Europa entstanden waren. Sauerbruch, der die moderne Thoraxchirurgie geschaffen und der auch in Amerika volle Anerkennung und Würdigung gefunden hat, blieb durch die neue englisch-amerikanische Methodik der Lungenentfernung unbeeindruckt, obwohl die Fülle des publizierten Materials überwältigend, die Ergebnisse unvergleichlich besser waren als die der wenigen Thoraxchirurgen des europäischen Kontinents.

Nach dem Verlassen des Aschoffschen Institutes hatte ich mich, wie fast alle seine Assistenten, ununterbrochen seines Interesses und seiner Förderung zu erfreuen. Im Jahre 1922 oder 1923 kam er zum deutschen Turnerfest, das damals in München abgehalten wurde. Aschoff, ein begeisterter Turnvereinsbruder, war bis ins späte Alter noch aktiv tätig und hat auch uns Assistenten mit sanftem Zwang in die abendlichen Turnstunden seines Freiburger Vereins geführt. Ich freute mich sehr, als ich die Meldung seiner Ankunft in München erhielt, und brachte ihn auf seine Bitte in einem leerstehenden Zimmer der Klinik unter. Er hat in diesen glühendheißen Julitagen stundenlange Aufmärsche und den Stafettenlauf durch die Stadt München mitgemacht und war dann abends vergnügt wie ein junger Student. Sehr reizvoll war es, Aschoffs Begegnung mit Sauerbruch zu beobachten. Die gegenseitige Schätzung der beiden war bis dahin gering. Dem strengen Systematiker und Naturwissenschaftler Aschoff waren Sauerbruchs frühzeitige publizistische Ausflüge ins diagnostische und klinische Gefühlsleben unsympathisch. Sauerbruch wiederum belastete Aschoff mit einem moralischen Schuldteil an der Emeritierung des Chirurgen Küster, des Schwiegervaters von Münchens großem internen Kliniker Friedrich v. Müller. Die Affäre Küster hat in Chirurgenkreisen zwei Jahrzehnte hindurch ihre Aktualität nicht verloren, in der Hauptsache wohl durch Küster selbst, der in erzwungener Untätigkeit ein hohes Alter erreicht hat. Neben Sauerbruch, der oft über Küsters Abgang sprach, hörte ich einmal Enderlen, der Küsters Oberarzt gewesen war, sich dazu äußern – schließlich auch Küster selbst, den ich im Jahre 1927 in der Vertretung Sauerbruchs mehrfach ärztlich besuchte. Baron v. Küster war ursprünglich Chefarzt eines Berliner Krankenhauses, zu dem die Kaiserin Friedrich enge Beziehungen hatte. Die hohe Frau, deren Interesse für Medizin und ärztliche Personalpolitik bekannt war, sah in Küster den Mann, der auf einen Lehrstuhl gehörte. In der Tat war Küster ein Chirurg von großen Verdiensten. Ihr Wunsch wurde bald erfüllt; die Marburger Fakultät berief Küster. Nach einigen Jahren begannen – nach Küsters Meinung – Intrigen; nach Enderlens Meinung wurden operativ-technische Eigenheiten Küsters und einige unbedeutende Mängel Gesprächsgegenstand der Kleinstadt. Von irgendeiner Seite erfolgte eine Denunziation im Berliner Kultusministerium. Der Minister sandte eine aus Ordinarien bestehende Kommission nach Marburg. Aschoff und Enderlen, befragt, sollen, wenn auch nur andeutungsweise, den Kern der Beschwerden bestätigt haben. Die Kommission gab kein einheitliches Gutachten ab. Das Ministerium schickte H. Küttner als „Kronprinzen" zur Wahrnehmung der Geschäfte der Poliklinik, in der Hauptsache wohl zur Beobachtung von Küsters Wirken. Diese Kronprinzenlösung für die Kontrolle von „altmodischen" Chefs war damals in Marburg Mode: L. Brauer, der spätere Hamburger Kliniker, war mit E. W. Mannkopfs, W. Stöckel mit F. Ahlfelds Beobachtung betraut. Küttner muß wohl Schuld daran gehabt haben, daß zu einer Zeit, als ein festes Emeritierungsalter noch nicht existierte, Küster der Rücktritt nahegelegt wurde. Grollend zog er sich ins Privatleben zurück und bemühte sich hinfort, Aschoff, Enderlen und Küttner soweit wie möglich seine Mißachtung merken zu lassen. Diese Haltung hatte wenig Einfluß auf die Karriere der Betroffenen: Aschoff wurde Ordinarius in Freiburg und erhielt Berufungen nach Berlin und Wien, die er ablehnte; Enderlen bekam die chirurgische Lehrkanzel in Basel, Würzburg, dann in Heidelberg; er war zu seiner Zeit mit Recht der bewundertste Operateur Deutschlands. Küttner wurde Ordinarius in Breslau. Trotzdem haben alle drei noch bis zum Ende ihrer Amtstätigkeit manche trübe Stunde durch Küster gehabt.

Aschoff und Sauerbruch fanden sich diesmal schnell; Sauerbruchs persönliche Abneigung war, wie so oft, verflogen, als er merkte, daß der andere sich für ihn, seine Arbeit und seine Klinik interessierte.

Als Aschoffs Kollegassistent mußte ich einen Platz in der ersten Hörerreihe reserviert halten. Zu diesem Zweck war meine Visitenkarte dort befestigt. Eines Tages fand ich von zarter Frauenhand unter meinen Namen die Worte geschrieben: „Vornehm und müde, treulos und schlank".

Auf der hintersten Bank des Auditoriums, für ihre Unberührtheit von Studenten und Assistenten sorgsam überwacht, waren Verse eingeschnitzt:

> Weil Deine schönen Augen sterblich sind
> Erfüll mir diesen Wunsch auf Erden
> Schenk Deine Augen einem Kind
> Und laß mich diesem Kinde Vater werden –
> (daneben mit kleinerer Schrift:
> „man merkt die Absicht und man wird verstimmt!")

Aschoff, der sonst Zweideutigkeiten gar nicht schätzte, überzeugte sich doch von Zeit zu Zeit, ob die bemerkenswerten Schnitzereien, wie er es nannte, noch erhalten seien. – Sie sind wohl dem Kriege zum Opfer gefallen.

Nach Abschluß einer wissenschaftlichen Arbeit („Über den Soorpilz im chronischen Magengeschwür") schlug Aschoff vor, daß ich über die Untersuchungen auf dem nächsten Kongreß der Deutschen Gesellschaft für Pathologie vortragen solle. Die Tagung fand in Jena statt. Die Inflation hatte schon kräftig eingesetzt (1921). Für uns Freiburger Assistenten reichte es beim Frühstück nur zu trockenem Brot mit mikroskopischen Mengen von schlechter Marmelade. Als E. Hedinger, der Basler Pathologe, unseren kümmerlichen Frühstückstisch sah, rief er den Kellner heran: „Bringen Sie jedem der Herren drei Eier; ich bezahle sie", waren seine Worte, deren Resonanz bis heute in meinem Herzen verblieben ist. Der Vortrag – es war mein erster in der medizinischen Öffentlichkeit – ging schlecht und recht. Ich wußte nicht, daß ich mit der Ablehnung eines Zusammenhanges von Soorpilz und Magengeschwür in ein Wespennest gestochen hatte. Der Genfer Ordinarius der Pathologie, M. Askanazy, hatte es behauptet; sein Schüler H. v. Meyenburg, damals in Lausanne, suchte mich zu widerlegen. Ein Jahr später erschien eine sehr ausführliche und sorgfältige Arbeit von Askanazy, in der, soweit ich mich erinnere, „Herr Nissen" schlecht wegkam (in einem wissenschaftlichen Werk vor den Namen eines Autors „Herr" zu setzen, war eine Art satirisch-literarischen Mordes). Schließlich – vielleicht nach zwei, drei Jahren – gab Askanazy ohne Umschweife zu, daß er sich geirrt hatte. Diese eindeutige Erklärung entsprach dem Wahrhaftigkeitssinn dieses Mannes, der ein bekannter pathologisch-anatomischer Diagnostiker war und in schwierigen diagnostischen Fällen auch von uns in Anspruch genommen wurde. Während der Fortbildungswoche der Schweizerischen Medizinischen Wochenschrift in Luzern (1937) traf ich ihn, und wir konnten Versöhnung feiern.

Ich kann mich nicht erinnern, daß ich nach der Malepisode geschwankt habe, ob ich Chirurg werden sollte. Als das Jahr am Aschoffschen Institut sich seinem Ende näherte, mußte ein Entschluß über den Weg der chirurgischen Ausbildung gefaßt werden. Die Geldinflation in den Nachkriegsjahren begann das Vermögen meines Vaters zu entwerten. Glücklicherweise hatte inzwischen die Regierung mit einem akademischen Mißstand der Nachkriegsjahre aufgeräumt: der außergewöhnlich schlechten Bezahlung der Assistenten. Ohne sehr nachdrückliche elterliche finanzielle Unterstützung war es für einen jungen Arzt kaum möglich, an Universitätsinstituten oder -kliniken Assistent zu werden. Das wurde nun anders. Nur hatten jetzt die berühmten Kliniken soviel Zulauf, daß eine große Zahl von Ärzten ohne jede Entlöhnung als „Volontäre" ihren Dienst tun mußten. Ich hatte keine akademischen Ambitionen, dachte vielmehr daran, nach vollendeter Fachausbildung die Klinik meines Vaters zu übernehmen. Küttner, der Ordinarius von Breslau, der Universität meiner Heimatprovinz, hatte meinem Vater angeboten, mich als Assistenten zu nehmen. Das war eine willkommene Lösung. Da Küttner eine bezahlte Assistentenstelle erst nach Ablauf eines Jahres zur Verfügung hatte, sah ich die Möglichkeit, vorher in einer anderen chirurgischen Klinik zu volontieren. Die Wahl fiel auf München. Sauerbruch hatte ich einige Jahre vorher auf einer Feldchirurgentagung zum ersten Male gesehen. Der jugendliche schlanke Mann mit seiner frischen und überzeugenden Art zu sprechen beeindruckte alle Zuhörer. Man erzählte sich chirurgische Wunderdinge von dem Vierzigjährigen, der damals schon seit vier Jahren ordentlicher Professor für Chirurgie in Zürich war. Ein Jahr später wurde er im ganzen Volk bekannt durch seine Methode der operativen Umformung von Amputationsstümpfen. Dieses Verfahren und seine thoraxchirurgischen Arbeiten brachten ihm 1918 den Ruf auf den zweitbedeutendsten chirurgischen Lehrstuhl Deutschlands – nach München. Der letzte bayerische König vollzog noch zwei Monate vor seiner Abdankung die Bestellung Sauerbruchs und verlieh dem 43jährigen den Titel eines Geheimen Hofrates, mit dem sonst nur ältere Professoren geschmückt wurden.

Ich fragte meinen Vater, was er davon halte, wenn ich mich bei Sauerbruch um eine Volontärstelle bewerbe – als eine Art Übergang zur Küttnerschen Klinik. Sauerbruchs einzigartige Stellung in der Chirurgie war mir unbekannt, und ich muß gestehen, daß die Nähe der Berge, die Möglichkeit zum Wandern und Skifahren bei der Entscheidung ausschlaggebend waren. Mein Vater benutzte seine sommerliche Erholungsreise, um einige Tage in der Münchener Klinik zu verbringen. Seine Beschreibung von Sauerbruch und seiner Klinik ist mir heute noch in Erinnerung wegen der Klarheit, mit der er das Für und Wider erörterte, die Stärken von Sauerbruchs chirurgischer Persönlichkeit wie seine Schwächen. Er ließ keinen Zweifel darüber, daß Sauerbruch der profilierteste Repräsentant der deutschen Chirurgie sei, und hielt einen einjährigen Aufenthalt an der Klinik für gut angebracht. Aschoff schrieb zu Sauerbruchs Orientierung einen Brief, der anscheinend seine Wirkung nicht verfehlte. Ich erhielt eine kurze Notiz, daß ich als Volontärassistent vorgemerkt sei. Da ich noch zwei wissenschaftliche Arbeiten zu vollenden hatte, mußte ich auf einen Sommerurlaub verzichten und trat Ende September die Reise nach München an. In den folgenden Blättern, die von zwölf Jahren Arbeit an der Münchener und Berliner Klinik erzählen, wird oft von Sauerbruch die Rede sein. Dabei ist selbstverständlich, daß auch Schwächen seines Charakters und Schattenseiten seines Wesens zutage treten werden; im Alltäglichen wurden sie gelegentlich aufdringlich. Aber bei der Gesamteinschätzung der Persönlichkeit treten diese Schönheitsfehler in den Hintergrund gegenüber einer ganz außergewöhnlichen wissenschaftlichen und klinischen Begabung, einem Ideenreichtum, der dem Genialen nahesteht, einem warmen und mitfühlenden Herzen und einer seltenen Hilfsbereitschaft.

Jetzt begann die wichtigste Zeit meines beruflichen Lebens. Wie immer für junge Assistenten ist im Anfang der Ausbildungsperiode das Verhältnis zu den Oberärzten und Mitassistenten für den Grad des Einfindens maßgebend. Ich hatte das große Glück, in W. Jehn und E. K. Frey die jungen Lehrmeister zu finden, die zwar nicht das Stöhnen über Arbeit und Entbehrung – es war die Spitze der Inflationszeit – überflüssig machten; beide aber waren voll Verständnis für die Schwierigkeit der Umstellung und für meine wissenschaftlichen Pläne, über deren utopisches Ausmaß sie wahrscheinlich nur geheim – und dann mit Recht gelächelt haben.

Von den zwölf Jahren Zugehörigkeit zur Sauerbruchschen Klinik war ich sieben Jahre hindurch sein unmittelbarer Mitarbeiter. Zu einer wichtigen Phase der Geschichte der Thoraxchirurgie wird man in diesen Zeilen manches Wichtige – wenn auch vielleicht zu subjektiv gesehen – finden. Als ich in die Münchener Klinik eintrat – der letzte von vielen Volontären –, war das erste Erlebnis der Schlußoperationstag, den Sauerbruch vor dem Antritt einer Vortragsreise nach Spanien abhielt. Als Zuschauer sah ich – wie gewöhnlich – vom Operationsfeld nichts: Die Präzision in der Aufeinanderfolge der Eingriffe, die verwirrende Schnelligkeit, mit der sie ausgeführt wurden, beeindruckten mich aufs stärkste. Nach Beendigung des Operationsprogrammes wurde ich in Sauerbruchs Dienstzimmer dirigiert, wo der Chef in blutbefleckter Hose frühstückte und gelegentlich einem großen Wolfshund, der sich drohend neben mich postiert hatte, einen Brocken hinwarf; dann fiel sein Blick auf einige Papiere, unter denen sich anscheinend Aschoffs Brief befand. Plötzlich verschwand der müde und uninteressierte Blick aus Sauerbruchs Gesicht; er erkundigte sich nach Aschoff, den Institutsaufgaben, an denen ich teilgenommen, sprach sehr warm von meinem Vater, der Breslauer Zeit an der Mikuliczschen Klinik, den Beziehungen von pathologischer Anatomie zur Chirurgie. Er schloß mit den Worten: „Zeigen Sie, daß Sie eines so prächtigen Menschen würdig sind, wie es Ihr Vater ist!" Dann wurde ich an Jehn verwiesen, der in Vertretung R. Haeckers amtierender Oberarzt war. Jehn folgte einer damals anscheinend als psychologisch besonders wirkungsvoll betrachteten Klinikpolitik, wenn er Volontärtätigkeit und Beförderungsaussichten in den düstersten Farben schilderte. Da ich meiner Anstellung an der Küttnerschen Klinik ziemlich sicher war, machte mir diese Eröffnung keinen Eindruck. Der Entschluß, die Klinikarbeit den Bedürfnissen des Skifahrens unterzuordnen, fiel nur leichter. Von dem Konkurrenzkampf, der sich um freiwerdende bezahlte Assistentenstellen entspann, hielt ich mich fern. Für fünf Monate war das die einzige persönliche Berührung, die ich mit dem Chef hatte. Als x-ter Volontär wurde ich einer Station zugeteilt und im Operationssaal – wenn überhaupt – mit kurzen Narkosen beschäftigt. Das Gefühl, weitgehend überflüssig zu sein, hätte vielleicht zu deprimierenden Reaktionen geführt, wenn ich nicht mein Hauptinteresse auf Wanderungen im oberbayerischen Gebirge verlegt hätte. So betrachtete ich die Klinikarbeit von einem reichlich distanzierten Standpunkt aus.

Als sich die Gelegenheit bot, einen Arzt in Tegernsee zu vertreten, griff ich – es war ein herrlich schneereicher Winter – sofort zu: tagsüber besuchte ich auf Skiern Kranke in den entlegenen Tälern, um abends und nachts am Faschingstreiben des damals noch recht abgeschlossenen Städtchens teilzunehmen. Mein Interesse an der Klinik war so gering, daß ich die Einweihung des neuerbauten Operationstraktes versäumte. Von der Größe Sauerbruchs erfaßte ich nur ein wenig, wenn ich seinen Vorlesungen, besonders denen der allgemeinen Chirurgie, lauschte. Während der Weihnachtsferien fuhr ich noch mal nach Freiburg, um in Aschoffs Institut eine wissenschaftliche Arbeit fertigzustellen und anschließend auf dem Feldbergerhof Abschied vom winterlichen Schwarzwald zu feiern. Nach München zurückgekehrt, fand ich einen Brief Aschoffs vor, in dem er schrieb, daß die Klinische Wochenschrift (die Nachfolgerin der Berliner Klinischen Wochenschrift) zur Einführung in einer ihrer ersten Nummern gern eine Arbeit von ihm (Aschoff) über das chronische Magengeschwür gebracht hätte. Beigefügt war die Kopie der Antwort Aschoffs an den Redakteur der Wochenschrift: Er selbst sei aus Zeitmangel dazu nicht in der Lage, habe aber, das Einverständnis der Redaktion voraussetzend, mich um die Abfassung des Artikels gebeten, da ich auf diesem Gebiete „mit Erfolg wissenschaftlich gearbeitet" habe. Wohl in der Annahme, daß ich einer der älteren Fachpathologen des Instituts sei, akzeptierte man den Vorschlag. Ohne die Konsequenzen zu ahnen, setzte ich mich hin und schrieb die kurze, übrigens recht lückenhafte und stilistisch unbeholfene Arbeit nieder, schickte sie Aschoff ein, der sie an die Redaktion weitersandte. Ich war selbst am meisten erstaunt, als die Arbeit als zweiter Hauptartikel eines der ersten Hefte der Klinischen Wochenschrift erschien.

Allerdings erfuhr ich die Tatsache auf überraschende Weise: Zu Beginn eines der allmonatlichen Referierabende der Klinik, an denen über wichtige wissenschaftliche Arbeiten von verschiedenen Assistenten berichtet wurde, erschien Sauerbruch mit einer Zeitschrift gestikulierend und fragte mit leicht gereiztem Ton den Oberarzt: „Haben wir nicht einen Volontärassistenten Nissen?" Haecker bestätigte das. „Ist sein Vorname Rudolf?" Auch das wurde bejaht. Sehr zu meinem Mißbehagen mußte ich mich erheben. „Ist der Artikel von Ihnen?" ging das Verhör weiter – begleitet von heftigen Schlägen seiner Hand gegen die unschuldige Zeitschrift. Da ich nicht wußte, daß der Artikel inzwischen erschienen war, bat ich, das corpus delicti betrachten zu können. Als ich bestätigend nickte, fragte der Allgewaltige mit Stentorstimme: „Wissen Sie nicht, daß jeder Assistent verpflichtet ist, seinem Chef beabsichtigte Publikationen vorzulegen?" Auf meinen nüchtern vorgetragenen Einwand, daß die Arbeit aus dem Aschoffschen Institut, nicht aus seiner Klinik stamme, erfolgte die noch unerwartetere Frage: „Wie kommt es, daß die Arbeit an bevorzugter Stelle gedruckt ist?" Von der eigenartigen Logik erschüttert, konnte ich keine Antwort geben und verschwand in der Tiefe meines Stuhles. Es wurden programmäßig die geplanten Referate vorgetragen, als plötzlich, vielleicht eine halbe Stunde später, der Chef seinen Kopf energisch zum Tischende (wo ich saß) richtete und etwas unmotiviert sagte: „Die Arbeit ist übrigens gut." Damit war der Kontakt wieder für einige Wochen unterbrochen; ich lebte neben den Klinikereignissen hin, assistierte öfters bei Operationen, allerdings meist den Operateuren, die durch lange Dauer ihrer Eingriffe ein Schrecken der jungen Assistenten geworden waren.

Die unmittelbare Folge der Aufdeckung meiner publizistischen Sünde war die herbe Unterbrechung der Freiheit, deren ich mich in Ausübung – oder Nichtausübung – meines Dienstes zu erfreuen hatte. Ich wurde mit der Beaufsichtigung pathologisch-anatomischer Aufgaben des Kliniklaboratoriums betraut. Dazu gehörten die histologischen Schnelldiagnosen von Gewebsmaterial, das während Operationen entnommen wurde. Gelegentlich (wie beim Brustdrüsen- oder dem Lungenkrebs) hing die Weiterführung der Operation davon ab. Stations- und Laboratoriumsdienst machten einen vollen Arbeitstag aus, kaum daß die Sonntage für Wanderungen frei blieben. Das Laboratorium war – besonders für tierexperimentelle Zwecke – gut eingerichtet. Aus der Not der neuen Pflicht machte ich eine Tugend. Ich konnte einen langgehegten Plan, die Bronchusunterbindung, zur Durchführung bringen. Einige, von anderen Herren „abgelegte" Versuchshunde waren zu dem Zweck geeignet. Das Arbeitsziel war zweifach: die Heilung tuberkulöser Kavernen durch künstlich herbeigeführten Verschluß des zugehörigen Luftröhrenastes (s. S. 284) und die Erleichterung der Lungenlappenentfernung nach vorangehender Unterbindung des Bronchus. Wegen der Unzuverlässigkeit jeder Art von Bronchusverschluß war damals (1922) die Lungenlappenentfernung fast immer zum Mißerfolg verurteilt.

Die alte Freude an experimenteller Arbeit kehrte wieder; ich brachte viel Zeit am Mikroskop und in der Bibliothek zu. Nach einigen Monaten war es soweit, daß ich ans Niederschreiben gehen konnte, und ich betrachte heute noch die kleine Arbeit als eine meiner besten.

In diesen erfolgsseligen Frieden brach kurz vor Beginn der Semesterferien 1922 ein Brief von Küttner, in dem er mir mitteilte, daß die versprochene Assistentenstelle an seiner Klinik am 1. Oktober frei sei. Inzwischen hatte ich mit Sauerbruch kaum noch ein Wort gewechselt, außer wenn ich ihm die Resultate einer Schnelluntersuchung mitzuteilen hatte. Das erste Empfinden war das des Bedauerns über das Ende der ungestörten Stunden im Laboratorium. Dann aber kamen realistische Überlegungen, die mit der Inflation und meiner prekären finanziellen Lage zusammenhingen. Jetzt war der Weg der nächsten Jahre vorgezeichnet: vier oder fünf Jahre Assistent bei Küttner, in denen ich meinem Vater aus der Tasche war, und dann die Zusammenarbeit mit ihm in Neisse.

Am nächsten Morgen ging ich zu Sauerbruch, um ihm mein Ausscheiden aus der Klinik mitzuteilen. Die Unterhaltung war nicht ohne dramatische Beigaben. Er ließ sich Küttners Brief zeigen, legte ihn zur Seite und fragte mich, warum ich von München wegdränge. Ich berief mich auf den Bewerbungsbrief, den ich von Freiburg an ihn geschrieben und in dem ich um eine einjährige Volontärstelle gebeten hatte. Ohne weiter darauf einzugehen, fragte er, ob ich wissenschaftlich weitergearbeitet habe. Ich berichtete kurz über die Experimente mit Bronchusunterbindung und erhielt darauf die Antwort: „Warum haben Sie mir nicht schon längst etwas davon erzählt?" Dann wurde er sehr nett und bat mich, die Ergebnisse der Versuche „sofort" zusammenzustellen und für den nächsten Vormittag eine Demonstration der Präparate, Bilder und histologischen Schnitte vorzubereiten.

Über Nacht korrigierte ich das Manuskript zum x-ten Male, ordnete das Demonstrationsmaterial, und in der Tat brach Sauerbruch am folgenden Tag die Operationen um zehn Uhr vormittags ab, und im Laboratorium erschien ein Sauerbruch, den ich noch nicht gekannt hatte. Er war ruhig und interessiert, sprach nachdenklich und ermunternd, hörte aufmerksam zu, ohne zu unterbrechen. Es ergab sich eine sachliche und liebenswürdige Diskussion, an der er anscheinend genausoviel Freude hatte wie ich. Die Zeit war im Flug vergangen. Nach zwei Stunden machte er Anstalten zu gehen, setzte sich aber doch wieder hin und erzählte von den Anfängen seiner Assistentenzeit bei Mikulicz in so faszinierender Weise, daß ich jede Befangenheit verlor und nur die Freude dieser Stunde auskostete. Mit dem Manuskript unterm Arm zog er dann ab und bestellte mich für den nächsten Tag wieder. Am Abend wurde aber der Oberarzt zum Chef bestellt und erfuhr von ihm, er habe seine Pflicht versäumt, indem er nichts dafür getan habe, daß der „einzige, der wissenschaftliche Begabung hat, sich an der Klinik wohl fühlt". Die Folge davon war, daß für eine kurze Zeit Haecker sein Mißvergnügen über den Vorwurf mich nachdrücklich fühlen ließ.

Die Unterredung bei Sauerbruch am nächsten Tage bedeutete die Schicksalsstunde meines beruflichen Lebens. Sie begann mit dem Hinweis, daß ich an seiner Klinik bleiben solle (er werde an Küttner schreiben, was er nie tat) und vom nächsten Monat ab eine wissenschaftliche Assistentenstelle erhalten werde (die er zunächst aus eigenen Mitteln bestritt). Die Arbeit werde in der Deutschen Zeitschrift für Chirurgie veröffentlicht. Ich hatte das peinliche Gefühl, daß Sauerbruch Hoffnungen auf meine Zukunft setzte, die ich nicht erfüllen könnte, und ich ging noch einmal zu ihm und brachte das so nüchtern und distanziert wie möglich zur Sprache. Während die bisherigen Unterredungen von seiner Seite aus eher superlativ waren, wurde er jetzt in der Unterhaltung nüchtern und sorgsam überlegend. Noch heute, wenn ich an ihn zurückdenke, sehe ich ihn so vor mir, wie er mir bei dieser Besprechung und bei vielen anderen, die in den nächsten zwölf Jahren folgten, erschien. Ich glaube, daß diese Unterhaltung unser ganzes künftiges Verhältnis beeinflußt hat. Er sprach von der Schule, deren Aufbau ihm in Zürich, vielleicht weil er zu jung gewesen, nicht so wesentlich erschienen war wie jetzt in München, erwähnte, daß er seine hoffnungsvollsten Oberärzte, E. D. Schumacher und E. Stierlin, zu einer Zeit durch den Tod verloren habe, als sie sich zu entfalten begonnen hatten; er sprach von den Schwierigkeiten, die sich aus der mehr praktischen Neigung und auch Gleichaltrigkeit von Haecker, dem jetzigen Oberarzt, ergaben. Ich war beruhigt, daß er meine Tätigkeit, die bisherige und die künftige, ohne Illusionen sah, um so mehr als ich mit der operativen Technik bisher so gut wie gar nicht in Berührung gekommen war.

Ich bat mir eine Woche Bedenkzeit aus, um meinen Vater zu konsultieren. Darin kam Sauerbruch mir zuvor; er schrieb an meinen Vater. Ich habe den Brief erst sieben Jahre später, nach dem Tod meines Vaters, gelesen. Er enthielt Versprechungen für meine Zukunft, die in dem Augenblick, als der Brief verfaßt wurde, phantastisch erscheinen mußten und die Sauerbruch doch bis zur letzten Einzelheit gehalten hat.

Mein Vater riet mir, in München zu bleiben. Ich tat es und habe es gewiß nicht zu bereuen gehabt.

Wie nicht anders zu erwarten war – eine Lebenserfahrung, die ich allerdings erst viele Jahre später verarbeitet habe –, folgte eine steile Antiklimax. Ich war über den Kopf von vielen auf ihre Anstellung wartenden Volontären hinweg befördert und plötzlich in den Operationsdienst eingeschaltet worden. Die Defekte, die ich auf chirurgischem Gebiet hatte, wurden mir unmißverständlich klargemacht. Ich erhielt reichlich Gelegenheit zum Operieren und Assistieren. Damals habe ich zum ersten Male die Wohltat wissenschaftlicher Arbeit empfunden; sie allein war und ist heute noch in der Lage, mich über Verstimmungen und unerfreuliche berufliche Situationen hinwegzubringen. Ganz besonders aber war es die Freundschaft von Ada Hansen und Fritz Klinge (die beide der Klinik nicht mehr angehörten), welche ein wohltätiges Gegengewicht zu manchen Härten des Kliniklebens bildete.

Der Kontakt mit dem Chef brachte – wie in Freiburg – die Vorbereitung seiner Vorlesungen. Ich tat es mit Liebe und Überzeugung; in der allgemeinen Chirurgie ergänzte ich jedes Vortragsthema durch experimentelle Demonstrationen, die nach der Vorlesung im Hörsaal und den anliegenden Räumen vorgenommen wurden. Sie fanden trotz der zusätzlichen zeitlichen

Inanspruchnahme das Interesse der Studenten. Die Perfektion, die ich der Vorlesungsvorbereitung zu geben suchte, hatte eine lange, unangenehm nachwirkende und problematische Folge: wenn in den nächsten zwei, drei Jahren der Nachfolger in der Kollegassistenz einmal nicht funktionierte, mußte ich „aushelfen".

Die zweite Berührung mit Sauerbruch ergab sich durch die mikroskopische Schnelldiagnose während der Operationen. Die Vorstellung, die Sauerbruch von meinen histologisch-diagnostischen Kenntnissen und Erfahrungen hatte, war ehrend, aber erheblich übertrieben. Ich versuchte immer wieder, dieses entscheidungsschwere Amt mit dem Hinweis auf das pathologische Institut loszuwerden.

Selbstverständlich war auch unser – der Assistenten – Leben durch die Inflation stark beeinflußt. Als Gehaltsempfänger gehörten wir zu denen, die durch die tägliche Geldentwertung am stärksten betroffen waren. Es war nur ein Glück für uns, daß die Bezahlung von Wohnung und Verpflegung mit dem gleichen zeitlichen Verzug geschehen konnte. Immerhin wurde es klar, daß wir uns an den großen Rettungsanker – die Geldanlage in Aktien – klammern mußten. Im Kreis der Freunde, die sich zu einem gemeinsamen Börsengeschäft entschlossen hatten, war Manfred Schenk der finanziell Begabteste. „Seinem" Bankier, Friedrich Johann Gutleben, vertrauten wir allwöchentlich Teile unseres Gehaltes an. Schenk zog so gut wie jeden Vormittag – von Franz Krampf und mir in seiner Stationsarbeit entlastet – in die Bank und ließ Papiere kaufen, die bei fingiertem Verlustausgleich in dem Maße an Wert zunahmen, als der Geldwert verfiel. Wir wurden die glücklichen Besitzer von Aktienpaketen, besonders zweier Unternehmen, der Hansabank und der Metallit-Werke. Als ich mit Ada Hansen eines Tages „unsere Werke" besichtigen wollte, fand sich wirklich die Hansabank als existierend, während bei den Metallit-Werken bisher anscheinend nur eine Art Gleisanschluß festzustellen war. Der Hitlerputsch fällt ungefähr in die letzte Phase der Inflation, Gerüchte über eine Konsolidierung der Währung waren wahrscheinlich der Grund, daß der Termin des Putsches mit Bedacht in diese verzweifelten Tage gelegt wurde. In der Tat hat die von Luther und Schacht konzipierte Rentenmark die politische Atmosphäre in relativ kurzer Zeit gereinigt. Dem Reinigungsprozeß fielen auch Hansabank und Metallit-Werke zum Opfer; die beiden Aktiengesellschaften verschwanden vom Kurszettel – aber wir hatten in stabiler Währung jetzt ein märchenhaft erscheinendes Einkommen von rund 300 Rentenmark monatlich.

Die Hoffnungslosigkeit, die unter den jungen Akademikern die Geldinflation begleitete, fand einen eigentümlichen Ausdruck. Es stand in den Zeitungen, daß in Nordamerika deutsch-amerikanische Turnvereine Lehrer suchten, möglichst solche, die im Besitz eines Examensdiploms seien. Mit einem

Freunde zusammen nahm ich an Abendkursen der Landesturnanstalt teil und erhielt nach einigen Monaten das Turnlehrerzertifikat. Sein Zweck war aber inzwischen durch die Deflation hinfällig geworden.

Von der inneren Klinikpolitik hatte ich mich bis dahin ferngehalten; immerhin war ich auf einem uninteressierten Wege mit den älteren Assistenten soweit bekannt geworden, daß ich zu gewissen subjektiven Eindrücken gekommen war. Jetzt ließen sich engere dienstliche und persönliche Beziehungen nicht vermeiden. Es war nicht schwer, Strömungen oder Unterströmungen und Cliquen in kurzer Zeit zu erkennen. Haecker war, bevor er als Erster Oberarzt an Sauerbruchs Klinik kam, Chef der chirurgischen Abteilung eines Krankenhauses im Ruhrgebiet gewesen. Beide, Sauerbruch und er, waren an P. L. Friedrichs Klinik in Marburg, und der meteorhafte Aufstieg Sauerbruchs veranlaßte ihn wohl, die Marburger Arbeitsgemeinschaft in München fortzusetzen. Haecker war eine glänzende Erscheinung, unverheiratet, ein Genießer vergnügten Lebens und hübscher Frauen. Er war ein hervorragender Operateur, meisterhaft in seiner Gelassenheit und souveränen Beherrschung der Technik. Sein klinisches Urteil war weniger gut entwickelt, vielleicht, weil er aus Bequemlichkeit die Anstrengung diagnostischer und indikatorischer Überlegungen gern durch den Entschluß „mal nachzusehen" ersetzte. Die Hand hatte die Vorherrschaft vor dem Gedanken. Da er aber geschickt, gewissenhaft und vorsichtig operierte, erwuchsen für die Patienten keine Nachteile aus seiner chirurgischen Eingleisigkeit. Seine natürliche Neigung ging zu Mitarbeitern, die in der Einschätzung der Technik ihm gleich waren, und wenn sie ihm obendrein die Mühe klinischer Untersuchung, Indikationsstellung und Nachbehandlung abnahmen, war er ihr erklärter Freund. Das Verhältnis zu Sauerbruch, das von der gemeinsamen Marburger Zeit her intim freundschaftlich war, litt in dem Maße, in dem Haeckers Bequemlichkeit zunahm.

Wer in sein Zimmer eintrat, war erstaunt über die aus dicken Folianten bestehende Bibliothek. Bei näherem Zusehen entpuppte sich die Hälfte der Bücher als Attrappen, die Grammophonplatten enthielten. Bei dem eindeutigen Subordinationsverhältnis, in dem an deutschen Kliniken Oberarzt und Assistenten zum Chef stehen, lag der Kern der Verstimmung in den durch die Gleichaltrigkeit gegebenen Umständen. Erschwerend war obendrein, daß Haecker ein rhetorisch nicht sehr begabter Lehrer und – im Gegensatz zu erfolgreichen Ambitionen seiner jungen Assistentenjahre – jetzt ohne Interesse für wissenschaftliche Forschung war.

Er bewarb sich bald um selbständige Krankenhausstellungen und nahm, nach mehreren Absagen, eine Position in Augsburg an, die für seine außergewöhnliche chirurgische Begabung und große Erfahrung zweifellos zu unbedeutend war.

Haeckers Nachfolger war Jehn, der Sauerbruch von Marburg über Zürich nach München gefolgt und während des Weltkrieges vorübergehend sein Adjutant gewesen war. Man hätte annehmen sollen, daß so viele Jahre gemeinsamer Arbeit ihn in idealer Weise für seine Stellung qualifiziert hätten. Sehr zum Nachteil aller, die an der Klinik tätig waren, bestanden erhebliche Spannungen zwischen beiden; sie verstärkten sich, als Jehn Oberarzt wurde. Jehn war ein geborener Forscher von großem experimentellem Geschick, schnell im Erkennen unklarer Punkte in wissenschaftlichen Deduktionen, theoretisch gut vorgebildet und von einem außergewöhnlichen Eifer in Verfolgung der Themen, die er sich zur Bearbeitung gesetzt hatte. Ihn fesselte das Problematische – in der Klinik wie in pathologischer Physiologie. Für Routinetätigkeit hatte er eine souveräne Verachtung; das erstreckte sich auch auf die Systematik operativer Technik. Von Haus aus manuell recht begabt, fand er keine Freude in der Durchführung „typischer Eingriffe". So groß seine Geduld im Laboratorium, an Mikroskop und Schreibtisch war, so sehr haßte er zeitraubende Freilegung der Gewebe, die hundertfache Wiederholung desselben Handgriffes, wie sie für Blutstillung und Naht notwendig sind. Eine operative Schulung ist bei einer solchen Veranlagung undurchführbar. Er blieb darum als Chirurg sein Leben lang unter dem Druck einer inneren Unruhe, die beim Operieren im Unterlassen ästhetischer Forderungen zum Ausdruck kam. Seine größte Befriedigung erlebte er nicht in der sachgemäßen Durchführung und im Erfolg schwieriger Eingriffe, sondern in der Vermeidung von Operationen, in diagnostischer Findigkeit. Als Lehrer war er unübertroffen. Bei glänzender rhetorischer Begabung sprach er prunklos, klug und mit voller Beherrschung der Literatur. Es ist ein Jammer, daß ein für das Lehrfach so prädestinierter Mann als Chef einer Krankenhausabteilung endete, die kaum etwas anderes als ein Übermaß an praktischer Tätigkeit bot. Hier war er sich seiner Abneigung voll bewußt. Wie viele in ähnlicher Lage fand er Erleichterung in Alkohol und Schlafmitteln. Familiäres Unglück trug ein übriges dazu bei, sein Leben zu verfinstern. Er verlor seine erste Frau im Wochenbett des zweiten Kindes. Seine zweite Ehe litt unter dem Vergleich mit der ersten, in der er soviel Glück gefunden hatte, als seine schwierige innere Formel es zuließ. Vom zweiten Jahr meiner Assistentenzeit ab stand ich ihm nahe und fand in ihm, was alle seine Freunde zu ihm hinzog: einen vornehmen Charakter von unbedingter Aufrichtigkeit, großzügig im Geben und Helfen, feinfühlig, zuverlässig und unerschütterlich in freundschaftlicher Gesinnung. Die letzten Jahre seines Lebens waren qualvoll für ihn, qualvoll auch für seine Freunde, ihn unter dem Druck von Leben und Beruf zusammenbrechen zu sehen. Als gar die Schlammwelle des Nazismus über Deutschland hereinbrach, wurde seine letzte Widerstandskraft gebrochen. Es war eine erlösende Geste des Schicksals, als er in seinem

51. Lebensjahr von einem Herzinfarkt in wenigen Minuten dahingerafft wurde.

Die klinische und operative Ausbildung der Münchener Assistenten wurde entscheidend beeinflußt von Max Lebsche – schon zu einer Zeit, da er selbst noch Assistent war. Er hatte die letzten fünf Jahre der Dienstzeit des Vorgängers O. v. Angerer miterlebt und war von Sauerbruch übernommen worden. Das Denken und Handeln dieses tief religiösen Mannes ging völlig in der Betreuung der Kranken und in der – mitunter recht pedantischen – Erziehung des ärztlichen Nachwuchses auf. Wissenschaftlich forschende Tätigkeit lag ihm fern, und wie manche der guten chirurgischen Praktiker betrachtete er sie und ihre Vertreter mit Skepsis. Er hatte um sich eine kleine, aber sehr anhängliche Clique gebildet, die alltäglich zum Nachmittagskaffee in seinem Zimmer zusammenkam und die Klinikereignisse in ihrem Sinne interpretierte. Daß die Harmonie der klinischen Zusammenarbeit durch eine solche Konventikelbildung gestört wurde, war nicht so sehr seine als die Schuld derer, die seinen Kreis bildeten und niemand als ihren „Meister", wie sie Lebsche nannten, gelten lassen wollten. Zeitweise haben sie das Leben für Jehn und andere nicht leicht gemacht. Die besondere Stellung von Lebsche ergab sich aus seiner außergewöhnlichen operativ-technischen Begabung, seiner großen klinischen Erfahrung und seiner tiefen Verbundenheit mit dem Haus und den Ordensschwestern, deren Einfluß nicht gering war. Die mangelnde Objektivität gegenüber vielen Assistenten, besonders solchen nichtbayerischer Provenienz, von jenseits der Mainlinie, hielt ihn nicht davon ab, jeden mit großer Geduld in einer systematischen operativen Ausbildung zu unterstützen. In diesem Sinne ist er mehr als die beiden Oberärzte Haecker und Jehn unser aller Lehrer geworden. Im Laufe von fast 50 chirurgischen Arbeitsjahren habe ich in vier Erdteilen sehr viele Chirurgen operieren sehen; ich habe keinen angetroffen, der Lebsche an souveräner Beherrschung der Technik und an Sorgfalt übertroffen hätte. In der Vielseitigkeit seiner methodischen Wege ist er für mich, wie wohl für die meisten unserer Assistenten, ein – unerreichtes – Beispiel gewesen, und alle, die ihre Lehrlingsjahre in der Münchener Klinik durchgemacht haben, verdanken ihm viel. Es ist eine bedauerliche Unterlassung, daß Lebsche nach dem Weggang von der Klinik kein größeres akademisches Arbeitsfeld gegeben wurde, auf dem er Schüler in seiner Operationsart ausbilden konnte. Als er nach Jehns Weggang Erster Oberarzt der Klinik wurde, erhielt er die Stellung de jure, welche er de facto schon seit Jahren eingenommen hatte. Mit der Präzisierung seines Amtes fielen die Unklarheiten weg, die ihn überempfindlich und mißtrauisch gemacht hatten. Er wurde ausgeglichen und zufrieden. Von den Einflüssen seiner Clique machte er sich jetzt fast vollkommen frei. Sauerbruch gegenüber besaß er genug Autorität, um ein auf gegenseitiger

Achtung basierendes Arbeitsverhältnis zu erreichen. Es hat nie ernstliche Differenzen zwischen den beiden gegeben. Um so bedauerlicher war es für Sauerbruch und die Klinik, daß er in München zurückblieb, als Sauerbruch 1927 nach Berlin ging. Lebsches Vorstellung vom norddeutschen Milieu ließ für ihn den Gedanken an eine Übersiedlung absurd erscheinen. Sauerbruch unternahm darum auch keine nachdrücklichen Versuche, ihn zur Sinnesänderung zu veranlassen. Lebsche erhielt bald die Münchener Chirurgische Poliklinik, eine Stellung, die seiner Neigung zur Einschränkung des Aktionsradius entgegenkam. Nur als nach H. E. Grasers Tod der Erlanger Lehrstuhl frei und durch O. Goetze besetzt wurde, dauerte es lange, bis er diese Zurücksetzung auf bayerischem Boden überwunden hatte. Mit dem Aufkommen des Nationalsozialismus geriet er in schwere Gewissenskonflikte. Der kirchenfeindliche Charakter der nazistischen Regierung war für ihn Grund genug, um jeden Kompromiß mit der neuen Regierung abzulehnen; ja, er ging so weit, die Verhandlungsbereitschaft der katholischen Kirche zu verurteilen. Als man ihn zwingen wollte, die verhaßte Hakenkreuzfahne an seinem Auto zu installieren, trat er von seiner Stellung zurück. Er war im damaligen Deutschland einer der wenigen, die mit solcher Konsequenz handelten. Der Orden, dem die Klinikschwestern angehörten, richtete ihm eine Privatklinik ein, die seinem Namen schnell zu großem Ansehen verhalf. Der Konkurrenzinstinkt ließ seine nazistischen Kollegen in München nicht ruhen. Nur der Ausbruch des Krieges hat verhindert, daß die Maria-Theresia-Klinik Lebsches von den Behörden geschlossen wurde, angeblich um der geplanten Untergrundbahn Platz zu machen. Während des Krieges nahm die Militärverwaltung seine Dienste in Anspruch. Beim deutschen Zusammenbruch war Lebsche einer der wenigen, die sich von den Nazis ferngehalten hatten. Viele amerikanische Militärchirurgen haben ihn in München in seiner ruhigen und unermüdlichen Art wirken sehen und kamen beeindruckt von seiner technischen Überlegenheit zurück. Seine tiefste Sorge in dieser Nachkriegszeit galt dem Schicksal seines bayerischen Heimatlandes. Die Zeit schien ihm reif, den alten Traum der Restauration der bayerischen Monarchie (der ihn seit jeher beschäftigte) zu realisieren. Er wurde einer der Gründer der Königspartei, dann ihr Präsident. Als die Partei zu wachsen begann und sich in der Öffentlichkeit lauter bemerkbar machte, wurde sie von der amerikanischen Militärregierung aufgelöst. Das war eine entscheidende Enttäuschung für Lebsche. Er zog sich von amtlichen Verpflichtungen zurück und konzentrierte sich wieder voll auf seine Privatklinik. Als ich ihn 1949 traf, war auch seine operative Arbeit von der Resignation gekennzeichnet. Den Fortschritten, die jenseits des Ozeans auf dem Gebiet der Thoraxchirurgie erzielt worden waren, stand er skeptisch gegenüber. Der wissenschaftlichen Literatur konnte er kein Interesse mehr abgewinnen. Man fühlte auch in der Unterhaltung – und ich besuchte und sah ihn im Laufe der folgenden Jahre recht häufig –, daß seine Gedankenwelt schon lange vor seinem Tod dem Jenseits zugewandt war, ungeachtet der Tatsache, daß er bei immer überfüllter Privatklinik von früh bis abends tätig war. Er starb 1957, nachdem er ein Jahr zuvor einen Herzinfarkt erlitten hatte, an einem neuen Anfall.

Den Jahren nach der älteste der Oberärzte der Klinik war Georg Schmidt, der als aktiver Militärarzt im Ersten Weltkriege den schwierigen Posten eines Adjutanten des Feldsanitätschefs O. v. Schjerning in einer von der ganzen Armee anerkannten Weise ausgefüllt hatte. Durch gemeinsame Assistentenzeit an der Mikuliczschen Klinik mit Sauerbruch verbunden, kam er nach dem militärischen Zusammenbruch nach München. Sauerbruch stellte ihn als Oberarzt der wissenschaftlichen Abteilung an und hat viele Jahre hindurch an ihm einen vorbildlich gewissenhaften, fleißigen und selbstlosen Helfer gehabt. Der operativen Technik war Schmidt durch zehn Jahre Truppen- und Kanzleidienst entfremdet; es gelang ihm nicht mehr, sich genügende technische Routine anzueignen. Aus dem klinischen und operativen Dienst schied er darum bald aus und wurde auf die Organisation der experimentellen Abteilung beschränkt. Wir jungen Assistenten hatten ihm viel zu verdanken. Er besprach mit uns das Programm experimenteller Arbeiten, machte durch seine militärisch-klare Diktion störrische und bequeme Laboratoriumswärter willfährig, beschaffte die zum Experiment notwendigen Tiere, besorgte uns die entsprechende Literatur, korrigierte den Stil unserer Arbeiten. Daneben hatte er die schwere und undankbare Aufgabe, wissenschaftliche Arbeiten und Vorträge Sauerbruchs vorzubereiten. Der 2. Band und die 3. Auflage des 1. Bandes der „Chirurgie der Brustorgane" tragen – besonders im Literaturverzeichnis – die Spuren von Schmidts Bienenfleiß. Dem Flug der Sauerbruchschen Ideen stand er meist mit Besorgnis, nicht selten mit ausgesprochenem Unbehagen gegenüber. Auseinandersetzungen auf diesem Gebiet endeten oft für beide Teile mit nachhaltiger Verstimmung. Nur Schmidts militärische Auffassung seines Verhältnisses zum „Chef" machte es ihm möglich, im weiteren Dienstverkehr seine Mißbilligung in der Tiefe seines Herzens zu bewahren. Man darf diese Haltung Schmidts nicht mit mangelnder Zivilcourage verwechseln; er konnte auch seinem „Chef" gegenüber sehr deutlich werden, wenn die allerhöchste Kritik außerdienstliche Dinge berührte. Schmidt blieb in München, als Sauerbruch dem Ruf nach Berlin folgte; er hat dann der Lexerschen Klinik noch fünf Jahre seine Kraft zur Verfügung gestellt. Im Herbst 1933 erlag er nach einer Appendix-Operation einer Lungenembolie. Ich verlor in ihm einen treuen Freund, den ich tief verehrt habe und dem ich sehr viel verdanke.

E. K. Frey war, als ich in die Klinik kam, einer der jüngeren Assistenten. Es umgab ihn bereits die Gloriole einer außergewöhnlichen chirurgischen Leistung. Im Ersten Weltkrieg hatte er als Chirurg einer bayerischen Sanitätskompanie es aus eigener Initiative unternommen, Schußverletzungen des Hirns nach sorgfältiger Wundreinigung zu verschließen. Die Selbständigkeit von Denken und Handeln muß unter den klinischen Vorstellungen und therapeutischen Gesetzen betrachtet werden, welche damals die Kriegschirurgie beherrschten. Frey verband die Reinigung der Wundhöhle (nach Erweiterung der Knochenlücke) mit einem Verschluß von Hirnhaut und Weichteilen, ein Verfahren, das die Prognose der Hirnverletzungen entscheidend verbesserte.

In der chirurgischen Kriegsliteratur wird dieses Verfahren mit dem Namen des Nobelpreisträgers R. Bárány in Verbindung gebracht. In der Tat ist er unabhängig von Frey zu dieser methodischen Neuerung gekommen, ebenso wie Cushing, der bei den alliierten Armeen später den gleichen Grundsatz durchsetzte.

Die wissenschaftlichen Arbeiten, die Frey an Sauerbruchs Klinik unternahm, bestätigten bald den Ruf der schöpferischen Begabung, mit dem er sein Klinikamt antrat. Er entwickelte sich für viele der Jüngeren zu einer Art von Idealfigur (die er heute noch ist): ein glänzender Operateur, der – im Gegensatz zu den Gepflogenheiten des Hauses – sein Werk ohne viel Reden und mit vollendeter Höflichkeit tat. Das einzige strafende Wort, das er für Unachtsamkeit oder Ungeschicklichkeit der assistierenden Ärzte übrig hatte, war „Xaver". Nur der Ton, mit dem er diesen bayerisch-bodenständigen Vornamen aussprach, ließ Kritik vermuten. Daneben war er ein Alpinist hoher Klasse, ein begeisterter Skifahrer, musikalisch, in der schönen Literatur bewandert – und ein Jäger, dessen Hingabe an das Waidwerk nur mit einer Reihe von Superlativen zu beschreiben wäre. Durch seine Ehe mit Paula von Hösslin war er in den Kreis Altmünchener Familien gekommen, die weit mehr als die Universität dem gesellschaftlichen Leben ihre Prägung gaben. Lange Zeit war sein Leben überschattet durch das Leiden seiner schönen und hochbegabten Frau, seiner Kinder Mutter, die der Tod ihm auf der Höhe ihres Lebens nahm. Es entspricht seinem Unabhängigkeitsgefühl, daß er in den zwölf Jahren der Verbundenheit mit der Sauerbruchschen Klinik sich nie an interner Klinikpolitik beteiligt hat, sie vielmehr souverän mit unverkennbarer Mißachtung ignorierte.

Vor der Übersiedlung Sauerbruchs nach Berlin, während des Zwischenspiels der südamerikanischen Reise, vertrat Frey den Chef und begann die Berliner Klinik nach dem uns gewohnten Münchener Muster zu reorganisieren. Er tat das – wie es überall seine Art war – mit einem so hohen Maß von Takt und Rücksichtnahme, daß kaum Spannungen zurückblieben.

Wurde schon in den experimentellen Früharbeiten die Neigung zur Grundlagenforschung offenbar, so tritt Frey durch die in Gemeinschaft mit H. Kraut und E. Werle vollbrachten Arbeiten über das Kallikrein-Kinin-System und seiner großen Bedeutung in der Bekämpfung der akuten Bauchspeicheldrüsenentzündung in die Reihe der wenigen Männer unseres Faches, die den engeren Kreis der herkömmlichen chirurgischen Forschung verließen.

Es konnte nicht ausbleiben, daß die chirurgische Zunft für diese Arbeiten kaum Verständnis hatte, und es spricht für Freys außergewöhnliche chirurgische Leistungen, daß er – ich möchte fast sagen – trotz der Beschäftigung mit „unchirurgischen" Problemen 1930 auf den Düsseldorfer Lehrstuhl berufen wurde. 1943 wurde er – nach 25 Jahren wieder ein Bayer – indirekter Nachfolger Sauerbruchs in München.

Die Leistungen, die er in München vollbrachte, müssen unter den besonderen Bedingungen der Nachkriegszeit betrachtet werden: Die Baulichkeiten der Klinik waren zum größten Teil zerstört; im Kontrast dazu war die Chirurgie in eine neue und glänzende Entwicklungsphase getreten, welche eine erfolgreiche Arbeit in einem bis dahin unbekannten Grade von Apparaturen und Laboratoriumseinrichtungen abhängig machte. Unter den primitivsten räumlichen Verhältnissen hat er nicht nur eine Arbeitsstätte der modernen Chirurgie geschaffen; er hat die Münchener Klinik zur ersten Deutschlands gemacht.

Freys nachhaltige Wirkung liegt aber noch und ganz besonders auf einem anderen Gebiet: Die zahllosen Kranken, die sich ihm anvertrauten, kamen gewiß zu ihm und in seine Klinik wegen seines chirurgischen Rufes; sie verließen ihn, angetan von seinem Mitempfinden und einem hohen Maß menschlichen Taktes und Verantwortungsbewußtseins. Er war niemals ein Vorgesetzter, niemals ein „Ordinarius", und doch wirkte er stärker als jene, die beides betonen.

Alle, die ihm freundschaftlich verbunden sind, haben es als ein entscheidendes Glück betrachtet, als er nach langen Jahren der Einsamkeit Li gefunden hat, die durch ihren Frohsinn, ihre Kraft und Lebensbejahung seinem Dasein neuen Inhalt gegeben.

Nach der Berufung Freys nach Düsseldorf ereignete sich ein Zwischenfall, der – bei aller Komik – eine Vorahnung dessen gab, was drei Jahre später folgte.

Ein Chirurg, der sich für die Berufung auf einen Lehrstuhl als qualifiziert betrachtet hatte, vermutete, daß der jüdische Klang des eigenen Namens an seinen wiederholten akademischen Mißerfolgen schuld sei. Da Sauerbruchs Urteil in Berufungsfragen fast überall geachtet war, hielt „der Andere" es für richtig, Sauerbruch über die Fehlerfreiheit seiner Abstammung aufzuklären. Er schickte ihm, eingeschrieben und mit Eilpost, einen sorgfältig ausgearbeiteten Stammbaum ein, der bis ins 17. Jahrhundert zurückging und keinen Zweifel an seinem „Ariertum" ließ. Als Sauerbruch das Kunstwerk erhielt und betrachtete, war ich in seinem Zimmer. Ich sehe noch heute sein halb amüsiertes, halb empörtes Gesicht vor mir. Die Reaktion war schnell und kräftig. Er rief die Sekretärin herein und diktierte ihr ein Telegramm mit dem Wortlaut: Kann es nicht vor 1685 gewesen sein?

A. Brunner, jetzt emeritierter Direktor der Chirurgischen Universitätsklinik in Zürich, hatte Sauerbruch von Zürich mitgebracht.

Als er 1915 an Sauerbruchs Zürcher Klinik kam, war bei der Lungenchirurgie wenig mehr als ihr operativ-technisches Gerüst vorhanden. Obwohl die führenden Ideen der operativen Kollapstherapie von Internisten ausgegangen waren, blieb das Interesse der internen Kliniker an den neuen Möglichkeiten gering. An den Sauerbruchschen Kliniken, besonders der Münchener, hat dann Brunner unter sorgsamer Einschätzung von klinischem Verlauf und pathologisch-anatomischem Zustand des Leidens die operativen Richtlinien ausgearbeitet und sie monographisch dargestellt. Das war eine entscheidende Tat. Sie hat damals der Chirurgie der Lungentuberkulose ihre rationelle Basis gegeben.

Die betonte klinische Würdigung chirurgischer Aufgaben hat Brunner dann in St. Gallen und Zürich in großer und erfolgreicher operativer Arbeit auf allen Gebieten des Faches gepflegt. Die Zürcher Klinik wurde durch ihn und die in seiner Schule aufgewachsenen Mitarbeiter ein international bekanntes chirurgisches Zentrum.

Das Wunder der Heilung

Der Wunsch Sauerbruchs, interessante Männer kennenzulernen, führte ihn in der Mitte der zwanziger Jahre nach San Michele. Er mag vorher schon mit Axel Munthe korrespondiert haben. Munthe war jedenfalls auf den Besuch „thoraxchirurgisch" vorbereitet; man merkte, daß er die französische Literatur darüber gelesen hatte. Der Eindruck, den er auf uns beide machte, war – wenn man von seiner imponierenden Erscheinung absieht – eher enttäuschend. Die ununterbrochene Aufzählung fast unglaublicher und unerwarteter Heilungen wurde fast langweilig. Dann befragte er Sauerbruch wegen eines Patienten mit wiederholten Lungenblutungen, die auf einen Steckschuß zurückzuführen waren. Auf dem Rückweg von San Michele waren wir uns darin einig, daß Axel Munthe sich bei der Schilderung seiner Erfolge nicht ganz an die Tatsachen gehalten habe. Heute, da ich Ärzte ähnlicher Art – in Wesen und Erscheinung – öfters erlebt habe, glaube ich, daß hier ein Mann war, der durch den Glauben des Patienten an ihn und durch seinen Glauben an sich selbst das Maximum jener Wunderheilungen zustande brachte, die dem hohen Prozentsatz psychogener Beteiligung bei vielen, vielleicht den meisten Leiden entspricht. Mehr als vierzig Jahre später tauchte das Bild von Axel Munthe wieder auf, als ich auf Wunsch einer medizinisch-theologischen Arbeitsgemeinschaft in Basel über das Thema „Glauben und Heilung" zu referieren hatte. Das, was ich in kurzer Form zu sagen hatte, war natürlich nur skizzenhaft.

Auf eine früher geschilderte Erlebnisreihe (s. S. 27) ist es zurückzuführen, daß ich in den Vorlesungen der allgemeinen Chirurgie immer von dem Wunder der Heilung gesprochen habe. Gewiß, als Wunder bezeichnen wir nur das rational Unerklärbare. Die wissenschaftliche Forschung hat uns genau die geweblichen Vorgänge erkennen lassen, die sich bei der Heilung einer Wunde abspielen. Noch wissen wir aber nicht, welchen Kräften in der einzelnen Körperzelle der Anstoß zur Regeneration zu verdanken ist. Vielleicht werden wir eines Tages das Geheimnis enträtseln; dann wird ein Vorgang offenbar, der – wie schon oft – ein sogenanntes Wunder der naturwissenschaftlichen Erklärung zuführt.

Es erhebt sich jetzt die Frage, ob das Unbegreifliche der Schöpfung des Menschen dadurch einmal in den Bereich des Begreiflichen und Reproduzierbaren gerückt wird. Selbstverständlich ist es das Streben der Naturwissenschaft, das zu erreichen; man kann, wenn unsere dürftigen Kenntnisse von heute betrachtet werden, zum Schluß kommen, daß wir uns erst im Beginn einer Analyse des Zellebens und -entstehens befinden, daß wir also über das, was an Fortschritten zu erwarten ist, nichts aussagen können. Ich bin aber nicht ein so überzeugter Anhänger der unbegrenzten Allmacht naturwissenschaftlicher Forschung, um anzunehmen, daß dieses fundamentale Rätsel von Menschenhirn und Menschenhand gelöst werden wird. In diesem Punkte weiß ich mich in guter Gesellschaft: in der von Einstein, der die Verhältnisse folgendermaßen definierte: „Die schönste und tiefste Erregung, die wir erleben können, ist das Gefühl für das Geheimnisvolle. Es steht am Anfang der wahren Wissenschaft. Wer dieses Gefühl nicht kennt, wer sich nicht länger wundern und in Ehrfurcht hingerissen sein kann, ist so gut wie tot. Zu wissen, daß das, was für unseren Verstand undurchdringlich ist, wirklich existiert –, daß wir das, was sich als höchste Weisheit und strahlendste Schönheit erweist, mit unseren schwachen Kräften nur in ihrer primitivsten Form begreifen können – dieses Wissen, dieses Gefühl steht im Mittelpunkt unserer Religiosität."

Gegenüber dem *Glauben als Folge* des vielfältigen Wunders einer Heilung existiert eine *Heilung durch den Glauben*. In diesem Komplex ist es für mich schwer oder unmöglich, den religiösen Empfindungen eine bestimmte Stelle zuzuweisen. Es steht aber außer Zweifel, daß bei den Wunderheilungen, nach der Art der in Lourdes dokumentierten, religiöse Hingabe am Quell der Lebens- und Gesundheitshoffnung steht. Außerhalb dieses Rahmens liegen *die* körperlichen Veränderungen, die, tausendfach beobachtet, von Hoffnung oder Furcht, also auch vom Glauben, entscheidend beeinflußt sind. Im Negativen ist das bekannte Erlebnis, über das A. Jores berichtet, besonders eindrucksvoll: Ein Transportarbeiter wurde aus Versehen in einen Kühlwagen eingeschlossen, der von Chicago nach New York fuhr. Als man den Wagen in New York öffnete, fand man den Mann tot vor. In seinen Aufzeichnungen schilderte er genau, wie die Kälte an ihm hochkroch; er lebte in der festen Überzeugung, den Erfrierungstod zu sterben. Und er starb ihn auch. Aber – das Kühlaggregat war gar nicht eingestellt.

Eine Reihe ähnlicher Beispiele spricht für die überzeugende Kraft des Glaubens. Es ist aber bemerkenswert, daß die eindeutigste Wirkung in der Krankheits*erregung*, die weniger eindrucksvolle in der *Heilung* zum Ausdruck kommt.

Es wäre ein amateurhafter Vorstoß ins Gebiet der Psychoanalyse, wenn ich versuchen wollte, die Voraussetzungen einer wirksamen Beeinflussung psychosomatischer Erkrankungen zu skizzieren. Die Versager der Psychotherapie – recht beträchtlich an der Zahl – sagen nicht viel mehr aus, als daß die *Methode* ungenügend ist. Ich zweifle nicht, daß z. B. geschwürsbildende Dickdarmentzündung und der Dauerkrampf des Mageneinganges – zwei häufige Krankheitsbilder – fast ausschließlich auf psychogener Basis, auf der

Basis von Glauben und Furcht entstehen. Trotzdem habe ich noch keinen Patienten mit diesen Leiden gesehen, der durch Psychotherapie geheilt wurde.
Zweifellos spielt bei günstigem Resultat der *Glaube des Patienten an seinen Arzt* eine Rolle, mehr im Sinne einer Person, die ihn gegen die Widrigkeiten des Daseins abzuschirmen vermag, und vielleicht steht der Glaube an die Beseitigung des besonderen neurotischen Substrates oder Begleitbefundes der organischen Veränderungen erst in zweiter Linie. Hier ist der Arzt zum Seelsorger im wahrsten Sinne des Wortes geworden, eine Erscheinung, die ihn in erfolgreiche Konkurrenz mit dem kirchlichen Seelsorger bringt. Es besteht kein Zweifel, daß die viel zitierte Krise in der Medizin unserer Tage der Vernachlässigung psychologischer Komponenten eines Leidens zuzuschreiben ist, ein Fehler, der in der Geschichte der Medizin schon über das beträchtliche Alter von 2500 Jahren verfügt. Es heißt im Dialog von Platos Charmides: „Denn das ist der größte Fehler bei der Behandlung der Krankheiten, daß es Ärzte für den Körper und Ärzte für die Seele gibt, wobei es doch nicht getrennt werden kann – aber das gerade übersehen die griechischen Ärzte, und darum entgehen ihnen so viele Krankheiten; sie sehen nämlich niemals das Ganze – dem ganzen Menschen sollten sie ihre Sorge zuwenden, denn dort, wo das Ganze sich übel befindet, kann unmöglich ein Teil gesund sein."
Und wieder eine Beobachtung, die viele an sich selbst gemacht haben: Wenn man zum Beispiel an einer hochfieberhaften Pneumonie litt, und das in der Zeit, da es kein Serum und Antibioticum gab, und es kam in der fünften Nacht zu dem willkommenen kritischen Temperatursturz, und man lag am nächsten Morgen in seliger Müdigkeit fieberfrei und dem Leben wiedergegeben im Bett. Das ist selbst für einen mit allen wissenschaftlichen Erklärungen gewappneten Arzt das Wunder einer Heilung, wenn er es am eigenen Körper erlebt, und hier wird das Wunder des Glaubens liebstes Kind.
Wenn wir noch einen Schritt weitergehen und in dieser wohltätigen Krisis unseres Zustandes den Ausdruck göttlichen Waltens sehen, dann ist die Verbindung des Heilungsvorganges und derer, die ihn herbeizuführen vermögen, mit religiösen Vorstellungen naheliegend. Jahrhunderte früher hat man die gleichen Ereignisse als Ausfluß einer Zauberei betrachtet.
Eine andere Kategorie des Glaubens ist die *Zuversicht in die Medikamente,* die der Arzt verordnet. Erfahrungen mit Placebos (Präparaten, die einem Arzneimittel nachgebildet sind, jedoch keine Arznei enthalten) sind eindeutig genug. Sie erlauben den Schluß, daß z. B. von der amerikanischen Bevölkerung 40 Prozent auf ein Placebo genauso positiv ansprechen wie auf das zu prüfende Arzneimittel, und bei Medikamenten, die gegen gewöhnliche

Kopfschmerzen verordnet werden, sogar 60 Prozent. Es ist schwer abzuschätzen, wie viele von den Zehntausenden von Arzneimitteln, mit denen der Markt überschwemmt wird, wirklich einen Effekt besitzen, der allein auf die chemische Substanz bezogen werden darf. Jores weist in diesem Zusammenhang auf die Einstellung des Arztes hin: Wenn der Arzt selbst – wie die meisten von uns – Skeptiker in der Beurteilung des medikamentösen Effektes ist, dann ist es nur zu begreiflich, daß diese Zurückhaltung in der Beurteilung sich auch auf den Patienten überträgt, und es ist wiederum naheliegend, daß dann ein negatives Resultat zu erwarten ist.

In dem Glauben an ein Medikament spielen noch andere Faktoren eine Rolle. Einer ist der Preis. Ein Arzt, der ein billiges Medikament verschreibt, verliert schon an Glaubwürdigkeit in den Augen des Patienten; wenn er keines verschreibt, ist er in den Augen der meisten kein richtiger Arzt. Am größten ist die Chance des Erfolges bei denen, die besonders teure Mittel verordnen und sie dem Patienten mit dem Tenor der Überzeugung ihrer Wirkung bekanntgeben. Gerade in diesem Zusammenhang ist die Stellung der Scharlatane oder Außenseiter der Medizin bemerkenswert. Man teilt sie gern ein in die Numismatiker und die Idealisten; ich will hier nur von den Idealisten sprechen. Sie haben den Vorteil, von dem Wert ihrer Behandlungsmethode wesentlich fester überzeugt zu sein, als der durchschnittliche Schulmediziner von der seinen ist. Sie stehen eben ständig im oft militanten Gegensatz zur Schulmedizin und müssen für sich und andere den Wert ihrer Methode verteidigen. Solche Verteidigung gibt eine Art Sendungsbewußtsein, ein Faktor, der für den Patienten zweifellos merkbar und von ihm gern akzeptiert wird. Wenn man in die Geschichte der Medizin zurückgeht, dann findet man von irrationalen Kräften, die als übernatürlich angesehen werden, sehr populär gewordene Beispiele, die bis in die heutige Zeit fortwirken und lebendig sind.

Immerhin darf man sagen, daß gegenüber der Zeit von vor 100 Jahren der Kampf, den die medizinische Welt heute gegen diese Kultmethoden führt, praktisch gewonnen ist. Sie fühlen sich schon recht verlassen, denn sie versuchen, ihre Theorien auf naturwissenschaftliche Weise zu erklären, um sozusagen durch das Hintertor in die legitime Medizin einzudringen.

Schließlich spielt meines Erachtens eine *große* Rolle noch ein anderer Faktor, der in den Arbeiten, die sich bisher mit solchen Fragen auseinandergesetzt haben, vernachlässigt wird: das ist *der Glaube des Patienten an seine eigene Heilkraft*.

Hier wieder eine persönliche Erfahrung aus der Anfangszeit meiner chirurgischen Tätigkeit; eine Szene, die sich in den ersten Jahren häufig wiederholt hat. Wenn ich einen Patienten operiert hatte, machte ich in der Regel unnötig gehäufte Visiten, um das Auftreten komplizierender Störungen rechtzeitig

festzustellen. Wenn dann irgendwelche ungünstigen klinischen Zeichen vorhanden waren, wie ansteigender Puls, ansteigende Temperatur, war ich – infolge mangelnder Routine – meist nicht in der Lage, den Gesichtsausdruck von Beängstigung und Unsicherheit zu unterdrücken. Dann kam es vielfach vor, daß ein Patient, der meine besorgte Miene sah, mich mit den Worten beruhigte: „Machen Sie sich keine Sorgen, Herr Doktor, ich habe schon ganz andere Sachen überstanden; bei mir heilt alles gut."
Vielleicht ist auch ein naturwissenschaftlich erzogener Arzt berechtigt, die Behauptung aufzustellen, daß solche Patienten mit dem Glauben an sich selbst und ihre Überlebenskraft schwierige Komplikationen überwinden, an denen unter gleichen Voraussetzungen andere zugrunde gegangen sind.
Vor einigen Jahren hat Alfred Brunner – Zürich in seiner Abschiedsvorlesung darauf hingewiesen, daß das Gegenteil von zuversichtlichem Glauben, die Angst, der Glaube an den Mißerfolg, eine problematische Aufgabe jeder Erkrankung ist. Er hat das auf die offene Lungentuberkulose bezogen, mit deren Pflege ein Teil der Schwestern seiner Klinik betraut war. Ich habe deswegen noch einmal bei ihm angefragt. Er schreibt: „Ich kann positiv behaupten, daß keine der Schwestern auf der Tuberkulosestation während meiner Amtszeit an Tuberkulose erkrankte, daß die Angst ein schlechter Begleiter ist und daß man mit größter Wahrscheinlichkeit nicht erkrankt, wenn man keine Angst hat. Daß bei den Patienten, die vor einer Operation große Angst haben, dann tatsächlich etwas passiert, wissen wir ja alle aus eigener Erfahrung. Wenn es nicht gelingt, ihnen die Furcht zu nehmen, operiert man sie besser nicht. Ich habe immer gesagt, daß solche Patienten sterben, nur, um recht zu bekommen. Andererseits ist der feste Glaube des Kranken, daß es gut gehen wird, die beste Voraussetzung für ungestörte Heilung. Ich habe dies mindestens zweimal bei schweren tuberkulösen Grenzfällen erlebt, die ich wegen des großen Risikos nicht operieren wollte. Nachdem mich die Kranken aber förmlich um die Operation gebeten haben, in der Überzeugung, daß sie zum Erfolg führen werde, habe ich sie operiert. Sie haben recht bekommen. Ich bin fest überzeugt, daß die psychische Einstellung für den Heilverlauf von ausschlaggebender Bedeutung ist."
Und nun eine letzte Frage – sie ist die schwierigste: schwierig, nicht nur wegen des Inhalts, sondern ebenso wegen der Form einer Antwort. Trotzdem ist sie die nächstliegende. Welches sind die Rückwirkungen einer tiefen Religiosität und Glaubensfestigkeit auf das komplexe Geschehen der *Heilung*? Und zweitens: Ist die Vorstellung der Erlösung vom irdischen Leben mit der Fortsetzung im Jenseits ein Faktor, der der Heilung im Wege steht, der sie sogar unerwünscht macht, wenn die Krankheit schmerzhaft oder zeitlich unabsehbar ist? Meine Erfahrungen – sie sind auch in diesem Punkt zahlreich – lassen sich so zusammenfassen:

1. Die bewußte Vernachlässigung der eine Heilung bezweckenden ärztlichen Vorschriften ist relativ selten und dann in der Regel entweder der Ausdruck einer durch Schmerzen bedingten nervösen Erschöpfung oder die Folge einer klaren Voraussicht bei unheilbarem Leiden.
Dieser Zustand ist dem Bilanzselbstmord zu vergleichen und hat in der Regel keine gedankliche Beziehung zum Leben nach dem Tode.
2. Erwartung und Beschleunigung des Todes trotz einer auch dem Patienten bewußten Heilbarkeit des Leidens habe ich bei Krankenschwestern religiöser Orden, besonders der katholischen, gesehen.
3. Psychiatrische Leiden, die ähnliche Vorstellungen mit sich bringen, sind in diesem Fragenkomplex nicht berücksichtigt, so schwer es sein kann, sie von den eben genannten Kategorien abzugrenzen.

Zum Schluß: Wie und wo steht der Arzt zwischen Glauben und Heilen? Es ist nur selbstverständlich, daß er die verschiedenen Spielarten des Glaubens bei der Aufstellung des Heilprogrammes benützen wird. Manche kommen ihm zugeflogen, weil seine Persönlichkeit dem entgegenkommt; für andere muß er sich glaubwürdig machen. Hier liegt eine der großen Unzulänglichkeiten der ärztlichen Praxis von heute. Selbst wenn es nicht an Bemühungen von seiten des einzelnen Arztes fehlte, ist es schon aus Zeitgründen – wie die ärztlichen Verhältnisse heute liegen – völlig unmöglich, mit jedem Patienten den Kontakt herzustellen, der aus dem bunten Spektrum des Glaubens die für ihn sichtbaren Farben herauszufinden vermag.

So kommt es, daß die Beziehungen zwischen Glauben und Heilen sich weitgehend ohne Zutun des Arztes entwickeln. Es ist nur verständlich, daß dann der Heilungserfolg als Gnade Gottes oder der eigenen körperlichen Konstitution empfunden wird. Warum unter diesen Voraussetzungen der Dank des Kranken nicht dem Arzt gilt, ist begreiflich; daß aber der Mißerfolg ihm in jedem Falle angekreidet wird, ist weniger verständlich, aber – es ist so.

Lehrjahre bei Sauerbruch in München

Es muß Ende 1923 oder im Jahre 1924 gewesen sein, daß bei einer Gesellschaft in der Sauerbruchschen Villa auch Oswald Spengler zugegen war. Sicher war es nach dem abortiven Hitlerputsch (November 1923), denn Person und Mißerfolg Hitlers waren Gegenstand der Unterhaltung. Die Darstellung, die Spengler der Nazibewegung, ihrer grundsätzlichen Bedeutung und der Diktatur als willkommener politischer Konzeption gab, hatte mich derartig aufgebracht, daß ich am nächsten Tage, von Sauerbruch um meinen Eindruck befragt, Spengler, seine Formulierungen und sein Benehmen heftig kritisierte. Mein erster Eindruck von Spengler war durch das hohe Maß von Selbstbespiegelung besonders enttäuschend. Natürlich war er damals schon allen durch den „Untergang des Abendlandes" ein Begriff geworden. Zum ersten Male kam ich mit Sauerbruch in ein akzentuiertes politisches Gespräch; ich sehe noch seinen erstaunten Blick, als ich mich ohne „Assistentenhemmung" äußerte. Das Gespräch begann auf dem Korridor; er nahm mich in sein Zimmer und wir argumentierten noch ziemlich lange. Obwohl Sauerbruch in seiner sehr positiven Beurteilung von Spengler wenig nachgab, hatte er anscheinend Freude an dem, was er unabhängige Meinung nannte. Jedenfalls waren die freien Aussprachen über politische Fragen ein sehr wesentlicher Inhalt der außerberuflichen Diskussionen, zu denen Sauerbruch im Laufe der kommenden Jahre in zunehmender Häufigkeit, besonders auf längeren Reisen, die Gelegenheit nahm.

Die geographische Lage Münchens am Fuße des Hochgebirges brachte es mit sich, daß fast ununterbrochen inländische und ausländische Chirurgen auf dem Hin- und Rückweg zu oder von ihrem Ferienaufenthalt in München Station machten und die Klinik besuchten. Bei der Gastfreundlichkeit Sauerbruchs kamen wir Assistenten auf diese Weise mit vielen der Gäste unseres Faches in Berührung, oft in Sauerbruchs Haus, dessen gesellschaftlich gelockerte Atmosphäre auf die Besucher ansteckend wirkte. Ein Höhepunkt war der Bayerische Chirurgenkongreß, der Ende Juni oder Anfang Juli in München tagte. Der offiziellen Tagung ging ein Treffen der von Sauerbruch eingeladenen Freunde voraus. Dieser Operationstag – von uns Assistenten despektierlich „Chirurgen-Regatta" genannt – produzierte führende deutsche und österreichische Chirurgen bei ihren Lieblingsoperationen. Es war ungemein interessant, die Verschiedenheit der technischen Begabung zu beobachten – bei Männern, die alle ungefähr gleich hohe akademische Positionen hatten. Gegenstand uneingeschränkter Bewunderung war Enderlen, Ordinarius in Heidelberg. Jeder Eingriff sah bei ihm einfach aus und vollzog sich fast wortlos. Jeder Handgriff war klar, fast selbstverständlich und ästhetisch befriedigend, keiner war ziellos. Obwohl alle Hast fehlte, war er der schnellste Operateur. Er zeigte, daß auch für die operative Chirurgie gilt, was Liebermann von der Malerei gesagt hat: Die Kunst besteht im Weglassen. Er war ein wortkarger Mann, voll trockenen Humors. Man hätte ihn operationssüchtig nennen können. Seine Freude am Leben war Freude am Operieren. Auch in seinen zahlreichen experimentellen Arbeiten zeigte er sich als Chirurg, der operativ-technische Schwierigkeiten nicht kannte.

In der Bauchchirurgie war V. Schmieden ihm gleichwertig, ein glänzender Operateur, allerdings mit einer gewissen Neigung zur Theatralik, die Enderlen abging. A. v. Eiselsberg, der bekannte Wiener Ordinarius, zeigte bei zwei Hirnoperationen eine für die damalige Zeit ungewohnte Meisterschaft. Ein unvergeßliches Bild ist wohl für alle, die diesen „Regatten" beiwohnten, G. Perthes aus Tübingen geblieben. Er war vielleicht der einzige, der keine Freude an diesem Massenwerk hatte und das auch unmißverständlich zeigte. Ein ernster, zurückhaltender Mann, durchdrungen von der Verantwortungsschwere seiner Stellung und seines Handelns, sachlich und überlegt im Vortrag, peinlich gewissenhaft im Operieren. Sein methodischer Geist war von erstaunlichem Ideenreichtum. Die Röntgenbestrahlung bösartiger Geschwülste wurde in Deutschland von ihm begonnen, seine Arbeit über die Spätrachitis des Hüftgelenkes ist das Muster einer klinischen Studie, seine sehnenplastische Operation bei der Radialislähmung bestechend durch Einfachheit und Erfolgssicherheit. Sein vornehmer und sensibler Charakter war wenig geeignet, sich mit Roheiten des täglichen Lebens abzufinden. Der schweigsame und disziplinierte Mann konnte dann traurig, unsicher und gesprächig werden. In solcher Stimmung kam er einst zu Sauerbruch. Er hatte in einem Aufsatz einen Namen erwähnt, den der Setzer falsch druckte. Dieser Setzfehler war Perthes bei der Korrektur entgangen. Der Betroffene schrieb einen anklagenden Brief an Perthes; Perthes war fassungslos über diese ungute Interpretation und bat – tief deprimiert – Sauerbruch um Vermittlung. Sauerbruch hat dann auch erreicht, daß des Briefschreibers Zorn auf ihn selbst abgelenkt wurde. Zwei Jahre später – kurz nach Weihnachten – hatte Sauerbruch mich zum Operieren nach dem winterlichen Davos mitgenommen. Es waren herrliche Tage mit dieser Kombination von Chirurgie und Skifahren. Wir saßen in Gredigs Hotel, als Sauerbruch in seiner Post einen Brief von Perthes entdeckte, in dem er ihm mitteilte, daß er zum Skifahren ins Engadin gehe. Am nächsten Tag kam ein Telegramm aus Arosa, das Perthes' Tod am Herzschlag berichtete.

Ein seltener Teilnehmer dieses Operationstages war M. Kirschner. Seine schwierige innere Formel ist wahrscheinlich nur denen bekannt geworden, die durch seine äußere Hülle von Kühle gedrungen sind. Im Grunde seines Wesens war er freundschaftlicher Sympathie bedürftig, unsicher im gesellschaftlichen Sinne – und überbeansprucht durch den ständigen Kampf, den er mit den Schmerzen eines Magenleidens zu führen hatte. Als Chirurg war Kirschner einer der ideenreichsten Köpfe seiner Zeit, ein Genius in der Lösung mechanisch-chirurgischer Probleme, ein glänzender Organisator und ein Baumeister von überdurchschnittlicher Begabung. Seine operativen Ideen zeichneten sich durch Einfachheit und Logik aus. Er hat die zeitgenössische Chirurgie um unendlich vieles bereichert. Das Ausland hat ihm größere Schätzung entgegengebracht als sein Heimatland. In Deutschland standen sein manchmal mürrisches, häufig überkritisches Wesen und seine übertriebene Empfindsamkeit der vollen Anerkennung seiner Leistungen im Wege. Der wesentliche Grund für diesen selbstzerstörenden Zug seines Charakters war wohl die ungewöhnliche Art, in der er Ordinarius wurde. Er war Oberarzt in Königsberg, als sein Chef Friedrich starb. Seine Berufung auf Friedrichs Lehrstuhl war durch ausgezeichnete Arbeiten voll berechtigt. Trotzdem war es an deutschen Universitäten nicht üblich, daß der Oberarzt Nachfolger des Chefs wurde. Darin liegt ein gesunder Kern. Die Klinik wird davor bewahrt, in dem gleichen Unterrichtssystem und Forschungsgebiet einzuschlafen. Später, bei Berufungen für die neue Medizinische Fakultät der Technischen Hochschule München, hat mir die grundsätzliche Abneigung solcher „Hausberufungen" manche gepfefferte Korrespondenz eingetragen. Da Friedrich während des Krieges (1916) starb, waren viele der Kandidaten eines Lehrstuhls durch Frontdienst von persönlicher Einflußnahme ausgeschaltet. Man machte Kirschner den törichten Vorwurf, er habe aus dieser Situation Vorteil gezogen. Er konnte solche Vorwürfe ignorieren, denn er war ganz hervorragend zu einer selbständigen akademischen Stellung qualifiziert. Er tat es aber nicht, registrierte jedes maliziöse Gerücht und wurde mißtrauisch. Die Berufungen nach Tübingen und Heidelberg hätten ihm zeigen sollen, daß man seiner Begabung und seinen Leistungen Gerechtigkeit angedeihen ließ. Der deutschen Chirurgie hat er neben seinen operativen Methoden zwei der besten Klinikbauten gegeben: in Tübingen und in Heidelberg.

Zweimal erschien auf dem Bayerischen Chirurgenkongreß einer der verehrungswürdigsten Chirurgen: C. Garrè – Bonn. Ein Schweizer, geboren als Sohn eines Hotelbesitzers in Ragaz, war er durch seine experimentellen Arbeiten über akute Osteomyelitis (Knochenmarksentzündung), seine thoraxchirurgischen Leistungen und nicht zuletzt durch ein treffliches Lehrbuch der Chirurgie bekannt geworden. Charakteristisch für das menschliche und ärztliche Format Garrès ist das Vorwort, das er diesem Buche beigegeben hat.

Als ich ihm während der Münchener Tage zur Begleitung beigegeben war, habe ich die Unabhängigkeit im Denken und Urteilen und die demokratische Lebensauffassung kennengelernt, die für den Schweizer seiner Generation bezeichnend war. Er beteiligte sich nicht am Operieren, wenig an wissenschaftlichen Diskussionen, und ich bin den Eindruck nicht losgeworden, daß ihn das selbstbewußte Wesen mancher anderer abstieß.

Von der politischen Bewegung der Nachkriegsjahre wurde München ganz besonders betroffen. Unter der Führung von Eisner und Landauer hatte sich in Bayern die Räteregierung installiert, die den sozialpolitischen Idealstaat errichten sollte. Beide, Eisner und Landauer, waren mehr Literaten als Politiker – die schöne Übersetzung der Briefe aus der Französischen Revolution stammt von Landauer; sie hatten kaum Verständnis dafür, daß Organisation und Machtsicherung die notwendigsten Maßnahmen nach einer gelungenen Revolution sind. In beidem versagten sie; die improvisierten Sozialisierungsmaßnahmen lösten mehr Heiterkeit als Unwillen aus. Die Münchener, die immer etwas für Eigenbrötler übrighatten, rangierten die Spitzen des „bluttriefenden Rätebayerns" in diese Kategorie. Die konservative und königstreue Bürgerklasse konnte innerhalb der Stadt München die nötigen aktiven Kräfte zur Gegenrevolution nicht auftreiben. Als Eisner von einem jungen Adligen auf offener Straße niedergeschossen war, begleitete eine ungeheure Menschenmenge den Trauerkondukt.
Durch dieses Attentat, in dessen Folge der Sozialdemokrat E. Auer und der Mörder, A. v. Arco-Valley, von der empörten Menge durch Schüsse verletzt wurden, sah sich auch Sauerbruch in das politische Spiel verwickelt. Auer und Arco waren in die Chirurgische Klinik transportiert und sofort von Sauerbruch operiert worden. Die Räteregierung fürchtete, daß Arco von seinen Freunden aus der Klinik entführt werden könnte.
In der folgenden Nacht holten die „Rotgardisten" Sauerbruch aus seiner Wohnung und verbrachten ihn ins Kommandanturgefängnis. Die Gegenmaßnahmen, die in der Klinik ergriffen wurden, waren anfechtbar, aber wirksam. Jehn – diese Schilderung der Ereignisse stammt von ihm – ging daraufhin selbst zu den Behörden und drohte mit dem Streik der Klinikärzte, wenn Sauerbruch nicht wieder freigelassen würde. Sein Mut imponierte oder düpierte; jedenfalls wurde Sauerbruch nach 24 Stunden befreit. Dann folgte die unselige Erschießung von zwölf angesehenen Münchener Bürgern, Mitgliedern der „Thulegesellschaft", die im Luitpoldgymnasium als Geiseln zurückgehalten waren. Diese grausige Tat war angeblich durch falsche Befehlsübermittlung veranlaßt. Ihre Konsequenzen wurden furchtbar; inzwischen waren Truppen, von den Generälen Epp und Hoffmann geführt, in München eingedrungen. Tausende von wirklichen oder angeb-

lichen Mitgliedern oder Anhängern der Räteregierung wurden „liquidiert".
Die Soldateska, die sich in Freikorps zusammengeschlossen hatte, triumphierte; im Schatten der „siegreichen" Landsknechte schmuggelte sich ein beschäftigungsloser und sensationslüsterner Österreicher ein, der später Deutschlands und Europas Schicksal werden sollte.
Sauerbruch war durch seine furchtlose Haltung über Nacht ein politischer Heros geworden. Sein Erlebnis mit den Rätebehörden wurde von den Münchenern blumenreich ausgeschmückt; er ließ sich – zunächst nicht ungern – in den nationalistischen Wirrsal, der jetzt einsetzte, hineinziehen und hat erst dann einen Strich zwischen sich und die chauvinistischen Schreier gezogen, als Hitler München zu „erobern" begann.
Im Hause von Hanfstaengl, einer kultivierten Altmünchener Familie, wurde Hitler anscheinend zur Salonfähigkeit erzogen. Putzi Hanfstaengl, der später nationalsozialistischer Auslands-Pressechef und noch später politischer Emigrant wurde, präsentierte ihn Mutter und Schwester. Die Begeisterung Putzis für den „Erretter Deutschlands" wurde von den beiden Damen nicht geteilt. Erna Hanfstaengl war damals in den hohen Dreißigern, sehr gut aussehend, weltgewandt, weitgereist, reich an Lebenserfahrung. Sauerbruch lernte Erna Hanfstaengl erst nach dem mißglückten Bierkellerputsch kennen. Sie hat ihn viele Jahre hindurch geistig und künstlerisch stark beeinflußt.
Bei den Vorbereitungen zur „nationalen Revolution", die in den Jahren 1921 bis 1923 ziemlich offen in München betrieben wurden, wollte Hitler nicht auf die Unterstützung Sauerbruchs verzichten, der großen Kredit in nationalen Kreisen besaß. Einmal, im September oder Oktober 1923, kam es zu einer Besprechung zwischen beiden in Sauerbruchs Dienstzimmer. Da ich, als Hitler gemeldet wurde, gerade im Zimmer war, sagte Sauerbruch: „Bleiben Sie hier, das wird Sie interessieren." Eine Verhandlung kam nicht zustande. Auf konkrete Fragen Sauerbruchs antwortete Hitler jeweils mit einem Schwall von Versammlungsphrasen, die am Kern der Fragen vorbeigingen. Der heftig gestikulierende, in eine Windjacke eingeschnürte Mann setzte die Energie seiner Worte bald in Schweiß um, der seinen Stehkragen durchweichte und sich durch die Achselhöhlen schnell in die Kleidung vorarbeitete. Die – sehr einseitige – Aussprache endete mit einem steifen Abschied. Sauerbruch stand, nachdem Hitler gegangen war, in der Tür seines Amtszimmers und sagte: „Wissen Sie, was der ist?" Er nannte einen Beruf, der für ihn der Inbegriff der Halbbildung war. Es ist bezeichnend, daß Putzi Hanfstaengl Hitler in seinen Memoiren als „Vorstadtbarbier" betitelt.
Sauerbruchs Definierung verbreitete sich schnell in der Klinik. Einige wenige der Assistenten, die mit den Nazis liebäugelten, verschoben ihre offene Stellungnahme bis zu „dem Tag", der dann auch anfangs November 1923 kam. Der Bierkellerputsch löste bei den meisten zunächst ein Lachen aus, das mir

aber gründlich verging, als nach dem Marsch des Zuges zur Feldherrnhalle die ersten Verwundeten eingeliefert wurden. Der größte Teil kam auf meine Station. Die späteren „Unsterblichen" waren nicht zurückhaltend in der Kritik der Flucht des Mannes, der sie zu dem Blutbad geführt und feierlich geschworen hatte, daß der Tag der Revolution ihn siegreich oder tot finden werde. Am Abend war der ganze Spuk vorbei. K. Gebhardt, der an dem Unternehmen teilgenommen und sich recht kleinlaut wieder zum Dienst eingefunden hatte, gab ein schönes Beispiel seiner Wendigkeit. Er ging zu Sauerbruch und überzeugte ihn davon, daß er, Sauerbruch, der „einzige sei, der die irregeführten und verratenen Studenten" wieder auf den Pfad der Gesetzmäßigkeit zurückbringen könne. Für eine Studentenversammlung, die zum nächsten Tage im großen Auditorium der Universität einberufen war, sagte Sauerbruch seine Teilnahme zu. Der Verlauf war stürmisch; die Polizei mußte eingreifen. Sie schlug auf die ein, die am lautesten vernehmbar waren – unter ihnen war Sauerbruch. Das ist die einfache Erklärung für eine viel diskutierte Schramme, die Sauerbruch davontrug. Er bewies jetzt seine taktische Begabung. Er verreiste. Als er nach einigen Tagen zurückkehrte, war die erregte Diskussion über die Vorgänge bei der Studentenversammlung im Verklingen und bald – nur zu bald – geriet auch der Putsch in Vergessenheit. Die Rentenmark erschien; sie beseitigte die wirtschaftliche Unsicherheit der arbeitenden Bevölkerung und damit ihren Wunsch nach politischen Umwälzungen. Hitler wurde – sehr zu seinem Mißvergnügen – eine Erscheinung, die die breite Masse nicht mehr interessierte. Der Prozeß, der Ludendorff, ihm und seinen Mitverschworenen gemacht wurde, rollte nur mäßig beachtet ab, eine bedenkliche Tatsache, weil die Führung der Verhandlungen mit erschreckender Deutlichkeit zeigte, daß Staatsanwalt und Richter zur Verteidigung der legitimen Regierung unfähig waren und sich bereitwillig der pronazistischen Zuhörerschaft unterwarfen. Die Heroisierung, die Hitler erfuhr, war das letzte Schaustück der ersten nazistischen Periode. Als der Held dieses abstoßenden Theaters nach einigen Monaten – vorzeitig – aus der Haft entlassen wurde, war er ein vergessener Mann – so vergessen, daß man es nicht für nötig hielt, ihn über die österreichische Grenze in seine Heimat abzuschieben. Das Ergebnis der Landsberger Haft war ein in vulgärem Stil geschriebenes Buch „Mein Kampf", das zehn Jahre später die Grundlage der deutschen Politik wurde.

Mein eigener Entwicklungsgang an der Münchener Klinik vollzog sich ohne aufregende Zwischenspiele. Mit Sauerbruch kam ich erst wieder in Berührung, als ich ihn zur Assistenz auf einigen seiner Operationsreisen zu begleiten hatte. Sie führten meist nach Davos, wo der Chefarzt des Sanatoriums Davos-Dorf, J. Biland, seine Hilfe für Tuberkulosekranke in Anspruch nahm. Die Fahrt in die Schweiz – meist im Auto unternommen – machte ihn gesprächig. Die Erinnerungen an die Zürcher Jahre wurden lebendig; ich erhielt ein plastisches Bild von den ersten Anstrengungen zur Entwicklung der Thoraxchirurgie. Immer wieder tauchte der Name seines Oberarztes Schumacher auf, der die Anfänge des großen Werkes in Zürich mitgeschaffen hatte. Ich glaube, daß kein Mitarbeiter Sauerbruch so nahegestanden hat wie dieser hochbegabte Mann, der im Alter von 28 Jahren an einer Nebennierentuberkulose verstarb. Die Operationen in den Sanatorien waren eine schwere Prüfung für Sauerbruchs Geduld – eine Eigenschaft, die ihm weitgehend abging. Auf der anderen Seite reizte ihn die Notwendigkeit, unter improvisierten Bedingungen zu operieren. Gewöhnlich blieb er nach vollendetem Eingriff noch zwei, drei Tage in Davos und benützte die Zeit zu Bergtouren oder Skifahrten. Auf den Wanderungen, die ich mit ihm unternommen, war er von jungenhafter Aufgeschlossenheit und Lebensfreude. Ich habe es immer bedauert, wenn er nach München zurückkehrte und ich zur weiteren Betreuung der Kranken jeweils noch für einige Tage zurückblieb. Es war auf einem dieser langen Spaziergänge, daß er mich zur Mitarbeit an der Neubearbeitung des 1. Bandes seiner „Chirurgie der Brustorgane" aufforderte. Ich habe meine Zusage schnell entschlossen gegeben und wohl nicht geahnt, daß diese Hilfe viele Jahre in Anspruch nehmen würde, während deren manche gemeinsame „Erholungsreise" unter dem Zeichen von Manuskript und Lesen der Korrekturen stand. Die französische und italienische Riviera, Südamerika, die Schweizer Hochtäler sind einige der geographischen Marksteine in der Entstehungsgeschichte des Buches.

Die Operationen in den Heilstätten der Schweiz waren besonders zur Zeit der deutschen Geldinflation von dem Scheine des Märchenhaften umgeben. In Davos war es die Zauberbergatmosphäre, die, damals im Winter noch nicht von der des Massenskisports abgelöst, einen jungen gesunden Mann – zum mindesten vorübergehend – für die Sanatoriumspatientinnen bemerkenswert machte. Es war ein gewisses Organisationsvermögen notwendig, um die Zeit zwischen der Betreuung der von Sauerbruch Operierten, dem Skifahren und den abenteuerfreudigen jungen Mädchen befriedigend zu teilen.

In besonders guter Erinnerung blieb mir das Arosa der zwanziger Jahre. Sauerbruch hatte in einem Sanatorium, dem Geheimrat Römisch vorstand (der Titel Geheimrat war preußischer Provenienz), operiert. Er reiste am Tag nach der Operation ab, und ich war dem über die Abreise etwas unglücklichen Geheimrat als Unterpfand für vierzehn Tage versprochen worden. Es war eine märchenhafte Zeit: so Anfang März, die Skimöglichkeiten unbegrenzt, eine liebenswürdige, geduldige und optimistische Patientin. Im Sanatorium lernte ich Edgar Salin, den Soziologen von Heidelberg – schon damals ein bekannter Mann – kennen; er besuchte für ein paar Tage seine

Frau, die sich wegen eines leichten Lungenleidens in Arosa aufhielt, aber schon wieder skilauffähig war. Die täglichen Skiwanderungen waren durch Salins kompendiöse Beschlagenheit auf allen Gebieten des Lebens und Wissens ein seltener Genuß, den ich so gut im Gedächtnis behielt, daß ich – als ich ihn dreißig Jahre später in Basel wieder traf – mich noch an einige der damaligen Diskussionsthemen erinnern konnte. Salin hat 1927 das Kieler Ordinariat der Wirtschaftspolitik mit dem Basler vertauscht. Neben einer imponierenden Zahl von soziologischen und anderen literarischen Werken hat er durch die Einführung des „Arbeitsrappens" sich in schwieriger Zeit ein historisches Verdienst um die Schweizer Wirtschaft erworben. Meine Basler Jahre sind nicht zum geringsten durch die Freundschaft mit Salin anregend geworden.

Als M. Gähwyler, Chefarzt des „Mittelstandssanatoriums" in Arosa, von der Anwesenheit eines Sauerbruchschen Assistenten hörte, bat er mich zu sich und zeigte mir eine größere Anzahl von Patienten, bei denen nach den damaligen Vorstellungen zur Entspannung einer tuberkulös erkrankten Lunge die künstliche Lähmung der entsprechenden Zwerchfellhälfte vorgenommen werden sollte. Die Operation – Durchtrennung oder Entfernung des Zwerchfellnerven – ist später mit Recht aus dem Behandlungsprogramm ausgeschieden. Ich richtete mir im Sanatorium von Dr. Gähwyler einen kleinen Operationssaal her; die Instrumente der Münchener Klinik, die Sauerbruch gebraucht hatte, waren noch bei mir. Abend für Abend – nach dem Skifahren – zog ich dorthin und führte den kleinen Eingriff an einem Dutzend Patienten aus. Da ich für jede Operation 100 Franken erhielt, erschien ich mit 1200 Franken in München, kurz vor Ostern; die Summe wurde unter allen Assistenten verteilt – für die damaligen Verhältnisse die unwahrscheinlich große Menge von siebzig Franken pro Assistent! Das reichte für sieben Ferientage, die wir vom hohen Chef auf Grund der Besonderheit des Ereignisses erhielten (auch ich, obwohl ich braungebrannt als Gesundheitsprotz zurückgekehrt war).

Im Herbst 1924 wurde ich Assistent der Privatabteilung, eine anstrengende Tätigkeit und wenig befriedigend, da sie vom Operationsdienst ausschloß. Ein großer Teil meiner Zeit und Kraft mußte der Beruhigung der oft recht anspruchsvollen Patienten gewidmet werden. Sie waren unwillig über zu langes Warten auf den Operationstermin, über manche unüberlegte Bemerkung Sauerbruchs oder darüber, daß sie ihn nicht häufig genug sahen. In seinem Verhältnis zu den Privatpatienten bestand ein eigenartiger Zwiespalt der Empfindungen. Er wollte gern eine große Privatpraxis haben; auf der anderen Seite reagierte er oft schroff gegen die – meist nur von ihm angenommene – Vorstellung, die Privatpatienten fühlten sich auf Grund des Honorars zu besonderen Ansprüchen an seine Aufmerksamkeit berechtigt.

In meiner Funktion als Privatassistent hatte ich mehrfach Gelegenheit, Eugenio Pacelli zu sprechen. Er war päpstlicher Nuntius in München und besuchte Angehörige des katholischen bayerischen Hochadels, die in der Klinik lagen. Gelegentlich mußte er warten, bis Zimmer und Patienten für den Besuch hergerichtet waren. Pacelli benutzte die Verzögerung, um sich in der deutschen Sprache zu üben (er bezeichnete mich einem Begleiter gegenüber einmal als seinen „kostenlosen Deutschlehrer"). Es war interessant, wie er auch bei diesen unverbindlichen Gesprächen diplomatische Vorsicht im Ausdruck walten ließ. So sprachen wir eines Tages über Kaiser Wilhelm II., dessen Rolle am Kriegsende und in Doorn damals noch viel diskutiert wurde. Pacelli ließ zur Charakterisierung des Herrschers ein kleines Begebnis sprechen: Im Juni 1917 übergab er dem Kaiser im Hauptquartier zu Kreuznach ein päpstliches Handschreiben, mit dem bekannten Friedensappell von Papst Benedikt XV. Wilhelm durchflog das Schreiben, murmelte etwas Unverständliches und sagte: „Jetzt will ich Ihnen, Exzellenz, mal etwas sehr Interessantes zeigen: es ist die neue Infanterieuniform." Und er rief einen Soldaten herbei, der anscheinend zur Präsentation vor dem Monarchen ins Hauptquartier geschickt worden war. „Das war S. M. Reaktion auf die Friedensbotschaft, von der die Welt soviel erhoffte und durch deren Mißerfolg Deutschland am stärksten gelitten hat."

Pacelli wurde Nuntius in Berlin. So konnte ich ihn wieder sehen und sprechen. Als ich dann von Istanbul aus jeweils zu kürzerem Ferienaufenthalt in Deutschland war, sprach ich mit katholischen Freunden, besonders einem Münchener, der wegen demonstrativer antinazistischer Gesinnung seine akademische Stellung verloren hatte. Er wurde von der Gestapo überwacht und benützte, wenn immer ich ihn besuchte, die Gelegenheit, seine Sorgen über die politische Entwicklung im katholischen Klerus an den Mann zu bringen. Es war sein Vorschlag, daß ich nach jedem Aufenthalt in Deutschland an Pacelli, der inzwischen Kardinalstaatssekretär (also Außenminister des Vatikans) geworden, berichtete. Das hörte mit seiner Wahl zum Papst auf. Als ich 1941 die österreichische Kaiserin Zita operiert hatte, war er, wohl wegen der traditionellen Beziehung zwischen den Habsburgern und dem Heiligen Stuhl, von der Operation unterrichtet worden.

Zur Frage der Spezialistensehnsucht des Publikums ein vergnügliches Erlebnis: Eines Tages – ich war in meinem ersten chirurgischen Jahr – erschien in Sauerbruchs Sprechstunde eine wohlhabende Bäuerin aus dem Dachauer Moos. Sie hatte mehrere Anfälle von Appendicitis gehabt, und ihr Arzt riet ihr, Sauerbruch aufzusuchen, um zu erfahren, ob eine Operation („im Intervall" wie man damals sagte) angebracht sei. Sauerbruch untersuchte sie, empfahl die Operation und sagte ihr, sie solle sich wegen der Aufnahme in die

Privatabteilung mit dem Sekretär in Verbindung setzen. Darauf die Bäuerin: „Dankeschön für den guten Rat; aber ich möchte gern von dem Spezialisten für Blinddarm an der Klinik operiert werden." Sauerbruch: „Wer ist denn das?" Bäuerin: „Dr. Nissen" – eine Antwort, die dann noch für einige Zeit Anlaß zur Heiterkeit bot. Wenn später gelegentlich (und das ziemlich oft) die „Erhöhung" einer Routineoperation zur spezialistischen Leistung diskutiert und empfohlen wurde, erzählte ich gern diese kleine Episode meines Spezialistenrufes mit dem Zusatz, daß das die einzige Operation war, die ich damals beherrschte.

In das dritte Jahr meiner Münchener Assistentenzeit fällt die Begegnung mit einem Manne, der wie kein anderer der Medizin dieses Jahrhunderts ein neues Gesicht gegeben: mit Wilhelm Conrad Röntgen. Ich war an seinem Sterbebett. In einem Brief, den ich als Antwort seinem Freunde E. Wölfflin schrieb, heißt es: ... daß ich Röntgen am Tage oder Vortage seines Todes sah. Ich war damals Assistent von Sauerbruch, und als man ihn zur Konsultation rief, konnte er nicht sofort abkommen und schickte mich hin, damit ich herausfinden könnte, ob irgendwelche vorherigen Laboratoriumsuntersuchungen zweckmäßig seien. Er war trotz des hoffnungslosen Zustandes (Puls kaum fühlbar) zeitweise bei vollem Bewußtsein. Einige Male rief er indessen nach seiner Frau (die einige Jahre zuvor verstorben war).

Man hatte einen Darmverschluß vermutet. Eine diagnostische Klärung oder operative Entlastung war nicht mehr möglich.

Wenn man die überbescheidene Einrichtung seiner Wohnung und, wie seine Pflegerin immer wieder betonte, seine persönliche Anspruchslosigkeit mit den enormen Gewinnen verglich, die seine Entdeckung schon damals einer rührigen Industrie einbrachte, war das Paradoxe seiner eigenen Situation besonders aufdringlich.

In den Vereinigten Staaten ist die Auffassung verbreitet und auch öfters publiziert, daß Röntgen in Verbitterung gestorben sei. Der Vorwurf, daß nicht er, sondern einer seiner jungen Assistenten die Strahlen entdeckt oder daß sie von einem anderen Physiker vor ihm identifiziert worden seien, habe ihn so schwer getroffen, daß er, ins Privatleben zurückgezogen, einsam und vernachlässigt gestorben sei. Solche Vorwürfe sind, wie bei jeder großen Entdeckung, in der Tat erhoben worden. Sie wurden sorgsam geprüft, und nicht ein einziger hat sich als begründet herausgestellt. Röntgens Zurückgezogenheit und Vereinsamung – beides in seiner Neigung gelegen – wurden nach dem Tode seiner Frau noch ausgeprägter. Aber die wenigen, die ihn näher kannten, sind sich einig, daß die Anfeindungen ihn immer nur vorübergehend verstimmten. Im übrigen war er sich seiner einzigartigen Stellung in der Geschichte der Physik und Medizin wohl bewußt. Er hat Auszeichnungen, die ihm zuteil wurden, nur deswegen angenommen, weil er die

Geber nicht verärgern wollte. Er hatte aber durchaus das Gefühl, daß sein Name für die Welt ein Begriff geworden ist, der durch Zusätze nicht erhöht werden kann. So lehnte er die Führung des persönlichen Adels ab, der mit der Verleihung eines hohen bayerischen Ordens verbunden war.

Die Fama hat sich viel mit dem Umfang von Sauerbruchs Privatpraxis beschäftigt – mit den üblichen maßlosen Übertreibungen. Seine Münchener Klientel bestand zum weitaus größten Teil aus Ausländern – in der Regel mit chirurgischen Erkrankungen der Thoraxorgane. Die Münchener und bayerische Praxis war in den Händen von sehr tüchtigen bodenständigen Chirurgen.

Durch die ausländischen Patienten Sauerbruchs konnte man viel von volksgebundener Psychologie lernen, ein Umstand, der mir später zugute kam. In seinen Honorarforderungen war Sauerbruch übrigens immer mäßig. Die exorbitanten Rechnungen, die ihm nachgesagt wurden, sind einer – übrigens keineswegs bösartigen – Phantasie des Publikums, das sich viel mit ihm beschäftigte, entsprungen. Ein Teil der Privatpraxis setzte sich aus kleinem Mittelstand zusammen, auf dessen finanzielle Nöte er weitgehend Rücksicht nahm.

Gelegentlich war er indessen ein recht glücklicher Rechner: Noch während der Zürcher Zeit hatte er den griechischen König Konstantin wegen der Folgen einer Brustfelleiterung operiert. Der hohe Patient, ein Verwandter Kaiser Wilhelms, lag monatelang in Sauerbruchs Zürcher Privatklinik. Als die Behandlung beendet war, hatte Konstantin seinen Thron und damit die meisten finanziellen Revenuen verloren. Er stellte Sauerbruch frei, eine den veränderten finanziellen Verhältnissen angepaßte Rechnung zu stellen oder auf die Wiedererrichtung der Monarchie in Griechenland zu warten, und dann sei ihm eine „königliche" Kompensation gewiß. Sauerbruch entschied sich für das letzte. Kurz nach der Reinthronisation von Konstantin erschien – es war im Jahre 1922 – ein Abgesandter des Königs mit dem Scheck auf eine große Summe Schweizer Franken und einem hohen griechischen Orden. Gemessen an dem durch die Inflation ruinierten deutschen Geld lag die Höhe des Honorars jenseits der Vorstellungsgaben des durchschnittlichen Deutschen. Ein großer Mercedes für Sauerbruch und ein finanziell von Sauerbruch unterstützter Weihnachtsurlaub für alle Assistenten war das nächste Ergebnis dieser embarras de richesse.

In meine Privatassistentenzeit (1924–25) fiel die tödliche Erkrankung des Berliner gynäkologischen Klinikers E. Bumm, weit bekannt als Hofaccoucheur des Hohenzollernhauses. Die Tragik der klinischen Beurteilung des Leidens hat eine weite publizistische Resonanz gefunden und ihre Aktualität bis zu dem heutigen Tag nicht verloren.

Bumm hatte sich mit seinem Sohn in München getroffen. Er erkrankte während des Essens plötzlich an Leibschmerzen und wurde nach mehrfacher Morphiumverabreichung zwölf Stunden später in die Aufnahmestation der Chirurgischen Klinik gebracht. Jehn, der den abwesenden Sauerbruch vertrat, sah ihn mehr zufällig und erwog die Operation des leicht benommenen Patienten wegen Verdachts auf Durchbruchs-Bauchfellentzündung. Als Name und Stellung des Patienten bekannt wurden, entschloß sich Jehn, F. v. Müller zur Konsultation zu bitten. Beide, Bumm und Müller, waren an der Jahrhundertwende zu gleicher Zeit Ordinarien in Basel gewesen.
Müller riet zum Zuwarten, um so mehr als die laboratoriumsmäßige Abklärung nichts Wesentliches zeigte; leider auch keine Vermehrung der weißen Blutkörperchen. Jehn schloß sich der Meinung Müllers an, bat aber Sauerbruch, der in der Schweiz weilte, um sofortige Rückkehr. Am nächsten Morgen war die Bauchfellentzündung eindeutig; es wurde operiert. Man fand einen Durchbruch einer steinhaltigen Gallenblase, und es war – auch dem Patienten – klar, daß eine 36 Stunden bestehende, hochinfektiöse Bauchfellentzündung damals, als Antibiotica noch nicht verfügbar waren, den sicheren Tod bedeutete. Erst am Nachmittag traf Sauerbruch ein. Bumm starb vier Tage später. Als in der Tagespresse das dramatische Ende dieses populären Mannes immer wieder und meist ohne Sachkenntnis diskutiert wurde, haben Müller und Jehn dann in der „Deutschen Medizinischen Wochenschrift" den Krankheitsverlauf mit voller Objektivität geschildert. Sie schließen ihren Bericht mit den Worten: „Der Verlauf der Erkrankung ist ein Beispiel dafür, wie schwierig die Diagnose und wie noch viel schwieriger die Indikationsstellung zum Eingriffe bei solchen Krankheitszuständen sein kann. Die allgemein ärztlichen Erwägungen Bumms und der dringende Wunsch, ein so wertvolles Leben unter allen Umständen zu erhalten, brachten Internisten und Chirurgen in eine sehr schwere Lage. Es liegt eine große Tragik darin, daß dieser Meister der Bauchchirurgie gerade einer heimtückischen Bauchfellentzündung nach Gallenblasendurchbruch zum Opfer fallen mußte."
Müller war ein volkstümlicher Mann, unprätentiös in seiner ganzen Art, Verächter der äußeren Form, auf Disziplin bedacht, soweit es für den Klinikbetrieb zu seiner eigenen Bequemlichkeit gut war. Er war von poliklinischen Stellungen in Breslau und Marburg (1899) nach Basel berufen worden und hat dort in den wenigen Jahren sein Werk und seinen Namen im Bürgerspital so geachtet und bekannt gemacht, daß er noch heute nicht vergessen ist. Innerhalb einiger Wochen erhielt er im Jahre 1902 in Basel Rufe nach Wien, Berlin (als Nachfolger seines Lehrers Gerhardt) und München. Bei der Abschiedsfeier beklagte sich der zuständige Regierungsrat, daß Müller nur so kurze Zeit in Basel geblieben sei. Seine Antwort war entwaffnend: „Dann hätten Sie mich eher berufen sollen." Von den vielen wissenschaft-

lichen Leistungen Müllers ist wahrscheinlich die Integration der Biochemie in die Klinik seine größte. Er begann in München mit der propädeutisch-klinischen Vorlesung und hat sie während der ganzen fast 40jährigen Amtszeit beibehalten. Ohne jedes Pathos und rhetorischen Schmuck, waren seine Vorlesungen und Sauerbruchs „Allgemeine Chirurgie" die beiden, fast konkurrenzlosen Anziehungspunkte für die klinischen Semester der damaligen Zeit. Als Konsiliarius – ich erlebte ihn in dieser Funktion öfters als Privatassistent von Sauerbruch – war er kurz angebunden, fast desinteressiert; um so eingehender diskutierte er nach abgeschlossener Untersuchung den Krankheitsbefund. Sein Verhältnis zur Chirurgie war eher neutral. Er traute ihr nicht viel zu. Damals war gerade durch eine weit bekannt gewordene Arbeit von Enderlen und G. Hotz über die Gallensteinerkrankung die konservative Behandlung des Steinleidens im hohen Alter als Methode der Wahl gepriesen – mit Resultaten, die besonders bei der Komplikation durch Gelbsucht erschreckend waren. Es ist schwer verständlich, daß ein so nüchterner und kluger Arzt wie Müller durch diese Ergebnisse nicht zur Standpunktänderung veranlaßt wurde, noch unverständlicher, daß seine älteren Assistenten, die sehr freimütig dem Chef gegenüber waren, ihn nicht dazu bewegen konnten. Beim Steinverschluß des gemeinsamen Gallenganges wurde für alte Patienten die Operation erst in Erwägung gezogen, wenn eine an Intensität ansteigende Gelbsucht sechs Wochen angedauert hatte. Man kann sich vorstellen, wie die Operationsergebnisse nach dieser Warteperiode waren.

Im Sommer 1925 wurde ich eines Tages zum „Chef" bestellt, der mich mit der Frage „Wann sind Sie mit Ihrer Habilitationsschrift fertig?" überraschte. Er hatte vorher nie darüber gesprochen, so daß ich ein verdutztes Gesicht machte und ihm sagte, daß ich darauf nicht vorbereitet sei und ihm in einigen Tagen antworten wolle. Bis dahin war für mich noch immer mein Berufsziel gewesen, die Klinik meines Vaters zu übernehmen. Ich schrieb an meinen Vater und erhielt als Antwort die gleichen Bedenken, die mir selbst gekommen waren: Eine Habilitation habe nur Sinn, wenn die akademische Laufbahn mein Ziel sei, und antisemitische Tendenzen ließen voraussehen, daß ich deprimierende Enttäuschungen zu erwarten habe. Er riet dringend ab. Entschlossen, diesem Rat zu folgen, ging ich zu Sauerbruch. Er hörte sich die Gründe ruhig an, ließ sich die wesentlichsten Teile des Briefes meines Vaters vorlesen und bat mich, das zu tun, was als Ergebnis *seiner* Korrespondenz mit meinem Vater herauskomme. Bedauerlicherweise sind die Briefe, die er in dieser Angelegenheit schrieb, beim Brand unseres Hauses in Istanbul vernichtet worden. Sie verdienten wiedergegeben zu werden, nicht wegen seiner Einschätzung meiner Entwicklungsmöglichkeiten, sondern wegen der prinzipiellen Stellungnahme Sauerbruchs zur Frage des akademischen Nachwuchses und des Antisemitismus. Ich habe keine überzeugtere und schärfere Absage an diese „Goldader dummer und unbegabter Streber", wie er den Antisemitismus nannte, gesehen. Sein Versprechen, „wie ein Vater über meinen Werdegang zu wachen", hat er, soweit es menschenmöglich war, erfüllt. Ich habe nie auch nur die Andeutung antisemitischer Tendenzen bei ihm wahrgenommen, aber oft genug erlebt, daß er sich ihnen, wenn sie an ihn herangetragen wurden, mit der ganzen Autorität seiner Stellung widersetzte. Darüber wird später noch zu sprechen sein. Nach einem Jahr war die Habilitationsschrift fertig. Sie führte zu einem Zwischenspiel, das für die Ernsthaftigkeit der Beurteilung wissenschaftlicher Qualifikation innerhalb der Münchener Fakultät bezeichnend war. Die Arbeit betraf unter anderen die Folgen mediastinaler Druckstörungen. Im Tierexperiment hatte ich die Rückwirkungen der Luftröhrenkompression auf den kleinen Blutkreislauf untersucht und war zu dem Ergebnis gekommen, daß es bei akuter Verlegung der Luftröhre zum Absinken des Druckes in der Lungenschlagader komme. Die Messungen waren mit dem schwer einzubauenden Frédériqueschen Manometer ausgeführt worden. Geheimrat E. v. Romberg war Korreferent der Arbeit; er hatte sie in einem Gutachten zu beurteilen, das der Fakultät vorzulegen war. Die Befunde standen im Widerspruch zu einer Auffassung, die Romberg in seinem bekannten Lehrbuch der Herzkrankheiten niedergelegt hatte. Er bezweifelte wohl ihre Richtigkeit, oder wollte sich zum mindesten von der Fehlerfreiheit der erhaltenen Druckkurven überzeugen. Ich wurde zu ihm bestellt und mit der kühlen Höflichkeit, die ihn auszeichnete, gefragt, ob ich das Experiment in seiner Gegenwart wiederholen könne. In der Tat erschien er tags darauf im Laboratorium und hat dem eineinhalb bis zwei Stunden dauernden Versuch vom Anfang bis zum Ende beigewohnt. Noch am gleichen Abend erhielt ich einen formvollendeten Brief, in dem er das Ergebnis ohne Einschränkungen anerkannte und für die Gelegenheit dankte, ihn an einem „für die Pathologie des kleinen Kreislaufes so wichtigen Versuch teilnehmen" zu lassen. Zu Sauerbruch muß er sich noch freundlicher geäußert haben: Beim Operieren an einem der nächsten Tage fragte er mich, warum ich ihm nichts von Rombergs Besuch im Laboratorium gesagt habe; daran schloß er die Bemerkung, jetzt sähen auch die Internisten ein, daß sie viel von uns lernen könnten (was in diesem Falle eine gut gemeinte Übertreibung war). Im November 1926 fand die Probevorlesung vor der Fakultät und im Januar 1927 die öffentliche Antrittsvorlesung statt. Da ich mehrere Jahre hindurch Sauerbruchs Vorlesungsassistent gewesen war, fand sich ein größeres studentisches Publikum ein, um der Geburt eines neuen Dozenten beizuwohnen. Die Vorlesung sollte traditionsgemäß 45 Minuten dauern. Zum ersten und letzten Male in meinem Leben hatte ich die Zeit nur nach dem Gefühl abgeschätzt, und das Gefühl hatte mich so gründlich getäuscht, daß ich zu meinem Schrecken nach 25 Minuten fertig war. Der Dekan, Geheimrat M. Borst, erhob sich, lobte den Vortrag und schloß mit den Worten: „Und was uns am meisten gefallen hat, war, daß die Vorlesung so kurz war." Damit hatte er einen vollen Heiterkeitserfolg. Sauerbruch war in gehobener Stimmung und lud die älteren Assistenten und Freund Jehn, der von Mainz herübergekommen war, zu einer kleinen Feier in den „Bayerischen Hof" ein. Die kurze Ansprache, die er dort hielt, war in sehr warmem Ton gehalten; er machte sich die Mühe, am nächsten Tage seine Worte zu rekonstruieren und meinem Vater einzuschicken.

Mit Sauerbruch nach Berlin

Schon Ende 1925 war Sauerbruchs Name für die Nachfolge von O. Hildebrand in Berlin genannt worden. Hildebrand war der Direktor der Chirurgischen Universitätsklinik der Charité; er hatte das gesetzliche Emeritierungsalter erreicht. Die Klinik in der Charité hatte seit ihrem Bestehen in der akademischen Einschätzung nie die des „Klinikums" in der Ziegelstraße erreicht. Dort hatten im letzten Jahrhundert A. v. Graefe, B. v. Langenbeck, E. v. Bergmann, A. Bier gewirkt, Namen, die für die deutsche Chirurgie repräsentativ waren. Der Ruhm von J. Ch. Jüngkens, H. A. v. Bardeleben, F. König, O. Hildebrand, die zur gleichen Zeit die Charitéklinik leiteten, verblaßte dagegen. Nur G. F. Dieffenbachs Ruhm durchdrang ganz Europa. Die Berliner Fakultät wollte mit der unterschiedlichen Bewertung brechen und den besten Chirurgen für die Charité gewinnen. Es konnte kein Zweifel sein, daß Sauerbruch die Vorschlagsliste der Fakultät führen würde. Im preußischen Kultusministerium waren jedoch starke Widerstände vorhanden. Er galt als nationalistischer Heißsporn und hatte sich durch abfällige Äußerungen über die demokratische Regierung Preußens in Berlin unbeliebt gemacht. Es war also unsicher, ob das Ministerium bei der Berufung sich an die Reihenfolge der Vorschlagsliste halten würde. Sauerbruch selbst schien sich wenig Gedanken über die Entscheidung des Ministeriums zu machen. Er hielt mit Recht seine Münchener Stellung der in der Charité für überlegen. Die Nachricht der Berufung las ich in einer norddeutschen Zeitung, die sich auf die Dreizinnen-Hütte (Dolomiten) verirrt hatte. Als meinen Freund und mich eine Woche später der erste Schneefall ins Tal trieb, fand ich in Bozen ein Telegramm Sauerbruchs vor mit der Aufforderung, sofort nach München zurückzukehren. Am Abend des nächsten Tages traf ich ein. Sauerbruch war sehr vergnügt; nach dem Theaterbesuch hielt er mich noch bis drei Uhr früh zurück und erörterte das Problem Berlin von allen Seiten. Er war unentschlossen, eher zur Absage geneigt. Mit Lebsche hatte er nur oberflächlich darüber gesprochen, da er wußte, daß für Lebsches bayerische Gefühle Berlin nur Abschreckendes bot. Einen projektierten Besuch im preußischen Ministerium beschleunigte er jetzt. Schon am übernächsten Tage fuhr er nach Berlin. Er versprach, über seine ersten Eindrücke brieflich zu berichten. Statt dessen erhielt ich nach zwei Tagen ein Telegramm, das mich nach Berlin zitierte. Bei der Ankunft im „Kaiserhof" fand ich ihn trotz der frühen Morgenstunde schon auf und tief verärgert über den Empfang im Ministerium. Bei näherem Nachforschen stellte sich heraus, daß er sich mehr über sich selbst als über den zuständigen Ministerialdirektor geärgert hatte – eine häufige Verwechslung der Empfindungen, wenn er bei Verhandlungen zu stürmisch geworden war.

Der Ministerialdirektor W. Richter, der ihm später ein guter Freund wurde, hatte auf weitgehende Forderungen zurückhaltend geantwortet, was bei Sauerbruch die jungenhafte Reaktion auslöste, daß „er es den Berlinern mal geben" müsse. Das hatte er getan und nichts weiter erreicht, als daß man ihn bat, seine Bedingungen schriftlich zu fixieren und sie dem Ministerium zuzuleiten.

Und die Forderungen waren in der Tat so, daß sie geprüft werden mußten. Die Berufung sollte für den Lehrstuhl der Charité *und* den der Ziegelstraße ausgesprochen werden. Anscheinend hielten Bier, der das Emeritierungsalter 1931 erreichen würde, und auch die Fakultät das für die beste Lösung. Die Zwischenzeit – eventuell unter Verlängerung der Amtszeit Biers – sollte zum Neubau eines Klinikums in der Ziegelstraße benützt werden, in den Sauerbruch dann von der Charité übersiedeln würde. In der Charité selbst sollten nur die dringendsten baulichen Verbesserungen und Erweiterungen durchgeführt werden, diese allerdings mit Beschleunigung innerhalb des ersten Amtsjahres.

Die finanziellen Verpflichtungen, die das Ministerium mit seiner Zusage eingehen mußte, hatte Sauerbruch weder in ihrem Umfang noch in den notwendigen bürokratischen Konsequenzen erkannt. Das merkte er jetzt selbst; er beschloß, nur noch die Charitéklinik zu besuchen und dann den Berliner Aufenthalt abzubrechen.

Da er noch einige Besorgungen zu machen hatte, verabredeten wir uns für zehn Uhr vormittags am Portal der Klinik. Ich war etwas zeitiger da und marschierte auf und ab, als die Oberschwester herauskam, um mich, wie ich vermutete, zum Eintreten aufzufordern. Es kam aber anders: „Sie sind sicher Staatsexamenskandidat; heute wird aber nicht geprüft, weil Herr Geheimrat Sauerbruch aus München zur Besichtigung kommt!" Ich war damals noch nicht in dem Alter, eine solche Verjüngung als schmeichelhaft zu empfinden, und sah etwas bedenklich meiner Rolle als Gesandter Sauerbruchs entgegen. Die Besichtigung der Klinik, die K. Siedamgrotzky vertretungsweise leitete, war recht kurz; die Klinik, noch in den letzten Amtsjahren von Franz König gebaut, hatte Hildebrand als das „modernste chirurgische Institut Deutschlands" übernommen. Abgesehen von den änderungsbedürftigen Operations- und Röntgenräumen und dem Fehlen einer größeren Zahl kleiner Zimmer war sie in vielem besser als die Münchener Klinik.

Tieferen Einblick bekam ich in den nächsten Tagen, als Siedamgrotzky das Budget der Klinik, ihre verwaltungstechnische Organisation usw. mit mir besprach. Die Charitékliniken waren ursprünglich Teile eines Militärkrankenhauses, in der Hauptsache zur Ausbildung der aktiven Militärärzte bestimmt. Die einzelnen Abteilungen jeder Klinik unterstanden früher einem Militärarzt; nur der Klinikchef war ein von der Fakultät vorgeschlagener und vom Kultusministerium berufener Zivilist. Man hatte den Stationsärzten eine größere Selbständigkeit gelassen, als in anderen deutschen Universitäten üblich war. Dieser Status wurde auch nach der Auflösung der Armee (1918) stillschweigend beibehalten, so daß die Stationsärzte ihre Abteilungen recht souverän führten und zum Beispiel die wichtige Frage der Dienststunden und der Operationszuteilung selbständig entschieden. Nur der Klinikchef hatte das Weisungsrecht; bei den beiden Oberärzten schien es schon schwieriger zu sein.

Einige unerfreuliche Äußerlichkeiten schob ich zu Unrecht auf dieses System der Dezentralisierung: Man stritt sich um die Benützung der einzelnen Operationsräume; bei einer Bauchoperation fand ich Operateur und Assistenten umgeben von Ärzten der Inneren Klinik, die in ihren Wintermänteln geblieben waren. Erst bei näherer Kenntnis der Organisation amerikanischer Hospitäler habe ich den Wert der koordinierten kleinen Abteilungen einsehen gelernt. Ihr gutes Funktionieren beruht auf dem Verständnis für reibungslose Zusammenarbeit, das der amerikanische Arzt innerhalb des Krankenhauses auch dann beweist, wenn fest fixierte Regulationen („Dienstvorschriften") fehlen. In den Universitätsspitälern ist ein System der Zentralisierung wahrscheinlich vorzuziehen, weil es den Unterricht der Studenten und die Bildung einer klinischen und operativen Schule erleichtert, vorausgesetzt, daß im Klinikrahmen Spezialabteilungen bestehen, die ärztlich weitgehend selbständig sind. Für die großen Krankenhäuser, soweit sie nicht dem akademischen Beispiel der Errichtung von Spezialabteilungen folgen, hat es evidente Nachteile, daß ein Chefarzt 200–300, oder wie es vorkommt, 600 Patienten ohne langjährig erprobte Mitarbeiter zu betreuen hat. Eine Auflösung dieser Mammutgebilde in 80–100 Betten umfassende Abteilungen liegt im Interesse der Kranken. Das Überangebot an ausgebildeten Fachärzten in Deutschland legt eine solche Lösung schon deswegen nahe, weil das Nebeneinander von wenigen überlasteten Chefärzten und vielen notdürftig beschäftigten Chirurgen gleicher Qualifikation ohne Krankenhausstellung ein Absurdum und – noch mehr als das – eine Ungerechtigkeit ist. Die nordamerikanischen und englischen Verhältnisse zeigen, daß eine Vermehrung der leitenden Stellen *ohne* eine Vermehrung von Operationsräumen und ohne andere zusätzliche Kosten möglich ist. Im Gegenteil – in ein und demselben Operationstrakt arbeiten in den Vereinigten Staaten Chirurgen, Urologen, Neurochirurgen, Orthopäden, Gynäkologen, Otolaryngologen und Ophthalmologen im allgemeinen friedlich nebeneinander. Das bedeutet eine wesentliche Kostenminderung, weil die Operationsräume besser ausgenützt werden und infolgedessen – im ganzen gesehen – weniger Personal erfordern. Aufsicht und Zuteilung der Räume geschieht durch die Oberschwester des Operationstraktes. Der Einwand, daß die Vermehrung der leitenden ärztlichen Stellen erhöhte Gehaltsaufwendungen erfordert, ist hinfällig, wenn – wie in den angelsächsischen Ländern – nur nominelle oder keine Gehälter gezahlt werden. Die Übertragung einer dirigierenden Position bedeutet eine Auszeichnung, die vorteilhafte Rückwirkungen auf die Privatpraxis und damit auf die Honorierung hat.

In den letzten Jahren bin ich mehrfach von städtischen und anderen öffentlichen Krankenanstalten um Äußerungen über die berufliche Eignung von Bewerbern für chirurgische Chefarztposten gebeten worden. Die Zahl der Bewerber ist in der Regel groß; unter ihnen befinden sich, selbst wenn es sich um kleine Hospitäler handelt, gewöhnlich mehrere Gleich- und Hochqualifizierte. Das gilt in noch größerem Maße für die Bewerbungen um die großen, oder besser übergroßen Abteilungen. Es ist nicht einzusehen, warum eine Organisation, die sich in den angelsächsischen Ländern glänzend bewährt hat, in Deutschland undurchführbar sein soll, noch dazu, wenn sie sich zum Besten der Kranken auswirkt und einen bedenklichen Notstand im Spezialistenwesen beseitigt. Es ist menschlich begreiflich, daß die Initiative dazu nicht von den Chefärzten und ihren Interessenverbänden ausgehen kann. Die Krankenhausbehörden aber, die sich häufig unnötigerweise in ärztliche Belange untergeordneter Bedeutung einmischen, hätten hier ein dankbares Feld der Modernisierung des Spitalwesens, einer Modernisierung, die der Zustimmung des überwiegenden Teiles der Ärzteschaft und, was nicht weniger wichtig ist, der Bevölkerung sicher wäre. Damals indessen erschien mir eine Abweichung vom zentralisierten System eine Sünde wider den akademischen Geist zu sein.

Als Sauerbruch kurz nach der Klinikbesichtigung recht verstimmt abreiste, ließ er mich mit der Direktive zurück, die wichtigsten Fakultätsmitglieder – nämlich K. Bonhoeffer, A. Bier und W. Stöckel – zu besuchen und ihnen seine Forderungen auseinanderzusetzen; ich sollte ihn damit entschuldigen, daß er „nach München zurückgerufen" worden sei. Er nahm an, daß die Fakultät angesichts der geforderten Doppelberufung noch einmal über ihre Stellungnahme zur Nachfolge in der Klinik der Ziegelstraße befragt werden müsse. Das war eine schwere und unerfreuliche Mission, und ich äußerte Sauerbruch gegenüber starke Zweifel, ob ein junger Dozent der geeignete Dolmetscher dieses dornigen Auftrages sei. Er hatte aber wohl so wenig Lust, nach Berlin überzusiedeln, daß ihm das Ergebnis ziemlich gleichgültig zu sein schien.

Ich kam mir reichlich verlassen vor und telefonierte den einzigen Freund an, den ich in Berlin wußte: Theo Hünermann; er war während meiner Freiburger Zeit Assistent bei Lexer und O. Kahler und jetzt bei C. v. Eicken an der Otolaryngologischen Klinik der Charité. Wenn er diese Zeilen lesen sollte, wird er wahrscheinlich erst durch sie erfahren, daß er an den Abenden, an denen er durch seinen Humor ansteckend wirkte, mir die Sorge nahm, ob ich auch richtig handelte. 40 Jahre später konnte ich ihm die Dankesschuld in Naturalform (Chirurgie) abstatten. Den stärksten Eindruck machte mir Bonhoeffer. Er verstand sofort Sauerbruchs Dilemma und – mit einem Lächeln über den Eifer, sich neue Aufgaben zu sichern – auch Sauerbruchs Wunsch nach dem Klinikum in der Ziegelstraße. In guter Kenntnis der Finanzverhältnisse des preußischen Staates und vielleicht auch der ministeriellen Psychologie ließ er in seiner bedächtigen und abgeklärten Art eine Warnung laut werden: Die Zusage des Neubaus der Ziegelstraßenklinik werde sicher ehrlich gemeint sein, aber er zweifle sehr, ob in absehbarer Zeit die notwendigen Geldmittel zur Verfügung gestellt werden könnten. Es sei darum weiser, die Chirurgische Klinik in der Charité in einen Zustand zu versetzen, der es Sauerbruch ermögliche, sich damit abzufinden, dauernd in ihr zu verbleiben. Die Entwicklung der Dinge hat Bonhoeffer recht gegeben. Sein Rat einer weitgehenden Modernisierung der Charitéklinik wurde befolgt.

Die Unterredung mit Bier war auf das Gegenteil abgestellt. Er war anscheinend ganz damit einverstanden, Sauerbruch als seinen Nachfolger zu haben, betonte aber immer wieder, daß die Chirurgische Klinik in der Ziegelstraße *die* repräsentative Klinik der deutschen Chirurgie sei. Die Charité solle von Sauerbruch nur als Provisorium betrachtet werden; es werde ihm schon gelingen, einen Neubau zu erreichen; aber auch wenn das nicht möglich sei, sei die Klinik, die einst nach den Plänen Langenbecks gebaut worden sei, immer noch besser als die der Charité. Es war ergreifend, den wortkargen Mann von der Arbeitsstätte sprechen zu hören, in der er unter recht primitiven Bedingungen fast ein Lebensalter gewirkt und Großes vollbracht hatte. Wer wußte, wie sehr sein Herz an diesem Institut hing, konnte die Schärfe verstehen, mit der er sich einige Jahre später gegen die Auflösung der Klinik wehrte. Hinter ihm stand übrigens in dieser Kampfperiode noch eine Reihe früherer Assistenten aus Bergmanns und seiner Amtsperiode, die mit der Klinik nicht weniger verbunden waren als er. Ein Krankheitsfall, den ihm in einem Nebenzimmer ein Assistent zur Entscheidung vorstellte, gab ihm Veranlassung, einiges zur Überschätzung der operativen Technik zu sagen; er sprach von technischen Kinkerlitzchen und bezog unmißverständlich auch die Thoraxchirurgie ein. Es war erstaunlich, wie schief sein Bild von ihren Fortschritten und Problemen war. Sein bekanntes Wort: „Vieles Operieren macht dumm" fehlte nicht. Man gewann den Eindruck, daß er zur Chirurgie, besonders zu ihrer letzten Entwicklungsphase, in Opposition stand, behauptete allerdings auch von den Internisten und Pharmakologen, daß sie über kleine Teilfragen den Blick für die großen Zusammenhänge verloren hätten; das waren wohl Nachklänge des Streites, in den ihn seine Arbeiten über Homöopathie verwickelt hatten.

Der Besuch in der Frauenklinik Stöckels war weniger ergiebig. Er sagte nur, daß er sehr hoffe, Sauerbruch werde annehmen; gemeinsame Erinnerungen verbänden sie beide von der Marburger Zeit her. In den Einzelfragen äußerte er sich eher zurückhaltend. Dann lud er mich ein, bei der Operation einer Uterusmißbildung zuzusehen, die er plastisch korrigieren wolle. Am Schluß des recht langwierigen Eingriffs mußte er doch die totale Entfernung der Gebärmutter ausführen. Seinen Ärger über den unerwarteten Ausgang bekamen seine Assistenten zu spüren. Der Eindruck, den diese falsche Projektion des Unwillens bei mir hinterließ, wurde erst wieder ausgelöscht, als ich einige Jahre später einer seiner Vorlesungen beiwohnte. Er war ein begnadeter Lehrer, der mit glänzender Rhetorik sein begrenztes Spezialgebiet aus jeder Enge der Betrachtung heraushob. Man muß bedauern, daß Stöckels Lebenserinnerungen ohne eine endgültige Überarbeitung durch ihn selbst veröffentlicht wurden.

Die Berliner Mission war nach vier Tagen beendet. Ich fuhr nach München zurück und berichtete Sauerbruch an Hand von Notizen, die ich allabendlich niedergeschrieben hatte. Er stand dem Gedanken, nach Berlin zu gehen, wieder positiver gegenüber. In München war man inzwischen nicht untätig geblieben. Das Ministerium bot, um ihn zu halten, eine Vermehrung der über 600 Klinikbetten auf 750 an (die Charitéklinik hatte 350, die in der Ziegelstraße 220 Betten!). Obwohl die Zahl der Betten immer einen mysteriösen Einfluß auf deutsche Klinik- und Krankenhauschirurgen hat (sie glauben, daß sie einen Maßstab ihrer Einschätzung abgibt), blieb Sauerbruch diesmal davon unbeeindruckt. Die Forderungen, die dem Berliner Ministerium unterbreitet werden sollten, wurden bis ins einzelne ausgearbeitet und nach mehrfacher Redigierung abgeschickt. Umbau und Ausbau der Klinik in der Charité wurden entsprechend dem Bonhoefferschen Rat vorgeschlagen. Es vergingen einige spannungsvolle Tage, in denen man unschwer erkennen konnte, daß Sauerbruch innerlich immer mehr zur Übersiedlung nach Berlin neigte. Als dann Ministerialdirektor Richters Antwortschreiben eintraf und mit den Worten begann: „Ich habe Ihren Brief nachdenklich zur Kenntnis genommen", fühlte Sauerbruch, daß eine solche prosaische Formulierung nicht dem erwarteten Entgegenkommen entsprach. Bei weiteren schriftlichen Verhandlungen zeigte sich indessen, daß es nur der preußische Stil war, der sich von dem freundlicheren bayerischen unterschied. Ich erinnere mich nicht mehr, wann die endgültige Entscheidung fiel. Es muß kurz nach einer Sitzung der „Notgemeinschaft der deutschen Wissenschaft" gewesen sein, die im Königlichen Schloß in Berlin stattfand und zu der mich Sauerbruch mitgenommen hatte. Der Eindruck, den die Galerie von Berliner Wissenschaftlern machte, die während der Sitzung kurze Referate hielten, war sehr nachhaltig. Die durchgeistigten und arbeitsblassen Köpfe, die wir dort sahen, fehlten bei ähnlichen Versammlungen in München. Wir schämten uns etwas unserer gebräunten Gesichtsfarbe. Auf der Rückfahrt traf Sauerbruch auf R. v. Kühlmann, den früheren kaiserlich-deutschen Außenminister, der jetzt in Bayern ansässig war. Selbstverständlich kam die Sprache sofort auf die Frage Berlin oder München. Es war unschwer festzustellen, daß Sauerbruch definitiv entschlossen war. Kühlmann äußerte sich dann sehr maßvoll über die deutsche Politik der Nachkriegszeit – so maßvoll, daß man wünschte, er hätte diese abgeklärte Weisheit zur Zeit des Friedens von Brest-Litowsk und Bukarest besessen. Das Gespräch fand in Sauerbruchs Schlafwagenabteil statt. Unter dem Einfluß der Begeisterung, die der Berliner Besuch hervorgerufen, und dem einiger Flaschen Wein traktierte er die Holzzwischenwand so heftig mit seinen Schuhen, daß sie einbrach. Ein weiblicher Hilfeschrei aus dem Nebenabteil zeigte, daß die Wand „perforiert" war. Erst das Erscheinen des Schaffners beruhigte die aufgebrachte Dame. Als Sauerbruch sich entschuldigte, erhielt er zur Antwort: „Feiern Sie Ihre Orgien woanders, aber nicht im Schlafwagen." Das beherzigten wir dann auch und gingen schlafen.

Die Berufung wurde endgültig für beide Lehrstühle, den in der Charité und – nach Biers Rücktritt – den in der Ziegelstraße am Anfang des Sommersemesters 1927 ausgesprochen. Gleichzeitig hatte sich das Ministerium damit einverstanden erklärt, daß Frey, Felix, Herrmannsdorfer, Krampf, Fick, Middeldorpf, Uebelhoer und ich mit übersiedelten. Die drei Oberarztstellen erhielten Frey, Felix und ich.

Das letzte Münchener Semester war das erste meiner Dozentur. Einer Tradition entsprechend hatte der jüngste Dozent die „Chirurgie für Zahnärzte" zu lesen. Ich bewundere heute noch die Duldsamkeit meiner Hörer. Im freien Sprechen war ich ungeübt und begann jede Unterrichtsstunde mit quälendem Lampenfieber. Erst nach der Beendigung fiel mir meist ein, was ich eigentlich *noch* hätte sagen können. Zwei Jahre hat es gedauert, bis ich Schüchternheit und Befangenheit einigermaßen verlor. Es ist ein Fehler, daß in Deutschland weder auf den Mittel- noch Hochschulen die Kunst der freien Rede geübt wird. In den Vereinigten Staaten ist das anders; ich habe immer mit Neid erlebt, wie ungehemmt hier die jungen Assistenten öffentlich sprachen. Nach der Übernahme der Basler Klinik sorgte ich dafür, daß während des Gruppenunterrichts der Studenten die Assistenten Patienten vorstellten und kommentierten und daß sie auch während der allwöchentlichen Besprechung von Todesfällen und interessanten Krankheitsbildern die Untersuchungsergebnisse und ihre Beurteilung vortrugen und sich an der folgenden Diskussion beteiligten. Das ist meines Erachtens eine wichtige Vorbereitung für die Dozentur. Im Zusammenhang mit meiner ersten Vorlesung eine kleine Unterhaltung mit Sauerbruch: Ich war stolz darauf, daß trotz des unattraktiven Vortrages und seines Inhaltes 10–14 Studenten bis zum Semesterende ausharrten. Als dann die Semesterabrechnung fällig war, schrieb der Quästor der Universität, daß wegen ungenügender Hörerzahl (2) die Vorlesung als nicht zustande gekommen betrachtet würde. Ich war beleidigt und fragte Sauerbruch, was ich tun solle. Seine Antwort: „Es wird Ihnen nicht mehr passieren, daß mehr Hörer kommen als eingeschrieben sind. Seien Sie froh, daß es diesmal so gewesen ist."

Im letzten Münchener Winter (1926/27) vertrat ich einmal Sauerbruch in der Vorlesung der allgemeinen Chirurgie. Während ich vortrage, wird mir berichtet, daß ein Kranker mit Blutung aus einer Hirnhautarterie bewußtlos eingeliefert worden sei und zur Demonstration und Operation vorbereitet werde. Es war eine für diese Verletzung charakteristische Vorgeschichte: Ein 18jähriger Gymnasiast wird von seiner Mutter gebeten, eine Wanduhr aufzuziehen. Um das zu tun, muß er auf einen Stuhl klettern. Beim Hinabsteigen kippt der Stuhl um; der junge Mann schlägt mit der rechten Kopfseite an den Ofensims, ohne daß er mehr als einen kurzen Schmerz verspürt. Dann stellen sich leichte Kopfschmerzen ein. Er, der ein gewissenhafter Schüler ist, verzichtet darauf, seine Schularbeiten zu machen, legt sich ins Bett, ohne zu essen. Am nächsten Morgen, als seine Mutter ihn wecken will, ist er nicht aufzuwecken; er ist bewußtlos. Der Hausarzt wird gerufen; er kann keine Diagnose stellen. Er kommt gegen Mittag wieder und erhebt noch einmal genau die Vorgeschichte. Erst jetzt erfährt er von dem kleinen Unfall und ordnet sofort die Überführung in die Chirurgische Klinik an. Hier stellt man alle klinischen Erscheinungen des rechts lokalisierten Hirndruckes fest, und es besteht kaum ein Zweifel, daß durch den Unfall es zu einem Abriß der mittleren Hirnhautarterie gekommen ist; der resultierende Bluterguß hat die Hirndruckerscheinungen hervorgerufen. Der tödliche Ausgang kann durch Entleerung des Blutergusses vermieden werden. Das ist ein kleiner Eingriff, den ich vor den Studenten ausführe. Die Operation kann – an dem tief bewußtlosen Patienten – ohne Betäubung ausgeführt werden. Die Bewußtseinslage ändert sich nach dem Ablassen des zwischen Schädelkapsel und Hirn entstandenen Blutergusses so schnell, daß bei den Verschlußnähten der Haut der Kranke schon Schmerzäußerungen von sich gibt. Nach zwei Stunden ist er bei vollem Bewußtsein.

Etwa zwei Wochen später wird mir, während ich beim Operieren bin, ein Zettel gezeigt, den eine Hauswirtin ganz erregt in die Klinik gebracht hat. Darauf steht mit ausfahrenden Buchstaben geschrieben: „Wenn ich nicht aufzuwecken bin, bitte sofort Dr. Nissen, Chirurgische Klinik, benachrichtigen." Die Frau berichtet, daß sie am Morgen diesen Zettel auf dem Küchentisch gefunden habe, zu ihrem Zimmerherrn, einem Studenten der Medizin, gegangen sei und ihn bewußtlos angetroffen habe. Ich ging mit der Frau in ihre Wohnung und fand dort in der Tat einen mir vom Kolleg bekannten Studenten in tief alkoholisiertem Zustand vor. Nachdem das Bewußtsein des erwachenden Mannes durch starken Kaffee und Hering aufgehellt war, ergab sich die folgende Vorgeschichte: Er hatte an einem Kommers seiner Verbindung teilgenommen, und als er heftig betrunken und nicht ganz zielsicher nach Hause ging, stieß er mit dem Kopf gegen einen Laternenpfahl und hatte – in Erinnerung der Kollegdemonstration – die Überzeugung, daß das der Mechanismus der Hirnhautarterienverletzung sei. Daher der Zettel auf dem Küchentisch und mein schleuniger Abruf.

Es muß 1922 oder 1923 gewesen sein, daß Sauerbruch mir einen Brief des bekannten Klinikers B. Naunyn, des Lehrers meines früheren Chefs Minkowski, zum Lesen gab. Naunyn bat, daß man ihm Gallensteine, die bei Operationen entfernt wurden, zur Analyse überließe. Sie sollten beim Transport nach Naunyns Wohnort Baden-Baden weder übermäßiger Hitze noch Kälte ausgesetzt werden. Ich fing also an, Gallensteine zu sammeln, und als ich ein kleines Säckchen voll hatte, wollte ich es nach Baden-Baden schicken. Sauerbruch aber, eingedenk des Versprechens, das er Naunyn wegen des wohltemperierten Transportes gegeben, entschied, daß ich die Steinsammlung selbst überbringen sollte. Er schrieb an Naunyn, der sofort antwortete, und mit Sauerbruchs Geld und guten Wünschen wurde ich nach Baden-Baden in Marsch gesetzt; ich kam am Abend an, übergab dem vornehm aussehenden Mann mit dem prachtvollen Patriarchenkopf mein Bündel, um mit dem Nachtzug nach München zurückzukehren. Frau Naunyn hatte aber schon das Fremdenzimmer hergerichtet. Ich blieb über Nacht und hatte nach dem Abendessen eine sich bis über Mitternacht ausdehnende Unterhaltung mit Naunyn. Das Gespräch wurde beflügelt durch die Tatsache, daß ich seines „besten Schülers" Minkowski Assistent gewesen war und ganz besonders durch Erinnerungen an Mikulicz, den ich als Kind noch selbst gesehen hatte. Er war – so schien es – glücklich darüber, über diesen Mann sprechen zu können, dem er – unabhängig von seinem eher kritischen Standpunkt der Chirurgie gegenüber – eine besondere Stellung einräumte. Er ließ sich von Sauerbruch und der Thoraxchirurgie erzählen. Über meine damalige Begeisterung für ein chirurgisches Gebiet, das ich nur oberflächlich kannte, wird er wohl innerlich gelächelt haben. Sauerbruch hat mir viele Jahre später – es war, glaube ich, an einem Weihnachtsabend, an dem ich in seinem Hause zu Gast war – den Brief geschenkt, den ihm Naunyn nach diesem Besuch geschrieben hat.

Ende Juni 1924 bat mich Sauerbruch zu sich und erzählte die „Affäre Willstätter": Der berühmte, mit dem Nobelpreis ausgezeichnete Direktor des

Chemischen Institutes der Universität München hatte – auf der Höhe seines Wirkens – als 52jähriger um seine Entlassung gebeten. Der Grund lag in antisemitischen Tendenzen, die sich innerhalb der Zweiten Philosophischen Fakultät bei der Wahl des Nachfolgers von P. H. v. Groth gezeigt hatten. Der von R. M. Willstätter und Groth vorgeschlagene V. Hs. Goldschmidt in Oslo war von der Majorität der Fakultätsmitglieder, zweifellos aus unverblümt antisemitischen Motiven, abgelehnt worden. Willstätter, selbst Jude, hatte diese bornierte Einstellung als eine persönliche Beleidigung empfunden und war über das Verhalten der Fakultät, besonders ihres Dekans, W. Wien, empört. Er wollte demissionieren. Sauerbruch hatte mit F. v. Müller beschlossen, in einer abendlichen Versammlung zu erscheinen, die in Willstätters Institut von seinen Studenten einberufen war; ich sollte auch daran teilnehmen. Mit Bumm jun., der Willstätters Assistent war, verabredete ich mich. Müller und Sauerbruch suchten Willstätter in seiner Wohnung auf. Er berichtet darüber selbst: „Sie tranken mit uns eine Flasche Rheinwein und standen um neun Uhr auf, was bei Sauerbruch nie vorgekommen war. Aber sie gingen nicht heim, sondern sie führten mich zu meiner Überraschung in meinen Hörsaal, den meine Kollegen vom Institut, meine Assistenten und Studenten füllten."

Selten habe ich eine so eindrucksvolle Sympathiekundgebung erlebt wie diese, und ich glaube, daß es nicht einen in dem Auditorium gab, der diese Stunde vergessen konnte.

Willstätter blieb indessen bei seinem Entschluß. Die Folge war eine große Reihe von Angeboten, an anderer Stelle zu wirken: Kaiser-Wilhelms-Gesellschaft und Notgemeinschaft der deutschen Wissenschaft boten ihm eine nach seinen Wünschen zu erbauende Forschungsstätte an. Die Universitäten Heidelberg, Leipzig, Chicago und viele andere folgten. Es fehlten aber auch nicht drohende und beschimpfende Briefe. Aktive Mitglieder eines Heidelberger Corps schrieben auf einer Postkarte: „Knoblauch brauchen nicht mitzubringen, da schon reichlich damit versorgt sind." Ich nehme an, daß diese zukünftigen Stützen des Tausendjährigen Reiches sehr stolz auf die Demonstration ihres geistigen Status waren.

Das freundschaftliche Verhältnis, das Willstätter mit Sauerbruch verband, blieb bis zu Willstätters Lebensende erhalten. Zuletzt trafen sie sich in E. Ruppanners Haus in Samaden 1941 – ein Jahr vor Willstätters Tod. Seine Tochter sah ich gelegentlich in Berlin als Gast in Sauerbruchs Wannsee-Villa. Während des Abschiedsdiners, das die Münchener Universität 1928 Sauerbruch gab, erlitt Willstätter einen Kollaps. Auf Sauerbruchs Wunsch brachte ich ihn nach Haus, der Taxifahrer sah den Orden „Pour le Mérite" (Friedensklasse) an seinem Hals, erkundigte sich nach dem Namen des „Fliegeroffiziers". Willstätter lachte so herzhaft, daß seine beängstigend blasse Gesichtsfarbe sich wieder normalisierte. Ich half ihm dann noch bei der Absorption des von Sauerbruch und Borst verschriebenen Alkohols. Er erging sich in einer geistvollen Charakteristik der zwei Münchener Ärzte, die ihm freundschaftlich nahestanden: E. Kraepelin und Sauerbruch.

Der Mann, der 1939 ohne Geld und Gepäck die Grenze bei Basel überschritt, fand dank der großzügigen Hilfe seines Schülers A. Stoll, Ehrenpräsident des Verwaltungsrates der Chemischen Fabrik Sandoz (Basel), noch befriedete Jahre in Muralto bei Locarno. Er war einer der treuesten Söhne Deutschlands und hat Unvergleichliches zum Ruhm seines Vaterlandes beigetragen. Beraubt und verjagt wurde er von denjenigen, die, wie das *ihr* Dichter ausdrückt, den Revolver entsichern, wenn sie das Wort Kultur hören.

Abstecher nach Südamerika – In den Bergen

Die Berufung von Sauerbruchs Nachfolger in München konnte bis zu seinem Weggang nicht abgeschlossen werden. Sehr gern erklärte er sich bereit, im Wintersemester 1927/28 seine Zeit zwischen München und Berlin zu teilen. Es war geplant, daß ich mit Frey am 1. Oktober nach Berlin gehen sollte. Sauerbruch war zu Vorträgen und Operationen nach Südamerika eingeladen. Er konnte nicht vor Ende November in Berlin beginnen und hoffte, daß bis dahin die dienstliche Organisation der Charitéklinik dem Münchener Schema einigermaßen angepaßt sein würde. Anfang September ging ich in die Ferien, zunächst, um meinen Vater zu vertreten und dann später in den Dolomiten zu klettern. Der endgültige Abschied von München wurde für eine gemeinsame Feier von Fakultät und Klinik auf das Wintersemester verlegt.

Als ich knapp acht Tage in Neisse war, erhielt ich einen Brief von Sauerbruch, in dem er mich bat, ihn nach Südamerika zu begleiten. Bis zur Abfahrt des Schiffes standen noch vier Tage zur Verfügung.

Da ich die Klinik in Neisse nicht einfach verlassen konnte, telegraphierte ich zurück, daß mein Vater bis zum Monatsende in den Ferien sei und ich darum nicht in der Lage sei mitzukommen. Die folgende Nacht war typisch für Sauerbruchs Kommunikationsmethoden: Um neun Uhr abends telefonierte er und bat um meines Vaters Adresse, um Mitternacht teilte er mit, daß mit meinem Vater alles geregelt sei; er würde innerhalb 48 Stunden nach Neisse zurückkehren. Um ein Uhr morgens rief er erneut an, um die nötigen Personalangaben für einen Diplomatenpaß zu erhalten, der für mich in Berlin zusammen mit den erforderlichen Visa von einem unserer Assistenten besorgt wurde. Eine Stunde später wurde telefonisch von München Tag und Zeit der Abreise, Name des Schiffes mitgeteilt mit der Bemerkung, daß ich alle notwendigen Papiere 24 Stunden vorher in München vorfinden werde. Am Morgen des übernächsten Tages saß ich im Zug nach München. Bei der Ankunft waren nicht nur die Reisepapiere bereit, sondern auch zwei große Kisten, voll mit Instrumenten. Sauerbruch selbst war schon im Auto nach Triest unterwegs. Jetzt ging mir erst der Zweck des Diplomatenpasses auf. Er ermöglichte es, die Kisten unkontrolliert durch die verschiedenen Zollabfertigungen zu steuern. In Triest waren Reservationen auf der „Saturnia" (Cosulich-Linie), die ihre Jungfernreise nach Südamerika unternahm.

In herrlichem Sonnenschein und unter jubelnder Teilnahme der Bevölkerung fuhr das Schiff um die Mittagsstunde ab. Unser Kabinennachbar war Mussolinis Bruder Arnaldo. Für sechs Wochen (Hin- und Rückreise) blieb die

„Saturnia" unser Heim. Ich habe sie später im Hafen von New York, in Genua, in Triest wiedergesehen und immer Heimweh nach ihr bekommen. Für Sauerbruch war der Genuß der Reise durch seine Neigung zur Seekrankheit gestört. Die Fahrt um Italien herum vollzog sich bei völlig ruhiger See. In Neapel kam ein Erzbischof an Bord, der das Schiff einsegnete. Die erste Kostprobe eines Sturmes erhielten wir im Golf von Lion – kurz vor Marseille, wo ein aus München nachgeschickter Überdruck-Narkoseapparat unsere Kisten vermehrte. In der Mitte des Südatlantik brach eine der Schiffsschrauben; ihre provisorische Reparatur nahm vier Tage in Anspruch. Die Verzögerung machte jede weitere Planung illusorisch. Sauerbruch fand sich damit ab, ohne Zeiteinteilung in den Tag hinein zu leben. Alle guten Vorsätze zum Arbeiten „am Buch" zerplatzten unter dem Sonnenschein, der Seeluft und den reichen Möglichkeiten, mit hübschen Argentinierinnen zu flirten und Decktennis zu spielen. Kurz vor der südamerikanischen Küste kam das Schiff in einen vier Tage anhaltenden Sturm, der für Sauerbruch die schwerste Prüfung dieser Reise wurde. Er war genauso empfindlich gegen die Schiffsbewegungen wie gegen das Medikament (Vasano), das er zur Abhilfe benutzte; das heißt, wenn er nicht seekrank war, hatte er eine durch den Atropingehalt des Mittels bedingte Blasenlähmung. Nur das intensiv geäußerte Mitleid der jungen Damen, mit denen wir uns angefreundet hatten, brachte ihm Erleichterung. Um einen Vortrag, den er für die Panamerikanische Tuberkulosetagung zugesagt hatte, in der Landessprache halten zu können, bat er einen mitreisenden brasilianischen Arzt um die Übersetzung. Als die schwierige Aufgabe fertig war, stellten wir nach Verlassen von Rio de Janeiro fest, daß der Vortrag ins Portugiesische, nicht ins Spanische, das Argentiniens Sprache ist, übersetzt war. Erst in Cordoba (Argentinien) fand sich ein spanischer Arzt, der die neue Übersetzung vollbrachte. Der Vortrag selbst war, obwohl Sauerbruch sich sehr bemühte, die richtige Aussprache zu lernen, kein voller Erfolg; nicht nach dem Beifall zu urteilen – der war der Hitze und dem Temperament des Landes entsprechend –, aber als ich ungefähr in der Mitte des Vortrages einen neben mir sitzenden argentinischen Arzt auf französisch fragte, wie ihm der Inhalt gefalle, antwortete er: „Das kann ich Ihnen nicht sagen, ich verstehe leider kein Deutsch!" War es Sauerbruchs Spanisch oder mein Französisch, das er damit meinte?

Wir besuchten Rio de Janeiro, Santos, Montevideo, Buenos Aires und Cordoba, meist liebenswürdig und geräuschvoll aufgenommen. Am anstrengendsten waren die Tage in Buenos Aires, wo die deutsche Kolonie, das deutsche Krankenhaus und die argentinischen Ärzte Sauerbruch in Atem hielten. Einen Vorgeschmack von späteren Ereignissen in Deutschland gab eine beschämende Szene, die sich bei einer Gefallenengedenkfeier der deutschen Kolonie abspielte und der Sauerbruch beiwohnte. Während des Ersten Weltkrieges war die Flotteneinheit von Graf Spee in der Schlacht bei den Falkland-Inseln vernichtet worden; einige der deutschen Verwundeten hatte man nach Buenos Aires gebracht; die an ihren Wunden Verstorbenen wurden auf einem Friedhof beigesetzt. Ihrem Gedächtnis galt die Feier, der der deutsche Gesandte oder sein Stellvertreter beiwohnte; er legte nach einer kurzen Ansprache einen Kranz mit den Reichsfarben nieder. In diesem Augenblick schritt ein Mitglied der deutschen Kolonie auf den Kranz zu, zog, anscheinend in Nachahmung eines ähnlichen früheren Vorfalles einige Jahre zuvor, eine Schere aus der Tasche und schnitt die Bänder mit den Reichsfarben ab. Der Gesandte beklagte sich bitterlich über die fortdauernde nationalistische Provokation, in der sich die deutsche Kolonie seit längerer Zeit erging. Im Anschluß an dieses Ereignis kam es zwischen Sauerbruch und mir zu einer Auseinandersetzung, als ich bemerkte, daß die Hetzereien gegen die Weimarer Republik, an der sich auch die Hochschullehrer mit besonderem Affekt beteiligten, für solche elenden Demonstrationen verantwortlich gemacht werden müßten. Jedenfalls befreite uns das Erlebnis von weiterem Zusammensein mit der Kolonie.

Die Teilnahme an dem Panamerikanischen Tuberkulosekongreß war der Endzweck der Reise. Die Kongreßgäste kamen aus aller Herren Ländern. Es war auch für den Außenstehenden unschwer zu erkennen, daß die englischen Gäste mit Zurückhaltung, die nordamerikanischen mit ausgesprochener Antipathie behandelt wurden. Während des Festessens hatte ich Gelegenheit, den argentinischen Vorsitzenden des Kongresses über die Gründe dieser auffälligen und oft peinlichen Einstellung zu befragen. Als Antwort bekam ich eine unmißverständliche Kostprobe der Empfindungen, welche die südamerikanische Intelligenz der nordamerikanischen entgegenbrachte. Nun, die Worte aus der Rüstkammer der Xenophobie sind immer die gleichen. Aber es entbehrt nicht einer gewissen Ironie, daß die Nordamerikaner mit den gleichen Epitheta wie Überheblichkeit und berufliche Ignoranz bedacht wurden, welche zahlreiche Ärzte der USA benutzten, wenn sie nach 1933 die deutschen Emigranten charakterisieren wollten. Hinzu kam im ersten Falle noch das Schlagwort vom Dollarimperialismus. Bei der Beurteilung der Engländer, die im Gegensatz zu den ziemlich lauten und formlosen Amerikanern schweigsam und zeremoniell waren, spielte wohl die Abneigung gegen den Kolonialismus die dominierende Rolle. Eine Reihe von blühenden Industrien und Transportunternehmungen waren damals noch in englischen Händen; sie gaben durch rücksichtslose Preispolitik Anlaß zum Unbehagen. Während die nordamerikanischen Ärzte meist zusammenblieben – vielleicht nur deswegen, weil keine anderen, auch die Engländer nicht, mit ihnen in Kontakt traten –, war die Mehrzahl der Briten genuin interessiert an dem wissenschaftlichen und privaten Leben der Vertreter anderer Nationen, an den Sitten des Landes. Allerdings zeigten einige wenige ziemlich offen ihr „Kolonialgefühl".

Ich habe es mir nie erklären können, wie dieselben Engländer, die in ihrem eigenen Lande Muster von Liebenswürdigkeit und Rücksicht sind, in anderen Ländern, deren kulturellen Stand sie für unterlegen halten, den überheblichen und rücksichtslosen Ton der Kolonisatoren ältester Prägung annehmen.

Einige besonders eindrucksvolle Beispiele dieser Haltung erlebte ich in der Türkei. In dem Park, in dem unser Haus gelegen war, befand sich auch das eines Attachés des britischen Generalkonsulates. Der Mann war nicht älter als vielleicht 25 Jahre. Eines Tages verschwand der Schoßhund seiner Frau; man benachrichtigte die Polizei, die anscheinend den Köter nicht schnell genug auffand; das veranlaßte die Frau des Attachés, das türkische Innenministerium in Ankara anzurufen und zu bitten, auf Intensivierung der polizeilichen Suchaktion zu dringen. Der Minister erzählte den Vorfall mit dem begreiflichen unfreundlichen Kommentar einige Tage später und schloß daran die Bemerkung: „Wahrscheinlich würde sie sich hüten, den Portier ihres Londoner Hauses in dieser Form zu belästigen." Ein anderes Beispiel: Eine dem englischen Botschafter sehr nahestehende Person erkrankte an einem als chirurgisch gedeuteten Leiden. Auf Wunsch des Botschafters wurde ich zugezogen. Die Entscheidung war nicht einfach, und ich gab viel Zeit und Mühe daran, zu einer Klärung der Ursache zu kommen. Nach zwei Wochen Beobachtung besserte sich der Zustand ohne chirurgischen Eingriff. Eine Liquidation unterblieb auf Bitten des Außenministers. Einige Monate später fragte ich den Botschafter brieflich, ob er mir behilflich sein könnte, die englische Einreisegenehmigung für einen Verwandten zu erhalten. Das ereignete sich Ende 1938, als es bereits unmöglich war, ohne besondere Empfehlung eine englische Aufenthaltsgenehmigung zu gewinnen. Die Antwort – nach einigen Wochen – bestand in einer kurzen Mitteilung seines Sekretärs, daß für diese Frage das Generalkonsulat zuständig sei. Er hatte es nicht einmal für notwendig gehalten, das Konsulat von sich aus zu informieren. Seine diplomatische Laufbahn schloß er mit einer Erklärung, die der Komik nicht entbehrt. Er war beim Ausbruch des Zweiten Weltkrieges Botschafter in Rom. Die arrogante Haltung Mussolinis England gegenüber wurde von den Alliierten als besonders bösartig und provozierend empfunden. Der Botschafter war anscheinend davon wenig beeindruckt, um so mehr aber „von den vollendeten Bequemlichkeiten, die der italienische Staatschef für den Rücktransport des Botschafters zur Verfügung gestellt" hatte, als Mussolini den Krieg an die Alliierten erklärte – so ist in der letzten Verlautbarung des Botschafters zu lesen, auf deren publizistische Verbreitung er anscheinend zur Präzisierung seines persönlichen Ansehens Wert legte.

Einige der nordamerikanischen Ärzte, die den Kongreß in Cordoba besuchten, konnte ich später im Hotel kennenlernen. Sie waren erstaunlich gut informiert über die europäische Fachliteratur. (Es waren anscheinend ausnahmslos Tuberkulosespezialisten.) Als ich aber J. Murphy erwähnte, der in Deutschland durch seine Bemühungen um die Pneumothoraxtherapie und durch einige ingeniöse Operationsmethoden bekannt war, fiel wieder die eigenartige Form auf, in der sie ihn ablehnten. Sie kolportierten mit Genuß einige Histörchen über seine Gewinnsucht, seine rücksichtslose Art und seine wissenschaftliche Unzuverlässigkeit. Von Cordoba aus machten wir Ausflüge in die Sierra (La Falda) und wurden von Ärzten deutscher Abstammung eingeladen, die sich mit wenig Sympathie über ihre argentinischen Kollegen äußerten.

Unsere eigene operative Tätigkeit war kein Ruhmestitel. In einem der staatlichen Krankenhäuser war eine Thorakoplastik für neun Uhr morgens angesagt. Die einzigen, die zur Zeit erschienen, waren Herr Bopp, ein Schweizer Geschäftsmann, der eine europäische Instrumentenfabrik vertrat und sich zur Verfügung gestellt hatte, und ich; etwas später kamen Sauerbruch, die Assistenten und der Kranke. Um elf Uhr war glücklich die Operation soweit vorbereitet, daß begonnen werden konnte. Sauerbruch war verärgert über die lange Wartezeit, die Unpünktlichkeit des Hilfspersonals und einiges mehr; ich war froh, als die Operation vorbei war. Glücklicherweise überstand der Patient alles am besten.

Bei der Rückkehr nach Buenos Aires erwartete uns eine Überraschung besonderer Art. Der Besitzer einer großen Estanzia hatte uns zu einem zweitägigen Ausflug durch seinen riesigen Besitz eingeladen. Wir ritten unter der Begleitung eines Gauchos zwischen den unzählbaren Viehherden hindurch. Reichlich ermüdet trafen wir im Hafen ein, in dem die „Saturnia" zur Abreise fertig war.

Die Rückreise führte uns über Rio de Janeiro, wo Sauerbruch zwei Affen als Geschenk von brasilianischen Ärzten erhielt. Einer von ihnen ging noch während der Reise zugrunde, der andere, ein kleiner muskulöser Bursche, wurde Sauerbruchs Kabinenbewohner; er hat uns durch seine Ausbruchsversuche in Atem gehalten – bis die Schiffsverwaltung eingriff und ihn in einem Käfig internierte. Er landete schließlich im Münchener Zoo, nachdem er in Sauerbruchs Münchener Villa für einige Wochen ein Schreckensregime geführt hatte.

Die zunächst vergnügte und bei ruhiger See störungslose Rückfahrt wurde in der Mitte des Ozeans überschattet durch den Untergang des italienischen Passagierdampfers „Principessa Mafalda", bei dem über 300 Personen ihr Leben verloren. Der Funkspruch des sinkenden Schiffes wurde aufgefangen, als die „Saturnia" etwa 100 Meilen von ihm entfernt war. Sie änderte sofort ihren Kurs, um zu Hilfe zu eilen. Schon nach einer Stunde traf die Nachricht von der Katastrophe ein. – Die Schiffahrtsgesellschaft wurde für verantwortlich gehalten. Man sagte, daß die „Principessa Mafalda" schon seit dem Stapellauf (vor mehreren Jahren) Schlagseite gehabt und überbelastet ihre letzte Reise unternommen habe, was sich später als unwahr herausstellte. Das Gefühl der Trauer, das allgemeinen Ausdruck fand, schloß die Passagiere enger zusammen. Der herzliche und rücksichtsvolle Ton trug dazu bei, daß das Ende der Reise von jedem fast bedauert wurde. Wir verließen das Schiff schon in Marseille. Sauerbruch kehrte nach München zurück, während ich nach Berlin fuhr.

Hier hatte Frey inzwischen in des Chefs Stellvertretung die Klinik von Professor Siedamgrotzky übernommen und zu reorganisieren begonnen.

Aus der letzten Münchener Zeit datierte meine erste Erfahrung als Stellvertreter Sauerbruchs. Es war im frühen Sommer 1927 – einige Monate vor der Übersiedlung nach Berlin –, als der Chef und die älteren Oberärzte in den Ferien waren. Schon der Gedanke, für einige Tage die Klinikautorität repräsentieren zu müssen, machte mich verzagt. Und wirklich erschien in Begleitung seines Chirurgen ein Kranker aus Wien, der an einer bösartigen Geschwulst des Mittelfellraumes (Raum zwischen beiden Lungenflügeln) litt, wie das Röntgenbild anscheinend klar zeigte. Man hatte ursprünglich daran gedacht, ihn zu bestrahlen, und als Fachmann für die Bestrahlung wurde der Leiter des Radiologischen Institutes der Frauenklinik, Voltz, empfohlen. Voltz hatte aber keine Erfahrung mit Geschwülsten des Mittelfellraumes und empfahl dem Patienten und seinem Arzt, Sauerbruch zu konsultieren. Auf diese Weise fanden beide den Weg in die Chirurgische Klinik. Dem begleitenden Chirurgen, der in Wien für seine gesalzenen Diskussionsbemerkungen bekannt war, legte ich nahe, noch eine Woche zu warten, bis Sauerbruch zurückkehre. Seine Antwort: „Hier ist nichts zu verderben, der Kranke ist sowieso verloren, operieren Sie mal, damit wir für die Bestrahlung wenigstens die mikroskopische Art der Geschwulst kennen." Zwei Tage danach – die Zuschauertribüne des Operationssaals war mit zahlreichen Gästen angefüllt – eröffnete ich den Mittelfellraum, um ein Stück Gewebe zu entnehmen. Nach dem ersten Schnitt quillt massenhaft Eiter heraus; es war keine Geschwulst, sondern ein großer Abszeß mit günstigen Heilungsbedingungen. Da schlägt mir der Wiener Kollege auf die Schulter und flüstert mir ins Ohr: „So ein Glück hat nur ein Debütant (Anfänger)."

Meine Lehrjahre wären unvollkommen dargestellt, wenn ich nicht an Ada Sauerbruch denken würde. Ihrer Besorgtheit habe ich es zu verdanken, daß die „Pschorr-Villa", die Sauerbruchs in der Münchener Zeit bewohnten, mir eine Art zweiten Elternhauses wurde. Das Familienleben blieb damals im Rahmen des für einen beschäftigten Chirurgen Üblichen. Anstrengende

Tätigkeit in der Klinik, auswärtige Konsultationen, Vorträge, wissenschaftliche Arbeiten nahmen alle Kraft und Zeit in Anspruch. Die Gefahr des Auseinanderlebens droht unter diesen Voraussetzungen in besonderem Maße. Obendrein entspricht es einem Gesetz der ehelichen Abnutzung, daß der Ehemann gern andere Frauen amüsanter findet als seine eigene.

Ada Sauerbruch war die Tochter des bekannten Greifswalder Pharmakologen Hugo Schultz. Aufgewachsen in der kleinen Universitätsstadt, hat sie wohl zeitlebens Menschen, soziale Ereignisse und Sitten nach Greifswalder Maßstäben beurteilt. Auf dieser Basis mögen sich die meisten Unzuträglichkeiten entwickelt haben. Sie war eine vollkommene Hausfrau, die dem durch Sauerbruchs Sprunghaftigkeit erschwerten Haushalt mit Würde und einer seltenen Improvisationsgabe vorstand. Der „Chef" (wie sie ihn auch nannte) und vier Kinder waren der Inbegriff ihres Lebens. Große Gesellschaften, an denen der Hausherr seine unzerstörbare Freude hatte, lagen ihr weniger. Sie war aber innerlich unabhängig genug, um sich über Kritik, die sie und ihr Haus betrafen, hinwegzusetzen. Als eine wichtige Funktion betrachtete sie die Friedensstiftung, wenn der „Chef" einen seiner Mitarbeiter erzürnt hatte oder erzürnt worden war.

In der Krise, die sich in den beiden letzten Münchener Jahren und viel später in Berlin entwickelte, hat Ada Sauerbruch, um den Kindern ein Familienleben zu erhalten, heroische Anstrengungen auch im klaglosen Ignorieren gemacht. Wahrscheinlich wäre eine akzentuierte Auseinandersetzung für beide Teile besser gewesen. Noch viele Jahre nach der Scheidung – als nach dem Zweiten Weltkrieg der Postverkehr zwischen Deutschland und den Vereinigten Staaten wieder möglich war – waren Adas zahlreiche Briefe eine einzige Sorge um das Ergehen des „Chefs". Sie hat sehr darunter gelitten, daß man den von der cerebralen Sklerose gezeichneten Mann nicht am öffentlichen Auftreten und an den Versuchen beruflicher Betätigung gehindert hat. Einige Wochen nach Sauerbruchs Tod traf ich sie in Hamburg wieder – 13 Jahre nach der letzten Zusammenkunft in Klosters, wo die bevorstehende Scheidung das traurige Gesprächsthema gewesen war. Jetzt war sie – zwei Wochen nach Sauerbruchs Tod – von ihrem Wohnsitz in Wannsee bei Berlin herübergekommen, um ihre Sorge über die geplante Publikation der sogenannten Lebenserinnerungen zu erörtern. Ich sah sie ein Jahr später noch einmal, als sie zur Totengedenkfeier der Deutschen Gesellschaft für Chirurgie nach München gekommen war. 1961 starb sie ohne Klage, seit Monaten des nahenden Todes bewußt. Leben und Ende – ein Opfergang.

Ich kann von den Münchener Jahren nicht Abschied nehmen, ohne festzuhalten, was mir die Bergfahrten gegeben, bis die Komplikationen einer Kriegsverletzung im Jahre 1938 einen endgültigen Strich unter alpinistische Unternehmungen und Hoffnungen setzten. In engster Nähe der Berge meiner schlesischen Heimat aufgewachsen, verdanke ich es meinem Vater, daß er seine Begeisterung für Wanderungen auf mich schon in frühester Kindheit übertrug. Die schneereichen Wintermonate gaben reiche Gelegenheit zu den ersten Skiversuchen – damals weitgehend unbekannt im Mittelgebirge – auf selbstkonstruierten Brettern, an deren Zustandekommen der Kutscher Karl entscheidend beteiligt war. Dann kam eine nicht recht glückliche Periode beim „Wandervogel", jener sich am Wandern und Bergsteigen begeisternden Schülervereinigung, die sich über ganz Deutschland erstreckte und – vom sozialen Gesichtspunkt besonders wichtig in der damaligen Zeit des Klassendenkens – ihre Mitglieder auch in Mittel- und Volksschulen rekrutierte. Es war die Idee der jugendlichen Berliner Gründungsgruppe gewesen, den sturen Nationalismus alldeutscher Prägung, wie er in den Gymnasien blühte, zu entmachten. Aber, in der Provinz waren Führerprinzip, Gehorsam und verschwommene Begriffe von dem anderen Staaten überlegenen Vaterland die Ideale dieses Vorläufers der *Jugendbewegung*, die zum ersten Male im Juli 1913 am Hohen Meißner bei Kassel in die breitere Öffentlichkeit trat. Das militärischer Disziplin entlehnte Unterordnungsprinzip behagte mir von vorneherein nicht; es kam bei den meisten unserer Gruppe in akuten Mißkredit, als bei der Besteigung des hohen Dachsteins unser „Führer" so völlig versagte, daß eine offene Revolte die Folge war. Ich verließ den „Wandervogel" und machte fortan die Wanderungen mit einigen wenigen Freunden, die, wie ich, ihre alpinistischen Neigungen bis weit in ihre späten Mannesjahre bewahrten.

München war in dieser Hinsicht ein Paradies, und ich habe jede Möglichkeit, welche die Kliniktätigkeit übrig ließ, benützt um zu klettern – an halbfreien Nachmittagen in Grünwalds Klettergarten und an Wochenenden in den bayerischen Alpen, im „Wilden Kaiser", dem Karwendel und Wetterstein. Aber die große Liebe galt im Sommer den Dolomiten, Venetianischen Alpen und im Winter den Stubaier und Zillertaler Bergen. Die Südtiroler und Tiroler Alpen waren das Ziel so gut wie jeder Ferienreise – eigentlich bis zum Verlassen Berlins. Zu den Schweizer Bergen habe ich nicht das gleiche enge Verhältnis gewonnen.

Größerer alpinistischer Leistungen kann ich mich nicht rühmen. Ich habe so gut wie nie – weder beim Klettern noch im Eis – geführt. In unserer Gemeinschaft waren allerdings so hervorragende Männer, daß wir meist auf Berufsführer verzichten konnten.

Fast alle meine Bergkameraden der Münchener und Berliner Zeit sind verstorben; Besuche gerade der Südtiroler Berge in den letzten Jahren waren wie ein Gang zu einer Gedächtnisfeier. Es war vor 40 Jahren, daß ich mit Piaz, dem unvergleichlichen Dolomitenführer und Wirt der Vajolethütte, über den Tod in den Bergen orakelte. Zwei Jahre darauf starb er, als er sich durch einen Sturz vom Fahrrad eine tödliche Hirnverletzung zuzog.

Die Liebe zu den Bergen kam für mich *nicht* nur aus dem Erleben der Schönheiten der Natur. Immer wieder habe ich mich dabei ertappt, daß nach der Erreichung der Spitze ein wunderbarer Rundblick mich unberührt ließ. Was ich bei Hochtouren besonders im Felsgang empfand und was ich heute noch in seiner ganzen Faszination nachempfinden kann, ist die Freude am Abenteuerlichen, das vorübergehende Verlassen der bürgerlich-geordneten Atmosphäre, die mich beruflich umgab. Das Wagnis der Kletterei war und ist immer von Gedanken des Todes begleitet, und oft habe ich das Gefühl gehabt, daß die Todesnähe (nicht anders wie bei jedem, der heiß liebt) eine zusätzliche willkommene Sensation darstellt. Es lag wohl an dieser verstandesmäßig kaum richtig begründbaren Reaktion, daß ich Bergfriedhöfe aufsuchte, wann immer ich konnte, und daß ich 1930 als junger Extraordinarius in St. Ulrich (Ortisei) Boden zum Hausbau erwarb, um später inmitten der Bergwelt zu leben und begraben zu sein.

Gewiß ist das Erreichen des Zieles – dieser Sieg in den Bergen, die keine Konzessionen kennen – der Sinn jeder Begehung.

Aber nicht minder charakterformenden Einfluß hat das Verlieren – heute so wenig geschätzt, daß der „gute Verlierer" eine Seltenheit geworden ist.

In einer Geburtstagswürdigung der Deutschen Medizinischen Wochenschrift für H. Kuntzen – Jena, bin ich darauf im Zusammenhang mit unserem Fach zu sprechen gekommen. „H. Kuntzen gehörte zu den Pionieren des Hochalpinismus jener herrlichen Zeit, als Dülfer und Preuss durch Verbesserung von Instrument und Kleidung einen Leistungsenthusiasmus entzündeten, der im Wilden Kaiser und in den Dolomiten bergsteigerisches Neuland eröffnete. Er bewies, daß er das besaß, was zum Bergsteiger gehört: Entschlußkraft, Zähigkeit in der Durchführung, Sicherung gegen Gefahren und – nicht zuletzt – Vermeidung von Situationen, in denen nur ein Glückszufall das Leben bewahrt. Ist das alles nicht so wie in der Chirurgie? Kuntzen, der viele Gipfel bezwungen, ist in die alpine Literatur eingegangen, als er mit Dülfer, Redwitz und Hanne Franz als Seilgefährten den Versuch der direkten Ersteigung der Totenkirchl-Westwand 100 m unter dem Gipfel aufgeben mußte. Ein Mann, der in harter Arbeit Maß und Ziel in Einklang brachte."

Meine Zeit der Bergfahrten brach gerade ab, als eine Übertechnisierung und eine überlaute Publizistik den Grundgedanken zu verfälschen begannen. Um mit dem 1961 im Eis umgekommenen Andrea Oggioni zu sprechen: „Es hat nur Sinn und Wert in den Käfig zu steigen, wenn der Löwe nicht angebunden ist; andernfalls ist es ehrlicher und würdiger, zu Hause zu bleiben."

An der Charité in Berlin

Die Antrittsvorlesung Sauerbruchs in Berlin fand Ende November 1927 statt. Das Publikum hatte die bei solchen Anlässen übliche Mischung, mit einem starken Einschlag von kritischen Berlinern, die dem ersten Auftreten des neuen Chirurgen mit den Empfindungen des Premierenpublikums entgegensehen. Gefühlsmäßig hatte Sauerbruch die neutrale Stimmung erfaßt, und er war, wie immer, wenn er nicht von der Wärme der Sympathie getragen wurde, nervös und unsicher. Zudem hatte er das Manuskript der Vorlesung ohne Sorgfalt vorbereitet – ein bei ihm sehr seltenes Vorkommnis, das diesmal aus der Zersplitterung seiner Tätigkeit zwischen Berlin und München zu erklären war. Die Anhäufung von Gemeinplätzen wirkte enttäuschend auf alle, die ein Bekenntnis zum neuen Lehramt erwartet hatten. Die matte Reaktion irritierte ihn. Zudem war tags zuvor in einem der Boulevardblätter eine üble, bösartige Karikatur erschienen; das Bild eines Chirurgen, der Tausendmarkscheine aus der Brust eines Patienten herausholt. In einer langdauernden Unterredung suchte er mich zu überzeugen, daß Berlin nicht der ihm adäquate Boden sei; in München habe man ihm nachdrücklich versichert, daß noch alle Tore offen seien. Es war eines der wenigen Male, daß ich es ihm gegenüber an höflicher Form der Diskussion fehlen ließ. Aber es schien mir auch in seinem Interesse an der Zeit zu sein, keine neue Phase der Unentschlossenheit aufkommen zu lassen. Er hat auch seitdem mir gegenüber keine Bedenken gegen die Übersiedlung mehr geäußert – obwohl ihm die offene oder versteckte Ablehnung, die er im Anfang in Berlin erfuhr, noch manche sorgenvolle Stunde bereitete. Leider ließ er sich nicht dazu bewegen, die Teilung seiner Arbeit zwischen Berlin und München aufzugeben. An keiner Stelle konnte er etwas Ganzes leisten – aber die Frage der Nachfolge in München beschäftigte ihn doch so stark, daß er auf eine persönliche Einflußnahme nicht verzichten wollte. Ernsthafte Prätendenten für das Münchener Ordinariat waren v. Haberer – Köln und Lexer – Freiburg. Beide lagen ihm nicht. Kirschner, der nach Leistungen und Alter die besten Voraussetzungen bot, hatte anscheinend nicht die nötige Resonanz in der Münchener Fakultät gefunden; es wäre bei dieser Lage der Dinge nur zu verständlich gewesen, wenn er, Sauerbruch, sich von der Berufungsfrage distanziert hätte. Aber das brachte er nicht über sich. Er favorisierte schließlich Lexer (s. S. 53), der im 60. Lebensjahre den Münchener Lehrstuhl übernahm.

Sauerbruchs Abschied von München wurde am Ende des Wintersemesters

1927/28 von seinen Freunden durch ein Festessen im Preysing-Palais feierlich begangen, nachdem er den Studenten in einer Abschiedsvorlesung Lebewohl gesagt hatte. Dabei hielt Geheimrat Borst eine der wärmsten Reden, die ich bei solchen Anlässen gehört habe. Es war kein falscher Ton in seinen Worten, mit denen er einer Freundschaft gedachte, die ihn zehn Jahre hindurch mit Sauerbruch verbunden hatte. Es ist schwer, Superlative zu vermeiden, wenn man Borsts Wesen beschreiben will. Er war eine seltene Erscheinung unter den damaligen Pathologen, völlig frei von übelwollender Kritik, zu der die Aufdeckung diagnostischer und operativer Fehler bei der Autopsie leicht verführt. Selbst mehr dem ruhigen Arbeitstempo zugewandt, stimulierte er seine eigenen und die klinischen Assistenten zur Untersuchung wissenschaftlicher Fragen durch seine Fähigkeit, selbst in sogenannten „klaren Fällen" Außergewöhnliches zu sehen. Man fand ihn niemals in Hast; immer hatte er Zeit, Befunde mit jedem zu diskutieren, der sich an ihn wandte. Seine Vorlesung war ein sprachlicher Genuß; zu jedem Vortragsthema, mochte es noch so banal und abgedroschen erscheinen, trug er in der Aussprache etwas Neues und Interessantes bei. Er hatte die Gabe der echten Toleranz anderen Meinungen und Eigenschaften gegenüber. Meine erste Begegnung mit ihm war bezeichnend für seine Großzügigkeit. Aschoff hatte in einem Brief an Sauerbruch anscheinend meine pathologisch-anatomischen Kenntnisse und Erfahrungen sehr rosig geschildert. Jedenfalls wurde ich, wie schon erwähnt, eines Tages mit der histologischen Schnelluntersuchung von operativ gewonnenem Gewebe betraut. Bei der Ungeduld Sauerbruchs, der zur Fortführung der Operation auf das Untersuchungsergebnis wartete, waren vier bis fünf Minuten für ihn schon eine Ewigkeit. Bisher waren die Schnellschnitte im Pathologischen Institut ausgeführt worden. Der Weg zur Überbringung des Materials nahm noch zusätzlich einige Minuten in Anspruch – daher der Entschluß Sauerbruchs, die histologische Diagnose im eigenen Laboratorium ausführen zu lassen. Eine Weile ging es ganz gut, bis eines Tages die Probeexcision aus der Lunge eines javanischen Plantagenbesitzers die Krisis brachte. Ich fand in dem kleinen Gewebsbröckel ein Carcinom. Bei dem damaligen Stand der Thoraxchirurgie bedeutete die Diagnose Abbruch der Operation, zu der der Kranke mit seinem Hausarzt viele tausend Meilen nach München gereist war. Während Sauerbruch auf das Untersuchungsergebnis wartete, entfernte er noch eine mediastinale Lymphdrüse, die zu Borst geschickt wurde. Die Diagnose Borsts lautete: Tuberkulose. Als ich daraufhin mein mikroskopisches Präparat suchte, um es Borst zu zeigen, war es nicht mehr aufzufinden. Die Konsequenzen ließen sich voraussehen: ich wurde mit einer entsprechenden Ansprache bedacht, und Sauerbruch erzählte recht aufgebracht Borst von meinem Versagen. Borst bat mich zu sich und versuchte sich von meiner histologisch-diagnostischen Ausbildung ein Bild zu machen. Ich ließ keinen

Zweifel darüber, daß sie lückenhaft sei, und konnte für mich nur ins Feld führen, daß ich Sauerbruch von vorneherein über die eigenen Zweifel an meiner Qualifikation für Schnelldiagnosen orientiert hatte. Borst ging zu Sauerbruch und überredete ihn zu einer zweiten Biopsie. Sie wurde einige Tage später – diesmal wieder aus der Lunge – entnommen und ergab wirklich ein Carcinom. Borst als guter Kenner von Sauerbruchs Reaktionen teilte mir das Ergebnis in einem sehr persönlich gehaltenen Brief mit und sandte eine Kopie des Briefes an Sauerbruch. Ich habe es als eine Gunst des Schicksals betrachtet, daß ich 30 Jahre später Borsts Sohn, der jetzt Ordinarius der Chirurgie an der neugegründeten Medizinischen Akademie Hannover ist, in den Staaten Gastfreundschaft bieten konnte.

Nach dem Abschluß der Münchener Verpflichtung wartete auf Sauerbruch ein halbes Provisorium. Anbau und Umbau der Chirurgischen Klinik der Charité machten das Haus für zwei Jahre zum Bauplatz, und es war nicht leicht, die Verschmutzung von den chirurgischen Arbeitsstätten fernzuhalten. Der Baulärm konnte auch die weniger Empfindlichen gelegentlich zum Verzweifeln bringen.

Im Unterricht trat die erste große, von keinem für möglich gehaltene Änderung darin ein, daß Sauerbruch auf die allgemein-chirurgische Vorlesung verzichtete. Wer das Sauerbruchsche Kolleg in Zürich und München erlebt hat, weiß, daß er die Vorlesung der allgemeinen Chirurgie, die abends im Wintersemester zweimal wöchentlich für je anderthalb Stunden stattfand, als den wichtigsten Teil seines Unterrichts betrachtete. Seine „chirurgische Weltanschauung" wie er es nannte, konnte er hier zum Ausdruck bringen, und er tat es in diesen Stunden – glänzend in Vorbereitung und in Diktion. Sowohl in Zürich wie in München fesselte die „Allgemeine Chirurgie" Sauerbruchs nicht nur die Medizinstudenten, darüber hinaus auch Hörer anderer Fakultäten und Berufe. Die großen Verwaltungsaufgaben, die Trennung von Klinik und Privatpraxis, die sich im Sanatorium des Westens befand, waren wohl der Grund für den Verzicht.

Über keine Auszeichnung in meinem langen beruflichen Leben habe ich mich so rückhaltslos gefreut wie darüber, daß Sauerbruch mir – in einer fast feierlichen Weise – die „Allgemeine Chirurgie" übergab. Ich habe sie in Berlin bis zu meinem Ausscheiden aus der Klinik mit zunehmender Begeisterung gelesen; es kommt noch heute – nach mehr als 40 Jahren – vor, daß Ärzte mir brieflich sagen, wie gern sie sich der Vorlesung erinnern. In Istanbul habe ich sechs Jahre hindurch das gleiche Kolleg gehalten und es dort auch in türkischer Sprache erscheinen lassen. Das deutsche Manuskript hatte der holländische Verlag Sythoff in Leiden zur Publikation in Buchform angenommen und schon im Umbruch vorliegen, als der Hitlerische Überfall auf Holland das Schicksal des Buches besiegelte.

Ich bin ein sehr entschiedener Anhänger der Studienreform im Sinne der Bevorzugung des Unterrichtes am Krankenbett; aber, die Vorlesungsform sollte man zum mindesten für die „Allgemeine Chirurgie" erhalten, und gerade sie wird von der Mehrzahl mitteleuropäischer Neuordnungen des Studiums geopfert. In keinem Kolleg können innerhalb unseres Faches die Studenten einen so guten Einblick in wissenschaftliche und ärztliche Auffassungen ihres Lehrers gewinnen – und das wird ja immer als unersetzbarer Vorzug des Kollegs erklärt.

Die Anfänge der Berliner Zeit wurden Sauerbruch nicht unwesentlich dadurch erleichtert, daß er für schwierige taktische Fragen den Rat von W. Körte einholen konnte. Körte, wohl der populärste Chirurg Berlins, mit der Stadt durch Familiengenerationen verwachsen, war ein lebendiges Beispiel des Preußentums mit seinen guten und seinen anfechtbaren Seiten. Gründlich und gewissenhaft in der Untersuchung und Indikation, zeigte er beim Operieren jene Nervosität und oratorische Grobheit, die für seine Generation fast ein Stigma des Chirurgen war. Seine Arbeitskraft war unerschöpflich, gleich groß auch die Anforderungen, die er an seine Assistenten stellte. Kurz angebunden und mürrisch in Fragen und Antworten, verbreitete er eine Aura von Unnahbarkeit um sich, die dazu beitrug, die Vorstellung von Weisheit und Erfahrung zu festigen. Seine Stärke war die absolute Zuverlässigkeit in statistischen Angaben und operativen Beobachtungen. Jahrzehnte hindurch hat er als Sekretär der Deutschen Gesellschaft für Chirurgie einen großen Einfluß auf ihre Entwicklung ausgeübt; trotzdem hat er niemals das Amt des ständigen Sachwalters dazu mißbraucht, der Königsmacher bei der Wahl von Vorsitzenden, Ehrenmitgliedern usw. zu sein. Das stand in wohltuendem Gegensatz zu den Verhältnissen bei anderen ähnlichen Organisationen. Nachdem ich Hunderte von medizinischen Kongressen miterlebt habe, bin ich zu der Überzeugung gekommen, daß damals die deutsche Chirurgengesellschaft und ihr jährlicher Kongreß fast ein Ideal verwirklichten. Bei liberalen Aufnahmebedingungen, die Intrigen und Verleumdungen ausschalteten, war, wie mir schien, der wissenschaftliche und moralische Einfluß der Gesellschaft stark genug, ihre Mitglieder zur ständigen Verbesserung des beruflichen Niveaus anzuhalten. Bei der Auswahl von Vorträgen und Referaten hielt sich die Begünstigung in angemessenen Grenzen. Die Diskussion blieb sachlich und vornehm. Beifallsäußerungen hielten sich an die zurückhaltenden akademischen Gebräuche. Händeklatschen, durch Tradition verpönt, war ein sehr seltenes Ereignis, zu dem ein außergewöhnlicher Anlaß vorliegen mußte. In den zwölf Jahren, in denen ich vor meiner Auswanderung am Kongreß teilnahm, habe ich es vielleicht drei- bis viermal erlebt, einmal – zu meinem Stolz – als ich 1932 die Patientin vorstellte, bei der zum ersten Male die Entfernung eines Lungenflügels geglückt war.

Die wohltätig geschickte Art Körtes hat manches Mißverständnis ausgeglichen, manchen Streit beigelegt. Als ich während meiner Präsidentenzeit etwas Ähnliches erlebte, kam mir besonders stark ein „offener Brief" in Erinnerung, den der Extraordinarius einer Universitätsklinik an alle Mitglieder der Chirurgengesellschaft geschickt hatte; er enthielt schwere Anschuldigungen gegen seinen Klinikchef. Körte besprach sich mit Sauerbruch. Es ließ sich verhindern, daß das üble Elaborat, das persönliche Rachsucht in jedem Satz anzeigte, in die Tagespresse kam. In dem späteren Fall war, als ich davon erfuhr, die gesamte deutsche Presse schon mit der sensationellen Reportage beschäftigt. Die unerfreuliche Geschichte mußte darum vor das Forum der Gesellschaft gebracht werden. Auch hier hatte der Haß gegen seinen Chef den Ankläger jedes vernünftigen Maßstabes beraubt.
Als Körte von dem Amt des 1. Schriftführers der Gesellschaft schied (und ihr zweiter „Ehrenpräsident" wurde), trat A. Borchard, der „rote" Borchard, an seine Stelle. Er hatte weder in Berlin, wo er sich nach der Vertreibung aus seinem Posener Krankenhaus 1918 niedergelassen hatte, noch innerhalb der chirurgischen Fachvereinigungen eine Stellung, die sich mit der Körtes vergleichen ließ. Ein Übermaß an freier Zeit veranlaßte ihn, auf die Körtesche Zurückhaltung zu verzichten und sich ausgiebig mit Personalpolitik zu beschäftigen. Jedenfalls hatte Sauerbruch viel an ihm auszusetzen, wahrscheinlich gilt das auch im umgekehrten Sinne. Der nächste Sekretär, O. Nordmann, der nach Borchards Tod ihm folgte, war ein Mann erprobter und hartnäckiger demokratischer Gesinnung, der bei dem „Umbruch" von 1933 seine Stellung als Chefarzt eines großen städtischen Krankenhauses aufgab und in ein konfessionelles Hospital übersiedelte, um nichts mit den nazistischen Beamten der Stadt zu tun zu haben, also eine Art „innerer Emigration", die, wenn man Nordmanns Haltung vor und nach den Jahren 1933 kennt, den Namen wirklich verdient. Wie die Regierung sich mit der Wahl Nordmanns abfinden konnte, ist ein Rätsel. Er hat nicht einmal in offiziellen Briefen aus seiner Ablehnung der braunen Pest einen Hehl gemacht.

Anfang März 1928 erhielt ich den Anruf meiner Mutter, daß mein Vater im Anschluß an eine Operationsverletzung der Hand schwer erkrankt sei. Am nächsten Morgen traf ich in Neisse ein und fand ihn mit einer beginnenden Sepsis. Die Amputation des Armes konnte den unglücklichen Ausgang nicht mehr aufhalten. Am 15. März starb er.
Es war eine Gnade des Schicksals, daß vom ersten Schüttelfrost ab sein Bewußtsein getrübt blieb, so daß er die Hoffnungslosigkeit des Zustandes wohl kaum erkannt hat. 62 Jahre alt, hatte er die Höhenphase seiner chirurgischen Leistung noch nicht verlassen. Vielleicht darf er glücklich genannt werden, daß ihm der unvermeidliche berufliche Abstieg des zunehmenden Alters,

noch mehr, daß ihm das Erlebnis der Nazi-Barbarei erspart blieb. Die besondere Tragik für alle, die ihn liebten, lag darin, daß er einem Leiden erlag, das zehn Jahre später – nach G. Domagks Entdeckung der Antibiotica – mit größter Wahrscheinlichkeit sich hätte heilen lassen. Es mag eigenartig klingen: Ich selbst habe ihn nie verloren – niemals das Bewußtsein seiner Güte, seiner humorvollen Aufgeschlossenheit, seiner Verantwortungsfreude, die von einem wachen Gewissen geleitet wurde. Er, der in den Menschen, die ihm begegneten, grundsätzlich bis zum Gegenbeweis und auch noch darüber hinaus das Gute sah, machte nur *eine* Einschränkung in seiner Lebensphilosophie: Sie betraf die Universitätslehrer. Bei aller Hochschätzung der Wissenschaft fand er den Durchschnitt ihrer sanktionierten Vertreter eher abstoßend durch Eitelkeit, Machthunger und Selbstüberschätzung. – Die heutige „Studentenrevolution" kann ihre Kritik der Universität auf viele Jahrzehnte zurückführen.
Natürlich war nichts näherliegend, als daß ich die Tätigkeit meines Vaters in Privatklinik und Krankenhaus fortsetzte. Ich schrieb in diesem Sinne an Sauerbruch und übernahm sofort die Praxis. Die Briefe, die ich aus dieser Zeit bewahrt habe, lassen begreifen, daß ich Sauerbruchs Vorschlag, an die Charité zurückzukehren, folgte.

Sauerbruch schlug nach dem Tode meines Vaters vor, daß W. Sonntag, der bei uns Assistent in München war und nach dem Weggang Sauerbruchs dort verblieb, nach Neisse käme. Das geschah. Sonntag und seine Frau, die Münchener Medizinstudentin war, haben sich schnell eingelebt. Er hat siebzehn Jahre in Neisse mit Erfolg gewirkt.
Als sich eine Gelegenheit bot, Anfang der 60er Jahre Neisse zu besuchen, habe ich darauf verzichtet; ich hätte kaum noch etwas von der Stadt meiner Jugend vorgefunden. Die Erinnerung ist für mich – und dafür bin ich sehr dankbar – von Neisser Bekannten und Freunden durch übersandte Photographien aus früherer Zeit aufgefrischt worden.
Nachdem ich auf Sauerbruchs Rat schweren Herzens die Nachfolge meines Vaters abgelehnt hatte, kamen noch dreimal verführerische Angebote: Zunächst die Chirurgische Abteilung im Krankenhaus Konstanz. Sauerbruch fuhr zur Besichtigung des Krankenhauses mit mir nach Konstanz. Wir wohnten im Inselhotel und hatten einige sonnige Frühlingstage, um den Plan durchzusprechen und – darauf zu verzichten. Ein Jahr später wurde die Chirurgische Abteilung des Ulmer Krankenhauses frei. Ich hatte eine sehr befriedigende Unterredung mit Oberbürgermeister Schwamberger; aber dann konnte ich doch den Entschluß nicht finden. Und schließlich eine letzte und stärkste Versuchung in Berlin selbst; eine der beiden chirurgischen Abteilungen am Krankenhaus Friedrichshain. Der Chefarzt M. Katzenstein war im

März 1932 verstorben. Das Angebot, sein Nachfolger zu werden, ging vom Bürgermeister und dem Berliner Gesundheitsamt aus. Friedrichshain war eines der größten Hospitäler Berlins; wie in allen städtischen Häusern waren Chirurgie und Innere Medizin in je zwei Abteilungen vertreten. Der andere chirurgische Chefarzt war H. Braun, ein zurückhaltender, liebenswürdiger Mann und ausgezeichneter Chirurg. Das Gesundheitsamt stellte mir eine Modernisierung der Abteilung und bessere personelle Ausstattung in Aussicht.

Die Entscheidung wurde für mich erschwert durch zahlreiche, sehr positiv gehaltene Ratschläge von Herren der Stadtverwaltung. Die Unterredung mit Sauerbruch gab dann den Ausschlag zur Absage. Als ich am Tage nach der Mitteilung meines Verzichtes wieder zu Sauerbruch gerufen wurde, führte er mich zum Fenster und deutete auf ein großes Automobil: „Das ist der erste Ersatz für Friedrichshain", war seine Erklärung für dieses grandiose Geschenk. Ich habe den NAG-Wagen bis zu meiner Auswanderung gefahren. Aber zunächst war ich dem Wagen gegenüber hilflos; ich besaß keinen Führerschein. Ewald Klein wurde als Chauffeur angestellt, eine Wohlstandsgeste, die im krassen Mißverhältnis zum damaligen Gehalt eines Oberarztes stand. Als ich dann die Fahrprüfung bestanden hatte, war Ewald ein so selbstverständlicher Teil meines von Marthchen versorgten Junggesellenhaushaltes geworden, daß es – gerade im Hinblick auf die grausame Arbeitslosigkeit jener Zeit – unfair gewesen wäre, ihn zu entlassen. Er war ein Berliner reinster Prägung und stammte, wie die meisten „Urberliner", nicht aus Berlin.

Als ich 1948 zum ersten Male nach dem Krieg Deutschland wieder besuchte, meldete sich Ewald in München. Er war längst verheiratet und im Dienste der amerikanischen Besatzungsarmee. Diesen einträglichen Posten hatte er erhalten, weil er nicht Parteimitglied gewesen war. Die Erklärung, die er mir dazu gab, ist bemerkenswert: Es sei niemals ein Zwang auf ihn oder seine Arbeitskollegen nach dieser Richtung hin ausgeübt worden. (Er hatte als Mechaniker in den Junkers-Werken den Krieg überdauert.) Wer immer sich der Partei anschließen wollte, mußte sich – zum mindesten in seinem Arbeitskreis – mit viel Zähigkeit darum bewerben. Das tat Ewald nun nicht, darum blieb er verschont – ein Beispiel für viele, die zur Parteimitgliedschaft angeblich „gepreßt" wurden.

Ein besonders delikates Kapitel der Charité-Tätigkeit ist anscheinend seit jeher das Verhältnis der Klinikchefs und ihrer Vertreter zur „Charité-Direktion" gewesen. Sie war auf militärischer Basis begründet, und es war nur verständlich, daß der Generalarzt, der an der Spitze der Verwaltung stand, die Klinikdirektoren vom Standpunkt der Rangliste als ihm nachgeordnet betrachtete und behandelte. Da anscheinend die Reibungsflächen sehr groß waren, wurde von der Regierung noch ein hoher Zivilbeamter zur Beteiligung an den Verwaltungspflichten bestimmt. In den beiden Funktionen fanden wir 1927 Geh. Regierungsrat E. Pütter und Generalarzt Schmidt vor. Sie verbrauchten einen wesentlichen Teil ihrer Energie im gegenseitigen Kompetenzkampf. Die Residualkräfte, die für die Einmischung in klinische und wissenschaftliche Fragen blieben, waren infolgedessen gering, und daraus zogen wir den Vorteil. Die subtile Technik, den einen der Verwaltungsdirektoren gegen den anderen auszuspielen, wurde von manchen Klinikern hervorragend gepflegt.

Als Geheimrat Pütter in den Ruhestand trat und der Generalarzt kurz davor stand, übernahm Herr v. Bamberg die Direktion der Charité. Er war – für meine Begriffe – das Ideal eines Beamten der höheren Verwaltung, ein Mann, der Wesentliches vom Unwesentlichen unterscheiden konnte und dessen Liebenswürdigkeit und Sinn für Humor es ihm erlaubten, auf akzentuierte Briefe in kritischen Fragen zu verzichten und Schwierigkeiten in persönlicher Unterredung hinwegzuräumen. Er starb nach kurzer Wirksamkeit an der Charité – ein wirklich unersetzlicher Verlust für das Hospital und uns alle.

Sein Nachfolger wurde Regierungsrat H. Kuhnert, der Bambergs Stil beibehielt, vielleicht nicht so geschickt war wie sein Vorgänger, aber voll guten Willens und Schaffenslust. Seine Rechtlichkeit, Bescheidenheit und vernünftige Sparsamkeit gewannen ihm schnell die Sympathien seiner Mitarbeiter. Während meiner türkischen Zeit hielt ich noch eine recht lebhafte Korrespondenz in Neubaufragen mit ihm aufrecht.

In meiner Charité-Sprechstunde erscheint eines Tages ein stark abgemagerter Mann. Als er eintritt, bittet er die Schwester, ihm einen Eimer voll Wasser zu bringen. Das geschieht. Ohne über seine Beschwerden Auskunft zu geben, trinkt er den Eimer vollständig aus, während sich gleichzeitig die Magengegend monströs vorwölbt. Jetzt erzählt er seine Leidensgeschichte: Er hat seit Jahren ein Magenausgangsgeschwür mit fast vollständigem Verschluß, wie die Tatsache zeigt, daß das getrunkene Wasser im Magen verbleibt und nur durch willkürlich herbeigeführtes Erbrechen wieder herausbefördert werden kann – was er eindrucksvoll vorführt. Er sei kleiner Angestellter, sein Chef gebe ihm nicht die zwei, drei Wochen frei, die er für den Krankenhausaufenthalt zu der von allen Ärzten empfohlenen Operation benötige. Nun sei er zu mir gekommen, um mich um ein dringlich gehaltenes Zeugnis zu bitten. Ich sehe einen für die Vorlesungsdemonstration einzigartigen Fall von Magenausgangsverengerung, und schreibe ein Zeugnis, das die anatomische Situation dramatisch schildert, mit dem Zusatz, daß nur eine schleunige Operation das Leben erhalten könne. Der Patient erscheint aber nicht zur Klinikaufnahme. Etwa eine Woche später werde ich spät in der

Nacht von einem Freund angerufen; an den Litfaßsäulen der Stadt hänge ein im riesenhaften Format faksimilierter Brief auf Klinikpapier, von mir unterschrieben, zur Empfehlung einer Kabarettnummer: „Der Magen als Aquarium". Ich rief im Polizeipräsidium an, traf glücklicherweise auf einen verständnisvollen Beamten, der die Entfernung der Plakate innerhalb einer Stunde erreichte. Jetzt hatte ich Zeit, mir auszudenken, was die „Standesvertretung" dazu gesagt hätte. (Ich war, wie ich glaube, übrigens zu dieser Zeit noch Dozentenvertreter in der Ärztekammer.) Einige Tage später sah ich mir meinen Patienten im Kabarett an: er schluckte Frösche und Fische in großer Zahl und gab sie nach zehn Minuten wieder von sich – in der Tat eine bewundernswerte Leistung.

Seitdem bin ich vorsichtig geworden, Operationen, die nicht Noteingriffe sind, als sehr dringlich darzustellen.

Der Maler Max Liebermann erkrankte, 85 Jahre alt, plötzlich an Erscheinungen, die an die Notwendigkeit einer sofortigen Operation denken ließen. Sauerbruch war abwesend. Ich nahm den Künstler in die Klinik und brachte eine entscheidungsschwere Nacht mit der Beobachtung des Patienten zu. Glücklicherweise zeigte es sich, daß eine Operation zum mindesten zunächst – und übrigens auch endgültig – vermieden werden konnte. Er erholte sich innerhalb kurzer Zeit und war in den nächsten Tagen ängstlich darum besorgt, daß das Schlafdefizit, das er mir verursacht hatte, ausgeglichen würde. Zum Dank für die „unblutige" Behandlung – wie er sich ausdrückte – seines Leidens hat er mir später ein Bild geschenkt, das ihn und seine Frau auf einer Wannseestraße promenierend darstellt, mit einer in seiner feinen Schrift geschriebenen Widmung.

Am Krankenlager des bekannten nationalliberalen Abgeordneten S. v. Kardorff lernte ich seine Frau, die frühere Katharina von Oheimb, kennen, eine der bemerkenswertesten Frauen des damaligen Berlin. Hinter einem burschikosen Ton verbarg sich viel Menschenkenntnis und Feinheit des Urteils. Sie unterhielt noch das, was man einen Salon nannte. Bei ihren Einladungen trafen sich Politiker und Männer der Wissenschaft (für Frauen hatte sie wenig übrig). Kardorff war ein vornehmer Mann mit großen geschichtlichen Interessen und einem unbeirrbaren Liberalismus der Anschauungen. Man kann sich fragen, ob seine Verehrung für Bismarck standgehalten hätte, wenn er in der Bismarckschen Ära politisch tätig gewesen wäre.

Sauerbruch und „Katinka", wie ihre guten Bekannten sie nannten, suchten sich bei gesellschaftlichen Anlässen gegenseitig durch exzentrische Unterhaltungsart zu übertrumpfen. Sauerbruch war seit längerer Zeit zum Diner bei Kardorffs eingeladen, als ein Balkankönig, der wegen der Operation eines

Familienmitgliedes in der Klinik war, Sauerbruch fragte, ob er mit ihm zusammen essen wolle. Sauerbruch: „Tut mir sehr leid, Majestät, ich bin schon eingeladen. Aber – halt – wären Sie damit einverstanden, an einem Essen bei Frau von Kardorff teilzunehmen?" Der König sagte zu, und Sauerbruch telefonierte mit Katinka, um sie zu fragen, ob sie an der Abendtafel noch für einen König Platz habe, was Katinka, in der Annahme eines Sauerbruchschen Scherzes, bejahte. Als Sauerbruch mit seinem Gast erschien und ihn Katinka als „König von ..." vorstellte, schlug sie dem König, noch immer an einen Spaß glaubend, kräftig auf die Schulter und sagte: „So siehste aus", eine Begrüßung, die Majestät sonderbar fand.

In Liebermanns Winterwohnung am Pariser Platz lernte ich später Gerhart Hauptmann und den Kunsthistoriker Max Friedländer kennen. Hauptmann, der nebenan im Hotel Adlon wohnte, war dem Berliner Witz Liebermanns gegenüber ziemlich hilflos. Im Beginn solcher Gesellschaften – besonders wenn zahlreiche Gäste zugegen waren – wirkte er reichlich selbstbewußt und betonte sein Olympiertum; erst wenn der Alkohol – in reichlichen Mengen – ihn aufgelockert hatte, stieg er in Benehmen und Unterhaltung von seinem Piedestal herab, blieb aber erstaunlich empfindlich gegen harmlose Späße, die man mit ihm machte. Einmal indessen habe ich ihn aufgeschlossen und vergnügt getroffen: als er meine schlesische Herkunft erfahren hatte und sich darüber zu unterhalten begann. Er freute sich wie ein Kind über meine Rezitation von Teilen des Festspieles, das er 1913 für die Jahrhundertfeier der Befreiungskriege an der Breslauer Universität verfaßt und das die Mißbilligung Sr. Majestät (Wilhelm II.) gefunden hatte. Einen großen Raum der Unterhaltung nahmen jeweils politische Tagesereignisse ein – es war Ende des Jahres 1932, wenn ich mich nicht irre. Hier fand Hauptmann die treffendsten Formulierungen für die psychologischen Hintergründe der politischen Hochstapeleien von Hitler, Goebbels, Rosenberg usw. Sein fast physischer Widerwille gegen die Herren des kommenden Dritten Reiches saß so tief, daß wahrscheinlich nur sein hochentwickeltes Geltungsbedürfnis ihn später zu intellektuellen Konzessionen veranlaßt haben kann (wenn die Berichte darüber stimmen).

Extraordinarius

Zu Beginn des Jahres 1930 sagte Sauerbruch am Ende eines langen Operationstages, daß er bei der Fakultät den Antrag auf meine Ernennung zum außerordentlichen Professor gestellt habe, das Resultat sei aber fraglich, da ich erst drei Jahre habilitiert sei; Ministerium wie Fakultät stimmten im allgemeinen nicht vor fünf Jahren der Ernennung zu. Sauerbruch hat sich wohl intensiv dafür eingesetzt, denn nach ein paar Wochen sagte mir Ministerialdirektor Richter, die Ernennung sei beschlossen; sie würde aber erst am Verfassungstag, am 11. August 1930 – wie es in der Weimarer Republik üblich war – veröffentlicht. Sauerbruch war in den Ferien, und ich bedauere, daß ich den Brief, den ich von ihm aus diesem Anlaß erhielt, nicht mehr besitze. Die Nachricht der Ernennung erschien wie üblich in der Rubrik „Schwarzes Brett" der Deutschen Allgemeinen Zeitung. Die ganze Klinik amüsierte sich über den Text; denn hinter der Nachricht von der Titelverleihung stand der Satz: „Er ist auch als Alpinist bekannt geworden." Von Chirurgie war keine Rede. Die problematische Publizistik setzte sich in einem kleinen, hektographierten Monatsblatt der Charité-Schwestern fort. Dort war meine Ernennung zum Professor mitgeteilt, und um mein Interesse an der Schwesternschaft zu dokumentieren, folgte der hübsche Satz: „Er ließ es sich nie nehmen, der Einkleidung der neuen Schwestern persönlich beizuwohnen."
Schon im Sommer 1930 verdichteten sich die Hinweise, daß Frey, der Erster Oberarzt und stellvertretender Direktor der Klinik war, auf den durch E. Rehns Übersiedlung nach Freiburg vakant gewordenen Düsseldorfer Lehrstuhl berufen würde. Im August entschied das Ministerium in diesem Sinne. Die Stellung in Düsseldorf war, obwohl die Fakultät damals noch nicht Universitätsrang hatte – sie hieß Medizinische Akademie –, abgesehen also von dieser akademischen Wortspielerei, hervorragend und Freys Gaben und Neigungen entsprechend.
Sein Ausscheiden bedeutete für die Klinik einen nicht ausgleichbaren Verlust – nicht nur seiner großen klinischen, wissenschaftlichen und operativ-technischen Gaben wegen; er brachte in den manchmal schroffen Klinikton ein Element rücksichtsvoller Anerkennung jedes einzelnen – gleichgültig, was seine Funktion im angespannten Klinikbetrieb war. Ich selbst habe erst nach seinem Weggang die Bedeutung dieser menschlichen Eigenschaft Freys schätzen gelernt.
Die Übernahme des Amtes eines stellvertretenden Direktors der Klinik durch

mich – die übrigens vom Ministerium bestätigt werden mußte – ließ Sauerbruch nicht ohne eine feierliche Zeremonie vorübergehen. Er lud eine Reihe seiner und meiner Freunde zu einem Essen in seine Wannsee-Villa ein und hielt eine der warmen, unnachahmlichen Ansprachen, für die er berühmt war.

Ein halbes Jahr später, als ich zum Skifahren in Arosa war, erhielt ich ein Telegramm nachgeschickt, in dem H. Eppinger – Köln mich um die beschleunigte Übersendung eines Lebenslaufes und eines Verzeichnisses meiner wissenschaftlichen Arbeiten bat. Er handelte im Auftrag der Fakultätskommission, die Vorschläge für die Besetzung des Zweiten Lehrstuhles der Chirurgie zu machen hatte. P. Frangenheim – Köln war am 28. 10. 1930 im Alter von 54 Jahren gestorben. Ein Vorschlag der Fakultät wurde von Konrad Adenauer, der als Kölner Oberbürgermeister und Vorsitzender des Staatsrates anscheinend ein Vetorecht hatte, zurückgeschickt. Man wolle in Köln jetzt auch einen in der Thoraxchirurgie erfahrenen Chirurgen haben. In der Tat kam kurz darauf der Stadtarzt Cörper nach Berlin und besprach mit mir die Möglichkeiten der operativen Versorgung von tuberkulösen Kranken. Es war eine positive Unterredung. Als die Fakultät sich mit der Auffassung Adenauers über Thoraxchirurgie zu befreunden schien, sickerten die ersten Nachrichten von der beabsichtigten Schließung der Berliner Chirurgischen Universitätsklinik in der Ziegelstraße durch. Haberer, der den Ersten Chirurgischen Lehrstuhl in Köln inne hatte, wies darauf hin, daß Köln nicht zwei chirurgische Universitätskliniken brauche, wenn Berlin mit einer auskomme. Dagegen konnte das Ministerium wenig sagen, Sparsamkeitswünsche sprachen dafür, und die Wiederbesetzung des Kölner zweiten Lehrstuhls wurde vom Programm gestrichen.

Die Schließung des alten „Königlichen Klinikums" in der Ziegelstraße hat die Jahre 1931 und 1932 überschattet. Man sah hinter dieser Maßnahme, die nach Biers Rücktritt vom Lehramt (1931) effektiv werden sollte (und auch wurde), eine düstere Intrige Sauerbruchs. Dieser Vorstellung wurde in zahllosen Artikeln der Fachzeitschriften und – noch zahlreicher – der Laienpresse versteckt Ausdruck gegeben. Noch heute – 37 Jahre später – ist, sobald Sauerbruchs Persönlichkeit zur Diskussion steht, das Thema so aktuell wie damals. In der Biographie von August Bier, verfaßt von seinem langjährigen Oberarzt, K. Vogeler, hat es einen entstellten literarischen Niederschlag gefunden. Die Zusage des Ministeriums bei Sauerbruchs Berufung, daß er zunächst das Ordinariat der Charité annehmen und dann nach Biers Emeritierung in den Ziegelstraße-Neubau übersiedeln sollte, wurde von der Presse dahin verfälscht, daß damals eine geheime Abmachung getroffen worden sei, die die Schließung des Klinikums Ziegelstraße zusage. Es wurden Protestversammlungen des Personals und der Studenten abgehalten, in denen Assistenten der Bierschen Klinik und Betriebsräte sprachen, immer unter offenem oder verstecktem Hinweis auf Sauerbruchs Manipulationen.

Da Sauerbruch wußte, daß Bier seine Klinik auch in unveränderter Form für voll aktionsfähig hielt, wäre er der letzte gewesen, der sich gegen diese stark sentimentale Bindung Biers gewandt hätte. Er verehrte Bier so sehr, daß er auf jede Andeutung einer Kritik an ihm – auch dort, wo sie berechtigt war – unduldsam reagierte. Als im preußischen Landtag schließlich der Antrag eingebracht wurde, die Verfügung des Ministeriums rückgängig zu machen, und als die Deutsche Gesellschaft für Chirurgie gegen die Klinikschließung Stellung nahm, bereitete Sauerbruch einen Bericht für die Presse vor. Er wurde sehr sorgfältig formuliert und enthielt nur dokumentierte Feststellungen. Ich habe die anscheinend letzte Überarbeitung des Skriptums in meinem Besitz, weiß aber nicht mehr, ob die Publikation erfolgt ist. (Jedenfalls habe ich sie in zeitgenössischen Zeitschriften nicht finden können.)

Ich zitiere aus seinem Inhalt:

Zur Schließung der Bierschen Klinik an der Ziegelstraße, ein Wort in eigener Sache.

Von F. Sauerbruch.

Die amtliche Entscheidung zur Schließung der Chirurgischen Klinik der Ziegelstraße hat in weiten Kreisen Bestürzung ausgelöst. Leider ist eine durchaus berechtigte und verständliche Erregung in unsachlicher, unrichtiger Form vielfach zum Ausdruck gekommen. Äußerungen in der Tages- und Fachpresse und in Protestversammlungen steigerten die Verzerrung des Tatbestandes bis zur persönlichen Verunglimpfung. Trotzdem die Fakultät die Angriffe als ungerechtfertigt zurückwies und der Dekan, Herr Professor v. Bergmann, den Sachverhalt kund tat, hält eine verletzende Hetze an.

Einige Zeitungsartikel der letzten Tage zwingen mich, aus meiner bisherigen Zurückhaltung herauszutreten, um nun auch meinerseits einmal zu dem ganzen Sachverhalt Stellung zu nehmen.

Im Jahre 1926 erhielt ich einen Ruf als Nachfolger des zurücktretenden Professors Hildebrand. Gleichzeitig wurde mir von Fakultät und Regierung der Lehrstuhl der Chirurgischen Klinik in der Ziegelstraße nach Emeritierung von Herrn Geheimrat Bier zugesichert.

Diese ehrende Doppelberufung verlangte eine sehr schwierige Entscheidung. Die Annahme des Rufes nach Berlin bedeutete Verzicht auf eine umfangreiche und befriedigende Lehrtätigkeit und auf die Leitung der größten Klinik Deutschlands (München).

Auf der andern Seite aber empfand ich meinem Fach gegenüber eine Verpflichtung. Der Rat namhafter Chirurgen, den Ruf anzunehmen, vor allem

aber das mir von Herrn Geheimrat Bier geschenkte Vertrauen, die Tradition des Lehrstuhles in der Ziegelstraße zu wahren, gaben den Ausschlag. Dazu kam die Begeisterung für die gewaltige Aufgabe, die meiner harrte.
Durch eine ausführliche Denkschrift ließ sich das Ministerium von der Notwendigkeit weitgehender Reorganisationen überzeugen. Zunächst mußte die alte, unzureichende Klinik der Charité zu einem modernen Krankenhaus mit wissenschaftlicher Arbeitsstätte für mich und meinen Nachfolger umgebaut und erweitert werden. Dann aber sollte baldigst mit dem Neubau der Chirurgischen Klinik der Ziegelstraße, der Bier vor 25 Jahren zugesichert war, begonnen werden. In meinem Anstellungsvertrag wurden die materiellen Voraussetzungen für diesen Plan vom Finanz- und Kultusministerium zugesichert. Der Etat des Jahres 1928 enthielt in der Tat 500 000 Mk. als erste Baurate. Daraufhin nahm ich den Ruf an.
Der Umbau der Charité begann im Spätsommer 1927 und wurde im Juli 1929 vollendet. Dem Angebot der Regierung und Herrn Geheimrat Biers, schon im Frühjahr 1928 mit dem Neubau der Klinik in der Ziegelstraße zu beginnen, stellten sich Schwierigkeiten entgegen. (Kauf der Luisenschule, der benachbarten Mietshäuser und Verzögerung des Neubaus der Augenklinik, deren Terrain benötigt wurde.) Vor allem aber hielt mich damals die Rücksicht auf Herrn Geheimrat Bier, dessen wertvolle und von ihm selbst geliebte Lehrtätigkeit vor Erreichung der Altersgrenze nicht unterbrochen werden sollte, davon ab, den Neubau vor seiner Emeritierung zu beginnen.
Inzwischen hatte sich die Finanzlage unseres Staates verschlechtert; der Kultusetat wurde gekürzt. So kam es, daß der Neubau wiederum verschoben wurde. Durch erneute Verhandlungen mit Ministerium und Fakultät gelang es im März, die bindende Zusage zu erhalten, daß endgültig im Frühjahr 1932 begonnen werden sollte. Ministerium und Fakultät baten Herrn Geheimrat Bier, bis dahin im Amte zu bleiben. Dazu war er bereit.
Weiter wurde, wieder in gemeinsamer Zustimmung aller Beteiligten (Ministerium, Fakultät, Geh.Rat Bier), die Auflassung der Chirurgischen Klinik mit Ausnahme der Poliklinik und der Unfallstation ab 1. April 1932 beschlossen; ich selbst sollte dann schon nach Fertigstellung des ersten Bauabschnittes übersiedeln, um die Charité für einen Nachfolger frei zu machen. Man schätzte diese Übergangszeit auf etwa zwei, drei Jahre. In ihr wäre der chirurgische Unterricht auf die Charité, die Klinik des Moabiter Krankenhauses und die alte Poliklinik beschränkt gewesen.
Erneute Zweifel an der Durchführbarkeit des Neubaus wurden noch im Juli durch das Ministerium zerstreut, um so mehr, als der Landtag mit Nachdruck für ihn eingetreten war.
So standen die Dinge hoffnungsvoll bis zum Herbste dieses Jahres. Da setzte die katastrophale Verschlechterung der Finanzlage ein. Sie zwang die Be-

hörden zu außerordentlichen Maßnahmen. Die Klinik der Ziegelstraße wurde durch Beschluß des Staatsministeriums geschlossen.

Ich erfuhr diese Tatsache in meinem Urlaub aus einer Zeitungsnotiz, die mich genauso überraschte wie jedes andere Mitglied der Fakultät. Erst später folgte eine telegraphische Aufklärung. Man lud mich zu Samstag, 10. Oktober, zu einer außerordentlichen Fakultätssitzung ein, an der ich auch teilnahm. Inzwischen hatten der Dekan, jetzt Herr Geheimrat Stöckel, und Herr Geheimrat Bier, ohne mich, bereits Abwehrschritte unternommen. Die Presse aber brachte zahlreiche unrichtige und unsachliche Artikel sowie persönliche Angriffe, deren Eigenart ich oben gekennzeichnet habe.

In der anberaumten Sitzung erhielt die Fakultät durch Herrn Ministerialdirektor Richter amtliche Aufklärung über die Vorgänge im Staatsministerium.

Das ist der Sachverhalt.

Er zeigt jedem, daß ich selbst wohl am schwersten von ihm getroffen bin. Mir wird eine vertragsmäßige Zusage nicht gehalten; eine Tatsache, die ich persönlich auf das tiefste beklage, weil damit der eigentliche Sinn meiner Berufung nach Berlin hinfällig geworden ist und die Universität eine wertvolle Lehrstätte verliert.

Die Annahme meiner Berufung nach Berlin zeigt, daß gerade ich Verständnis für Tradition habe. Tradition aber ist kein starrer Begriff, sondern eine lebendige Idee. Sie ist nicht an Steine und Stätten gebunden; sie lebt in der Fortführung des Geistes, der die deutsche Chirurgie schuf. Sie ist abhängig von Leistungen und Persönlichkeiten, die sich unter wechselnden Bedingungen an jeder Stelle finden können.

Daß begleitende Sensationsmeldungen nicht fehlen würden, ließ sich voraussehen. So berichtete eine Zeitung, daß Sauerbruch für die „heimliche Lebensrettung" von Georg V., dem damaligen englischen König, der wegen Brustfelleiterung von Sir Roberts operiert worden war, eine Million Mark (damals anscheinend genug, um einen Klinikneubau zu beginnen) für die erste Bauetappe erhalten habe. Sauerbruch war in der Tat, zur Zeit als Georg V. zum zweiten Male operiert werden mußte, zu einer Konsultation in Schottland. Es war also für Reporter naheliegend, die Reise mit Georgs V. Krankheit in Beziehung zu bringen, um so mehr, als Laurence O'Shaughnessy, der Neffe des Königlichen Leibarztes Lord Dawson of Penn, damals Assistent unserer Klinik war (s. S. 250).

Als die Schließung des Ziegelstraße-Klinikums schon definitiv beschlossen war, sprach mich Bier im Westsanatorium, der gemeinsamen Privatklinik, an. Es war ergreifend, ihn von der großen Geschichte seiner Klinik sprechen zu hören, deren bauliche und installatorische Unzulänglichkeiten er ignorierte. Sie begann mit K. F. Gräfe 1810. Sein Nachfolger J. F. Dieffenbach starb während einer Operation am Herzschlag. Er war von der Chirurgischen Klinik der Charité in die der Ziegelstraße übergesiedelt. Dann kam vielleicht ihre größte Zeit unter B. v. Langenbeck und E. v. Bergmann – eine illustre Reihe von Männern, die der Berliner Chirurgie zu Weltruf verhalfen, – und die dann auf gleich hohem Niveau von Bier fortgesetzt worden ist. Bier übersah aber, daß schon zu Bergmanns Zeiten, also dreißig Jahre zuvor, ein Neubau als dringend erachtet wurde. Immerhin ließ sich Bier davon überzeugen, daß Sauerbruch nicht die ränkevolle Rolle gespielt hatte, die gerade die Bierschen Assistenten ihm nachsagten. Nun war die Schließung verfügt. Bier trat zurück und gab seine Abschiedsvorlesung im großen Auditorium des Langenbeck-Virchow-Hauses (dem Tagungsort auch der Deutschen Gesellschaft für Chirurgie). Die Bierschen Assistenten hatten für diese Feier E. Lexer – München als Festvortragenden gewonnen. Lexer war als Schüler von E. v. Bergmann aus dem „Königlichen Klinikum" hervorgegangen. Bei der gespannten Situation war zu befürchten, daß Lexer auf den Konflikt zu sprechen kommen würde. Wie sehr das alles Sauerbruch beschäftigte, läßt sich daraus ersehen, daß er mich eines Nachts anrief und mich bat, nach München zu fahren, um Lexer den Sachverhalt darzulegen. Ich meldete mich bei ihm in München telefonisch an, ohne den Grund zu sagen. Als ich Lexers Zimmer betrat, war *er* es, der mir das Motiv meines Kommens angab. Er hatte Informationen eingezogen, die genauso lauteten wie die, die ich ihm zu überbringen hatte. Auf eine Diskussion der Klinikschließung verzichtete er. Er sprach in seinem Festvortrag über „Entzündung", ein Thema, das ihn sein berufliches Leben lang zu Biers Auffassungen in Gegensatz gebracht hatte. Der Höhepunkt der Abschiedsfeier war die Ansprache von Ministerialdirektor Richter, als dem Vertreter des preußischen Kultusministeriums. Da die Zuhörer fast ausschließlich aus solchen bestanden, die dem scheidenden Chef nicht nur ihre Sympathie zeigen wollten, sondern auch ihre Mißbilligung der Klinikschließung, die ja vom Ministerium angeordnet war, sprach Richter in einer Atmosphäre von feindseliger Ablehnung. Wenn er es trotzdem fertigbrachte, durch Inhalt und Formulierung studentische Kundgebungen zu verhindern und bis zum letzten Satz das Publikum durch die Schönheit der Sprache zu fesseln, so war das eine ganz außergewöhnliche Leistung. Biers Entgegnung war kurz und von der stilistischen und gedanklichen Einfachheit, die diesen vielgeliebten und verehrten akademischen Lehrer und Chirurgen in keinem Vortrag verließ.

Gustav von Bergmann, der Sohn des Chirurgen E. v. Bergmann, war in der Berliner Charité Direktor der Nachbarklinik. Er war, man darf fast sagen, ein betörender Redner. Seine rhetorischen Fähigkeiten haben mir, als ich sein klinischer Hörer in Marburg war, gewaltig imponiert. Aus der Nähe betrachtet, reduzierte sich der Schimmer des glänzenden Lehrers. Bei Konsilien war er oft unorientiert über Vorgeschichte und Untersuchungsbefunde der Kranken und recht einseitig in der Diagnostik funktioneller Zustände. Aber das war vielleicht unvermeidlich bei einem Mann, der so viel zur Klärung funktioneller Krankheitssymptome und -einheiten getan hat. In der Hospitalpolitik war er außerordentlich geschickt. Das hatte er schon vor seiner Berliner Zeit bewiesen: Ich glaube, daß er der einzige Ordinarius einer medizinischen Fakultät war, der je den Lehrstuhl mit dem eines anderen verabredungsgemäß austauschte. Das war der Weg, auf dem er von Marburg nach Frankfurt kam, das ihm für sein gesellschaftliches Leben und die Praxis ganz andere Betätigungsmöglichkeiten bot als die verschlafene Kleinstadt an der Lahn. Er war, wie es schien, ein überzeugter Liberaler. Die Überzeugung hielt allerdings nur so lange an wie die gleichartige Regierung. Dann verstummte er, und er blieb auch stumm, als seine „nichtarischen" Assistenten die Klinik verlassen mußten. Schon während meiner Dienstzeit an der Charité hatte ich mit ihm enttäuschende Erfahrungen gemacht: Sein Oberarzt, H. H. Berg, hatte mehrere bemerkenswerte Arbeiten über die Häufigkeit der Hiatushernie (besondere Form des Zwerchfellbruches) und ihre röntgenologischen Erscheinungen publiziert. Chaoul, der Leiter des Röntgeninstitutes unserer Klinik, griff Bergs Befunde sofort auf: die Interpretation der Röntgenbilder wurde etwas modifiziert und das Ganze als neue Errungenschaft veröffentlicht. Es ist begreiflich, daß sich daraus eine Spannung zwischen Berg und Chaoul entwickelte. Chaouls Pfiffigkeit gelang es, vorübergehend Sauerbruchs Unterstützung zu gewinnen, was das nicht sehr glückliche Verhältnis von Bergmann und Sauerbruch weiter komplizierte. Solche unbedeutenden Anlässe sind häufig die Ursache der Verfeindung von Kliniken. Da eine Verschlechterung der Beziehungen eindeutig war, ging ich zu Bergmann und setzte ihm auseinander, daß die Chirurgische Klinik (damals 1930!) an dem Thema der Hiatushernie ein großes Interesse habe. Da Bergmann darauf bestand, daß die einzig vertretbare Behandlung eine internistische sei, sagte ich auf seinen Vorschlag hin zu, Patienten, bei denen wir die Operation für angebracht hielten, ihm zur konservativen Behandlung zuzuschicken. Sauerbruch war zu diesem Zeitpunkt abwesend; ich vergaß, ihn nach seiner Rückkehr über meine Verabredung mit Bergmann zu informieren. Einige Monate später war das Thema Hiatushernie Verhandlungsgegenstand der Medizinischen Gesellschaft, wie immer mit großer Zuhörerschaft, wenn Sauerbruch im Programm figurierte. Ich konnte, da ich einen Notfall zu operieren hatte, nicht teilnehmen. Während der Sitzung sprach Sauerbruch von der operativen Behandlung des Leidens und den Resultaten. In der Diskussion berichtete Bergmann über seine internistisch behandelten Patienten,

und um Sauerbruch lächerlich zu machen, berichtete er u. a. von einem Patienten, der ihm „übrigens von dem Ersten Oberarzt der Chirurgischen Klinik, Herrn Prof. Nissen, zugewiesen" wurde. Der Lacherfolg war groß und Sauerbruch entsprechend aufgebracht. In diesem Zustand kam er – um zehn Uhr nachts – in die Klinik, bat mich in sein Zimmer und erzählte mir, wahrscheinlich mit einigen Vergröberungen, den Verlauf der Sitzung. Da er eine scharfe Kritik meiner Handlungsweise anschloß (ohne daß ich zu Worte gekommen war), erklärte ich ihm den Hergang dieser Krankenüberweisung, fügte aber hinzu, daß ich im Hinblick auf die beleidigende Interpretation meines Vorgehens „hinter seinem Rücken" die Unterredung abbrechen müsse. Das tat ich und schrieb ihm einen Brief, daß ich erst wieder im Dienst erscheinen werde, wenn er seine Vorwürfe korrigiert hätte. In zwölf Jahren Zusammenarbeit war das die zweite ernstliche Differenz. Ich war weit davon entfernt, bei dieser Forderung irgendeine Genugtuung zu empfinden; nur hatte ich von Auseinandersetzungen anderer mit Sauerbruch gelernt, daß das Einstecken von kränkenden Äußerungen die Meinungsfreiheit im gegenseitigen Verkehr einschränkte. Sauerbruch kam am nächsten Abend spät in meine Wohnung und war so bedrückt und herzlich, daß ich mich über mich selbst ärgerte, diese Versöhnungsszene veranlaßt zu haben.
Am nächsten Tage ging ich zu Bergmann und hatte beim Verlassen seines Amtszimmers die Genugtuung, meine Auffassung über sein Verhalten ohne die Floskeln der Höflichkeit angebracht zu haben.

In das Jahr 1931 fällt ein für mich recht denkwürdiges Ereignis, das mir eine Aufmerksamkeit eintrug, die über die Grenzen Deutschlands hinausreichte.
Es handelte sich um Planung und Ausführung der totalen Entfernung eines Lungenflügels beim Menschen.
Die Operation, die in den Kreisen der Thoraxchirurgen als verlockendes Ziel immer wieder diskutiert wurde, war bis dahin nach den vorliegenden Veröffentlichungen viermal vorgenommen worden. Alle vier Patienten waren während oder kurz nach der Operation gestorben. Bei diesem, später als „totale Pneumonektomie" bezeichneten Eingriff mußten natürlich die zur Lunge gehenden Blutgefäße, das heißt die Hälfte der gesamten Lungenzirkulation endgültig unterbrochen werden. Nun wußte man – und wir hatten es in der Chirurgischen Klinik der Charité erst einige Tage vor der geplanten Pneumonektomie an einem mit Oberschenkelbruch eingelieferten Patienten erfahren –, daß ein durch Blutgerinnsel (Thrombus) verursachter Verschluß *eines* der beiden Hauptäste der Lungenschlagader (sogenannte Embolie) innerhalb weniger Minuten zum Tode führen kann – deswegen, weil die durch die Embolie bedingte Blutbahnverlegung ein zu großes Hindernis

für die Herzarbeit darstellt. Man durfte annehmen, daß die vier Todesfälle nach Pneumonektomie auf dieses, vielleicht schicksalsmäßige Versagen des Herzens zurückzuführen war.

Die Patientin, bei der die Operation als einziger Weg zur Lebensrettung in Frage kam, hatte die folgende Vorgeschichte:

Als elfjähriges Mädchen war sie von einem Auto angefahren worden (1930). Sie erlitt eine schwere Brustkorbquetschung und wurde mit bedrohlicher Atemnot in die Klinik eingeliefert. Bei näherer Untersuchung zeigte sich, daß die Atemstörung durch zwei miteinander zusammenhängende Verletzungen verursacht war: Lufteintritt in die linke Brusthöhle unter hoher Spannung (sogenannter Spannungspneumothorax) und Austritt von Luft – auch wieder unter hohem Druck – in den zwischen beiden Brusthöhlen liegenden Mittelfellraum. Die Situation war dringend. Es wurde zunächst der Spannungspneumothorax durch Dauerableitung der Luft im Brustkorb beseitigt. Der Zustand wurde etwas besser, blieb aber durch die Atemnot immer noch bedrohlich. In der anschließenden Behandlung kam uns zugute, daß ich einige Jahre zuvor mit Jehn experimentelle Untersuchungen zur Pathologie und Behandlung von Luftansammlungen im Mittelfellraum (sogenanntes Mediastinalemphysem) unternommen hatte. Wir mußten in der Tat jetzt bei unserer Patientin uns noch mit diesem Zustand auseinandersetzen. Die Tierversuche hatten gezeigt, daß es genügt, mit einem Einschnitt am Hals der unter Druck stehenden Luft, die, weil in der Umgebung des Herzens liegend, den Blutzufluß zum Herzen machtvoll drosselt, einen Weg nach außen zu verschaffen. Das geschah, und die Kranke, die schon bewußtlos war, erholte sich ziemlich rasch. Eine Frage blieb indessen offen: Wo lag die Quelle des massiven Luftaustrittes in linke Brusthöhle und Mittelfellraum? Schon die Tatsache, daß sich eine linksseitige Brustfelleiterung entwickelte, die später operiert werden mußte, ließ daran denken, daß es durch den Unfall zu einer Zerreißung des großen Luftröhrenastes gekommen sein konnte, der die linke Lunge mit Luft versorgt. Diese Vermutung wurde zur Gewißheit, als die Patientin langsam zunehmend eitrigen Auswurf bekam, der nach zwei bis drei Monaten täglich 600 bis 700 ccm betrug. Die Einfüllung eines röntgendichten Kontrastmittels in die Luftröhrenverzweigungen zeigte die von der Zerreißung zurückgebliebene Verengerung des linken Hauptastes der Luftröhre. Hinter dieser Enge waren alle feineren Bronchialäste in Eiterhöhlen umgewandelt. Es bestand kein Zweifel, daß die Eitervergiftung des Körpers sowie die Menge des täglich abgesonderten Eiters noch zunehmen und damit in Kürze zur Katastrophe führen werde. Eine konservative (internistische) Behandlung dieser Form von Bronchiektasen, wie das Krankheitsbild genannt ist, gibt es nicht. Für den auf *einen* der fünf Lungenlappen begrenzten Krankheitsprozeß hatte sich die Entfernung des erkrankten Lungenabschnittes als die einzig wirksame Behandlungmethode erwiesen. An Sauerbruchs Kliniken in München und Berlin war die Technik der Operation (Lobektomie) soweit systematisiert worden, daß die Operationssterblichkeit sich auf zehn Prozent gesenkt hatte, eine für die damalige Zeit außergewöhnlich geringe Zahl (heute beträgt die Mortalität der Lobektomie kaum mehr als ein Prozent). Es war naheliegend, die mit der Radikaloperation gewonnenen Erfahrungen auch auf diejenigen Bronchiektasen zu übertragen, die – wie bei unserer Patientin – einen ganzen Lungenflügel befallen hatten. Dagegen sprach indessen die enttäuschende Erfahrung, die man bisher mit der Entfernung eines Lungenflügels gemacht hatte.

Ich besprach zunächst die Situation mit den Eltern. Sie hatten die ständige Verschlechterung des Zustandes ihrer Tochter mit Sorge bemerkt und waren dadurch wohl etwas vorbereitet auf die Ungunst der Beurteilung. Da ich auf eine Entscheidung bei der Problematik der Gesamtlage nicht drängen wollte, schickte ich die Eltern nach Hause. Nach einigen Tagen kamen sie wieder in meine Sprechstunde und erklärten ihr Einverständnis. Die Tatsache, daß bisher noch kein Patient die Operation überstanden hatte, betonte ich besonders. Da ich über die Möglichkeit beunruhigt war, daß sie vielleicht meine Auseinandersetzungen nicht voll verstanden haben könnten, fixierte ich alles schriftlich und bat sie auch um eine schriftliche Erklärung des Briefempfanges und des Einverständnisses. Dann sprach ich mit Sauerbruch – zwei Stunden lang. Als das Für und Wider ausgiebig diskutiert war, fanden wir die Berechtigung, den Versuch zu unternehmen, den Eingriff aber abzubrechen, wenn bei einem zunächst probeweisen Verschluß der Hauptschlagader Störungen der Herztätigkeit einsetzen sollten.

In der Tat kam es während der Operation beim Versuch der Abschnürung der Lungenwurzel zum Herzstillstand, der sich durch Herzmassage beheben ließ. Die Operation wurde abgebrochen.

Eingehend diskutierten wir die Ursache des Herzstillstandes. War es das Anziehen der Lungenwurzel oder nur die damit verbundene Drosselung der Lungenschlagader? Im letzten Falle wäre ein erneuter Versuch unerlaubt. Einer der Assistenten und ich glaubten aber beobachtet zu haben, daß der Herzstillstand schon *vor* dem Versuch der Abschnürung eingetreten sei.

Ich besprach mich wieder mit den Eltern. Dann entschlossen wir uns zum zweiten Eingriff, der ebenso störungslos verlief wie die Heilung. Die erste erfolgreiche Pneumonektomie war ausgeführt worden. Sieben Jahre später erhielt ich einen sehr befriedigenden Bericht (mit Photographie) über den Gesundheitszustand der Patientin.

Da damals – 1931 – der Anstieg der Häufigkeit des Lungenkrebses noch nicht begonnen hatte, war die praktische Bedeutung der neuen Operation zunächst nicht groß. Immerhin erschien – nicht anders als heute – einige Tage nach der

Vorstellung der Patientin auf dem Kongreß der Deutschen Gesellschaft für Chirurgie ein Zeitungsreporter mit dem schon damals unvermeidlichen Photographen. Es war nicht sonderlich schwer, ihn davon zu überzeugen, daß eine solche Reportage nur der Sache und mir schaden würde, ganz abgesehen von der indirekten Verletzung des Berufsgeheimnisses, die mit einem Interview verbunden wäre. Es erschien nichts in der Presse.

Als der Fall dann in der zum 70. Geburtstage Biers herausgegebenen Festschrift des Zentralblattes für Chirurgie erschien, sprach das Geburtstagskind mich einmal in der Privatklinik darauf an und kam zu dem Schluß, daß das Überstehen des Verschlusses der halben Lungenstrombahn eine Ausnahme sei, mit der man nicht rechnen könne. Glücklicherweise hatte er unrecht. Schon einige Monate später (1932) veröffentlichte Cameron Haight von Ann Arbor USA (University of Michigan) die Krankengeschichte einer jungen Frau, bei der, genau wie bei meiner Patientin, nach einer Bronchuszerreißung sich Eitersäcke (Bronchiektasen) des ganzen linken Lungenflügels entwickelt hatten. Die gleiche Operation wurde mit gleich günstigem Ergebnis ausgeführt. Haight, der heute Chef der Thoraxchirurgischen Universitätsklinik in Ann Arbor ist, blieb einer Korrespondenz, die damals begann, treu; aber erst 1967 lernte ich ihn persönlich kennen, als er auf einer Europareise, zusammen mit seiner Frau, Basel besuchte.

Der nächste Schritt in der Weiterentwicklung der Pneumonektomie betraf technische Einzelheiten, besonders die Verbesserung der Versorgung des Luftröhrenquerschnittes im Lungenstumpf. Sie glückte nicht ganz E. A. Graham in St. Louis (USA) (1933). Bei seinem Patienten handelte es sich – und das war eine sehr wichtige Tatsache – um einen Lungenkrebs. (Der Patient war 20 Jahre später bei guter Gesundheit.) Die komplikationslose Bronchusstumpfnaht ist W. Rienhoff jr. (Baltimore – Johns Hopkins University) (1933) und Cl. Crafoord – Stockholm (Schweden) (1935) zu verdanken. Damit war in der relativ kurzen Zeit von vier Jahren das methodische Problem der Pneumonektomie gelöst, nachdem „seit der Eröffnung der Möglichkeit von Operieren inseits der Brusthöhle durch das Druckdifferenzverfahren Sauerbruchs drei Jahrzehnte vergangen waren, bis die erste Pneumonektomie erfolgreich gelang" (Karel B. Absolon 1961).

Als die praktische Bedeutung der Operation über alle Erwartungen zunahm – eben wegen der ständig steigenden Zahl von Lungenkrebskranken – begann man sich, wie immer unter solchen Umständen, mit der Geschichte des Eingriffes zu beschäftigen. Das war Ende der dreißiger und Anfang der vierziger Jahre. In Istanbul war ich weit von dem nordamerikanischen Diskussionsfeld entfernt, und als ich 1939 in die Vereinigten Staaten kam, hatte ich andere Sorgen (Krankheit, Examen, Existenzkampf), als mich um wissenschaftliche Prioritätsfragen zu kümmern. Die Erörterungen gingen, in entstellter Form, auch in die illustrierten Zeitschriften (z. B. Time) über. Der Vorsitzende der Sektion für Geschichte der Medizin bei der American Medical Association, J. Trent – Duke University in Durham (USA), wählte daraufhin als Thema für die Sitzung der Sektion „Die wichtigsten Errungenschaften in der Medizin der letzten zwei Jahrzehnte, referiert von den Autoren dieser Fortschritte". Darunter figurierte auch die Pneumonektomie. Sicher nicht ohne Beziehung zur oben erwähnten Publizistik hatte Trent als Titel meines Vortrages im Kongreßprogramm „The first total pneumonectomy and its historical significance" gewählt („Die erste totale Pneumonektomie und ihre historische Bedeutung"). Ich habe ihn dann später im Druck weniger prätentiös in: „Development of total pneumonectomy" („Entwicklung der totalen Pneumonektomie") abgeändert. In dem Artikel habe ich die chronologischen Unrichtigkeiten nicht erwähnt. Sie sind auch nicht mehr wiederholt worden. Die ganze Frage wurde indessen wieder aktiviert, als der britische König Georg VI. wegen Lungencarcinoms von Sir Clement Price-Thomas pneumonektomiert wurde (1951). Die Tageszeitungen waren voll von Schilderungen über Werdegang und Technik der Operation, und als der wissenschaftliche Redakteur der New York Times, W. Kaempffert, – auf Grund eines Interviews mit E. Graham – eine ausführliche und ereignistreue Darstellung unternahm, erhielt ich so zahlreiche Telefonanfragen von Zeitungen und Illustrierten, daß meine Sekretärin, um die Ablehnung zu entgiften, den Presseleuten mitteilte, daß ich verreist sei.

Kurz vor seinem Tode (1957) – es war sein tragisches Schicksal, am Lungencarcinom zu sterben, dessen Bekämpfung er den größten Teil seiner Lebensarbeit gewidmet – hat Graham noch einmal zur Frage der Geschichte der Pneumonektomie Stellung genommen. Er war, als er diesen seinen letzten Artikel schrieb, schon vom Tode gezeichnet. Der Inhalt ist indessen bemerkenswert durch die heutige Einschätzung deutscher medizinischer Zeitschriften in den Staaten. Zur Begründung seines Prioritätsirrtums führt er die Tatsache an, daß meine Veröffentlichung 1931 in einer „obskuren" chirurgischen Zeitschrift erfolgt sei. Er meinte damit das „Zentralblatt für Chirurgie", das in der zweiten Hälfte des vorigen und dem Beginn dieses Jahrhunderts *das* repräsentative Publikationsorgan der deutschen Chirurgie gewesen ist und in dem alle Neuerungen und Fortschritte dieser Zeitperiode einem großen Fachpublikum des In- und Auslandes zur Kenntnis gebracht wurden. Graham hat seine Charakteristik „obskur" sicher mit Überzeugung gegeben – ein Zeichen der Einschätzungsänderung einer deutschen Fachzeitschrift, die sich in dreißig Jahren vollzogen hat.

Aus dem Jahre 1931 mag noch die Zusammenarbeit erwähnenswert sein, die wir in Berlin bei der Krebsbehandlung mit Gerhard Domagk hatten. Domagk war damals in den Laboratorien der I.G.-Farben tätig. Nach Verabredung mit dem Aufsichtsratsvorsitzenden, Geheimrat C. Duisberg, der mit Sauerbruch befreundet war, sollte Domagk seine Methode der Immunisierung erproben. Sie war – fürs erste – dazu bestimmt, nach erfolgter Radikaloperation einem Geschwulstrückfall und der Verschleppung in andere Körperabschnitte vorzubeugen. Nach der Einspritzung der Geschwulstextrakte, welche die Abwehrvorgänge auslösen sollten, kam es nicht selten zu eitriger Infektion der Injektionsstelle. Mit Sauerbruch wurde die Möglichkeit diskutiert, Infektionserreger, die sich im eingespritzten Material finden, unschädlich zu machen. Vor mir liegen Beobachtungsprotokolle, von Domagks Hand geschrieben, und ein Brief auf Bogen des Berliner Hotels Coburger Hof vom 9. 12. 1931, in dem Domagk mir eine Besprechung vorschlägt und darauf die von mir beigefügte Bleistiftnotiz: „abwarten bis Schwefelzusatz erprobt". Dieser Zusatz wurde damals wohl für bedeutungslos gehalten. Ich war jetzt – nach 37 Jahren – erstaunt, ihn zu lesen. So kam es, daß ich Domagk – 1953 fuhren wir zusammen auf der „Queen Mary" von Le Havre nach New York – niemals nach der Bedeutung dieser Anmerkung gefragt habe. War das schon ein Versuch mit Sulfadrogen? Im Jahre 1939 erhielt er für seine chemotherapeutischen Arbeiten den Nobelpreis. Die Ära der Antibiotica hat mit ihm begonnen; sie hat vielen Teilen der Medizin ein neues Gesicht gegeben. 1945 folgte die Verleihung des Nobelpreises an Alexander Fleming, Ernst B. Chain, Howard W. Florey für die Entdeckung des Penicillins, und 1952 ging der Preis an Selman A. Waksman für das Streptomycin, das seine in der damaligen Zeit bedeutungsvolle Wirkung in der Bekämpfung der Tuberkulose hatte.

Domagk, der dem Stockholmer Komitee für die hohe Ehrung gedankt hatte, erhielt von Hitler das Verbot, den Preis und die beträchtliche, damit verbundene Geldsumme anzunehmen. Als er sich beides nach 1945 abholen wollte, war nach seiner erzwungenen Verzichterklärung das Geld unwiderruflich an die Nobelstiftung zurückgegangen. Die Nazi-Ablehnung des Nobelpreises war auf die 1936 erfolgte (1935 beschlossene) Verleihung des Friedenspreises an den ehemaligen Herausgeber der „Weltbühne", C. v. Ossietzky, zurückzuführen. Thomas Mann, wie viele andere, hatte sich damals in Oslo – dem Sitz des Komitees, das den Friedenspreisträger vorschlägt – für Ossietzky verwandt. Der Erfolg dieser Empfehlung hat in Deutschland den offiziellen Kampf gegen Th. Manns Bücher angeheizt und Hitler veranlaßt, eine Art deutschen Nobelpreises zu schaffen, der mit 100 000 Mark dotiert war und hervorragenden Wissenschaftlern verliehen werden sollte. Es ist für den chirurgischen Geschichtsschreiber nicht ohne Ironie, daß unter den ersten Empfängern des „deutschen Nationalpreises" Bier und Sauerbruch waren.

1937 war ich für einige Ferienwochen in der Schweiz und telefonierte mit

Sauerbruch, der sich in Stroomanns Sanatorium Bühlerhöhe aufhielt. Er hatte die verbindliche Einladung zur Teilnahme am Parteitag erhalten und ahnte oder wußte, daß er eine Preisverleihung zu erwarten habe. Über die Zwangslage, in der er sich befand, sprach er offen. Eine Ablehnung wäre nur möglich gewesen, wenn er diesen Entschluß nach Verlassen Deutschlands mitgeteilt hätte. In der Tat hatte man ihn um Empfehlung eines hervorragenden Mediziners als des Empfängers der Auszeichnung befragt; er hatte August Bier genannt, und Bier hatte auf die gleiche Anfrage hin Sauerbruch empfohlen. Soviel ich weiß, wurde der Preis zwischen den beiden geteilt.

Im Mai des Jahres 1931 lernte ich Ruth Becherer, meine spätere Frau, kennen.

In seinen Lebenserinnerungen schreibt Naunyn, daß er seine Erlebnisse vielleicht nur deswegen zu Papier gebracht habe, damit er, sozusagen historisch gerechtfertigt, von seiner Frau sprechen könne. Heute, da ich eine Rechenschaft meines Daseins zu geben habe, sind meine Empfindungen ähnlich.

Eine kurze Begegnung und Unterhaltung brachte mich in eine bis dahin unbekannte Verwirrung. Ruth kam, als Studentin der Medizin, in die Klinik; sie hatte eben ihre Mutter verloren und mußte sich nun um den Haushalt kümmern. So bat sie um ein vorzeitiges Testat der Vorlesung der „Allgemeinen Chirurgie", die ich damals für die ersten klinischen Semester hielt. Sie war in Trauerkleidung; das Bild ihrer Augen und ihrer schönen, von Leid gezeichneten Gesichtszüge ist mir unvergeßlich geblieben. Nach den wenigen Minuten unseres Gespräches wußte ich, daß das Schicksal entschieden hatte, und in achtunddreißig Jahren, die seit diesem Tage vergangen sind, hat das Gefühl der Zuneigung und der bedingungslosen Liebe eine Bestätigung erfahren, die das tiefste Glück meines Lebens geworden ist. Erst drei Wochen später ergab sich die Gelegenheit eines längeren Treffens. Es war die Feier ihres dreiundzwanzigsten Geburtstages.

Auf den vorangegangenen Seiten bin ich schon mehrfach auf das Phänomen des Nazismus zu sprechen gekommen. Mit dem Nahen der Jahre 1932 und 1933 – die Entscheidungsjahre nicht nur für Hunderttausende von Emigranten, auch für die ganze zivilisierte Welt geworden sind – will ich versuchen, einige Beobachtungen und Überlegungen zu Papier zu bringen, die sich im akademischen Bereich aufdrängten. Die beiden großen Bewegungen, die den Nazismus zur weltweiten Katastrophe werden ließen, waren skrupelloser Nationalismus und Antisemitismus. Die Brutalisierung machte aber in Deutschland erst Fortschritte, als durch systematische Herabsetzung und Verleumdung der Weimarer Republik das politische Gewicht der Regierung sich dem Nullpunkt näherte, und als in dem verbleibenden Vakuum nicht die rechtsgerichteten bürgerlichen Parteien, sondern der Nazismus sich festsetzten. Diese Verschiebung der politischen Kräfte war auf dem akademischen Sektor des beruflichen Lebens nicht mehr notwendig; sie war schon durch eine fast hundertjährige Entwicklung vorbereitet. Der Nationalismus und seine intime Verbindung mit dem Kaiserhaus fanden 1870 in den Worten des „Kriegsrektors" der Universität Berlin, E. du Bois-Raymond, den albernen Ausdruck: „Die Universität, dem Kaiserlichen Schloß gegenüber gelegen, ist das geistige Leibregiment der Hohenzollern." Offizielle und private Äußerungen nationalistischer Überheblichkeit, gesprochen von bekannten, nach monarchischer Anerkennung dürstenden Universitätslehrern, ließen sich bändeweise zusammenstellen.

Kaum einer der Professoren fand nach dem Verschwinden der Monarchie ein gutes Wort für die *Weimarer Regierung*, mag er ein noch so großer Nutznießer ihrer Kulturpolitik gewesen sein. Diese ausgeprägte und sehr artikulierte Neigung zur Kritik hätte Ausdruck jener Charakterfestigkeit sein können, die einst die „Göttinger Sieben" beispielhaft machte. Aber, dieselben Männer, die so aufrecht waren, als eine abfällige Beurteilung von Regierungsmaßnahmen gefahrlos war, ja gelegentlich den Sprecher gefürchtet und geachtet gemacht hatte, blieben später still, als die akademische Freiheit vom nazistischen Regime zur Farce gemacht wurde.

Die stumme Unterordnung haben so gut wie alle den Nationalsozialisten erwiesen, selbst dann noch, als eine vom schlimmsten Zwange diktierte Hochschulpolitik einsetzte. Das kommt ergreifend zum Ausdruck in einem Briefe, den der frühere Ministerialdirektor im Kultusministerium, W. Richter, als Abschied an den Völkerrechtler B. Harms, einen „März-Gefallenen", schrieb: „Ich hätte meine undankbare Aufgabe – als Chef des Hochschulwesens – aber nie erfüllen können, wenn ich nicht der Überzeugung gewesen wäre, daß der Professor, hundertmal als Bekenner bezeichnet, in allen geistigen Dingen im Staate führen müßte, hätte führen müssen, wenn er sein Daseinsrecht erweisen und behaupten wollte. Diese Forderung mag heute als lächerliche Utopie erscheinen; sie ist aufs tragischste widerlegt worden. Aber, das ist ja gerade die Antwort auf die Frage, warum die Universitäten, wie sie waren, gestorben sind. Ein Professor aber, der von den jeweiligen Staatsführern, die er Zeitläufe nennt, in seiner Kulturbewegung bestimmt würde oder wäre, führte diesen Namen eben nur noch zum Scheine, als Überkommenheit."

Und weiter: „In der Kirchengeschichte gab es unter denen, die irgendwie sich beugen mußten, noch den Unterschied zwischen denen, die nur opfern, opfern mußten, den sacrificati, und denen, die noch obendrein Weihrauch streuten, den turrificati."

Es ist auch beschämend für diese Vertreter der selbsternannten akademischen Elite, daß einzelne heute in ihren Lebenserinnerungen noch die Stirn haben, den „Erfolg" der Nazis auf kulturpolitischem Gebiete dem Versagen der Republik zuzuschreiben.

H. Zinsser hat einmal die Gründe des bewundernswerten wissenschaftlichen Fortschrittes in den USA definiert. „Es ist wahrscheinlich eine unserer besten Eigenschaften als Nation – und ich bete, daß sie erhalten bleibe –, daß wir niemals gezögert haben, die intellektuellen Errungenschaften anderer Völker zu bewundern und nachzuahmen."

Und A. Flexner, der große Reorganisator der amerikanischen Medical Schools, macht zur deutschen Medizin des Jahrhundertbeginns in seinen Lebenserinnerungen die Feststellung: „Von allen Ländern, von denen ich in diesem Werk spreche, ist Deutschland in Theorie und Praxis am nächsten dem Ziel gekommen, der höheren Bildung die ihr zukommende Stellung zu geben. Die deutsche Universität hat die Entwicklung der englischen Universität stimuliert. Aus ihr kamen die Graduate Schools der Neuen Welt; ihr sind Industrie, Gesundheitswesen und jede denkbare praktische Tätigkeit unendlich verpflichtet. Als eine gut durchdachte Einrichtung für Erreichung klarer und schwieriger Ziele bot die deutsche Universität einen besseren Arbeitsmechanismus, als jede andere Nation bis zum damaligen Zeitpunkt geschaffen hatte."

Zwei Jahrzehnte später hatte sich die Situation geändert.

Die wissenschaftliche Überlegenheit, die sich die deutschen Hochschullehrer gegenseitig bestätigten und von der Laienpresse kräftig versichert erhielten, hat wohl dazu geführt, daß sie den Augenblick nicht erkannten, an dem sie – zum mindesten auf dem Gebiete der Medizin – von anderen Völkern, besonders den angelsächsischen überflügelt wurden. Auf der Basis der Selbstüberschätzung konnte sich auch eine besonders virulente Form von *Rassenwahn* entwickeln, der dann wieder dem *Vulgär-Antisemitismus* entgegenkam.

Zurück zu 1932. Der innenpolitische Wendepunkt kam mit der Kanzlerschaft Papens und Schleichers. Es entsprach dem Wesen Papens, daß er versuchte, den Nazis durch Adoption einzelner ihrer Programmpunkte den Wind aus den Segeln zu nehmen. Die preußischen Ministerien wurden mit alten Konservativen besetzt, welche die antisemitischen und nationalistischen Dogmen der Nazis nicht dem Wort, aber dem Inhalt nach in die Hochschulpolitik übernahmen.

Die Folge war eine vehemente Häufung antisemitischer Zwischenfälle, deren eifrige Mithelfer jetzt auch die Studenten wurden – neben den nationalsozialistischen Vereinigungen mit besonderer Intensität die Mitglieder der Corps, Burschenschaften, Landsmannschaften und der katholischen farbentragenden Verbindungen. Alle vier Verbände – voran die konfessionellen – hatten übrigens schon Anfang der zwanziger Jahre die Aufnahme von Juden verboten, eine Mischehe mit dem Ausschluß aus der Verbindung bedacht und den Begriff des Juden – 15 Jahre *vor* den Nürnberger Gesetzen! – mit *einem* jüdischen Großelternteil definiert.

Ich hatte ernsthaft geglaubt, daß die Fakultäten, zum mindesten die Berliner, sich gegen die pronazistische Kulturpolitik wenden würden. Kurt Tucholsky, den ich vorübergehend ärztlich zu betreuen hatte, war fassungslos ob solcher Naivität. Dekan der Berliner Medizinischen Fakultät zur Zeit der „Machtergreifung" war H. Gocht, ein Mann von beachtlichem schauspielerischem Talent, das er in jener kritischen Situation dazu benutzte, um beide Seiten seiner Sympathie zu versichern. Moritz Borchardt, der Direktor der Dritten Chirurgischen Universitätsklinik am Krankenhaus Moabit, der eines Ordinariats anscheinend nicht für würdig erachtet wurde (er war „planmäßiger Extraordinarius"), hatte an Gocht ein Schreiben gerichtet, in dem er – in Wiederholung seines öfters geäußerten nationalen Standpunktes – die Fakultät zur öffentlichen Betonung der Zusammengehörigkeit *aller* „deutsch empfindenden" Mitglieder aufforderte.

Sauerbruch, dem Borchardt eine Kopie des Vorschlages zugeschickt hatte, telefonierte deswegen mit Gocht. Das Ergebnis bezeichnete er mit unparlamentarischen Ausdrücken. Kurz: die Fakultät unternahm nichts; sie war froh, in Gocht einen Wortführer zu haben, der sich „diplomatisch" verhielt. Wolfgang Köhler, Direktor des Psychologischen Institutes der Universität, war wohl der einzige Ordinarius, der, ohne von der neuen Gesetzgebung betroffen zu sein, angeekelt sofort sein Amt verließ. Er fand eine eher sekundäre Stellung in den Staaten. Kurz nach Kriegsende traf ich ihn in Boston. Das Verhalten seiner Fakultät im Jahre 1933 lastete immer noch wie ein Alpdruck auf ihm – nicht anders war für ihn die Vorstellung, nach Deutschland zurückzukehren. Er ist im Exil gestorben. Ein anderes Beispiel seltener, fast isolierter Haltung inmitten der Menge von Opportunisten gab der Berliner Extraordinarius und Oberassistent am Berliner Pharmakologischen Institut, Otto Krayer. Sein Schüler M. Reiter hat für diese Haltung die schönen Worte gefunden: „Die Welt ist nicht sonderlich reich an Menschen, die lieber ihre Karriere aufs Spiel setzen als mit ihr fremdes Unrecht zu sanktionieren. Nichts ist kennzeichnender für die Persönlichkeit Krayers als seine wiederholte Weigerung, 1933 den Lehrstuhl in Düsseldorf zu übernehmen, dessen Inhaber Philipp Ellinger wegen seiner Rassenzugehörigkeit vertrieben worden war. Der damals 34jährige außerplanmäßige Professor in Berlin tat das, was die Machthaber als offene Auflehnung, viele der Kollegen für zumindest inopportun und in der Rückwirkung auf sie selbst wohl eher als störend empfunden haben. Er schrieb ans Ministerium, es sei seiner Meinung nach dem Ansehen der deutschen Wissenschaft dienlicher, den entfernten Ordinarius zurückzurufen. Die offizielle Quittung dafür war das Hausverbot für alle deutschen Universitäten. Dem derart Relegierten blieb nichts als ein ungewisses Emigrantenschicksal." Er wurde später an die amerikanische Universität in Beirut und schließlich als Nachfolger des bekannten Reid Hunt auf den pharmakologischen Lehrstuhl der Harvard-Universität berufen. So waren wir wieder Nachbarn, wie wir es in Berlin, Beirut – Istanbul waren.

Eine andere Protestaktion wurde von jungen Dozenten und Dozenturkandidaten der Berliner juristischen Fakultät unternommen. W. Kunkel* weiß aus ihrer Reihe die Namen Ludwig Raiser (jetzt Professor in Tübingen) und Werner Flume (jetzt Professor in Bonn) zu nennen. Als isolierte Aktion war sie natürlich vergeblich und brachte den Protestierenden das Schicksal ihrer entlassenen Lehrer, für die sie sich eingesetzt hatten. Es ist bedauerlich, daß solche mutigen und männlichen Einzelhandlungen im Bereiche der Universitäten nicht von den offiziellen Stellen, die sich mit der Geschichte der nazistischen Regierungszeit beschäftigen, gesammelt und dem breiten Publikum zugänglich gemacht werden. „Die gute Tat, die ungepriesen stirbt, würgt tausend andere, die sie zeugen könnte."

Ich bin froh, daß ich Deutschland Ende Mai 1933 verließ und es mir damit ersparte, die Charakterschwäche einer Mehrheit der Universitätslehrer in direkter Nachbarschaft zu erleben. Wahrscheinlich liegt es auch an dieser frühen Auswanderung, daß mir persönliche Enttäuschungen weitgehend erspart blieben. Allerdings habe ich sehr demonstrativ einen Beitrag zum Kapitel der negativen Reaktion bei der Verpflichtung zur Dankbarkeit erfahren müssen. Es hat sich gezeigt, daß das ein fast typisches Vorkommnis in dieser Zeit der sozialen Trennung und Diskreditierung einer rassischen und politischen Minderheit war. Einem unserer ältesten Assistenten hatte ich – zunächst weil unsere Väter befreundet waren – sein Fortkommen an der Klinik wesentlich erleichtert, ihm das Thema der Habilitationsarbeit und weitgehende Unterstützung dabei gegeben, ihm in privaten Schwierigkeiten, die mit der Tragödie einer Krankenschwester endeten, geholfen. Er war der erste und einzige, der mir offiziell die Freundschaft mit der Motivierung kündigte, daß die neue Zeit nationaler Erhebung keine Kompromisse dulde und daß „Späne fallen, wo gehobelt wird" – ein damals anscheinend vielgebrauchtes Zitat.

Diese persönliche Erfahrung hatte ein noch traurigeres Nachspiel. Als seine Ambitionen für eine schnelle Karriere im Dritten Reich sich nicht erfüllten,

---

* Die deutsche Universität im Dritten Reich, S. 103–134: Wolfgang Kunkel: „Der Professor im Dritten Reich", Piper-Verlag, München 1966.

beging er noch vor Ausbruch des Krieges Selbstmord, nicht ohne vorher in einem Brief sich selbst anzuklagen.

Das Verhalten der Fakultäten, der Opportunismus vieler derer, die sich nur zu gern Lehrer der Nation und Hüter ihres Geistes nennen ließen, ist heute ein Teil der noch unbewältigten Vergangenheit. Es wäre für die junge Generation und darüber hinaus für die, die kommen, von größter Bedeutung, wenn ehrliche Darstellungen aus der Feder derer gekommen wären, die damals den akademischen Geist korrumpieren und die Universitätsinstanzen zu Befehlsempfängern der Nazis degenerieren ließen.

Sauerbruch

> Es war ein Mann, nehmt Alles nur in Allem
> Wir werden seinesgleichen nicht mehr sehn.
>
> *Shakespeare*

Die Arbeit an der Sauerbruchschen Klinik hat zwölf Jahre meines beruflichen Lebens in Anspruch genommen. Es waren die Jahre der stärksten Aufnahme- und Entwicklungsfähigkeit. Selbstverständlich hat diese bedeutungsvolle Periode auch in die späteren Berufsabschnitte ihr Licht geworfen. So taucht der Name Sauerbruchs in diesen Blättern immer wieder auf. Trotzdem möchte ich den Versuch einer Charakteristik dieses Mannes machen, der in der Chirurgie seiner Wirkungszeit eine weit überragende Stellung einnahm. Wie oft bei Persönlichkeiten, die sich durch hohe Leistungen auszeichnen und obendrein – gewollt oder ungewollt – ins Rampenlicht der Öffentlichkeit gerückt sind, halten Lobpreisung und Kritik sich die Waage. Es ist nicht nur der Parteien Haß und Gunst, es ist auch publizistische Sensationsgier, die heroisiert oder verdammt. Da ich ungefähr seit dem Jahre 1925 viel mit ihm zusammen war, die Sorgen des Alltags, ernste und entspannende Stunden mit ihm teilte, in privaten Fragen sein Vertrauen genoß, bin ich – glaube ich – zu diesem Versuch qualifiziert und verpflichtet. Hinzu kommt, daß nach meiner Emigration ein brieflicher Austausch von zeitweise erheblichem Umfang stattgefunden hat, ein Austausch, der dank der Vermittlung eines gemeinsamen Freundes, E. Ruppanner in Samaden, auch durch den Zweiten Weltkrieg nicht unterbrochen wurde.

Zunächst eine kurze Lebensgeschichte, wie ich sie 1955 ähnlich für das Sammelwerk „Gestalter unserer Zeit" (Stalling-Verlag, Oldenburg) verfaßt habe:

Ferdinand Sauerbruch wurde am 3. Juli 1875 in Barmen (Westfalen) geboren. Sein Vater, der kurz nach der Geburt des Sohnes an Tuberkulose verstarb, war technischer Leiter einer kleinen Tuchweberei gewesen; als ein Mann von konstruktiver Begabung steckte er sein kleines Kapital in Verbesserungen eines Webstuhles, dessen Vollendung der Tod verhinderte. Witwe und Kind, die mittellos zurückblieben, fanden beim Großvater Hammerschmidt, der in Elberfeld eine Schuhmacherei betrieb, ein neues Heim. Der lebhafte und phantasievolle Knabe fügte sich nicht leicht in die straffe Schulordnung; er war kein guter Schüler, mußte eine Gymnasialklasse wiederholen und bestand erst mit 20 Jahren das Maturitätsexamen.

Die Wahl des Medizinstudiums geschah nicht aus irgendeiner inneren Be-

rufung heraus. Nach einjähriger Gastrolle in der naturwissenschaftlichen Fakultät spielte er vorübergehend mit dem Gedanken, Lehrer zu werden, bis die Freundschaft zu einem Mediziner die endgültige Entscheidung brachte. Abgesehen von dem Leipziger Anatomen, dem älteren His, haben die Lehrer der vorklinischen und klinischen Fächer wenig bleibenden Einfluß auf den Studenten ausgeübt. Am Korporationsleben beteiligte er sich nur vorübergehend; die Erinnerung daran war eher negativ, und er hat später wundervoll einprägsame Wendungen gefunden, um ergraute alte Herren mit lebenslänglichen Verbindungsinteressen zu beschreiben.
Die philosophischen Vorlesungen von W. Wundt, deren Hörer er mehrere Semester hindurch war, blieben von nachhaltiger Wirkung, vielleicht mehr durch ihre eindrucksvolle Formulierung als durch den Inhalt, zu dessen kritischer Analyse er immer bereit war.
Die finanzielle Situation, die durch den Tod des Großvaters wieder recht angespannt wurde, ließ es zunächst nicht zu, daß der junge Arzt seine weitere Ausbildung in Universitätsinstituten suchte; dort war damals ein unbezahltes Volontariat – oft von mehreren Jahren – die Voraussetzung für das Einrücken in eine der, wenn auch kärglich dotierten Assistentenstellen. Sauerbruch wurde darum Assistent an kleineren Krankenhäusern – zunächst am Hessischen Diakonissenhaus in Kassel, dann am Krankenhaus der Stadt Erfurt; hier entstand seine erste wissenschaftliche Arbeit über stumpfe Bauchverletzungen, deren experimenteller Teil Begabung für klare Einschätzung physikalischer Phänomene verriet.
Freude und Befriedigung am experimentellen Werk ließen die alte Sehnsucht nach den Universitätsinstituten aufleben, in denen damals die Forschung konzentriert war. Der Vater eines früh verstorbenen Freundes stellte ihm die materiellen Mittel zur Verfügung, und nach dreivierteljähriger Beschäftigung mit pathologischer Anatomie unter Th. Langerhans am Krankenhaus Berlin-Moabit trat er am 1. Oktober 1903 in die Breslauer Chirurgische Universitätsklinik unter J. v. Mikulicz ein, erhielt nach einem Jahr eine planmäßige Assistentenstelle, ein halbes Jahr später schon wurde er Privatdozent. 24 Monate frohen Schaffens und aufsehenerregender Erfolge wurden jäh durch des Chefs Tod unterbrochen.
Sauerbruch fand eine Stellung als Oberarzt an der Chirurgischen Universitätsklinik in Greifswald unter P. Friedrich, mit dem zusammen er 1908 nach Marburg übersiedelte. 1910 erhielt er den Ruf auf den Lehrstuhl der Chirurgie in Zürich als Nachfolger von R. U. Krönlein. Die Zürcher Tätigkeit wird unterbrochen durch den Ersten Weltkrieg, der ihn vorübergehend als beratenden Chirurgen an der deutschen Westfront sieht. Zur Weiterführung seiner Arbeit über die Versorgung der Kriegsamputierten wird ihm für kurze Zeit vertretungsweise die Leitung der Greifswalder Chirurgischen Universi-

tätsklinik anvertraut, später das nach seinen Plänen organisierte Amputiertenlazarett in Singen, welches er nach der Rückkehr an die Zürcher Klinik von dort aus mitversorgen kann. 1918 erfolgt die Übersiedlung an die Münchener Klinik. 1927 nimmt er den Ruf an die Chirurgische Universitätsklinik der Charité in der Nachfolge von Hildebrand an. Im Zweiten Weltkrieg ist er wieder als beratender Chirurg tätig, ohne indessen die Berliner Tätigkeit mehr als für kurze Frontreisen zu unterbrechen. Nach dem Zusammenbruch der deutschen Armee – die Belagerung und den Fall von Berlin erlebte er in seiner Klinik – blieb er noch vier Jahre im akademischen Amt. Am 2. Juli 1951 starb er – 76 Jahre alt – an einer Gefäßerkrankung, deren Erscheinungen die letzten zwei Jahre seines Lebens überschattet hatten.

Als um die Mitte des vorigen Jahrhunderts durch die Entdeckung der Narkose, durch Asepsis und Antisepsis der Chirurgie die Belastung durch Schmerz und Infektionen genommen war, setzte eine Periode atemraubender Entwicklung der operativen Technik ein. Bis zur Jahrhundertwende war die Chirurgie der Bauchorgane, der Gliedmaßen, des Halses und Gesichtes in einem Maße vervollkommnet, dem die nachfolgenden Generationen nur wenig Neues hinzuzufügen fanden.

Anders stand es mit der Hirn- und Brustchirurgie. Allein die Eröffnung der Brusthöhle, der erste Schritt auf dem Wege zu ihren Organen, war, wie man glaubte, durch die besonderen physikalischen Bedingungen, unter denen sich die Atembewegungen der Lunge vollzogen, von so großen Gefahren begleitet, daß sie nur bei akut lebensbedrohenden Zuständen gewagt wurde. Die passive Beatmung der Lungen, welche dieses erste Problem der Thoraxchirurgie löste, war in den Laboratorien der Physiologen schon seit langer Zeit zu Hause, aber in einer Form, die ihre Anwendung beim Menschen verbot.

Die große Aufgabe, diese fundamentale Voraussetzung thoraxchirurgischer Betätigung zu schaffen, wurde dem 28jährigen Sauerbruch von seinem Lehrer, dem berühmten Billroth-Schüler Johannes von Mikulicz in Breslau gestellt. Da die Lungen durch den im Brustfellraum herrschenden Unterdruck ausgepannt gehalten werden und darum sofort nach Eröffnung der Brusthöhle – wenn dort der Unterdruck durch den atmosphärischen Druck abgelöst wird – zusammenfallen, erschien Sauerbruch eine Versuchsanordnung vielversprechend, bei der das Operationszimmer in einen erweiterten Brustfellraum verwandelt wurde. Der Luftdruck im Operationsraum wurde zu diesem Zweck durch permanentes Absaugen auf negativen Werten gehalten, während der Kopf des Kranken, gut abgedichtet gegen den Körper, außerhalb der Kammer verblieb. Sauerbruchs *pneumatische Kammer*, wie die Einrichtung bezeichnet wurde, brachte vom physiologischen Standpunkt eine ideale Lösung. Sie hatte indessen in der Praxis erhebliche Nachteile und wurde bald ersetzt durch den umgekehrten Weg der Erhaltung von Druckdifferenz: durch *künstliche Druckerhöhung im Luftröhrensystem*. In der Tat hatte Sauerbruch sich dieser Methode bereits bedient, bevor er seine Kammer konstruierte.

Die Reaktion der chirurgischen Welt auf die neue Methode war zurückhaltend, zum Teil deswegen, weil die Technik von Operationen innerhalb des Brustkorbes noch der Systematisierung harrte. Durch den frühen Tod von Mikulicz (1905) wurden zunächst die Möglichkeiten der Weiterarbeit auf diesem neuen Gebiete eingeschränkt. Es folgten für Sauerbruch fünf Jahre, in denen der Vergleich mit dem verlorenen Wirkungsfeld allen seinen Bemühungen einen resignierten Beiton gab. Im Jahre 1910 kam der sehnlich erwartete Ruf auf einen Lehrstuhl. Die Zürcher Regierung, die in der Chirurgie schon einmal – bei der Wahl des jungen Billroth – Spürsinn für kommende Größe bewiesen hatte, wählte den 35jährigen Sauerbruch zum Ordinarius der Chirurgie. Es begann eine Zeit frohen, unermüdlichen Schaffens und aufsehenerregender Erfolge, die seinen Namen schnell weltbekannt machten. In der Zürcher Stellung fühlte er sich so wohl, daß er Rufe nach Königsberg und Halle ablehnte. Erst als ihn, noch in der letzten Phase des Ersten Weltkrieges, München rief, sagte er zu, angezogen durch die Größe der Münchener Klinik und ihre Krankenzahl, beides Faktoren, die Verbreiterung und Vertiefung seiner Schule gestatteten, wie überhaupt die Schule von da an sein ganzes akademisches Walten beherrschte. Auch neun Jahre später, bei der Annahme des Berliner Rufes, war der gleiche Gesichtspunkt maßgebend.

Das Schwergewicht der praktischen und wissenschaftlichen Arbeit lag in allen drei Kliniken auf dem Gebiete der Thoraxchirurgie.

Die Erfahrungen, Erfolge und Enttäuschungen fanden ihren Niederschlag in dem dreibändigen Monumentalwerk „Die Chirurgie der Brustorgane", das in den Jahren 1920 bis 1930 erschien und zum ersten Mal das ganze Wissensgebiet zusammenfaßte. Das Buch hat den Tageslauf der meisten Mitarbeiter in Zürich, München und Berlin stark beeinflußt. Es war Sauerbruchs Wunsch, die Darstellung nicht nur erschöpfend, sondern auch stilistisch ansprechend zu gestalten – sehr zum Mißvergnügen des Verlegers, der einmal die 17. Korrektur eines Abschnittes im photographischen Bild festhalten ließ. Es lag eine gewisse Tragik darin, daß die letzte Entwicklungsphase der Thoraxchirurgie, die kurz nach dem Erscheinen des Schlußbandes einsetzte und alles Bisherige in den Schatten stellte, sich ohne Sauerbruchs Mithilfe vollzog.

Bei seiner Eigenart, allgemein-chirurgische Gesichtspunkte den spezialistischen überzuordnen, war es selbstverständlich, daß er auf vielen, ja fast allen Gebieten des Faches Originelles schuf. Die experimentelle Forschung – nicht nur die chirurgische – bereicherte er durch die *Parabiose*, die künstliche Verbindung von zwei oder mehr Laboratoriums-Tieren, die den Zustand der siamesischen Zwillinge nachahmte.

Die verstümmelnden Verletzungen des Ersten Weltkrieges veranlaßten ihn, das Problem einer willkürlich beweglichen *Hand- und Armprothese* aufzunehmen. G. Vanghettis Gedanken der Benutzung von Muskeln des Amputationsstumpfes zur aktiven Betätigung einer Handprothese verarbeitete er zu einer praktisch brauchbaren Methode. – Die gleiche Begabung für Vereinfachung eines bestehenden Verfahrens finden wir in seiner Technik der *Thorakoplastik* wieder, welche die Einengung und Ruhigstellung tuberkulöskavernöser Lungen wesentlich ungefährlicher erreichte als die ausgedehnte Rippenentfernung Friedrichs, die bis dahin benutzt wurde. – Eine geniale operative Konzeption war sein Vorgehen bei destruierenden Geschwülsten des *Oberschenkelknochens,* an dessen Stelle der mit seinen Nerven und Gefäßen in Verbindung bleibende Unterschenkel gesetzt wurde. Er vermied auf diese Weise die Amputation im Hüftgelenk, deren prothetische Versorgung noch heute unbefriedigend ist, und brachte den Kranken in einen Zustand, welcher dem der Knieamputation entspricht.

Der Mann, der viele und *grundsätzliche neue Operationsmethoden* geschaffen hat, war indessen alles andere als ein chirurgischer Techniker; selbst ein Operateur von außergewöhnlicher Geschicklichkeit und Schnelligkeit, blieb er niemals im Handwerklichen stecken. Sein ursprünglichstes Interesse gehörte Fragen der allgemeinen Pathologie und Klinik, ja darüber hinaus philosophischen und kulturhistorischen Problemen der Heilkunde und ihrer Ausübung.

Während die klinische Vorlesung die Hörer durch die Klarheit der Darstellung, vielleicht auch durch gewollte Dramatisierung faszinierte, hinterließ das Kolleg der „Allgemeinen Chirurgie" durch Weite der Betrachtung und nicht zuletzt durch eindrucksvolle und brillante Formulierung eine unauslöschliche Erinnerung bei den Hunderten, die in diesen – ich möchte sagen – feierlichen Stunden seine Zuhörer waren (s. S. 116). Zu den vielen Aufgaben, die der rastlose Mann sich gesetzt, aber nicht erfüllen konnte, gehört die Herausgabe dieser Vorträge über die chirurgisch-klinische Pathologie. Sie hätten der Nachwelt ein ergreifendes Zeugnis gegeben von seiner großartigen Konzeption unseres Faches, von seinem Ideenreichtum und – nicht zuletzt – von der Bescheidenheit, mit der er seine eigenen beruflichen Bemühungen beurteilte.

Die meisten, die ihn auf Kongressen sprechen hörten, die seine glänzend stilisierten Schriften lasen, mögen den Eindruck mitgenommen haben, daß die Beherrschung des Wortes ihm mühelos als Schicksalsgabe beschieden gewesen sei. Die Wirklichkeit war anders; jeder Vortrag war das Ergebnis sorgsamster, auch formaler Vorbereitung. Er, der einer der begehrtesten

Sprecher auf wissenschaftlichen Versammlungen war, ist immer mit Hemmungen an das Rednerpult getreten.

In seinem Arbeitskreis war er alles andere als ein bequemer Vorgesetzter. Die Anforderungen, die er an seine Mitarbeiter stellte, gingen bis an die Grenzen ihrer Leistungsfähigkeit; aber bei aller Ungeduld und Unbeherrschtheit blieb das versöhnende Moment der oft herben Kritik seine unermüdliche Sorge um das Schicksal der Patienten. Sie begleitete ihn, wo immer er war. In den Wochen der Abwesenheit von der Klinik war es Aufgabe seines Stellvertreters, ihn mit täglichen telegraphischen Berichten über den Zustand Schwerkranker auf dem laufenden zu halten. Es ist selbstverständlich, daß bei der Größe der Hospitäler, die Sauerbruch leitete, sein Kontakt mit den einzelnen Patienten gering war. Trotzdem war das Vertrauen, das ihm die Kranken entgegenbrachten, unbegrenzt; er vergaß niemanden, den er einmal ärztlich gesehen oder von dem er gehört hatte, und konnte ihm mit einem Worte das beruhigende Gefühl geben, daß er sein Ergehen und sein Schicksal mit Teilnahme verfolgte. Und so war es auch; er hatte Tausende von Krankengeschichten in seinem Kopf in der seltenen Kombination von persönlichem Mitempfinden und klinischer Registrierung.

Jeder Assistent, dem Kranke zur Behandlung und Pflege anvertraut waren, blieb für ihr Wohlergehen Tag und Nacht verantwortlich. Verheiratete Mitarbeiter, die nicht in der Klinik wohnten, waren widerstrebend gelittene Ausnahmeerscheinungen. Sauerbruch hat diesen Grundsatz in den letzten Jahren seiner Amtstätigkeit nur sehr zögernd durchbrochen und immer wieder darauf hingewiesen, daß ein Assistent, dessen Heim nicht die Klinik ist, wesentliche Teile der Ausbildung – nämlich die ständige Bereitschaft – versäumt. So hart und unpersönlich die Forderung des Krankendienstes durchgesetzt wurde, so freundschaftlich und hilfsbereit war er denen gegenüber, deren Verläßlichkeit erprobt und deren wissenschaftliches Interesse genuin war.

Darüber hinaus wurde er seinen langjährigen Mitarbeitern ein zuverlässiger Berater, der ihre Rückschläge und Sorgen teilte, der mit seltener Einfühlungsgabe half und riet. Ihren Erfolg oder Mißerfolg empfand er als seinen eigenen, und nichts hat ihn mehr beglückt als das Ansehen, das seine Schule errang: sechs seiner Schüler sind Ordinarien der Chirurgie an Universitäten des deutschen Sprachgebietes geworden, fünf wurden Präsidenten der Deutschen Gesellschaft für Chirurgie, drei ihre Ehrenmitglieder.

Das Interesse am Menschen verhinderte, daß Sauerbruch sich jemals in die kühlen Regionen wissenschaftlicher Distanzierung zurückzog. Männer, die eine Sache vertraten, beeindruckten ihn – im Positiven und Negativen – mehr als die Sache selbst. Die Freude, die er an seiner großen internationalen Praxis hatte, kam in der Hauptsache aus dieser Quelle: die Großen seiner Zeit auf informalem und recht intimem Wege kennenlernen zu können. Der finanzielle Aspekt seiner Berühmtheit war für ihn ohne Gewicht. Obwohl er einer der gesuchtesten und besthonorierten Ärzte seiner Zeit war, hat er es niemals zu finanzieller Wohlhabenheit gebracht. Selbst anspruchslos in Kleidung, Essen und Lebensgewohnheiten, gab er nach allen Seiten, um zu helfen und zu erfreuen – mit einer Großzügigkeit, die bis zur Selbstentäußerung ging.

Es war eine besondere Gunst des Schicksals, daß der Mann, der sich 50 Jahre hindurch in seiner chirurgischen Arbeit nur große und schwere Aufgaben stellte, einen Ausgleich fand in der Freude und Neigung, mit Menschen zusammen zu sein, in der Empfänglichkeit für den Reiz der Anerkennung. Seine Weltoffenheit, sein kindlicher Frohsinn erhöhten den Zauber seiner Persönlichkeit, und alle, die in ihm einen Freund besaßen, wissen, daß durch sein Fehlen die Welt für sie ärmer und kälter geworden ist.

Bei der negativen Beurteilung, die Sauerbruch ausgiebig widerfahren ist, müssen zwei Dinge berücksichtigt werden: er war eine besonders profilierte Erscheinung in einer akademischen Periode, in der die Autorität des Ordinarius durch eine Reihe formaler Sicherungen fast unangreifbar geworden war. In besonderem Maße galt das für die Chirurgie, bei der die Arbeit am Operationstisch im Interesse des Patienten schon an sich eine klare Unterordnung fordert. Aus der *vornarkotischen* Zeit war noch eine andere Gewohnheit übernommen worden: die operativen Handgriffe mußten mit Schnelligkeit und Fertigkeit ausgeführt werden, um die Dauer der Operation und damit die der Schmerzen zu verringern. Ein begreiflicher Unwille des Operateurs über ungeschickte Manipulationen des Assistenten machte sich damals in der vornarkotischen Zeit in Schimpftiraden Luft, die – um den vor Schmerz schreienden Patienten zu übertönen – mit großer Stimmkraft herausgeschleudert wurden. Da zu dieser Zeit ein großer Teil der Chirurgie den Kriegsverletzungen diente, sich also in militärischer Atmosphäre vollzog, fand eine Art Kommiß-Nomenklatur Eingang in den Sprachschatz des Operationssaales.

Die hierarchische Einordnung, so selbstverständlich sie war, blieb in Deutschland, ja im ganzen kontinentalen Europa, mit militärischen Vorstellungen und Ausdrücken verbunden.

Äußerlich dokumentierten sich diese Beziehungen in hohen militärischen Rängen, die den Chirurgen gegeben wurden. Bilder von B. v. Langenbeck, P. v. Bruns, G. F. Stromeyer, E. v. Bergmann in Uniform sind verbreiteter gewesen als solche in Zivilkleidern. Die nächste Generation, der Sauerbruch angehörte, war von ihren Lehrern im Sinne einer militärischen Subordination erzogen worden, und es ist begreiflich, daß sie selbst, dem Beispiel ihrer

Lehrer folgend, sie, je nach Temperament, in den Kommandoäußerungen übertrafen. Hinzu kam bei denen, die mit großen operativen Aufgaben belastet waren, eine verständliche nervöse Spannung, die dann in übersteigerten Ansprachen an die Assistenten Entlastung suchte und fand. Sauerbruch war hier keine Ausnahmeerscheinung. Vielleicht waren die linguistischen Exzesse auch nur deswegen möglich, weil die Betroffenen sich zu leicht mit der Entschuldigung abfanden, daß „es nicht so gemeint" sei – was in der Tat zutraf; denn so oft Sauerbruch auf das Unzulässige hingewiesen wurde, war er sofort bereit, sich zu entschuldigen. Die psychologischen Voraussetzungen, warum nur einzelne Herren seinen Zorn hervorriefen, sind mir nicht klargeworden. Er konnte es auch selbst nicht sagen, wenn ich ihn in meiner Funktion als Oberarzt bei solchen peinlichen Besprechungen danach fragte. Es war wahrscheinlich eine persönliche Abneigung, die ebenso wie das Gegenteil in seinem Verhältnis zu Menschen auch der beruflichen Umgebung eine große Rolle spielte – so etwa wie in dem englischen Vers.

> I do not like you, Mr. Sell
> The reason, why I cannot tell
> But this I know and know quite well
> I do not like you, Mr. Sell.

In der Tat mußten bestimmte, sonst hervorragend qualifizierte Assistenten von der Chefassistenz ferngehalten werden, um unerquickliche Szenen zu vermeiden. So kam es, daß ihm bei größeren Eingriffen immer die gleichen Herren – meist die Oberärzte – assistierten. In der Münchener Zeit hatten die Assistenten einen Spruch geprägt, der die Notierung der Chefassistenz auf der täglichen Operationstafel anging:

> Chef, Lebsche, Frey und Nissen
> das ganze Leben ist ... ein Traum.

Da ich gerade bei der Beurteilung von Fehlern Sauerbruchs bin, sind noch andere Eigenarten zu erwähnen, die immer wieder publizistisch hochgespielt wurden. Da ist sein Geltungsbedürfnis, der Wunsch, seine Person in die Öffentlichkeit zu projizieren. In der Zeit, in der ich ihm zur Seite stand – und das war auf der Höhe seines beruflichen Lebens –, waren die Fälle, bei denen er die Hand zu solcher unliebsamen Publizität bot, sehr selten und – verglichen mit dem heutigen Reklamewesen – von lächerlicher Einfachheit.
In den meisten Fällen indessen hat man seine außergewöhnliche Popularität mißbraucht, um oft ohne sein Wissen und Wollen eine „Story" zusammenzubrauen. Abschätzige Kritiken bezogen sich nicht selten auf unbedachte Bemerkungen, die ihm entschlüpft waren – zweifellos ein Ausfluß des über-

sprudelnden Temperamentes, das in der Anerkennung und besonders in der Ablehnung gelegentlich das Maß vermissen ließ. Es war dann nicht leicht, die Rückwirkungen seiner Heftigkeit auszugleichen oder ihn auch nur von der Übertreibung zu überzeugen. Der Urologe Peter Bischoff – Hamburg hat in einem Artikel der Therapie der Gegenwart (1965) von seiner Assistentenzeit an der Sauerbruchschen Klinik berichtet. Da ich damals Sauerbruchs Stellvertreter war, beschäftigt er sich auch mit meiner Funktion in der Klinik und bemerkt dabei, daß ich Sauerbruch auch „herbe Wahrheit und harte Kritik" sagen konnte.

Bischoff geht dann auf den Vorteil ein, den die Differenz der Temperamente für die Zusammenarbeit bedeutete.

In dieser liebenswürdigen Überschätzung ist eines richtig: daß Sauerbruch immer und in jeder Situation vernünftigen Argumenten zugänglich war, wenn sein Gesprächspartner loyal und furchtlos war. Darunter verstehe ich auch den Mangel an Befürchtung um die eigene Laufbahn; das fast störungslose Vertrauensverhältnis, das mich mit Sauerbruch verband, war wohl zum Teil darauf zurückzuführen, daß ich mich zwar mit seinem wissenschaftlichen Werk identifizierte, aber, bis ich Dozent wurde, die Übernahme der Privatklinik meines Vaters fest plante. Und nach der Habilitation erhielt ich eine Reihe von Angeboten zur Übernahme von chirurgischen Chefarztstellen (s. S. 119). Sie gaben mir ein Gefühl der Unabhängigkeit, das wahrscheinlich in dem Verhältnis zu Sauerbruch eine Rolle spielte – um so eher, als ich von der Überlegenheit eines Ordinariates so wenig überzeugt war, daß ich den Lehrstuhl nicht als das einzig erstrebenswerte Ziel ansah.

Man durfte auch den Temperamentsausbrüchen gegenüber versöhnlich sein, wenn man wußte, mit welcher Hingabe und sicher manchen unnötigen Emotionen Sauerbruch sich seiner klinischen und wissenschaftlichen Aufgaben annahm, und – ganz besonders –, wenn man ihn in den nicht zu seltenen depressiven Phasen erlebte. Diese Zustände, die manchmal lange anhielten, hat er meisterhaft zu verbergen verstanden. Ich höre hier schon den Hinweis auf eine Bemerkung, die dem Psychiater Bonhoeffer zugesprochen wird und die Stöckel in seinen Lebenserinnerungen wiedergibt – daß nämlich Bonhoeffer bei Besprechung von Leiden des zirkulären Formenkreises die Vorstellung eines depressiven Patienten mit den Worten geschlossen habe: „Einen Depressiven habe ich Ihnen eben vorgestellt, einen Maniaker werden Sie gleich in der nächsten Vorlesung kennenlernen" (das war Sauerbruchs Kolleg). Wer Bonhoeffer gekannt hat, weiß, daß eine solche Taktlosigkeit niemals über seine Lippen gekommen sein kann. Ich habe wegen neurochirurgischer Patienten oft mit ihm in seinem Amtszimmer sprechen müssen; gelegentlich kam dann auch das Gespräch auf Sauerbruch; er hat ihn nie psychiatrisch eingeschätzt und war erstaunt, von einer depressiven Verstimmung zu hören, derentwegen ich ihn mehrmals um seinen Rat bat. Er bezeichnete den Zustand nach meiner Beschreibung zu urteilen als exogene Depression – und es waren damals auch genug Gründe dazu vorhanden.

Es muß für Bonhoeffer, der seine Klinik von der nazistischen Verschmutzung freizuhalten versuchte, ein bitterer Abschluß seiner Amtstätigkeit gewesen sein, daß ein notorischer Nazi und Freund von Himmler, M. de Crinis, sein Nachfolger wurde. Vier Familienmitglieder, zwei Söhne und zwei Schwiegersöhne Bonhoeffers, wurden wegen Beteiligung an der Widerstandsbewegung hingerichtet. Sauerbruch versuchte mit allen Mitteln und mit nicht geringer Gefährdung seiner Person, das Schicksal abzuwenden – ohne Erfolg. Zum 80. Geburtstag Bonhoeffers hatte sein früherer Assistent P. Jossmann, der an Harvard in Boston wirkt, zu einer Festschrift eingeladen, die dann bei Karger – Basel im Rahmen der Monatsschrift für Psychiatrie und Neurologie erschien. In den Dankbriefen hat Bonhoeffer für jeden der Beitragenden eine individuelle Erinnerung erwähnt. Die hirnchirurgische Zusammenarbeit mit der Bonhoefferschen Klinik war wesentlich befriedigender und erfolgreicher als die in München. Die Ursache lag wohl bei Frey, der sich mit Geschick und Sicherheit den hirnchirurgischen Aufgaben widmete und Erfolge hatte, die zum mindesten im Kreise von Allgemeinchirurgen bis dahin unbekannt waren.

Mitglieder der *Berliner* Fakultät lernte ich besser kennen als die in Breslau, Freiburg oder München, da ich durch Sauerbruchs zahlreiche und manchmal langdauernde Abwesenheiten mit ihnen häufiger in beruflichen Kontakt kam; obendrein war ich in den letzten Berliner Jahren der sogenannte „Nichtordinarienvertreter" in Fakultät und Senat.

Die eigenartigste Erscheinung war O. Lubarsch, der Nachfolger von Männern wie Rudolf Virchow und J. Orth auf dem Lehrstuhl der Pathologie. Obwohl, wie es hieß, Aschoff den Ruf in diese berühmte Stellung abgelehnt hatte, Lubarsch also sozusagen an zweiter Stelle zu rangieren schien, kann kein Zweifel sein, daß er ein ganz hervorragender, ideenreicher Mann war, der diesen historischen Platz mit Fug und Recht einnahm. Er war ein unermüdlicher Arbeiter, anscheinend mit sehr geringem Schlafbedürfnis; er erschien in seinem Institut wesentlich früher als seine Mitarbeiter und verließ es auch später.

Er war kein begeisternder Lehrer, aber einer, dessen große, fast unbegrenzten Kenntnisse Studenten wie Assistenten in seinen Bann zogen. Er war hart und oft auch eigensinnig in der Kritik, gelegentlich taktlos bis zur krankhaften Steigerung. Seine beruflichen Eigenschaften sind aber so überragend gewesen, daß man ihn als einen würdigen Nachfolger Virchows, dieses größten Vertreters der modernen pathologischen Anatomie, bezeichnen darf.

Anscheinend macht aber der Berliner Lehrstuhl der Pathologie auch Geschichte durch die politische Betätigung der Ordinarien (mit Ausnahme von Orth). Virchow wurde ein aktiver Demokrat der 48er Observanz, hatte durch seine politische Überzeugung große Schwierigkeiten in seiner Laufbahn durchzustehen, wurde Mitglied des Deutschen Reichstages und entwickelte sich hier zu einem der lästigsten Gegner der Bismarckschen Regierung – gefährlich durch das Gewicht seines internationalen Rufes und durch seine oratorische Unerschrockenheit. Sein Wort, daß er Bismarck wünsche, er möge auf dem Feld der internationalen Politik eine ähnliche überragende Stellung einmal einnehmen, wie er – Virchow – auf dem seines Berufes, spricht dafür, daß er seine Leistungen nicht unterschätzt hat.

Die Rückwirkungen von Lubarschs politischer Betätigung waren weniger weitreichend. Sie wurde aber durch die Person des Autors um so abstoßender. Lubarsch war ein jüdischer Antisemit und parteipolitisch einer der Initiatoren der Harzburger Front. Während der entscheidenden Tagung dieser „Front" hat er durch Anwesenheit und Beifall die Verbindung von deutschnationaler und nationalsozialistischer Partei zum gemeinsamen Programm begeistert begrüßt. Eine politisch untermalte Affäre wurde sein den Studenten vorgetragener Bericht über das Sektionsergebnis eines vom Osten eingewanderten jüdischen Kaufmanns, dessen Geschäftsverbindungen bis in höhere Regierungskreise reichten. Lubarsch nannte Namen, Konfession und luetische Infektion des Verstorbenen. Das muß kurz vor Sauerbruchs Übersiedlung nach Berlin geschehen sein; denn ich erinnere mich, daß Sauerbruch auf der Südamerikareise sich voll Abscheu über den Inhalt der Zeitungsnotiz äußerte, welche die Nachricht brachte.

Lubarschs oft betonten Vorstellungen von Disziplin entsprach anscheinend auf wissenschaftlichem Gebiet die Unterordnung unter die von Fachordinarien vertretene Lehrmeinung. Dazu eine kleine und recht kleinliche Illustration. Als ich in Berlin die Vorlesung der „Allgemeinen Chirurgie" übernommen hatte, war ich bei der Abhandlung der chirurgisch wichtigen infektiösentzündlichen Prozesse auf die weißen Blutkörperchen zu sprechen gekommen und ihre Rolle im teleologischen Sinn, wie sie Aschoff (nicht ganz so wie Sauerbruch) interpretiert. Als einer der Hörer Lubarsch das berichtete, schrieb er einen geharnischten Brief an Sauerbruch; er müsse verhindern, daß die Studenten durch divergierende Auffassungen verwirrt würden, und der Pathologe sei von Amtes wegen beauftragt, über dieses Thema autoritativ zu sprechen. Sauerbruch bat mich, mit ihm zusammen die Antwort zu formulieren. Es wurde zunächst festgestellt, daß die Aufmerksamkeit einer so hohen Instanz für die Vorlesung eines jungen Privatdozenten eine, wenn auch nicht beabsichtigte Auszeichnung darstelle. Im übrigen habe er, Sauerbruch, sich immer gescheut, von dem akademischen Grundsatz abzugehen, daß die Forschung und ihre Lehre frei sein sollten. Lubarsch nahm die Entgegnung humoristisch; er hat mir diesen Fehltritt (der sich jährlich einmal wiederholte) nicht nachgetragen.

„Den Tag von Potsdam" hat er im Krankenbett, an tödlicher Krankheit leidend, noch mit Genugtuung erlebt. Am 1. April 1933 starb er.

Robert Rössle wurde 1929 zum Nachfolger von Lubarsch berufen. Er verstand es, Mißverständnisse mit anderen Instituten, die sich während der Amtszeit seines Vorgängers eingeschlichen hatten, fast von einem Tage zum andern wegzuräumen – nicht zuletzt durch seine humorvolle Art, seine Freundlichkeit und sein Entgegenkommen, Eigenschaften, die sich jedem, auch nur zufälligen Besucher sofort offenbarten. Dabei war er alles andere als nachsichtig, wenn Forderungen der Pflicht zur Diskussion standen. Die Zusammenarbeit mit ihm war ein Vergnügen – eine Tatsache, die er für seine eigene Arbeit mit dem Spruch gekennzeichnet hat: „Wir haben den schönsten Beruf, denn wir können immer das tun, was uns Freude macht." Es war kaum begreiflich, daß er den Jenenser Lehrstuhl verließ und die Basler Berufung annahm; aber er tat es wohl um dem Weitergang des kollegialen Disputes zu entgehen, der bei dem gegen den Gynäkologen Henkel angestrengten Prozeß entstanden war. Es handelte sich um den Vorwurf mangelnder operativer Asepsis, der Henkel als dem Direktor der Universitäts-Frauenklinik gemacht wurde. Eine von der Presse mit Freude hochgespielte Begebenheit war der auf Henkels Einladung erfolgte Besuch eines Duodez-Fürsten im Operationssaal. Die Szenen, die sich im Gerichtshof abspielten, hatten ihre Rückwirkungen in der Fakultät. Da Rössle zu den Beschuldigungen auf Grund von Obduktionsbefunden Stellung nehmen mußte und der Wahrheit nicht ausweichen durfte, begrüßte er das Basler Angebot, das ihn von dem Verbleiben in einer unerfreulichen Atmosphäre befreite. Die späteren Basler Ordinarien A. Werthemann und S. Scheidegger waren seine Schüler, in ihrem wissenschaftlichen Interesse von der gleichen Vielseitigkeit wie ihr Lehrer. Für einen Kliniker kann ich mir keinen idealeren Pathologen vorstellen, als es Rössle war; er hat nie gezögert, Fehldiagnosen und operative Irrtümer beim Namen zu nennen, aber immer frei von rekriminierenden Bemerkungen. Ruth, die auch bei ihm in Berlin studiert hatte, war nicht weniger glücklich als ich, daß wir Rössle 1955 in Basel wiedersehen konnten. Er war damals nach der Emeritierung (1949) noch vier Jahre lang Pathologe eines städtischen Krankenhauses in Berlin gewesen. Im Sommer 1955 besuchten wir ihn zusammen mit Friedel Sauerbruch in seiner Berliner Wohnung. In den Gesprächen kam immer die herzliche Verbundenheit zum Ausdruck, die er Sauerbruch gegenüber empfand. Wenn ich ihn in einem Kapitel nenne, das meinem Lehrer gewidmet ist, dann entspricht es ganz den Tatsachen: Rössles

Weisheit, sein Pflichtbewußtsein und seine Aufmerksamkeit waren beispielhaft. Welch ein vollkommener Mann! Er starb 1956.

In einem Vortrag hatte ich mich, als ich schon lange in selbständiger Stellung war, einmal kritisch über die lauttönenden Schimpfereien im Operationssaal ausgesprochen. Sehr prompt erhielt ich Anfang der fünfziger Jahre einige Briefe, die auf Sauerbruchs Eigenart hinwiesen. Den Schreibern antwortete ich, daß ich Sauerbruch nach dieser Richtung hin nicht zu verteidigen habe oder willens bin, daß er aber ein Mann von großer origineller Leistung gewesen sei, wie ein nicht geringer Teil der Ordinarien seiner Epoche. Eine nervöse Überbeanspruchung mit ihren lärmenden Konsequenzen sei also verständlich. Eine solche Begründung sei *heute* nicht mehr möglich – die kontinental-europäische Chirurgie sei für lange Zeit voll damit ausgefüllt gewesen, die Lücken in Kenntnissen und Technik durch Übernahme fremder Errungenschaften auszugleichen.

Wenn Sauerbruch, losgelöst von beruflichen Verpflichtungen, in den Ferien war, wenn die ersten Tage vorüber waren, in denen noch die Sorge um die Letztoperierten ihn beschäftigte, dann kam eine fast kindliche Ausgelassenheit über ihn. Er wurde mitteilsam, aufgeschlossen in Frage und Antwort und war von einer rührenden Besorgtheit um seines Reisebegleiters Zufriedenheit. Als ich mit ihm einmal 14 Tage an der französischen Riviera („chez père Jean" in Le Trayas) war – mit dem Vorsatz „am Buch" zu arbeiten, woraus nicht viel wurde, sorgte er jeden Morgen für Frühstück, Zeitungen und Post, um mich – wie er sagte – mit vollendeter Butlermanier zu überraschen. Es dauerte nicht mehr als zwei Tage, bis sein Charme das kleine Hotel erobert hatte – eine Reaktion, für die er hier deswegen besonders empfänglich war, weil von seiner beruflichen Stellung weder Besitzer noch Gäste etwas wußten.
Kleine Episoden, die auf solchen Reisen sich ereigneten, benutzte Sauerbruch gern, um seine Vorlesungen kurzweiliger zu gestalten. So kamen sie unter die Studenten, die ihre Freude daran hatten, das Gehörte noch auszuschmücken. So sind viele der Geschichten entstanden, die sich mit Sauerbruchs beruflichem und privatem Leben beschäftigen. Auf dieser Basis mag auch ein sogenannter „Schlüsselroman" entstanden sein, der den Titel „Die Andern, die wandern" trug und den der Autor A. Schirokauer uns mit dem Bemerken zuschickte, daß die Hauptperson sowohl auf Sauerbruch wie auf mich zutreffe.
Es ist schwer, die liebenswerten Seiten von Sauerbruchs Wesen zu übertreiben. Er hatte eine seltene Fähigkeit, sich in das Interessengebiet seines Gesprächspartners einzufühlen und infolgedessen auf den Austausch konventioneller Phrasen zu verzichten. Wie in der chirurgischen Diskussion hatte

er auch in anderen Unterhaltungen eine tiefe Abneigung gegen Kleinig- und Kleinlichkeiten. Er liebte die detail boys (wie er sie mit dem bekannten englischen Ausdruck nannte) nicht und war ohne die geringste Neugierde Gesellschaftsschnüffeleien gegenüber.

Natürlich war ein guter Teil der Gespräche, die ich mit ihm hatte, der Politik im weitesten Sinne des Wortes gewidmet. Ich möchte auch hier mit einem Vorwurf beginnen, der ihm besonders nach Beendigung des Krieges gemacht wurde; daß er *Anhänger oder Förderer der Nazis* gewesen sei. Am gravierendsten ist zweifellos die Mitunterzeichnung der Erklärung von 300 Hochschullehrern im November 1933. Hans Maier* schreibt darüber: „Im März 1933 erklärten sich 300 Hochschullehrer in einem Wahlaufruf für Adolf Hitler. und am 11. November erging von Leipzig aus das berühmt-berüchtigte ‚Bekenntnis der Professoren an den deutschen Universitäten und Hochschulen zu Adolf Hitler und dem nationalsozialistischen Staat‘, das als ein ‚Ruf an die Gebildeten der Welt‘ für das neue Reich werben und die ausländische Kritik entkräften sollte. Gewiß waren unter den in Leipzig Versammelten zahlreiche von den Nationalsozialisten eingesetzte Rektoren, wie der Anthropologe Eugen Fischer aus Berlin, der Philosoph Martin Heidegger aus Freiburg und der Germanist Friedrich Neumann aus Göttingen; ihre Rhetorik konnte nicht überraschen. Wenn aber selbst ein so bedeutender und lauterer Gelehrter wie Ferdinand Sauerbruch sich in diesem Chor vernehmen läßt, wenn der evangelische Göttinger Theologe E. Hirsch den Führer als ‚Werkzeug des Schöpfers aller Dinge‘ feiert (‚Er weiß, die Vorsehung läßt ihn den Dienst tun, sie steht über ihm und lenkt ihn‘), wenn Wilhelm Pinder (München) den Gehalt der Zeit auf die Formel bringt: ‚Unser Leben beginnt Stil zu bekommen. Die Kunst wird zur zweiten Sorge. Gott sei Dank‘, dann fragt man sich – wie schon beim Schweigen der überwiegenden Mehrzahl der Professoren zur Amtsabsetzung ihrer jüdischen Kollegen – ob es pure Verblendung oder Schlimmeres war, was diese hervorragenden Gelehrten zur Hingabe an die Tyrannei führte." Maier schreibt dann in einer Anmerkung zu seinem Artikel: „Analysiert man die einzelnen Beiträge, so scheint im ganzen doch die Stimmung des ‚nationalen Aufbruchs‘ zu überwiegen, das Gefühl des Wiedereinseins mit der durch Versailles, Demokratisierung, Klassenkampf gestörten national-deutschen Tradition – und weniger eine spezifisch nationalsozialistische Ideologie. Dem entspricht vor allem die in mehreren Beiträgen wiederkehrende Berufung auf Luther, Friedrich den Großen und Bismarck und der polemisch gegenüber den ausländischen Adressaten betonte ‚Wille zum Eigenleben des Volkes‘ (Neumann)."

---

* Die deutsche Universität im Dritten Reich, S. 71–102: Hans Maier: „Nationalsozialistische Hochschulpolitik", Piper-Verlag, München 1966.

L. Norpoth, der in dieser „schmachvollen Zeit" der ebenerwähnten Versammlung beiwohnte, hat in besonderer Erinnerung behalten, daß „Sauerbruch als einer der wenigen akademischen Lehrer es wagte, die Versammlung nicht mit dem erhobenen Arm zu begrüßen". Dort führte er – wieder nach Norpoth – folgendes aus: „Die Wissenschaft ist international. Es ist gleichgültig, ob ich einen chinesischen oder deutschen Blinddarm operiere. Die Krankheiten kennen keinerlei Rassenunterschiede in der Behandlung. Es ist zu hoffen, daß die neue Zeit, die nun angebrochen ist, dem deutschen Volke, der deutschen Wissenschaft die Ehre zukommen läßt, die sie verdienen." Er verabschiedete sich von der Versammlung mit „Auf Wiedersehen, meine Herren".
In der gedruckten Publikation dieser Ansprache fehlen die genannten Sätze. Die saloppe Redaktion, durch die sich die gesamte Wiedergabe der Vorträge auszeichnet, macht den von Sauerbruch mir gegenüber geäußerten Hinweis auf eine Textverfälschung glaubhaft. Trotzdem – so gern ich es auch haben möchte, daß die ganze Publikation eine Fälschung ist – ich kann es leider nicht, denn die sinnfälligsten Formulierungen stammen wohl mit Sicherheit von Sauerbruch. Er konnte – wahrscheinlich ein Ausfluß seiner Schulzeit – sich nur schwer dazu verstehen, auf diesen sprachlichen Mystizismus zu verzichten, wenn er wußte, daß er ein Publikum vor sich hatte, das dafür empfänglich war. Er sah in diesen Phrasen, die dann unter dem nationalsozialistischen Regime ganz allgemein fatale Ausmaße annahmen, eine Ausdrucksform, die nur der deutschen Sprache eigen sei. Nur schwer konnte man ihn davon überzeugen, wie morbid die nationalistische Überheblichkeit war, die dieser Selbstverherrlichung entsprach. Es ist kein Zufall, daß die nationalsozialistische Sprachverseuchung sich am nachdrücklichsten auf diesem Gebiete auslebte. Ich erinnere mich noch sehr deutlich an das erste Gespräch über Nationalismus, das ich als junger Assistent mit Sauerbruch hatte. Es war auf der Fahrt nach Zürich und Davos, wohin man ihn zu einer Operation gerufen hatte. Er erzählte von einigen Schwierigkeiten, die er während des Ersten Weltkrieges mit seinen Assistenten in Zürich gehabt, als eine Sympathie-Erklärung für Deutschland zur Diskussion stand (dieser Zwist wirkte in der Tat noch nach, als ich schon lange in Basel war). Er kam damals auf den Prinzen Alexander zu Hohenlohe zu sprechen, der in einer Schweizer Zeitung „antideutsche Artikel" veröffentlicht hatte. Sein „Antideutschtum" bestand darin, daß er sich gegen die preußische Junkerregierung gewandt hatte, in der er das stärkste Hindernis für einen Frieden erblickte. In der Interpretation des Begriffes „antideutsch" entzündete sich eine politische Auseinandersetzung, die in den folgenden Jahren fortdauerte. Jetzt sind aus dem Nachlaß des Fürsten Hohenlohe, der der Sohn des ehemaligen deutschen Reichskanzlers war, Sauerbruchs Briefe und die Antwort des Fürsten durch

G. A. Lang* publiziert worden: – Mai 1917 – „Wenn man sieht, wie in den Schweizer Kreisen diese Artikel gewertet werden, in Kreisen, die mit vollem Herzen auf unserer Seite stehen, so kann man nur bedauern, daß von so hervorragender Stelle solche Ansichten geäußert werden...
Es liegt mir nichts ferner als alldeutschen uferlosen Plänen mich anzuschließen; auch habe ich eine starke Abneigung gegen übertriebene Machtgelüste der Konservativen, aber es würde ein Vergehen gegen geschichtliche Wahrheiten sein, die besondere Rolle, die der preußische Adel in der Entwicklung der preußischen Staatsidee und auch damit des ganzen Deutschen Reiches gespielt hat, zu verkennen. Meine hiesige Tätigkeit bringt mich mit breiten Schichten des Schweizervolkes in Berührung; Reiche und Arme, liberale, demokratische und sozialdemokratische Persönlichkeiten äußern ihre Meinung in Gesprächen frei und offen. Wenn man dann bei solchen Unterhaltungen sieht, wie gewisse Veröffentlichungen, die von pazifistischer Seite kommen, immer in bezug auf Deutschlands Kraft und Größe falsch gewertet werden, so kann man nur wünschen, daß die dem deutschen Vaterland schädlichen Artikel unterblieben. Wer in dem Krieg eine Notwendigkeit sieht, ein Ereignis, das, wie es große Naturgewalten tun, seine Wirkung vollziehen wird, um dann zu endigen, der wird nicht der Auffassung sein, daß menschliche Überlegungen und menschliche Veröffentlichungen an diesem großen Geschehen etwas ändern werden...
Mit Eurer Durchlaucht bin ich der Meinung, daß manches anders kommen wird und kommen muß (Lang meint, daß Sauerbruch dabei an eine Demokratisierung des deutschen Staates denkt), aber, ich würde es als Vergehen an der deutschen Sache ansehen, im Auslande etwas darüber zu schreiben...
Unsere innersten Angelegenheiten, denn dazu gehört die Stellung und das Verhalten der Konservativen, sollten in unserem eigenen Hause und nicht im Auslande diskutiert und klargestellt werden."
Prinz Alexander zu Hohenlohe antwortete darauf in ruhiger und zurückhaltender Weise, daß die deutsche Zensur ihn dazu gezwungen habe, seine Meinung im Ausland zu publizieren. Er ist der Auffassung, daß er durch die starke Stellung, welche ihm sein Herkommen gebe, besonders geeignet sei, die maßgebenden Instanzen in Deutschland zu einer Überprüfung ihrer Politik zu veranlassen.
Jedenfalls haben solche rhetorischen Ausflüge, so bedauerlich ihre populäre Wirkung sein mußte, nichts mit einer inneren Hinkehr zum Nazismus zu tun. Es besteht (nach der Korrespondenz, die ich mit ihm und über ihn in dieser Zeit hatte) nicht einmal der Verdacht, daß er den neuen Nationalismus als

---

* Gustav A. Lang: „Kampfplatz der Meinungen. Die Kontroverse um Kriegsursachen und Friedensmöglichkeiten 1914–1919 im Rahmen der ‚Neuen Zürcher Zeitung'", S. 73–74. Buchverlag der Neuen Zürcher Zeitung. Zürich 1968.

Deutschlands politische und wirtschaftliche Rettung ansah und im Interesse dieses Zieles die dunklen Seiten des Regimes übersehen zu dürfen glaubte – eine Mentalität, die im Anfang der neuen Ära bei vielen achtungswerten Männern angetroffen wurde, wenn sie für den Nazismus Partei nahmen. So sprach E. Spranger in der Preußischen Akademie der Wissenschaften vom „charismatischen Führer", A. Messer von „Goethe und das Dritte Reich". Beide fanden schnell den Weg zurück.

Als ich die Berufung nach der Türkei erhielt, traf sich Sauerbruch mit mir in Istanbul. Er wollte gewiß sein, daß der Vertrag, den ich mit der türkischen Regierung abzuschließen hatte, eine befriedigende Tätigkeit sichere. Bei dieser Gelegenheit brachte er die Rede auf eine andere nazifreundliche Erklärung zahlreicher Professoren, die auch seine Unterschrift enthalte, ohne daß er sie gegeben habe oder vorher darum befragt worden sei. Sie wurde dann anscheinend nicht weiter verbreitet. Ein Widerruf – der allein Sinn gehabt hätte – kam nur in Frage, wenn er nicht mehr nach Deutschland zurückkehren wollte. Das war im August 1933. Auf der Fahrt von Istanbul nach Ankara, die wir in Gemeinschaft mit dem Generalsekretär des türkischen Außenministeriums, Numan Menemencioglu, unternahmen, wurde die Frage von Sauerbruchs Emigration eingehend erörtert. Er spielte schon aus einer gewissen Abenteuerlust heraus seit einiger Zeit mit dem Gedanken.

Ernsthaft wurden seine Überlegungen aber erst vier Jahre später, als er zu der von der Schweizerischen Medizinischen Wochenschrift veranstalteten Fortbildungswoche in Luzern war. Kurz vorher hatte der Röntgenologe seiner Klinik, H. Chaoul, antinazistische Bemerkungen Sauerbruchs der mit Hitler damals eng befreundeten Frau Bechstein hinterbracht. Sauerbruch reagierte in der für die Nazis verständlichsten Art, indem er vom Kultusministerium forderte, daß Chaoul aus der Klinik entfernt werde. Jetzt beschloß er, nur zurückzukehren, wenn die Angelegenheit Chaoul in seinem Sinne entschieden werde. Inzwischen wollte ich mich in Nordamerika nach einer Wirkungsmöglichkeit für ihn umsehen. Tags darauf riet ich Sauerbruch, noch mit dem Berliner Pharmakologen W. Heubner darüber zu sprechen, der auch in Luzern war. Gerade als das geschah, kam ein Anruf aus Berlin mit dem durch eine Privatperson übermittelten Vorschlag des Ministeriums, daß beide Seiten – er und Chaoul – die ganze Angelegenheit vergessen sollten. Sauerbruch lehnte ab – so energisch, daß ich ihn bitten mußte, seine Stimme zu mäßigen, da das Telefongespräch im Gästeraum gut hörbar war. Am nächsten Vormittag rief ein Sprecher des Kultusministeriums erneut an und teilte mit, daß die beantragte Versetzung von Chaoul ins Krankenhaus Moabit geplant sei; mit seinem Amt werde K. Frik vom Krankenhaus Moabit betraut werden. Ich hatte damals an verschiedenen Stellen in Nordamerika in dem verabredeten Sinne angefragt, von allen aber in mehr oder weniger höflicher

Form eine negative Antwort erhalten. Ich tat es, weil ich neue Komplikationen voraussah.

Im Herbst des gleichen Jahres fand in Dresden der Kongreß der Gesellschaft Deutscher Naturforscher und Ärzte statt. Sauerbruch hielt als Erster Vorsitzender die Eröffnungsrede. Damals waren diese Tagungen gut besucht, weil sie einen Überblick über den Stand der Forschung auf dem Gesamtgebiet von Naturwissenschaften und Klinik vermittelten. Die fortschreitende Spezialisierung hat schon seit Jahren leider den Besuch beeinträchtigt, so sehr der entgegengesetzte Effekt solcher Zusammenkünfte wünschbar wäre.

Wenn man heute die Rede *liest*, dann läßt sich kaum verstehen, daß sie dem Autor damals schwere Vorwürfe des „Rassenpolitischen Amtes der Partei" eingetragen hat. Die Vergiftung war indessen schon so weit fortgeschritten, daß man „hinter den schon zur Phrase gewordenen allgemeinen Formulierungen die innere Ablehnung und gegensätzliche Einstellung zum damaligen Regime zu erkennen" glaubte. Sicher wurden von dem regierenden Pöbel auch als ungehörig empfunden die Verse von Gottfried Keller, gedichtet als Festlied für die Zürcher Universität, mit denen Sauerbruch schloß:

> Reich immer froh dem Morgen,
> O Jugend, Deine Hand.
> Die Alten mit den Sorgen,
> Laß auch bestehn im Land.
> Ergründe kühn das Leben,
> Vergiß nicht in der Zeit,
> Daß mit verborgnen Stäben
> Mißt die Unendlichkeit.

L. Schwarzschild, der Redakteur des „Neuen Tagebuches", das seit 1933 in Paris erschien und den Nazismus in deutscher Sprache mit den glänzenden Mitteln seiner Dialektik bekämpfte, hat vermerkt, daß der gesprochene Wortlaut des Vortrages anders lautete als der zensurierte *gedruckte*. Schwarzschild ist sicher frei von dem Verdacht, etwas zugunsten von Sauerbruch verändert zu haben. Darum ist sein Artikel für die Charakteristik von Sauerbruch ebenso bezeichnend wie für die geistige Atmosphäre im Dritten Reich des Jahres 1936:

„*Professor Sauerbruch geht unter die Ketzer.*
Schon auf der 93. Jahresversammlung der ‚Gesellschaft Deutscher Naturforscher und Ärzte', 1934 in Hannover, hatte die intellektuelle Oberschicht Deutschlands ihren Widerwillen gegen das herrschende Regime demonstriert. Unter anderem gab es damals, angeregt durch Heisenberg, den Leipziger Physiker und Nobelpreisträger, eine regelrechte Solidaritätskundgebung für Einstein und die Relativitätstheorie, die der Nazi-Staat als ‚jü-

disch' verfemt hat. Die 94. Jahresversammlung der gelehrten Vereinigung, die am 21. September in Dresden zusammentrat, ergab das gleiche Bild: diesmal trat Professor Sauerbruch, der berühmte Chirurg, als Hauptsprecher der versteckten ‚Staatsfeinde' auf.

Sauerbruch hat neben seiner selbsterworbenen Qualität die eines preußischen ‚Staatsrats', die ihm Herr Göring verliehen hat, und schon darum kann er ungefährdeter als andere ein wahres Wort riskieren. Trotzdem muß anerkannt werden, daß er in seinem Dresdener Vortrag über ‚Grundsätzliche Fragen in der neuen Medizin und Naturwissenschaft' Zivilcourage gezeigt hat. In den meisten reichsdeutschen Zeitungen war freilich der Vortrag Sauerbruchs bis zur Unkenntlichkeit verfälscht und verstümmelt; die Referate des ‚Angriff' und der ‚Berliner Börsen-Zeitung' zum Beispiel erweckten den Eindruck, daß Sauerbruch eine nationalsozialistische Wald- und Wiesenrede gehalten habe. Aber auch den etwas gewissenhafteren Berichten hatten ausländische Blätter lediglich entnommen, daß Sauerbruch gegen die nationalsozialistische Einmischung in den Universitätsbetrieb protestierte. In Wirklichkeit hielt, nach den Berichten von Ohrenzeugen, Sauerbruch eine regelrechte Generalabrechnung mit dem Nationalsozialismus; ihre Heftigkeit, so schreibt man dem NTB, würde man erkennen, wenn erst der Wortlaut des Vortrages im Druck vorliege, und zwar, was freilich kaum zu hoffen sei, *unzensiert*. Einige Zitate – verschiedenen Berichten entnommen – geben ein instruktives Bild.

Schon im Anfang seines Vortrags ergriff Sauerbruch die Offensive gegen die Nazis. Ohne die Rosenberg, Goebbels, Rust und die anderen Banausen bei Namen zu nennen, bestritt er ihnen das Recht, an der Wissenschaft und an den Universitäten auch nur Kritik zu üben. Nur die Wissenschaft selber müsse und dürfe sich kritisieren: ‚Man kann alles übergehen, was nicht von der Eigenkritik der Hochschule ausgeht....

Die Hochschule hat das Recht, selbst zu bestimmen, wo ihr Ort ist, und zwar kann sie das, trotz aller Versuche, ihr diese Berechtigung abzusprechen....

Die Wissenschaft hat eine Reinigung von außen nicht nötig. Sie selber ist von jeher die größte Revolutionärin gewesen, und sie hat sich stets aus eigener Kraft von Irrtümern und Fehlern zu befreien gewußt.'

Sauerbruch wies dann nach, daß ‚schon vor mehreren Jahrzehnten' – also längst, ehe Hitler und Rosenberg als Wissenschaftsreformer auftreten konnten – in den Naturwissenschaften die Kritik an der Überbetonung des Technisch-Fachlichen, an dem Glauben des 19. Jahrhunderts von der Alleinseligkeit physikalisch-rationaler Methoden eingesetzt hat, und daß die naturwissenschaftliche Selbstüberschätzung längst überwunden sei. In diesem Zusammenhang zählte er unter den Männern, die sich um die Überwindung der Einseitigkeit in der naturwissenschaftlichen Betrachtung verdient gemacht haben, hinter den Vorläufern Goethe, Nietzsche und Carus den bei den Nazis so verhaßten Einstein auf:

‚Die größte Erschütterung des überlieferten, rein rational-mechanischen Weltbildes ging von der Quantenphysik und der Relativitätstheorie aus.'

Für die Nazis in der ‚Gesellschaft deutscher Naturforscher und Ärzte' – aber wahrscheinlich gibt es dort überhaupt keinen Nazi, mindestens keinen, dessen Verstand zur Aufnahme eines Sauerbruchschen Vortrags genügt – muß diese Bemerkung eine bittere Pille gewesen sein. Denn knapp 14 Tage zuvor, auf der ‚Kulturtagung' des Nürnberger Parteitages, hatte der ‚Führer' Herrn Lenard, den zum senilen Schwachkopf herabgesunkenen Heidelberger Physiker, gerade wegen seiner erfolgreichen ‚Widerlegung der jüdischen Relativitätstheorie' mit dem Ehrenpreis ‚für Kunst und Wissenschaft' ausgezeichnet. Die Bemerkung Sauerbruchs war gewissermaßen die Antwort darauf. Andere Bemerkungen, durch die sich ‚Staatsrat' Sauerbruch hochverräterischen Widerspruchs gegen anerkannteste ‚Führer'-Thesen schuldig gemacht hat, lauteten folgendermaßen:

‚Es ist notwendig, das Geistige neben dem Elementar-Willensmäßigen schärfstens zu betonen', d. h.: den vom ‚Führer' in Acht und Bann getanen ‚Intellektualismus' zu züchten. Oder – auf die neuen, staatlich approbierten Methoden in der Medizin, speziell auf die ‚Erbgesundheits'-Lehre zu beziehen:

‚Der neue Weg, der jetzt empfohlen wird, ist kein Weg....

Der Weg ohne Naturwissenschaft und Medizin in richtig verstandenem Sinn führt zu Spekulation und Mystik. Dafür sind schon heute bedeutungsvolle Anzeichen vorhanden.'

Ferner: vom ‚Führer' und seinem Reichsleiter Rosenberg ist bekanntlich befohlen, daß die Wissenschaft, wie alles, ‚dem Staate' zu dienen habe und sonst niemandem. Sauerbruch erwidert:

‚Das Wesen der Wissenschaft und des Wissenschaftlers ist innere Freiheit. Wer ein wahrer Wissenschaftler ist, dient dem Volk. Aber seine Arbeit kann sich nicht im Dienst am Volk erfüllen. Denn seine Forschung ist nicht nur geschöpft aus dieser Welt, sondern eine Angelegenheit der Überzeitlichkeit.'

Am Schluß seines Vortrags appellierte Sauerbruch an die akademische Jugend, und hier kam die größte Ketzerei gegen die nationalsozialistische Religion:

‚Ein volles und geschlossenes Verstehen der Welt ist das Ergebnis langer Arbeit und harten Erlebens. Immer wieder muß das Erleben durch Geist und Verstand geprüft werden. Weltanschauung ist eine Angelegenheit, die nur der reife und erprobte Mensch sich erworben haben kann. Weltanschauung ist keine Angelegenheit der Jugend. Dafür hat sie Kraft, Sehnsucht, Glaube, Hoffnung Diese Eigenschaften werden aber vermindert, wenn sie sich nicht um Wissen und Können bemüht.'

Hier hatte Sauerbruch direkt an den Grundlagen des Dritten Reiches gerüttelt, denn bekanntlich ist Hitlers Wille, daß schon der ‚Pimpf‘ mit gefestigter Weltanschauung in die Hitler-Jugend eintritt, und in allen ‚Schulungskursen‘ für die jungen Deutschen kommt ‚Weltanschauungs-Unterricht‘ unmittelbar hinter dem ‚Wehrsport‘. Sich dagegen aufzulehnen und die jungen Menschen zu mahnen, sich sozusagen ‚gesinnungslos‘ nur um Wissen und Können zu bemühen, würde zweifellos einen Geringeren als Sauerbruch ins Konzentrationslager bringen. Bei ihm begnügen sich die Nazis zunächst mit Überhören.
Der Vortrag Sauerbruchs wurde auf der Tagung der deutschen Naturforscher und Ärzte ‚mit atemloser Spannung‘ angehört, und die größten Ketzereien bejubelte man mit stürmischem Applaus. Das hinderte freilich nicht, daß man die offiziellen Parteiredner und die obligatorischen Rassenquatschköpfe nur hinter ihrem Rücken verhöhnte. Zu mehr raffte sich die Zivilcourage der Dresdener Versammlung nicht auf."
Ein Dr. Gross vom „Rassenpolitischen Amt der Partei" hat Vortrag und Auslandsstimmen einer in vielen Zeitungen abgedruckten Kritik unterzogen. Es lohnt sich nicht, auf den Erguß einzugehen, in dem von der absoluten Überlegenheit germanischen Geistes und seiner Früchte wieder und wieder die Rede ist. Ich will nur den Satz herausgreifen: „Die Auslandspresse vergißt zu bemerken, daß jedes kritische Wort, das an solcher Stelle heute in Deutschland gesprochen wird, ein schlagender Beweis für die *Freiheit geistigen Lebens in Deutschland* ist; aus solcher uns selbstverständlichen Haltung heraus geht der Nationalsozialismus auch unbekümmert über kleine Abweichungen in der persönlichen Meinung eines Einzelnen hinweg, die in dem Augenblick auftreten können, da ein auf diesem Gebiet weltbekannter Mann von den *ihm fernerliegenden politischen Dingen derzeit mißverständlich oder irrtümlich spricht* (von Dr. G. hervorgehoben)."
Das war vielleicht die letzte ausweichende Reaktion des Regimes gegenüber einem politisch verdächtigen Wissenschaftler.

Ein anderer Vorwurf ist – für sich betrachtet – der gravierendste. Er ist am schärfsten von William Shirer in seinem Werk „The Rise and Fall of the Third Reich" formuliert worden. In dem Kapitel über die grauenhaften medizinischen Experimente an Konzentrationslagerinsassen schreibt er: „Obwohl die Versuche von weniger als 200 mordlustigen Scharlatanen vorgenommen wurden, von denen einige hohe medizinische Stellungen hatten, war ihr verbrecherisches Tun Tausenden von führenden Ärzten bekannt. Nicht einer von ihnen hat, soweit die Protokolle etwas aussagen, jemals den leisesten Protest geäußert. Nicht einmal Deutschlands berühmtester Chirurg F. Sauerbruch – obwohl er Antinazi wurde und mit der Widerstandsbewegung konspirierte –. Sauerbruch war zugegen während der Vorträge, die in der Berliner Militärmedizinischen Akademie im Mai 1943 von zwei der berüchtigsten ärztlichen Mörder, Karl Gebhardt und Fritz Fischer, über Gasbrandversuche an Gefangenen gehalten wurden. Sauerbruchs einziger Einwand bestand darin, daß er sagte ‚Chirurgie sei besser als Sulfonamide'. Gebhardt wurde in dem sogenannten Ärzteprozeß (in Nürnberg) zum Tode verurteilt und am 2. Juni 1948 gehängt, Fischer erhielt lebenslängliches Zuchthaus."

Obwohl im offiziellen Tagungsbericht, der mir vorliegt, von den Vorträgen, die im versandten Tagungsprogramm als „besondere Versuche über Sulfonamidwirkung – Gebhardt – Fischer" angekündigt waren, nichts berichtet ist, besteht kein Zweifel, daß diese schändlichen Menschenversuche beschrieben wurden. Ich habe 1948, als ich mit Sauerbruch – zum ersten Male nach dem Kriege – in Zermatt einige Tage zusammen war, ihn danach gefragt. Er hatte – wiewohl die zentrale Sklerose bei ihm schon klar merkbare Symptome zeigte – eine anscheinend gute Erinnerung an die Vorgänge. Die Experimente waren von Gebhardt unternommen worden, um seine Behandlung des durch Attentat verletzten und einige Tage später an Gasbrand verstorbenen „Stellvertretenden Reichsprotektors" der Tschechoslowakei, R. Heydrich, vor seinen SS-Vorgesetzten zu rechtfertigen. Gebhardt war General der SS. Er wurde als Konsultant ans Krankenbett gerufen und hatte, wie Sauerbruch glaubte, nach der durch tschechische Chirurgen vorgenommenen Operation Sulfonamide gegeben oder zu geben versäumt. Sauerbruch sagte, daß der Vortrag von einem lähmenden Entsetzen der zahlreich anwesenden Militärärzte gefolgt war – es nahmen fast alle beratenden Chirurgen der Armee daran teil –, daß aber zu dem Thema von Gebhardt und Fischer keine Diskussion stattfand. Die Bemerkungen, die Sauerbruch zur Sulfonamidmedikation machte, bezogen sich auf einen zweiten Vortrag mit dem Titel: „Sulfonamidbehandlung der Schußwunden". Sie enthielten die berechtigte Warnung vor übertriebenem Vertrauen zur antibiotischen Wirkung der Sulfonamide.

Im Nürnberger Prozeß gegen Gebhardt und seine Mittäter kamen auch die Ereignisse dieser Tagung zur Sprache. Wie die Situation von den Zuhörern betrachtet wurde, zeigt am besten die eidesstattliche Erklärung eines Teilnehmers (nach Mitscherlichs „Medizin ohne Menschlichkeit", S. Fischer Verlag, Frankfurt): „In der Diskussion auf die Frage nach der Art der Versuchspersonen einzugehen, war nach meiner festen Überzeugung für keinen der Diskussionsredner möglich. Die anwesenden Sanitätsoffiziere ... hatten vor diesem Gremium schon aus Gründen des militärischen Taktes an den Maßnahmen der SS-Ärzte keine Kritik üben können. Da Prof. Gebhardt als General der SS ‚volle Verantwortung für die Versuche' übernommen hatte, hätte

eine Kritik an der Auswahl der Versuchspersonen unter den damaligen Verhältnissen eine Kritik an der SS bedeutet. Über die Folgen, die sich hieraus für den Kritisierenden ergeben hätten, glaube ich hier nichts sagen zu brauchen ...
Eine Stellungnahme bezüglich der Versuchspersonen oder eine Ablehnung ihrer Auswahl hätte in dem hier in Betracht kommenden Kreise einen Affront sondergleichen bedeutet, eine Demonstration, welche außerdem wegen der großen Zahl der Teilnehmer nicht geheim geblieben wäre, und vermutlich bald über die ausländischen Sender verbreitet worden wäre. Der Vorwurf des Vaterlandsverrats wäre dann sofort gefolgt. Ich habe nach der Sitzung mit zahlreichen Kollegen und übereinstimmend mit ihnen meiner Meinung dahin Ausdruck gegeben, daß ein positives Ergebnis der Versuche von vornherein nicht erwartet werden konnte, daß sie also als unnötig angesehen werden müßten. Ferner wurde von allen, mit denen ich sprach, einhellig die Grausamkeit der Versuche hervorgehoben. Kein einziger dieser Kollegen hat aber auch nur mit einem Wort erklärt, daß die Diskussionsredner moralisch verpflichtet gewesen wären, diese vorgenannte Ansicht in ihren Ausführungen auszusprechen. Die Versammlung bestand fast durchweg aus namhaften Vertretern der Wissenschaft, insbesondere aus Universitätsprofessoren, wenigstens aber aus selbständigen Leitern von Abteilungen großer Krankenhäuser, sowie aus aktiven Sanitätsoffizieren in leitenden höheren Stellungen. Nach meiner heute ehrlich ausgesprochenen Ansicht wäre es Pflicht aller mehr als 200 Anwesenden gewesen, die Stimme gegen die Versuche zu erheben. ..."
Er fügt noch hinzu, daß es infolgedessen ungerechtfertigt sei, den einen oder anderen der Teilnehmer mit einem besonderen Vorwurf zu bedenken, wie das geschehen ist. Aus solchen gezielten Beschuldigungen haben sich in den ersten *Nachkriegsjahren* öffentliche Auseinandersetzungen entwickelt, bei deren Lesen man es nicht begreift, daß keiner der Beklagten *zum mindesten seine Gewissensnot zum Ausdruck brachte* – über das Furchtbare des Geschehenen und über die eigene Macht- und Mutlosigkeit gegenüber diesem verwerflichen Staat. Die Betonung der Auswahl der Versuchspersonen, die sich auch in anderen Rechtfertigungsversuchen findet, läßt – wenn man die Nürnberger Dokumente liest – den Schluß zu, daß man jede Art von Experiment an solchen Gefangenen für erlaubt hielt, die „rechtskräftig zum Tod verurteilt" waren.
Als ich 1960 in einem Vortrag über „Die Operation" diese Akte „gespenstischer Bestialität" erwähnte, und auf die fehlende Reaktion der damaligen Zuhörerschaft hinwies, erhielt ich eine Anzahl von Briefen, in denen die Unmöglichkeit einer Kritik an Ort und Stelle betont wurde.
Die Mordwelle, die Heydrichs Tod auslöste, hätte vor keinem haltgemacht,

der etwas verurteilte, was – wenn auch in indirekter Form – mit Heydrich in Verbindung gestanden hatte. Kurz, der jahrelange Terror hatte seine Wirkung getan, und wer immer sich zur Gegenhandlung aufraffte, tat es vom Untergrund aus.

Ein anderes Argument wurde von ärztlich und wissenschaftlich sehr hochstehender Seite angeführt: daß man heute außerhalb der Kriegsatmosphäre die Auswüchse eines pervertierten Patriotismus nicht mehr verstehen könne. Ich komme damit auf einen Meinungsaustausch zu sprechen, den ich in dieser Frage mit A. Jores – Hamburg hatte und der in der „Deutschen Rundschau" des Jahres 1953 veröffentlicht ist. Jores ist Direktor der Hamburger Medizinischen Universitätsklinik. In einem Artikel über „Wissenschaft und moralische Verantwortung" kommt er ausführlich auf die Experimentatoren der medizinischen Menschenversuche in den Konzentrationslagern zu sprechen. „Sie waren durchdrungen von einer Ideologie, von der Ideologie, daß es auf dieser Erde wertvolle und weniger wertvolle Rassen und Menschen gibt und daß diejenigen die wertvollsten seien, die zu dem eigenen Volke, zu der Gemeinschaft gehören, der auch diese Ärzte und Wissenschaftler angehörten. Sie handelten also aus einer Verantwortung." „Aber wir in der abendländischen Ideologie groß gewordenen Menschen empfinden alle, daß hier etwas nicht stimmt, daß hier Menschen einer überwertigen Idee zum Opfer gefallen sind, die sie an anderen Menschen zum Verbrecher werden läßt, ohne eigene Gewissensnot."

In der Entgegnung, die ich der Zeitschrift einsandte, finden sich die folgenden Bemerkungen: „Jores läßt keinen Zweifel an seiner Abscheu über das, was sich dort unter der Leitung sogenannter Ärzte oder Wissenschaftler vollzogen hat. Für die Tatsache, daß Menschen, die an humanistischen Schulen und Akademien studiert haben, solch flagrante Verbrechen gegen die körperliche und seelische Integrität, gegen das Leben anderer begangen, hat er die Erklärung, daß sie die bewußten oder unbewußten Opfer eines pathologischen Nationalismus sind, eines pervertierten Verantwortungsgefühles, darauf hinzielend, durch die Ergebnisse der Experimente dem eigenen im Existenzkampf stehenden Heer zu helfen, seine Verluste an Leben und Gesundheit zu vermindern. Es ist möglich, daß die amoralische und sadistische ‚Führerschicht', die zwölf Jahre lang Deutschland regierte, solch krankhafte Vorstellungen hatte; es ist auch möglich, daß die ausführenden Experimentatoren ihre Gesinnungsverwandten waren. Die Hunderte aber, die mithalfen, oder die in ‚wissenschaftlichen' Versammlungen schon lange vor Kriegsende sich mit den offiziellen Berichten identifizierten, gehören in eine andere Kategorie. Es ist gefährlich für die Entwicklung des Arzttums in kommenden Generationen, das Fehlen von Reaktionen gegen unerhörte Brutalitäten auf eine höhere, sogenannte ‚ideologische' Ebene verschieben zu wollen. Es ist undenkbar, daß nicht jeder Mensch die Mißhandlung eines Wehrlosen, seine grausame Tötung und Verstümmelung als das empfindet, was es ist: als ein Verbrechen. Und bei einem Arzt und seinen Helfern muß die Berufsausbildung, selbst wenn sie noch so primitiv und inkompetent erfolgte, die natürliche Regung des Gewissens unterstützt haben, daß der erste Grundsatz jedes Handelns das nil nocere ist. Wer seine Gewissensskrupel beiseite schiebt, tut es aus Furcht vor der Bestrafung durch die staatlichen Instanzen, die ihm den verbrecherischen Auftrag gegeben haben, und in dem Bewußtsein, daß die Konsolidierung der staatlichen Macht, die von ihm Begehung von Bestialitäten verlangt, stark genug ist, um ihn vor Bestrafung zu sichern."

Aus der Erwiderung von Jores zitiere ich noch den folgenden Abschnitt:
„Man merkt der Entgegnung von Herrn Nissen an, daß er den Nationalsozialismus und den Krieg in Deutschland nicht miterlebt hat. Somit hat er nicht unmittelbar von der Massenpsychose erfahren, die das deutsche Volk in weiten Teilen ergriffen hatte. Mit Angst vor den Folterkammern des Regimes, von denen die meisten Leute ja auch nichts wußten bzw. auch nichts wissen wollten, läßt sich das Phänomen, daß eine nicht geringe Zahl von Ärzten und Wissenschaftlern an den Versuchen am Menschen beteiligt war bzw. mindestens davon wußte, nicht erklären. Der Gedanke von der Minderwertigkeit anderer Rassen, insbesondere der Juden und der Polen, von der Hochwertigkeit der eigenen, von dem Existenzkampf unseres Volkes, der nunmehr jedes Mittel heiligte, war wirklich in vielen Hirnen und Herzen auch der Ärzte und Wissenschaftler lebendig. So wurden Rasse und Nation zur überwertigen Idee, und das Gewissen schwieg."

Man hat Sauerbruch während des *Entnazifizierungsverfahrens* auch vorgeworfen, daß er den Titel eines „Staatsrates" vom Nazi-Regime erhalten und angenommen hat. Mit dieser Stellung war eine politische Tätigkeit nicht verbunden; der Staatsrat ist nie einberufen worden, und die Verleihung erfolgte als Kompensation für die ärztliche Behandlung des verstorbenen Reichspräsidenten Hindenburg, eine Tatsache, die gelegentlich der Veröffentlichung der „Ehrung" auch betont wurde. Sauerbruch sagt dazu selbst: „Acht Stunden vor dem Tode Hindenburgs, den ich drei Jahre lang behandelt habe, kam Hitler und verlangte, zu Hindenburg gelassen zu werden. Hindenburg gab nach einigem Zögern nach und trug dann in meiner Gegenwart Hitler seine beiden Wünsche vor: Er wollte neben seiner vor vier Jahren verstorbenen Frau beigesetzt werden und er bitte, Hitler möge seinem ‚Chef' (so nannte er Sauerbruch) eine Freude machen. Nach Hindenburgs Tod hat Göring ihn daraufhin zum Staatsrat ernannt. Mit der Ernennungsurkunde hat Göring ihm geschrieben: ‚Es hat lange gedauert, bis ich Ihren westfälischen Dick-

kopf verstanden habe.'" H. Wulff – Kopenhagen meint ganz richtig, daß es für Sauerbruch schwierig gewesen sein muß, jemanden zu finden, der in dieser Entnazifizierungsverhandlung zu seinen Gunsten aussagen konnte, denn fast der gesamte Kreis der Hitler-Gegner war hingerichtet oder verstorben. Als während einer solchen Vernehmungssitzung ihm recht unsachliche Vorwürfe gemacht wurden, verließ er unter Protest gegen die Geschäftsführung den Sitzungssaal. Erst durch diesen Zwischenfall, der seinen Weg schnell in die Zeitungen fand, erfuhr ich von dem Verfahren. Ich schrieb von New York aus an den Untersuchungsausschuß. Weitere Aussagen waren aber anscheinend nicht mehr notwendig, denn es folgte bald der Freispruch. Das amerikanische Militärgouvernement hatte die Entnazifizierung von Sauerbruch für notwendig gehalten (obwohl er nicht Mitglied der Partei oder irgendwelcher ihrer Formationen gewesen war), weil es ihm unter dem Nazi-Regime finanziell gut ging („He prospered under the Nazis"). Man kann vielleicht sagen, daß es schwer sein würde, einen Chirurgen von Sauerbruchs beruflicher Stellung zu finden, dem es finanziell nicht gut ging. Der Beschluß der offiziellen Untersuchungskommission (in der Frage der Entnazifizierung) lautete:
„Sauerbruch ist führender Arzt und Chirurg Deutschlands und wurde selbstverständlich vom Nationalsozialismus stark umworben, der auch ihn für seine Ideologie zu gewinnen suchte. Seine Einstellung aber war und blieb zurückhaltend. Die Annahme der Mitgliedschaft im preußischen Staatsrat hat Sauerbruch als einen letzten Wunsch des sterbenden Hindenburg betrachtet; die damit verbundene Dotation überließ er gemeinnützigen Zwecken. Eine aktivistische Betätigung oder Billigung nationalsozialistischer Methoden war nicht festzustellen. Er hat im Gegenteil vielerlei Hilfe gewährt, die im nationalsozialistischen Sinne unerwünscht war. Damit dürfte die Erwartung berechtigt sein, daß Sauerbruch dem friedlichen Aufbau des neuen Staatswesens seine Unterstützung erweisen wird. Die Kommission befürwortet den Antrag auf Entnazifizierung."
Für Sauerbruch spricht die Zugehörigkeit zur Mittwochs-Gesellschaft, jener Gruppe der 16, die sich einmal in der Woche versammelten, um über Philosophie, Geschichte, Kunst, Wissenschaft und Literatur zu diskutieren und die – wie W. Shirer sagt – im Laufe der Zeit ein Oppositionszentrum bildeten.
Als es gefährlich geworden war, Empfehlungsbriefe für Emigranten zu schreiben, und als selbst langjährige und verdienstvolle „nichtarische" Assistenten von ihren Chefs keine qualifizierenden Zeugnisse mehr erhielten, hat Sauerbruch mir 1936 in Luzern eine große Anzahl von Briefbogen der Klinik mit seiner Blanko-Unterschrift gegeben. Wir verabredeten, daß er jeweils in einem ersten Briefe Arbeitsgebiet und wissenschaftliche Leistungen des Betreffenden beschreiben werde, und zwar unter dem Vorwand: In den

letzten Monaten seien die folgenden interessanten Untersuchungen an der Klinik ausgeführt worden: ...

In einem zweiten Brief waren unverdächtig in einen indifferenten Text Name und Adresse des Emigranten eingestreut. Das System hat bis zum Kriegsausbruch funktioniert und zweifellos manchem geholfen, in der Fremde eine Arbeitsmöglichkeit zu finden. Dabei handelte es sich um Herren der verschiedensten medizinischen Fächer.

Ich habe schon davon gesprochen, daß Sauerbruch eine Zeitlang mit der Idee der Emigration spielte. Sicher hat er den Plan der Auswanderung nicht deswegen fallenlassen, weil er sich mit dem Regime versöhnt hatte. Er hat auch nach 1934 sich anscheinend nicht mehr von der nationalistischen Phraseologie gefangennehmen lassen. Eher lag ihm schon eine andere – ziemlich verbreitete Motivierung nahe: „zu bleiben, um Schlimmeres zu verhüten". Aus seinen Briefen und Äußerungen ging hervor, daß er in zunehmendem Maße von dem Empfinden beherrscht war, Deutschland werde durch die regierenden Verbrecher dem Abgrund immer näher gebracht. In einer solchen Situation war sein Vaterland schon einmal – 1918 – als der Erste Weltkrieg in der totalen Niederlage endete. Damals in einer Zeit, als jeder akademische Lehrer in Deutschland glücklich war, wenn er den Ruf an eine Schweizer Universität erhielt, hat Sauerbruch die gesicherte Stellung in Zürich verlassen und den Ruf nach dem verarmten und verelendeten München angenommen.

Zu Konzessionen in kleinen Dingen ist er gelegentlich bereit gewesen, besonders dann, wenn es sich um Äußerlichkeiten von Stellung und Einfluß handelte, nicht aber, wenn es um prinzipielle Fragen ging. Ich darf gerade in diesem Zusammenhang noch auf seinen moralischen und physischen Mut hinweisen, und ich bin überzeugt davon, daß er in der Hauptsache auf seine Angehörigen und deutschen Gesprächspartner Rücksicht nahm, wenn die volle Verwünschung der Nazigrößen nur hinter geschlossenen Türen zum Ausdruck kam. P. Rosenstein, der frühere Chefchirurg am Berliner Jüdischen Krankenhaus, kommt in seinen Erinnerungen („Narben bleiben zurück") ausführlich gerade auf Sauerbruchs persönliche und politische Haltung zu sprechen, um – wie er selbst schreibt – Vorstellungen zu korrigieren, welche die späteren Berliner Denazifikationsverhandlungen hervorgerufen haben mögen. Rosenstein hebt den Mut hervor, mit dem Sauerbruch seiner Abneigung gegen das Regime Ausdruck verliehen hat, und er hält es für seine Pflicht darauf hinzuweisen, daß Sauerbruchs Name in den Schreckensjahren unbefleckt blieb. Als Rosenstein 1938 Deutschland verließ und sich von Sauerbruch verabschiedete, war die Antwort: „Ich wünschte, ich könnte auch wegkommen", und in der Tat schreibt Rosenstein, daß es Sauerbruchs einziger Fehler war, daß er das Land nicht verließ.

Der Kopenhagener Chirurg H. Wulff berichtet in einer dänischen medizinischen Zeitschrift von einer Begebenheit, die sich im besetzten Belgien abspielte, als Sauerbruch vorübergehend als beratender Chirurg dort war. Von hoher militärischer Stelle war er auf die kritische Kriegslage (für Deutschland) aufmerksam gemacht worden. Seine Antwort: „Dann kann man uns wünschen, daß der Zusammenbruch bald kommt; nur so können deutsche und europäische Kultur noch gerettet werden."

Diejenigen, „die unfähig sind zu trauern" (A. Mitscherlich), werden erschreckt sein, daß Sauerbruch, ein hoher Offizier der deutschen Armee, in der Niederlage eine Erlösung von Schlimmerem sah. Er tat es, weil sie Deutschland und die Welt von ihren schlimmsten Feinden befreit hätte, von Hitler und seinen Gangstern. Man kann in dieser Zeit keinen stärkeren Ausdruck für Patriotismus finden als diese Hoffnung, die Sauerbruch bewegte.

Ulrich v. Hassell, früherer deutscher Botschafter in Kopenhagen und Rom, der an den Attentatvorbereitungen gegen Hitler vom 20. Juli 1944 beteiligt war, gibt in seinem Tagebuch seinen Mitverschwörern Decknamen; Sauerbruch wird „als der Freund aller Gutgesinnten" bezeichnet. Als Beispiel der Furchtlosigkeit Sauerbruchs erwähnt er die Tatsache, daß er sich noch im Juni 1944 an den „Blutrichter" O. G. Thierack wandte, um die Begnadigung für einen zum Tode Verurteilten zu erreichen.

1954 hatte ich ausgiebig Gelegenheit, mit R. Leriche – Paris über seine Erlebnisse mit Sauerbruch zu sprechen. Gelegentlich eines Chirurgenkongresses in Turin hatte Mario Dogliotti, ihn, Cl. Crafoord, R. de Vernéjoul und mich im Besitztum (La Mandria) der Marchesa Medici untergebracht. Das Schloß lag in einem herrlichen Park, den wir mehr frequentierten als die Kongreßauditorien. Die Photographie von Leriche, die ich einem Nachruf in der Deutschen Medizinischen Wochenschrift beigab, hat Ruth damals aufgenommen. Er wiederholte das, was er auch in seiner Biographie „Am Ende meines Lebens" beschrieben hat: daß bei der ersten Begegnung – es war im Jahre 1933 – die Unterhaltung sich hinter verschlossenen Türen abspielte und von einer tiefen Abneigung gegen den Nazismus durchsetzt war. (Sauerbruch: „Wenn Sie meinen, es sei ein Vergnügen, in einem Lande zu leben, wo man nie weiß, ob man sich am nächsten Abend noch ins eigene Bett legen wird.") Sauerbruch hat später während des Zweiten Weltkrieges sich auf Leriches Bitte hin eines nach Berlin verschleppten Franzosen angenommen und es erreicht, daß der junge Mann nach Frankreich zurückkehren konnte, und schließlich ist der gefährliche Zettel zu erwähnen – von dem Sauerbruch gern erzählte –, den er Leriche 1941 übergeben ließ. Darauf stand von Sauerbruchs Hand geschrieben: „Der Augenblick ist nahe, da die Menschen guten Willens die Dinge in die Hand nehmen und Frieden machen sollten." Leriche sah keine Möglichkeit, darauf in positivem Sinne zu antworten.

Als die Russen Berlin beschossen und dann eroberten, war Sauerbruch als einer der wenigen Klinikleiter bei seinen Patienten in der Charité geblieben. W. Stöckel, der gleichfalls Berlin nicht verlassen hatte, macht zu den damaligen Ereignissen die boshafte Bemerkung: „Je näher die Front rückte, desto schneller setzten sich die ‚Spitzen' ab. Der Dekan erinnerte sich plötzlich eines ‚kriegswichtigen' Forschungsauftrages im äußersten Südwesten Deutschlands. Er wurde vom Rektor vertreten, dem aber bald darauf einfiel, daß er in einer Ausweichklinik bei Aussig dringend gebraucht würde. Die letzte Fakultätssäule, die Sekretärin, verschwand, als die Russen Müncheberg (nahe Berlin) eroberten." Sauerbruch hat zu dem Im-Stich-Lassen der Kranken und Verletzten, das Stöckel andeutete, später erklärt, daß er ein solches Fehlen ärztlicher Hilfsbereitschaft und eine solche Verwässerung des Begriffs der Volksgemeinschaft nicht für denkbar gehalten hätte.

Es war wohl sein bekannter Name und seine unablässige chirurgische Aktivität, welche die Russen veranlaßten, ihn zu einer Art Gesundheitsminister zu machen. Ich glaube, daß er in dieser erregten Zeit eine solche Verpflichtung gut erfüllt hat; die Improvisation lag ihm mehr als die Organisation.

Am 3. Juli 1945 beging Sauerbruch seinen 70. Geburtstag, den seine Freunde und Schüler durch eine Festschrift feierten. Frey fand sich in Berlin ein, und die Photographie der Geburtstagsgesellschaft zeigt einen durch das Alter kaum veränderten Sauerbruch. An diesem Tage machte er die bisher unverbindliche Erörterung über eine Autobiographie zur festen Zusage – ein verhängnisvoller Schritt; denn es stellte sich mit jedem neuen Monat immer klarer heraus, daß er nicht mehr im Vollbesitz seiner einst glänzenden schriftstellerischen Fähigkeiten war und daß sein Gedächtnis sich schnell verschlechterte. Über einige Einzelheiten, die zu dem problematischen Memoirenbuch „Das war mein Leben" führten, bin ich durch eigene Beobachtung orientiert.

Aus einer regen Korrespondenz ließen sich schon kurz nach dem Krieg einige der angedeuteten Defekte ersehen. Von früheren Mitarbeitern und Freunden erhielt ich Mitteilung über operativ-technische Versager, die indessen bedenkliche Formen noch nicht angenommen hatten. Auf diese besorgten Briefe hin schrieb ich an Sauerbruch sehr ausführlich und bat ihn, mit einer seinem Alter angemessenen Verminderung seiner operativen Aufgabe einverstanden zu sein. Da der Diskussionsgegenstand recht delikat war, schrieb ich den Brief mit der Hand und besitze infolgedessen keine Kopie. Obwohl ich glaube, in vielen Jahren die Art von Argumenten gelernt zu haben, die ihn überzeugten, hat er in seinen Briefen niemals diese Frage, die mit der fortschreitenden Zeit immer brennender wurde, auch nur andeutungsweise berührt – ein Zeichen, daß in seinem Denken noch Einsicht mit Einsichtslosigkeit kämpfte. Als ich ihn später – 1948 – in Zermatt ausgiebig sprechen konnte, war er – ein Zeichen des fortgeschrittenen Krankheitszustandes – überzeugt, daß sich in seinen operativen Fähigkeiten nichts geändert habe.

Sauerbruchs größte Hilfe in diesen unheilvollen letzten Tagen chirurgischer Aktivität war sein Sohn Friedel. Schon mehrere Jahre als Assistent an der Klinik seines Vaters tätig, hat er alle anderen beruflichen Möglichkeiten ignoriert, nur um neben seinem Vater sein zu können und zu verhüten, was unter den besonderen Umständen verhütet werden konnte. Er hat die besten und für seine eigene Entwicklung entscheidenden Jahre seinem Vater geopfert. Als ein Mann von mehr kontemplativer Natur sieht er seine ärztliche Aufgabe in der Betreuung derer, die von Leid und Hoffnungslosigkeit betroffen sind. Er ist jetzt Arzt in einem Krankenhaus für unheilbare Krebsträger.

Am 2. Juli 1951 starb Sauerbruch. Kurz danach erhielt ich in New York die Anfrage eines Beauftragten des Münchener Verlages Kindler & Schiermayer, ob ich bereit sei, ein Vorwort für die Memoiren zu schreiben. Ich sagte zu, knüpfte aber daran die Bedingung, daß mir vorher die Möglichkeit gegeben werde, den endgültigen Text zu lesen. Danach blieb der Verlag stumm. Drei Wochen später fuhr ich nach Europa – zunächst, um Vorlesungsverpflichtungen in Hamburg und München einzuhalten. Wir wohnten in Hamburgs (heute nicht mehr existierendem) Hotel Esplanade. Sauerbruchs geschiedene Frau Ada und ihre Kinder waren nach Hamburg gekommen, um über die schwebende Veröffentlichung der Memoiren zu sprechen. Das Bild, das sich aus den Berichten ergab, war beunruhigend. Der Verlag hatte in den letzten fünf Jahren immer wieder auf die Erfüllung des Vertrages gedrängt. Ansätze der Niederschrift, die Sauerbruch machte, schienen kaum verwendbar zu sein. Frau Ada hatte zunächst ihre Unterstützung bei der Bearbeitung der Korrekturen versprochen, aber diese Zusage zurückgezogen, als sie kleine Teile des Manuskriptes gelesen hatte. Es war ihr klargeworden, daß Sauerbruch nicht der Autor des Manuskriptes gewesen sein konnte. In der Tat hatten die Familienmitglieder die folgende Beschreibung der Entstehungsgeschichte des Manuskriptes erhalten: Als Sauerbruch 1950 in Erinnerung des hundertsten Geburtstages seines Lehrers Mikulicz auf dem Jahreskongreß der Deutschen Gesellschaft für Chirurgie die Gedenkrede hielt, suchten Vertreter des Verlages ihn am Vorabend der Kongreßeröffnung auf, um statt der Niederschrift in ausgiebiger Befragung die wesentlichen Abschnitte und Ereignisse des Lebens in einer Bandaufnahme zu fixieren, die später von einem Journalisten („Ghostwriter") bearbeitet werden sollte. Sie wollten ihren Plan aufgeben, als sie sich mit Sauerbruch unterhielten und feststellten, daß er zu einer solchen Einvernahme unfähig war. Am nächsten Morgen suchten sie ihn noch einmal auf, fanden ihn – wie charakteristisch für sein Leiden – in wesentlich klarerem Zustand und verabredeten mit ihm, zum Sitz des

Verlages nach München zu fahren. Das geschah, und in einer oder mehreren Sitzungen wurde der Plan der direkten Befragung ausgeführt. Auf Grund dieser Unterhaltungen und einer Reihe von persönlichen Dokumenten, deren Verwendung sich der Verlag ausbedungen hatte, entstand aus der Feder eines Journalisten Hans Rudolf Berndorff das Erinnerungsbuch „Das war mein Leben".
Als ich den Bericht gehört hatte – der Buchdruck war anscheinend schon im Gange –, sah ich in einer Unterredung mit Herrn Berndorff die einzige Möglichkeit, die wirklichen Autoren davon zu überzeugen, daß man nicht „Erinnerungen" eines Mannes veröffentlichen darf, bei dessen Krankheit der Erinnerungsverlust das aufdringlichste Symptom ist. Da Herr Berndorff in Hamburg wohnte, versuchte ich ihn telefonisch zu sprechen. Das gelang; er war innerhalb weniger Minuten im Hotel, und ich bat ihn, von der weiteren Niederschrift der Biographie Abstand zu nehmen, da die Erkrankung Sauerbruchs mit Sicherheit erwarten lasse, daß Hinweise und Berichte, die er gegeben, nicht den Tatsachen entsprächen. Herr Berndorff dachte nicht daran, abzustreiten, daß er der wahre Autor sei, und er schien darauf noch recht stolz zu sein. Am Schluß unserer Unterredung bat ich ihn noch einmal eindringlich, die Verantwortung zu bedenken, die die Publikation für ihn mit sich bringe. Er versuchte die Einwände damit zu entkräften, daß ihm vertragsmäßig und in der Tat die wissenschaftlichen und privaten Papiere Sauerbruchs zur Verfügung gestellt worden seien. Daraufhin gab ich Herrn Berndorff zu bedenken, daß die Urheberschaft von solchen Papieren gelegentlich fragwürdig sei. Sauerbruchs Zustand konnte den Herren des Verlages nicht unklar sein. Auf den gleichen Tag und Anlaß zielt die Feststellung des Kongreßpräsidenten, Freiherr v. Redwitz, die er später in seinem Nachruf niederschrieb, daß Sauerbruch „Schweres bevorzustehen schien".
Der bekannte englische Chirurg Gordon-Taylor, der auf dem Kongreß der Deutschen Gesellschaft für Chirurgie auch über Mikulicz sprach, nimmt anläßlich des Todes von Sauerbruch in einem Gedenkartikel auf diesen Tag Bezug. Er schreibt, und ich zitiere seine Worte englisch, weil keine Übersetzung die Tragik dieser Stunde so wiederzugeben vermag, wie Gordon-Taylor sie formulierte: „He sang his swan song; the cameras still clicked and the flash lights flashed, but there was pathos, like the final exit ... out into the desert under the stars."
Auch weitere Bemühungen um die bessere Einsicht des ungenannten Autors blieben ergebnislos. Das Buch erschien im November 1951 – vier Monate nach dem Tod des Meisters. Ich fand es im Hotel vor, als ich zu Berufungsverhandlungen im Dezember 1951 nach Basel gekommen war. Frau Martha v. Hirsch, eine frühere New Yorker Patientin, mit dem als Kunstsammler und Mäzen bekannten Robert v. Hirsch in Basel verheiratet, hatte es mir als

„Willkommensgruß in Europa" übersandt. Die Lektüre war tief deprimierend. Der Inhalt, auf sensationshungrige Leser abgestellt, war voll von Irrtümern. Eine Besprechung des Buches, die ich für die „Deutsche Medizinische Wochenschrift" verfaßte, gibt eine Beurteilung wieder, die wahrscheinlich von der überwiegenden Majorität derer geteilt wurde, die Sauerbruch näher kannten: „Der Titel ‚Das war mein Leben' muß den Eindruck erwecken, daß Sauerbruch das Buch selbst geschrieben hat. Auch ohne Kenntnis der Vorgeschichte dieser Lebensdarstellung wird jeder, der Sauerbruchs klaren und schönen Stil kennt, eines Besseren belehrt. Es handelt sich um eine Reportage von Geschichten, die Sauerbruch zu einer Zeit erzählt hat, als er schon von dem Leiden gezeichnet war, das am 2. Juli 1951 zu seinem Tode führte. Es ist bedauerlich, daß man diesen Mann, der die hervorragendste Figur der deutschen Chirurgie des letzten halben Jahrhunderts war, der Nachwelt in skizzenhafter Schilderung von Ereignissen überliefert, die sich meist nur an der Peripherie eines großartig-produktiven Lebens abgespielt haben. Sauerbruch, ein Erzähler von seltener Begabung und Anziehungskraft, hat vor seinen Freunden und Gästen oft solche kleinen Szenen wiedererstehen lassen – mit der gewollten oder ungewollten Retuschierung, auf die kein guter Plauderer verzichten kann. Er würde aber selber am erstauntesten sein, diese Dinge, die hier in der Übertreibung und Vergröberung auf eine Laienleserschaft wirken sollen, als „sein Leben" bezeichnet zu sehen. Obendrein sind Irrtümer jeder Art zahlreich: Fehler in der Wiedergabe von Namen – besonders in den Abschnitten, die wissenschaftliche Fragen behandeln –, zeugen von sehr flüchtiger redaktioneller Bearbeitung. Es würde sich nicht lohnen, dieses Buch überhaupt zum Gegenstand einer Besprechung zu machen, wenn es nicht – im Negativen – eine grundsätzliche Bedeutung hätte. Von den Meistern der deutschen Chirurgie des letzten Jahrhunderts hat kaum einer einen guten Biographen gefunden ...
Die Herausgabe eines Buches wie das vorliegende ist ein schlechter Dienst am Publikum, denn es zeigt die Chirurgie in der Verzerrung; sie ist ein schlechter Dienst an Sauerbruch selbst, denn er war alles andere als die selbstbewußte und bombastische Figur, die der anonyme Autor dieses Buches gezeichnet hat. Um so notwendiger ist es, daß dieses bemerkenswerte Leben, in dem die Billrothsche Schule ihren schönsten Ausdruck gefunden hat, der Nachwelt in historisch gerechter Form mitgeteilt wird."
Da der Verlag gegen den Sohn von J. v. Mikulicz, den Berliner Ordinarius der Gynäkologie F. v. Mikulicz, einen Prozeß anstrengte – und verlor, weil er Einzelheiten der Darstellung, die seinen Vater betrafen, als erfunden bezeichnete, nahm ich an, daß ich wegen der Feststellung, daß Sauerbruch *nicht* der Autor dieser „Autobiographie" sei, auch zur Rechenschaft gezogen würde. Es erfolgte nichts – bis ich eines Tages mehrere Briefe erhielt, in denen mir

die „lobende" Kritik vorgeworfen wurde. Ich fragte zurück, woher die Verfasser ihre Kenntnis bezögen. Die Antwort war einhellig: In der Illustrierten „Die Revue", die damals von dem gleichen Verlag (Kindler & Schiermayer) herausgegeben wurde, war ein Bild von der Einweihung der Büste Sauerbruchs in der Münchener Chirurgischen Klinik erschienen. An dem kurzen Festakt hatte ich teilgenommen. Die Bilderklärung enthielt den Satz: „Prof. Nissen – Basel, der dem Werk seines verewigten Lehrers in einer medizinischen Fachzeitschrift eine ausführliche Besprechung gewidmet hat." Diese positiv klingende Formulierung hatte die Briefschreiber irregeführt.
Besonders unerfreulich war die Ursache für einen Einspruch von Carl Wegelin, dem früheren Berner Ordinarius der Pathologie: „Sie haben sich vor einiger Zeit in der ,Deutschen Medizinischen Wochenschrift' kritisch zu den Memoiren Sauerbruchs geäußert. Ich selbst habe Sauerbruch nur wenig gekannt, aber ich hatte immer eine hohe Meinung von seinen genialen Leistungen und bin nun von dem Bild des Menschen Sauerbruch, wie es hier gezeichnet ist, nicht bloß enttäuscht, sondern durch einzelne Episoden, die der anonyme Autor sicher entstellt wiedergegeben hat, auch abgestoßen. Aber, wie ist folgendes zu erklären? Auf Seite 436–455 ist ein Rundfunkvortrag Sauerbruchs über die Krebskrankheit abgedruckt. Beim Lesen dieses Vortrages kamen mir manche Sätze sehr bekannt vor, und nun ergab ein Vergleich, daß ganze Abschnitte wörtlich einem Aufsatz entnommen sind, den ich im Auftrag der Schweizerischen Nationalliga für Krebsbekämpfung verfaßt und 1925 publiziert habe (mit anderen Aufsätzen im Verlag Rascher in Zürich erschienen)."
Ich antwortete Wegelin: „In dem Verlagsvertrag war soweit ich weiß vorgesehen, daß alle privaten und wissenschaftlichen Papiere, die sich in Sauerbruchs Besitz befanden, an den Verlag ausgeliefert würden; ich möchte glauben, daß der Autor des Buches, ein Journalist, bei der Abfassung in der Hauptsache diese Papiere, Briefe usw. und wissenschaftlichen Schriftsätze benutzt hat, die er in dem Nachlaß vorfand. ... Die Tatsache, daß ein Teil Ihres Vortrages wörtlich abgedruckt ist, kann ich mir so erklären, daß Sauerbruch sich den Text von seiner Sekretärin hat abschreiben lassen, um ihn für ein ähnliches Thema als Informationsquelle zu verwenden, und daß dem Journalisten wahrscheinlich die Herkunft entgangen ist."
Auf meinen Rat wandte sich Wegelin dann an den Verlag Kindler & Schiermayer, Bad Wörishofen. Der erste Satz des Antwortschreibens lautet: „Wir bedauern unendlich das Plagiat, das offensichtlich in den Sauerbruch-Memoiren enthalten ist." Es folgen dann einige Möglichkeiten der Erklärung, die eine Entschuldigung darstellen sollen, ohne daß indessen die wirkliche Autorschaft der Biographie festgestellt wird.
Mitte des Jahres 1960 erschien in der illustrierten Zeitschrift „Quick" der

Vorabdruck des von Jürgen Thorwald verfaßten Buches „Die Entlassung", mit dem Untertitel: „Das Ende des Chirurgen Ferdinand Sauerbruch". Gegenstand der Darstellung waren einzelne chirurgische Fehlhandlungen Sauerbruchs aus den letzten Jahren seiner Tätigkeit, als die Arterienverkalkung schon ein erhebliches Ausmaß angenommen hatte. Die Einzelheiten der publizierten Krankengeschichten sind wahrscheinlich im wesentlichen richtig wiedergegeben. Sie müssen durch Indiskretion von Ärzten, Pflegepersonal und wohl auch Angehörigen des Pathologischen Institutes bekannt geworden sein. Der Autor rechtfertigte sein Thema mit dem Argument, daß über den Einzelfall hinaus das Schicksal alternder Ärzte und die Gefährdung der Kranken geschildert werden soll, um wirksame Maßnahmen zu veranlassen.

Im November 1960 erschien in dem Nachrichtenmagazin „Der Spiegel" ein Artikel „Sauerbruch, Tod des Titanen", der sehr ausführlich auf das Buch und seine Motive einging und in dem, wie andere Sauerbruchsche Mitarbeiter, auch ich zitiert wurde. Einige Wochen später habe ich einen Brief an den Herausgeber des „Spiegels" geschrieben: „Die grundsätzliche Bedeutung der erschütternden Ereignisse, die sich in den letzten Lebensjahren von Sauerbruch abgespielt haben, ist gering, denn der Fall ist einzigartig: Sauerbruch konnte trotz der unverkennbaren Zeichen fortgeschrittener Hirngefäßverkalkung seine operative Tätigkeit nur fortsetzen in einer Zeit, die aus den Fugen geraten (1945–1948) und in einer Umgebung, die in den vorhergehenden zwölf Jahren einer Gewaltherrschaft zum Schweigen erzogen war. Unter normalen Verhältnissen besteht schon durch die obligatorische Emeritierung der Leiter von Universitätskliniken und Krankenhausabteilungen (durchschnittlich zwischen 65. und 70. Lebensjahr) eine weitgehende Sicherung gegen ähnliche Vorfälle (Sauerbruch war zu der Zeit, als die Verdunkelung seines Geistes fortgeschritten war, bereits 74 Jahre). Der Schutz des Publikums gegen alterskranke Operateure ist also so gut gesichert, als es gerade möglich ist.

Es gibt nicht nur eine Ehrfurcht vor der Leistung, sondern auch eine vor dem geistigen Leiden, das sich schicksalsmäßig dem Zugriff menschlicher und ärztlicher Beeinflussung entzieht. Sauerbruch, der in der Vollkraft seiner Jahre der kranken Menschheit unendliche Wohltaten erwiesen hat, verdient es, daß man ihm nach seinem Tode für die Jahre der Umnachtung das Geschenk des Schweigens gibt."

Die öffentliche Erklärung der Schüler Sauerbruchs, die damals Lehrstühle der Chirurgie innehatten, lautet: „In der illustrierten Wochenschrift ‚Quick' erscheint eine Serie von Artikeln, die sich mit dem letzten Lebensabschnitt Sauerbruchs befaßt. Als Schüler Sauerbruchs und Lehrer der akademischen Jugend distanzieren wir uns entschieden von dem Inhalt dieser Artikel, in

denen Sauerbruch nicht als der überragende Arzt und Chirurg erscheint, sondern beurteilt wird nach seiner Tätigkeit und seinem Wesen in den Tagen einer rasch fortschreitenden, schweren Erkrankung. In der eingehenden Schilderung aller möglichen unwesentlichen Szenen sehen wir eine Mißachtung von Sauerbruchs glänzendem Namen. Mit Abscheu und Schmerz erfüllt es uns, daß solche sensationellen Berichte in die breite Öffentlichkeit getragen werden, ohne daß sie auch nur im geringsten der Größe und überragenden Bedeutung Sauerbruchs gerecht werden.
Sauerbruch, unser Lehrer, ist tot. Seine Kranken, seine Schüler und die internationale Chirurgie wissen, was er für sie getan und geleistet hat. Die Leistungen Sauerbruchs, die seinem Namen Achtung und Verehrung eingetragen haben, können selbst durch die abwegigen Äußerungen eines krank gewordenen Geistes nicht beeinträchtigt werden.
Die letzte Lebensphase Sauerbruchs, die durch die Krankheit gekennzeichnet war, entspricht nicht dem Bild, das unserer Ansicht nach von ihm festgehalten zu werden verdient. Wir lehnen es ab, daß dieser traurige Ausgang eines glänzenden Geistes und eines warmen Herzens zum Mittelpunkt einer in aller Öffentlichkeit erfolgenden, fortlaufenden, breiten Darstellung gemacht wird.
Wir erfahren, daß diese Berichte, die einer unerfreulichen Sensationslust entgegenkommen, verfilmt werden sollen. Es wäre mehr als schmerzlich, wenn dieser Plan, der den Namen Sauerbruchs wiederum verzerrte, verwirklicht würde.
Unterschrift: A. Brunner – Zürich   E. K. Frey – München   W. Felix – Berlin   H. Krauss – Freiburg i. Br.   R. Nissen – Basel"
Die Verdunkelung der letzten Lebensjahre durch die Erkrankung, die Publizität, die sich mit dieser letzten Schaffensperiode beschäftigte, haben vorübergehend vergessen lassen, daß einer der Größten der Chirurgie von uns gegangen ist. Heute aber – mehr als eineinhalb Jahrzehnte nach seinem Tode, ist die Volkstümlichkeit Sauerbruchs noch größer als zu den Zeiten seines Wirkens. Er ist – nicht nur im festländischen Europa – die Verkörperung eines chirurgischen Hexenmeisters schlechthin geworden.
Von den Geschenken eines gütigen Schicksals, die mir während meines Lebens zuteil wurden, ist es das größte geblieben: daß ich Sauerbruchs Schüler und sein Freund sein durfte.
Um sein Bild abzurunden, füge ich noch einige „Sauerbruchiana" an, Geschichten, die ich selbst mit ihm erlebt habe:

Der Chef, eben aus der Klinik nach Hause gekommen: „Es ist ja einfach unerhört, in der Klinik hat man nicht einen Moment seine Ruhe. Da ist ein Radau und ein Lärm überall und nun kommt man nach Hause und denkt, nun ist es endlich mal still, da geht es hier ebenso. Dort knallt eine Tür, da ein Fenster. Schließlich kann man doch wohl verlangen, daß man im eigenen Hause seine Ruhe hat." Der älteste Junge: „Wenn du nicht da bist, ist es ganz ruhig."

Im Kolleg, Vorstellung eines Kranken mit operiertem Herzstich. Die Anamnese wird vorgelesen. Der Kranke hat ein langes Küchenmesser direkt unter dem Brustbein eingestochen. Eine üppige Medizinerin praktiziert. Sauerbruch: „Was wird verletzt, wenn ein langes Messer an dieser Stelle in den Brustkorb dringt?" Praktikantin:? Sauerbruch, etwas ungehalten: „Nun, was geschieht, wenn ich Ihnen hier ein Messer einsteche?" Gelächter des Auditoriums. Sauerbruch: „Seien Sie ruhig meine Herren, es geschieht nichts."

Praktizieren in der großen Vorlesung: Eine blonde, vollbusige. hübsche Praktikantin ist aufgerufen: Der Patient wird hereingefahren. Er hat eine auffallend hohe und schön gewölbte Stirn. Sauerbruch, der auf seine eigene hohe Stirn sehr stolz war, fragte die Praktikantin: „Was fällt Ihnen an dem Mann auf?" – Keine Antwort, außer Schulterzucken. Wiederholung der Frage mit demselben negativen Ergebnis. Sauerbruch: „Sehen Sie sich doch mal die Stirn an, fällt Ihnen denn nichts auf?" Keine Antwort. Sauerbruch: „Sehen Sie nicht, daß der Mann eine wunderschöne hohe Stirn hat?" Antwort: „Ja." Sauerbruch: „Was versteht man denn unter einer hohen Stirn?" Praktikantin mit einem scharfen Blick auf Sauerbruchs Stirn: „Wenn vorn die Haare fehlen."

Staatsexamenprüfung: In Sauerbruchs Arbeitszimmer der Chirurgischen Klinik. Der Schäferhund sitzt aufbruchbereit in der Ecke. Ein Kandidat mit sehr kümmerlichen Kenntnissen; kaum eine Frage wurde richtig beantwortet. Alle, auch ich als Examensassistent (es war 1922 in München), sind müde; da wedelt der Hund mit dem Schwanz. Sauerbruch an den Kandidaten gewandt: „Warum wedelt der Hund mit dem Schwanz?" Entsetztes, hilfloses Gesicht des Kandidaten. Sauerbruch: „Weil er sich freut, daß Sie bestanden haben."

Eine Frau kommt spätabends in die Klinik. Sie wird an der Pforte angehalten und nach ihrem Wunsch gefragt. Sie sagt, sie wolle untersucht werden. Portier: „Dann müssen Sie morgen früh wieder kommen und in die Poliklinik gehen." Frau: „Ich kann jederzeit zur Untersuchung kommen, ich bin die maligne Struma (Kropf) vom Chef."

Patient B. wird von Sauerbruch auf dem Chirurgenkongreß nach mehreren Operationen wegen schwerer Erkrankung der Brusteingeweide vorgestellt.

Sauerbruch: „Na, wie geht es denn, Herr B.?" – B.: „Vorschriftsmäßig, Herr Geheimrat."

Während eines Aufenthaltes an der französischen Riviera fuhren wir öfters zum Spielen nach Monte Carlo. An einem Tag war uns das Glück besonders hold. Ein genießerisches Abendessen im gegenüberliegenden Hôtel de Paris ward beschlossen. Sauerbruch sah sich in den Fußstapfen internationaler Glücksritter wandeln, eine Empfindung, die ihn immer zum Gebrauch der französischen Sprache anregte. Wir gingen in die Spielbank zurück. Jeder Besucher kennt die Männer und Frauen, die nahe dem Bankeingang an die Gebefreundlichkeit der Besucher appellieren. Ein Jüngling näherte sich uns. Er begann seine Bitte um das Geld zur Heimreise mit den an Sauerbruch gerichteten Worten: „Sie sind gewiß deutscher Akademiker." Sauerbruch war tief enttäuscht über diese Augenblicksdiagnose und spendete in ungewohnt sparsamer Weise.

Im Hotel in Livorno sitzen wir beim Abendbrot, als der Direktor des Hotels Sauerbruch fragt, ob er einen hochstehenden Diplomaten ärztlich besuchen könnte, der in einem hochfieberhaften Zustand sei und phantasiere; der Hotelarzt könne sich keine Vorstellung von der Ursache des schweren Krankheitszustandes machen. Ein von der Regierung seines Landes gesandter „Spezialist" werde erst morgen eintreffen. Sauerbruch sagt zu, nimmt mich mit, und in dem Vorzimmer, in dem eine elsässische Krankenschwester sitzt, wartet der behandelnde Arzt. Während er eine Darstellung des bisherigen Krankheitsverlaufs gibt, unterhalte ich mich mit der Schwester über ihren Patienten. Ich frage sie, was sie davon hält, und ihre Antwort: „Wenn es ein Kind wäre, wüßte ich schon, daß es Masern sind." Beim Eintritt in das Krankenzimmer kann ich Sauerbruch noch schnell die Bemerkung der Schwester zuflüstern. Sauerbruch beobachtet den Kranken einige Zeit, untersucht Haut und Mundschleimhaut und sagt mit der größten Selbstverständlichkeit: „Es sind Masern, die bei Erwachsenen erfahrungsgemäß einen schweren Zustand schaffen können." Maßloses Staunen bei Arzt und Patienten. Der weitere Verlauf rechtfertigt die ungewöhnliche Diagnose.
Nach einigen Tagen trifft vom Patienten unterzeichnet ein Scheck ein, Sauerbruch diktiert einen Brief an den rekonvaleszenten Kranken mit dem Inhalt, daß er den Scheck an die Schwester weitergegeben habe, „da sie mir die Diagnose ins Ohr geflüstert und ich sie an ihn (Sauerbruch) weitergegeben habe".

Sauerbruch hatte große Freude am Wandern. So unterbrach er oft eine Autofahrt, ließ den Chauffeur bis zu einem entfernten Dorf weiterfahren, um zu Fuß dorthin zu gehen.

So war es auch, als er nach Augsburg gefahren war, um dort zu operieren. Auf der Heimfahrt ließ er – begeistert vom Sonnenschein – halten und wies Elbell (seinen Chauffeur) an, in einem acht Kilometer entfernten Dorf zu warten. Es war ein Föhntag. Nach einer Stunde hatte Sauerbruch vollauf genug und sah sich nach einer Fahrgelegenheit um. In der Tat kam ein älterer Herr daher, der einen offenen Jagdwagen lenkte. Sauerbruch fragte ihn, ob er uns zum nächsten Dorf mitnehmen könnte. Keine Antwort, der Herr schnalzte mit der Zunge und das Pferdchen setzte sich in Trab – ohne uns. Sauerbruch, erbittert durch Hitze und Abweisung, ruft dem Wagen zu: „Sie sollten mir mal unter die Finger kommen!"

Mehr als ein Jahr später wird ein Tierarzt mit Schenkelhalsbruch in die Klinik eingeliefert. Er will in die Privatabteilung; ich untersuche ihn. Wie er aus dem Untersuchungszimmer gefahren wird, kommt Sauerbruch gerade aus dem Operationssaal; nach einem Blick auf das Gesicht des Patienten sagt Sauerbruch: „Das habe ich Ihnen vor einem Jahre vorausgesagt!" In der Tat – es war der Jagdwagenlenker, der uns abgewiesen und den ich nicht, Sauerbruch aber mit einem Augenblick erkannt hatte.

C. Duisberg, der Beherrscher von I.G.-Farben, gab zur Feier einer erfolgreichen Operation im Berliner Hotel Adlon ein Essen, zu dem auch eine Reihe von Repräsentanten der rheinisch-westfälischen Industrie geladen waren. Es muß 1929 oder 1930 gewesen sein; ich merkte, wie Sauerbruch, der Ehrengast war, durch die stark renommierenden Gespräche zu irgendeiner Extravaganz gereizt wurde. Man sprach über die geographische Herkunft der Gäste und eine der Damen fragte Sauerbruch danach. Er nannte Barmen. „Dann habe ich Sie sicher im Hause meiner Eltern (Kohlen- oder Stahlbaron) gesehen." Sauerbruch: „Das kann schon möglich sein; ich mußte als Junge immer die Schuhe austragen, die mein Großvater repariert hatte."

Von Berlin zum Bosporus

In Berlin war das erste eindeutige Zeichen des Nachgebens der Regierung eine nationalsozialistische Demonstration vor dem kommunistischen Parteihaus im Januar 1933. In der Art, wie sie verlief, zeigte sich, daß die Berliner Straßen von den nazistischen Horden beherrscht wurden. Ich las den Bericht darüber, als ich zur Vertretung E. Ruppanners in Samaden war. In vielen Stunden des ungestörten Überdenkens der Situation kam ich zu dem Entschluß, Deutschland zu verlassen, wenn – was zu erwarten war – die Nazis zur Regierungspartei würden. Nach Berlin zurückgekehrt, hatte ich eine Unterredung mit einem Freunde, der während des Ersten Weltkrieges Flieger gewesen und mit Göring anscheinend in der Zwischenzeit auf freundschaftlichem Fuße verblieben war. Ihn bedrückte das radikale Fahrwasser, in das Goebbels die Bewegung trieb. Den Einfluß von Goebbels hielt er auf die Dauer dem von Göring überlegen. Am Ende der Diskussion hatte ich den Eindruck, daß er meinen Entschluß für richtig hielt. Am nächsten Tage rief er mich indessen an und verabredete ein Treffen am gleichen Abend in meiner Wohnung. Er hatte am Vormittag Göring gesprochen und riet jetzt zum Bleiben. Er wurde etwas verlegen, als ich ihm erklärte, daß mir gerade diese „Ausnahmestellung" genug über die innenpolitischen und die antisemitischen Pläne der Nazis sagte. Um die Ironie der Situation vollzumachen, hatte ich einige Wochen zuvor ein privates Schreiben des Heidelberger Dekans (E. Kallius) erhalten, das von der Nachfolge Enderlens handelte (nachdem Redwitz und Kirschner einen Ruf abgelehnt hatten; s. S. 47).
Nun überstürzten sich die Ereignisse. Am 30. Januar wurde Hitler Kanzler. Am nächsten Tag schrieb ich an Kallius einen Brief, in dem ich ihm meine Abstammung auseinandersetzte und gleichzeitig darauf hinwies, daß damit seine Anfrage illusorisch geworden sei. Erst nachdem ich mich innerlich von allen Aspirationen in Deutschland getrennt hatte, sprach ich mit Sauerbruch. Er hielt alle persönlichen Entscheidungen für „unüberlegt und dickköpfig", zeigte mir Briefe von Enderlen und Kallius, die im Grunde genommen nur das bestätigten, was ich schon wußte. Nur Enderlen ging auf meine Aszendenz ein, verwarf aber jeden Einwand, der daraus kommen könnte, da Baden „in den kommenden Wahlen sicher nicht nazistisch werden" würde. Sauerbruch teilte wohl diese Auffassung.
Zunächst ließ sich nur wenig Parteinahme für die Nazis in meinem engeren Arbeitskreis feststellen. Die Atmosphäre des Wahlkampfes war nicht viel anders als in den gleichen Perioden des Vorjahres. Aber, wahrscheinlich war

ich ein schlechter Beobachter wie jeder, der die Brücken hinter sich abgebrochen hat. Die erste spürbare Änderung trat nach dem Reichstagsbrand ein. Das Ereignis selbst erlebte ich nicht ohne ironische Begleiterscheinung. Ein Freund aus der Münchener Zeit, damals a. o. Professor der Pathologie, später Ordinarius, war mit seiner Frau bei mir zum Abendessen. Schon während unserer gemeinsamen Assistentenzeit kam er hin und wieder in einen Zustand nationalistischen Übereifers. Auf dieser Basis wurde er ein gläubiges Parteimitglied mit starken, propagandistischen Ambitionen. Er erzählte stolz, daß er selbst die amerikanischen Gastassistenten seines Instituts bekehrt habe. Während wir zusammensaßen, telefonierte der Pförtner die Nachricht herauf, daß der Reichstag brenne. Mein Gast reagierte sofort mit den Worten: „Das ist mal wieder eine gute Tat der Nazis – diese Schwatzbude zu vernichten."

Als am nächsten Tage die Version von den kommunistischen Brandstiftern verbreitet wurde, war die Diktatur gesichert: die kommunistische Partei wurde verboten, ihre Mitglieder verhaftet. Es begann die Ära der deutschen Konzentrationslager, die zwölf Jahre hindurch dem nazistischen Staate das bezeichnendste Gepräge gab. Sauerbruch war einige Tage vor dem denkwürdigen Tage des Reichstagsbrandes an einer fieberhaften Colitis erkrankt. Ich fuhr allabendlich in seine Wohnung, und wir besprachen die Tagesereignisse. Er weigerte sich hartnäckig, die politischen Tatsachen und ihre weitreichenden Konsequenzen zu sehen, und war überzeugt, daß der ganze Spuk dieser Herrschaft der Minderwertigen und Gescheiterten verfliegen würde, sobald sie sich an der Lösung außenpolitischer und wirtschaftlicher Fragen versuchten. Dann – das war seine Theorie – würde den deutsch-national-konservativen Elementen der Regierung die Führung in den Schoß fallen. Die Charakterlosigkeit der Typen wie Papen, Staatssekretär Meißner usw. sah er nicht. Als er von seiner Krankheit einigermaßen genesen war, ging er zur Erholung in die Schweiz und überließ mir die Leitung der Klinik. Am Tage vor seiner Abreise hatte er ein schönes Beispiel von Zivilcourage gegeben, als er einem Trupp von SA-Leuten, die in einem geschlossenen Verbande anmarschiert kamen, das Hissen der Naziflagge auf der Klinik verbot. Eigenartigerweise wurde der Versuch in den nächsten Wochen nicht wiederholt; jetzt aber entpuppten sich allmählich die Nazis im Klinikpersonal und unter den Assistenten. Da war der Sohn eines Arztes, von dem Sauerbruch in der materiellen Not seiner Studentenjahre unterstützt worden war. Als der Vater schrieb, daß sein Sohn an einer anderen chirurgischen Klinik wegen der dort herrschenden „bekannten" Tendenzen sich sehr unglücklich fühle, bot er ihm an, den Sohn an die Charité zu nehmen. Sauerbruch bat mich, dem Neugekommenen beim Dienstantritt zu versichern, daß Antisemitismus bei uns nicht existiere. Der junge Mann machte ein erstauntes Gesicht, als ich ihm

das eröffnete, und wenige Monate später war er der erste, der in SA-Uniform erschien – eine unerfreuliche Überraschung für Sauerbruch. Der andere Fall hatte sich schon früher ereignet. Einer der älteren Ärzte der Klinik bewarb sich um ein kleines städtisches Krankenhaus in Berlin. Er stellte sich bei der für die Wahl maßgebenden Behörde vor und berichtete mir – da Sauerbruch abwesend war – über das Ergebnis der Unterredung. Dabei wurde er zwischendurch dringend in die Poliklinik gerufen; die Schwester brachte ihm einen Operationsmantel, den er anzog, nachdem er seinen Rock abgelegt hatte. Meine Sekretärin stand, als er mein Dienstzimmer verlassen hatte, schweigend auf, drehte den Rockkragen herum; dort steckte das Hakenkreuz. Es mag Wunder gewirkt haben: Er erhielt nach der „Machtübernahme" die Chefarztstelle in einem der größten Berliner Krankenhäuser, die sein demokratischer Vorgänger geräumt hatte, um sich in die – wie er glaubte – reinere Atmosphäre eines konfessionellen Hospitals zurückzuziehen. Immerhin waren in der Chirurgischen Klinik der Charité der Nazis so wenige, daß eine Störung der Arbeit nicht erfolgte. Der tägliche Dienst vollzog sich so ruhig, daß man unwillkürlich an die Stille vor dem Sturm denken mußte. Das erste lokale Sturmzeichen kam auch von einer unerwarteten Seite. Eines Nachmittags bat mich der Verwaltungsdirektor der Charité telefonisch, den nichtarischen Assistenten – der Ausdruck war inzwischen in die offizielle Sprache übernommen worden – den Rücktritt von ihrer Stellung nahezulegen. Ich sagte ihm, daß ich der erste sei, der für diesen Akt der „freiwilligen" Eliminierung in Betracht käme, was H. Kuhnert, der Direktor, damit beantwortete, daß man meine Stellung als außerhalb der Diskussion stehend erklärt habe. Erst als ich ihm entgegnete, daß ich mit den betreffenden Assistenten nicht in dem gewünschten Sinn sprechen würde, wurde er nachdenklich. Er kam dann in die Klinik und suchte mich von der Weisheit seiner „prophylaktischen" Personalpolitik zu überzeugen. Die Unterredung hatte zum mindesten den Vorteil, daß er das Ausmaß seiner Zumutung einsah.
Am Abend telefonierte ich mit Sauerbruch, der bei Ruppanner in Samaden war, und bat ihn, nach Berlin zurückzukommen; ich wolle in Urlaub gehen und in der Ferienruhe mein Ausscheiden aus dem Verbande der Klinik schriftlich motivieren. 24 Stunden später war Sauerbruch in Berlin. Er hielt es für richtig, die Situation mit dem Reichsärzteführer Conti zu besprechen (der 1945 Selbstmord verübte). Als Ergebnis erklärte mir Sauerbruch, „nach zwei Wochen" werde alles wieder normalisiert sein. Die letzte Operation, die ich – recht wehmütig – in dem vertrauten Operationssaal der Charité ausführte, betraf den Enkel von Langenbecks Operationswärter.
Inzwischen war der 1. April 1933 zum „Tag des Judenboykotts" erklärt worden. Am Tage vorher verließ ich Berlin, um nach Bozen zu gehen. An einem berauschend schönen Frühlingstag, während in Deutschland das Pandämo-

nium des Judenboykotts losgelassen war, schrieb ich in Oberbozen, im Angesicht der Dolomiten den Brief an Sauerbruch, in dem ich meinen Entschluß, die Klinik zu verlassen, motivierte.

Bozen, 2. 4. 1933

Sehr verehrter, lieber Herr Geheimrat,

Der räumliche Abstand von Berlin, eine gewisse äußere Beruhigung haben die Voraussetzungen geschaffen für eine übersichtliche Betrachtung der letzten Ereignisse. Das Schlußbild, das sich für mich daraus ergibt, läßt kaum eine andere Deutung zu als die, die ich in diesen Zeilen niederschreibe. Sie werden begreifen, daß mir an einem solchen, für mein Leben entscheidenden Punkt jede Übertreibung in Gedanken und Ausdrucksform fern liegt. Es ist also gewiß kein Wort des Briefes Phrase.

Als ich damals nach den ersten Maßnahmen der neuen Regierung zu Ihnen kam und um meine Entlassung bat, war neben der Absicht, unerfreulichen Situationen aus dem Wege zu gehen, der Wunsch maßgebend, Ihnen eine Belastung zu ersparen. Sie haben mir diese Bedenken so nachdrücklich genommen, daß ich in der Sicherheit meiner Empfindungen stutzig wurde. Schwankungen in der Beurteilung blieben jedoch bestehen. Es war für mich ein bedrückendes Gefühl, Sie in den nächsten Tagen mit viel Kraft- und Zeitaufwand eintreten zu sehen für eine Sache, bei der bewußt von der anderen Seite jede Objektivität ausgeschaltet wird, und bei der die Zugeständnisse Ihrer Person, niemals aber mir gemacht wurden. Sie wissen, daß diese Feststellung nicht aus beleidigtem Selbstgefühl kommt. Seit zwölf Jahren identifiziere ich mich mit Ihrer Arbeit, und es wäre nichts törichter, als eine gesonderte Anerkennung zu verlangen. Aber – der Eindruck, der zurückbleibt, ist doch der gleiche wie bei einer Mesalliance, die man einem überragenden Mann gelegentlich nachsieht. Seit dem Boykott-Manifest, einem der schändlichsten Machwerke, die dieses Jahrhundert beflecken, hat sich die Auffassung wandeln müssen. Alles tritt in den Hintergrund gegenüber der schmutzigen Beleidigung des persönlichen Ehrgefühls. Sie wissen, daß ich den Ehrbegriff nicht vom Standpunkt des Bierkomments aus beurteile. Vielleicht darum habe ich mir das Augenmaß gewahrt für das, was wirklich ehrenkränkend ist. Ich fühle mich auch persönlich getroffen durch eine gemeine Herabsetzung, die nicht nur von der Masse als selbstverständlich nachgesprochen wird, sondern auch von *der* Schicht Menschen, die durch ihre Bildung und erarbeitete Lebenserfahrung in meinem Berufskreis liegt. Sie werden einwenden, daß diese Verallgemeinerung nicht zu Recht besteht. Ein Blick in die Zeitungen muß Sie belehren, daß meine Feststellung leider wahr ist. Die Beziehungen zu diesem Kreis kann ich jetzt nur noch vom Standpunkt der Selbstachtung aus begrenzen. Und es kann kein Zweifel darüber bestehen, daß ich mich außerhalb des Kreises *stellen muß*, in dem ich bis jetzt

gearbeitet habe. Es ist fast wie eine Tragik, daß dieser Entschluß unabwendbar wird in dem Augenblick, in dem eigentlich die berufliche Existenz im bisherigen Sinn gesichert schien. Aber – ein anderer Weg wäre Verschleuderung des Besten, was ein Mann besitzt – seines Stolzes. Für diese Auffassung ist es gleichgültig, ob der Formulierung der Boykotterklärung auch die Tat folgt.
Was dieser Entschluß für mich zu bedeuten hat, darüber bin ich mir nicht im unklaren. Ich trenne mich von einer Arbeitsgemeinschaft, die mir eine ständige Steigerung der Leistungen, darüber hinaus charakterliche und menschliche Bildung, also eigentlich den ganzen Sinn des Lebens gegeben hat.
Es ist mir gerade in diesem Augenblick eine Erleichterung, Ihnen das zu sagen, was Sie mir gewesen sind. Es ist so viel, ja eigentlich alles, was Leben und Arbeit getragen hat. Dagegen verblaßt die Erinnerung an eine schöne, auch äußerlich erfolgreiche Stellung, an die Freude der operativen Tätigkeit, der wissenschaftlichen Arbeit. Sie haben eine lange und erlebnisreiche Zeit schön und warm gemacht, so sehr, daß von den Strahlen der vergangenen Jahre noch viele in die Schatten der nächsten fallen werden.
Es ist selbstverständlich, daß ich nicht in Deutschland bleiben kann.

Am nächsten Tag fuhr ich mit Ruth, die einen Tag später Berlin verlassen hatte, nach Cattolica. Wir blieben vierzehn Tage dort und hatten Zeit und Ruhe, die neue Lebensphase, die begann, zu besprechen und zu planen.
Der Aufenthalt in Cattolica hatte ein amüsantes Zwischenspiel: Es waren nur wenige Gäste im Hotel, der Wirt drum um unser Wohlergehen sehr bemüht; das Interesse schien das ganze Dorf zu teilen. Die Romantik der Situation war wohl erhöht durch die Tatsache, daß Ruth und ich nicht verheiratet waren. Als Ruth mehr zufällig dem Wirt gegenüber von unseren Heiratsplänen sprach, schlug er uns vor, in der nahegelegenen Republik San Marino zu heiraten, da dort die bürokratischen Beigaben der Trauung erfahrungsgemäß sich auf einige Tage reduzieren ließen. Selbst die Voraussetzung, daß ein Ehepartner katholisch sein müsse, sei wahrscheinlich zu umgehen. Der Vorschlag war verführerisch. Der Priester der Bergfestung machte mit unserem Wirt eine Unterredungszeit aus; da eventuell die Trauung sofort angeschlossen werden sollte, wurden zwei Freunde des Wirts als Trauzeugen in den kleinen Fiat gepreßt, der neben ihnen und dem Brautpaar noch zwei sensationsbegierige Jugendliche fassen mußte. Bei der Besprechung mit dem Priester stellte sich heraus, daß ein Mißverständnis vorlag; einer mußte katholisch sein. Damit konnten wir nicht aufwarten. Die Unterhaltung zog sich einige Zeit hin – nicht ohne meine Schuld, denn ich genoß das Bild: Den Geistlichen, der eine Facialislähmung (Lähmung des motorischen Gesichtsnervs) hatte und seine Emotionen nur mit einer Gesichtshälfte zeigen

konnte; im Hintergrund die großen Fenster des geistlichen Amtszimmers, durch die man auf das Meer sah – unsere Begleiter, die nicht begreifen konnten, daß ihre Kirche ihnen eine so romantische Hochzeit entgehen ließ und – zum zweiten Akt der Prozedur bereits bestellt – einer der beiden Regenten von San Marino. Er bedauerte, daß er nicht zur Amtsausübung gekommen sei.

Nach einigen Tagen traf Sauerbruchs Antwortbrief ein, ein Dokument, das ebenso charakteristisch für seine väterlich-freundschaftliche Gesinnung war wie für sein Unvermögen oder – vielleicht besser – seine Weigerung, das Ausmaß dessen zu erkennen, was sich in Deutschland vollzog. Ich gebe den Brief hier wieder:

Mein lieber Nissen!
Zunächst möchte ich Ihnen von Herzen für Ihren vertrauensvollen und herzlichen Brief danken, der trotz aller Schwere und Traurigkeit seines Inhaltes mir sehr wohl getan hat. Denn darüber müssen wir beide, die wir in Arbeit, Freude und Leid so viele Jahre zusammen gewirkt und gelebt haben, uns klar sein, daß in dieser großen Krise, die Sie, aber wie ich hinzufügen muß, auch mich getroffen hat, wir uns nur dann verständigen und gegenseitig helfen können, wenn wir auf dem Boden echter männlicher Freundschaft stehen. Und daß es so ist, das fühle ich und darüber bin ich glücklich und ich weiß, daß Sie es auch sind.
Ich habe in diesen Tagen über Sie und Ihre Zukunft sehr viel nachgedacht und auch mit unseren gemeinsamen Freunden L. und R. darüber gesprochen.
Was nicht geschehen darf, ist ein Verzicht auf Ihre Universitätslaufbahn. Trotz allem, was heute in dieser letzten Entwicklung dem entgegensteht und entgegenzustehen scheint, sind Ihre Aussichten keineswegs hoffnungslos. Und wenn ich auch heute Ihnen einen klaren Weg und eine klare Lösung nicht aufzeigen kann, so fühle ich dennoch, daß eine Möglichkeit gefunden wird, um Sie für sich selbst und unsere deutschen Hochschulen zu retten.
Diese Lösung heißt Geduld und Abwarten. Jedenfalls zunächst einmal ein halbes Jahr. Denn ich bin überzeugt und habe das gefühlsmäßige Vertrauen, daß bis dahin manches sich klären wird, und damit wäre viel gewonnen.
Glauben Sie nicht, daß ich die Schwierigkeiten unterschätze, und glauben Sie auch nicht, daß ich Ihre Lage zu leicht nehme. Aber ich muß als Ihr Chef und als Ihr Freund und nicht zuletzt als deutscher Hochschullehrer daran festhalten, daß Sie einen großen akademischen Wirkungskreis bekommen. Denn sonst wäre nicht nur Ihr Lebensziel, sondern auch ein großes Stück meiner eigenen Lebensarbeit in Frage gestellt.

Alle Ihre Empfindungen, die Sie mir ehrlich und offen zum Ausdruck gebracht haben, fühle ich Ihnen nach. Vor allem Ihre Empörung und das Gefühl verletzten Stolzes. Aber es fällt mir in diesem Augenblick ein, daß man bei der Revolution 1918 den Offizieren die Achselstücke herunterriß und daß man ihnen nachher dennoch wieder Achtung, Würde, Verehrung und Dankbarkeit entgegenbrachte und wiedergab. Der Vergleich hinkt, aber das Wesentliche ist, daß sich selbst solche Entgleisungen, Geschmacklosigkeiten und solch ein Haß, wie er sich auch jetzt offenbart hat, wiedergutmachen lassen.

Ich habe am vorigen Samstag noch eine eingehende Aussprache mit den nationalsozialistischen Studentenvorständen gehabt. Ich darf Sie versichern, daß die Studenten an Ihnen hängen und daß Sie auf der ganzen Linie eine Ausnahmestellung einnehmen.

Von der Fakultät gilt das gleiche. Und das Ministerium wird über kurz oder lang sich dieser Auffassung anschließen, ja anschließen müssen. Daß hier allerdings ein großer Widerstand und wohl ein Widerstand grundsätzlicher Natur zu bekämpfen ist, daran kann natürlich nicht gezweifelt werden.

Bevor Sie aber auf Ihre akademische Laufbahn und, wie Sie in Ihrem Brief sogar andeuten, auf Ihre Tätigkeit in Deutschland verzichten, sollen und müssen Sie noch warten. Mit Ihnen bin ich der Meinung, daß Sie zunächst noch in den Ferien bleiben und Ihren Dienst in der Klinik in den ersten 8–14 Tagen nicht aufnehmen. Ich verspreche mir davon eine grundsätzliche und große Wirkung.

Vor allem bitte ich Sie, mir Ihren Entschluß, den Sie mir in Ihrem Briefe mitgeteilt haben, noch einmal in einer Form zur Kenntnis zu bringen, die ich auch der Behörde vorlegen kann. Verstehen Sie mich recht: alles, was Sie geschrieben haben, soll bleiben, nur die Form Ihrer Kritik der Regierungshandlungen darf bei aller Schärfe nicht so ausschließlich verletzend sein. Kurz, ein Brief, den ich der Regierung zeigen kann.

Ich fühle jetzt schon Ihren Widerwillen gegen diesen Vorschlag. Aber da er von mir kommt, nehmen Sie ihn an und erfüllen Sie ihn. Wenn auch dann wirklich jede Einsicht fehlen sollte, und auch Sie selbst dann noch Ihre ganze Situation als untragbar empfinden müssen, so werden wir eine andere Lösung finden. Freilich würde ich auch dann noch glauben, daß man zunächst an einen Übergang denkt und Sie ein halbes oder ein ganzes Jahr beurlaubt, immer noch mit der Hoffnung, daß Sie zurückkönnen.

Wenn Sie mein Sohn wären, so könnte ich Ihnen auch nicht anders schreiben, als ich es jetzt tue, und ich bitte Sie, mir zu glauben, daß mir Ihr Geschick und Ihre Zukunft am Herzen liegt, wie das meiner Kinder.

Ich selbst habe, wie Sie wissen, auch große Schwierigkeiten zu überwinden, wenn Sie auch anderer Art sind. Aber ich will kämpfen bis zuletzt und dieser Kampf geschieht für eine Sache, der ich mein Leben lang gedient habe, an die ich glaube und die das Schicksal und die Zukunft Ihrer Person mitumschließt.

Ich würde vorschlagen, daß wir uns in der Woche nach dem Chirurgenkongreß, wenn ich zur Jahrhundertfeier in Zürich bin, treffen und noch einmal alles ausführlich miteinander besprechen. Benutzen Sie diesen Ihnen vom Schicksal aufgezwungenen Urlaub, um sich zu erholen, denn, wie es auch kommen mag, wir alle brauchen für das, was uns noch bevorsteht, Ruhe, Sicherheit, Entschlossenheit, deren Voraussetzungen Gesundheit und Kraft sind.

Mit vielen herzlichen Grüßen an Sie und Empfehlungen an Fräulein B.

bin ich Ihr getreuer

Sauerbruch

Als wir Ende April 1933 nach Deutschland zurückkehrten, stellte uns Ruths Vater das Herrenhaus auf seinem Gute Königsberg in der Ostpriegnitz zur Verfügung. Von dort besorgte ich die vielen Aufgaben, die mit der Ablösung von der Klinik verbunden waren. Das erste offizielle Schreiben, das als Antwort auf mein Abschiedsgesuch eintraf, war erstaunlich. Es enthielt die ministerielle Aufforderung, meine Funktion als stellvertretender Direktor der Klinik „unverzüglich" wieder aufzunehmen. Bald erfuhr ich von Sauerbruch die Hintergründe dieser seltsamen Anordnung. Sauerbruch war mit dem Brief, den ich von Bozen aus geschrieben hatte, zum Kultusminister Rust gegangen, da ich es abgelehnt hatte, eine „abgeschwächte" Formulierung des Entlassungsgesuches abzufassen. Rust erkannte sofort, daß Sauerbruch den Brief auch für sich selbst sprechen lassen wollte, und beschloß, Sauerbruch von seiner Stellung zu suspendieren. Ich telefonierte an meinen Freund, setzte ihm den Stand der Dinge auseinander und erreichte, daß er versprach, Göring für die Angelegenheit zu interessieren. Das geschah. Erst zwei Wochen später erfuhr Sauerbruch von dritter Seite, wie nahe er daran gewesen sei, ein „Opfer der Hochschulreinigung" zu werden. Obwohl ich noch eine zweite Aufforderung erhielt, mein Amt bis zum 5. Mai wieder anzutreten, blieb ich auf dem Gute und informierte die Charitédirektion davon, daß ich mein Dienstverhältnis als gelöst betrachte. Wahrscheinlich war es meines Freundes Intervention zuzuschreiben, daß man im Kultusministerium meine Insubordination übersah und Sauerbruch die Genehmigung gab, mir einen mehrmonatigen „Studienurlaub" zu gewähren.

Inzwischen hatte die Schnelligkeit, mit der ich die Konsequenzen aus der antisemitischen Personalpolitik der Regierung gezogen, zu allerhand Reaktionen geführt, die damals – sehr im Gegensatz zu den späteren Jahren – noch als etwas Verständliches erschienen. Die Zahl der Besucher, die nach dem Gute Königsberg kamen und nur zum Teil ehrlich überzeugt, zum Teil um ihre Sympathie zu zeigen, die Übereiltheit und Grundlosigkeit meines Entschlusses zu beweisen suchten, war groß. Am stärksten berührte mich das Ergebnis einer Besprechung der Oberärzte der Charité, das P. Schürmann, der Prosektor des Pathologisch-Anatomischen Institutes, überbrachte. Wegen der langen Dauer des Operationsdienstes hatten wir für unsere Assistenten in der Chirurgischen Klinik ein eigenes Eßzimmer eingerichtet und damit auf die gemeinsamen Mahlzeiten im Casino der Charité verzichtet. Die Oberärzte aller Charitéabteilungen waren zusammengekommen, um ihrer Stellungnahme zu meinem „Fall" Ausdruck zu geben. Sie taten das in der Form, daß sie vorschlugen, die Herren der Klinik sollten ins gemeinsame Casino zurückkehren und ich sollte für das nächste Jahr der präsidierende Oberarzt werden (eine Wahl, die im Turnus geschah). Schürmann, den ich im Laufe der Zeit sehr liebgewonnen hatte, war so eindringlich, daß es richtig schmerzhaft war, ihm eine negative Antwort zu geben. Er war tief unglücklich über die politische Entwicklung. Kurz darauf nahm er einen längeren Urlaub, um an einem skandinavischen Institut zu arbeiten. Sein dezidierter politischer Antagonismus machte ihn bald verdächtig. Er fand, um Verfolgungen durch die Partei zu entgehen, einen damals oft gewählten Ausweg: den Eintritt ins aktive Heer. Nach Deutschland kehrte er erst zurück, als die Formalitäten erfüllt waren. Die Uniform – er wurde Professor der Pathologie an der wieder eröffneten Pepinière (Militärärztliche Akademie) – schützte ihn vor dem Zugriff der Nazis. Während des Zweiten Weltkrieges ist er im russischen Feldzug gefallen, menschlich und wissenschaftlich ein gleich schwerer Verlust.

Ruth und ich drängten von Deutschland weg. Wir benutzten die Wartefrist des Aufgebotes, um eine lange Reise vorzubereiten; ihr Endziel sollten die Vereinigten Staaten sein. Am 29. Mai 1933 heirateten wir. Am Vorabend der Hochzeit, dem Polterabend, versammelten sich die Kinder der Gutsangestellten und sangen einige Lieder – darunter den neuesten vaterländischen Gesang, das „Horst-Wessel-Lied"! Mein Schulfreund Richard Graewe amtierte als Pfarrer der kirchlichen Zeremonie, die im Gutshaus stattfand. Mein Schwiegervater und Sauerbruch waren Trauzeugen. Am 31. Mai verließen wir Königsberg; ich sollte Deutschland erst eineinhalb Jahre später wiedersehen. Als ich auf dem amerikanischen Konsulat vorsprach, um ein Visum zu erhalten, wurde ich in das Zimmer des Konsuls verwiesen. Ich hatte sein Kind einige Monate zuvor behandelt. Er war verzweifelt über den Ausbruch des „barbarischen Zeitalters" in Deutschland, wie er sich ausdrückte, und riet mir dringend, Einwanderungsvisen zu beantragen. Die deutsche Immigrationsquote war noch nicht gefüllt; in einigen Tagen wären die Formalitäten, die später viele Wochen oder Monate in Anspruch nahmen, erledigt gewesen. Die Begründung für seinen Vorschlag war so, daß ich ihn heute noch bewundern muß ob der Voraussicht, mit der er die Entwicklung der Dinge in Deutschland und Europa der nächsten Jahre beurteilte: die Kriegsrüstungen, Judenverfolgungen, die nationalistische Durchseuchung der Bevölkerung und – das unvermeidliche kriegerische Ende. In der Hauptsache tat ich es wohl deswegen nicht, weil mir frühere Erkundigungen bei John Alexander (Ann Arbor), einem namhaften Thoraxchirurgen, den Eindruck hinterließen, daß akademische Stellungen in den USA für Ausländer kaum verfügbar waren (der Eindruck war, wie ich später erfahren konnte, unrichtig). Sein Rat ging dahin, daß ich mich in New York als praktizierender Chirurg niederlassen sollte. Dagegen hatte ich damals eine tiefe Abneigung.

Als wir – an einem Sonntag – die deutsche Grenze hinter uns ließen, hatte ich das Gefühl eines entscheidenden Schlußstriches. Die Genugtuung darüber, daß ich die widerlichen Hakenkreuzfahnen nicht mehr zu sehen brauchte, überwog alle Bedenken über die Unsicherheit der Zukunft. Wir blieben einige Zeit in Zürich, trafen dort L. Lichtwitz, der sich zur Übersiedlung nach New York vorbereitete, und S. Thannhauser, der in Freiburg auszuharren beschlossen hatte. In Siena besuchten wir G. A. Chiurco, der eine Zeitlang an der Berliner Klinik arbeitete. In der Accademia di Physiocritici hielt ich den einzigen italienischen Vortrag meines Lebens – unter wohlwollender Duldung meiner Hörer, die wahrscheinlich kaum etwas verstehen konnten. Am Abend war ein Festessen, dem der Rektor der Universität G. Petragnani präsidierte. Ruth genoß die mittelalterliche Atmosphäre der Veranstaltung und noch mehr das Sieneser Pferderennen (Pallio), das auf dem Marktplatz stattfand und mich ein Büschel meiner Haare kostete. Eine begeisterte Zuschauerin riß sie in Ekstase über den Sieg ihrer Contrada aus. Der Abschied von Siena vollzog sich unter einem lustigen Zwischenspiel. In der Zeitung war mein Vortrag angekündigt worden. Ein früherer Alpini-Offizier, Capitano Martini, durch meinen Namen aufmerksam geworden, erschien mit seiner Kinderschar, gerade, als wir unseren Wagen bestiegen. Er fragte mich, ob ich während des Ersten Weltkrieges an einem bestimmten Frontabschnitt gelegen habe. Als ich das bejahte, nannte er den Truppenteil, dem ich angehört hatte. Nach dieser Feststellung richtete sich der kleine Mann auf und sagte zu seinen Kindern: „Seht den Professor an, das ist ein Deutscher, der mit Ritterlichkeit gegen euren Vater gekämpft hat." Meine damalige Situation verschaffte seinem Ausspruch eine erheiternde Dosis von Ironie.

Chiurco, der einer der frühesten Anhänger Mussolinis gewesen war, wollte uns etwas besonders Nettes durch die Vermittlung einer Audienz beim „Duce" antun. Er war recht verstimmt, als ich das ablehnte, und auch sein Hinweis, daß Mussolini Hitler nicht leiden könne, war nicht imstande, meine

Abneigung gegen den Faschismus zu überwinden. So schieden wir von Rom, ohne den Duce gesehen zu haben. Interessant war die Reaktion unserer römischen Freunde (die sämtlich Parteimitglieder waren) auf mein Verhalten in der Audienzfrage. Sie wurden besonders freundlich und beeilten sich zu versichern, daß sie den Faschismus verabscheuten. Die weitere Reise führte uns über Viareggio, die Riviera, Avignon nach Lyon und Paris, wo ich in der Begleitung von Marc Iselin einige chirurgische Kliniken besuchte. Die Gastlichkeit Iselins legte das Fundament für eine bis heute bestehende Freundschaft, die wir in Amerika und Basel vertiefen konnten. Er hat durch seine Arbeiten und Kurse über Handchirurgie weltweite Anerkennung gefunden.

Unser Plan ging dahin, nach England überzusetzen und in Southampton das Schiff nach Amerika zu erreichen. Es kam aber anders. Die Abreise von Paris war für den Morgen des 14. Juli festgesetzt. Die Nacht vor der *fête nationale* brachten wir in dem vergnügten Treiben auf den Straßen von Paris zu, kamen erst im Morgengrauen nach Haus und verschliefen den Abreisetermin. Um 9 Uhr wurden wir durch ein Telegramm meiner Mutter geweckt, das mir aufgab, eine Zürcher Nummer anzurufen. Als ich Zürich erreicht hatte, meldete sich am anderen Ende Ph. Schwartz, ein Pathologe aus Frankfurt, der mich bat, sofort nach Zürich zu kommen, um wegen der Übernahme des Istanbuler Lehrstuhles der Chirurgie zu verhandeln. Wir entschlossen uns ohne Zögern nach der Schweiz zu fahren; im Grunde meines Herzens war ich froh, das unbekannte und unheimliche Amerika aus den Zukunftsplänen streichen zu können.

Mit leichter Verzögerung durch einen Autounfall traf ich am nächsten Vormittag in Zürich ein, fand eine größere Zahl von deutschen Professoren, die sich in der gleichen Lage befanden, in der Wohnung von Schwartz' Schwiegervater Tschulok vor und erhielt erstaunliche Aufklärungen über den Zweck der Versammlung. Schwartz hatte in Zürich eine „Notgemeinschaft deutscher Wissenschaftler im Ausland" gegründet und von wohlhabenden Schweizer Gelehrten und Bankiers die Mittel zur Eröffnung eines Büros erhalten. An Schwartz hatte sich Malche aus Genf gewandt, der von der türkischen Regierung eingeladen war, einen Plan zur Reorganisation der Istanbuler Universität auszuarbeiten. Ursprünglich war es die Absicht des türkischen Präsidenten Atatürk, die Erneuerung des Lehrkörpers innerhalb von fünf bis zehn Jahren durchzuführen. Die Hitlersche Universitätspolitik veranlaßte ihn, daraus sofort Nutzen zu ziehen. Ungefähr 40 Ordinariate aller Fakultäten sollten – nach Malches Vorschlag – mit entlassenen deutschen Professoren besetzt werden. Die Gründung einer zweiten Universität in Ankara war ein anderer Punkt im Regierungsprogramm. Schwartz gab sich Mühe, die Reifung dieses Planes zu beschleunigen, wenigstens soweit die medizinische Fakultät in Frage stand.

Da ich Sauerbruch versprochen hatte, ihn über jede beabsichtigte Veränderung in meinem Lebensplan zu informieren, rief ich ihn von Zürich aus an. Er riet mir, die endgültige Zusage von einem gemeinsamen Studium der Verhältnisse an Ort und Stelle abhängig zu machen, um so mehr als sich Malche gerade in der Türkei aufhielt. Da ich obendrein über meine Zeit – im Gegensatz zu den meisten anderen Herren, die wieder nach Deutschland in ihre gefährdete Stellung zurückkehren wollten – frei verfügen konnte, schlug Schwartz mir vor, nach der Türkei zu reisen, wenn Malche und die türkischen Behörden es wünschten. Bis zum Eintreffen dieser Aufforderung gingen Ruth und ich zu Ruppanner nach Samaden (Oberengadin), der uns mit gewohnter Herzlichkeit eingeladen hatte. Ende Juli kam Malches Telegramm, das Sauerbruch und mich zu Besprechungen nach Istanbul und Ankara einlud. Am 1. August kam ich in Istanbul an – in glühender Hitze, die einen Vorgeschmack der kommenden Sommer gab.

Die Einführung, die ich bei den türkischen Universitätsmitgliedern erhielt, eröffnete fragwürdige Perspektiven: die Zeitungen berichteten über meine Ankunft mit dem Zusatz, daß ich der erste einer großen Reihe von ausländischen Professoren sei, die zum Ersatz der türkischen Professoren bestimmt seien. Vorsorglich sei allen türkischen Hochschullehrern gekündigt worden. Ob das den Tatsachen entsprach, ließ sich nicht feststellen. Man braucht aber keine Phantasie dazu, um sich die Atmosphäre vorzustellen, in die ich hineingeriet. Malche und der Kultusminister, mit denen ich bald zusammenkam, waren indessen voll Zuversicht für das Gelingen ihrer Pläne. Malche, der eine Zeitlang Erziehungsdirektor des Kantons Genf war, gewann durch Liebenswürdigkeit, Takt und eine stets gleichbleibende, zähe Energie das Herz aller, die guten Willens waren. Er hat mir in den schweren Monaten des Beginnens durch seine Weisheit und Menschenkenntnis oft geholfen; als ich 20 Jahre später nach Genf kam, war mein erster Weg zu ihm, um ihm noch einmal für seine freundschaftliche Gesinnung zu danken.

Der Kultusminister war einer von den jungen Mitarbeitern Atatürks: fortschrittlich gesinnt, seines Zieles sicher und rücksichtslos in der Bekämpfung reaktionärer Kabalen, die sich mit dem Mantel des Nationalismus umgaben. Die Durchführung der Universitätsreform setzte ihn vielen Feindschaften aus; er ignorierte sie und hatte bald für diese kompromißlose Haltung zu büßen.

Wie weit die Reorganisation auf dem Gebiete der medizinischen Fakultät gehen sollte, war den Initianten des Gesamtplanes noch nicht klar. Als Rektor der neuen Universität war der Leibarzt Atatürks, Neşet Oemer Irdelp, bestellt worden, als Dekan der Arzt des Ministerpräsidenten, Tevfik Saglam. Es war schwer, einen präzisen Eindruck von ihrer Haltung dem Reformgedanken gegenüber zu gewinnen. Ich möchte aber glauben, daß die Verständigungsschwierigkeiten an meinen Zweifeln schuld waren. Als nach einigen Tagen Schwartz eintraf, nahmen die Verhandlungen über ein Vertragsmodell, das für alle Professoren gültig sein sollte, schnellen Fortgang. Schwartz hat sich später einen Teil der ausländischen Professoren zu Gegnern gemacht. Es muß aber festgestellt werden, daß es ohne sein Zielbewußtsein, seine Personalkenntnis und Überzeugungskraft niemals zur Berufung einer so großen Anzahl von Ausländern gekommen wäre.

Ich besitze noch den Vertrag, den Schwartz und ich in diesen Tagen entwarfen; er hat in den wesentlichen Punkten sich als gesunde Grundlage der akademischen Tätigkeit der Neuberufenen erwiesen. Für die Kliniker wurde von den Behörden das Prinzip der *full-time*-Anstellung gefordert. Die Gehaltsverhältnisse waren so, daß wirtschaftliche Schwierigkeiten sich solange nicht ergaben, als die Lebenskosten stabil blieben.

Nachdem der Vertragsentwurf vom Minister genehmigt und gegengezeichnet war, hatte ich noch meine Vorstellungen über Reorganisation der Chirurgie und Ausstattung der Klinik zu Papier zu bringen. Da bisher die Verhandlungen nur provisorischen Charakter hatten, bat ich Sauerbruch, noch nicht nach Istanbul zu kommen. Numan Bey*, der Generalsekretär des Außenministeriums – seit vielen Jahren ein Patient Sauerbruchs –, interessierte sich für mein Kommen; auch er war für Aufschub von Sauerbruchs Besuch.

Nach Erledigung dieser Präliminarien war keine Notwendigkeit für ein weiteres Verbleiben in Istanbul mehr vorhanden. Ich kehrte nach Samaden zurück und wartete auf die endgültige Entscheidung der türkischen Regierung. Es folgte ein längeres Schweigen; dann erschien in den europäischen Tageszeitungen die Nachricht, daß der Kultusminister demissioniert habe. Damit schien, zum mindesten für absehbare Zeit, das Projekt erledigt zu sein, und wir bereiteten uns auf eine amerikanische Erkundungsreise vor. Sehr zu aller Überraschung traf aber ein Schreiben des Hygieneministers Refik Saydam ein, der kommissarisch auch das Kultusministerium übernommen hatte. Er bestätigte die provisorischen Abmachungen seines Vorgängers und lud unter anderen auch mich zur Unterzeichnung des definitiven Vertrages ein. Sauerbruch war durch Numan Bey auf dem laufenden gehalten worden. Wir verständigten uns telefonisch über ein Treffen in Istanbul. Refik Bey, ein sehr systematischer Arbeiter, hatte den Organisationsplan akzeptiert und in seiner methodischen Art in Teilaufgaben zerlegt. Es gelang allerdings bald, ihn zu überzeugen, daß die Zeitfrage eine beherrschende Rolle spielte: Die meisten der deutschen Professoren hatten noch andere Berufungsaussichten. Als Sauerbruch eintraf – wir wohnten in dem schönen Therapia am Bosporus –, riet er mir zunächst, die Unterzeichnung des Vertrages aufzuschie-

---

* Menemencioglu; Familiennamen wurden erst 1935 gesetzlich eingeführt.

ben, bis er selbst ein Urteil über die Durchführbarkeit des Planes gewonnen habe. Er fuhr zum Ministerpräsidenten Ismet Inönü nach Ankara und besprach auch mit Refik und Numan Bey wiederholt und eingehend die Einzelheiten des Projekts, soweit es die medizinische Fakultät und besonders die Chirurgie betraf. Natürlich war Sauerbruchs Erscheinen ausgiebig in der lokalen Presse (übrigens auch in der reichsdeutschen) kommentiert worden. Die Folge davon war eine Einladung des stellvertretenden Botschafters Fabricius zu einem Tee der „Sommerbotschaft" in Therapia. Da über die personale Seite der Reorganisation fast täglich Notizen in den Zeitungen mit dem Präfix „deutscher" Professor erschienen, war die deutsche diplomatische Vertretung in einer komplizierten Lage. Keiner von uns hatte mit ihr Kontakt aufgenommen. Jetzt mit dem Auftreten Sauerbruchs sah man eine willkommene Gelegenheit, Beziehungen mit der großen Zahl von Emigranten aufzunehmen, die erwartet wurden und die durch ihre zukünftigen Stellungen natürlich mit den Regierungsorganen ausgiebig in Berührung kommen würden.

Das, was sich ereignete, ist charakteristisch für die Unsicherheit der Reichsbehörden in den Anfangszeiten des Naziregimes. Als ich die Einladung erhielt, sagte ich ab mit der Begründung, daß ich in kein Haus ginge, das die Hakenkreuzfahne zeige. Da die Einladung offiziellen Charakter hatte – die Vertreter der deutschen Kolonie waren gleichfalls aufgefordert worden –, mußte die Reichsfahne, jetzt also das Hakenkreuz, gehißt werden. Tags darauf erschien der Botschaftsrat Fabricius bei mir im Hotel und erklärte, daß man von der Beflaggung der Botschaft Abstand nehmen werde. Diese Unterlassung, die später undenkbar wurde, geschah, obwohl Parteispione schon seit langem in den diplomatischen Missionen etabliert waren.

Nach Unterzeichnung des Vertrages kehrte ich nach Zürich zurück, wo unterdessen die Schwartzsche Notgemeinschaft eine ausgedehnte Aktivität entfaltet hatte. In dem Wunsch, möglichst vielen zu helfen, hatte Schwartz gelegentlich individuelle Ressentiments hervorgerufen und – was bei Professoren nicht erstaunlich ist – persönliche Eitelkeiten verletzt oder mehr versprochen, als er nach der Lage der Verhältnisse halten konnte. Die Atmosphäre der Kritik begann sich gegen ihn zu entwickeln. Er gab – ohne sich völlig zu distanzieren – die Leitung der Notgemeinschaft an Geheimrat Demuth ab, der die Geschäfte in den nächsten Jahren mit Umsicht und Geschicklichkeit fortführte.

50 Jahre hindurch hat die deutsche Wissenschaft durch die große Zahl von tüchtigen, erfolgreichen und selbständig denkenden Männern, die sie hervorbrachte, die Aufmerksamkeit des Auslandes auf sich gezogen. Diese Entwicklung hat ehrgeizigen Regierungen und wissenschaftlichen Instituten des Aus-

lands den Gedanken nahegelegt, die Methoden deutscher Forschungsarbeit auf geeignete Weise ins eigene Land zu verpflanzen. Es war kein Zufall, daß eine nordamerikanische Studienkommission, geleitet von A. Flexner, hauptsächlich die deutschen Verhältnisse untersuchte, als es sich darum handelte, die Methoden von Unterricht und Forschung im eigenen Land zu verbessern. Aus den gleichen Gründen zogen die medizinischen Universitätsinstitute von Deutschland, Österreich und der deutschsprachigen Schweiz Hunderte von jungen Amerikanern in ihren Bannkreis. Kaum einer von den Großen der nordamerikanischen Medizin dieser vergangenen Epoche hat die Möglichkeit, an deutschen medizinischen Arbeitsstätten zu lernen, unbenützt gelassen. In fast noch größerem Maße gilt das für Japan. So kam es, daß die deutsche medizinische Wissenschaft sich eine führende Stellung zuschreiben durfte. Was aber in Deutschland dabei übersehen wurde, ist die Tatsache, daß besonders in Nordamerika von vornherein eine vollständige Nachahmung der deutschen Einrichtungen vermieden wurde. Da keine traditionelle Bindung nach irgendeiner Richtung vorhanden war, bildete sich auf nordamerikanischem Boden ein Arbeitssystem aus, das das Gute verschiedener Unterrichtsmethoden zu vereinigen suchte. Während die Forschungsinstitute mehr oder weniger dem deutschen Vorbild angepaßt waren, blieb der Unterricht der Studenten ungefähr so, wie er sich in England und Frankreich bewährt hatte.

Die Türkei ahmte das Beispiel außereuropäischer Länder nach und ermutigte ihre werdenden Akademiker, an deutschen, österreichischen, schweizerischen, französischen und seltener englischen Universitäten ihre Fachausbildung zu ergänzen. Sehr häufig wurde ihnen durch Regierungsstipendien der Aufenthalt im Ausland erst ermöglicht. Die Erfolge entsprachen nicht den Erwartungen. Bei der starken Neigung zu politischer Betätigung, die akademisch Gebildete in allen Ländern des Orients besitzen, brachten während des Sultanats viele im Ausland ihre Zeit mehr mit Diskussionen über die politische Reform der Türkei zu, als mit dem Fachstudium. Sie schlossen sich zu revolutionären Vereinen zusammen. Die Jungtürkenbewegung ist aus solchen im Ausland formierten Gruppen türkischer Akademiker hervorgegangen. Später, als Atatürks (Mustafa Kemals) Regierung das Sultanat ablöste, nahm das politische Interesse ab. Der Gewinn aber, den der Staat von seinen ins Ausland gesandten Stipendiaten hatte, stand in keinem gesunden Verhältnis zu den finanziellen Aufwendungen.

Schon unter dem Sultanat waren Versuche gemacht worden, ausländische Lehrer an die Landesuniversität zu verpflichten, um mit ihrer Hilfe den Unterricht zu vertiefen und besser zu organisieren. In einem Staat, der wie die Türkei des Sultans ein Spielball europäischer Politik war, lag es nahe, die „geliehenen" Universitätslehrer als politische Faktoren zu benutzen. Frankreich z. B., das zur ersten Hochschulreform einige Professoren beigesteuert hatte, war vielleicht mehr daran interessiert, seinen politischen Einfluß auf diesem naheliegenden Umwege zu verstärken. Durchgreifende Reformen – so nötig sie waren – unterblieben, da man befürchtete, daß jede nachdrückliche Änderung der Methode von den türkischen Akademikern als eine indirekte Kritik ihrer eigenen Fähigkeiten und Kenntnisse betrachtet werden könnte. Als das französische Experiment erfolglos blieb, versuchte man es mit den Deutschen, und zwar ungefähr zu der Zeit, als das Ansehen der deutschen medizinischen Wissenschaft ihren Höhepunkt erreicht hatte. Da zu der gleichen Zeit der militärische Einfluß Deutschlands in der Türkei groß wurde – deutsche Militärmissionen wurden seit fast 100 Jahren in wechselnder Stärke zur Ausbildung der türkischen Armee herangezogen –, lag der deutschen Regierung wenig daran, ihren Einfluß durch den im Militärstand wenig geachteten „Professor" zu verstärken. Diesem geringen Interesse, das die deutsche Regierung zeigte, kam die ausgesprochene Abneigung deutscher Hochschullehrer entgegen, im Auslande tätig zu sein. Das deutsche Kriegsministerium fand eine Lösung in dem Vorschlag, Militärärzte im Professorenrang zur Dienstleistung an die medizinische Militärschule Gülhane zu kommandieren. Diese deutschen Militärärzte – sowenig sie schon aus äußeren Gründen in der Lage waren, Unterricht und Forschung zu fördern – brachten aber bemerkenswerte organisatorische Fähigkeiten mit, die sie mit preußischer Hartnäckigkeit anzuwenden suchten. Hier hat einer von ihnen, Julius Wieting, manches erreicht, und die Tatsache, daß er sich durchsetzen konnte, war 1933 wie für viele auch für mich der Grund, die Berufung nach der Türkei mit Optimismus zu betrachten. Allerdings kannte ich damals nicht das Résumé, das Wieting nach zehn Jahren Tätigkeit in der Türkei veröffentlicht hatte. Er schreibt in diesem Berichte, daß er zehn Jahre hindurch gegen den konstanten Widerstand der Regierung ein Programm durchzuführen versucht hat, das dieselbe Regierung ihm bei seinem Dienstantritt gegeben hatte. Als ich später diesen Satz im Vorwort von Wietings Buch las, war ich bereits durch eigene Erfahrung geläutert.

Der neue Versuch, eine Universitätsreform durchzuführen, ging von Atatürk aus. Es lohnt sich, bei diesem bedeutenden Manne zu verweilen.
In den Zeiten seines Aufstieges hat er sehr viel politischen Sinn, Tapferkeit und Mut, Organisationsgabe und eine unvergleichliche Energie in der Durchführung seiner Ideen bewiesen. Als er – Ende der zwanziger Jahre – zugleich mit der Annäherung an die westeuropäischen Staaten sein Regime stärker demokratisieren wollte, war er im eigenen Netz so fest gefangen, daß er diesen Versuch eines parlamentarischen Mehrparteiensystems wieder aufgab.

Ich lernte ihn am Krankenbett seiner Schwester kennen. Er war damals – 1935 – auf der Höhe seiner Erfolge, ein Mann von durchdringender Intelligenz und stark entwickelter Menschenverachtung. Jeder Ansatz von militärischer Forschheit – die mir bis dahin unlösbar mit aktiven und ehemaligen Generälen verknüpft zu sein schien – fehlte ihm. Obwohl er der einzige immer erfolgreiche türkische General des Ersten Weltkrieges war, obwohl sein Sieg über die Griechen im Unabhängigkeitskriege von aller Welt als glänzendes Beispiel überlegener Improvisationskunst bewundert wurde, vermied er auch in Kleidung und Habitus jeden militärischen Zug. Ich habe ihn nur einmal – zum Empfang des persischen Schahs – in Uniform gesehen. Er sprach ein gepflegtes Französisch und hatte offensichtlich Freude daran, es zu benutzen. Bald lenkte er das Gespräch auf die Zustände in Deutschland; aus seinen kurz und präzis formulierten Fragen merkte man, wie sehr er sich damit beschäftigt hatte und wie unsympathisch ihm Hitler war. Ich kann mich allerdings an keine direkt abfällige Bemerkung erinnern, aber es war unschwer, aus Fragen und Gesten zu erkennen, daß er von dem neuen Stern am Himmel der Diktatoren nicht begeistert war. Nur einmal fiel eine eindeutige Bezeichnung. Als das Frage- und Antwortspiel zum Ende gekommen war und ich damit geschlossen hatte, auf Kriegsabsichten der Nazis hinzuweisen, nahm er diese Bemerkung auf – in einer fast philosophisch-psychologischen Form der Meinungsäußerung: es sei ein fundamentaler Fehler, die Macht einem Mann zu geben, der noch keine staatsmännischen oder militärischen Leistungen vollbracht habe. Ein Korporal würde sich dann nicht davon abhalten lassen, zu beweisen, daß er auch ein großer Feldherr sei.

Die Hypothek, die Atatürks Pläne belastete, war zu Beginn seiner Regierung die Weltmeinung über die Türkei, und – um das gleich vorwegzunehmen – er hat von diesen Vorurteilen die meisten und wesentlichsten zum Verschwinden gebracht. Als ich schon ein Jahr in der Türkei war, erschien Harold Nicolsons bekanntes und weitverbreitetes Buch: „Peacemaking 1919". Er findet, die Türken hätten „nicht das mindeste zum Fortschritt der Menschheit beigetragen", ihr Handeln sei „im Krieg und Frieden durch brutale Roheit und Grausamkeit charakterisiert".

Nicolson gehörte viele Jahre der englischen Botschaft an, als sie – zu Sultans Zeiten – noch in Istanbul war. Die Verallgemeinerung des Urteils, die er hier ausspricht, ist schwer verständlich bei einem Mann, der über eine große Lebenserfahrung verfügt und nach seinem eigenen Urteil die Fähigkeit zur Nuancierung besitzt. Ich kann mir auch nicht vorstellen, daß die Türken unter dem Einfluß des neuen Regimes eine grundsätzliche Änderung ihres Wesens erfahren haben. Es ist viel eher anzunehmen, daß Nicolson in der Charakteristik der Türken von dem geleitet war, was in diplomatischen Kreisen herumgeboten wurde – von einer Gesellschaftskategorie also, die mit der Bevölkerung nur in oberflächlichen Kontakt kam. Zutreffender ist das, was Helmuth v. Moltke über die Türken schrieb: „Die Unterschiede zwischen Türken und dem Europäer sind auf allen Gebieten so außerordentlich groß, daß es eines hohen Grades von Geduld, Einsicht und Takt bedarf, um zu einem nützlichen und praktischen Ergebnis zu kommen. Wer nicht an eine solche Aufgabe mit einem großen Maß von Resignation herantritt, wer sich nicht darüber klar ist, daß er vieles, was er für wünschenswert und notwendig hält, nicht erreichen kann, der wird nicht nur bei seiner Arbeit große Enttäuschungen erleben, sondern er wird auch nichts leisten können. Das orientalische Selbstgefühl ist an sich durchaus verständlich und berechtigt."

Professor für Chirurgie in Istanbul

Am 1. Oktober 1933 siedelten Ruth und ich nach Istanbul über. Ulla, Ruths Schwester, begleitete uns.
Die Schwierigkeiten des Beginns lagen für mich auf zahllosen Gebieten: mangelnde Kenntnis der Landessprache, unvollkommene Beherrschung des Französischen, das von allen gebildeten Türken und von den Minoritäten (Griechen, Juden, Armeniern) gesprochen wird; die Gegnerschaft eines großen Teils der türkischen Hochschullehrer, besonders derer, die pensioniert worden waren; Fehlen von Mitarbeitern, die mit meinen Arbeitsmethoden vertraut waren; die Mängel der Hospitaleinrichtung. Die eingesessenen Spezialisten erschwerten während der ersten zwei Jahre meine Arbeit recht erheblich. Mit der full-time-Stellung, das heißt mit dem Verzicht auf Privatpraxis, hatte ich mich während der Vertragsverhandlungen gern abgefunden, in der Vorstellung, daß ich auf diese Weise den bodenständigen Chirurgen keinen Anlaß zum Neid geben würde. Es zeigte sich bald, daß diese Rechnung falsch war. Mein Vorgänger hatte eine sehr kleine jährliche Operationsziffer in seiner klinischen Abteilung aufzuweisen. Schnell wurde klar, daß die neu etablierte Klinik im Krankenhaus Cerrah Paşa, die ich zu leiten hatte, das Vielfache der Eingriffe im Jahr haben würde.
Man versuchte, die Assistenten gegen die „ausländischen" Lehrer zu mobilisieren. Das war nur für kurze Zeit erfolgreich. Im Endeffekt erwies sich das als Bumerang. Meine Assistenten waren gutwillige, lernbegierige Männer, die in der Dankbarkeit für ihre Lehrer aufgezogen waren. Die loyalen Seiten ihres Wesens kamen schnell zum Durchbruch, als sie sahen, daß ihre ärztliche und chirurgische Ausbildung das beherrschende Ziel meiner Arbeit war. Sie wurden vertrauensvolle Mitarbeiter und haben mir ihre Zuneigung bis zu diesem Tage erhalten.
Schwieriger war das Einfinden in die recht primitiven äußeren Arbeitsbedingungen, die eigentlich während meiner ganzen Istanbuler Zeit das Stigma eines Provisoriums hatten, da eine neue und zweckmäßigere Klinik zugesagt war. Ihr Bau, an dessen Planung ich weitgehend beteiligt war, stand schon fertig, als ich 1939 Istanbul verließ. Es war begreiflich, daß die Regierung wenig zur Verbesserung der veralteten Krankenhausabteilung tun wollte. Nur ein Anbau, der Hörsaal und Laboratorium enthielt, wurde errichtet.
Ich betrachte es heute beim Rückblick über 50 Jahre beruflicher Tätigkeit als bemerkenswert, daß ich in den sechs Jahren Istanbul unter unzulänglichen äußeren Bedingungen eine befriedigend arbeitende Universitätsklinik

schaffen konnte. Die beiden Oberärzte, Burhanettin Toker und Fahri Arel, hatten wenig Erfahrung im Unterricht. Burhanettin war zu bejahrt, um sich auf neue Aufgaben umzustellen. Fahri war belesen und rhetorisch gewandt, ein guter Beobachter am Krankenbett und wissenschaftlich hervorragend begabt. Von den jungen Assistenten war keiner über die Anfangsgründe der Chirurgie hinaus. Indessen entwickelten sich aus ihrer Mitte Chirurgen, deren Leistungen bei einer fast durchweg vorhandenen großen manuellen Begabung hervorragend wurden.

Ein türkischer Staatsmann, der viel ärztliche Sorgen machte, war der Generalsekretär des Außenministeriums, Numan Menemencioglu. Ich kannte ihn von der Zeit her, als er Sauerbruchs Patient in Berlin gewesen war. Sein Leiden, das zu Rückfällen von entzündlichen Komplikationen führte, brachte ihn fast in jedem Jahr auf den Operationstisch. Ein ungemein fleißiger und kluger Mann, der sich der besonderen Gunst Atatürks erfreute, war er mitunter wochenlang von Schmerzattacken und der daraus resultierenden Schlaflosigkeit geplagt.
Seine eiserne Konstitution vertrug die zahlreichen Perioden fieberhafter Erkrankung, Operationen usw., ohne daß für viele Jahre seine enorme Arbeitskraft gelitten hätte. Während des Zweiten Weltkrieges wurde er Außenminister; er hat in dieser Stellung die Türkei durch die delikate politische Situation zwischen den beiden Gruppen kriegführender Mächte geschickt hindurchgesteuert, bis er angeblich ein Opfer seiner Freundschaft mit Papen wurde.
Wahrscheinlich war es Papens Absicht, durch eine tour de force Numans Sympathien für Deutschland offenbar werden zu lassen. Für Papen war es bezeichnend, daß er den Eclat provozierte zu einer Zeit, als Deutschlands Niederlage sich bereits abzeichnete. Numan erhielt die Botschafterstellung in Paris. Dort war er bis zu seinem Tode nur noch ein Schatten des Mannes, durch dessen Hände für zwei Jahrzehnte alle Fäden der türkischen Außenpolitik gegangen waren.

Unser Vertrag enthielt einen Paragraphen, der die Unterrichtssprache regelte. Für drei Jahre sollten wir Vorlesungen und Prüfungen in deutscher Sprache halten, danach in Türkisch. Ganz wider Erwarten stellte sich heraus, das die *Übersetzungsmethode,* die in den deutsch gesprochenen Vorlesungen angewandt wurde, für Lehrer und Studenten gleich befriedigend war. Der Lehrer war gezwungen, klar und mit einfacher Satzgebung zu sprechen. Es wurde nicht jeder Satz, sondern jeder zusammenhängende Gedanke übersetzt. Die Zeit der Übersetzung konnte der Sprecher zur Vorbereitung des nächsten Gedankens benutzen. Allmählich gewannen Lehrer und Übersetzer eine solche Routine – besonders in der Kürze der Formulierung –, daß ein wirklicher Zeitverlust nicht entstand. Und als einige der Professoren schon *vor* dem vertraglich geforderten Termin in Türkisch zu unterrichten begannen, waren die Studenten wohl erfreut über den Eifer und die Mühe beim Erlernen ihrer Sprache, ließen aber in taktvoller Art erkennen, daß ihnen der Übersetzungsmodus mehr gab.

Vom ersten Tage meiner türkischen Tätigkeit an waren die Medizinstustudenten ein ständiger Quell der Freude und Genugtuung. Sie waren interessiert, im Durchschnitt recht intelligent und von einer unfehlbaren Höflichkeit. Ungefähr die Hälfte gehörte der Armee an; sie wurden nach beendetem Staatsexamen aktive Militärärzte. Aber auch der größte Teil der Zivilstudenten studierte auf Kosten des Staates – damals mit der Verpflichtung, eine Zahl von Jahren als Regierungsärzte in Kleinasien zu wirken. Nur eine Minorität, meist armenische, griechische oder jüdische Studenten, bestritt das Studium aus eigenen Mitteln.

Äußerlich aufdringliche Differenzen zwischen Türken und Nichttürken (im ethnischen Sinne) bestanden nicht, dagegen waren – wenigstens zu meiner Zeit – kaum freundschaftliche Beziehungen zwischen beiden Gruppen vorhanden.

Es konnte keinem, der zu allen Teilen der Bevölkerung Beziehungen hatte, entgehen, wie tiefgehend und eingewurzelt die Spannungen zwischen Türken und völkischen Minoritäten waren. Am stärksten bekamen diese Abneigung die Armenier zu spüren. Die Erbschaft der Sultanszeit, in der die grauenhafte Massenvernichtung von Armeniern Hand in Hand ging mit ihrer Bevorzugung im Handel und in einigen wirtschaftlich wichtigen Stellungen, wirkte sich in der modernen Türkei anders aus. Der Haß machte die Türken blind gegen legitime Gründe fehlender Loyalität. Ostanatolien war armenisches Land, bevor die Türken auf ihrem Eroberungszug vom fernern Osten nach Kleinasien kamen. Das rührige, kluge und religiös im Christentum geeinigte Volk nährte verständlicherweise den Wunsch nach der Wiedergeburt eines Reiches Armenistan.

Revolutionäre Bewegungen wurden zur Sultanszeit von den türkischen Regierenden mit größter Härte unterdrückt. Den Gipfelpunkt bildete im Ersten Weltkrieg die Vernichtung von Tausenden von Armeniern, welche die ganze zivilisierte Welt entsetzt aufhören ließ. Obwohl sich die türkische Republik in politischen und ethnischen Fragen von den Regierungsprinzipien und -methoden der Sultanszeit distanzierte, habe ich doch keinen Türken angetroffen, der diese als „Armeniergreuel" bekannten Vorgänge wirklich verurteilte oder der auch nur einsah, daß die Armenier Grund genug hatten, nach der Niederlage der Türken im Ersten Weltkrieg bei den alliierten

Mächten auf die Abtrennung eines selbständigen Staates zu dringen. Das wurde ihnen kurz vor Beendigung des Krieges feierlich zugesagt – um nachher ebenso schnell wieder vergessen zu werden. Nach dem Zweiten Weltkrieg war Ahmed Emin Yalman, ein bekannter, sehr liberaler Schriftsteller, der später wegen der Folgen eines Attentates in der Basler Klinik lag, kurz vor seiner Heimreise aus Amerika zu einem Vortrag über die „heutige Türkei" von seiner Alma Mater – Columbia University – eingeladen. 20 Minuten vor Beginn waren die ersten Bänke des Hörsaales gefüllt mit armenischen Studenten, die den Sprecher ständig unterbrachen. Als es zu bunt wurde, wies ich als Freund von Ahmed Emin auf seine publizistische Tätigkeit in Istanbul hin, die ihn wegen seines hartnäckigen Liberalismus schon mehrfach vor Gericht gebracht hatte.

Im Jahre 1934, auf der Reise zur Konsultation eines erkrankten Korpskommandeurs nach Erzerum (s. S. 208 ff.), suchte mich bei einem zweitägigen Aufenthalt in Trapezunt der dortige deutsche Konsul Hoffmann auf, dessen Jugendfreund ich in Berlin operiert hatte. Hoffmann war seit zwei Jahrzehnten in der Türkei. Das Land war ihm zur zweiten Heimat geworden; er hatte sich eingehend mit seinen Menschen und seiner Geschichte beschäftigt. Während der „Armenierverschickung" war er deutscher Konsularvertreter in Alexandrette, das auf dem Wege des Todeszuges der Deportierten lag. Durch Zufall war er mit Lipsius bekannt geworden, der aus eigener Initiative immer wieder erfolglose Versuche unternahm, die Hohe Pforte zur Aufgabe ihrer Armenierpolitik zu bewegen. Hoffmann tat nun auf eigene Verantwortung alles, um möglichst vielen der Unglücklichen zur Freiheit zu verhelfen. Er verbarg sie im Konsulat und – was noch wirksamer den Zweck erreichte – ließ sie durch einen befreundeten Arzt beschneiden; da Armenier und Türken in ihrem Aussehen nur schwer zu unterscheiden waren und die Armenier Türkisch akzentlos sprachen, konnte die Polizei bei dem summarischen Aufgreifen sich nur davon leiten lassen, daß im Gegensatz zu den Muselmanen die Armenier im Besitz der Vorhaut waren. Durch sein mutiges Verhalten hat Hoffmann Hunderten das Leben gerettet, eine Tat, die durch Werfels Buch „Die Vierzig Tage des Musa Dagh" ihre historische Würdigung gefunden hat. Werfels erschütternder Bericht war damals gerade erschienen – und in der Türkei prompt verboten worden.

Die Abneigung gegen die griechische Minorität war weniger bemerkbar, obwohl auf beiden Seiten genug Ressentiments angesammelt waren; bei der Besetzung der anatolischen Küsten durch die griechische Armee – kurz nach der türkischen Niederlage im Ersten Weltkrieg – waren die Türken, wie sie berichteten, oft genug brutal behandelt worden, und der Befreiungskampf Atatürks endete damit, daß unter den Fanalen des Brandes von Smyrna die Reste der griechischen Divisionen ins Meer geworfen wurden. Die nach Hun-

derttausenden zählenden griechischen Bewohner Kleinasiens wurden dann nach dem Statut des Friedens von Montreux gegen die Türken ausgetauscht, die seit Jahrhunderten in Griechenland beheimatet waren.
Dieser gewaltige Bevölkerungsaustausch, damals als große Leistung der englischen Diplomatie gepriesen, setzte ein böses Beispiel für das, was sich unter Hitler auf dem gleichen Gebiet vollzog. Das Schlagwort der „Liquidierung des Minoritätenproblems" hat den Anfang gemacht mit der Liquidierung der primitivsten Menschenrechte: daß jeder Mensch ein Anrecht hat, in der Heimat zu leben und in ihr den Schutz der staatlichen Behörden zu genießen, – der Heimat, die nichts mit der „Nation" und ihren Komplexen zu tun hat.
Die dritte Minorität der Türkei, die Juden, hatten damals weniger unter antisemitischen Tendenzen als – vielleicht – unter der mehr universellen Abneigung gegen Fremde zu leiden. Von höheren Regierungs- und Militärstellungen blieben sie ausgeschlossen. Eine gewisse gesellschaftliche Isolierung war zweifellos beiden Seiten erwünscht. Sie bildeten übrigens keineswegs eine homogene Masse: die „spanischen" und die „deutschen" Juden hatten auch untereinander wenig Berührungspunkte. Schon wirtschaftliche Faktoren verhinderten das. Die deutschen Juden lebten im allgemeinen in günstigen finanziellen Verhältnissen, die spanischen – in der Hauptsache konzentriert auf den Bezirk Balat – waren meist bettelarm.

Selbstverständlich konnte es nicht ausbleiben, daß Hitlers außenpolitische Erfolge starken Eindruck auf die Türken, besonders ihre Armee, machten. Es war wohl in der Hauptsache Atatürk zu verdanken, daß praktische Konsequenzen dieser Bewunderung ausblieben. Die Propagandisten des Dritten Reiches waren auf türkischem Boden indessen *nicht* die diplomatischen Vertreter Deutschlands. Diese bewahrten Zurückhaltung und waren wenig erbaut über die Emissäre deutscher „Kultur", die von Goebbels' Ministerium gesandt wurden. Auch die deutsche Kolonie widerstand lange Zeit dem Druck, der von Berlin auf sie ausgeübt wurde, obwohl Ribbentrops Schwager, der in Ankara ansässig war, als Aufpasser die Aktivität der Deutschen beobachtete und registrierte. Eine Änderung trat erst ein, als Papen deutscher Botschafter wurde. Es ist viel über ihn veröffentlicht worden – vom „Teufel im Zylinder" bis zur *Selbstbiographie*, die mit so schlagenden Unwahrheiten gefüllt ist, daß sie einer Beleidigung der Intelligenz der Leser gleichkommt. Es ist aber wahrscheinlich unrichtig, ihn als Werkzeug seines Herrn zu charakterisieren. Für eine solche Rolle war seine Eitelkeit zu groß. Er sah sich selbst, wie mir scheint, als eine Art Metternich und glaubte wohl, daß Skrupellosigkeit, Doppelzüngigkeit und Verschlagenheit zum Bilde eines großen Diplomaten gehören. Er war schlau, jedoch nicht intelligent und arbeitsam genug, um mehr zu sein als ein Dilettant auf allen Gebieten, auf denen er sich versuchte. Aber er besaß sichere Umgangsformen, Leichtigkeit im Verkehr und einen gewissen Sinn für Humor, Eigenschaften, die ihn in den Augen der Türken wohltuend von den meisten diplomatischen Vertretern in Ankara unterschieden. Er wußte – ohne vom Hitlerismus mehr zu benutzen als das zunehmende Prestige, das er sich durch das Zurückweichen der Westmächte in Ankara erworben – die nationalistische Weise überzeugend zu spielen. Im übrigen hatten sich die deutschen Diplomaten seit Bestehen der republikanischen Türkei bemüht, jene Arroganz zu vermeiden, für welche die Vertreter anderer großer Westmächte berüchtigt und zum Teil verhaßt waren.

Am meisten hatte Frankreich in der neuen Türkei an Einfluß verloren. Zu Zeiten des Sultanats besaß es maßgebende wirtschaftliche Positionen durch die eigenartige Stellung der Banque Ottomane, die eine Mischung von französischer Privat- und türkischer Staatsbank gewesen war. Entsprechend der Politik der „pénétration pacifique" waren wichtige kulturelle Institutionen, wie höhere Schulen, Hospitäler, mit französischem Geld geschaffen und von Franzosen geleitet. Hinzu kam die weitverbreitete Kenntnis der französischen Sprache, nicht nur unter der akademisch gebildeten Bevölkerung. Durch die abrupte Ausschaltung jedes fremden Einflusses waren die Franzosen weitaus am stärksten betroffen. Da Frankreich obendrein seine Ansprüche auf den Sandschak von Alexandrette – der später zur Türkei zurückkehrte – immer wieder inoffiziell anmeldete, entstand eine betont antifranzösische Stimmung, die erst nach dem etwas widerwilligen Verzicht auf territoriale Ansprüche abklang.

Die Beziehungen zwischen der Türkei und Rußland waren beherrscht von widerstreitenden Empfindungen. Für die ältere Generation blieb Rußland der „Erbfeind", und der Kommunismus war gewiß nicht dazu angetan, die Abneigung gegen den mächtigen Nachbarn zu verringern. Auf der anderen Seite war Rußland das erste Land, das mit der neuen Türkei ein Bündnis einging. Ein Zustand der Indifferenz, vielleicht sogar der Sympathie bestand in Regierungskreisen, solange Rußlands militärisches Potential gering war. Mit der militärischen Erstarkung gewann mehr und mehr die Furcht vor der Wiederbelebung des russischen Imperialismus die Oberhand. Ein sehr kraftvoll durchgeführtes Verbot der kommunistischen Partei tat ein übriges zur Entfremdung. Die russischen diplomatischen Vertreter wurden schon zu einer Zeit in die Isolierung gedrängt, als ihr gesellschaftlicher Verkehr mit den anderen noch nicht den Verdacht des Kremls erregte. Die Gastfreundschaft, welche die türkische Regierung dem exilierten Trotzki gewährte, wurde von Moskau zunächst gern akzeptiert, denn die russenfreundliche Haltung der Türken schien eine Garantie gegen revolutionäre Umtriebe Trotzkis zu geben. Bald aber wurde das Asylrecht, das man Trotzki zugestanden hatte, ein Stein des Anstoßes. Sein Verbleiben war für die türkisch-russischen Beziehungen ebenso gefährlich wie seine Weiterreise. Als er die Türkei verließ, erfolgte eine scharfe Reaktion Moskaus. Immerhin wurden höfliche Verkehrsformen aufrechterhalten. Am zehnjährigen Jubiläum der türkischen Republik nahm eine Delegation hoher russischer Würdenträger teil. Bei dem großen Fest im Dolma Bahçe (einem Sultanspalast in Istanbul) wurden sie dem Publikum vorgestellt. Von allen, die ich dort sah, ist nur Woroschilow Stalins Henkern entgangen.

Ende 1934 erhielt ich von der Universität Kiew eine Einladung zu Vorträgen. Als ich die Antwort hinauszögerte, wurde mir vom türkischen Außenministerium bedeutet, daß die Regierung mir die Zusage anrate. Ich tat es, setzte aber keinen Termin fest. Im Sommer 1935 erschien der russische Generalkonsul in der Klinik und teilte mir mit, daß die Reise neuerdings noch einen anderen Zweck habe: Konsultation und eventuell Operation bei einem höheren Staatsbeamten. Ende September fuhren Ruth und ich auf einem russischen Schiff von Istanbul nach Odessa. Man hatte vorher „der rechtzeitigen Übersetzung wegen" um die Einsendung der Vortragsmanuskripte gebeten. Als uns am Hafen von Odessa ein russischer Major erwartete, der fließend Deutsch sprach, händigte er mir die Manuskripte wieder aus. Es fehlte eines, welches das Thema „Ausgleich und Anpassung im menschlichen Organismus" behandelte. Als ich mich nach dessen Verbleib erkundigte, wurde mir erklärt, daß dieser Vortrag nicht erwünscht sei.

Wir blieben einige Tage in Odessa und erhielten die erste Probe dessen, was uns fast täglich in den nächsten zwei Wochen erwartete: Führung durch die öffentlichen Werke. Wie immer, wenn man als Gast ein totalitäres Land bereist, wird für die Äußerlichkeiten des Lebens hervorragend gesorgt. Auf diese Weise ließ sich nicht zu auffällig der zweite Zweck der Reiseorganisation verbinden: die Schritte des Fremden zu kontrollieren. Der Eindruck, den ich von dem Besuch der Hospitäler mit den zahlreichen Erholungsheimen hatte, war ausgezeichnet. Die meisten Krankenhausbauten waren entweder neu erstellt oder befanden sich im Umbau. Die Tuberkulosefürsorge war ebenso musterhaft wie die räumliche Unterbringung der Phthisiker. Die Ärzte, die übrigens fast durchweg Deutsch sprachen, waren mit den letzten Fortschritten ihres Faches gründlich und kritisch vertraut. Auffällig war die relativ große Anzahl von Frauen, die spezialistische Abteilungen leiteten, darunter nicht wenige der chirurgischen Sonderfächer. Im Straßenbild fiel die abgetragene Kleidung der meisten Passanten, die Überfüllung der Straßenbahnen und die förmliche Belagerung der Zeitungskioske durch Lesehungrige auf. Das Ballett, das wir allabendlich besuchten, stand auf der Höhe der großen russischen Tradition, das Publikum in seinen Alltagskleidern gab sich hemmungslos der Begeisterung hin. Nach drei Tagen brachen wir nach Kiew auf, in einem unsäglich vernachlässigten und unsauberen Schlafwagen. Die ersten Tage in Kiew waren mit Konsultationen besetzt, denen dann die Operation folgte.

Am Operationstage noch wurde mir mitgeteilt, daß ich in der Nacht einen Telefonanruf aus Moskau vom Kreml zu erwarten habe. Man werde wohl Operationsbefund und Prognose erfahren wollen. Ich wies auf meine völlige Unkenntnis der russischen Sprache hin. Das war unnötig. Um zwei Uhr nachts meldete sich am Telefon ein Mann, der in perfektem Berliner Jargon sprach.

Ich war froh, als dieses Zwischenspiel vorüber war. Um so interessanter waren die Besuche der Hospitäler, die Vorträge im medizinischen Verein und die gesellschaftlichen Veranstaltungen, von denen eine im Hause des Professors der Inneren Medizin, eine andere im Hotel stattfand. Bei dem Abendessen, das der Internist gab, und zu dem eine Reihe von Ärzten mit ihren Frauen erschienen, war eine kleinbürgerliche Atmosphäre vorherrschend. Ich hatte nicht den Eindruck, daß man – 1935 – besonders vorsichtig in Gesprächsthema und -formulierung war. Die Frauen, soweit sie nicht Ärztinnen waren, setzten sich bald zusammen und besprachen, in der Hauptsache Fragen der Lebenshaltung. Die Männer waren recht unverblümt in der Kritik des Gesundheitswesens. Sie beantworteten auch mit erstaunlicher Offenheit politische Fragen, schnitten sie aber nie von selbst an. Das Festessen im Hotel, das der Kommissar für internationale kulturelle Beziehungen gab, war russischerseits eine rein männliche Veranstaltung. Entsprechend den erstaunlichen Mengen Wodka, die konsumiert wurden, meist in Verbindung mit zahlreichen, aber relativ kurzen Toasten, stieg die Stimmung. Ein kleines Orchester tat das übrige zur Befreiung der Gemüter. Für Ruth war es anstrengend, die Tanzlustigen zu befriedigen. Der Kommissar war bald seiner Kontrollfunktion nicht mehr gewachsen. Seine älteren Gäste genossen die Befreiung von der Aufsicht wie Kinder, deren Lehrer aktionsunfähig ist: Sie schwärmten in Erinnerungen an vergangene Zeiten. Die Ungeniertheit der Meinungsäußerung hatte einen guten Grund: Die jüngeren Herren, die weniger geräuschvoll waren, konnten Deutsch nicht sprechen oder verstehen.

Am Tage darauf fand die Audienz beim Gesundheitsminister der Ukrainischen Republik statt, einem kleinen, vierschrötigen Mann mit klugen, unsteten Augen. Ein Bild Stalins hing über seinem Schreibtisch. Er empfing mich mit einer längeren Ansprache, die übersetzt wurde. Als sich das Wort „unser großer Führer" mehrfach wiederholte, mußte ich lächeln in Erinnerung an das, was unter Goebbels' Propaganda in Deutschland geschah. Minister und Übersetzer waren über meine Reaktion sichtbar entsetzt, und ich erklärte ihnen nur, daß ich wegen eines „großen Führers" meine Heimat verlassen habe.

Sie hatten genug Humor, um ihrerseits zu lachen – und die Hinweise auf den grimmig dreinschauenden Herrn im Rahmen zu unterlassen. Zum Schluß kam ein Angebot: Ich sollte unter recht großzügigen Arbeitsbedingungen, in die auch Privatpraxis ohne Begrenzung eingeschlossen war, hierbleiben. Bald stellte ich fest, daß damals *jeder* Sowjetarzt Privatpraxis haben durfte; das war einfach zu konzedieren, weil es damals kaum jemanden gab, der sich eine private Konsultation oder Behandlung leisten konnte. Auf die Möglichkeit eines solchen Angebotes war ich vorher von einem der älteren Ärzte aufmerksam gemacht worden. Die ablehnende Antwort hatte ich vorbereitet.

Beim Besuch von medizinischen Instituten und Kliniken war es nicht schwer, die Spannung herauszufühlen, die damals Rußland in Atem hielt. Es war die schwüle Atmosphäre, die den „Säuberungsaktionen" Stalins vorausging. Sie lastete merkbar auf der Mehrheit der Ärzte in akademischen Stellungen. Ihrerseits machten sie aus ihrer Abneigung wenig Hehl. Wenn ein Teil von ihnen mehr Sympathien für Trotzki als für Stalin hatte, so war daran sicher nicht die Übereinstimmung mit Trotzkis Ideen schuld. Ebenso wie einst bei Lenin fanden sie bei Trotzki eine Gemeinsamkeit in seiner Bildung, seiner bürgerlichen Herkunft. In den Arbeitsstätten saßen wenige, aber durch ihre Position machtvolle Aufpasser: meist junge Leute, die dirigierende Stellen innehatten. Sie entsprachen dem Normaltyp derer, die später für eine lange Periode Rußland im Ausland repräsentierten: schweigsame, unzugängliche Männer. So sicher sie die Werkzeuge Stalins waren, sowenig hatten die anderen ideologisch etwas mit Trotzki zu tun. Der „Trotzkismus" war nur eine bequeme Begründung für die Ausrottung aller, die dem neuen Herrn im Kreml unbequem waren oder von ihm in seinem Verfolgungswahn für gefährlich gehalten wurden.

Die russische Freude am Diskutieren kam recht hemmungslos bei den ärztlichen Versammlungen zum Durchbruch, an denen ich die Vorträge zu halten hatte. Das war in Kiew, Charkow und Odessa. Die Sitzung begann gewöhnlich recht spät, etwa um neun Uhr abends. Ich sprach kaum je länger als eine Stunde. Es folgten zwei bis drei Stunden Aussprache. Ich war damals gerade am extrapleuralen Pneumothorax interessiert, den ich drei Jahre zuvor aufgenommen hatte, nachdem er einmal 1913 von einem Berliner praktischen Arzt vorgeschlagen und vergessen worden war. Die neuen Möglichkeiten, die er bot, faszinierten die russischen Ärzte, und in den Diskussionen wurde von ihnen nichts unerwähnt und unvermutet gelassen, was sich in den folgenden zehn Jahren als Indikationsgebiet der Methode und als ihre Komplikationen ergab.

In Odessa hatte der erste Vortrag eine unerwartete Konsequenz. Der Präsident des ärztlichen Vereins begrüßte mich und unterließ natürlich nicht, auf die Umstände hinzuweisen, unter denen ich Deutschland verlassen. In der Antwort machte ich keinen Hehl aus meinen Gefühlen den Nazis gegenüber und – zur fühlbaren Genugtuung der Zuhörer – aus der Prognose, die sich für die deutsche Wissenschaft stellen ließ.

Als ich nach Istanbul zurückkehrte, suchte mich ein Angehöriger der deutschen Botschaft auf, um mich wegen seiner Frau zu konsultieren. Nachdem die Untersuchung abgeschlossen war, erzählte er mir, daß die Botschaft eine Niederschrift dessen zugesandt erhalten hatte, was ich in Odessa gesagt. Man hatte es der Botschaft überlassen, das türkische Unterrichtsministerium über den Inhalt zu orientieren – was übrigens nicht erfolgt war. Von dem Corpus delicti nahm ich eine Abschrift. In den folgenden Jahren habe ich noch oft mit Genugtuung diese Voraussage gelesen:
„Ich darf, so glaube ich, in der Wärme des Empfanges mehr den Ausdruck der Sympathie ganz allgemein mit meinem Schicksal als mit meiner Person sehen. Verstehen Sie mich nicht falsch: Ich bin froh und dankbar dafür, daß ich in der Türkei die Möglichkeit zu ausgiebiger Betätigung in meinem ärztlichen und akademischen Beruf gefunden habe. Die Zeit wird kommen, in der meine deutschen Berufsgenossen glücklich sein werden, wenn man sie nicht für die Unterstützung ihres heutigen unmenschlichen und arroganten Regimes verantwortlich macht. Trotz aller hypertrophischen Lobpreisungen der Forschungsleistungen und sozial-medizinischen Errungenschaften, die der nazistischen Regierung zu verdanken seien, wird der Abstieg des wissenschaftlichen und ärztlich-praktischen Niveaus unaufhaltsam fortschreiten. Die deutsche Wissenschaft, deren Einfluß in Rußland einmal groß und gern gesehen war, wird durch die Anhänger von Hitler, Goebbels, Rust und Frick systematisch geschädigt."

Eine andere Konsultationsreise erinnerte in ihrem Verlauf an alte Sultanszeiten – in Verkehrsmethoden und -mitteln: Nachts um zwei Uhr erschien in meiner Wohnung der Istanbuler Polizeipräsident; ich müsse sofort in der Begleitung eines Militärchirurgen nach Erzerum (Ostanatolien) fliegen, da Salih Omurtak, der kommandierende General des dort liegenden Armeekorps, wegen akuter Baucherkrankung dringend operiert werden müsse. Ein Militärflugzeug stehe auf dem Istanbuler Flugplatz in Yesilkoe bereit. Ich konnte noch schnell einen kleinen Koffer „für zwei bis drei Tage" packen. Der Pilot, ein Hauptmann, erklärte mir, daß er Order habe, in Ankara kurzen Halt zu machen. Der Unterrichtsminister wolle mir noch Einzelheiten mitteilen. Die einzige zusätzliche Information, die ich erhielt, war indessen nur der Hinweis, daß Salih Paşa ein guter Freund von Atatürk und einer der tüchtigsten Generäle der Armee sei. Auf dem Weiterflug nach Erzerum wurde das Wetter von Minute zu Minute schlechter. Ein Schneesturm machte, als wir den Kaukasus anflogen, jede Sicht unmöglich. Der Pilot bat Ankara um die Erlaubnis, Kayseri anzufliegen. Er erhielt sie, und am späten Nachmittag gingen wir in Kayseri (dem früheren Caesarea) nieder, wo wir im Hause des Korpskommandanten untergebracht wurden. Die Verbindung mit Erzerum war nur mit Telegramm möglich. Als auf die Anfrage nach dem Befinden des Patienten eine Bestätigung des bedrohlichen Zustandes erfolgte, rief ich den Minister in Ankara an und bat darum, dem Chirurgen in Erzerum freie Hand in der Operationsentscheidung zu lassen. Er versprach, die Frage sofort mit Atatürk zu besprechen und mir dann Nachricht zu geben. Es folgte eine Reihe von Ferngesprächen, die es mir freistellten, telegraphisch Anordnungen nach Erzerum zu geben. Gleichzeitig waren aber Sonderzug (von Kayseri nach Samsun), Torpedoboot (von Istanbul nach Samsun) und Militär zur Hilfe auf der Karawanen-Straße (im Monat April!) von Trapezunt nach Erzerum bestellt. Zum Hinweis, daß mit diesem Reiseplan der kranke General bei unserer Ankunft entweder wieder gesund oder bereits operiert sei, erfolgte die entwaffnende Antwort, daß Atatürk die Weiterreise angeordnet habe und daß die Transportmittel organisiert seien. Im Hafen von Samsun war das von uns erwartete Torpedoboot nicht eingetroffen. Es blieb nichts anderes übrig, als nach eintägigem Warten einen Viehtransportdampfer zu benützen, der uns in seinem gemütlichen Tempo mit Verladeaufenthalten in Ordu und Giresun (wo ich die erste weibliche Friedensrichterin antraf) nach Trapezunt brachte. Dort lagen Telegramme, die den Zustand des Patienten als gebessert bezeichneten. Der Chirurg des Militärhospitals hatte einen appendizitischen Abszeß eröffnet. Es war also kein Grund mehr für eine eilige Weiterreise vorhanden. Der Gouverneur von Trapezunt lud die Honoratioren der Stadt zu einer Art Festessen ein, das mit seinen unzähligen Gängen die stärkste physische Anstrengung dieser Reise darstellte. Die Straße von Trapezunt nach Erzerum war durch Schlamm und Regen grundlos geworden. Unsere beiden Autos mußten durch Mannschaften der in Erzerum stationierten Regimenter an kräftigen Seilen fast den ganzen Weg entlang gezogen werden – ein Unternehmen, das 24 Stunden in Anspruch nahm. Als wir in erschöpftem Zustand in Erzerum ankamen und zunächst am Hospital haltmachten, empfing uns der Adjutant des Generals. Er entschuldigte seinen Chef, der uns gern selbst an der Pforte begrüßt hätte, aber dazu keine ärztliche Genehmigung erhalten habe. Jedenfalls schien sein Zustand wesentlich besser zu sein als der unsere; ich sprach kurz mit dem Operateur, der einen ausgezeichneten Eindruck machte, und ging schlafen. Die Visite bei Salih Paşa am nächsten Vormittag brachte nichts Neues. Es ging ihm gut. Ein hohes Maß von persönlicher Liebenswürdigkeit und Anspruchslosigkeit versöhnte uns mit der Nutzlosigkeit der Konsultationsreise, die bis zur Rückkehr zwei Wochen dauerte. Der General wurde einige Wochen später in Istanbul am Blinddarm operiert.

In häufigen Gesprächen erfuhr ich Interessantes über die kurdischen Männer, von denen mir schon einige Jahre zuvor der türkische Botschafter in Berlin, General Sami Kemaleddin, manches erzählt hatte. In den Kurdenkämpfen hatte er einen Arm verloren. Die wiederholten Aufstände lösten militärische Aktionen aus, so daß die Garnisonen von Erzerum und Sarikamis sich immer in halbem Alarmzustand befanden. Wenn für die Kurdenstämme die Situation unhaltbar geworden war, setzten sie sich über die Grenze nach Iran oder dem Irak ab – um einige Zeit später wiederzukehren. Übereinstimmend wurden sie als hervorragende Soldaten bezeichnet. Ihre körperliche Widerstandsfähigkeit war – auch vom chirurgischen Gesichtspunkt gesehen – außergewöhnlich. So erinnere ich mich an einen kurdischen Patienten, der kurz nach meiner Visite in Erzerum zur Behandlung nach Istanbul kam. Er hatte vier Jahre zuvor eine Operation durchgemacht, bei der wegen eines Zwölffingerdarmgeschwürs eine neue Verbindung zwischen Magen und Dünndarm gemacht worden war. Aus Versehen hatte man die letzte statt der ersten Darmschlinge mit dem Magen vereinigt, ein Irrtum, der bei erschwerten Orientierungsmöglichkeiten verständlich ist. Für die Nahrungsresorption standen nur Magen, ein kurzer Dünndarmabschnitt und der Dickdarm zur Verfügung – also nicht mehr als etwa 30 cm (statt 3–5 m) Dünndarm, denn Magen und Dickdarm besitzen, von Wasser abgesehen, praktisch keine nennenswerten Absorptionsmöglichkeiten. Obendrein hatte der Kranke einige Monate nach der Operation eine schwere Verletzung erlitten, welche die Amputation des Beines erforderte. Er kam zum Skelett abgemagert in die Klinik. Als das Röntgenbild die Notwendigkeit einer eingreifenden Operation ergab, hatte ich Bedenken, sie wegen des schlechten Allgemeinzustandes vorzuschlagen, wurde aber von meinen Mitarbeitern mit dem Hinweis auf des Patienten kurdische Abstammung beruhigt. Er wurde operiert; ein Teil des Magens mußte zusammen mit der falschen Verbindung entfernt werden. Er kam so gut wie pulslos vom Operationstisch. Als ich ihn am Nachmittag besuchen wollte, fand ich sein Bett leer und dachte natürlich, daß man vergessen habe, mich von seinem Tod zu benachrichtigen, bis ich im Krankensaal herumschaute und ihn am Waschbecken stehen und in großen Zügen Wasser trinken sah. Auch diese Sünde gegen die Gesetze postoperativer Behandlung hat an der komplikationslosen Heilung nichts ändern können. Zwei Wochen später verließ er vergnügt die Klinik, um nach Ostanatolien zurückzukehren.

Da ich gerade von Patienten der Istanbuler Klinik spreche – noch zwei Beispiele von ungewohnter Vorsicht und Klugheit in der Beurteilung von Operation und Operateur. Eines Tages kommt, begleitet von seinem Arzt – soweit ich mich erinnere aus Damaskus –, ein Mann mit einem kleinen oberflächlichen Krebs. Ich setzte ihm die Notwendigkeit der Operation auseinander. Er erklärt sich unter einer Bedingung einverstanden: daß ich vorher einen Patienten mit dem gleichen Leiden, den er finden wird, operiere. Ich dachte, das sei eine orientalisch-höfliche Form der Absage, aber in der Tat erschien etwa zwei Wochen später ein Bauarbeiter aus Damaskus mit annähernd dem gleichen Befund. Dieser wurde operiert, kehrte in die Heimat zurück, und zwei Wochen später erschien – beeindruckt von dem günstigen Resultat bei dem „Versuchssubjekt" – er selbst.

Ein anderer – ein wohlhabender Grieche aus Smyrna, eskortiert von zwei hübschen Töchtern – war wegen eines Kehlkopfkrebses zur Operation aufgenommen worden. Da anscheinend viele Diskussionen über den geeignetsten Operateur vorangegangen waren, tauchte bei der ersten Besprechung mit dem Patienten immer der ängstliche Wunsch nach weitgetriebener Radikalität der Operation auf. Am Abend vorher erschien seine Tochter bei mir und setzte mich von dem Entschluß des Vaters in Kenntnis, er werde alljährlich am Jahrestag der Operation mir ein kostbares Geschenk machen, zweifellos um mich zu veranlassen, durch sorgfältige Ausschneidung eine häufige Wiederkehr der angedeuteten Feier des Operationstages zu erleben. In der Tat hat er in den folgenden Jahren, solange ich noch in Istanbul war, seine Ankündigung wahr gemacht.

Die große Zahl der neuberufenen Professoren – es waren schließlich über 50, die Deutschland verließen, um dem Ruf nach Istanbul zu folgen – hätte eine Möglichkeit gegeben, wenigstens innerhalb der Lehrenden dem Universitätsgedanken nach einem Jahrhundert der wissenschaftlichen Spezialisierung wieder Inhalt zu geben. Es waren bewährte Vertreter aller Fakultätsdisziplinen, die, durch ein gemeinsames Schicksal verbunden, infolge der unvermeidlichen Isolierung zum geistigen Austausch geradezu prädestiniert waren. Leider kostete bei fast allen organisatorischen Aufgaben die Überwindung banaler Schwierigkeiten so viel Zeit, daß trotz des besten Willens eine Art Wiedergeburt der Universität im klassischen Sinne nicht zustande kommen konnte. In vielen Disziplinen machten auch die Bemühungen um die Förderung wissenschaftlichen Lebens soviel Mühsal, daß Entmutigung und Passivität begreiflich wurden. In meinem Arbeitsbereich traten die praktischen Aufgaben stark in den Vordergrund; die Klinik nahm meine ganze Zeit in Anspruch. Wir waren infolgedessen gezwungen, unseren gesellschaftlichen Verkehr stark einzuengen. In nähere freundschaftliche Beziehungen sind wir darum zu wenigen getreten. Dazu gehörte J. Igersheimer, der, von Frankfurt a. M. kommend, auf den Lehrstuhl für Ophthalmologie berufen war. Die Universitäts-Augenklinik war im gleichen Hospitalkomplex wie meine Klinik. Es war eine gleichbleibende Freude, diesen vornehmen, klugen und taktvollen Mann wirken zu sehen. Er war wohl der erste, der – durch eine Operation des Parlamentspräsidenten – ärztliche Beziehungen zur Regierung gewann. 1939 übersiedelte er nach den USA und erhielt einen Lehrauftrag an der Tufts-Universität in Boston. Eine besondere Vertiefung erhielt unsere Freundschaft, als er kurz nach seiner Niederlassung in Boston sich mir zur Operation anvertraute. Er war ein selten geduldiger Patient und ein Mann, dessen Lebensphilosophie von der Weisheit des Alters geprägt war. 1965 starb er im 87. Lebensjahr, nachdem die Folgeerscheinungen eines Schlaganfalles seine Geduld und Duldsamkeit lange Zeit auf eine harte Probe gestellt hatten.

Richard v. Mises, bis 1933 Direktor des Institutes für angewandte Mathematik der Berliner Universität, war im Professorenkreis wohl der erfahrenste und angesehenste. Er war ein Spezialist der Aeronautik, Pilot im Ersten Weltkrieg, in dem er aus seinem abgeschossenen Flugzeug gerade eben mit dem Leben davonkam. In Deutschland als hohe Autorität in seinem Fach angesehen, brauchte er einige Tricks, um sich nach der Türkei abzusetzen. Sein Buch „Aeronautik" wurde 1935 wieder aufgelegt. Er selbst wurde ein geschätzter Berater der türkischen Regierung. Mises' literarische Interessen machten den Umgang mit ihm zu einem besonderen Erlebnis. Freund und Verehrer von Rilke, gab er im Eigenverlag Rilkes Briefe heraus. Er verließ die Istanbuler Universität ungefähr zur gleichen Zeit wie wir, einem Angebot folgend, das zugleich von der Harvard University und von dem Massachusetts Institute of Technology an ihn ergangen war. Es gelang ihm, beide Aufgaben noch viele Jahre zu erfüllen. Solange wir in Boston lebten, war der freundschaftliche Austausch mit Mises intensiv. Als wir im ersten Amerikawinter meiner Rekonvaleszenz wegen nach Florida gehen und unsere beiden Kinder in Boston zurücklassen mußten, hat er mehrmals in der Woche durch verschneite Straßen den Weg nach Belmont gemacht, um sich von dem Wohlbefinden der Kinder zu überzeugen und darüber gewissenhaft zu berichten.

Es war ein trauriger Tag, als er – von einer Reise in die Türkei zurückkehrend – mich an sein Krankenbett in Zürich bat und ich bei der Untersuchung eine unbeeinflußbare Geschwulstbildung feststellen mußte. Er hat sein Schicksal – noch monatelang – heroisch getragen.

Alexander Rüstow kam aus nichtakademischer Stellung auf einen Lehrstuhl der Wirtschaftslehre nach Istanbul. Als militanter Gegner der Nazis war er in Stellung und Existenz bedroht. Die Ursprünglichkeit seines Wesens, seine Freude am Diskutieren und Formulieren gaben ihm einen besonderen Charme. Nach dem sogenannten Röhm-Putsch wurde erzählt, daß sein Name auf einer der Ministerlisten gestanden habe, die von dem erschlagenen Edgar Jung zusammengestellt waren. Bekanntlich war es Jung, der die „Marburger Rede" (17. Juni 1934) Papens verfaßt hatte – jene Ansprache, die in glänzender Form eine Art Abrechnung mit Hitler und besonders Goebbels war. Sie blieb die letzte. Der Tod Hindenburgs kurz darauf setzte einen Schlußstrich unter ähnliche Kundgebungen.

Während des Krieges war Rüstow eifrig an Friedensbemühungen beteiligt; er suchte zwischen amerikanischen Abgesandten und deutschen Illegalen zu vermitteln. Sein Haus auf einer der Istanbul vorgelagerten Inseln wurde mehrfach Treffpunkt der Verhandelnden – Bemühungen, die im Ende ergebnislos waren, anscheinend hauptsächlich, weil man auf amerikanischer Seite den deutschen Unterhändlern nicht traute, aber wohl auch, weil die Roosevelt-Churchillsche Forderung des „unconditional surrender" den Amerikanern keine Verhandlungsbreite ließ.

Nach Kriegsende erschien als erster Sendbote aus unserem türkischen Bekanntenkreis der Sohn Rüstows in New York. Er kam, um in den Staaten Fuß zu fassen, empfohlen von Walter Lippman, dem bekannten Leitartikler der Herald Tribune, der ein Freund Alexander Rüstows war. Rüstow folgte kurz darauf einem Ruf nach Heidelberg. Er verließ die Türkei nach zwölfjährigem Aufenthalt, wohl bewußt, daß das Land ihn nicht nur seiner Lehrtätigkeit wegen hochschätzte, sondern auch wegen seiner aufrechten und tapferen politischen Haltung. Er kam in Heidelberg noch zu fruchtbarer wissenschaftlicher Tätigkeit. Seine Funktion als Beirat der Frankfurter Allgemeinen Zeitung hat ihn aktiv an den Zeitproblemen des Nachkriegsdeutschland teilnehmen lassen. Seine kritische Stellungnahme zu manchen Entwicklungsphasen in der Bundesrepublik hat für die Öffentlichkeit nicht ganz den klaren Ausdruck gefunden, der in seinen Briefen anzutreffen war. Er starb 1963.

Fritz Neumark war Extraordinarius für Nationalökonomie in Frankfurt, als er 1933 auf den Lehrstuhl seines Faches an die Istanbuler Universität berufen wurde. Er ist wohl derjenige unter den Neugekommenen gewesen, der am schnellsten Anschluß an seine türkischen Berufskollegen und die Studenten fand; das um so leichter, als er nicht nur hervorragend Französisch sprach (die am meisten benutzte Fremdsprache in der Türkei); er lernte auch in kurzer Zeit Türkisch, und hat wohl als erster der ausländischen Professoren seine Vorlesungen in der Landessprache gehalten. Zudem wurde er für Probleme der Wirtschaftspolitik des Landes als Konsultant ausgiebig herangezogen. Er war seit langem mit meinem Bruder Ferdinand befreundet. Das Wunderkind, das Fritz Neumark schon als Student war – er promovierte mit 20 Jahren –, ist er in Istanbul und in Frankfurt a. M. geblieben, wohin er

1952 berufen wurde. Selbst ein zweimaliges Rektorat hat ihm diesen Zauber des akademischen Hexenmeisters nicht nehmen können. E. Salin und ich suchten ihn für einen freien Lehrstuhl seines Faches in Basel zu interessieren; er konnte sich aber nicht entschließen, den Ruf anzunehmen. Immerhin tauchte er in erfreulicher Regelmäßigkeit in Basel auf, mit immer gleichbleibender Dynamik.

In die Reihe der wenigen, die im Bereich deutscher Universitäten gegen die nazistische Kulturpolitik offen auftraten, gehörte Wilhelm Röpke. Als 35jähriger wurde er 1933 von der türkischen Regierung eingeladen, zusammen mit Rüstow und Neumark ein Institut für Wirtschaftswissenschaft zu errichten. Trotz seiner Jugend hatte er bereits eine glänzende Laufbahn hinter sich: mit 23 Jahren in Marburg habilitiert, wurde er 2 Jahre später nach Jena und von dort 1928 nach Graz und 1929 nach Marburg berufen. Zwischendurch (1926/27) erhielt er eine Travelling Professorship von der Rockefeller Foundation. 1937, als er schon in Istanbul war, wurde ihm eine Professur am Institut für Internationale Fragen angeboten. Er siedelte nach Genf über und hat hier eine fruchtbare Lehr- und Forschungstätigkeit entfaltet, die eine besondere Note erhielt durch seine intime Kenntnis der ökonomischen und politischen Entwicklung Deutschlands. Als er 1967 starb, widmete der deutsche Bundeskanzler L. Erhard ihm einen bemerkenswerten Nachruf, in dem er darauf hinwies, wieviel Dank er und die deutsche Regierung Röpke als ihrem Berater schuldeten. Soweit ich mich erinnere, hat Erhard sich darin als seinen Schüler bezeichnet. Röpke nahm in der Nachkriegszeit häufig zu aktuellen Fragen in schweizerischen und deutschen Zeitungen Stellung. Seine Stimme hatte weite Resonanz. Dem Nachkriegsdeutschland gegenüber blieb er in gewissem Grade skeptisch. Die Gefahr des Wiedererwachsens eines virulenten Nationalismus hielt er für gegeben, wenn in irgendeiner Form diktatorische Tendenzen von der Regierung gestützt würden.

Ich besitze mit einer Widmung von ihm Richard Graf du Moulin Eckarts „Geschichte der deutschen Universitäten". Seine Inschrift heißt: „Zur Erinnerung an eine versunkene Epoche".

E. Frank, der als Internist nach Istanbul berufen wurde, war der respektierte Erste Oberarzt der Breslauer Klinik Minkowskis gewesen. Ich hatte ihn dort noch während meiner kurzen Assistentenzeit erlebt. Hämatologische Arbeiten über die von ihm gefundene Aleukie (lebensbedrohliche Verminderung der weißen Blutkörperchen) und Thrombozytopenie (Mangel an Blutplättchen, notwendig für den Blutgerinnungsvorgang) hatten ihn über die Grenzen Deutschlands bekannt gemacht. Als internistischer Chefarzt eines Breslauer Krankenhauses hatte er sich mit dem Problem des Insulinersatzes durch ein synthetisches, oral (durch den Mund) einzunehmendes Medikament, das Synthalin, beschäftigt. An sich war das von größter praktischer Bedeutung. Die Nebenerscheinungen indessen machten es so gut wie unbrauchbar. Bis heute haben die Bemühungen um den Insulinersatz mit dem besonderen Ziel seiner oralen Darreichung wohl große Fortschritte, aber noch keine endgültige ideale Lösung gefunden. Als Kliniker war Frank in erster Linie Naturwissenschaftler; hervorragend in der Diagnostik, skeptisch in der Therapie, wurde er durch psychosomatische Gedankengänge, die sich damals anzudeuten begannen, eher irritiert. Trotz – oder vielleicht wegen – seiner distanzierten und unpersönlichen Art war seine Resonanz in der Bevölkerung groß. Ich sah ihn viel bei gemeinsamen Konsultationen, habe aber nie – über die beruflichen Beziehungen hinaus – ein positives persönliches Verhältnis zu ihm gewonnen.

Der Gynäkologe W. Liepmann, aus Berlin kommend, war ein hervorragender Praktiker, besonders ein weit über dem Durchschnitt stehender Operateur. Ungehemmt in gesprächsweiser Äußerung, hat er sich selbst manch unnötige Schwierigkeiten bereitet. Von seinen Patienten war er geliebt, und er hat diese Sympathie mit einer aufopfernden Betreuung vergolten. Im sechsten Jahre seiner Amtszeit starb er innerhalb weniger Wochen an einem außerordentlich schmerzhaften Leiden.

Friedrich Dessauer, als Physiker ebenso bekannt wie als Politiker (Reichstagsabgeordneter), war auf den Istanbuler Lehrstuhl der Strahlenphysik und Strahlenbehandlung berufen worden. Er hatte schwere Zeiten im Nazideutschland erleben müssen. Als ein prominentes Mitglied der katholischen Zentrumspartei hatte er in den Endstadien der Weimarer Republik sich an Verhandlungen beteiligt, die seine Partei mit der NS-„Führungsgruppe" (Hitler, Göring, Strasser, Frick und Goebbels) betrieb. Man hoffte eigenartigerweise auf eine Koalition mit den Nazis; wahrscheinlich um sie auf diese Weise gängeln zu können – eine naive Verkennung der Situation. Der einzige der Nazis, der eine solche Zusammenarbeit für realisierbar hielt, war Gregor Strasser, den Hitler, Goebbels und Göring während des Röhm-Putsches in ihrem Blutrausch ermorden ließen. Strasser stand politisch eher links. Das Zentrum hatte Dessauer trotz seiner jüdischen Herkunft wohl deshalb als Diskussionspartner ausgesucht, weil ihm der Ruf sozialistischer Neigungen vorausging. Natürlich blieb die Unterredung ohne Ergebnis – außer, daß man in den Ansichten von Dessauer später den Anstoß zu seiner Verhaftung fand. Soweit ich mich erinnere, holte ihn die vom türkischen Ministerpräsidenten mit viel Nachdruck erlassene Berufung aus dem Gefängnis heraus.

Trotz seiner bedeutungsvollen Verbesserungen der Konstruktion von Röntgenapparaten war Dessauer ohne klinische Erfahrung in der Therapie, so daß er ebenso unzufrieden war wie seine Patienten. Seine hervorragenden biophysikalischen Fachkenntnisse blieben ungenützt, und es war für ihn sicher eine Erleichterung, als er von Fribourg (Schweiz) den Ruf auf den physikalischen Lehrstuhl der Universität erhielt. Er hat sich hier auch politisch mehr am Platz gefühlt als in Istanbul.

Dessauer ist übrigens einer der Pioniere seines Faches gewesen, die in den Anfängen der Röntgenologie keine Schutzmaßnahmen gegen die Strahlen benützten und alle mehr oder weniger starke Verbrennungen erlitten – bei ihm im Gesicht, an Händen und Füßen. Fast ausnahmslos sind diese Männer im wahrsten Sinne als Opfer ihres Berufes am Strahlenkrebs zugrunde gegangen. Ich weiß nicht, ob das für Dessauer, der 1963 starb, auch gilt. Ich möchte es aber annehmen.

Eine ungewöhnliche wissenschaftliche Erscheinung war Hans Reichenbach, Extraordinarius der „erkenntnis-theoretischen Grundlagen der Physik" in Berlin. Er war, wenn man so will, ein zweiter Bertrand Russell oder – in die jüngere Generation übertragen – ein geistiger Weggenosse Friedrich v. Weizsäckers. Für den philosophischen Sinn der neuen Erforschung von Raum, Zeit und Universum hat er schöne Formulierungen gefunden. Der Gewinn seiner Vorlesungsthemen war vielleicht für die Professoren größer als für die Studenten. Nach einigen Jahren folgte Reichenbach einem Rufe nach den USA.

Unser Nachbar in dem am Bosporus gelegenen Vorort Ortaköy war der Chemiker Fritz Arndt. 1933 verlor er sein Breslauer Ordinariat, war dann Gastprofessor in Oxford und folgte 1934 dem Ruf nach Istanbul. Ihm waren Land und Lebensbedingungen von der Zeit vertraut, da er während des Ersten Weltkrieges in Istanbul als Professor an der früheren Universität (Darülfünun) gewirkt hatte. Arndt erfreute sich bei den Studenten sehr großer Beliebtheit, er sprach einigermaßen gut Türkisch, und seine Bescheidenheit begeisterte die Studenten um so mehr, als er für alle deutschsprechenden oder -lesenden Chemiker durch ein Lehrbuch bekannt war, das in vielen Auflagen erschienen war. Arndt hatte nichts „Ordinariatsmäßiges" an sich. Fünf Jahre deutsches Ordinariat hatten ihm nichts anhaben können, und für uns alle, die nicht frei von Professorendünkel nach Istanbul gekommen waren, übte Arndt einen nachhaltigen erzieherischen Einfluß aus – und das in einer akademischen Atmosphäre, die durch die Devotion der türkischen Studenten zur Selbstüberschätzung verführen konnte. Als ich Arndt viele Jahre später beim Flugzeugwechsel auf dem Flugplatz Shannon (Irland) traf – er reiste wieder einmal zu einer Ehrendoktoratsverleihung –, kam ich auf seine pädagogische Wirkung, die ihm unbewußt war, zu sprechen. Er strafte seine hohen Siebzigerjahre Lügen, indem er wie ein junges Mädchen errötete.

Richard Honig kam vom Göttinger Lehrstuhl des Straf- und Zivilprozeßrechts nach Istanbul. Er hat sich durch die Herausgabe von mehreren Lehr- und Handbüchern seines Faches in türkischer Sprache besondere Verdienste um das Land erworben. Als ausübender Künstler – er malte – war er fast von gleicher Produktivität, aber geringerer Vollendung. Er übersiedelte ungefähr mit uns nach den Vereinigten Staaten, wohl mehr seiner Kinder wegen; denn er hat dort nicht eine ähnlich wichtige Arbeit finden können wie in der Türkei. In New York konnte ich ihm ärztlich beistehen; ich habe die Selbstbeherrschung bewundert, mit der er eine schmerzensreiche Krankheit und Operation ertrug. Nach dem Zweiten Weltkrieg war er glücklich, sein Göttingen wieder zu sehen und dort auch wieder zu lehren. Er konnte sich aber doch nicht entschließen, endgültig nach Deutschland zurückzukehren.

Mit den türkischen Universitätskollegen hatte ich kaum mehr als berufliche Beziehungen, die allerdings durch einen komplizierten bürokratischen Apparat und durch die Organisation des neuen Unterrichtssystems nicht gering waren.

Rektor war, als ich nach Istanbul kam, der Leibarzt des Präsidenten, Neşet Oemer. Ein belesener und erfahrener Internist, konnte er die beiden Aufgaben als Rektor und als Chef der Ersten Medizinischen Universitätsklinik nicht miteinander in Einklang bringen. Es war zum Vorteil beider Funktionen, daß er von den Rektoratspflichten befreit wurde. Sein Nachfolger in dieser Stellung wurde ein Jurist, Cemil Bilsel. Klug, weltmännisch erfahren, die bürokratischen Spielregeln vollkommen beherrschend, vielseitig erzogen, von klarer und manchmal brillanter Formulierungskunst, war er ein vorbildlicher Leiter der Universitätsgeschäfte, die – da es sich um eine ausgedehnte Aufbauarbeit handelte – häufig selbständige Entscheidungen verlangten. Daß er bei einer sehr heterogen zusammengesetzten Dozentenschaft das ohne große Störungen der Zusammenarbeit fertiggebracht hat, zeugt von der geachteten Stellung, die man ihm einräumte. Ich betrachte heute in über 30jährigem Abstand Bilsel als den idealen Universitätspräsidenten, wie ihn die mitteleuropäischen Universitäten so dringend nötig haben: ein Mann in Lebensstellung, durch Berufsposition, Verwaltungserfahrung und Sprachkenntnisse hervorragend und – im Gegensatz zu seinen europäischen Kollegen – die Repräsentation nach außen nicht als Hauptfunktion seines Amtes, sondern als möglichst reduziertes, wenn auch notwendiges Übel empfindend. Ich bin Cemil Bilsel zu großem Dank verpflichtet; für Schwierigkeiten der personellen und technischen Ausstattung der Klinik, für Neubauschmerzen hat er meist eine annehmbare Lösung oder zum mindesten Trost gefunden. Kurz vor meinem Weggang von Istanbul erlitt er einen so schweren Herzinfarkt, daß wochenlang an seinem Aufkommen gezweifelt wurde. Um so größer war die freudige Überraschung, als ich fünf Jahre später von ihm einen Telefonanruf erhielt, in dem er seine Ankunft in New York mitteilte. Er kam zur Wahrnehmung eines Rechtsstreites der türkischen Regierung, sah blühend aus und bereitete sich darauf vor, in einigen Wochen die

Stellung eines Richters am Internationalen Gerichtshof im Haag anzunehmen.

Von Philipp Schwartz, dem Spiritus rector der personellen Seite der großangelegten Reform Atatürks, habe ich schon mehrfach gesprochen. Über dem Umstand, daß es zum wesentlichen Teil seiner Initiative zu verdanken war, wenn die große Zahl deutscher Wissenschaftler nach Istanbul berufen wurde, mag seine eigene Berufsleistung vergessen werden. In der Tat ist er ein ideenreicher Pathologe, dessen Arbeiten über die kindlichen Geburtsverletzungen und den Streuungsweg der Lungentuberkulose hervorragende und international anerkannte wissenschaftliche Leistungen sind. Auf seinen Vorschlag geht die Einrichtung von türkischen Schulen für fremdsprachigen Unterricht in Physik, Chemie und Biologie zurück; sie waren für Studenten bestimmt, denen eine ausreichende gymnasiale Vorbildung fehlte.

Schwartz verließ seine türkische Stellung nach dem Zweiten Weltkrieg, als die Universitätsreform einen gewissen Abschluß erreicht hatte. In den meisten Instituten und Kliniken waren türkische Mitarbeiter soweit vorbereitet, daß sie die leitenden Stellungen übernehmen konnten. Schwartz erhielt in den USA eine befriedigende Arbeitsstätte, an der er noch heute wirkt.

Der Kreis derer, die oben genannt wurden, muß noch durch die Namen von so angesehenen Männern ergänzt werden, wie dem des Nationalökonomen Gerhard Kessler, des Physikers Ernst v. Hippel, des Mathematikers Willi Prager, des Juristen Karl Strupp und Ernst E. Hirsch, des späteren Rektors der Freien Universität Berlin, des Philosophen Ernst v. Aster, der Romanisten Leo Spitzer und Erich Auerbach.

Die Stellungnahme des gebildeten Teiles der türkischen Bevölkerung zur Universitätsreform war ambivalent. Im Beginn der Reform fanden nationalistische Empfindungen ihren Ausdruck. Nur versteckt tauchten Angriffe, die auf dieser Basis ruhten, in den Zeitungen auf. Gelegentlich hatte man aber den Eindruck, daß die Regierung es nicht ungern sah, wenn die öffentliche Meinung sich auf diesem, relativ harmlosen Gebiet auslebte.

Die Stellungnahme der ausländischen Professoren zur Türkei war meist diktiert von den Erfahrungen mit denjenigen, die ihre berufliche Umgebung bildeten; das waren für mich Studenten, Assistenten und Patienten. Sie kamen aus Stadt *und* Land und zeigten damals wenig von den Wesensunterschieden, die in westeuropäischen Zeitungsberichten zwischen einer von der Industrialisierung beeinflußten Stadtbevölkerung und der „vernachlässigten" anatolischen Bauernschaft gemacht wurden. Man muß sich vergegenwärtigen, daß der Befreiungskrieg der Türkei kaum zehn Jahre vorüber war, als die Universitätsreform einsetzte. Atatürk hat jene weise Beschränkung gezeigt, die ihn zu einer Ausnahmeerscheinung unter den Staatslenkern machte: Er ließ es gern zu, daß die Türkei von den siegreichen Alliierten des Ersten Weltkrieges auf Anatolien und den relativ kleinen europäischen Sektor (mit Istanbul) begrenzt blieb. Es war ein Werk von Jahrzehnten, das spärlich bevölkerte, kahle und wasserarme Innere Kleinasiens aus mittelalterlichen Einrichtungen und Sitten in die Neuzeit zu führen. Und gerade wenn man diesen gewaltigen Zivilisationsunterschied zwischen Stadt und Land berücksichtigt, mußte man die Überzeugung gewinnen, daß die Aufwendungen und Anstrengungen, die damals von Atatürks Regierung für Anatolien gemacht wurden, eher größer waren als die, welche zur Industrialisierung der drei großen Städte (Istanbul, Ankara und Smyrna) unternommen wurden.

Ich glaube, daß erst nach Beendigung des Zweiten Weltkrieges die demokratische Partei, die Regierungsnachfolgerin der republikanischen Inönüs, das Bauernland zugunsten der Städte und ihrer Wähler vernachlässigt hat; das geht zum mindesten aus Mahmut Makals „Unser Dorf" hervor, einem Buch, das eine gewaltige Sprengwirkung hatte.

Die Rückwirkungen der Reformen Atatürks auf Stellung und Leben der *Frauen* waren umwälzend. Daß sie im anatolischen Bauernland sich nur sehr langsam durchsetzen konnten, ist ohne weiteres verständlich – schon deswegen, weil die staatlichen Kontrollorgane sich an Zahl und Einfluß nicht mit den Dorfgeistlichen messen konnten; die Geistlichen hielten das Verharren bei den vom Koran vorgeschriebenen Gesetzen für ihre Aufgabe; sie tun es wohl heute noch und haben, soweit die weibliche Kleidung betroffen ist, nur eine halbe Niederlage erlitten. Die Vielehe war zu Sultans Zeiten auf dem flachen Lande mehr ein wirtschaftliches als ein sexuelles Problem, die Frauen, deren vier vom Koran erlaubt sind, helfen sehr wesentlich (und billig) in der Landwirtschaft.

Anders war es in den Städten. Die Überwachung von Kleidung und Ehestatus geschah aufs nachdrücklichste. Die Wahl besonders von akademischen Berufen wurde bei den jungen Mädchen behördlich gefördert. Als Vorbereitungen zur bildlichen Ausstattung des türkischen Pavillons auf der New Yorker Weltausstellung von 1939 getroffen wurden, suchte mich der Rektor auf. Er bat um mein Einverständnis für photographische Aufnahmen von Auditorium und Operationssaal – mit dem etwas zögernd vorgetragenen Zusatz, daß die weiblichen Studenten im Vordergrund des Bildes erscheinen sollten. Eine Photographie, auf der ich vor einem Kranz von hübschen, wenn auch aseptisch verschleierten Studentinnen operiere, hat mir von Ausstellungsbesuchern manche anzügliche Bemerkung eingetragen.

Wer immer von Ärzten, aus Europa kommend, mich besuchte und am Unterricht teilnahm, war beeindruckt von Liebreiz und Anmut der meisten Studentinnen.

Als 1939 die Weltausstellung eröffnet wurde, war ich in New York. Zu ihrem Besuch war auch ein türkischer Chirurg eingetroffen, der noch während der Sultanszeit zwei Frauen geheiratet und sie – wie damals üblich – in seinem Paß eingetragen hatte. Unter dem neuen türkischen Zivilgesetz, das übrigens sonst dem schweizerischen entspricht, war für solche Fälle die Mehrehe anerkannt. Bei dem Eintreffen wurde er von der Paßkontrolle wegen Bigamie festgehalten – ein in USA besonders hart verfolgtes Vergehen –, bis ich, von ihm mobilisiert, die Behörden davon überzeugen konnte, daß der Kollege ein legaler Bigamist war.

Konsultations- und Operationsreisen in andere Länder waren ziemlich häufige Ereignisse. Die erste brachte mich nach Alexandrien und Kairo. Der Weg, der die Eltern der jungen Patientin zu mir führte, war ungewöhnlich. Einige Tage nach dem Beginn der Istanbuler Tätigkeit erhielt ich einen Telefonanruf des ägyptischen Konsuls; er fragte, ob ich in nächster Zeit zu einer Konsultation nach Kairo reisen könne. Ich versprach ihm, mich mit der Universitätsbehörde in Verbindung zu setzen, um die Reisegenehmigung zu erhalten. Zwei Tage darauf bat mich ein Freund aus Münchener und Berliner Tagen, Th. Papayoannou, der Chefarzt und Besitzer einer Privatklinik, zu einer Lungenoperation nach Kairo. Das ließ sich mit der anderen ägyptischen Konsultation vereinigen. Als ich die andere Kairoer Patientin, ein junges Mädchen, untersuchte, interessierte mich natürlich, wie man – drei Tage nach meiner Übersiedlung – erfahren habe, daß ich in Istanbul sei. Darauf der Bericht des Vaters: Er war mit seiner Tochter nach Berlin gefahren, um einen Chirurgen (nicht Sauerbruch) zu konsultieren, der zu einer Operation riet (die sich jetzt übrigens nicht mehr als nötig erwies). Der Vater wollte etwas von der Art des Eingriffes wissen. Da schlug der Chirurg ein Buch auf und zeigte einige Bilder, die das operative Vorgehen illustrierten. Der Sekretär des Vaters las den Autorennamen des betreffenden Kapitels vom Kopf der Buchseite ab – es war mein Name. Sie verabschiedeten sich von ihrem Konsiliarius, entdeckten im Berliner Telefonbuch den Namen, riefen die Klinik an; dort wurde ihnen meine neue Adresse mitgeteilt.

Nach der Operation in der Klinik von Papayoannou waren Ruth und ich in das nebenliegende Haus der Königin Nazli (Frau von König Fuad) eingeladen. Sie war mit Papayoannou befreundet; er hatte sie häufig auf europäischen Reisen begleitet und Sauerbruch und mir die Bekanntschaft der amüsanten, bejahrten Dame mit dem feuerroten Haarschopf vermittelt. Während sie sich in München und Berlin in treffenden Bemerkungen zur Zeitgeschichte erging, lernte ich sie jetzt als eine außergewöhnlich belesene Frau kennen. Nach einer Konsultation – ihr Gesundheitszustand war recht prekär – setzten wir die Unterhaltung bis spät in den Nachmittag fort.

Während des Krieges sah ich sie in New York wieder; sie war auf dem Weg zur Mayo-Clinic, die ihr aber keine nachhaltige Hilfe mehr bringen konnte.

In den Istanbuler Jahren bin ich dann noch öfters beruflich nach Ägypten gekommen, meist auf Veranlassung des früheren Berliner Urologen J. Bitschai, der in Alexandrien erst am Jüdischen Hospital, dann am neuerbauten staatlichen Fuad-I-Krankenhaus tätig war. In späteren Jahren wurde er noch obendrein Professor für Urologie in der Medizinischen Fakultät zu Kairo. Bitschai war auf seinem Fachgebiet *der* Arzt der ägyptischen Würdenträger – ein hundertfach wiederkehrendes Beispiel für die vertrauensvollen Beziehungen zwischen Juden und Ägyptern in diesem Lande, das jetzt in eine antijüdische Haltung nazistischer Observanz hineingehetzt worden ist.

Bitschai, dessen ganzes Leben der Sorge für andere gehörte, ist 1958 gestorben. Der Mann, dem Tausende von urologischen Kranken Leben und Gesundheit verdanken, ging an einer Nierengeschwulst zugrunde, deren erste Manifestation eine Skelettmetastase war. Er kam nach Basel, und ich entfernte Niere und Metastase. Das brachte ihm vorübergehend Erleichterung und Hoffnung. Seine große praktisch-medizinische Erfahrung, die vorsichtige und gewissenhafte Indikation und seine operative Kunst haben ihn zu einem bekannten Vertreter seines Faches gemacht.

Indessen wäre das Bild von Jacob Bitschai nur unvollkommen, wenn man nicht sein menschlich-ärztliches Format und seine stete Hilfsbereitschaft erwähnte. Sein bescheidenes und humorvolles Wesen machte es ihm leicht, Freunde zu finden und deren Anhänglichkeit sich zu bewahren. Kein Bittsteller verließ unbeschenkt die Pforten seines Hauses, und für seine Freunde war er unermüdlich tätig, wenn sie seiner Unterstützung bedurften.

Der steigende Zustrom von Patienten in die Istanbuler Klinik hat – eine gesetzmäßige Erscheinung – meine Beliebtheit unter den Fachkollegen nicht gesteigert. Das kam einmal in besonderer Form zum Ausdruck: Ein Abgeordneter des türkischen Parlaments war an einem Lungenabszeß erkrankt; die Gewebseinschmelzung vergrößerte sich schnell. Dazu bestanden hohe Temperaturen. Er mußte dringend operiert werden. Die Klinik war überfüllt. Der Patient lag in einer Privatklinik Istanbuls. Den Vorschlag, daß einer der beiden Oberärzte (für die eine Einschränkung nicht galt) operiere, lehnte der Patient ab. Ich war durch Vertrag gebunden, in Istanbul nur in meiner Klinik zu operieren, eine Bedingung, die ich gern akzeptiert hatte. Das erklärte ich dem Patienten. Er wandte sich telefonisch an den Hygieneminister, der sich ohne weiteres damit einverstanden erklärte, daß ich in der

Privatklinik operierte. Dies geschah am Nachmittag um vier Uhr. Die Abendausgabe einer lokalen Zeitung enthielt bereits in Balkenschrift die Mitteilung, daß ich vertragswidrig in einer privaten Klinik operiert und eine enorme Summe (anscheinend noch am Operationstisch) liquidiert habe. Ähnliche Berichte in den Morgenzeitungen folgten. Die Honorarsumme vergrößerte sich mit jeder neuen Zeitungsausgabe. Ich bat den Ministerpräsidenten um eine Unterredung. Am nächsten Morgen wurde ich von Ismet Inönü empfangen. Er wußte bereits Bescheid. Als ich ihm erklärt hatte, daß ich – entsprechend dem generellen Verzicht auf Privathonorare – eine Liquidation weder gestellt habe noch stellen werde, wurde der Chefredakteur der Staatszeitung zitiert, der den Sachverhalt zur sofortigen Publikation dargestellt erhielt – zusammen mit unmißverständlicher präsidentieller Kritik der Zeitungsberichte. Damit war die Sache erledigt. Erst später wurde mir klar, welch großen Einfluß die Ärzte, die im Parlament zahlreich vertreten waren, auf alle Ministerien ausübten. Es war sicher ein Geschenk des Schicksals, daß mir bis zu meinem Weggang Wiederholungen des „Cas du Professeur Nisser.", wie in den Zeitungen stand, erspart blieben. Vielleicht beruhte es darauf, daß im Anschluß an die kollegial inspirierte Zeitungskampagne zwei Redakteure mich in ihren Zeitungen heftig „in Schutz nahmen". Die Tätigkeit der Klinik hatte in der Bevölkerung schon mehr Resonanz gefunden, als sich annehmen ließ.

Mehrmals in jedem Jahr hatte ich in Athen zu tun – meist auf Einladung eines alten Freundes aus der Münchener Klinik, Peter Cokkalis. Er war inzwischen Ordinarius für Chirurgie geworden, ein hochbegabter Kliniker und Operateur, ehrlich und aufrecht wie wenige. Seine Abneigung gegen das Naziregime hatte ihn schon in Friedenszeiten zu „unklugen" Äußerungen in Ärzteversammlungen und vor Studenten veranlaßt. Als dann während der deutschen Besetzung von Griechenland sein Vater verhaftet wurde und im Gefängnis starb, schloß Peter sich den Widerstandskämpfern an. Wie in mehreren Oststaaten bestand der überwiegende, zum mindesten der aktivste Teil dieser Resistance aus Kommunisten. So wurde er Kommunist, und als nach der Kapitulation der Alliierten der kommunistische Aufstand in Griechenland niedergeschlagen wurde, ging Cokkalis als Gesundheitsminister der Partisanen mit ihnen ins Ausland.
Die Tragödie des Abschiebens der kommunistischen Griechen von Land zu Land ist bekannt. Cokkalis landete schließlich in Ostberlin, wo ihm ein Laboratorium für experimentelle Chirurgie zur Verfügung gestellt wurde. Hier hat er – zusammen mit Frau U. Schiller – Herztransplantationsversuche unternommen. Das Problem, das er bearbeitete, hatte eine tragisch-persönliche Note. Auf seinen Irrfahrten hatte er zwei Herzinfarkte erlitten, und seit-

dem erinnerten anginöse Anfälle ihn nur zu oft daran, daß ihm ein Coronartod bestimmt war.

Eine Reise, die er von Ostberlin aus zur World Health Organisation in Genf zu machen hatte, schaffte uns die Möglichkeit, wieder direkten Kontakt aufzunehmen. Ich lud ihn an die Basler Klinik zur Demonstration seiner Überpflanzungsoperationen ein. Er blieb acht Tage mit seiner Frau, die alle Wanderungen mit ihm geteilt hatte, und seiner Assistentin in Basel. Die Experimente waren eindrucksvoll (1959!). Die Tiere überlebten für Stunden oder Tage.

Unter dem Aspekt der letzten Entwicklung dieser Frage ist ein kurzer Vortrag bemerkenswert, den Peter während seines Aufenthalts in Basel für die Assistenten der Klinik hielt. Befragt, unter welchen Voraussetzungen eine Herztransplantation angezeigt sein könnte, sagte er, daß er wegen der Gefährlichkeit des Eingriffes die Indikation dazu nur, wenn überhaupt, bei einem an seinem Coronarinfarkt sterbenden Patienten gegeben sehe.

Cokkalis' Schicksal war besonders hart für einen Mann, der seine Heimat liebte wie er. Er blühte auf, als wir von der gemeinsamen Münchener Zeit und den Jahren plauderten, da wir Nachbarn – er in Athen und ich in Istanbul – waren.

Nicht lange nach seinem Basler Besuch ist Cokkalis an einem neuen Herzinfarkt gestorben. Es dauerte einige Jahre, bis die griechische Regierung die Erlaubnis gab, seinen Sarg nach Athen zu überführen. Die Beteiligung der Trauernden an seinem Begräbnis soll groß gewesen sein – ein Ausdruck der Dankbarkeit für seine ärztlichen Leistungen.

Die türkische Reisezeit (nach Europa) war die Hitzeperiode, die anfangs Juli begann und frühestens Anfang September endete. Eine besondere Attraktion war für uns – wissenschaftlich etwas ausgehungerte – Mediziner die „Woche der Schweizerischen Medizinischen Wochenschrift", die von A. Gigon und meinem Freund P. Wolff – Genf vorbereitet und geleitet wurde. Wahrscheinlich ist sich Gigon kaum bewußt geworden, wie viel er mit diesen Symposien für die getan hat, die Deutschland verlassen mußten und jetzt glücklich waren, in ihrer Muttersprache vortragen zu hören oder selbst vorzutragen, – und für die zahlreichen anderen, welche der Gefängnisenge Deutschlands wenigstens für einige Tage entgehen, frei atmen und ihre verbannten Freunde wiedersehen wollten. Zu den großen Verdiensten, die Gigon sich um die Gründung der Internationalen Gesellschaft für Innere Medizin und die der Schweizerischen Akademie der Medizinischen Wissenschaften erworben, kommt dieser Kranz hinzu, den ihm die Dankbarkeit der damaligen Emigranten gewunden hat.

1937 machten wir bei einer solchen Woche in Interlaken die Bekanntschaft von Otto Loewi, der ein Jahr darauf in Graz seines Nobelpreisgeldes von den „Befreiern der Ostmark" beraubt wurde (s. S. 303).

Beim gleichen Anlaß lernte ich Albert de Szent-Györgyi kennen, der als Professor in Debreczin den Nobelpreis u. a. für die Isolierung der Ascorbinsäure (Antiskorbutprinzip) und die Entdeckung des Vitamins P erhalten hatte. Wenn man ihn, der auf seinem Motorrad von Ungarn nach Interlaken gekommen war, sah, hatte man eher den Eindruck, einen älteren Studenten mit sportlichem Ehrgeiz vor sich zu sehen. Er wanderte 1939 – noch rechtzeitig – nach den Vereinigten Staaten aus und erhielt eine ihm zusagende Stellung im Marine-Laboratorium in Woods Hole in New England, der wissenschaftlichen Sommerresidenz vieler Theoretiker. Seine jugendliche Reaktion Ereignissen und Dingen gegenüber ist bei dem heute 75jährigen nicht anders als vor 30 Jahren.

Ein anderer, der 1933 Deutschland verlassen hatte und sich in Interlaken einfand, war Leopold Lichtwitz, früher internistischer Chefarzt am Virchow-Krankenhaus in Berlin. Es war sechs Jahre später meine traurige Aufgabe, diesem hervorragenden Kliniker in der Virchow Society von New York die Totenrede zu halten. Lichtwitz war menschlich und medizinisch eine außergewöhnliche Erscheinung. Er erinnert mich heute an den verstorbenen Basler Kliniker H. Staub, mit dem er eine durch nichts zu erschütternde kompromißlose Wahrhaftigkeit teilte. Seine humorvolle, oft auch sarkastische Kritik traf alles, was Überheblichkeit oder Unklarheit in Wissen und Denken zeigte. Nicht jeder hat verstanden, daß diese Reaktion seinem Sinn für intellektuelle Sauberkeit entsprang. Die Mitglieder der Deutschen Gesellschaft für Innere Medizin sahen auf ihrem alljährlichen Kongreß in Wiesbaden mit Erwartung auf Lichtwitz' Rede beim Festmahl, die – ein regelmäßiges Ereignis – sich in witzig-bedachter Weise mit den vorgetragenen „Neuigkeiten" auseinandersetzte. In der Tat wurde er, obwohl er in autoritativer Weise die neueste biochemische Entwicklung des Faches vertrat, von vielen als ultrakonservativ bezeichnet. Ich glaube nicht, daß er gegen dieses Urteil etwas einzuwenden gehabt hätte. So unabhängig seine Geisteshaltung war, so ungewöhnlich war seine Entwicklung. Er hatte nicht das Glück der Förderung durch einen großen Lehrer. Als er nach dem Ersten Weltkrieg Chef der Inneren Abteilung des Altonaer Krankenhauses war, machte er aus seiner Arbeitsstätte eine Klinik von Ruf. Seine Übersiedlung nach Berlin in die Chefarztstellung am Virchow-Krankenhaus brachte ihm eine solche Steigerung der praktisch-klinischen Arbeit, daß seine wissenschaftliche Tätigkeit zurückgestellt werden mußte. Seine Haltung vom ersten Tage der Nazi-Machtübernahme an war von der gewohnten Kompromißlosigkeit. Unter Preisgabe all seiner Habe verließ er Deutschland. Die Berufung zum internistischen Chefarzt am Montefiore-Krankenhaus erreichte ihn 1933 in der

Schweiz. Hier in New York zeigte es sich, daß dieser knorrige Stamm nicht mehr verpflanzungsfähig war. Trotz der äußeren Anpassung an neue berufliche Verhältnisse war es ihm nicht gegeben, heimisch zu werden. Er empfand es fast als Erleichterung, daß mit der Vollendung des 60. Lebensjahres seine Krankenhausverpflichtungen aufhörten. Neben seiner Privatpraxis war jetzt die Arbeit am Schreibtisch der wesentlichste Inhalt seines Tages. Bei unserem gemeinsamen Freunde, dem Verleger Henry Stratton, erschienen seine Bücher „Nephritis", „Functional Pathology" und „Rheumatic Fever". Er hat Manuskripte hinterlassen, die sich mit allgemeinen Fragen der wissenschaftlichen Tätigkeit, der Stellung des Laboratoriums und der Aufgabe des Arztes beschäftigen. Sie sind, da sie unvollendet waren, nicht mehr zur Veröffentlichung gekommen.

Durch Lichtwitz hatte ich eine seiner Patientinnen, die Journalistin Dorothy Thompson kennengelernt. Sie war viele Jahre Berichterstatterin amerikanischer Zeitungen in Berlin. Man sagte, daß sie an Gewandtheit und Eindringlichkeit ihres Stiles ihren zweiten Mann, den bekannten Schriftsteller Sinclair Lewis, übertreffe. Sie wurde den Nazis durch ihre Zeitungsartikel so lästig, daß sie sie schließlich auswiesen, eine Maßnahme, die Frau Thompsons Popularität bei ihren Lesern noch erhöhte. Sie hatte mit einem Zeitungssyndikat die vertragliche Abmachung, mehrfach wöchentlich meist über Verhältnisse und Ereignisse in Deutschland zu berichten. Ihre Resonanz in der alliierten Welt war groß. Kurz vor Lichtwitz' Tod erschien ihr Buch „Lieber Hans". Es enthielt Radiosendungen, die sie an einen imaginären Hans in Deutschland richtete. Sie wiederholten die Notwendigkeit der Beseitigung Hitlers. Ich glaube, daß erst nach dem Waffenstillstand die Identität von „Hans" mitgeteilt wurde. Es handelte sich um Graf Helmuth James von Moltke, einen der beiden Initiatoren des „Kreisauer Kreises", der in der Vorbereitung des Attentates auf Hitler (20. Juli 1944) eine Rolle gespielt hat und, wie Shirer sagt, für den Mut zu sprechen, nicht zu handeln, gehängt wurde. Dorothy Thompson trat nach der Beendigung der Feindseligkeiten sehr nachdrücklich und – wie leicht begreiflich – gegen eine starke Opposition für eine versöhnliche Haltung Deutschland gegenüber ein. Sie hat an der Gegnerschaft, die ihr daraus erwuchs, schwer getragen. Ihre Stimme wurde immer seltener gehört. Sie lebte bis zu ihrem Tod mit ihrem dritten Mann, einem von Prag emigrierten Maler, auf ihrer Farm im gebirgigen Vermont, eine Frau, deren politische Kommentare vielen Hoffnung und Mut gegeben haben.

Über die Entwicklung in Nazideutschland orientierte uns während der *türkischen Zeit* die Korrespondenz mit Bekannten, die in Deutschland geblieben waren, und Mitglieder der deutschen diplomatischen Vertretung. Wohl hatten Botschaft und Konsulat ihre von der Partei beglaubigten oder geschickten Spione. Sie traten kaum merkbar in Erscheinung und haben auch nur wenig indirekten Einfluß ausgeübt, denn die eher antinazistisch fühlenden höheren diplomatischen Vertreter blieben anscheinend ungestört, und der Wechsel der Missionschefs war nur selten vom Parteigesichtspunkt aus diktiert.

R. Nadolny verließ Ankara kurz nach der „Machtergreifung". Seine Nachfolger, F. H. v. Rosenberg und F. v. Keller, waren weit davon entfernt, Parteisympathien zu genießen oder sie zu suchen. Der ruhende Pol der deutschen Botschaft in Ankara war der Erste Botschaftsrat Fabricius. Sein Dilemma kann man ungefähr so ausdrücken, daß er wohl an der Besserung des deutschen Prestiges, aber nicht an der Stützung des Naziregimes interessiert war, daß indessen eine solche Teilung der Loyalität sich als unmöglich erwies. Er ging 1936 als Gesandter nach Bukarest.

Da die Botschafter einen guten Teil des Jahres in ihrer Sommerresidenz am Bosporus – also nahe bei Istanbul – lebten, versuchten sie, mit den neuberufenen Professoren in Verbindung zu treten. Für die ersten zwei, drei Jahre geschah solche Fühlungnahme zweifellos auf Veranlassung des Auswärtigen Amtes in Berlin. Seine Kulturabteilung suchte die Fiktion aufrechtzuerhalten, daß die Berufung der Professoren in deutschem Interesse sei. Das war für den maßgebenden Beamten der Kulturabteilung kein Vorwand, diktiert von der Opportunität. Er hat später, 1938, durch eine für ihn gefährliche Indiskretion eine Verleumdungskampagne unmöglich gemacht (s. S. 243).

Unsere Ablehnung des Nazismus konnte sich infolgedessen nur mit Zurückhaltung auf die offiziellen Vertreter der deutschen Regierung erstrecken; denn sie waren eben keine Nazis. Die Situation änderte sich erst, als Papen erschien. Seine Glaubwürdigkeit war bereits erschüttert, die Versicherung seiner kritischen Stellungnahme zum Nazismus infolgedessen bedeutungslos.

Die erste halboffizielle deutsche Intervention ging nicht von der Botschaft aus, sondern vom Generalkonsulat, das Minister H. v. Marckwald leitete. Er war eine der sympathischsten Erscheinungen des diplomatischen Dienstes, ein vornehm denkender, sensibler Mann, der jede Order von Berlin mit ausgesprochenem Widerwillen weitergab. So sollte er zunächst einmal herausfinden, ob – wie es in den türkischen Zeitungen stand – von den neuberufenen Professoren Französisch als Unterrichtssprache benutzt würde. Er wandte sich an mich, und ich erklärte ihm, daß wir deshalb gern in französischer Sprache unterrichten würden, weil alle Studenten Französisch beherrschten und nur eine Minorität die deutsche Sprache, daß aber leider nur wenige Professoren Französisch fließend sprechen könnten. Wir übrigen müßten uns mit der Übersetzung dessen begnügen, was wir in deutsch zu sagen hatten. Marckwald fiel einer Intrige der Partei zum Opfer; sein Nachfolger wurde Herr v. Saucken, ein robuster, nicht immer sehr taktvoller Mann, aber anscheinend frei von brauner Farbmischung. Als ich einmal seine Frau behandelt hatte, brachte er mir das Kriegsverdienstkreuz ins Haus, das er in Berlin beantragt hatte. Obwohl diese Geste gut gemeint war, mußte ich ihn darauf aufmerksam machen, daß ich es ablehne, diese – übrigens außergewöhnlich häßliche und schäbige Dekoration – indirekt aus den Händen der Nazis anzunehmen.

Es war begreiflich, daß wir die politischen Ereignisse in Deutschland zunächst vom persönlichen Gesichtspunkt des Freundes- und Bekanntenkreises betrachteten.

Rüstow hatte hervorragende Informationsquellen in Deutschland; der *Röhm-Putsch* kam vielleicht für das Ausland weniger überraschend als für die Deutschen. In diesem besonderen Falle hatte Rüstow in Erfahrung gebracht, daß die Armee auf der Zähmung der SA und ihres Hauptes bestehe und Hindenburg für diesen Plan gewonnen habe. Die Art, in der Hitler den Wünschen der Militärs entsprach, war allerdings radikaler als die Armee erwartete. Die Ermordung der Generale Schleicher und Bredow war die Antwort auf die ultimatum-ähnliche Forderung der hohen Offiziere. Es ist kläglich, daß das hochgezüchtete Ehrgefühl der hohen Militärs keine entsprechende Antwort auf diese einzigartige Provokation fand, daß sie vielmehr einige Tage später in einer Versammlung der Generalität dem „Führer" Beifall klatschten. An diesem Punkt begann das moralische Versagen der Offizierskaste. Es erreichte seinen Höhepunkt, als sie schweigend die Massenmorde geschehen ließ, die sich in ihrem Etappengebiet und öfters auch in der Frontzone abspielten.

Als im August 1934 Hindenburg starb, bestand das einzige Interesse des Auslandes darin, zu erfahren, welchen Trick Hitler benutzen würde, um unbeschränkter Diktator zu werden. Daß er ein Dokument, das ihm von Hindenburg zurückgelassen, unterschlug und wahrscheinlich vernichtete, ist erst nach dem Krieg bekanntgeworden. Man vermutete indessen, daß mit Lug und Trug vorgegangen wurde. Sauerbruch war in den letzten Monaten Hindenburgs behandelnder Arzt. Ich habe ihn 1948 gefragt, ob der alte Herr in diesen Wochen noch geistesklar gewesen sei. Sauerbruch meinte, daß die Beurteilung erschwert gewesen sei durch seine natürliche Schweigsamkeit oder besser Unlust, sich zu unterhalten und dann durch die notwendige Verabreichung von Medikamenten. Wenn man die im vertrauten Kreis unmißverständlich geäußerte Abneigung gegen Hitler als Maßstab seiner Einsicht annehmen will, dann hatte er sie in vollem Maße. Josef Schmidt, der Pfleger, den Sauerbruch von München nach Berlin mitgenommen hatte und der viele Wochen für Hindenburgs Betreuung in Schloß Neudeck war, hat Zeichen fortgeschrittener zentraler Sklerose nicht feststellen können. Das erzählte er mir jedenfalls, als ich bei meinem ersten Berlin-Besuch (1954) mit ihm sprach.

Den größten Schock dieser Jahre brachte der Einmarsch deutscher Truppen in die entmilitarisierte Zone des Rheinlandes, und zwar deswegen, weil es außerhalb Deutschlands unverständlich blieb, daß keine militärische Reaktion auf diesen klaren Vertragsbruch erfolgte. England und Frankreich haben in gleicher Weise versagt. England hatte nicht einmal wie Frankreich die Entschuldigung interner politischer Schwierigkeiten. Diese britische Neutralität wurde auch aufrechterhalten, als Außenminister Flandin nach London flog, um die Zusage einer bewaffneten Unterstützung zu gewinnen. Im gleichen Jahre machten die Briten ihr außenpolitisches Sündenregister noch voller durch den – ohne vorherige Konsultation ihrer Alliierten – abgeschlossenen Flottenvertrag mit Nazi-Deutschland.

Das Versagen von Großbritannien und Frankreich im Jahre 1935 war meines Erachtens der Wendepunkt im politischen Geschehen. Die psychologischen Voraussetzungen für die Besetzung Österreichs, Memels und der Tschechoslowakei waren jetzt geschaffen.

Da nichts so erfolgreich ist wie der Erfolg, war es nur zu verständlich, daß die neue große politische und militärische Macht von Hitler-Deutschland einen tiefen Eindruck auf die Türken machte. Es zeigt das staatsmännische Format von Ismet Inönü, der nach Atatürks Tod Präsident der Republik geworden war, daß er – als Militär – gegen die Fernwirkung der Macht immun war. Weniger darf man sich wundern, daß es der Überredungskunst Papens nicht gelungen ist, die Türken von ihrer geplanten Neutralität abzubringen.

Die verhängnisvolle Auswirkung des Naziregimes mußten wir bald auch in der Familie von Ruth erfahren. Ihr Vater, Justizrat Walter Becherer, war ein gesuchter Rechtsanwalt und Notar in Berlin, Seniorchef eines bekannten Büros. Er konnte sich nicht mit der Bestimmung abfinden, daß der gesamte Anwaltsverein unter Eliminierung der rassisch oder politisch Verfemten gleichgeschaltet wurde. Sein Wunsch, die Mitgliedschaft aufzugeben, wurde vom Vorstand der Vereinigung dahin beantwortet, daß nicht nur er, sondern auch die anderen Anwälte des Büros das Notariat verlieren würden. Im Notariat lag ein wesentlicher Teil seiner materiellen Existenz. Aus diesem, für ihn unlösbaren Dilemma fand der 66jährige keinen anderen Ausweg als den Freitod.

Eine Untersuchung durch die Gestapo wurde drei Jahre später gegen Ruths Bruder Walter eingeleitet, der in der Direktion der Berliner Firma Erich und Grätz tätig war. Er kam für einige Wochen zu uns nach Istanbul und hatte auf der Hinreise in Bukarest geschäftliche Angelegenheiten zu erledigen. Bei einem gesellschaftlichen Treffen mit Herren der deutschen Kolonie gab er seiner Meinung über das Naziregime freien Ausdruck. Glücklicherweise fürchtete er selbst, in seiner Empörung zu ungehemmt gewesen zu sein, und erzählte mir den Hergang der Gespräche. Kaum nach Berlin zurückgekehrt, wurde er von der Gestapo verhaftet und für mehrere Wochen gefangengehalten. Durch einen Freund erfuhr ich davon und kannte auch Namen und Stellung des Mannes in Bukarest, mit dem er die inkriminierte Unterhaltung geführt hatte. Inzwischen war der Termin vor dem Volksgericht festgesetzt worden. Ich suchte den rumänischen Generalkonsul in Istanbul auf, den ich seit längerer Zeit kannte, legte ihm die Dinge dar und bat ihn, beim Auswärtigen Amt in Bukarest zu intervenieren. Einige Tage darauf erhielt ich einen Anruf des rumänischen Gesandten, der positiv war. Seine Regierung habe damit gedroht, den deutschen Denunzianten des Landes zu verweisen, wenn die Sache nicht sofort niedergeschlagen würde. In der Tat erfolgte bei der Volksgerichtsverhandlung ein Freispruch. Walter hatte konsequent *alles* geleugnet. Später ließ er uns wissen, daß die Gestapo im Besitz einer wortgetreuen Niederschrift seiner Bemerkungen gewesen sei. Als alles schon für seine Auswanderung nach den USA bereit war, brach der Krieg aus. Im Januar 1945 ist er beim Vormarsch der Russen in Polen von seinem Truppenteil als „vermißt" gemeldet worden.

Zum ersten Mal in den USA

Die ersten Eindrücke von den Vereinigten Staaten erhielt ich in der Kindheit durch Geschichtsbücher, die sich mit dem Unabhängigkeitskrieg und der deutschen Emigration des Jahres 1848 beschäftigten. Ich fand hier die ideologischen Nachkommen der Freiheitskämpfer des klassischen Altertums.
Während meiner frühen Gymnasialzeit machte eine Rede von Theodore Roosevelt, der als Gast des deutschen Kaisers Berlin besuchte, tiefen Eindruck auf mich. Soweit ich mich erinnere, sprach er in Gegenwart des Kaisers zu den Studenten der Berliner Universität. Die Zeitung – es muß wohl eine liberale gewesen sein – berichtete von dem langen Gesicht, das S. M. bekam, als Roosevelt den Begriff des Gottesgnadentums ironisch behandelte und von Erfolgen der freien Selbstverwaltung und des demokratischen Systems sprach. So etwas konnte man in dem Deutschland des Jahrhundertbeginns nur von Männern hören, die Wilhelm II. als „vaterlandslose Gesellen" bezeichnet hatte.
Die nächste Berührung mit Amerikanern hatte ich im Ersten Weltkrieg. Die große wirtschaftliche Macht der Vereinigten Staaten wurde von den Skeptikern innerhalb des Offizierskorps als Hauptgrund für die Aussichtslosigkeit der Fortführung des Krieges nach 1917 angeführt. Im Frühjahr 1918 machte meine Division Bekanntschaft mit militärischen Verbänden der USA. Die Kampferfahrung der jungen amerikanischen Truppen war naturgemäß gering. Die deutsche Heeresleitung glaubte, daß zur Abwehr der angreifenden amerikanischen Division abgekämpfte Truppenverbände genügten. Das war im großen und ganzen auch der Fall. Nachhaltig aber war der Eindruck, den Aussehen und Equipierung gefangener Amerikaner auf die darbenden, schlecht gekleideten und ungenügend bewaffneten deutschen Soldaten (Fehlen von Tanks auf deutscher Seite) machte. Diese kraft- und gesundheitsstrotzenden Gestalten in nagelneuen, bequemen und gutsitzenden Uniformen mit Eßrationen, die für deutsche Begriffe üppig erschienen, trugen viel dazu bei, die schwankende Kampfmoral vollends zu erschüttern.
Amerika in der Nachkriegszeit! Soweit ich mich erinnern kann, wurde das politische Bild in Deutschland wenig von Amerika beeinflußt, um so mehr das wirtschaftliche. Je stärker die Geldinflation zunahm, desto zahlreicher wurden die Sommergäste aus den Vereinigten Staaten. Meist war es jetzt kleiner amerikanischer Mittelstand, der die großen Hotels in den Kurorten und den süddeutschen Städten bevölkerte.
Zum ersten Mal kam ich mit einem Amerikaner in Berührung, als die Tochter

eines Privatsekretärs von Präsident Wilson nach einem Unfall in die Münchener Klinik verlegt wurde. Er war irischer Herkunft, ein bescheidener, frommer Mann, seine Tochter eine der geduldigsten Patientinnen, die ich erlebt habe. Sie schwebte wochenlang in Lebensgefahr. Die Sympathie, die Vater und Tochter in der Klinik genossen, war groß und allgemein.

München war wohl die erste Stadtgemeinde in Deutschland, die eine größere amerikanische Anleihe erhielt. Der Dollarsegen, der in den folgenden Jahren sich über Deutschland ergoß, wirkte eher als Anreiz zur Emigration. Zwei unserer jüngeren Assistenten, die in der Klinik nicht so weiterkamen, wie sie es erwarteten, wanderten über das große Wasser und berichteten bald von ihrem erfolgreichen Vorwärtskommen.

Die amerikanischen Ärzte, welche die Münchener Klinik besuchten, kamen als Einzelreisende und in Gruppen, die viele Jahre hindurch von einem Arzt aus dem Mittleren Westen eingeführt wurden. Unter ihnen waren namhafte Chirurgen. Bei uns Assistenten war dieses Schauoperieren, wie es für sie veranstaltet wurde, sehr unbeliebt.

Die Nervosität, die den ganzen Operationssaal in Hochspannung versetzte, führte zu übersteigerten Ansprachen an Assistenten, Anästhesisten und Schwestern. Aus diesen Schaustellungen habe ich eine tiefe Abneigung gegen geräuschvolles Operieren mitgenommen. Cushing hat einmal den beherzigenswerten Satz geprägt: Der Patient auf dem Operationstisch und der Taxigast läuft die größte Gefahr, wenn er einen geschwätzigen Fahrer hat. Heute, da ich 40 Jahre älter bin und Hunderte von Chirurgen beim Operieren sah und hörte, muß ich gestehen, daß ich Sauerbruch in manchem unrecht tat. Es gibt nur wenige Chirurgen, die ihre operative Arbeit schweigend verrichten können. Je nach dem Lokalkolorit wechselt der Inhalt der Tiraden, mit denen die meisten Operateure ihre innere Spannung abzureagieren versuchen. In Deutschland ist die laute Beschwörung der Assistenten und Schwestern mehr an der Tagesordnung, in Frankreich sarkastische Bemerkungen über die Insuffizienz der Assistenz, in den Vereinigten Staaten belehrende Ansprachen, die – wie aus dauernden Wiederholungen des Gesagten hervorgeht – mit wirklicher Anleitung kaum noch etwas zu tun haben. Der Effekt ist jedenfalls der gleiche: die Asepsis wird durch das unnötige Gerede gestört und das Beispiel mangelnder Selbstkontrolle wirkt ansteckend auf die werdenden Chirurgen.

Die amerikanischen Besucher deutscher Kliniken waren durchweg liebenswürdige, verständnisvolle und gern gesehene Gäste, solange sie sich nicht über die Qualifikation ihrer mitreisenden Kollegen ausließen. Da änderte sich das Bild und gab einen Einblick in Konkurrenzmethoden, die ich später selbst von nächster Nähe erlebt habe. Das Wort „standing" spielte eine große

Rolle. Mit Vorliebe wurde vom anderen behauptet, daß er im eigenen Lande kein „standing" habe. Der Eindruck der Herabsetzung war abschreckend. In diesem Zusammenhang ist ein Brief von Interesse, den Sauerbruch an einen Chirurgen schrieb, der den Vorschlag gemacht hatte, eine Art von chirurgischem Elite-Verein zu gründen – in Anlehnung an ähnliche Gebilde in den Vereinigten Staaten (s. S. 370).
Eine besondere Note fanden wir in den Berichten über heimische professionelle Verhältnisse immer in der Stellungnahme zur Mayo-Clinic. Hier gab es nur Haß oder Liebe. Als einst Charles Mayo, einer der beiden Brüder, sich in der Gesellschaft unserer Gäste befand, wurden – gelegentlich einer Abendgesellschaft, die Sauerbruch zu ihren Ehren in seinem Wannsee-Haus gab – so dumme Verleumdungen über die finanziellen Praktiken der Mayo-Clinic von einigen Leuten aufgetischt, daß wir erschüttert waren über den Mangel an Verständnis für wirkliche Leistung.

Manch humoristische Szene, die sich bei den Besuchen der nordamerikanischen Gäste abspielte, ist mir in Erinnerung geblieben. Sauerbruch versuchte jeweils mit seinem recht behelfsmäßigen Englisch Erklärungen abzugeben. Als er einst eine totale Thorakoplastik in regionaler Anästhesie an einer polyglotten Spanierin ausführte, wollte er die Gäste von der Wirksamkeit der örtlichen Betäubung überzeugen. Für „Schmerz" kannte er nur das französische Wort „douleur", und da die englische Sprache zahlreiche französische Worte in englischer Aussprache gebraucht, wandte er diese Methode auch für „douleur" an, fragte also die Patientin mit triumphierender Stimme, ob sie „Dollar" habe. Ein dröhnendes Gelächter der Zuschauer antwortete ihm.
An einem Tage des Spätherbstes 1925 war der Generalstabschef des Ersten Weltkrieges Ludendorff auf dem Operationsprogramm. Er litt an einem in den Brustraum reichenden Kropf, dessen politische Bedeutung schon von mehreren Autoren gewürdigt worden ist. Die amerikanischen Gäste, die gerade anwesend waren, erfuhren natürlich trotz der Sperrmaßnahmen die Identität des Operierten. Wie immer wurde das entfernte Gewebe noch während der Operation in unser histologisches Laboratorium gebracht. Da einzelne Teile des Kropfes verdächtig hart waren, mußte ich einen Gefrierschnitt anfertigen und untersuchen. (Sie stellten sich als gutartig heraus.) Ich ging ins Laboratorium und fand dort den Laboratoriumsdiener in etwas unartikulierter Unterhaltung mit einem amerikanischen Arzt, der bald verschwand. Ich fragte den Diener, was er gewünscht habe. „Er wollte Ludendorffs Kropf oder einen Gewebsschnitt davon haben", war die Antwort. Da in München täglich zwei bis drei Kropfoperationen stattfanden, Kropfgewebe also in reichlichem Maße verfügbar war, habe ich den Verdacht, daß der gute Xaver einen anderen Kropf dem Raritätswütigen überlassen hat.

Interessant war die Stellungnahme der deutsch-amerikanischen Ärzte, die einen erheblichen Prozentsatz der Besucher ausmachten, zu den politischen Ereignissen in Deutschland. Sie vermuteten in Sauerbruch einen Nationalisten, wie es die Mehrzahl der Professoren in Deutschland war, und sie setzten voraus, daß er seine Assistenten nach diesen politischen Gesichtspunkten ausgesucht habe, entsprechend dem Konformismus, der in manchen Universitätshospitälern der Vereinigten Staaten herrscht. So glaubten unsere Gäste sich aussprechen zu können. Die verschiedenen Spielarten des amerikanischen Antisemitismus kamen bei solchen Gelegenheiten zum Ausdruck. Denn das war die wesentlichste Frage, die die Deutschamerikaner an der nationalsozialistischen Politik interessierte. Viele konnten es in ihrer antisemitischen Einstellung mit den Nazis aufnehmen.

Es war deprimierend zu wissen, daß viele, die so redeten, die Nachkommen von 48ern waren, die – um politischer Verfolgung zu entgehen – nach den Vereinigten Staaten ausgewandert waren. Ein sprechendes Beispiel der Unduldsamkeit waren die zahlreichen amerikanischen Juden, die an deutschen Universitäten studierten, weil sie in den Vereinigten Staaten von den Medizinschulen nicht angenommen wurden. Darunter fanden sich hervorragend begabte, fleißige und gut erzogene Leute, die jedem Institut zur Zierde gereicht hätten.

Nur wenige Amerikaner blieben als Dauergäste an der Klinik. Die Zeit, in der die amerikanischen Praktiker an deutschen Kliniken hospitierten, war vorüber. Sie hatten einsehen, daß die praktische Chirurgie in den Vereinigten Staaten sich auf einem Niveau befand, das dem Deutschlands gewiß nichts nachgab. Eine besondere Attraktion besaß allerdings Wien, wo die Fakultät durch Einrichtung von Kursen in englischer Sprache viel tat, um amerikanische Ärzte anzuziehen. In Deutschland waren es nur noch die theoretischen Institute, wie die der pathologischen Anatomie, Pharmakologie und Physiologie, die wissenschaftliche Lehrstätten amerikanischer Kliniker blieben. Aber auch das hörte nach 1933 auf.

Schon längst hätten wir aus dieser Entwicklung sehen müssen, daß es für uns Zeit sei, die Fortschritte der amerikanischen Chirurgie aufmerksam zu verfolgen. Das wurde – besonders an den großen Kliniken – unterlassen. Amerikanische Zeitschriften wurden nicht gründlich genug studiert, um ein Urteil über die Leistungsfähigkeit der Chirurgie zu gewinnen. Zum Teil war an diesem Ignorieren der amerikanischen Literatur das törichte Gerede über die Unzuverlässigkeit amerikanischer Statistiken schuld.

Die wenigen Deutschen, die für längere Zeit zum Studium der Krankenhäuser nach den Vereinigten Staaten gingen, waren nicht angesehen genug, um mit ihrem meist enthusiastischen Urteil nach der Rückkehr ernst genommen zu werden. So kam es, daß bedeutende technische Fortschritte in den

USA von der deutschen Chirurgie nicht zur Kenntnis genommen wurden. Um bloß ein Beispiel zu nennen: zu einer Zeit, als in den Vereinigten Staaten die einzeitige Lungenlappenentfernung schon eine systematisierte Operation war, wurde in Deutschland immer noch von der unverhältnismäßig großen prohibitiven Gefahr dieser Methode gesprochen; sie wurde abgelehnt. So kam es auch, daß wir von Amerika in der Frage der Allgemeinbetäubung nichts lernten; die Narkosen an deutschen Krankenhäusern und Kliniken blieben schlecht. Es hat auch lange gedauert, bis die großen Fortschritte der Hirnchirurgie, die auf Cushings Arbeiten zurückgingen, akzeptiert wurden.
Als ich 1933 Deutschland verließ, war mein erster Gedanke, die nordamerikanische Chirurgie durch Augenschein kennenzulernen. Eine Einladung des American College of Surgeons, an seiner Herbstversammlung teilzunehmen, gab den äußeren Anlaß zu diesem Plan. Es kam aber der Ruf nach der Türkei, der dringlich gehalten war. Als 1937 die wirtschaftliche Abhängigkeit der Türkei von Deutschland immer stärker wurde, und als ich in der Unterhaltung mit englischen Diplomaten einsehen lernte, wie weitgehend die englische Regierung sich mit der Nazifizierung von Südosteuropa abgefunden hatte, entschloß ich mich, für einige Wochen nach den Vereinigten Staaten zu reisen.
Die Durchreise durch Deutschland fiel in die kritischen Wochen, die der endgültigen Nazifizierung der Heeresleitung vorausgingen. Zwei türkische Offiziere fuhren im selben Zug. Sie waren von der deutschen Regierung zur Besichtigung von Artilleriewerkstätten usw. eingeladen. Ihre Sympathie für die nazistische Politik war unverkennbar. Die Demonstration militärischer Stärke, Angriffslust und Überheblichkeit hatte in allen politischen Manövern, die Deutschland gegen das Ausland unternahm, gesiegt. Sie waren davon sehr angetan und wünschten für die Türkei eine gleiche Politik.

An einem nebligen und regnerischen Januartag kamen wir in New York an. Max Thorek hatte einige Mitglieder des International College benachrichtigt, die am nächsten Tag ein Frühstück gaben: A. A. Berg – Chefchirurg des Mt. Sinai-Krankenhauses, W. S. Bainbridge – ein im internationalen Militärsanitätswesen bekannter Chirurg – waren darunter. Durch L. Lichtwitz, der medizinischer Direktor des Montefiore Hospitals war, gewann ich Einblick in die Organisation nordamerikanischer Krankenhäuser mit ihrer großen Zahl von Mitgliedern des „visiting staff", deren Tätigkeit im Hospital meist gering war. Eine Reise nach Chicago zum Besuch von Max Thorek und ein Besuch in New Haven bei Cushing und in Boston bei E. D. Churchill zeigten mir nicht viel mehr, als daß ein Aufenthalt von zwei oder drei Wochen nicht entfernt ausreicht, um ein Bild von den professionellen Leistungen in den USA zu erhalten. Wir wurden überall freundlich empfangen. Es war für mich damals schwer zu begreifen, daß so kleine Krankenhausabteilungen wie die im Cook County Hospital, Chicago, und im alten Massachusetts General Hospital das Arbeitspotential eines aktiven Mannes befriedigen konnten. Art und Umfang der akademischen Tätigkeit eines Professors der Chirurgie erschienen mir ungenügend.

Ein bemerkenswertes Erlebnis war der Tag in New Haven mit Cushing, bei dem ich durch einen Brief von Otto Loewi eingeführt war. Ich hatte ihn schon vor Jahren kennengelernt, als im August 1931 der internationale Neurologenkongreß in Bern tagte und Cushing von seinen Erfahrungen mit 600 Hirntumoren berichtete. Die sachliche und zurückhaltende Art der Darstellung von Ergebnissen, die bis dahin einzigartig waren, machte auf die Zuhörerschaft einen tiefen Eindruck, und es ist mir unverständlich geblieben, daß man in Deutschland seine Statistik und damit die grundsätzlichen Vorzüge seiner Indikation und Methodik bezweifeln konnte – wie es geschah. Damals in Bern sprach Cushing mit einem drolligen Akzent und mit Vergnügen deutsch. Da in der Berliner Charité die Hirnchirurgie in den Händen der Allgemeinchirurgen lag und Frey, den ich gerade in der Stellung des Oberarztes abgelöst hatte, viele von Cushings technischen Prinzipien mit eindeutigem Erfolg übernommen hatte, war ich begierig, Cushing in seinem Milieu wirken zu sehen. Zu dem geplanten Besuch kam es jedoch nicht mehr. Cushing war inzwischen emeritiert (mit 65 Jahren anscheinend gegen seinen Wunsch!) und Professor der Geschichte der Medizin in Yale Medical School, New Haven, seiner alten Alma mater, geworden. Wie er selbst sagte, hatte er zum ersten Male in seinem Leben Zeit, um sich seiner Besucher anzunehmen, und das tat er auch in einer sehr gründlichen Weise. Er interessierte sich für die Einzelheiten der Istanbuler Tätigkeit, und vor mir liegt ein Brief, in dem er sich einige Monate später recht ausführlich über berufliche Möglichkeiten für mich in Boston und New York ausläßt. Andere Briefe zeigen seine Wißbegierde auf medizinisch-historischem Gebiet, diesmal für das, was die alte Türkei zu bieten hatte.

Cushing erzählte von den Schwierigkeiten, denen er im Kreise der Fachkollegen begegnet war, bevor es ihm gelang, die Hirnchirurgie als Spezialfach anerkannt zu wissen. Die Form der Beendigung seiner Bostoner Tätigkeit hatte ihn anscheinend durch Taktlosigkeit und Unverständnis für seine großen Leistungen tief getroffen. Interessant war, was er zum Organspezialistentum in der Chirurgie äußerte. Da er einer der Wegbereiter der Spezialisierung war, erwartete man von ihm eine besonders überzeugende Stellungnahme. Mein Erstaunen war groß, als er, der mit seiner einzigartigen Autorität der Neurochirurgie Selbständigkeit gegeben, Kritik übte an den heutigen Auswüchsen der Spezialisierung. Sie baue nicht mehr auf einer längeren allgemein-chirurgischen Erfahrung des einzelnen auf, sondern nehme ihn nach oberflächlicher Berührung mit der allgemeinen Chirurgie sofort in Beschlag.

Ein besonderer Übelstand sei der, daß nicht mehr sachliche Gründe zur Abzweigung eines Sonderfaches führten, sondern die Spezialistensehnsucht des Publikums. Das, was er in der Hirnchirurgie getan habe, sei aus der Not der Verhältnisse heraus entstanden. Er habe eingesehen, daß die Zusammenarbeit zwischen Neurologen und Chirurgen niemals die Resultate zeitigen könnte, die er erreichte, als er die neurologische Vorarbeit selbst tat. Das sei aber eine zeitraubende Angelegenheit. Damit bleibe schon zeitlich für den Operateur keine Möglichkeit, etwas anderes zu tun als eben Neurochirurgie. Ähnliche Verhältnisse seien aber in anderen Teilen der Chirurgie kaum vorhanden. Er war mehr als sarkastisch über die Bemühungen, Routineeingriffe, wie Brustdrüsen- und Schilddrüsenentfernung, als spezialistische Leistung zu erklären.

Cushing war ein Schriftsteller von hohem Rang: für die Biographie William Oslers erhielt er den begehrten Pulitzerpreis. Eine Vesal-Ausgabe, von ihm bis ins einzelne vorbereitet, wurde nach seinem Tode von J. Fulton und A. Castiglione herausgegeben. Er war ein glänzender Stilist, der zu vielen paramedikalen Problemen sich in klassischer Form äußerte. Es konnte nicht ausbleiben, daß seine sehr dezidierte Haltung in kontroversen Fragen ihm die Kritik seiner Fakultätsgenossen eintrug. Bekannt geworden sind Worte, die er zur Studienreform zu sagen hatte: „Es ist leichter, mit einem Friedhof umzuziehen, als den Lehrplan einer medizinischen Fakultät zu ändern."

Ich darf hier einen Satz einfügen, den William Osler, Professor regius in Oxford, der Mann, dessen „Lehrbuch der Inneren Medizin" 100 Auflagen erlebte und in 500 000 Exemplaren verbreitet war, am Ende seines Lebens als eine Art Vermächtnis ausgesprochen hatte: „Ich hoffe, daß mein Grabstein nur den einen Satz enthält: Er brachte die Medizinstudenten in das Krankenzimmer für den Unterricht am Krankenbett."

Schon einige Wochen vor der Reise nach New York begann ich unter einem trockenen Husten zu leiden, der mir deswegen keine Sorgen machte, weil er zum naßkalten Stambuler Winterwetter gehört. Als ich im November 1937 in Ankara war, um Numan Menemencioglu – zum dritten Male – zu operieren, fühlte ich mich ungewohnt abgespannt. Der Monat Dezember war mit Operationen, Konsultationen, Vorträgen und Vorlesungen bis zur letzten Tagesstunde ausgefüllt. Schwester Irmgard – sie war als Operationsschwester aus Berlin an die Klinik gekommen – legte mir nahe, auszuspannen. Zum ersten Male habe sie beobachtet, daß ich bei anstrengenden Operationen schwitze. Der Appetit ließ nach, sicher war auch abendliches Fieber vorhanden, das sich in einer eigentümlichen Erregtheit und der Unfähigkeit, am Schreibtisch zu arbeiten, dokumentierte. Durch Alkohol suchte ich immer wieder die Kräfte anzuspannen. Als endlich alles aufgearbeitet war, hatte ich eine bisher ungewohnte Sehnsucht nach Ruhe, Sonne und dem Anblick von Bergen. Ich erinnere mich, daß ich eines Nachts sehr ernsthaft überlegte, ob ich nicht die Amerikareise aufgeben und statt dessen vier Wochen ins Engadin gehen sollte. Mit Tagesanbruch schob ich diese Gedanken beiseite. Auf der Hinreise zum Einschiffungshafen Bremen besuchte ich meine Schwester Edith in Breslau. Dort ließen wir unsere Tochter Renate für die Zeit der Abwesenheit zurück.

In der Nacht fuhren wir nach Bremen weiter. Berlin war im Schneekleid. Wie im Fluge sah ich das vertraute Bild der Charité. Nachmittags in Bremen fühlte ich mich zum ersten Male stärker fiebrig. Irgendeine Furcht hielt mich davon ab, der Ursache des Fiebers nachzugehen. Nachmittags waren wir in Bremerhaven und bezogen unsere Kabine auf der „Bremen". Während der ganzen Überfahrt war das Wetter stürmisch und regnerisch. Der Kapitän der „Bremen", Scharf, suchte uns am zweiten Tage auf. Seine Frau stammte aus meiner Heimatstadt; sie war die Tochter eines mir seit der frühesten Kindheit bekannten Bankdirektors Klapper. Er kannte meinen Vater, war von ihm operiert worden und wollte herausfinden, ob verwandtschaftliche Beziehungen beständen. Er lud uns zum Tee in seine Kabine ein; es war ein etwas sonderbares Bild, wie wir drei unter dem Bilde Hitlers, das über dem Schreibtisch hing, von den alten Zeiten in Neisse sprachen und den Nazismus kritisierten. Diese Situation schien dem Kapitän geläufig zu sein. Er war ungehemmt in seinem absprechenden Urteil.

Am Tage der Einfahrt in New York wurde ich heiser, und als ich mit einem Vertreter des International College of Surgeons, der zur Begrüßung ins Hotel gekommen war, sprach, konnte ich mich nur durch Flüstern verständlich machen. Am nächsten Tage war die Stimme wieder klar, alle Befürchtungen dahin. Die folgenden zweieinhalb Wochen in USA waren eine stürmische Aufeinanderfolge von Krankenhausbesuchen, Dinnereinladungen, Reisen nach New Haven, Boston und Chicago.

Inzwischen war das körperliche Unbehagen stärker geworden; der Husten nahm zu. Heute begreife ich nicht, wie ich alle diese Symptome ignorieren konnte. Ich war froh, als wir wieder auf See waren. Das Wetter war nicht anders als auf der Hinreise. Den größten Teil der Überfahrt brachte ich bettlägerig in der Kabine zu – appetitlos und hustend. Wir verließen das Schiff in Le Havre und fuhren über Paris nach Hamburg. In Paris fühlte ich mich wieder wohler; es war für lange, lange Zeit der letzte unbesorgte Abend. Von Hamburg fuhren wir über Berlin nach Breslau. In Berlin herrschte Krisenstimmung. Es waren die Tage des Wechsels im militärischen Oberkommando. Von der in ausländischen Zeitungen viel beschriebenen Spannung in der Bevölkerung konnten wir nichts feststellen. Über die Dinge, die im Werden waren und die das Vorspiel zum Überfall Österreichs darstellten, wußten unsere Freunde in Berlin nichts, obwohl wir von dem vermutlichen Gang der Dinge schon acht Tage vorher in den New Yorker Zeitungen gelesen hatten. In Breslau fand ich ein Telegramm vor, das mich zu einer Operation nach Budapest rief. Ich hatte den Patienten ein Jahr vorher gesehen und schon damals zur Operation geraten. Jetzt war die Lage akut bedrohlich geworden. Es war in der Frage der Wahl des Operateurs zu politischen Auseinandersetzungen gekommen. Die Atmosphäre, in der der Eingriff vollzogen werden mußte, war reichlich gespannt. Um einigermaßen unter gewohnten Bedingungen zu operieren, bat ich das türkische Unterrichtsministerium, mir Schwester Irmgard mit dem notwendigen Instrumentarium nach Budapest zu schicken. Das geschah. Ich fand den Patienten erschreckend verändert, stark abgemagert. Es war eine große Erleichterung, daß Winternitz, chirurgischer Chefarzt eines Budapester Krankenhauses, sich anbot, zu assistieren. Ihn hatten die Intrigen, die von seinen ungarischen Kollegen um den bedauernswerten Patienten herum inszeniert waren, angeekelt. Er hat durch das Ansehen seiner Stellung und seines fachlichen Könnens viel dazu beigetragen, daß im Operationssaal alles glatt ging.

Nach Beendigung der Operation fühlte ich mich zum ersten Male wirklich krank.

Der Patient konnte noch über drei Jahre ein einigermaßen beschwerdefreies Dasein führen, ja, er war noch imstande, Radioansprachen und Vorträge zu halten. 1942 ist er gestorben. Sein Erlebnis von Operation und Nachbestrahlung hat er beschrieben und veröffentlicht. Deswegen kann ich hier frei über einzelne Aspekte seiner Krankheit sprechen.

Am Tage nach der Operation war ich von dem Regenten Ungarns, Admiral Horthy, zur Berichterstattung eingeladen. Es war Graf Teleki anwesend. Er ist später Ministerpräsident geworden; 1941 beging er Selbstmord. Die Unterhaltung drehte sich in der Hauptsache um meinen Patienten, von dem man sagte, daß er ein in der ganzen Welt bewunderter Dichter geworden wäre, wenn er nicht in einer Sprache schriebe, die der Welt unbekannt sei.

Es war Horthys Verhängnis, daß er sich 1938 an der Aufteilung der Tschechoslowakei beteiligte; ein östlicher Zipfel des Landes (die Karpatho-Ukraine) wurde zu Ungarn geschlagen. In einem berüchtigten Brief bedankte er sich bei Hitler für das noble Geschenk und versprach in klassischer Nazimanier, einen Grenzzwischenfall zu arrangieren, dem dann der Einmarsch in das zugesagte Gebiet folgen würde. Am Tage, der für das trübe Geschäft vorgesehen war, stellte sich heraus, daß der Zwischenfall nicht einmal nötig war; die Besetzung ging ohne Störung vonstatten.

Horthy hat später Schweres erleiden müssen: Als er 1944 den heranziehenden

Russen das Land übergeben wollte, wurde er auf Anordnung Hitlers von dem „Befreier" Mussolinis (O. Skorzeny) in deutschen Gewahrsam entführt. Nach Kriegsende erhielt er von den Alliierten die Erlaubnis, nach Portugal zu gehen. Dort hat er seine Erinnerungen einer Sekretärin, Frau E. Langer, diktiert, die aus meiner Heimatstadt stammt und mit deren Schwester ich befreundet war.

Das letzte Jahr in der Türkei

Als ich nach Istanbul zurückkehrte, wurde meine Stimme wieder heiser. Unser Otolaryngologe Hellmann untersuchte mich und fand eine Entzündung des linken Stimmbandes. Er äußerte Verdacht auf Tbc. Die Röntgenuntersuchung der Lungen ergab eine Kaverne im rechten Lungenobergeschoß. Die Situation war niederdrückend. Aus 17jähriger Erfahrung kannte ich das soziale Schicksal der Träger von tuberkulösen Kavernen. Nur in einem geringen Prozentsatz ist die klinische Heilung der Spätkavernen auch von anatomischer Heilung begleitet. Die Fortführung eines psychisch und physisch so anstrengenden Berufes wie des der Chirurgie schien auch im Falle der Ausheilung in Frage gestellt. Ruth war mit dem Kind in Deutschland zurückgeblieben. Die Möglichkeit zur Aussprache fehlte. Ich erledigte noch, was sich an Operationen und Konsultationen während meiner Abwesenheit angesammelt hatte, bat Hellmann und den Röntgenologen, Diskretion zu wahren, und legte mich dann zu Bett. Die Behandlung übernahm Nebil Bilhan, ein Freund unserer Familie, der einmal in München mein Hörer gewesen war. Sonst war nur noch die Oberschwester Elisabeth über das Leiden orientiert.

Es ist bemerkenswert, daß ich mich an den drei Operationstagen, die der Stellung der Diagnose folgten, nicht schlecht fühlte; trotz der großen Zahl von Operationen, die ich noch vorzunehmen hatte. Wahrscheinlich war ich zufrieden, daß die Arbeitsfülle keine Zeit ließ, die Zukunft zu überdenken. Am vierten Tage kam Ruth in Istanbul an. Sie übernahm die Pflege und hat während der folgenden Monate, in denen ich mich mit der Kaverne und ihren therapeutischen und beruflichen Konsequenzen herumzuschlagen hatte, mir durch ihre Hilfe und engelhafte Geduld das Leben unendlich erleichtert.

Drei Wochen später nahm ich die Hospitalarbeit in reduziertem Maße wieder auf. Nach Rücksprache mit dem Kultusminister erhielt ich drei Monate Urlaub und fuhr zunächst nach München, um Lebsche zu konsultieren. Im Kurhaus Neu-Wittelsbach wurde von K. Lydtin ein Pneumothorax angelegt. Gleichzeitig hatte Lebsche Sauerbruch den Befund mitgeteilt. Er kam nach München und riet zur baldigen Übersiedlung nach einem Gebirgsort. Wir mieteten ein Haus in Oberstdorf und zogen dort Ende Juni ein.

Der Aufenthalt in Oberstdorf fand ein dramatisches Ende. Ich muß vorausschicken, daß ich ungefähr drei Monate zuvor von Istanbul aus an den Sekretär der Internationalen Chirurgengesellschaft, wohl als Antwort auf eine Umfrage, einen Brief geschrieben habe, in dem ich ihn darauf aufmerksam machte, daß Wien zwei Jahre zuvor als Kongreßort deswegen gewählt worden war, um der für ihre Existenz kämpfenden österreichischen Republik moralische Unterstützung zu gewähren. Anfang März war Hitler in Österreich einmarschiert; das Land wurde von den Nazis überflutet, bekannte rassisch und „politisch belastete" Ärzte ins Konzentrationslager geschickt. Ich wies darauf hin, daß es widersinnig sei, den Kongreß in einem Land abzuhalten, in dem die Mitglieder der Vereinigung wegen ihrer Rasse oder politischen Überzeugung einer erniedrigenden Behandlung unterworfen seien. Auf dem Weg nach Brüssel, dem Sitz des Sekretariats, hatte dieser Brief wohl Deutschland passiert und war anscheinend dort geöffnet worden, oder das Brüsseler Büro hatte eine Indiskretion begangen. Lezius, der gerade an einem lokalen Chirurgentreffen teilgenommen hatte, erfuhr, daß die deutsche Regierung Kenntnis von dem Brief eines „deutschen Chirurgen im Ausland" erhalten habe, in dem heftige Ausfälle gegen das Naziregime enthalten seien.

Sauerbruch war vom Sekretär der Gesellschaft gebeten worden, seinen Einfluß geltend zu machen, daß Hitler die Abhaltung des Kongresses in Wien genehmigen und die Teilnahme von möglichst vielen deutschen Chirurgen empfehlen solle. Sauerbruch kommentierte diese Bitte in unmißverständlicher Weise.

Da ich wahrscheinlich der Sender des inkriminierten Briefes war, stand Ruths Entschluß, mich aus der Reichweite der Gestapo zu entfernen, in derselben Sekunde fest, als Axel seine Erzählung beendet hatte. Während ich mit ihm plauderte, ging sie zum Reisebüro, besorgte Plätze im Zug, der nach der Schweiz ging, und fünf Stunden später waren wir jenseits der Grenze, auf dem Wege nach Davos. Der Kongreß wurde übrigens fast in letzter Minute von Hitler für Wien abgesagt. Er fand in Brüssel statt.

Es war deprimierend, Davos, wo ich oft mit Sauerbruch gewesen war und später auch selbst operiert hatte, als Kranker wiederzusehen. Wohl jedesmal, wenn ich in früheren Jahren diese eigentümliche Atmosphäre von Davos verließ, tat ich es mit dem Wunsche, daß ich nie gezwungen sein möge, als Kranker dort zu leben. Trotzdem gibt Thomas Manns „Zauberberg" eine falsche Vorstellung vom Sanatoriumsleben und dem seelischen Klima, das Davos durch die Anhäufung der Tuberkulösen erhält. Zwei Dinge mögen, seit Thomas Mann Davos besuchte, die Verhältnisse verändert haben: der von Jahr zu Jahr zunehmende Strom der Wintersportgäste, welcher die Zahl der Kranken schon damals gelegentlich überstieg, und die Entwicklung der Chirurgie der Tuberkulose; sie kürzte die Behandlungszeit der Sanatoriumsinsassen erheblich ab. Diejenigen, die nach jahrelangem Aufenthalt nicht mehr in der Lage waren und auch nicht mehr den Wunsch hatten, in die frühere soziale und berufliche Umgebung zurückzukehren, stellten jetzt eine Minderheit dar. Die allgemeine wirtschaftliche Lage war obendrein nicht dazu angetan, solche Erscheinungen zu fördern. Ich möchte auch nicht glauben, daß in den Kreisen der Davoser Kranken das gesellschaftliche Leben stärker sexualisiert war, als es gewöhnlich in Sanatorien ist, in denen die Mehrzahl der Gäste sich physisch eines relativen Wohlbefindens erfreut. Es ist viel über die gesteigerte sexuelle Ansprechbarkeit der Tuberkulösen geschrieben und noch mehr gesprochen worden. Man hat die Stimulation, die von der Wirksamkeit des Bazillus ausgeht, dafür angeschuldigt. Ich glaube nicht, daß der Tuberkulöse sexuell reizbarer ist als der Gesunde. Er ist aber zweifellos in diesem Punkte nicht beeinträchtigt. Die schwierige psychische Situation, in die eine Krankheit mit so weitgreifenden und langdauernden, ja unübersehbaren sozialen Rückwirkungen damals jeden Befallenen brachte, führt zu dem Wunsch, durch starke Sensationen ein temporäres Vergessen zu erreichen, im Sanatorium oder sonstwo. Die gleiche Sehnsucht führt andere zum Morphium oder zum Alkohol oder zu einer Kombination von allem. Hinzu kommt, daß das Leiden schon durch seine Infektionsgefahr zur Isolierung der Kranken führt, im familiären Kreis mehr als im Sanatorium. Die gesteigerte *geistige* Regsamkeit, die oft die fiebernde Tuberkulose begleitet, macht einen Austausch von Gedanken und Empfindungen zur Notwendigkeit. Nur wenigen ist es gegeben, in produktiver Leistung (literarischer oder künstlerischer) ein Ventil zu finden. Den meisten ist auch die Gabe des Briefeschreibens versagt (eines der bedenklichsten Symptome unserer unsentimentalen Zeit). Der nächstliegende Ausweg ist dann der intime Verkehr mit Schicksalsgenossen, die über den gleichen Zeitüberfluß verfügen.

Der Chefarzt des Sanatoriums, J. E. Wolf, und sein Kollege G. Maurer haben mir in den zehn Wochen, in denen ich ihr klinischer Patient war, viel Gutes getan. Da Ruth nur mit größeren Unterbrechungen in Davos sein konnte, weil wir unsere Tochter nicht in der Nähe von Tuberkulösen haben wollten, war ich viel allein. Zweimal kam Sauerbruch herüber. Seine Unruhe und Unstetigkeit hatte zugenommen. Zum Teil trug daran die politische Situation in Deutschland schuld. Er fühlte sich immer wieder veranlaßt, antinazistische Demonstrationen zu machen, die natürlich zwecklos waren, eben weil sie nur untergeordnete Dinge betreffen konnten. In den folgenden Wochen lebte er dann in der Vorstellung, daß Nazis und Gestapo ihn zur Verantwortung ziehen würden. Zum anderen Teil war seine Ruhelosigkeit bedingt durch Schwierigkeiten im Privatleben. Er war jetzt mit der geschiedenen Frau eines deutschen Diplomaten befreundet, die nach dem Mißerfolg ihrer Ehe Medizin zu studieren begonnen hatte. Entschlossen, sie zu heiraten, zögerte er lange, es seiner Frau mitzuteilen. Ich fühlte mich um acht Jahre zurückversetzt, als ich kurz darauf den Besuch von Ada Sauerbruch erhielt. Es wiederholte sich das, wozu ich während meiner Oberarztzeit oft aufgerufen war, mit Frau Ada im Interesse des „Chefs" auch familiäre Schwierigkeiten zu diskutieren. Obgleich beide wesensverschieden waren, hatte ich immer das Gefühl, daß eine Scheidung keine Lösung bedeutete. Ich riet sowohl ihm wie seiner Frau Ada davon ab. Der Einfluß von Frau Margot war aber stärker; Sauerbruch bestand auf der Scheidung, in die Frau Ada erst nach schmerzhaften Auseinandersetzungen einwilligte.

Bei der Gelegenheit seines zweiten Besuches gab Sauerbruch Beweise eines großen Dienstes, den er den emigrierten Professoren in Istanbul geleistet hat. Ein Ministerialdirektor X. des Auswärtigen Amtes hatte ihm vertraulich mitgeteilt, daß von einer „deutsch-türkischen waffenbrüderlichen Vereinigung" um „Material" gegen die Istanbuler Professoren der Medizin, die früher in Deutschland gewirkt hatten, gebeten worden sei. Um der groß angelegten Intrige, die hier in Gang gebracht werden sollte, den überzeugenden Rahmen zu geben, war in der Bittschrift erklärt worden, daß diese Professoren durch ihre antinazistische Haltung die guten Beziehungen zwischen der Türkei und dem wiedergeborenen Deutschland Hitlers ernstlich trübten. Anscheinend hatten die dunklen Ehrenmänner zunächst die deutsche Botschaft in der Türkei angegangen; einer der dortigen Beamten habe sie angewiesen, sich mit ihrem eigenartigen Verlangen an das Auswärtige Amt in Berlin zu wenden. Gegen den Willen des Leiters dieser Abteilung habe einer seiner Untergebenen die Angelegenheit zur „Materialsammlung" an das Propagandaministerium weitergegeben, was dort anscheinend begeistert aufgenommen wurde. Die Materialsammlung sei ein imponierendes Schriftstück geworden, habe aber *einen* Fehler gehabt: Da das ganze Komplott anscheinend von Ärzten der „waffenbrüderlichen" Vereinigung in Gang gebracht war – nur so ist es zu verstehen, daß man lediglich Material gegen Professoren der Medizin haben wollte –, war es am wichtigsten, den Feldzug gegen diejenigen Kliniker zu führen, die als erfolgreich betrachtet würden. Das waren Igersheimer, Frank und ich. Nun fehlte in dem Schmutzkübel, den das Propagandaministerium vorbereitet hatte, jede Erwähnung von uns dreien. Enttäuscht habe man in der Türkei, über das Ergebnis in allgemeinen Zügen orientiert, auf diesen entscheidenden Mangel aufmerksam gemacht. Das Propagandaministerium, willens, sein Bestes zu tun, beabsichtigte, frühere Mitarbeiter um Hilfe anzugehen. Herr X. glaubte Sauerbruch darauf aufmerksam machen zu müssen, daß er und seine Assistenten in kurzer Zeit vom Propagandaministerium in dieser Angelegenheit vernommen würden. Sauerbruch wies darauf hin, daß die ganze Angelegenheit sich zu einem Bumerang entwickeln und dem deutschen Auswärtigen Amte erheblichen Schaden zufügen könnte. Durch einen hohen Ministerialbeamten erfuhr er Einzelheiten über „Belastungsmaterial" und Personen, und es war der Zweck seines Besuches, mir diese Daten mitzuteilen, für den Fall, daß man den Türken das

Material zuleite. Er versprach, mich auch zu benachrichtigen, wenn die Weitergabe der Schriftstücke an die Türkei erfolge. Beim Studium des Materials wurde mir klar, daß die Verleumdungen – meist politischer oder finanzieller Natur – sehr geschickt zusammengestellt waren, und daß es fast unmöglich war, sie anders als auf dem Prozeßwege zu entkräften.

Die Verbreitung der halbwahren, der erfundenen und konstruierten Dinge mußte der Stellung der Gesamtheit der emigrierten Professoren in der Türkei erheblich schaden, gleichgültig ob sie sich in den einzelnen Punkten widerlegen ließen oder nicht. Diese Mitteilung machte mich besorgt. Ich schrieb an Igersheimer, den ich in der Türkei wußte, und bat ihn, mir Mitteilung zu machen, sobald in der Presse irgend etwas von diesem „Material" veröffentlicht würde. Es bestand begründete Hoffnung, daß das Ganze sich zerschlagen würde, bevor es nach der Türkei gelangte. Das ist dann glücklicherweise auch geschehen. Die waffenbrüderliche Vereinigung mußte sich weiter auf den Kampf mit bisherigen kleinen, alltäglichen Mitteln beschränken, die so wenig Erfolg gezeitigt hatten.

Eine reichliche, dienstliche Korrespondenz mit meiner Klinik und die Niederschrift einiger wissenschaftlicher Artikel, Lesen von Korrekturen eines Lehrbuches der Allgemeinen Chirurgie, das in Holland erscheinen sollte, füllten die täglichen Stunden der „Liegekur" aus. Am 1. Oktober 1938 siedelten wir nach Klosters in ein kleines Landhaus über, in dem wir zwei ruhige und schöne Monate verlebten. Das Zusammensein mit Ruth und Renate besserte die depressive Stimmung, unter der ich im Sanatorium litt. Gelegentlich kam ein Freund oder einer meiner Assistenten (auf der Ferienreise) zu Besuch. Mit den rauhen Herbsttagen brachen wir unsere Zelte in Klosters ab und fuhren am 1. Dezember nach Istanbul zurück.

Es folgten sechs Monate, in denen alle Versuche, die berufliche Tätigkeit einzuschränken, vergeblich waren. Die Krankenmenge der Klinik wurde so groß wie nie zuvor; die Zahl der Operationen, die ich aus verschiedensten Gründen nicht abweisen konnte, wuchs noch stärker. Die Furcht, daß meine körperliche Verfassung sich ungünstig auf die technische Durchführung von größeren Operationen auswirken könnte, wurde fast eine fixe Idee. Eine gewisse Besserung trat erst ein, als ich die Operationen der ersten drei Monate statistisch bearbeitete und feststellte, daß die Resultate denen der früheren Jahre nichts nachgaben. Unglücklicherweise fiel um diese Zeit die Entscheidung über die Erneuerung meines Vertrages mit der türkischen Regierung. Der Vertrag war 1933 für fünf Jahre abgeschlossen worden. Falls keine Kündigung erfolgte, sollte er automatisch fünf Jahre weiterlaufen. Weil ich wußte, daß die Regierung mich behalten wollte, hatte ich den Wunsch, sie über die Reduktion meiner Arbeitsfähigkeit aufzuklären. Ich wollte mich nicht dem Vorwurf aussetzen, die Verlängerung unter falschen Voraussetzungen erreicht zu haben. Je mehr dieser Gedanke sich in mir festsetzte, um so mehr bekam ich Bedenken, den Vertrag zu erneuern. Der Neubau der Klinik war inzwischen fast vollendet, und ich fühlte, daß es nicht richtig sei, in das schöne neue Haus mit halber Arbeitskraft einzuziehen. Ich faßte darum den Entschluß, den Vertrag von mir aus zu kündigen. Als Begründung gab ich meine erschütterte Gesundheit an. Gleichzeitig beantragte Ruth für uns drei beim amerikanischen Konsulat Einwanderungsvisa in die Vereinigten Staaten. Zwei Tage nach Empfang des Entlassungsgesuches suchte mich der Rektor der Universität auf. Ismet İnönü, jetzt Präsident der Republik, hatte, als ich ihn bei einem Empfang traf, sich etwas besorgt nach meinem Gesundheitszustand erkundigt. Kurz darauf fragte er beim Rektor an, wie es mir ginge und ob man meine Tätigkeit erleichtert habe. Das Interesse, das Ismet Paşa nahm, war wohl der Grund, dessentwegen der Rektor dem Präsidenten Mitteilung von meinem Abschiedsgesuch gemacht hatte. Von Ankara war daraufhin die Weisung erfolgt, daß ich zur Besprechung der Angelegenheit den Ministerpräsidenten Refik Saydam aufsuchen sollte. Ich ließ einige Tage verstreichen, um mich noch brieflich mit Sauerbruch zu beraten. Sauerbruch war dafür, daß ich die genaue Natur der Erkrankung *nicht* nennen sollte (schon deswegen nicht, weil ich immer bazillenfrei sei und man erwarten konnte, daß eine völlige Arretierung der Tuberkulose erfolgen werde). Das Wesentlichste war, daß er darauf bestand, ich sollte eine erhebliche Arbeitsentlastung für die nächsten Jahre fordern, falls man den Vertrag erneuern wolle.

Die Unterredung mit dem Ministerpräsidenten begann damit, daß ich ihm die Gründe für meine Vertragskündigung auseinandersetzte. Er verstand es völlig, daß ich für einige Zeit nicht voll arbeitsfähig sei, erklärte aber, daß der Präsident der Republik und er übereingekommen seien, mich in Istanbul zu halten, auch wenn ich für längere Zeit nicht arbeitsfähig sein sollte. Er bot mir einen zehnjährigen Vertrag an, gleichzeitig auch die türkische Staatsbürgerschaft, die mich in die Lage setzen würde, auf eine full-time-Bindung zu jedem Zeitpunkt zu verzichten und eine private Praxis zu betreiben. Refik Bey betonte, daß die Regierung das tun wolle, um meine materielle Existenz in der Türkei auch für den Fall zu sichern, daß ich aus Gesundheitsgründen doch eines Tages Lehrstuhl und Klinik aufgeben müsse. Zunächst könne er mir aber alle Zusicherung für einen zehnjährigen Vertrag in full-time-Stellung geben. Er werde, wenn ich zusage, das Unterrichtsministerium und Hygieneministerium informieren, daß die Entlastung in Klinik und Unterricht durch Neuanstellung weiterer Mitarbeiter effektiv sein müsse. Als ich ihn darauf aufmerksam machte, daß ich für dieses große Entgegenkommen leider für längere Zeit wenig Gegenleistung bieten könne, war er liebenswürdig genug, meine Bedenken mit dem Hinweis auf die Leistungen der

letzten sechs Jahre zu entkräften. Unter diesen Umständen gab ich meine Zusage, froh, weiterer Sorgen über die berufliche Zukunft enthoben zu sein.
Das Glück währte nur einige Tage. Die Möglichkeit, daß ich in kurzer Zeit türkischer Staatsbürger sein würde und nach Belieben freie Privatpraxis ausüben könne, war schnell nach Istanbul gedrungen. Die lokale Reaktion war prompt und radikal. Einige der praktizierenden Chirurgen hatten gut erkannt, daß der Entschluß der Regierung nicht mehr zu beeinflussen sei. Sie sahen in der Entwicklung der Kliniken eine Existenzbedrohung. Diese Reaktion war verständlich. Da die Klinikchefs gehalten waren, weder Honorare zu berechnen noch anzunehmen – etwas, was auch für die Privatpatienten galt –, wurde der Vorwurf angeschlossen, daß ihre Arbeit, besonders die der Chirurgen, durch diese Politik bewußt entwertet werde.
Die Anklage war, so berechtigt sie vom ökonomischen Standpunkt der Ärzte war, falsch plaziert. Ich hatte diese Vorschriften weder vorgeschlagen noch gegeben. Die Regierung auf der anderen Seite, die alles aus eigener Initiative so arrangiert hatte, vermied es, ihre durchaus stichhaltigen Gründe anzugeben. Als ich nämlich im Beginn meiner Tätigkeit diese Gegnerschaft voraussah, fuhr ich nach Ankara und regte an, daß die Universität für private Operationen liquidieren und das erhaltene Honorar ihrem wissenschaftlichen Fonds zuführen solle. Der Hygieneminister lehnte diesen Vorschlag ab. Es war ausgesprochen sein Ziel, das Anrecht auf kostenlose Gesundheitsfürsorge so stark zu verankern wie das Recht auf physische Sicherheit.
Damals hatte dieser Begriff, den man später Sozialisierung der Medizin nannte, für mich noch den Schrecken, der auf Erfahrungen mit dem Krankenkassenwesen in Deutschland beruhte. Ich bat den Minister, seine Auffassungen zu publizieren. Das lehnte er ab; er wollte nicht offen den Antagonismus der Ärzte heraufbeschwören, die – in großer Zahl durch Abgeordnete im Parlament vertreten – einen erheblichen politischen Einfluß ausübten. Er zog es anscheinend vor, die fremden Professoren als Zielpunkt des Unmutes zu belassen. Zwei Assistenten und eine Operationsschwester wurden von der Klinik „abkommandiert", der Oberschwester gekündigt.
Innerhalb von drei Wochen war ich am Ende meiner Leistungsfähigkeit. Da ich immer weitere Erschwerungen voraussah, schrieb ich dem Rektor, daß das gerade Gegenteil des Versprochenen eingetreten sei. Das mache es mir unmöglich, bei meiner Zusage zu bleiben. Ich bäte auch, die Fortsetzung meiner Nationalisierung aufzuhalten. Eine Antwort erfolgte nicht. Ich beschloß, zu einer mehrmonatigen Kur in Urlaub zu gehen.
Inzwischen hatte sich die politische Lage in Europa zugespitzt; man mußte einen deutschen Angriff jeden Augenblick erwarten. Daß der kommende Krieg einen großen Teil Europas erfassen würde, war vorauszusehen. Jedenfalls schrieb Sauerbruch, daß ich die notwendige Ruhe nur außerhalb Europas

finden würde; wir beschlossen daher, den vom Minister schon früher zugesagten dreimonatigen Urlaub in Nordamerika zuzubringen.

Ein anderer, sehr wesentlicher Grund zu einem mindestens zwei bis drei Monate währenden Aufenthalt in den Staaten war die im November erwartete Geburt unseres zweiten Kindes. So wie Ruth 1934 zur Entbindung nach London gegangen war, um für die Staatszugehörigkeit des Kindes das jus solis zu gewinnen, daß es also „British subject by birth" wurde, planten wir jetzt die Niederkunft Ruths in den Staaten. Im November 1939 wurde unser Sohn Tim im Massachusetts General Hospital in Boston geboren. Er erhielt seinen Vornamen in Erinnerung an unseren Freund Tim Nelson, der als Mitarbeiter von Sir J. E. H. Roberts einer der hoffnungsvollsten Thoraxchirurgen war. Nelson starb 1936 an den Folgen einer Handinfektion, die er sich beim Operieren zugezogen hatte. Seine Witwe Kathleen heiratete später den bekannten Militärschriftsteller Liddell Hart.

Schwerer Anfang in den USA

Anfang Juli 1939 verließen wir unser schönes Haus am Bosporus und nahmen nur Bücher und Kleidung mit. Die gesamte Einrichtung unserer Wohnung, viele Bücher und leider auch wissenschaftliches Material und persönliche Schriftstücke (darunter die tagebuchmäßig geführten Briefe, die ich im Weltkrieg an meine Eltern geschrieben hatte) sind ein halbes Jahr später beim Brand unseres Hauses vernichtet worden.

Am 15. Juli landeten wir in New York. A. Jacobsen und E. Bergmann, beide Mitarbeiter der Sauerbruchschen Klinik, erwarteten uns am Pier. Das Wetter war heiß und drückend. Ich wollte die Situation zunächst mit E. D. Churchill besprechen, den ich beim letzten Aufenthalt in den Vereinigten Staaten näher kennengelernt hatte. Er war einer der beiden chirurgischen Lehrstuhlinhaber (John Homans Professor) an der Harvard Medical School und Chefchirurg am Massachusetts General Hospital in Boston. Zum ersten Mal hatte ich ihn in München gesehen; er war für einige Wochen Gast am Borstschen Pathologischen Institut – damals interessiert an den grobmorphologischen Erscheinungen des Lungenkrebses und den anatomischen Bedingungen einer Radikaloperation. Wir hielten damals solche Zukunftspläne für Illusion. Einen entscheidenden Beitrag zur Lungenkrebsentfernung hat er nicht vollbracht; er hat aber zwei recht wesentliche lungenchirurgische Leistungen aufzuweisen: die praktische Verwendung der Erkenntnis, daß die kleinste anatomische Einheit der Lunge nicht der Lappen, sondern das Segment ist. Damit hat er den technischen Weg für eine konservative Form der Lungengewebsentfernung (bei Tuberkulose und Bronchiektasen) gewiesen und – bedeutungsvoller: die Systematisierung der operativen Entfernung gewisser Arten von Tuberkulose der Lunge. Ein Glückszufall half ihm: Als die Bemühungen um die Entwicklung dieser Art von Operation noch im Anlaufen waren, entdeckte Selman A. Waksman das Streptomycin und seine Wirkung auf Tuberkelbazillen. Die Gefahr einer tuberkulösen Infektion der Operationswunde, die bis dahin eine fast abschreckende Belastung war, ließ sich weitgehend ausschalten, und die Ausschneidung kavernenhaltiger tuberkulöser Lungenherde verdrängte in kurzer Zeit jede andere Behandlungsart (wie Pneumothorax und Thorakoplastik). So ist es auch heute noch. Die heutige Einschränkung aber der operativen Tätigkeit auf diesem Gebiet ist allein den großen Leistungen der medikamentösen Behandlung des Leidens zuzuschreiben.

E. D. Churchill war sehr jung zu dieser traditionsreichen Stellung in Harvard gekommen; er hatte hier zum ersten Male der Thoraxchirurgie Geltung verschafft.

Siegfried Thannhauser, der am Boston Dispensary (Tufts Medical School Boston) war, hatte während meiner Amerikareise des vergangenen Jahres die Verbindung mit Churchill vermittelt. Er sorgte jetzt dafür, daß ich in kompetente ärztliche Behandlung kam, und erörterte die Zukunftsmöglichkeiten. Wir gingen zunächst für einige Wochen in die Berge New Hampshires. Bei einem Besuch fand Churchill, daß wir unzulänglich untergebracht seien. Da er und seine Familie auf dem Wege zu ihrem Ferienhaus in Vermont waren, bot er uns an, für einige Wochen in sein Bostoner Haus zu ziehen. Es lag in dem Villenvorort Belmont. Wir haben dort die hektischen Tage verbracht, die dem Kriegsausbruch in Europa vorausgingen – über Ereignisse und Meinungen informiert durch Nachbarn des Churchillschen Hauses, die sich, anscheinend von Churchill und seiner Frau Mary darum gebeten, häufig einfanden.

Der Eindruck des Hitler-Stalin-Paktes war niederschmetternd. Die Antipathie gegen Hitler summierte sich mit der gegen Stalin. Man sah klar die Ereignisse in Europa voraus und – fast ohne Einschränkung – die spätere Einbeziehung Amerikas in den kommenden Krieg.

Mit dem Überfall auf Polen und den folgenden Kriegserklärungen war unsere Situation kompliziert geworden. Zunächst war abzuklären, ob technische Möglichkeiten bestanden, nach Istanbul zurückzukehren, wenn mein Gesundheitszustand sich bessern sollte. Ich suchte den englischen Konsul auf, der dringend davon abriet: Es sei unausbleiblich, daß ich als Inhaber eines deutschen Passes in Gibraltar vom Schiff genommen und für die Kriegsdauer interniert würde. Der Weg über Wladiwostok und Rußland war wegen des deutsch-russischen Paktes verschlossen. Wir mieteten ein Häuschen in Belmont, hatten noch Glück, eine in England deponierte Geldsumme durch die Bemühungen des amerikanischen Konsulates in Ankara freizubekommen; ich hatte sie als Garantie für die jetzt unmöglich gewordene Emigration meines Schwagers nach Amerika hinterlegt.

Einige Tage nach der Geburt unseres Sohnes Tim zeigten sich bei mir die ersten Erscheinungen einer Hepatitis (infektiöse Entzündung der Leber), die mich für zwei Monate bettlägerig machte. Im Lungenbefund kam es zu einer vorübergehenden Verschlechterung – nicht zuletzt auch durch die trüben Perspektiven der ganzen Situation. E. D. Churchill hatte dafür Sorge getragen, daß ich im Massachusetts General Hospital eine Stellung als Research Fellow erhielt. Gehalt war damit nicht verbunden. Die finanzielle Situation legte es nahe, daß ich mich mit der Eröffnung einer Praxis befreundete. Ich hätte vorgezogen, das in Boston zu tun; aber es ließ sich leicht voraussehen, daß die Entwicklungsmöglichkeiten minimal waren. Anders in New York, wo sich Tausende von Emigranten und Hunderte von emigrierten Ärzten niedergelassen hatten. Trotzdem beschloß ich, in beiden Staaten das Staatsexamen zu versuchen. Die Lizenz zur Ausübung des ärztlichen Berufes hängt vom Bestehen des Examens in dem betreffenden Staat ab; gegenseitige Niederlassungsverabredungen zwischen zwei oder mehr Staaten sind in der Regel mit Bedingungen verbunden, z. B. US-Staatsangehörigkeit, die ein Emigrant nicht erfüllen kann.

Am 9. April 1940 – dem Tage der deutschen Invasion in Dänemark und Norwegen – fand ich mich zur Examensvorbereitung in New York ein. Die Erregung in allen Teilen der Bevölkerung über den neuen nazistischen Überfall war gewaltig. Ich glaube, daß dieser Tag mehr noch als der der Kapitulation von Paris die Mehrheit kriegsbereit machte.

Anfang Juni kam eine traurige Botschaft. Auf dem Rückzug der englischen Armee von Dünkirchen war der britische Chirurg Laurence O'Shaughnessy gefallen. Mit dem Tode dieses erst 40jährigen Mannes verlor die Thoraxchirurgie einen der hoffnungsvollsten Vertreter. Sein Name ist mit der operativen Verbesserung der Blutzirkulation im ernährungsgestörten Herzmuskel verbunden. Die Erfolge, die ihm hier beschieden waren, sind wie alles, was O'Shaughnessy erreichte, Ergebnis zähen Ringens gewesen.

Im Anfang seiner chirurgischen Laufbahn ist er im Sudan tätig gewesen. Schon in Kitcheners Medical School begann er mit chirurgisch-experimenteller Tätigkeit, deren Meister er später wurde.

Das tätige Interesse, das er an der Thoraxchirurgie nahm, führte ihn 1932 an die Sauerbruchsche Klinik. 1933 und 1935 wurde er Hunterian Professor, eine Auszeichnung, die von dem Royal College of Surgeons vergeben wird. Es war nicht leicht und es wurde ihm auch nicht leicht gemacht, das klinische Arbeitsfeld zu finden, das seinen chirurgischen Zielen entsprach. Als er endlich am Lambeth Hospital eine herzchirurgische Abteilung erhielt, wurde seine Arbeitsstätte zu einem Anziehungspunkt im chirurgischen Leben Londons. Daneben war er Thoraxchirurg an mehreren Krankenhäusern und Sanatorien, Mitarbeiter von R. Maingots „System of Surgery" und von Sauerbruchs „Textbook of thoracic surgery".

Beruflicher Werdegang und wissenschaftliche Werke reflektieren indessen nur einen Teil seiner außergewöhnlichen Persönlichkeit. Dem Idealismus, mit dem er seiner Arbeit anhing, entsprach eine eindrucksvolle Ignorierung materieller Güter. Geld war für ihn das Mittel, um seine Forschungen weiterzuführen und um vielen, die sich in körperlicher und seelischer Not an ihn wandten, zu helfen. Er konnte mehr, als ein Herz mit neuen Gefäßverbindungen zu versorgen; er hat manches gequälte und verzweifelte Herz aufgerichtet – er, der Meister der Thoraxchirurgie, den eine Schußverletzung des Thorax dahinraffte.

Beide Examina, das in New York und – eine Woche später – das in Boston, fanden während des heißen Monats Juni statt. Ihr Bestehen und damit die Verleihung der Lizenz zur Ausübung ärztlicher Tätigkeit zauberte eine jener schrankenlosen Glücksempfindungen, die uns in unserem Leben nur selten beschieden sind. Die berufliche und damit auch die wirtschaftliche Existenz der Familie war – so schien es – gesichert.

In USA wird das Staatsexamen in den meisten Staaten der Union nur oder hauptsächlich schriftlich durchgeführt und von einer Behörde abgehalten, die mit den Medizinschulen offiziell nichts zu tun hat. Betrügereien und unerlaubte Beeinflussung, die bei einem solchen System naheliegen, sind durch kluge Maßnahmen fast völlig ausgeschaltet. Hinzu kommt, daß der amerikanische Student weit weniger Neigung zu Täuschungen hat als sein kontinentaler Kollege. Er steht auf dem Standpunkt, daß Defekte seines Wissens eher die Schuld seines Lehrers sind als seine eigene. In der Tat wird ein hoher Prozentsatz von Versagern der Medical School zur Last gelegt, in welcher der Examenskandidat erzogen wurde – manchmal mit nachteiligen Konsequenzen für die offizielle Einschätzung der Schule. Die Prüfungsfragen sind geschickt gewählt und verschaffen wohl alle Informationen über das medizinische Bildungsniveau des Kandidaten, die mit einer solchen Methode überhaupt erreichbar sind. Natürlich werden Antworten erwartet, die den geläufigen Lehrbuchauffassungen entsprechen. Die Qualität der Examinatoren, welche die Schriftsätze beurteilen, ist nicht immer so, daß sich ihre Bekanntschaft mit neueren Forschungsergebnissen auf dem eigenen Spezialgebiet voraussetzen läßt. Wenigstens gehört in den Staaten New York und Massachusetts das Gros der Prüfer zu der Kategorie erfolgreicher Praktiker und Abteilungsleiter, die anscheinend wenig Zeit zu ihrer eigenen Fortbildung finden. Unorthodoxe Antworten werden darum leicht als Eigenkonstruktion (wegen Mangels an erlerntem Wissen) angesehen. Die Heranziehung von universitätsfremden Examinatoren geschieht im Interesse einer völligen Objektivität des Urteils. Man glaubt damit den Fehler zu vermeiden, daß wissenschaftliche Hobbies der Professoren, die praktisch belanglos sind, Prüfungsfragen werden. Dieser Mißstand besteht ganz ausgesprochen im mitteleuropäischen Prüfungswesen. Als ich mein Staatsexamen in New York machte, erreichte ich in zwei Fächern nur eine reduzierte Punktzahl. Da diese Zahl wenig unter dem Erfolgsminimum lag, beantragte ich – der Gewohnheit entsprechend – Wiedererwägung des Urteils. Der Sekretär der Examenskommission antwortete umgehend, daß ich mich über die Entscheidung des Antrags, die erst in einigen Wochen zu erwarten sei, „sehr freuen" würde. Dieser Brief zeigt die Atmosphäre des Wohlwollens, in dem sich das Examen abspielte. Es war natürlich – obwohl die Examensbogen anonym abgegeben wurden (die

Prüfer hatten sich durch die Antworten von 400–500 Kandidaten bei jedem Termin durchzuarbeiten) –, daß sie am unbeholfenen und fehlerhaften Englisch sofort den Fremden erkannten. Nachträglich hatte ich den Eindruck, daß ich in einigen der theoretischen Fächer fehlerhafte Antworten niedergeschrieben hatte. Man hatte also häufig ein Auge – oft wohl beide – zugedrückt. Diese Feststellung steht im Widerspruch zu den Klagen eines Teils der immigrierten Ärzte über mangelnde „fairness" im Beurteilen der Examensantworten. Das ist eine grobe Undankbarkeit. Ich kenne kein Land, in dem es eingewanderten Ärzten möglich gemacht wird, sofort ihr Examen zu machen und zu praktizieren. Die Regierung des Staates New York hat ungeachtet immer wiederholter Gegenanträge der ärztlichen Standesorganisationen an der liberalen Handhabung der Niederlassungsmöglichkeit festgehalten. In den meisten anderen Staaten der Union haben die Vereine bei dem schnell wachsenden Zustrom von fremden Ärzten Verordnungen durchgesetzt, welche ihre Etablierung verhindern oder erheblich erschweren sollten. Nicht so in New York. Richtig ist natürlich, daß Ablegung des Examens von Ärzten, die 20 bis 30 Jahre in der Praxis gestanden haben, als Härte empfunden wird. Bis zum Jahre 1936 hatte der Staat New York – in Würdigung dieser Schwierigkeiten – Doktordiplome ausländischer Universitäten „endorsiert", wenn der Inhaber des Diploms fünf Jahre nach bestandenem Examen in seinem Heimatland mit „Erfolg und Anerkennung" praktiziert hatte. Man hatte, um dies tun zu können, eine Verordnung benützt, die bewährte und bekannte Ärzte von den Examensformalitäten befreien sollte und die man nun in sehr großzügiger Weise den Vertriebenen aus Deutschland und Österreich zugute kommen ließ – bis die ärztlichen Standesorganisationen gegen die „indiskriminierte" Anwendung des Paragraphen protestierten. Von da ab war theoretisch für „Prominente" wohl immer noch die Möglichkeit der Endorsierung vorhanden; sie wurde aber durch bürokratische Behandlung jeweils so weit verzögert, daß ein Jahr und mehr verging, bis ein Entschluß gefaßt wurde. Während der Zeit lag der Antragsteller brach und mußte obendrein noch einen Rechtsanwalt bezahlen, der allein imstande war, die nötigen Schriftsätze zu verfertigen.

In der Tat ist die Zahl der Examensversager unter den Refugeeärzten groß gewesen. Nach zwei- oder dreimaliger Wiederholung haben aber wohl letzten Endes alle bestanden. Es war unrecht, daß die eingesessenen Ärzte und besonders ihre Gesellschaften die schlechten Examensergebnisse zum Anlaß nahmen, um sich über das dürftige medizinische Niveau der Emigranten auszulassen – schlecht im Vergleich zu den Examensresultaten der jungen Amerikaner, die von den Medizinschulen kamen. Ich habe mir später häufig das Vergnügen gemacht, ältere amerikanische Ärzte um die Beantwortung dieser oder jener Examensfrage aus einem ihnen fernliegenden Gebiet zu bitten – und ich habe entweder keine Antwort oder sehr oft eine falsche erhalten.

Die Monate nach dem Examen brachte ich damit zu, amerikanische Chirurgen bei ihrer Arbeit zu sehen. Erst im Januar 1941 wollte ich mich, und zwar in New York, niederlassen. Harvard galt damals als *das* Mekka der amerikanischen Chirurgie. Die beiden Ordinarien – ein Ausdruck übrigens, der in den Staaten für den „full-professor" nicht gebraucht wird wegen des Beigeschmacks von Autokratie, der ihm, auf den deutschen Ordinarius bezogen, innewohnt – waren E. D. Churchill und Elliott Cutler.
Churchill war in seiner chefärztlichen Funktion der Nachfolger der Chirurgendynastie, die fast 200 Jahre am Massachusetts General Hospital wirkte, der Warrens. Einer von ihnen, John Collins Warren, findet sich als der Operateur jenes denkwürdigen Patienten erwähnt, bei dem im Jahre 1846 die erste Narkose durchgeführt wurde. Der Raum, in dem dieses historische Ereignis stattfand, wurde 1873 als Operationssaal aufgegeben, aber in den Jahren 1892 und 1930 möglichst stilgerecht wieder zu dem alten Amphitheater restauriert. Als ich im Massachusetts General Hospital zu Gast war, wurde der „Ether Dome" (das wurde sein endgültiger Name) täglich zu klinischen Demonstrationen benutzt.
Churchill wurde im Krieg beratender Chirurg der in Nordafrika und Italien kämpfenden amerikanischen Truppen. Er hat direkt und indirekt die Organisation der Verwundetenversorgung entscheidend beeinflußt und sicher nicht unwesentlich dazu beigetragen, daß die Behandlungsresultate der Frontlazarette sich sehr vorteilhaft von denen des Ersten Weltkrieges unterschieden.
Cutler, der die zweite Professur in Harvard innehatte, war Cushings Nachfolger. Er hatte während des Ersten Weltkrieges mit Cushing in nordfranzösischen Kriegsspitälern zusammengearbeitet und war dann Professor der Chirurgie in Western Reserve University in Cleveland geworden. Trotz seiner Arbeitsverbindung mit Cushing hat Cutler die Tradition der Neurochirurgie des Peter Bent Brigham Hospital nicht fortgesetzt. Er blieb Allgemeinchirurg. Eines Tages bat mich Cutler, möglichst bald bei ihm vorzusprechen. Der Grund war Putzi Hanfstaengl. Er und Cutler waren „class mates" (Klassenkameraden) in Harvard gewesen; sie hatten durch all die Jahre Kontakt bewahrt. Hanfstaengl, dessen Schwester ich durch Sauerbruch kannte, war lange vor Kriegsausbruch in Furcht für sein Leben nach England geflohen und jetzt interniert worden. Er wollte, soweit ich mich erinnere, mit Cutlers Hilfe seinen Sohn zum Studium in Harvard zugelassen haben. Leider konnte ich Cutlers Wunsch nach Informationen über die Einzelheiten der Flucht von Hanfstaengl nur ungenügend erfüllen, soweit eben, als ich durch

Sauerbruch orientiert war. Cutler wurde im Krieg beratender Chirurg der amerikanischen, in Frankreich stehenden Armee. Er kehrte als kranker Mann zurück. In voller Kenntnis des bösartigen Leidens, dem er schließlich erlag, hat er noch – soweit seine Kräfte es zuließen – Klinik und Unterricht geleitet. Ergreifend war eine Kongreßeröffnungsrede, in der das kommende Lebensende angedeutet war.

Der erste Besuch in Boston hatte wieder Siegfried Thannhauser gegolten. Es ist schwer, in wenigen Zeilen diesem Manne gerecht zu werden, der an hervorragender Stelle Deutschlands medizinische Wissenschaft und Lehre vertrat, als ihre Weltgeltung noch unbestritten war.

Im Jahre 1934 mußte er auswandern. Durch Vermittlung der Rockefeller Foundation kam er nach den Vereinigten Staaten und fand in dem damals mehr als bescheiden ausgestatteten Boston Dispensary die Möglichkeit zu praktischer und forschender Tätigkeit.

Sobald die sprachlichen Hemmungen überwunden waren, kam der Zauber seiner Persönlichkeit auch hier in der neuen Umgebung wieder zu vollem Ausdruck. Thannhauser wurde ein außergewöhnlich beliebter Lehrer, Vortragender und Arzt, vielleicht auch deswegen, weil er eine seltene Vereinigung von exakt denkendem und prüfendem Naturforscher, kritisch beobachtendem Kliniker und warmherzigem Helfer war.

Thannhausers Entfernung aus dem deutschen akademischen Leben charakterisiert so recht die innere Verlogenheit der Desperados, die zwölf Jahre lang ihre Art von Kulturpolitik mit deutschen Hochschulen trieben. Die Bodenständigkeit, die kaum einer von ihnen besaß, sie fand sich bei Thannhauser in ihrer besten Form. Er besaß alle liebenswerten Eigenschaften der Bewohner der bayerischen Hochebene: Freude am Leben und Genießen, den Sinn für Humor, die Leichtigkeit und Farbe des gesprochenen Wortes, Sinn und sicheren Geschmack für Kunst. In der Tat zog die bayerische Heimat mit ihm, selbst in den Dialektuntertönen des Englischen, das seit 1935 seine Berufssprache wurde. Wer ihn in seinem Landhaus am Winnipesaukee-See besuchte, inmitten der Hügel und Berge New Hampshires, der fühlte, daß ihn die Erinnerung an seinen Besitz am Starnberger See dorthin gezogen hatte.

Keiner, der in den ersten Jahren unmittelbar nach dem Ersten Weltkrieg den Münchener medizinischen Universitätsinstituten angehörte, konnte sich dem Eindruck entziehen, den Thannhausers Persönlichkeit, seine Arbeitskraft und Klugheit ausübten. Die Frische und Ursprünglichkeit seines Wesens, die Unbekümmertheit, mit der er seine wissenschaftliche Überzeugung äußerte, waren nichts Alltägliches innerhalb der akademischen Hierarchie. Gewiß, es war der Geist der Müllerschen Klinik, aber Thannhauser war ein großartiger Vertreter dieses Geistes.

Sein akademischer Ehrgeiz blieb auch in diesen entscheidenden Jahren frei von jeder intellektuellen Konzession. Eine Begebenheit mag hier genannt sein: Sauerbruch hatte für die Sitzung der Münchener Medizinischen Gesellschaft einen Bericht über die hirnchirurgische Aktivität der Klinik angekündigt. In der Diskussion zu Sauerbruchs Demonstration verglich Thannhauser die Resultate Cushings mit denen, die gerade vorgetragen worden waren. Er sparte nicht mit Kritik an der eigenen klinischen Diagnostik, ebensowenig aber an dem Niveau der operativen Leistung. Zum Erstaunen der Zuhörer blieb eine akzentuierte Entgegnung Sauerbruchs aus, und als ich Sauerbruch 25 Jahre später aus eigener Anschauung von der Stellung der angelsächsischen Neurochirurgie erzählte, sagte er nachdenklich: „Wir hätten damals den Anschluß suchen sollen, als Thannhauser mit uns ins Gericht ging."
1927 wurde er Direktor der Medizinischen Klinik der Düsseldorfer Akademie und 1930 übernahm er den Lehrstuhl für innere Medizin an der Freiburger Universität. Beim Ausbruch des Dritten Reiches schien es Thannhauser wohl unbegreiflich, daß berufliche und menschliche Beziehungen durch einen staatlichen Appell an die niedrigsten Instinkte unterbrochen werden können. Er mußte es bald begreifen. Nach einer Periode kleinlicher Schikanen schied er im April 1934 aus dem Verband der Universität, eindrucksvoll belehrt durch die persönliche Erfahrung, daß Männer mit Zivilcourage unter den damaligen Professoren schwer zu finden waren. Mit Dankbarkeit indessen gedenkt er des Freiburger Erzbischofs Gröber, der alten schüchternen Großherzogin von Baden und vieler Mitglieder des badischen Landadels, die ihm in diesen sorgenvollen Monaten sehr demonstrativ Zeichen ihrer Freundschaft und Sympathie entgegenbrachten.
Kurz nach Kriegsende erhielt er Berufungen auf die Lehrstühle der Universitäten von Freiburg und München; er lehnte sie ab. Er hatte feste Wurzeln in der neuen Heimat geschlagen. Seine Freunde und Schüler denken an ihn, der 1962 starb, mit der Wärme, die sein eigenes Wesen zeitlebens ausstrahlte.

Sehr angetan von der amerikanischen Chirurgie brachte ich vor der endgültigen Niederlassung nun auch einige Wochen in New York zu, in der Annahme, daß eine weitere Bestätigung des hervorragenden Eindrucks von Boston kommen werde. Ich besuchte die bekanntesten Krankenhäuser: Presbyterian, New York, Roosevelt, Mt. Sinai, Bellevue, Postgraduate Hospital: der gleichmäßig hohe Standard von Boston fehlte. In benachbarten Operationssälen desselben Hauses wirkten Chirurgen von großer Verschiedenheit der klinischen und operativ-technischen Fähigkeiten. Erst später habe ich begriffen, daß die im mittleren Alter stehenden Chirurgen den

Vorteil einer systematischen Ausbildung im Sinne des sogenannten „Residentsystems" meist nicht erhalten hatten. Das System, das der deutschen Assistenten- und Oberarztausbildung nachgebildet war, wurde generell erst 1937 eingeführt. So kam es, daß die Mehrzahl der Chirurgen in gewissem Sinne self-made men waren. Bei einem großen Teile der Bevölkerung – nicht nur bei dem jüdischen Ursprungs – stand das Mt. Sinai Hospital in besonderem Ansehen. Wenn man die gesellschaftliche Isolierung berücksichtigt, die in New York gegenüber der jüdischen Bevölkerung damals (und wohl auch heute noch) beobachtet wurde, bedeutete es schon ein Eingeständnis beruflicher Überlegenheit, wenn Patienten jeder Gesellschaftsschicht und jeden Bekenntnisses das Mt. Sinai Hospital aufsuchten. Um so erstaunter war ich, als ich neben A. A. Berg und J. Garlock, beide hervorragende Operateure, andere ihnen gleichgestellte fand, die wesentlich anders operierten.

R. Lewisohn, ein früherer Chefarzt vom Mt. Sinai Hospital, der mich dorthin begleitet hatte, konnte nur die bekannte Tatsache des Trainingsdefizits wiederholen. Lewisohn hat in der Chirurgie Geschichte gemacht: Ihm ist die Beigabe von Natriumzitrat zum transfusionsbestimmten Blut zu verdanken. Die dadurch erzielte Gerinnungsunfähigkeit hat es ermöglicht, das Blut zu konservieren, eine Maßnahme, deren praktische Bedeutung gar nicht hoch genug eingeschätzt werden kann. Der Übergang von der direkten Transfusion (von Mensch zu Mensch) zur Konservenbenützung hat sich in Amerika nach dem Ersten Weltkrieg vollzogen. In den meisten europäischen Ländern ignorierte man diese Entwicklung. Es ist schwer verständlich, daß während des Zweiten Weltkrieges die deutschen Militärsanitätsbehörden erst 1942 auf die Notwendigkeit der Organisation eines Transfusionsdienstes mit Blutkonserven gedrängt haben.

Die Anwendung oder besser Nichtanwendung der Bluttransfusion zeigt, wie lange sich lebensrettende Maßnahmen verzögern können. Mangelnde Bekanntschaft der Praktiker mit den Fortschritten der theoretischen Medizin ist in solchen Fällen der Hauptgrund. So wurden die Blutgruppen von K. Landsteiner um die Jahrhundertwende entdeckt. Es vergingen aber fast 20 Jahre und mehr, bis ihre Untersuchung in die Praxis der Bluttransfusion aufgenommen wurde.

Anfang Januar 1941 ließ ich mich in New York nieder. Bei den schnell schwindenden Geldreserven war es ein beruhigendes Gefühl, als ich bei dem ersten Privatpatienten, den mir K. Hoffmann – ein früherer Assistent der Berliner Klinik – überwies, eine Magenresektion wegen Geschwürs ausführte und mit 300 Dollar honoriert wurde – eine Summe, die mir, gemessen an dem bescheidenen Ausgabenbudget der vorausgegangenen zwei Jahre, ungeheuer erschien. Da ich im Hinblick auf die große Zahl von bereits etablierten Refugee-Chirurgen die Aussichten der Praxis nicht optimistisch betrachten konnte, teilte ich mein Sprechzimmer mit E. Bergmann und mehreren anderen. Es stand mir dreimal in der Woche für eine Stunde zur Verfügung. Die Mietkosten waren entsprechend gering. Das Office war in einer guten Gegend auf der Ostseite gelegen; das war aber auch der einzige Vorzug. Die Räume waren eng, das Haus selbst änderte kurz nachher seinen Charakter von dem eines „Apartmenthouse" zum „Boarding House" zunächst zweifelhafter Natur.

Die Schwierigkeiten des Praxisbeginns lernte ich in einem entscheidenden Punkt fast am Tage der Niederlassung durch ein Telefongespräch kennen. Ein amerikanischer Arzt, der in Berlin studiert hatte, wie er sagte, und von mir im Staatsexamen geprüft worden war, rief an und fragte mich, ob ich einen Patienten mit großem Zwerchfellbruch operieren wolle. Der Kranke sei mit einem hohen Honorar einverstanden. Als ich zusagte, erfolgte die ergänzende Erklärung: „Und die Hälfte für mich." Selbstverständlich hatte ich vom fee-splitting (Honorarteilung) gehört. Nun war die erste Offerte da, und auf meine Antwort, daß es mir leid täte, aber ich könne solche Praktiken nicht mitmachen, erfolgte die klassische Entgegnung: „*Sie* tun mir leid, Doktor!"
Den Patienten sah ich nie.
Die Situation übertraf selbst pessimistische Vorstellungen. Viele der zuweisenden Ärzte suchten den Chirurgen nach seiner Bereitwilligkeit aus, das Operationshonorar mit ihnen zu teilen. Sie waren von der Verwerflichkeit ihrer Handlung keineswegs überzeugt, schon deswegen nicht, weil die Standesorganisation trotz hochtönender Redensarten wenig Effektives dagegen unternahm. Wie leicht wäre es z. B. gewesen, bei dem großen Einfluß, den sie auf die Krankenhäuser besitzt, ein Kontrollsystem einzuführen, das sich auch auf Liquidation, Steuererklärung und Bankkonto der Ärzte erstreckt. Dann wäre zum mindesten der chirurgische Partner dieses trüben Geschäftes festzustellen. Der Einbruch in die private Sphäre, den eine solche Überwachung bedeutet, ist zu verantworten, weil er die Möglichkeit gibt, mit einem gefährlichen Mißbrauch aufzuräumen.
Während des Krieges versuchte der Bürgermeister von New York, der unvergleichliche La Guardia, dem Unwesen durch Gesetzgebung Einhalt zu tun. Prüfungen von Steuererklärungen hatten z. B. ergeben, daß ein großes medizinisches Laboratorium einen Teil des Honorars jedem Arzt abgab, der für seine Patienten die Dienste des Institutes in Anspruch nahm. Die lange Liste der ärztlichen Trinkgeldempfänger wurde 1942 in der angesehenen Herald Tribune namentlich veröffentlicht; bei einigen, anscheinend empfindsameren, Ärzten wurde die Geldsumme mit der Bemerkung „paid in liquor" (mit Schnaps bezahlt) aufgeführt. Eine nicht geringe Anzahl (11) der Übeltäter

gehörte einer großen nationalen Vereinigung an. Sie blieben Mitglieder dieses Vereins, der sonst das fee-splitting mit starken Ausdrücken verurteilt. Wer die Verhältnisse kennt, weiß, daß die merkantile Seite dabei nicht die gravierendste ist. Unlösbar damit verbunden ist der Zwang, die operative Indikation des auf seinen finanziellen Anteil wartenden Arztes gutzuheißen. Dieses verwerfliche Abhängigkeitsverhältnis ist der Hauptgrund dafür, daß gegen besseres Wissen des Chirurgen Hunderte von unnötigen Operationen ausgeführt werden – mit der unvermeidlichen Morbidität und Mortalität, die jeder Operationskategorie innewohnt. Es ist nicht übertrieben, das fee-splitting als Handel mit dem Leben der Kranken zu bezeichnen.

Da ich entschlossen war, niemals in irgendeiner, wenn auch noch so verschleierten Form mitzumachen, war das finanzielle Ergebnis des ersten Jahres der Praxis entsprechend. Zur Aufstellung der Steuererklärung suchte ich einen Public Accountant (Steuerberater) auf; er wollte zunächst 50 Prozent der an sich geringen Summe abstreichen. Als ich ihm erklärte, daß ich das Honorar nicht mit den zuweisenden Ärzten teile, sagte er mir mit entwaffnender Offenheit, daß er jetzt die Geringfügigkeit der Einnahmen verstände. Anscheinend hatte meine „Weltfremdheit" (wie er sich ausdrückte) ihn gerührt. Er kam am nächsten Tage in meine Sprechstunde und suchte mir des längeren zu beweisen, daß mein Standpunkt isoliert sei. Das ist so kraß natürlich nicht entfernt der Fall gewesen.

Ein großer und nach meiner bisherigen Entwicklung besonders fühlbarer Mangel blieb das Fehlen einer klinischen Stellung. Es war ein außergewöhnlicher und unerwarteter Glücksfall, als L. Davidoff mir im Auftrage des Krankenhaus-Kuratoriums die Leitung einer der vier chirurgischen Abteilungen von Brooklyns jüdischem Hospital anbot. Das ist eines der größten Voluntary Hospitals in New York, im Stadtteil Brooklyn gelegen. Davidoff war ein als Schüler Cushings wohlbekannter Neurochirurg.

Die Bezeichnung der nordamerikanischen Krankenhäuser muß erklärt werden: Das vom Staat unterhaltene Krankenhaus, das „State Hospital", ist in der Regel eine psychiatrische Anstalt; die Kosten des *City* Hospitals werden von der Stadtgemeinde getragen, das *Voluntary* Hospital (dazu gehört auch die Mehrzahl der „General Hospitals") ist ein aus *privaten* Mitteln erbautes und betriebenes Krankenhaus. Die meisten Universitätskliniken (und sicher die besten) gehören in diese Kategorie. Sie dürfen indessen nicht als „Privatkliniken" aufgefaßt werden, da Allgemeinabteilungen dominieren und die Anstellung der Ärzte auf einem komplizierten Berufungs- und Bewerbungswege erfolgt. Der mitteleuropäische Typ der Privatkliniken wird als „Proprietary Hospital" bezeichnet. Es ist Eigentum einer Person, einer Personengruppe oder einer Aktiengesellschaft und wird – im Gegensatz zu den Volun-

tary Hospitals, die auf recht umfangreiche Schenkungen angewiesen sind – ziemlich streng nach dem Grundsatz von Profitunternehmungen verwaltet.
Die freigewordene Abteilung war die der Thoraxchirurgie; in der Behandlung von Privatpatienten gab es indessen keine Begrenzung des Gebietes chirurgischer Aktivität. Da meine Haupttätigkeit in New York selbst, das heißt im Stadtteil Manhattan lag und verblieb, konnte ich mich wöchentlich mit zwei Operationstagen in Brooklyn begnügen. Die Assistenten des Brooklyn Jewish Hospital brachten mich mit den Problemen der jüdischen Einwanderer zweiter Generation in Berührung. Sie entstammten fast ausschließlich dem Ostjudentum; einige dieser Familien hatten nach dem Verlassen von Polen, Galizien oder Rußland versucht, im alten Deutschen Reich eine neue Heimat zu finden. Zu der Übersiedlung nach den USA – meist unter den elendesten Reise- und Niederlassungsbedingungen – veranlaßte sie in der Hauptsache die unwürdige Behandlung durch deutsche Zivilbehörden und auch durch eingesessene deutsche Juden. Es war ein Selbstbetrug der deutschen Juden, allfällige Antisemitismen auf das Schuldkonto der jüdischen Einwanderer vom Osten zu setzen; in vielen Kreisen (nicht nur jüdischer Provenienz) herrschte die Vorstellung, daß mit ihrem Verschwinden dem Antisemitismus der Boden entzogen sein würde. Es wurden von wohlhabenden deutschen Juden für sie *große* Geldmittel gesammelt, die ihnen eine Auswanderung nach Amerika erleichtern sollten.
Diese Auffassung hat zu einer generell ablehnenden Haltung, oft sogar zur Feindseligkeit der Ostjuden gegen die deutschen Juden geführt – ein Ressentiment, das seit Jahrzehnten auf dem Boden Amerikas, besonders in den großen Städten mit hoher jüdischer Einwohnerzahl, zu Hause ist und jetzt mit der Immigration von Hunderttausenden seine praktischen Äußerungen fand.
Die deutschen Juden, die in den vorhergehenden Generationen nach Amerika gekommen waren, lebten, besonders in New York, in intellektueller und oft auch in gesellschaftlicher Verbindung mit den deutschen Einwanderern des Jahres 1848 und ihren Kindern und Kindeskindern. Es mag als bezeichnend dafür gelten, daß die deutsch-jüdischen Ärzte, die *vor* der letzten Einwanderungswelle kamen, nicht in den großen und angesehenen jüdischen Hospitälern (wie Mt. Sinai, Beth-Israel und Brooklyn Jewish Hospital), sondern mehr im „Deutschen Hospital" klinische und poliklinische Stellungen fanden. Dieses „German Hospital" wurde beim Ausbruch der Feindseligkeiten zwischen USA und Deutschland im Ersten Weltkrieg zum Lennox Hill Hospital umgetauft, nachdem die Benennung Sherman Hospital (nach dem amerikanischen General Sherman, ausgewählt wegen des phonetischen Gleichklanges mit German) von den Behörden abgelehnt worden war. Den nach 1933 ankommenden Emigranten aber hielt das Lennox Hill Hospital seine klinischen Stellungen so gut wie vollständig verschlossen.

Die deutschen und deutsch-jüdischen Ärzte fanden sich in der Mitte des vorigen Jahrhunderts (1860) in einer medizinischen Gesellschaft, dem „Verein der deutschen Ärzte der Stadt New York", zusammen, ein Name, der 1888 in „German Medical Society of the City of New York" geändert wurde. Als sie 1960 ihr 100jähriges Jubiläum feierte, durfte ich in feierlicher Sitzung die medizinische Festrede über „Milestones in lung surgery" (Meilensteine der Lungenchirurgie) halten.

Ein Zwischenfall indessen – verständlich durch den Ausbruch des Krieges zwischen Amerika und den Mittelmächten – führte 1918 zur Unterbrechung der wissenschaftlichen Vereinsaktivität. Anlaß gab anscheinend die Ankündigung eines Vortrages durch F. Torek vom Lennox Hill Hospital, bekannt durch die erste erfolgreiche Entfernung des krebsigen Brustteils der Speiseröhre. Das Thema lautete: „Der Anteil der Deutschen am Fortschritt der Chirurgie". Man muß sich darüber klar sein, daß im Ersten Weltkrieg der Antigermanismus in den Staaten sehr viel universeller und grundsätzlicher war als im Zweiten. Als 1941 Hitler den Krieg an Amerika erklärte, befanden sich Hunderttausende *deutscher* Staatsbürger in den USA; sie waren die schärfsten Gegner Hitler-Deutschlands. Das hat einem durch den Krieg begründeten Antigermanismus jene ausschließliche Note genommen, die im Ersten Weltkrieg herrschte. Der Vortrag von Torek ist nicht gehalten worden.

Erst 1920 erfolgte die Wiederaufnahme der Sitzungen. Eine wesentliche Bereicherung erfuhr die Gesellschaft durch eine, wenn auch nicht sehr große, von der deutschen Geldinflation motivierte Einwanderungswelle deutscher Ärzte im Beginn der zwanziger Jahre. In ihre Reihe gehört auch der Historiograph der Gesellschaft, K. Hoffmann, der mit Rat und Tat vielen Ärzten der späteren Immigrationsphase geholfen hat. Die große Krise trat im Oktober 1933 ein, nachdem schon einige der Neuzugewanderten Mitglieder des Vereins geworden waren. Ein Teil der alten Mitglieder wandte sich gegen den Vorschlag, zu den Greueln Stellung zu nehmen, die sich im Deutschland Hitlers abspielten. Es wurde eine namentliche, briefliche Abstimmung beschlossen, die zur Annahme einer bemerkenswerten Resolution führte: „Viele Jahre hindurch hat sich die German Medical Society of the City of New York dem Dienste der Medizin im deutschen Geist gewidmet. Freiheit und Forschung war ein Grundpfeiler deutscher Wissenschaft. Mit tiefer Sorge beobachtet die Gesellschaft die Zerstörung dieser Freiheit im alten Vaterland. Die Gesellschaft protestiert aufs nachdrücklichste gegen Entrechtung und Vertreibung ihrer Kollegen der medizinischen und verwandten Wissenschaften. Die Mitglieder der Gesellschaft bezeigen den betroffenen Kollegen die tiefste Sympathie und versichern sie des festen Willens, ihnen auf jedem möglichen Wege zu helfen."

Ein Teil der früheren Mitglieder, die mit der Resolution nicht einverstanden waren, schied aus. Durch ständig verstärkten Zuzug von neuen – aus dem Kreise der Emigranten – stieg die Mitgliederzahl bis zu 700. Angehörige aller europäischen Nationen fanden den Weg zur Gesellschaft, die 1939 in „Rudolf Virchow Medical Society of the City of New York" umbenannt wurde; 1941 entschied man sich, in der Hauptsache wegen der zahlreichen Mitglieder nichtdeutscher Sprache, Englisch zur offiziellen Verhandlungssprache zu erklären.

In den Beziehungen zwischen nordamerikanischen und deutschen Chirurgen lassen sich zwei Phasen unterscheiden: In der ersten, die ungefähr 1930 ihr Ende nahm, kamen amerikanische Assistenten an deutsche und österreichische Kliniken, entweder zur vollständigen Ausbildung oder zur Komplettierung einer Ausbildung, die für amerikanische Begriffe bereits abgeschlossen war. Dabei wurde von ihnen besonderer Wert darauf gelegt, auch an Laboratoriumsarbeiten zur Lösung wissenschaftlicher Fragen teilzuhaben.

Die zweite Phase begann nach dem Ende des Zweiten Weltkrieges. Die Vereinigten Staaten wurden für Chirurgen der ganzen Welt das begehrte Ziel der beruflichen Schulung und Vervollkommnung. Der Zustrom aus Deutschland war zunächst nur gering wegen der wirtschaftlichen Situation des besiegten Landes und dann, weil man sich bemühte, frühere Mitglieder der Nazipartei usw. von Amerika fernzuhalten. Beide Einschränkungen fielen bald weg. Es ist nicht übertrieben zu sagen, daß heute die Mehrzahl der chirurgischen Assistenten von Universitätskliniken und größeren Krankenhäusern der zivilisierten Welt zu einem mehr oder weniger ausgedehnten Studienaufenthalt nach den Staaten geht.

Die Funktion der amerikanischen Chirurgie als praeceptor mundi, die heute noch unbestritten ist, wird allerdings von denen am meisten betont und bedroht, die im allerwenigsten an den Leistungen des Fortschrittes beteiligt sind. Dieselbe Mentalität konnte man schon früher in Deutschland antreffen, als es sich den anderen Ländern medizinisch überlegen fühlte.

Das Einleben in die Atmosphäre des Brooklyner Hospitals ging einfacher als ich annahm. Es waren wieder die jungen Mitarbeiter, die sich schnell von der begreiflichen Voreingenommenheit gegen alle, welche zu Deutschland irgendwelche Beziehungen hatten, trennten. Von besonderer Hilfe war Albert Schiffmann, ein früherer Hörer von mir aus Berlin, der mit Ruth zusammen studiert hatte. Er war „Assistant Resident" und, wenn auch zunächst nicht auf meiner Abteilung tätig, hat er vieles getan, um mich von der Loyalität der neuen Mitarbeiter zu überzeugen.

Über das tägliche Arbeitsmaß der amerikanischen Assistenten („interns" und „residents") herrscht in Europa vielfach eine irrige Auffassung. Als in Basel die Assistenten bei den Behörden eine höhere Entlohnung erreichen und

das Dienststundenmaximum diskutieren wollten, haben sie bei einer Besprechung die Forderung gestellt, in beidem die amerikanischen Größenordnungen anzunehmen. Ich konnte sie davor nur warnen; bei ungleich schlechterer Bezahlung ist der amerikanische Assistent wesentlich länger und intensiver ans Krankenhaus gebunden, ganz abgesehen davon, daß er im Hospital zu wohnen verpflichtet ist („House officers").
Die Frage der dienstlichen Überforderung und Ausnutzung kommt deswegen im allgemeinen nicht auf, weil der junge amerikanische Arzt besonderen Wert darauf legt, seine Ausbildungsmöglichkeiten, die zeitlich begrenzt sind, möglichst intensiv auszuschöpfen. Er darf im allgemeinen nicht damit rechnen, als Assistent länger in seinem Spezialfach zu verbleiben als der offiziellen Ausbildungszeit entspricht. So kommt es zu der erstaunlichen Tatsache, daß er ob der Überbelastung froh ist.
Unter den anderen Abteilungsleitern war es allein Davidoff, mit dem mich im Laufe der Zeit freundschaftliche Beziehungen verbanden. Er wurde später Vorsitzender der chirurgischen Departements der neuen „Albert Einstein Medical School". Nach dem Zweiten Weltkrieg schloß er sich einer Ärztegruppe an, die die ehemals kriegführenden europäischen Länder im Auftrage und mit Unterstützung der amerikanischen Regierung bereiste, um Fortbildungskurse zu veranstalten. Daß ich mit anderen meiner älteren Krankenhauskollegen nicht in näheren Kontakt kam, ist meine Schuld gewesen. Aber ungefähr ein Jahr nach der Niederlassung begann die Privatpraxis in Manhattan sich ständig zu vergrößern, und ich war froh, wenn ich in Brooklyn Operationen, Visiten, Staff-Meetings und Sitzungen des Medical Board erledigen konnte, ohne – wie es später unvermeidlich wurde – in einer dauernden Hetze um die Einhaltung von Verabredungen zu bleiben.
Neben Davidoff haben drei Männer das Ansehen des Brooklyn Jewish Hospitals begründet:
William Linder, langjähriger chirurgischer Chefarzt, besaß in Brooklyn den Ruf eines Wunderdoktors. Er war nicht nur ein glänzender Operateur und Kliniker. Dem Zauber seiner Persönlichkeit, seiner Lebhaftigkeit und volkstümlichen Art konnten sich wenige entziehen. Erst in hohem Alter hat er seine Krankenhausstellung und die chirurgische Betätigung aufgegeben. Auf wissenschaftlichem Gebiet am bekanntesten war der Leiter des Bluttransfusionswesens, A. S. Wiener, der mit Landsteiner zusammen 1940 den Rhesus-Faktor entdeckt hatte. Der dritte war L. Loewe, ein Internist. Seine große Leistung, die Heilung einer bis dahin unbeeinflußbaren Krankheit, der Endocarditis lenta (Herzklappenentzündung), ist mehr ein Beispiel von ideeller Hartnäckigkeit denn Entdeckungsgabe. Als die ersten Berichte über die Wirkung des Penicillins die Staaten erreichten, und als auf dem vom Krieg unberührten Boden Amerikas die fabrikmäßige Herstellung des Penicillins ge-

plant und begonnen wurde, glaubte Loewe, daß es *das* Mittel zur Behandlung der Endocarditis lenta sei. Er wandte sich an den „Penicillin-Zaren" Chester Kiefer in Boston, der über die zwangsläufig sehr begrenzte Zuteilung des Mittels für „zivile" Zwecke jeweils zu befinden hatte. (Selbstverständlich hatten die großen Bedürfnisse des Heeres Präferenz.) Man mußte damals telegraphisch Kiefer die Einzelheiten jedes Falles mitteilen. Er entschied nach seiner und anderer Erfahrung, ob die Verabreichung des Mittels berechtigt sei. Loewe wurde abschlägig beschieden, ebenso sein Argument, daß nur hohe Dosen erfolgreich sein würden. Es gelang ihm, sich „hinten herum" Penicillin von einer der herstellenden Fabriken zu verschaffen und die Richtigkeit seiner Vorstellung von der Wirkung der hohen Dosen zu beweisen. Die Endocarditis lenta wurde eine heilbare Krankheit. Hier hatte wirklich einmal der Zweck die Mittel geheiligt.

Glücklichere Jahre

Die Änderung in der Praxis kam – nach Jahr und Tag – fast dramatisch. Es begann mit der Operation eines namhaften wissenschaftlichen Mitarbeiters des Rockefeller Institutes, der auch in europäischen Emigrantenkreisen wegen seiner Hilfsbereitschaft bekannt war. Andere Begegnungen waren deswegen interessant, weil sie Persönlichkeiten betreffen, die der zeitgenössischen Geschichte angehören, wie z. B. die frühere österreichische Kaiserin Zita. Sie ist in Memoiren von Staatsmännern und sensationellen Reportagen der Nachkriegszeit als der Mittelpunkt von Intrigen am Hof des letzten habsburgischen Monarchen geschildert worden. Ich war darum erstaunt, als ich eine sehr einfache Frau vorfand, die weder in Sprache noch Benehmen etwas mit der listigen Politikerin gemeinsam hatte, als die sie zum Beispiel in Bülows Erinnerungen figuriert.

Ich war natürlich interessiert, aus so direkter Quelle Einzelheiten der Ereignisse zu erfahren, die gegen Ende des Ersten Weltkrieges und in der ersten Nachkriegszeit Kaiser Karl und seine Frau Zita zum Objekt grober menschlicher und politischer Kritik gemacht hatten. Die Unterhaltungen mit Persönlichkeiten aus der Umgebung der Kaiserin, der Gräfin Kerssenbrock und dem Grafen Degenfeld, boten dazu Gelegenheit. Die Briefe, die Kaiser Karl in der Verzweiflung über die hoffnungslose Situation Österreichs bei seinem Regierungsantritt an Zitas Brüder, Prinz Sixtus und Prinz Xaver von Bourbon-Parma, geschickt hatte, waren ein begreifliches, wenn auch so gut wie aussichtsloses Unternehmen. Die Tatsache, daß Karl seine deutschen Verbündeten darüber im unklaren ließ, ist deswegen verständlich, weil kurz zuvor ein deutsches Friedensangebot – verletzend und unklar in der Formulierung – von den Alliierten abgewiesen worden war. Es war auch ein Ausfluß dieser verzweifelten Friedensbemühungen des jungen und unerfahrenen Monarchen, daß er seinem Schwager Sixtus nach einem eher unverbindlich verlaufenen Treffen auf dem habsburgischen Schloß Laxenburg einen Brief an das französische Regierungskabinett mitgab, in dem er, neben seinem Wunsch nach Frieden um jeden Preis, die Zusage gab, bei den deutschen Bundesgenossen für die Abtretung von Elsaß-Lothringen zu wirken. Von diesem Brief mag etwas nach Berlin durchgesickert sein. Der österreichische Außenminister Graf Czernin glaubte, durch ein Lüge beruhigend wirken zu können. Er erklärte, daß die Friedensbemühungen von Frankreich ausgegangen seien, daß aber die elsaß-lothringische Frage für ihn indiskutabel sei. Die Antwort von Clemenceau gab den wahren Sachverhalt wieder. Die deutsche Regierung war empört über den von Clemenceau behaupteten Bruch der „Nibelungentreue". Karl ließ sich von Czernin verleiten, in einem Telegramm an Wilhelm II. jede Annäherung an Frankreich zu leugnen. Daraufhin veröffentlichte Clemenceau den Sixtus-Brief. Sixtus und seine Brüder waren Offiziere der belgischen Armee. Karls historisches Bild war von nun ab gezeichnet durch diese Affäre. Seine Versuche, im Jahre 1921 die ungarische Krone zurückzugewinnen, waren wiederum ohne Rücksicht auf die Realitäten unternommen. Sie wurden indirekt die Ursache seines frühen Todes. Nach dem letzten ungarischen Unternehmen wurde er mit seiner Familie fast ohne finanzielle Mittel auf einem englischen Schiff nach der Insel Madeira ins Exil verbracht. Unter den primitivsten äußeren Lebensbedingungen ist anscheinend eine Tuberkulose wieder aufgeflackert. Er starb 1922. Es war ein St. Helena in vergröberter Form.

Hier muß ich auch Marion Anderson erwähnen. Die bekannte Sängerin, eine tiefreligiöse Frau von großer Grazie, die vielen geholfen hat und die für die Besserung des Schicksals ihrer Rasse durch ihre Kunst, Güte und Liebenswürdigkeit mehr geleistet hat, als nach außen zutage trat. In der Frau des Präsidenten Roosevelt hatte sie in diesen Bestrebungen eine große Hilfe. Es mag daran erinnert werden, daß Frau Roosevelt es war, die Marion Anderson veranlaßte, in Washington vor einem riesigen Publikum unter freiem Himmel im Garten des „Weißen Hauses" zu singen, nachdem die „Töchter der Amerikanischen Revolution" Marion Anderson als einer Negerin die ihnen gehörende Kongreßhalle versagt hatten; damals erklärte Frau Roosevelt ihren Austritt aus dem Verein der „D. of A. R.", eines alten reaktionären Bundes derer, die sich für die nordamerikanische Aristokratie hielten und wohl noch heute halten.

Frau Eleanor Roosevelt lernte ich am Krankenbett eines ihrer Söhne kennen. Sie besaß die seltene Fähigkeit, sich interessant und interessiert zu unterhalten, frei von den herkömmlichen Platitüden konventioneller Konversation. Trotz einer enormen Pflichtenlast hinterließ sie immer den Eindruck von Ruhe, Sicherheit und Konzentration und – was ich mit Neid feststellte – das Gefühl, daß die Zeit nicht dränge. Bezeichnend für die große Beliebtheit dieser Frau war der populäre Spruch, der während der letzten Präsidentenwahl Roosevelts kolportiert wurde: „Die Wiederwahl von Mr. Roosevelt ist unsicher – aber sicher wollen die meisten die Wiederwahl von Eleanor als Präsidentenfrau."

Patienten, die man in der Öffentlichkeit kannte, waren von problematischem Wert für die Beziehungen zu meinen Fachkollegen.
Manchmal haben die Methoden erheiternde Formen angenommen: Ein

Patient wird für eine Operation vorgesehen, als er einige Tage vor der verabredeten Krankenhausaufnahme mich in einer „delikaten" Angelegenheit zu sprechen wünschte. Seine Frau habe ihren Chirurgen befragt und dabei etwas erfahren, was der Grund zu seiner Rücksprache sei. Man hat ihr in einer verbreiteten amerikanischen Operationslehre gezeigt, daß der „bekannte" Dr. Nissen nicht Rudolf (wie ich), sondern Jakobaeus mit Vornamen heiße. In der Tat waren in der Einleitung des Kapitels der „Thoraxchirurgie" in alphabetischer Reihenfolge einige Chirurgen aufgeführt, die sich um die Entwicklung der Brustchirurgie bemüht hatten. Darunter figurierten nebeneinander der Schwede H. Ch. Jacobaeus und ich; der Setzer hatte das Komma zwischen den beiden Namen vergessen, so daß ich im Namensverzeichnis des Buches als Nissen, Jakobaeus angeführt war. Sieben Jahre später hatte ich für eine neue Auflage des gleichen Lehrbuches das thoraxchirurgische Kapitel zu bearbeiten.

Für manche Patienten, besonders die mit chronischen oder unheilbaren Leiden, waren die „Spezialisten aus Europa" eine neue Hoffnung. So sah ich eine Reihe von Kranken mit inoperablen Krebsleiden, die von ihrem Operateur über Art und Stadium der Erkrankung aufgeklärt waren. Sie haben mich von der Zweckmäßigkeit der Aufklärung, wie sie grundsätzlich in den Staaten geübt wird, definitiv geheilt. Es waren die traurigsten Erlebnisse, die ich in meiner ärztlichen Tätigkeit hatte. Einer von ihnen soll besonders erwähnt werden: Ein 40jähriger Offizier erscheint in meiner Sprechstunde; er ist in einem Universitätshospital New Yorks operiert worden. Man hatte geglaubt, daß ein Magenkrebs vorliege, fand aber eine große Geschwulst der Bauchspeicheldrüse. Der Operateur, der dem Patienten vor der Operation die erste Diagnose und die relativ geringfügige Gefahr der Radikaloperation eines Magenkrebses genannt hatte, kann jetzt für die notwendige Pankreasausschneidung seine Angaben nicht mehr aufrechterhalten. Er beschließt, die Operation abzubrechen und den Patienten über die veränderte Situation und das ungleich größere Risiko der notwendigen Operation aufzuklären. Das geschieht. Der Patient kommt zu einem „europäischen" Chirurgen, um zu erfahren, ob vielleicht eine andere Möglichkeit als die gefahrenreiche Operation besteht.

Ich war stark beeindruckt von der Handlungsweise des Operateurs – von dem Abbruch des Eingriffs, den ihm das Verantwortungsgefühl diktiert hatte. Bei der Untersuchung des Patienten fand ich eine riesenhafte Geschwulst im Oberbauch tastbar, deren Inoperabilität mir sicher zu sein schien. Da schon die Prognose radikal operierter Krebse der Bauchspeicheldrüse schlecht ist, riet ich dem Patienten von jeder Operation ab und sagte ihm, daß sein Befinden hoffen lasse, es handle sich um eine rückbildungsfähige Entzündung der Bauchspeicheldrüse. Wahrscheinlich bin ich wegen der depressiven Stimmung des Patienten in der optimistischen Beurteilung positiver gewesen als es begründet war. Ich telefonierte dann mit dem Chirurgen, der ihn operiert hatte; er hatte den Kranken während einiger Wochen nicht gesehen und war – im Hinblick auf den jetzigen Befund – mit dem einverstanden, was ich dem Patienten gesagt hatte. Als ich erwähnte, daß ich in der Türkei gelegentlich solch tumorbildende Formen der Entzündung des Pankreas gesehen habe, stellte sich heraus, daß der Vater des Operateurs als Missionar oder Missionsarzt in Ostanatolien viele Jahre tätig gewesen war.

Nun – ich sah den Kranken nicht wieder und war sicher, daß sich sein Schicksal erfüllt hatte, bis ich sechs Jahre später in einem Ministerium Washingtons wegen eines Freundes zu tun hatte. Ich erkundigte mich telefonisch, an wen ich mich wenden sollte, und wurde an XY gewiesen. Er tat recht bekannt und sagte, er käme sowieso in zwei Tagen nach New York und werde sich in meiner Sprechstunde einfinden. Das war ein im Ministerium sehr ungewohntes Entgegenkommen, und – es erschien der Mann mit dem „inoperablen Pankreastumor". Es hatte sich (woran ich kaum *ernstlich* dachte) doch um eine Entzündung gehandelt. Seit der Konsultation bei mir habe er keinen Arzt mehr aufgesucht, und die Geschwulst sei langsam kleiner geworden und sein Gewicht größer. Jetzt war außer der Narbe nichts mehr zu entdecken.

Jeder Chirurg mit ausgiebiger Praxiserfahrung kennt das unangenehme Gefühl, ein bekanntes Gesicht wiederzusehen, ohne daß man sich an Namen, Zeitpunkt der Bekanntschaft und Art von Leiden oder Operation erinnert. Im Sprechzimmer gibt es im Laufe der Unterhaltung Mittel, um eine Selbstaussage des Patienten zu erreichen. Anders aber, wenn man ihn in der Gesellschaft trifft und schon durch die Unsicherheit in den eigenen Gesichtszügen die Gedächtnislücke offenbart. Eines Abends war ich mit meiner Frau in New Yorks Carnegie Hall, diesem riesigen Konzerthaus mit seinen schmalen Foyers, in denen sich während der Pausen die Menschen dicht aneinander drängen. In einer solchen menschlichen Sardinenbüchse befanden wir uns, als eine Dame in zehn Meter Entfernung mich mit energischer Handbewegung grüßte und beim Näherkommen merkte, daß ich sie nicht erkannte. Darauf mit der lauten Stimme, die – leider – für die Amerikanerin so typisch ist: „Doctor, wenn Sie mich nackt sehen würden, würden Sie mich sofort erkennen." Die Reaktion der Umstehenden ist leicht vorstellbar: voll Mitleid blickte man meine Frau an, bis dann die erlösenden Worte kamen: „Sie haben mir doch ein Stück vom Magen weggenommen" – worauf wir von der Neugierde des auf eine Eifersuchtsszene wartenden Publikums befreit waren.

Im zweiten Kriegsjahr hatte ich einen älteren tschechoslowakischen Emigranten operiert, der mittellos eingewandert war. Im Verlauf der Rekonvaleszenz erlitt er einen Herzinfarkt, von dem er sich nur langsam erholte. Ein Jahr später erscheint er in meiner Sprechstunde, prüft sorgfältig, ob die Türen des Zimmers geschlossen sind, und sagt dann, daß er eine Gewissensfrage stellen müsse: ob sein Gesundheitszustand es erlaube, daß er mit dem Fallschirm über der Tschechoslowakei abspringe. Ich war sicher, den Ausbruch einer Psychose zu erleben, und war stolz auf meine schnelle und kluge Reaktion: Ich sagte ihm, daß ich das nicht beurteilen könne, dazu sei ein Spezialarzt für Herzleiden zuständig, zu dem ich ihn schicken würde. Er war damit einverstanden. Ich telefonierte mit O. Loewenstein, dem früheren Direktor der Bonner Psychiatrischen Universitätsklinik, und erzählte, was vorgegangen und daß ich ihn, Loewenstein, dem Patienten gegenüber als Internisten bezeichnet habe. Herr R. tat, wie ihm geraten; nach einer Stunde rief mich Loewenstein an und erklärte, daß es sich um einen psychisch völlig normalen Mann handle. Von seinen Fallschirmplänen hätte er wohl deswegen nichts gesagt, weil er sie als eine vertrauliche Angelegenheit betrachte. Als R. wieder bei mir erschien, konnte ich ihm – im Hinblick auf den kürzlich durchgemachten Infarkt – nur dringend von dem Unternehmen abraten. Die Angelegenheit wurde noch mysteriöser, als einige Tage später ein Beamter vom Federal Bureau of Investigation (F.B.I.) bei mir erschien; mit der bekannten Bewegung drehte er den Aufschlag seines Rockes herum, um die FBI-Marke zu zeigen, und stellte mir die gleiche Frage wie R. Ich fragte ihn daraufhin, was der Zweck dieses Planes sei – immer noch überzeugt von der psychopathologischen Grundlage der bizarren Frage. Er erklärte mir sehr bestimmt, daß er das nicht wisse; er habe von Washington nur die Weisung erhalten, die medizinische Frage des Fallschirmabsprunges zu klären. Ich ließ R. noch von einem Internisten untersuchen und mußte dann dem FBI-Mann dieselbe negative Antwort geben wie R. Er flog nicht nach der Tschechoslowakei. Nach Kriegsende erfolgte die Aufklärung meiner „psychiatrischen" Schnelldiagnose. R. war Teilbesitzer (wenn auch mit kleinem Anteil) der Uranpecherzgruben von Joachimsthal in der Tschechoslowakei. Er hatte obendrein einen größeren Anteil des Grafen Harrach verwaltet und war infolgedessen über die Lageverhältnisse gut orientiert. Da man in Washington annahm, daß die Arbeiten von O. Hahn, L. Meitner und F. Strassmann über Transuranelemente und Kernspaltung auch in Deutschland Bemühungen zur Herstellung der Atombombe veranlaßt hätten, wollte man durch einen Kenner der lokalen Geographie die Gruben zerstören lassen. Ich weiß nicht, ob wirklich solche Versuche unternommen wurden und geglückt sind. Jedenfalls hat die amerikanische Regierung, wie R. mir später erzählte, seine Anteile und auch noch einige des Grafen Harrach, die nach dessen Tod in R.s Besitz gekommen waren, abgekauft und ihm eine Anzahlung geleistet, kurz bevor 1948 nach der kommunistischen Machtübernahme die Gruben nationalisiert wurden.

Für alle die, welche nicht schon durch Hitlers Überfall auf Dänemark und Norwegen die Kriegsgefahr für den amerikanischen Kontinent nähergerückt sahen, wurde der Fall von Paris zum tragischen Wendepunkt. Ich glaube, daß wenige sich von den Friedenszusicherungen Roosevelts wirklich überzeugen ließen; aber sicher war die Majorität der Bevölkerung – vielleicht mit Ausnahme des Mittleren Westens – der Überzeugung, daß eine Schicksalsgemeinschaft mit den freien Staaten Europas bestehe. Die Rüstung wurde zum Problem der Stunde und hier zeigte es sich, wie wenig die von Europa kommenden Emigranten das Leistungspotential der amerikanischen Industrie einzuschätzen verstanden. Als Roosevelt nach der Niederlage Frankreichs Zahlen der verschiedenen Waffenkategorien nannte, die der Armee in einem Jahr zur Verfügung stehen würden, haben die meisten von uns – auch die Fachleute – sie als Luftschlösser bezeichnet. Ich glaube, daß er den Bau von vielen Tausenden von Flugzeugen versprach. In Jahresfrist waren nicht unwesentlich mehr fertiggestellt. Der japanische Angriff auf die in Pearl Harbor versammelten Kriegsschiffe wurde für so selbstmörderisch gehalten, daß einige amerikanische Kommentatoren in der ersten Beurteilung an den unautorisierten Gewaltstreich eines untergeordneten japanischen Kommandos glaubten. Die Pearl Harbor folgende formelle Kriegserklärung Deutschlands an Amerika hat im allgemeinen keinen anderen Eindruck hervorgerufen als den, daß eine Kriegswahrscheinlichkeit zur Sicherheit geworden war – mit dem Vorteil klarer Fronten.

Eindrucksvoll war jetzt die Überführung der Industrie in die volle Aufrüstung. Es wurde wenig dekretiert. Die Schnelligkeit und Ruhe, mit der die Automobilindustrie sich auf die Tank- und Geschützproduktion umstellte, die Bemannung der „Schattenfabriken" – alles vollzog sich ohne den chauvinistischen Lärm, der in kontinental-europäischen Ländern mit dem Begriff der Umstellung zur vermehrten Rüstung verbunden war.
Die hohen Löhne, die in der Rüstungsindustrie gezahlt wurden, führten zu einem eigenartigen Phänomen. Aus manchen akademischen Berufen, von denen man annahm, daß sie im Krieg ihre materielle Anziehungskraft verlieren könnten, gingen Tausende in die Waffenfabriken, ein Beschäftigungswechsel, der – geschehen auf freiwilliger Basis – in Europa schwer denkbar ist. In den Staaten führt akademische Erziehung eben nicht zu dem europäischen Bildungshochmut, der eine solche Berufsänderung als „Abstieg" empfinden würde.
Die Restriktionen, denen „feindliche" Ausländer unterworfen wurden, waren

minimal. Reisen über die Bannmeile hinaus waren allerdings nur mit amtlicher Genehmigung möglich, die ohne Schwierigkeiten zu erhalten war. Photographenapparate mußten bei den Behörden hinterlegt werden. Da man aus der Aktivität nazistisch gefärbter Verbände die Identität der Anhänger Hitlers – deutscher oder deutschamerikanischer Provenienz – kannte, war es möglich, sie sicherzustellen oder zu überwachen.

Einschränkungen für die gesamte Bevölkerung waren während des ganzen Krieges kaum merkbar: Rationierung von Benzin, Kaffee, Tee und Fleisch (mit Ausnahme von Geflügel).

Der Angriff Hitlers gegen Rußland war schon Wochen zuvor in aller Mund. Anscheinend war Stalin einer der wenigen, der an der Zuverlässigkeit der Berichte seiner eigenen Spione zweifelte. Der Eintritt Rußlands in die Front der Alliierten wurde in den Staaten mit geteilten Empfindungen begleitet. Kommunismus und Stalins verächtliche Rolle als Bundesgenosse Hitlers ließen sich nicht einfach vergessen, so sehr es im Interesse einer militärischen Zusammenarbeit notwendig war. Nur langsam wurde das kritische Empfinden von einer ehrlichen Bewunderung für die Leistungen der Roten Armee abgelöst. Als später die erste Atombombe Hiroshima zerstörte, war ein nicht geringer Teil der amerikanischen Bevölkerung dafür, die Russen an dem Geheimnis der Herstellung teilnehmen zu lassen. So stark und vertrauensvoll war die Sympathie für die kämpfenden Russen. Stalin mußte schon erhebliche Anstrengungen machen, um bei den Beratungen von Jalta und Potsdam das Kapital an Sympathie und Achtung zu zerstören, das sich in Amerika und wohl auch in Großbritannien und Frankreich für Rußland angesammelt hatte. Jedenfalls war Amerika zu einer fast voraussetzungslosen Zusammenarbeit mit Rußland bereit. Die kalten Krieger – zahlreicher in Rußland als bei den Westmächten – haben dann die Grundlage vertrauensvoller Kooperation vernichtet, unbeschadet der Tatsache, daß ein mutwillig begonnener Krieg dieses Ausmaßes für Generationen Gefühle von Furcht und Feindschaft hinterlassen wird. Vestigia terrent!

Die Entwicklung antigermanischer Empfindungen in den Staaten während des Zweiten Weltkrieges war in den beiden letzten Kriegsjahren weitgehend von der Kenntnis jener unsagbaren Verbrechen beeinflußt, die Deutschlands Namen für alle Zukunft befleckt haben. Es ist – nach meinen eingehenden Erkundigungen – anscheinend richtig, daß die Bevölkerung der alliierten Länder über die Greuel, die sich in den Konzentrationslagern der SS abspielten, eher und besser unterrichtet war als die deutsche. Nur ist es schwer vorstellbar, daß die Feldarmee, besonders die im Osten, nicht gewußt haben sollte, was sich in ihrem Etappengebiet ereignet hat. Allerdings sind die Geschehnisse – gerade für ein soldatisches Empfinden, so feig und grauenhaft, daß „Wegsehen" und „Weghören" psychologisch begreiflich sind – vielleicht auch deswegen, weil die Menge von Rechtsbrüchen und Verbrechen, die die Nazis schon in Friedenszeiten begangen, das Ignorieren gelehrt haben mag.

Es ist nur zu gut verständlich, daß anfangs *ganz* Deutschland und seine Satelliten mit der millionenfachen Vernichtung Unschuldiger identifiziert wurden. Daß dabei auch schwere Anklagen gegen die deutsche Ärzteschaft erhoben wurden, darf nicht wundernehmen. Die Berichte über Menschenexperimente in Konzentrationslagern, über die ärztlich gebilligte und überwachte Ermordung der Tausende von Heilanstaltsinsassen, die Betriebsamkeit von sterilisationswütigen Medizinern haben – wie konnte es anders sein? – zu falschen Verallgemeinerungen geführt.

Diese Ereignisse haben die Kriegsjahre überschattet, besonders für uns, die wir aus deutschen Fakultäten hervorgegangen waren. Ungelöst blieb das Rätsel des Abgleitens in unvorstellbare Bestialitäten – unvorstellbar, denn den meisten wird es so ergangen sein wie mir: daß erst die Prozesse um Auschwitz und Maidanek ihnen Verbrechen offenbart haben, die jenseits jeder Phantasie liegen. Als die gleiche Frage nach Kriegsende ihren vielfältigen literarischen Niederschlag fand, habe ich einmal öffentlich dazu Stellung genommen: „Die Bücher mehren sich, in denen die Ursachen des zivilisatorischen Verfalls Deutschlands und sein Übergang zum primitiven Barbarismus untersucht werden. Ein großer Teil der Autoren versucht zu beweisen, daß der heutige Niedergang die letzte Konsequenz einer jahrhundertelang oder – wie L. Nize kürzlich ausführte – einer jahrtausendlang gepflegten Neigung zur Bestialität ist. Die psychologischen oder historischen Studien, die diesen Schlußfolgerungen zugrunde liegen, tragen das Merkmal des Dilettierens auf beiden Gebieten, selbst dann, wenn sie, wie das Buch von R. M. Brickner, von einem psychiatrischen Fachmann geschrieben sind.

Wer Deutschland aus eigener Erfahrung kennt und dort aufgewachsen ist, mußte solchen Deduktionen gegenüber skeptisch bleiben. Für die, die am Leben des deutschen Volkes vor Hitler teilnahmen und im Anfang des Hitler-Regimes Deutschland verließen, blieb die rapide Entwicklung schwer begreiflich, welche die Brutalisierung innerhalb von sechs Jahren (von 1933 bis 1939) genommen hat."

In den meisten Ländern hatte sich – ebenso wie in den Vereinigten Staaten – ein Teil der ideologischen Freunde des Nazismus in Gruppen und Vereinen zusammengeschlossen. Die effektive Hilfe, die diese Vereinigungen der Sache des Nazismus gegeben haben, stand meist im umgekehrten Verhältnis zu dem publizistischen Lärm, den sie veranstalteten. Gefährlicher waren die, welche bei internationalen Verhandlungen „Verständnis für die Ziele des Nazismus" gezeigt haben. Sie haben bis in die letzten Monate der Vorkriegszeit der Hitler-Regierung *die* Selbstsicherheit gegeben, die sie suchte und be-

nötigte, um ihr Programm durchzuführen. Die Nazis hatten ein Recht, ablehnende Kritiken einer Regierung und Presse zu vernachlässigen, wenn sie von ihren inoffiziellen und offiziellen Emmissären hörten, daß führende Intellektuelle und wirtschaftliche wie militärische Persönlichkeiten des gleichen Landes ihrer Sympathie mit dem Nazi-Regime Ausdruck gaben. Diese Internationale hat den Nazis in den Augen ihres eigenen Volkes jene Autorität gegeben, die Verbrechen zur Tugend erklären konnte.
Das ist gewiß keine Entlastung der Nazis, aber es sollte eine Lehre für die Zukunft sein, Ansätze und Anfänge solcher politischen Unternehmungen nicht mit Duldung zu behandeln.

Die Bedeutung, die für den „Mann auf der Straße" Franklin D. Roosevelt hatte, ist auch in der Nachkriegszeit häufig falsch dargestellt worden. Es zeigte sich hier eine fast gesetzmäßige Erscheinung auf nordamerikanischem Boden; die den besitzenden Klassen nahestehende republikanische Presse und Partei ist so lautstark in der Verurteilung von Roosevelt gewesen, daß die republikanischen Zeitungen – wesentlich größer an Zahl und Einfluß als die der demokratischen Partei – auch die deutsche öffentliche Meinung stark beeinflußt haben. Die Stellung des Präsidenten der Vereinigten Staaten ist verfassungsmäßig mit großer Macht ausgestattet; sie kann gerade eben noch mit der verglichen werden, die dem deutschen Kaiser zustand. Der Wunsch, die Kompetenzen einzuengen, war in denjenigen Kreisen besonders groß, die sich im Besitz eines besseren Urteilsvermögens und größeren wirtschaftlichen Einflusses dünkten: der Republikaner. Besonders Roosevelts soziale Bemühungen hatten ihn im Lager der Republikaner unbeliebt gemacht. Da er in allen wichtigen Fragen sich beraten ließ, wurde die abfällige Kritik auch auf die Berater ausgedehnt, die, obwohl Republikaner, der Aufforderung des Präsidenten zur Übernahme eines hohen Regierungsamtes Folge geleistet hatten. Als sich nach der Landung in Nordafrika die Beendigung des europäischen Krieges anzukündigen schien, war Roosevelts Popularität nicht mehr zu erschüttern. Sie hat auch nach der Konferenz von Jalta angehalten, die heute sehr mit Unrecht gern als Ursache aller Nachkriegsschwierigkeiten angeschuldigt wird. Sein Nachgeben gegenüber gewissen russischen Forderungen muß aus der psychologischen Atmosphäre der Zeit verstanden werden. Die Russen hatten in diesem Krieg unendliche Opfer gebracht (man spricht heute von 20 Millionen Toten), mit denen die Verluste auf der Seite der Alliierten nicht vergleichbar waren. Die Sympathie, die sie in der amerikanischen Bevölkerung errungen, war groß – schon deswegen, weil sie zwei Jahre hindurch fast allein der Kriegs- und Mordmaschine der Nazis einen harten und wahrscheinlich entscheidenden Widerstand entgegengesetzt hatten. Unter dem Einfluß dieser Tatsachen war das üble Schau-

spiel des Nazi-Sowjet-Paktes von 1939 vergessen, vergessen auch das Wüten Stalins und seiner Vertrauten im eigenen Lande (s. S. 270).
Als Roosevelt am 12. April 1945 an einer Hirnblutung starb und die Nachricht, – trotz der äußeren Zeichen seines schnell zunehmenden Verfalles – den meisten völlig unerwartet, ausgesandt wurde, war die Reaktion der breiten Menge erschütternd. Die Radiomeldung kam am Nachmittag; als ich von der Krankenvisite auf die Straße trat, sah ich viele verweinte Gesichter. Ich erkundigte mich bei einem Passanten nach dem Grunde der Tränen. Er schluchzte laut und hemmungslos beim Wiedergeben der traurigen Nachricht. Ich glaube, daß wenige Menschen mit dieser universellen Äußerung echter Trauer zu Grabe getragen wurden wie dieser Mann, der trotz seiner gelähmten Glieder das Beispiel einer unerschöpflichen Kampfenergie gab.
Für die vielen Tausende von Vertriebenen waren Roosevelt und mehr noch seine Frau die Schutzengel, die mit ihren großen Wirkungsmöglichkeiten für eine liberale Handhabung der Einwanderungs- und Arbeitsvorschriften sich einsetzten – eine Leistung, die besonders groß und schwierig war in den Jahren des starken Zustromes von Emigranten (1933–1939), als die Vereinigten Staaten sich inmitten einer wirtschaftlichen Krise befanden. Gegen Ende des Krieges war die Stellung der Emigranten bereits konsolidiert; am Beispiel der Atombombe wurde auf die Bedeutung der Mitarbeit italienischer, österreichischer, ungarischer und deutscher Physiker (Emigranten) hingewiesen. Am Tage der Unterzeichnung des Waffenstillstandes in Reims (7. Mai 1945) war die Siegesfreude in New York nicht überwältigend. Das Gefühl der Entlastung war eher gedämpft, weil man schon seit Monaten den vollständigen Zusammenbruch kommen sah, so daß die Unterzeichnung der bedingungslosen Kapitulation eine Antiklimax darstellte und das Ende des Krieges eben noch nicht übersehbar war.
Einige meiner Mitarbeiter waren als Militärärzte mit der Armee in das besetzte Deutschland gekommen. Ihre Berichte machten offenbar, welcher Unterschied zwischen der deutschen Situation von 1918 und der von 1945 bestand. Diesmal gab es keine Behörden mehr; militärische wie zivile waren aufgelöst. Die Alliierten standen vor der Tatsache, daß das Reich nicht mehr existierte und sie auch Verwaltung und politische Aufsicht übernehmen mußten. Die Schilderungen, die ich erhielt, waren tief deprimierend. Die meisten amerikanischen Briefschreiber hatten das Gefühl, daß die Niederlage für einen Teil der Offiziere und Mannschaften, mit denen sie sprachen, überraschend gekommen sei: sie hatten an die versprochene Wunderwaffe geglaubt, die doch noch den Sieg bringen werde.
Vor dem Tag der großen Siegesfeier lag jetzt das Ergebnis, das mehr als jedes andere Kriegsgeschehen das Jahr 1945 zu einem Wendepunkt der Menschheitsgeschichte machte: der Abwurf der Atombombe über Hiroshima

und Nagasaki. Es ist vielleicht bezeichnend für solche Ereignisse, welche die Vernichtung in neuer und bis dahin kaum vorstellbarer Größe anzeigen, daß ihre grundsätzliche Bedeutung nur langsam erfaßt wird. Die Probleme, die sich stellten, haben dann allerdings bis zum heutigen Tage ihre grausige Aktualität nicht eingebüßt. Erstaunlich ist nur, daß das Ereignis keine dichterisch-literarische Bearbeitung gefunden hat. Die „Physiker" von F. Dürrenmatt bleiben in manchem an der Oberfläche des Zwiespaltes hängen.

Die Erlösung, die der V-(Japan)-Day brachte, war unbeschreiblich. In die überquellende Freude der Siegesfeier mischte sich allerdings – diesmal selbst in der Mehrzahl der republikanischen Zeitungen – die Trauer, daß Roosevelt diesen Tag nicht mehr erleben durfte.

Die Diskussionen, die der ersten Atombombenexplosion folgten, sind allgemein bekannt. Als ich Albert Einstein näherkam, habe ich bei der andeutungsweisen Erwähnung von J. Hersheys Bericht über „Hiroshima" gemerkt, wie unerwünscht ihm schon die Erwähnung des Namens war.

Albert Einstein war die große, von den Mysterien eines übermenschlichen Geistes umwitterte Figur der Emigration in den Vereinigten Staaten. Als ich ihn in Amerika wiedersah – ich bin ihm vorher mehrfach bei dem Berliner Chirurgen M. Katzenstein begegnet – war er bereits endgültig nach Princeton übergesiedelt, arbeitete ohne Lehrverpflichtung am „Institute for Advanced-Studies" und bewohnte ein einfaches, aber gemütliches Haus an der Mercer Street.

Über seine Krankheit und die Operation haben seine zahlreichen Biographien zum Teil recht ausführlich berichtet.

In den folgenden Jahren war ich noch öfters Gast in seinem Haus in Princeton, und drei Jahre danach vertraute er mir auch seine Tochter Margot zur Operation an. Er starb sieben Jahre später. Einer der letzten Briefe, die er schrieb (an William Laurence) enthielt einen Wunsch, der heute noch mehr gilt als damals: „Das Beste, das den Völkern passieren kann, ist das Erwachen der öffentlichen Meinung zum Studium der Entwicklung, welche die Atomenergie genommen hat. Mehr und mehr Menschen fühlen, daß der einzige Ausweg die Organisation einer friedlichen Lösung ist und nicht die immer größere militärische Rüstung."

In der Tat ist es eine der brutalen Ironien der Geschichte, daß ein so hartnäckiger Pazifist wie Einstein eine autoritative Rolle in der allerersten Phase der Entwicklung der Atombombe spielte. Er schrieb auf Wunsch der amerikanischen Atomphysiker am 2. August 1939 jenen schicksalsträchtigen Brief an Präsident Roosevelt, in dem er ihn auf die Möglichkeit hinwies, daß die Nazis daran sein könnten, die Atombombe herzustellen. Durch die Arbeiten von Hahn, Meitner und Strassmann, Fermi, Bohr und Szilard seien die theoretischen Voraussetzungen für die Konstruktion der Bombe geschaffen.

Damit erschöpfte sich übrigens Einsteins Rolle in dieser ganzen Frage. Roosevelts Reaktion war, als er den Brief gelesen, kurz und bündig: „Jetzt müssen wir handeln"; immer wenn dieser Brief von Einstein zitiert wird, folgt auch die zusätzliche Vermutung, daß kein anderer als gerade Einstein den Präsidenten zu einem Unternehmen veranlassen konnte, das so phantastisch klang. Über die weitere Entwicklung wurde Einstein nicht informiert, auch nicht über den Entschluß, die Bombe über Japans Städten abzuwerfen. Da die am Projekt beteiligten Physiker unter strenger Schweigepflicht standen, hat er auch von dieser Seite nichts erfahren. Es war wohl seine Vorstellung, daß man der japanischen Regierung mitteilen sollte, es würde der Abwurf einer Atombombe in einer unbewohnten Gegend erfolgen; damit könnten sie eine Vorstellung von der Größe der Vernichtung gewinnen, die von der Bombardierung der Städte zu erwarten sei. Andere Äußerungen von ihm zeigen das moralische Dilemma. „Unsere Welt steht vor einer Krise, wie sie in ihrer ganzen Tragweite von denen noch nicht erfaßt wurde, welche die Macht über schwerwiegende Entscheidungen von Gut und Böse besitzen. – Die entfesselte Atomkraft hat alles verändert, nur unser Denken nicht, und so treiben wir ungerüstet einer neuen Katastrophe zu." Und: „Die Atomkraft braucht die Menschheit nicht mehr zu vernichten und die Zivilisation nicht stärker zu gefährden, als es durch die Erfindung des Streichholzes geschehen ist. Ihre Weiterentwicklung hängt vom Niveau ihres Charakters ab, nicht vom Niveau der Technik."

Erfahrungen und Begegnungen in Amerika

Nach Kriegsende begannen die amerikanischen Hospitäler – befreit vom Ärztemangel – ihren Spezialistenstab zu ergänzen. Im Zuge solcher Maßnahmen wurde mir die Stellung des Direktors der Chirurgie eines anderen Brooklyner Krankenhauses, des Maimonides Hospitals, angeboten, das – von rührigen Kuratoriumsmitgliedern geleitet – vielversprechende Vergrößerungspläne hatte. Es war die verständliche Absicht, diese Position im full-time-System zu besetzen. Zur Aufgabe meiner nach jeder Richtung hin befriedigenden Praxis in Manhattan konnte ich mich aber nicht entschließen; ich schlug dem Kuratorium vor, daß ich die Stellung neben den anderen Verpflichtungen so lange versehe, bis man einen qualifizierten full-time-Mann gefunden habe. Das zog sich länger hin als erwartet. So kam es, daß ich für fast drei Jahre noch diese manchmal viel Zeit und Kraft verzehrende Tätigkeit zu leisten hatte. Mit ihr hängt ein aufregendes Erlebnis zusammen.

Eines Mittags erhielt ich während der Sprechstunde einen dringenden Anruf vom Verwaltungsdirektor des Maimonides Hospitals in Brooklyn; der Sohn eines Arztes sei mit einer Stichverletzung des Herzens eingeliefert worden; ich solle sofort zur Operation kommen. Die Wegstrecke von meinem in Manhattan gelegenen Office bis zum Hospital in Brooklyn beträgt ungefähr 14 km; die kürzeste Verbindung führt durch downtown Manhattan, das um diese Zeit – dreizehn Uhr – Hauptverkehr hat. Feyyaz Berkay, ein früherer türkischer Assistent von mir, war gerade zu Besuch, um bei Operationen zu assistieren. Ich nahm ihn mit ins Auto und fuhr los, kam aber in der „Bowry", das heißt kurz vor der Manhattan und Brooklyn verbindenden Brücke, in ein Verkehrschaos. Als ich bei einem Kreuzungslicht mehrere Minuten halten mußte, sichtete ich einen Polizisten, den ich über den Zweck meiner Fahrt orientierte. Er riet mir, im naheliegenden Polizeihauptquartier um eine Eskorte zu bitten. Gesagt, getan. Ein Polizeikommissär telefonierte das Hospital an, das die Dringlichkeit der Situation bestätigte. Innerhalb weniger Minuten war ein motorisierter Polizist mit Sirene und Blinklicht zur Stelle; und in schnellstem Tempo ging es nach Brooklyn – meist unter Benützung von Einbahnstraßen in „verbotener" Richtung. Feyyaz, der neben mir saß, sah – nach seiner Miene zu urteilen – sein Ende bei dieser Autoraserei kommen. Für die acht Meilen lange Strecke brauchten wir neun Minuten.

Im Hospital fand ich den jungen Mann mit zwei Bluttransfusionen auf dem Operationstisch liegend. Er blutete durch den Stichkanal mäßig nach außen, der tiefe Schockzustand ließ aber vermuten, daß die Hauptblutung in den Brustraum erfolgte. Ich legte das Herz frei, fand in der Tat einen blutgefüllten linken Brustfellraum und eine penetrierende Stichwunde in der Vorderwand der rechten Herzkammer. Sie wurde mit einigen Nähten verschlossen. Eine weitere Wunde war nicht zu finden. Fünf Minuten nach Beendigung der Naht wurde der Puls wieder fühlbar; die Transfusionen hatten ihre Wirkung getan.

Erst jetzt erfuhr ich die Vorgeschichte. Der junge Patient – der Spezialarzt werden wollte – hatte sich um eine Stelle in einem Universitätshospital beworben. Da er lange Zeit als Offizier im Felde gestanden hatte, glaubte er aufgrund der „bill of rights" der Kriegsteilnehmer der Anstellung sicher zu sein. Am Morgen des Tages erhielt er einen abschlägigen Bescheid, nahm in momentaner Verzweiflung ein langes Küchenmesser, schloß sich im Badezimmer ein und brachte sich die Stichverletzung des Herzens bei. Als sein Vater nach ihm suchte, entdeckte er am Boden ein Rinnsal von Blut, das unter der Tür hervorkam. Nach Sprengung der Tür fand man den bewußtlosen, blutbedeckten jungen Mann und transportierte ihn ins Hospital.

Glücklicherweise erholte er sich ohne ernstere Komplikationen. Er hat später die begehrte Stellung erhalten.

Das dramatische Ereignis hatte für mich ein eigenartiges Nachspiel. Die New Yorker Polizei, die gerade damals durch die Aufdeckung von Bestechungen in Glücksspielskandalen scharfe Kritik erfuhr, sah eine willkommene Gelegenheit, öffentlich den Beweis ihrer Leistungsfähigkeit zu geben. Es wurde vom Polizeihauptquartier eine ausführliche Beschreibung der Herbeischaffung des Operateurs, unter Nennung von Namen und Wohnung des beteiligten Polizisten, des genauen Weges, den er genommen – über Straßen also, die ich gar nicht kannte – an die Zeitungen New Yorks gegeben. Natürlich wurde darin auch mein Name genannt (da ich Leiter der Chirurgischen Abteilung des Hospitals und der Operateur war). Einige Wochen später erhielt ich von dem Mitglied eines Komitees der New Yorker Medizinischen Gesellschaft die Bitte, mich zu der Zeitungspublikation zu äußern. Man entschied, daß die Sache zur Zufriedenheit erledigt sei. Ich erklärte am Ende des Gespräches: „Wenn ich an Ihrer Stelle gewesen wäre, hätte ich zuerst gefragt, wie es dem Verletzten geht."

Ich erhielt mehrere Briefe, die auf die Zeitungsnotiz Bezug nahmen. Einer der nettesten war der folgende:

„Lieber Dr. Nissen,

Seit Jahren bin ich gewohnt, die „Herald Tribune" im Zug von New York nach Poughkeepsie zu lesen. Heute stelle ich fest, daß es sich lohnt. Ich bin sehr stolz auf Sie. Wer sonst hätte Gelegenheit, eine solch wilde Fahrt in neun Minuten zu machen? Ich bin auch glücklich zu wissen, daß Sie ein Spezialist der Herznaht sind, und ich hoffe sehr, daß ich auf Ihre Hilfe rechnen darf, für den Fall, daß mein eigenes Herz einer Naht bedarf."

Ein bemerkenswertes Beispiel von den Fallstricken der heutigen Auffassung professioneller Ethik gibt der Streit um Lord Ch. Morans Buch über W. Churchill:
Von ärztlichen Kritikern werden die Indiskretionen getadelt, die sich mit Churchills Gesundheitszustand beschäftigen. Die British Medical Association, so ehrwürdige medizinische Zeitschriften wie „British Medical Journal" und „Lancet" verurteilen den Verstoß gegen die ärztliche Schweigepflicht. Es ist nicht ohne Ironie, daß Lord Moran jahrelang Präsident des Royal College of Physicians war und als solcher die Befolgung ethischer Prinzipien der ärztlichen Praxis an autoritativer Stelle zu überwachen hatte.
Lord Moran ist 83 Jahre alt. Er war sich sicher über den Verstoß klar, den er mit der Veröffentlichung von Churchills Krankheiten gegen den ethischen Kodex beging. Während seines ganzen ereignisreichen Berufslebens war es nicht seine Art, seine Person in die Öffentlichkeit zu projizieren – gewiß auch jetzt nicht im mehr als biblischen Alter. Sicher gilt die Schweigepflicht auch dann, wenn der Patient verstorben ist. Man darf aber die gleichen ärztlichen Gremien, die mit Lord Moran, einem immerhin hochverdienten Arzt, so streng ins Gericht gehen, fragen: Haben sie an das Gebot der Schweigepflicht gedacht, als sie Demonstrationen von Operationen im öffentlichen Fernsehen sanktionierten? Die überwiegende Zahl der Kranken, deren Operation demonstriert wurde, weiß entweder nichts davon oder, wenn sie vorher um Genehmigung gebeten wurden, waren sie sicher ohne Kenntnis des Ausmaßes von Demonstration und Indiskretion, das damit verbunden ist. Oder hat man an die kontinuierliche Ignorierung der Schweigepflicht gedacht, welche die Krankenkassen in vielen Ländern von ihren Ärzten durch Bekanntgabe von Diagnose und Behandlungsart fordern und erhalten?
Im übrigen sehe ich nicht ein, daß die grandiose Erscheinung Churchills durch diese Indiskretion abgewertet sein sollte, wie behauptet worden ist. Lord Morans Bericht erfüllt in der von ihm gewählten Form und Intensität einen über das persönliche Erlebnis hinausgehenden Sinn: er ist nicht nur ein wertvoller Beitrag zu den oft verhängnisvollen Beziehungen zwischen Krankheit und politischen oder militärischen Entscheidungen führender Männer. Sie sind häufig in geschichtlichen Darstellungen bis in die letzte Zeit (zum Beispiel bei den amerikanischen Präsidenten Woodrow Wilson, Franklin D. Roosevelt und Dwight D. Eisenhower) diskutiert worden. Darüber hinaus regt er Maßnahmen an, die geeignet wären, die Völker vor den Konsequenzen gestörter Gesundheit ihrer leitenden Staatsmänner zu bewahren.

Wie überall in der Medizin sind prophylaktische Mittel ebenso wichtig wie therapeutische. Wer die Reisen, gesellschaftlichen Anlässe und Feste, Begrüßungen, „Arbeitsessen" usw. von Präsidenten, Ministerpräsidenten und den wichtigsten Ministern – soweit sie allein in den Tageszeitungen publiziert werden – täglich liest, wird sich darüber klar, daß die physische und psychische Belastung durch unnötige Präsenzen gewaltig ist. Man sollte den Exponenten der Regierung nicht nur die durch Zahl und Aufmachung grotesk anmutenden, repräsentativen Pflichten ersparen. Akkreditierte Botschafter scheinen fast überflüssig geworden zu sein; denn Außenminister und Sonderbotschafter großer Staaten erscheinen bei jeder Störung der politischen Beziehungen im fernen Land; Staatssekretär Dean Rusk beispielsweise ist in den letzten Jahren seiner Amtszeit vielleicht mehr auf Reisen als in Washington gewesen. Der Verzicht auf die Regelmäßigkeit des Tagewerkes, die Einbuße an Schlaf können nicht ohne Rückwirkungen auf die berufliche Leistung bleiben.

Es scheint an der Zeit zu sein, daß die Regierungen kleine Ärztegremien bestellen, die eine beratende oder vielleicht sogar bestimmende Funktion in der *Begrenzung des Arbeitsplanes,* besonders des Sektors der sogenannten gesellschaftlichen Verpflichtungen leitender Männer haben. Dieselbe Kommission wäre dann gehalten, auch den Gesundheitszustand wichtiger Staatsmänner zu überwachen und im Falle der Erkrankung über die Zumutbarkeit weiterer Dienstleistung in verantwortlicher Position sich gutachtlich dem Parlament gegenüber zu äußern.

Das amerikanische Gesetz erlaubt Einwanderern, sich nach fünfjährigem ununterbrochenen Aufenthalt in den Staaten um die Staatsbürgerschaft zu bewerben. Ende 1944 konnten wir das tun. Die Einbürgerungsprüfung, die nach einer intensiven Befragung von Personen des weiteren Arbeitskreises und der Hausbewohner stattfand, wird von einem Friedensrichter vorgenommen, der alles von den Polizeibehörden gesammelte Material zur Verfügung und Beurteilung hat. Wie eingehend die Prüfung, wohl besonders im Hinblick auf den Kriegszustand, war, mag man daraus ersehen, daß der Richter das Personalverzeichnis der Universität Berlin aus dem Jahre 1933 vor sich liegen hatte. Dort waren – der Routine entsprechend – hinter jedem Dozentennamen seine Orden aus dem Ersten Weltkrieg aufgeführt. Der Richter schien an den Orden Anstoß zu nehmen, die bei mir notiert waren. Ich erklärte ihm, daß Deutschland mein Heimatland war und daß die aktive Teilnahme am Krieg eine selbstverständliche Pflicht gewesen sei. Er überlegte etwas, sagte dann: „Sie haben recht – wir verlangen ja das gleiche auch von unseren Landeskindern." Damit war die Befragung erledigt.

Der Akt der Einbürgerung vollzog sich in seiner äußeren Form feierlich genug, um der Stimmung von allen denen zu entsprechen, die nach langen Jahren ein neues Heimatrecht erhielten. Mit Dankbarkeit konnten wir jetzt feststellen, daß der veränderte bürgerliche Zustand in praktischer Hinsicht wenig änderte: auf keinem Gebiete des beruflichen oder gesellschaftlichen Lebens haben wir in der Zeit, da wir noch nicht Bürger des Landes waren, von den Behörden Zurücksetzungen erfahren. Die Großzügigkeit der Exekutive und der Mehrheit der Bevölkerung hat selbst während der Kriegszeit keine merkbare Sondergesetzgebung den Fremden gegenüber erlaubt. Es entspricht allgemein-menschlicher Erfahrung, daß es immer Elemente gibt, die versuchen, liberale Gesetze eines Landes durch vereinsmäßig organisierten Widerspruch unwirksam zu machen. Davon hatte ich in meiner Tätigkeit mehrere Kostproben erhalten. Der großartigen Freiheitlichkeit aber war es zu verdanken, daß ich nach fünf Jahren ohne Konzessionen an berufliche Unsitten in wissenschaftlicher, praktischer und materieller Hinsicht eine vorher kaum erträumte Tätigkeit hatte.

Meine *wissenschaftlichen Arbeiten* aus dem Gebiet der *Thoraxchirurgie* betrafen die Entfernung von erkrankten Lungenabschnitten, die Chirurgie der *Speiseröhre*, ihre Überbrückung nach Geschwulstoperation, den Ersatz ihres Muskelmantels durch transplantiertes Lungengewebe und des ganzen Brustabschnittes durch den mit dem Halsteil verbundenen Magen.

Auf Anregung von Davidoff nahm ich die operative Behandlung des hohen Blutdruckes auf, wie sie von R. H. Smithwick in Boston in systematischer Weise ausgearbeitet worden war. Lange glaubte ich, daß mein technisches Vorgehen falsch sei, da unsere Dauerresultate bei sonst gleicher internmedizinischer Beurteilung ungleich schlechter waren als die von Smithwick. Bald zeigte sich aber, daß eine von Smithwick unabhängige, aber mit seinem Einverständnis vorgenommene Nachprüfung seiner Operierten ungefähr die gleichen ungünstigen Fernresultate wie bei uns ergab. Jedenfalls wurde von den meisten Chirurgen, welche die Entfernung des sympathischen Nervenstranges zur Beeinflußung der Hypertonie (Blutdruckkrankheit) in größerer Zahl ausgeführt hatten, die Operation bald nur mehr mit großer Zurückhaltung empfohlen. Als die blutdrucksenkenden Medikamente in wirksamer Form dargestellt waren, kamen nur die wenigen Patienten für die Operation in Frage, die medikamentös nicht beeinflußbar waren oder die Mittel nicht vertrugen, und hier waren die Endergebnisse so unsicher, daß heute die Operation der Vergangenheit angehört.

Es lag im Rahmen des Interesses für die Blutdruckkrankheit, daß ich Erfahrungen mit ihren Beziehungen zu Nebennierengeschwülsten sammeln konnte, und das zu einer Zeit, da der Zusammenhang eben gerade geklärt worden war. In dieser Kategorie nahmen damals die Geschwülste der Nebennierenrinde eine besonders gefürchtete Stellung ein, weil unter dem Einfluß der *Überpro-*

duktion von Hormon im erkrankten Gewebe die gegenseitige „gesunde" Nebenniere zu schwinden (atrophieren) begann, so daß die Entfernung des von der Geschwulst befallenen Organs den Körper mit einer fast funktionslosen Nebenniere, d. h. so gut wie ohne sie zurückließ. Doppelseitiger Nebennierenverlust ist aber tödlich, und in der Tat war vor der Synthese des Nebennierenrindenhormons (Cortison) die Lebensgefahr der Operation sehr hoch. Als ich 1943 eine Frau mit einer derartigen Geschwulst zu operieren hatte, versuchte ich den Hormonverlust dadurch zu verhindern, daß ich nach der Entfernung des (bösartigen) Tumors zwei kleine, aus ihm entnommene Gewebsteile (die erfahrungsgemäß Nebennierenrindenhormon absonderten) unter die Haut der Schnittumgebung transplantierte. Sie sollten so lange dort bleiben und ihre innersekretorische Funktion ausüben, bis die gegenseitige Nebenniere wieder voll funktionierte. Das war schätzungsweise nach 14 Tagen der Fall. Dann wurden die Transplantate entfernt. In der Tat hatten sie ihren Verpflanzungszweck erfüllt. Die Patientin überstand den Eingriff und die Wundheilung erstaunlich glatt.

Das Verfahren hat sich noch bei zwei weiteren Patienten bewährt – bis einige Jahre später durch die Synthese des Corticosterons eine vollgültige postoperative Hormonbehandlung möglich wurde.

Die Entfernung von Abschnitten des Magens – die sogenannte Magenresektion – wies damals in manchen chirurgischen Arbeitsstätten eine Sterblichkeit auf, die nicht unwesentlich höher war, als es dem Stande der Technik entsprach. Dieser Mißstand wirkte sich besonders belastend bei solchen Magenresektionen aus, die wegen eines gutartigen Leidens unternommen waren – dem Magen- und Zwölffingerdarmgeschwür – jenem Leiden, das mit Recht oder Unrecht als Managerkrankheit bezeichnet wird. Da ich mich seit der Assistentenzeit in der pathologischen Anatomie (1920) mit dem Ulcus beschäftigt und ganz besonders seit 1930 Unzulänglichkeiten der radikal-chirurgischen Technik zu erkennen bemüht hatte, machte Henry Stratton den Vorschlag, die operative Taktik in einer kleinen Monographie zu beschreiben.

Das Büchlein erschien 1945; 1954 wurde es ins Deutsche übersetzt. Ich habe den Eindruck gewonnen, daß es den Zweck seiner praktischen Nützlichkeit erfüllt hat.

O. H. Wangensteen hat dazu ein Vorwort geschrieben. Die technischen Probleme, die dieses Teilgebiet der Abdominalchirurgie bietet, hat er meisterhaft zur Darstellung gebracht. Wangensteen, mit dem ich noch in der Berliner Zeit eine sporadische Korrespondenz unterhielt, ist eine der bemerkenswertesten Erscheinungen der amerikanischen Chirurgie. Für die Beurteilung seiner Stellung zur beruflichen Hierarchie ist nichts so charakteristisch wie die Reaktion auf seine Wahl zum Direktor der bis dahin wenig bekannten

Chirurgischen Universitätsklinik in Minneapolis (Minnesota). Er nahm zunächst zum Besuch europäischer Kliniken ein Jahr Urlaub. Um Organisation und Ausbildungsgang der chirurgischen Universitätsinstitute „von der Pike auf" zu erleben, ließ er sich als Volontärassistent in den Dienst der De Quervainschen Universitäts-Klinik (Bern) einordnen.

Sein Interessengebiet ist ganz außergewöhnlich groß. Antworten auf seine sehr inquisitiven Briefe mit scharf formulierten Fragen machen gewöhnlich ein längeres Literaturstudium nötig. Der „Durchbruch" zu internationalem Ansehen erfolgte durch sein klassisches Buch über den *Darmverschluß*. Mit der Einführung der permanenten Absaugung des gestauten Darminhalts – mittels eines durch die Nase eingeführten Schlauches –, in der Regel als Vorbereitung zur Operation, hat er die Sterblichkeit des Leidens von 45 % auf 20 % reduzieren können. Es gibt, so glaube ich, in der Medizin keine größere Genugtuung, als indirekt durch einen neuen methodischen Weg Tausende, vielleicht Hunderttausende am Leben zu erhalten.

Auffallend war unter den New Yorker Kranken die große Zahl der Patienten mit Komplikationen des *Lungenemphysems*, jener Veränderung, die zu einer Überblähung des Lungengewebes und zu ernster Beeinträchtigung der Atemfläche führt. Daneben haben solche Lungenblasen die Neigung, bei Anstrengungen (erhöhter Bronchialdruck durch Pressen) zu platzen und zu gefährlichen Formen von Luftaustritt in die Brusthöhle (Spannungspneumothorax) zu führen. Es zeigte sich, daß diese Zustände mit offener Naht und Faltung des verletzten Lungengewebes sich recht erfolgssicher behandeln lassen. Die zunehmende Zahl der Komplikationen des Emphysems ist der Ausdruck einer ansteigenden Erkrankungsziffer. In der Tat ist meines Erachtens diese Lungenveränderung ebenso sicher eine Folge des exzessiven Zigarettenrauchens wie der Lungenkrebs. Sie hat fast noch größere Bedeutung, weil sie wesentlich häufiger auftritt und eine erschreckende Sterblichkeit hat. Gerade diese letzte Tatsache tritt in den herkömmlichen Todesstatistiken nicht in Erscheinung. Die Emphysemleidenden sterben als Folge ihres Lungenleidens entweder an Lungenentzündung oder (rechtsseitiger) Herzinsuffizienz und treten in den Statistiken unter diesen beiden Todesursachen auf. Neben dem Zigarettenrauchen mag auch die Luftverunreinigung durch Fabriken und Autoabgase als Ursache des Emphysems eine Rolle spielen.

Es gibt ein viel zitiertes Wort: „Von seinem Nachbarn abzuschreiben ist Betrug, von *einem* Buch abzuschreiben ist Plagiat – von *zwei* Büchern – Forschung." Die Ironisierung der geistigen Eigentumsverhältnisse zeigt, daß es eine gewisse Weisheit verrät, wissenschaftliche Prioritätssünden mit Nachsicht zu betrachten.

Zu Beginn des Zweiten Weltkrieges wurde mir von Regierungsseite nahegelegt, Erfahrungen mit der „willkürlich bewegbaren künstlichen Hand" Sauerbruchs in einer Monographie zu veröffentlichen. Die nordamerikanische Chirurgie kannte aus eigener Anschauung das Verfahren von Operation und prothetischer Versorgung nicht, bis auf eine Ausnahme, von der bald zu sprechen sein wird. Die Militärsanitätsbehörden legten Wert darauf, daß sich unter ihren Offizieren Interessenten fänden. In der „Chirurgischen Operationslehre"* hatte ich zusammen mit E. Bergmann die kineplastische Umformung von Amputationsstümpfen bearbeitet. Ich bat Bergmann auch jetzt um Mitarbeit. Henry Stratton war als Verleger gewonnen. In den Text des kleinen Werkes hatte ich einige Photographien von Patienten und ihren Leistungen nach der Operation aufgenommen. Einen von ihnen hatte ich noch in Berlin operiert und einen Film von dem funktionellen Resultat aufnehmen lassen.

Zwei dieser Photos hatten ihren Weg in die wissenschaftliche Arbeit eines amerikanischen Chirurgen gefunden, der sie als die seiner eigenen Patienten erscheinen ließ. Das Außergewöhnliche war, daß man mich nun veranlassen wollte, *meine* Dokumentarbilder zurückzuziehen – eine eigenartige Zumutung!

Das Buch erschien und erhielt recht befriedigende Kritiken. Ein Jahr später fand in Chicago eine Sitzung des National Council on Orthopedic Surgery statt, zu der ich auch geladen war. Als ich das Sitzungszimmer betrat, erhob sich ein strahlend lächelnder Herr, ging auf mich zu, nannte seinen Namen und behauptete, daß er sich ganz besonders freue, mich kennenzulernen. Das war *er*. Als ich ihn nach der Sitzung zu einer Aussprache suchte, war er schon weggegangen. Ich habe ihn nie mehr gesehen.

1920, als Assistent von Aschoff, besuchte ich im Sanatorium A. Bacmeisters in St. Blasien (Schwarzwald) eine Freundin, die wegen einer tuberkulösen Kaverne einen Pneumothorax erhalten hatte. Bacmeister war so freundlich und zeigte mir die Röntgenbilder der Patientin. Der Abschnitt des Lungenobergeschosses, der die Kaverne enthielt, war zusammengefallen und hinterließ im Röntgenbild einen dichten Schatten, der jahrelang verblieb – auch noch als die Pneumothoraxbehandlung aufgegeben werden konnte. Die Patientin ist völlig geheilt worden. Dieser dreieckige Schatten beschäftigte mich; ich fragte Aschoff, ob vielleicht luftleeres Lungengewebe (Atelektasen) die Ursache sein konnte. Damals war die röntgenologische Interpretation solcher Atelektasen noch so gut wie unbekannt. Es schien, daß die schnelle Kavernenheilung durch die Atelektase unterstützt wurde und diese wiederum

---

* Bier, Braun, Kümmell, herausgegeben von F. Sauerbruch und V. Schmieden, 6. Aufl. Verlag J. A. Barth, Leipzig 1933.

Folge eines durch Schwellung oder Schleim verursachten Verschlusses eines Luftröhrenastes sein konnte. Aschoff schlug eine experimentelle Prüfung der Frage vor; ich kam aber erst nach zwei Jahren dazu, als ich schon in München Assistent Sauerbruchs war und – bei fehlenden Geldmitteln für den Ankauf von Versuchstieren – einige Hunde von Lebsche erhielt, die ihm schon für experimentelle Zwecke gedient hatten.

Die Ergebnisse der Untersuchung über den Bronchusverschluß wurden 1923 veröffentlicht. Erst 29 Jahre später konnte das Verfahren praktisch angewandt werden. Lezius hatte in der Hamburger Chirurgischen Universitätsklinik eine Reihe von Kavernenträgern zur Operation zugewiesen erhalten, bei denen eingreifende Methoden, wie Ausschneidung des erkrankten Lungenabschnittes, wegen des schlechten Allgemeinzustandes nicht ausgeführt werden konnten. Der wesentlich kleinere Eingriff der Bronchusunterbindung gab in diesen Fällen einige ermutigende Besserungen. Die Resultate wurden 1952 von uns beiden veröffentlicht. Ein Jahr später nahm M. Chamberlain von New York die Methode auf, und als er 1965 in dem neuesten „Lehrbuch der Thoraxchirurgie" von J. H. Gibbon das Kapitel der chirurgischen Behandlung der Lungentuberkulose schrieb, begann die Geschichte der von ihm favorisierten Bronchusunterbindung mit dem Jahre 1953, und zwar so ausschließlich, daß man ohne Übertreibung sagen durfte, Chamberlain identifiziere *sich* zu weitgehend mit der Methode.

1932 stellte sich bei einer komplizierten doppelseitigen chirurgischen Erkrankung der Harnwege das Problem, den größten Teil des Harnleiters zu ersetzen. Ich benützte dazu eine vom Speiseweg ausgeschaltete Dünndarmschlinge. Es heilte alles über Erwarten gut, und 1940 konnte ich im „Journal of the International College of Surgeons" über das Ergebnis berichten.

Die Operation wurde sehr populär – besonders in den USA –, aber mit einem Erinnerungsdefekt für die Entwicklung des Verfahrens.

1932 veröffentlichte ich im Verlag von Urban & Schwarzenberg, Berlin, eine kurze Darstellung der neueren chirurgischen Behandlung der Lungentuberkulose. In diesem kleinen Buch waren zum ersten Male Erfahrungen mit dem „Extrapleuralen" Pneumothorax mitgeteilt, das ist ein operativ herbeigeführter, begrenzter Pneumothorax, der nach Ablösung des mit der Brustwand verwachsenen kranken Lungenabschnittes zurückbleibt. Er hat den Zweck, den betroffenen Lungenabschnitt ruhigzustellen. Der *Gedanke,* ihn vorzunehmen, war mehrere Jahrzehnte zuvor von A. Mayer, einem Berliner Lungenspezialisten, geäußert worden. Die Operation fand nach unserer Veröffentlichung Zustimmung – weit über ihre Brauchbarkeit hinaus. Unter dem Eindruck dieser überbordenden Popularität, den der extrapleurale Pneumothorax auch in Großbritannien und Amerika gefunden hatte, warnte ich 1939 in einem Artikel des „British Medical Journal" vor der übertriebenen Anwendung, welche die Methode diskreditieren mußte. Kurz danach setzte sich die *Ausschneidung* von tuberkulösem Lungengewebe durch. Die Kollapsbehandlung verlor zum größten Teile ihre Berechtigung – so auch der extrapleurale Pneumothorax.

Ein anderes Muster wissenschaftlicher Prioritätsansprüche entbehrt nicht der Komik: Bei krankhaften Prozessen, die den oberen Magen- und unteren Speiseröhrenabschnitt befallen haben, gibt der Weg durch Brusthöhle und Zwerchfell die übersichtlichsten Operationsmöglichkeiten. Das hat Sauerbruch schon 1905 im Tierexperiment festgestellt.

Es gelang aber 20 Jahre hindurch – trotz zahlreicher Versuche – nicht, den Eingriff beim Menschen mit Erfolg durchzuführen. Als er mir 1937 glückte, glaubte ich der erste zu sein und habe ihn darum veröffentlicht. 1938 erschien eine Arbeit von W. E. Adams und D. B. Phemister, die – sicher ehrlich überzeugt – glaubten, sie seien die ersten. Zehn Jahre später traf ich auf einem New Yorker Chirurgenkongreß K. Nakayama aus Japan. Er wußte von meiner Arbeit und machte mich darauf aufmerksam, daß seine Lehrer T. Ohsawa und Seou schon 1933 die gleiche Operation erfolgreich durchgeführt und das Resultat auch veröffentlicht hätten. Zufällig war am gleichen Tage „die transthorakale Cardiaresektion" (wie der Eingriff im Fachausdruck heißt) Objekt eines Vortrages mit anschließender Diskussion. Der Vortragende hatte auf die „historische Operation" von Adams und Phemister sehr nachdrücklich hingewiesen. Einer meiner Mitarbeiter sprach zur Diskussion, stellte die zeitliche Reihenfolge „richtig" und schloß mit den Worten: „Am besten wird Ihnen das Herr Nissen selbst noch einmal erklären." Ich sagte, ich fände es sehr nett, daß jemand für mich eintrete, „leider weiß ich aber seit drei Stunden durch eine Unterhaltung mit Nakayama, daß weder die Herren Adams und Phemister noch ich die ersten gewesen sind, die den Eingriff mit Erfolg vorgenommen haben. Vier oder fünf Jahre zuvor haben den wirklich ersten Erfolg zwei japanische Chirurgen gehabt." Die unerwartete Antwort wurde mit Lachen aufgenommen. Immerhin war es ein Vorteil des methodischen Vorgehens, daß sich aus ihm eine recht brauchbare Operation der häufigsten Form von Zwerchfellbrüchen (Hiatushernie) entwickeln ließ.

Die Entwicklung der Praxis in Manhattan machte den Wechsel der Sprechstundenräume notwendig; ich zog in eine Halbetage der Park Avenue, und vom ersten Nachkriegsjahr ab begann der Arbeitstag um sieben Uhr früh und endete abends um acht Uhr. Wegen des chronischen Bettenmangels mußte ich in mehreren Krankenhäusern operieren, so im Leroy-Sanatorium, einer kleinen aber glänzend ausgestatteten Privatklinik mit sehr erfahrenen und liebenswürdigen Schwestern. Hier habe ich mich am wohlsten gefühlt und immer wieder bedauert, daß die hohen Pensionskosten nur einer kleinen Bevölkerungsschicht die Hospitalisierung dort erlauben. Im gleichen Range stand das Doctors Hospital, wunderbar am East River gelegen, sehr groß (nahezu 200 Einzelzimmer) und gut geleitet. Es hatte als bemerkenswerte Neuerung im Hospitalbau dieser Art eine Hoteletage, in der Angehörige der Patienten wohnen konnten. Die Mehrzahl der Zimmer wurde wohl von chirurgischen Kranken eingenommen. Andere meiner Patienten lagen im Wickersham-, im York- und Gotham-Hospital und in den beiden Brooklyner Krankenhäusern. So kam es, daß ich in der Regel täglich in mehreren Hospitälern operieren und mich jeweils in ihr tags zuvor festgelegtes Operationsprogramm einpassen mußte. Es ist begreiflich, daß die Notwendigkeit, mit dem nächsten Eingriff zu einer genau festgelegten Zeit anfangen und aufhören zu müssen, wie ein ständiger Alpdruck wirkt. Da ich mich immer bemüht habe, pünktlich zu sein – ohne diese Eigenschaft wäre mein Leben leichter gewesen –, kam es selten vor, daß ich Operationen nicht in der vorberechneten Zeit beendete. Von Vorteil war dabei die Übung im zügigen Operieren. Da der amerikanische Chirurg ein bewußt langsamer Operateur ist, hatte ich für mein Tempo die Sympathie der Operationsschwestern, eine Tatsache, die in das gehetzte Leben manche Erleichterung brachte. Trotz aller Bemühungen gelang es mir nicht, die operative Tätigkeit vernünftiger zu organisieren, und ich empfand es bei der Übersiedlung nach Basel als einen wesentlichen Vorteil, daß die Arbeit auf *ein* Haus konzentriert war.

Die Abhängigkeit besonders der zum Krankenhaus gehörigen Chirurgen vom guten Willen der Oberschwestern ist fast ein amerikanisches Charakteristikum. In so gut wie allen Kliniken erfolgt die Zuteilung von Operationsräumen und Operationszeit formal wohl durch den Chief-Resident (Oberarzt), in der Tat aber durch die dirigierende Schwester des Operationstraktes. Die Wahrnehmung dieser Funktion durch eine Oberschwester drängt sich schon deswegen auf, weil die Operationssäle nicht nur von der Chirurgie mit allen Spezialisten, wie den Neurochirurgen, cardio-vasculären oder plastischen Chirurgen, den Urologen, sondern auch von Gynäkologen. Otolaryngologen, Ophthalmologen, Orthopäden, kurz – von allen operativen Fächern benützt werden. Wie im Bereich der Röntgenologie, des Laboratoriums, ist diese Zentralisierung sehr zum Vorteil der Leistungsfähigkeit des amerikanischen Hospitals durchgeführt. Im Grunde gleicht seine Organisation der des europäischen Belegkrankenhauses (Privatklinik, Nursing Home).

Als wir noch in Boston wohnten, hatten wir ein kleines Ferienhaus in New Hampshire gefunden, das sehr billig zu kaufen war. Es lag zwischen Keene und Brattleboro, weit außerhalb eines Dorfverbandes. Das zugehörige Land war unübersehbar groß; in der Tat hatte sich anscheinend niemand die Mühe gemacht, die Grenzlinien des Besitztums festzulegen. Gas und Elektrizität fehlten. Ein Brunnen vor dem Hause war die manchmal wenig ergiebige Wasserquelle. Das Haus hatte sechs Räume. Wir fügten ein Badezimmer hinzu. Die Eigenarten der Landschaft von New England hat Zuckmayer in seinen Lebenserinnerungen mit unvergleichlicher Ausdruckskraft beschrieben. Wir brachten in den folgenden neun Jahren die Sommerferien dort in New Hampshire zu – Ruth und die Kinder zumeist von Anfang Juni bis Anfang September. Die Verbindung mit der übrigen Welt besorgte eine telefonische „Party line", das heißt, vier bis fünf Teilnehmer benutzten die gleiche Telefonnummer; nur die Klingelfrequenz zeigte an, welche „Party" gemeint war. Gespräche anderer mitzuhören, war eine besondere, ihnen immer wieder verbotene Belustigung der Kinder. In der Nähe war der See von West Swanzey, in dem wir baden und rudern konnten. Adolf Busch und Rudolf Serkin hatten ihr Sommerhaus nicht weit entfernt. Wir sahen uns öfters. Frau Frieda Busch erlebte noch einige friedvolle Wochen, bevor sie ihrem Leiden erlag. Serkin kannte auch in den Ferien keine Ruhe; seine Schüler hatten im benachbarten Malboro Unterrichtsmöglichkeiten ausfindig gemacht.

In der nächsten Stadt, Keene, mit 15 000 Einwohnern, habe ich gelegentlich operiert und dadurch den Röntgenologen des Krankenhauses, Albert C. Johnston, näher kennengelernt. Seine Tragödie, die in Mr. de Rochemonts viel gespieltem und aufrüttelndem Film „Lost boundaries" (Verlorene Heimat) und in dem gleich betitelten Buch von W. L. White wiedergegeben ist, habe ich aus nächster Nähe miterlebt.

Johnston erfreute sich allgemeiner Schätzung als Arzt. Er und seine Familie führten als Weiße unter Weißen ein unbeschwertes, geselliges Leben. Beim Ausbruch des Krieges meldete er sich freiwillig zur amerikanischen Marine. Man teilte ihm zunächst mit, daß der Rang eines Kapitänleutnants für ihn als Marinearzt vorgesehen sei; dann hörte er lange nichts und erfuhr schließlich die endgültige Ablehnung und ihren Grund. Nachforschungen hatten ergeben, daß Johnston und seine Frau von Schwarzen abstammten; Schwarzen war, zum mindesten damals und bei der Marine, die Offizierskarriere verschlossen. Die helle Hautfarbe aller Familienmitglieder hatte es ihnen bisher ermöglicht, „to pass", d. h. als Weiße akzeptiert zu werden. Notgedrungen erfuhren 1947 durch einen Artikel in Reader's Digest Johnstons Kollegen den Grund des ablehnenden Entscheides der Navy, und damit war ein jahrelanges Geheimnis preisgegeben, das die Eltern auch vor ihren Kindern bewahrt hatten.

Obwohl sich an Johnstons Arbeit und Stellung in der – an Negerproblemen kaum interessierten – Stadt im Norden Amerikas nichts änderte, bedeutete die Offenbarung des Vaters vor allem für den ältesten, erwachsenen Sohn

den Anfang einer persönlichen Tragödie. Unter Weißen fühlte er sich als Lügner, wenn er sie nicht sofort über seine Abstammung orientierte. Als er aber ein Leben unter und mit den Schwarzen versuchte, wurde er von ihnen als „Weißer" mißtrauisch abgelehnt. Ein junger, begabter Mann verlor so seine Heimat innerhalb der Grenzen seines Vaterlandes. Durch den erschütternden Bericht Whites erfuhren wir diese letzten Konsequenzen der Rassentrennung.
Damit war aber das Drama, das damals durch Film und Erzählung Amerikas Aufmerksamkeit beanspruchte, nicht zu Ende. Obwohl sich die Bevölkerung von Keene fast ohne Ausnahme ihm und seiner Familie gegenüber betont freundschaftlich verhielt, hörte er ein Jahr nach der Aufdeckung seiner Rassenzugehörigkeit, daß ein Vertreter des Hospitalkuratoriums sich in einem großen röntgenologischen Institut nach einem Ersatz für Johnston erkundigt habe. In der Tat begann das Kuratorium eine Reihe von Schikanen, die ihn schließlich veranlaßten, Hospitalstellung und Praxis aufzugeben und von Keene wegzuziehen. Überflüssig zu sagen, daß sowohl der Präsident der Chefarztkonferenz wie der Vertreter der American Medical Association daran festhielten, daß die Schwierigkeiten, die Johnston gemacht wurden, allein auf die Mängel seiner beruflichen Arbeit zurückzuführen seien.

Mit der Schilderung von Johnstons Schicksal ist das Rassenproblem der USA gestreift. Es ist unmöglich, hier auf seine zahlreichen Aspekte einzugehen. Sie zeigen, daß die Frage wesentlich komplizierter ist, als im allgemeinen angenommen wird. Der Wunsch, den Abgrund zwischen Schwarz und Weiß überbrücken zu helfen, kam gerade in der Nachbarschaft unseres New Hampshire-Besitzes zum Ausdruck. Monroe und Isabel Smith, aus alter amerikanischer Familie, kamen von einem Besuch Hitlerdeutschlands mit dem festen Vorsatz zurück, etwas zur Rassenverständigung zu tun. Sie schrieben an Reverend James H. Robinson, Pfarrer der Kirche am Morning Side Drive in New York, als Reaktion auf einen Artikel aus seiner Feder, sie seien bereit, ihm Farmhaus und 470 Morgen Land nahe Winchester (New Hampshire), das sie als Alterssitz gekauft hatten, für ein Kinderlager zu schenken, wenn es „interracial" (für die Beherbergung von Weißen *und* Farbigen) würde.
Reverend Robinson, mit dem wir befreundet waren, schreibt dazu in seinen Memoiren einen Passus, den ich wörtlich zitieren möchte: „Es war unmöglich, ein so großzügiges Angebot, gemacht von so selbstlosen Leuten, abzulehnen. Ohne Erfahrung in der Verwaltung eines Camps und ohne Geld entschieden wir uns, das Angebot anzunehmen und das Camp mit dem guten Glauben an unsere Fähigkeit zu verwalten. Es war ja gerade das, was wir brauchten, um Jungens und Mädels aus dem heißen und traurigen Harlem (Neger-Stadtteil von New York) wegzubekommen..."

Das Sommer-Camp ‚Kaninchenbau' fingen wir an mit 87 armen, aber dankbaren Jungen und einem Defizit von 400 Dollars. Ich zahlte das vom eigenen Gehalt; wir hatten jedes Jahr ein Defizit. Bald gesellten sich immer mehr Leute zu uns, die sich in das Defizit teilten. Nach 6 Jahren war das Camp auf 1000 im Sommer 1949 gewachsen. Ungefähr 3000 Studenten von acht (weißen) Colleges arbeiteten am Wochenende auf ihre eigenen Kosten, um Kabinen, Erholungsmöglichkeiten, Möbel und zwei große Eßräume fertigzustellen. Dazu haben sie noch Geld für Stipendien sammeln können, und oft haben sie uns auch ihre Dienste als Berater angeboten. Zu meinem großen Erstaunen waren Hunderte von amerikanischen College-Studenten mit Bedacht darauf aus, ihr Interesse und ihre Freundschaft zu zeigen. Nach drei Jahren waren wir überschwemmt mit Gesuchen von weißen Studenten, die uns helfen wollten, und eine ganze Anzahl von ihnen, die sich freiwillig erboten hatten, mußte zurückgewiesen werden. Viele von diesen College-Studenten haben mit mir all die Jahre hindurch die Verbindung gehalten; einzelne, die als Kaufleute oder in wissenschaftlichen Berufen eine angesehene Stellung haben, bitten mich, sie in Problemen von Rasse, Religion und anderen Fragen zu beraten. Andere berichten von den Schwierigkeiten und den Folgen, die sie in der Frage von Rassenbeziehungen erlebt haben."

Bei den Angehörigen der verschiedenen Colleges, die als freiwillige Mitarbeiter erwähnt wurden, handelte es sich um die Kinder sehr gut situierter Familien, meist der „Gentry" von Manhattan.

Dann berichtet er, wie schwierig es war, die Rassenmischung im Camp aufrechtzuerhalten. Manchmal kam es vor, daß weiße Eltern, die ihr Kind zum Camp brachten, es wieder mit nach Hause nahmen, als sie sahen, daß die Weißen in der Minorität waren. Dann erfuhr er auch Opposition von seiten der Farbigen, die anders argumentierten: Wenn er ein weißes Kind ins Camp aufnehme, dann nehme es einem farbigen die Stelle weg. Interessant sind seine Bemerkungen über die Reaktionen der weißen Bevölkerung in der Umgebung des Camps, das übrigens durch freiwillige Donationen meist angesehener New Yorker durch Ankauf eines Sees vergrößert werden konnte. Besonders die Bewohner der Seegegend machten zunächst erhebliche Schwierigkeiten; sie suchten die Zusammenführung der Rassen im Camp zu bekämpfen, waren aber schließlich doch durch die Überlegenheit und ruhige Art, mit der das Kuratorium die Geschäfte des Camps erledigte, beeindruckt. Die weißen Studenten hatten ihnen gezeigt, daß Vorurteile und Feindseligkeiten schließlich doch durch Liebe, Verständnis und Geduld überwunden werden. Verantwortliche Politiker der Stadtverwaltung von Winchester haben öfters festgestellt, daß gerade das Camp viel zu dem guten Namen der kleinen Stadt beigetragen hat.

Mit farbigen Ärzten kam ich in Berührung, als ich einer Vortragseinladung der Howard University folgte. Zu ihr gehört eine Negro-Medical School im Freedmen's Hospital in Washington. Dort lernte ich den Ordinarius der Chirurgie, Charles R. Drew, näher kennen. Dieser hochbegabte Mann war eine außergewöhnliche Erscheinung. Ein in seinen Gymnasial- und Studienjahren vielfach ausgezeichneter Sportsmann, hatte er seine chirurgische Ausbildung in Freedmen's Hospital und im New Yorker Presbyterian Hospital (Columbia University) erhalten. Die zweite Arbeitsstätte, besonders begehrt wegen ihres hohen beruflichen Standards, nahm höchst selten einmal einen Neger an. John Scudder von Columbia kümmerte sich um Drew und machte ihn zum Mitglied seines Teams, das sich mit Flüssigkeits- und Blutersatz des Organismus beschäftigte. Das war damals (1938) der Beginn der Ära operativer Schockbekämpfung, die in den nächsten Jahren einen glänzenden Beitrag zum chirurgischen Fortschritt liefern sollte. In Drews Händen lagen Untersuchungen über Blutaufbewahrung und die „Blutbank". Es kam der Krieg. Drew kehrte in Freedmen's Hospital zurück, aber nicht für lange. Als die Notwendigkeit sich ergab, Plasma und Blut nach Großbritannien und Frankreich zu verschiffen, wurde ein Komitee ernannt, das sich besonders mit der Frage der Plasma-Versendung beschäftigen sollte. Drew war sein Mitglied. Die Funktion, die er in diesem kleinen Gremium spielte, wird illustriert durch ein Telegramm, das der damalige Direktor der Forschungslaboratorien des Royal College of Surgeons in London ihm schickte: „Können Sie uns sofort 5000 Ampullen mit Trockenplasma schicken und noch einmal die gleiche Menge in 3-4 Wochen? Jede Ampulle sollte ein Pint (etwas mehr als 400 ccm) Plasma enthalten. gez. Beattie."

Drew mußte antworten, daß sich in der ganzen Welt nicht 5000 Ampullen Trockenplasma auftreiben ließen, daß er aber tun würde, was immer möglich sei. Er organisierte das „Blut für Großbritannien"-Projekt. Howard University wurde vom Roten Kreuz, dem Presbyterian Hospital und der Regierung gebeten, Drew für die Leitung dieses Komitees freizugeben. Das geschah. Seine Tätigkeit wurde mit der folgenden Feststellung offiziell anerkannt: „Seit Drew, eine anerkannte Autorität auf den Gebieten Blutaufbewahrung und Blutersatz – und obendrein noch ein glänzender Organisator – an der Arbeit ist, sind alle wesentlichen Hindernisse geschwunden." Er wurde dann noch Direktor der ersten Blutbank des amerikanischen Roten Kreuzes im Presbyterian Hospital von New York.

Ich habe dieses Mannes Verdienste in den schwersten Stunden der alliierten Länder etwas ausführlicher dargestellt, um die unfaire Behandlung zu charakterisieren, die er dann erfuhr. Das „Rote Kreuz" fing an, die Bluttrennung (Segregation von „weißem und schwarzem" Blut) vorzunehmen, und es blieb auch dabei, als die Weltmeinung sich dagegen wandte. Als alles soweit vorbereitet war, daß Drews Programm von der Regierung übernommen werden konnte, schied er aus. Man erklärte, ein Neger sei untragbar in einer gehobenen Stellung dieses wichtigen nationalen Programmes, das vom Roten Kreuz, dem „Forschungsrat" und den Militärbehörden jetzt übernommen wurde. Drew ging auf seinen Lehrstuhl an der Howard University zurück und hat während des Krieges kein Wort der Kritik geäußert. Aber als er mich nach einer Vorlesung zum Essen begleitete und ich ein naheliegendes Restaurant vorschlug, sagte er, daß es „nur für Weiße" sei. Wir gingen in die Cafeteria der staatlichen Mellon Galerie, dem einzigen Eßplatz in Washington, an dem damals (1946) keine Segregation bestand. Dann brach der langverhaltene Zorn über die entwürdigende Behandlung, die er erlitten, aus ihm hervor.

Auf der Höhe seines Lebens – 46 Jahre alt – ist dieser kluge und charaktervolle Mann das Opfer eines Autounfalls geworden.

Meist blieb ich von Anfang Juli bis zum Laborday (1. Montag im September) in New Hampshire, ging aber alle zwei, drei Wochen für einige Tage nach New York, um Patienten zu sehen und zu operieren. Bei einer solchen Gelegenheit hatte ich ein kleines Erlebnis, in dem die Phantasie von der Wirklichkeit besiegt wurde.

Während der Sprechstundenzeit rief die Frau eines mir von Berlin her bekannten Arztes – sie war selbst Ärztin – an. Sie war Studentin in Berlin gewesen. Daran erinnerte sie mich und fragte, ob ich ihr helfen wolle und könne. Seit einigen Monaten verschwinde ihr Mann einmal in der Woche nach dem Mittagessen ohne anzugeben, wohin er gehe; er komme erst nachts um ein Uhr zurück.

Solche Eröffnungen waren in New York keine Seltenheiten; ich beschloß, mich nicht in die anscheinend gespannten Eheverhältnisse einzumischen, und sagte der Frau, ich wolle es mir überlegen, ob ich etwas tun könne. Am selben Abend ging ich ermüdet und von der New Yorker Hitze erschöpft als mehrtägiger Strohwitwer auf die Suche nach einem Restaurant und fand eines in der Nähe meiner Praxisräume, das in der Anzeige am Tor auf seine (sündhaft teuren) Steaks hinwies. Ich ging hinein, bestellte das Essen, sah mich um und entdeckte – den Mann der Frau, die mich am Morgen angerufen, allein am Tisch sitzen, in die Absorption eines Steaks vertieft. Jetzt wurde ich neugierig, kam an seinen Tisch und fragte ihn – mit der Scheinheiligkeit eines Detektivs – ob er auch Strohwitwer sei. Seine Antwort: „An jedem Donnerstag verlasse ich meine Wohnung am frühen Nachmittag, besuche ein Kino (klimatisiert!) und sehe mir den Spielfilm zweimal an. Dann wird es Zeit, hierher zum Abendessen zu gehen, zu den herrlichen Steaks, und ich esse *zwei* Portionen."

Ich war froh ob der harmlosen Aufklärung, die ich erhalten, und konnte es kaum erwarten, am nächsten Morgen seine Frau anzurufen und sie in meine Sprechstunde zu bitten. Als ich über die Unterhaltung mit ihrem Mann berichtete und dabei den Preis eines Steaks einfließen ließ, sprang sie auf und schrie: „Sechs Dollars für ein Abendbrot – das ist schamlos!" Worauf ich ihr entgegnete: „Nun, Ihre Reaktion läßt mich sein Verhalten gut begreifen. Hoffentlich macht er Ihnen nicht noch größere Sorgen, wenn Sie sich nicht ändern."

Der Preis des Doppelessens läßt erkennen, daß sich der kleine Vorfall vor vielen, vielen Jahren ereignet hat, und damals *lernten* Eheleute noch aus so kleinen Extravaganzen; denn die Ehe blieb intakt.

Die letzte Zeit der New Hampshire-Ferien stand immer unter dem Zauber des Indian-Summer, jenes schönen und langen Herbstes New Englands. Der Abschied war jeweils schwer, am schwersten, als wir 1950 den Besitz aufgaben, um in ein Landhaus näher bei New York, nach Ardsley zu ziehen. Jetzt war die Möglichkeit gegeben, auch das *Wochenende* außerhalb der Stadt zuzubringen. Bei der Entfernung von 380 km zwischen dem Ferienhaus in New Hampshire und New York war das vorher nicht zu schaffen.

Zu den schönsten Erinnerungen der New Yorker Zeit gehört der Montag-Mittagstisch bei dem früheren Direktor der Dresdner Bank, Arthur Rosin und seiner Frau Elvira. Der Schriftsteller-Arzt M. Gumpert, der Medizinhistoriker A. Castiglione, der Neurologe Kurt Goldstein waren allwöchentlich ständige, der Verleger Kurt Wolff und die Witwe des Malers Lovis Corinth häufige Gäste. Wir vier „Ständigen" hatten noch das Recht, jeweils ein, zwei interessante Durchreisende hinzuzuladen. Es war schwer zu entscheiden, was genußreicher war: Unterhaltung oder Essen. Gumpert hatte früh eine Art expressionistischer Lyrik geschaffen, ist aber bekannt geworden durch seine medizinisch-historischen Dokumentar-Romane (Hahnemann). Seine literarischen Werke in den Vereinigten Staaten, deren Entstehen wir in der Diskussion erlebten, beschäftigten sich – in der Dankbarkeit eines Erretteten – mit Problemen von Emigration und Immigration. Er stand Thomas Mann und seiner Familie nahe. Arturo Castiglione ist in der internationalen medizinischen Welt bekannt geworden durch seine „Geschichte der Medizin", die meines Erachtens immer noch das beste umfassende Lehrbuch des Faches ist. Er hielt Vorlesungen an der Yale University. Ich lernte ihn näher kennen, als seine Frau in einem langen und schweren Krankenlager meine Patientin war. Die Verbindung mit dem Hause Rosin war durch Frau Elvira gegeben, die aus der bekannten Buchhändlerfamilie Olschky in Florenz stammt. Kurt Goldstein hatte sich einen Namen durch seine psychologischen und neurologischen Untersuchungen an den Hirnverletzten des Ersten

Weltkrieges gemacht. Der Wahrnehmungslehre hat er ein neues und anerkanntes Gesicht gegeben. Er erhielt den Lehrstuhl für Neurologie in Berlin. 1933 bot man ihm eine akademische Stellung in Boston an; er konnte aber in Boston nicht warm werden und kehrte nach New York zurück; ein Mann von bewundernswerter Ausgeglichenheit und Güte.

Kurt Wolff hat nach einer rühmlichen Laufbahn als Verleger expressionistischer Werke, die ihm Autoren wie Franz Werfel, Franz Kafka, Kasimir Edschmid, Carl Sternheim, Heinrich Mann, Arnold Zweig, Walter Hasenclever, Max Brod, Oskar Kokoschka anvertrauten, sich schon 1931 nach Frankreich zurückgezogen. Er hatte klarer als andere die Verfinsterung Deutschlands durch den Hitlerismus vorausgesehen. 1941 konnte er sich nach Amerika retten, und hier hat der Fünfundfünfzigjährige eine Wiederholung seines verlegerischen Erfolges erlebt, und zwar in der Hauptsache mit Autoren des alten, besseren Deutschlands wie Martin Buber, Robert Musil, Hermann Broch und – sein größter Triumph – mit den Märchen der Brüder Grimm. Seine Beziehungen zu Elvira Rosin datieren von der Zeit nach dem Ersten Weltkrieg, als er neben dem deutschen auch einen Verlag in Florenz gründete. Ein besonderes Vergnügen war es, ihn von seiner Zusammenarbeit mit Ernst Rowohlt sprechen zu hören. Man bezeichnete die beiden als Rowolff; in der Tat hat Rowohlt den Verlag noch vor dem Ersten Weltkrieg ganz Wolff überlassen und dreimal wieder einen Verlag unter eigenem Namen begründet (den letzten 1945).

Den ersten Einblick in den *studentisch-medizinischen* Unterricht Amerikas gewann ich während meiner losen Zugehörigkeit zum Massachusetts General Hospital. Da Harvard damals als beispielhaft betrachtet wurde, habe ich mich mit der Aktivität der klinischen Studenten vertraut zu machen versucht. Als ich zwei Jahre danach in New York, im Rahmen des Long Island College (später als Teil der State University of New York), kleine Studentengruppen zu unterrichten hatte, versuchte ich eine Kombination zwischen der Unterweisung am Krankenbett und der magistralen Vorlesung gewohnter Art. Es zeigte sich, daß die Studenten am glücklichsten waren, wenn bei den Vorlesungen, die zeitlich gegenüber der Diskussion am Krankenbett erheblich zurücktraten, nicht nur die chirurgischen, sondern auch die internistischen, patho-physiologischen und pathologisch-anatomischen Aspekte des vorliegenden Leidens oder einer Krankheitsgruppe besprochen wurden – so eine Art Ringvorlesung, gegeben von *einem* Lehrer. Das ging nicht lange gut; eines Tages kam der Dekan bei einem zufälligen Zusammentreffen auf die Wiedererweckung der perhorreszierten „kontinentalen" Magistralvorlesung, noch dazu in der andere Fächer berührenden Form, zu sprechen. Man betrachte in Amerikas klinischem Unterricht den grundsätzlichen Verzicht auf die

Vorlesung als einen entscheidenden Fortschritt und gebe ihr nur dann noch eine geringe Existenzberechtigung, wenn die Vertreter mehrerer Disziplinen über das gleiche Thema sprechen, eben im Sinne der sogenannten Ringvorlesung. Ich nahm das zur Kenntnis; die Studenten aber insistierten auf Beibehaltung der Vorlesung, was ich dann auch tat. Es erfolgte in all den Jahren nur noch einmal eine schüchterne Mahnung des Dekans. Sie geschah wohl deswegen ohne Nachdruck, weil die Studenten sich mit ihren Wünschen direkt an ihn gewandt hatten und er dann – gegen bessere Überzeugung – ein Auge zudrückte. Es ist gut denkbar, daß zusammenfassende Vorlesungen von den Studenten nicht so sehr als der Weg zur Verbreiterung ihrer Kenntnisse, sondern als Repetitionskurs für Examensvorbereitung empfunden wurden. Aber, sie waren glücklich damit und ich infolgedessen auch. Das Interesse der Studenten wird zweifellos durch die nahe Berührung mit den Patienten erheblich aktiviert. Da sie den ganzen Tag im Spital zubrachten, wurde ihnen auch die psychologische Rückwirkung der Krankheiten nähergebracht. Oft wünschten einige von ihnen, mich nach der Erledigung ihrer Anwesenheitspflicht auf der Visite in anderen Krankenhäusern zu begleiten und in der Privatsprechstunde an der Befragung und Untersuchung der Patienten teilzunehmen – woran Studenten *und* Patienten ihre Freude hatten. Man wird erstaunt sein, zu erfahren, daß der Dekan sich um solche Einzelheiten kümmert und – wenn man so will – die Lehrfreiheit einzuschränken versucht. Weder ich noch andere haben solche echte Besorgtheit um die Qualität des Unterrichts als Einmischung empfunden – viel eher als willkommenes Korrektiv, und es wäre zu wünschen, daß die zukünftige Stellung des Dekans an schweizerischen und deutschen Fakultäten in Inhalt und Dauer der amerikanischen angenähert würde. Dort, jenseits des Ozeans, ist das Dekanat eine full-time-Stellung, das heißt, die Dekanatsgeschäfte nehmen die ganze Arbeitskraft in Anspruch; die Dekane bleiben für viele Jahre in ihrem Amt. Ihre ärztliche Tätigkeit kann sich nur, wenn überhaupt, ganz an der Peripherie abspielen. Es werden also Männer in die Stellung gewählt, die an den Verwaltungs- und Erziehungsaufgaben ein besonders ausgeprägtes, ihren beruflichen Lebensinhalt ausfüllendes Interesse haben. In vielen medizinischen Fakultäten gibt es noch einen zweiten Dekan für Studenten (Dean of Students).

Es ist töricht, von „Experimenten" zu sprechen, wenn man die in den angelsächsischen Ländern bewährte und erprobte Unterrichtsmethode auf die Schweiz oder Deutschland übertragen will – so wie es immer wieder warnend geschieht. Die Amerikaner haben uns obendrein gezeigt, daß die Unterweisung der Studenten nicht stabil bleibt, daß sie vielmehr den Fortschritten der Wissenschaft möglichst nahe folgen soll.

Neue Kontakte mit Deutschland

Ungefähr ein Jahr nach dem Waffenstillstand auf dem europäischen Kriegsschauplatz traf durch Vermittlung der Abteilung für Erziehungswesen der Britischen Militärregierung in Hamburg ein Schreiben des Hamburgischen Erziehungssenators ein. Es lautete: „Rektor und Senat der Universität Hamburg haben mich gebeten, Ihre Berufung auf den freigewordenen Lehrstuhl für Chirurgie zu erwirken. Ich komme dieser Bitte mit besonderer Freude nach und würde es aufrichtig begrüßen, wenn Sie sich entschließen würden, dem Ruf Folge zu leisten und den Lehrstuhl für Chirurgie in Hamburg zu übernehmen. Ich wäre Ihnen besonders verbunden, wenn Sie mir Ihre Entscheidung recht bald mitteilen könnten."
Nach längerer und sorgfältiger Überlegung habe ich an die Hochschulbehörde die folgende Antwort geschickt: „Ihr Brief vom 7. Mai 1946, abgesandt von London am 3. Juni 1946, hat mich vor drei Wochen erreicht. Ich bin Rektor und Senat der Universität Hamburg und Ihnen, sehr verehrter Herr Senator, aufrichtig verbunden für die freundliche Gesinnung, die in der Berufung zum Ausdruck kommt.
Sie mögen mir glauben, daß ich mein inneres Verhältnis zur alten Heimat nicht erst jetzt, sondern in all den dreizehn vergangenen Jahren, die seit meinem Verlassen Deutschlands vergangen sind, immer wieder geprüft habe. Ich habe nicht aufgehört, mich als einen Vertreter chirurgischer Schulen des alten Deutschland zu fühlen und nie gezögert, mich dazu zu bekennen.
Ich kenne aber auch die tiefgreifende moralische Unsicherheit, die das Naziregime innerhalb des deutschen Ärztestandes bis hinein in die Reihen der Universitätslehrer verschuldet hat. Die Aufgabe, zu der Sie mich berufen, ist darum bei der jetzigen Lage der Dinge eine sehr große. Um sie zu leisten, ist die rückhaltlose Mitarbeit von Assistenten und Studenten notwendig. Es ist aber auch von meiner Seite aus eine unvoreingenommene und ungehemmte Hingabe notwendig. Wahrscheinlich würde es möglich sein, den Kreis der Mitarbeiter so auszusuchen, daß ein vertrauensvolles und fruchtbares Zusammenspiel zustande kommt. Ich zweifle, ob bei den Studenten, die über ein Jahrzehnt in ihrer aufnahmefähigsten Entwicklungszeit dem Gift des Nazismus ausgesetzt waren, das gleiche vorausgesetzt werden darf. Ich bin aber sicher, daß ich selbst den Zustand innerer Ausgeglichenheit noch nicht erreicht habe, der es mir möglich macht, den zahlreichen Personen eines großen Arbeitskreises in Deutschland unbefangen und gerecht gegenüberzutreten. Ich

hoffe auf Ihr Verständnis, wenn ich Ihnen antworte, daß ich mich nicht in der Lage sehe, Ihnen eine Zusage zu geben."

Die zwischen Anfrage und Antwort liegende Zeit war so lang geworden, weil ich durch einen britischen Militärarzt, der der Besatzungsarmee in Deutschland angehörte, erst in Erfahrung bringen wollte, wer der bisherige Inhaber des chirurgischen Lehrstuhles an der Hamburger Universität war und unter welchen Umständen er von dem Hamburger Lehrstuhl geschieden sei. Ich konnte mir vorstellen, daß eine Suspendierung vom Lehrstuhl auch einmal im Wirrwarr der militärischen oder politischen Katastrophe ohne stichhaltigen Grund erfolgt sein könne, und es schien mir unfair, mit umgekehrten Vorzeichen ein Nutznießer jener Entscheidungen zu sein, mit denen parteitreue Professoren nach 1933 auf die Lehrstühle von nichtarischen Kollegen geklettert sind. Die Auskunft, die ich erhielt, war typisch britisch: Er hätte sich von der Stichhaltigkeit der Entlassungsgründe von G. Konjetzny nicht überzeugen können, möchte sie aber nicht für ungenügend erklären, und empfahl mir dringend, die Verhältnisse an Ort und Stelle selbst zu prüfen. Ich konnte mir nicht vorstellen, daß ein so kluger und verantwortungsbewußter Chirurg wie Konjetzny der medizinischen Ideologie der Nazis in seinem Arbeitsfeld Raum gegeben hatte. In der Antwort korrigierte der Senator von Schulbehörde und Hochschulabteilung, H. Landahl, der selbst von den Nazis verfolgt worden war, meine Vorstellung von der Ausdehnung der nazistischen Indoktrination innerhalb der Ärzteschaft, besonders der Hamburgs, das dem Nazismus gegenüber zurückhaltend geblieben sei; er schlug vor, daß ich die endgültige Entscheidung bis zu einer persönlichen Besprechung aufschieben sollte. Konjetzny war wieder mit der Leitung der Klinik beauftragt worden. Die ganze Frage blieb also in der Entscheidungsschwebe, bis ich zwei Jahre später zum Besuch nach Deutschland kam.

Als ich 1935 auf der Durchreise einige Tage in Berlin war, traf ich bei Sauerbruch einen Amerikaner an, E. Y. Hartshorne jr., der durch Ministerialdirektor W. Richter mit Sauerbruch bekannt gemacht war. Sauerbruch hatte ihn in Erwartung meines Besuches zu sich gebeten. Er wollte, daß wir das Thema seines geplanten Buches über die deutschen Universitäten und den Nationalsozialismus diskutierten. Die Unterhaltung mit Hartshorne war eindrucksvoll durch seine Gradheit und Rechtschaffenheit. Es war sein ursprünglicher Plan, bei verschiedenen Professoren der Soziologie Deutschlands zu arbeiten. Als er aber in Deutschland eintraf, mußte er feststellen, daß die meisten, die er zu besuchen vorhatte, von den Nazis entlassen waren oder das Land freiwillig verlassen hatten. Er beschloß, sein Stipendium zum Studium der Hochschulzustände unter den Nazis zu benützen. Das Material zu dieser Darstellung hat er wohl zum Teil – soweit die preußische Hochschul-

politik in Betracht kam – von Richter erhalten, zum anderen Teil durch den Historiker Friedrich Meinecke. Dieser hatte die notwendigen Informationen ihm auf die abenteuerlichste Art zukommen lassen. So schreibt die heute 93jährige Frau Antonie Meinecke, daß Hartshorne – zum strengsten Stillschweigen verpflichtet – die Bücher am Morgen an einer Stelle im Hausflur niedergelegt fand, sie tagsüber durcharbeitete und abends wieder an der gleichen Stelle deponierte. Meinecke machte ihn darauf aufmerksam, daß seine Vermittlertätigkeit, wenn sie bekannt würde, ihn ins Konzentrationslager bringen würde. Es ist bedauerlich, daß Hartshornes Buch, das 1936 erschien, nicht neu aufgelegt und nicht ins Deutsche übersetzt ist. Es gibt ein auch in der heutigen Zeit noch lesenswertes Spiegelbild des Rückganges der deutschen Universitäten in jener dunklen Periode.
Hartshorne kehrte 1936 nach Harvard zurück, wo er zunächst als Tutor für Soziologie tätig war. Am Ende des Krieges wurde er Universitätsoffizier im Stabe der amerikanischen Militärregierung in Deutschland mit Sitz in Heidelberg. Das Verantwortungsbewußtsein, mit dem er seine kontrollierende Aufgabe versah, geht aus Anfragen hervor, die er in Personalangelegenheiten an mich richtete. Er war besonders angeekelt durch die Flut von Denunziationen, die seiner Behörde eingeschickt wurden. Wir hatten uns für Ende September 1948 in Heidelberg verabredet. Einige Tage zuvor wurde er auf der Autobahn in der Nähe Heidelbergs von betrunkenen Soldaten der amerikanischen Besatzungstruppe erschossen. Die deutschen Universitäten, deren Wiederaufbau er mit Klugheit und Sachkenntnis beurteilte, haben mit dem Tod dieses aufrechten Mannes ebensoviel verloren wie seine Fakultät in Amerika.
Durch ein Mißverständnis kam ein anderes Treffen nicht zustande, das mit Shepard Stone, der in den nächsten Jahren eine wichtige Rolle in der amerikanisch-militärischen Verwaltung Deutschlands spielen sollte. Ich hatte ihn in New York kennengelernt, als er durch eine Operation felddienstfähig werden wollte. Das ist ihm und mir geglückt. Er gab seine Stellung als zweiter Redakteur der berühmten Sonntagsausgabe der New York Times auf. Am Ende des Krieges wurde er, inzwischen zum Oberstleutnant befördert, von der Kampftruppe zur Militärregierung versetzt und mit der Leitung der Kulturabteilung betraut. Er wurde „Direktor der öffentlichen Angelegenheiten" beim Hohen Kommissar John J. McCloy, eine Stellung, welche die Verantwortung für Universitäten, Radio, Theater usw. umfaßte. Er ging in gleicher Eigenschaft dann mit McCloy zur Ford-Stiftung und ist jetzt Präsident der Internationalen Vereinigung für kulturelle Freiheit mit Sitz in Paris. Die Freie Universität in Berlin hat ihn in Anerkennung seiner Bemühungen um die Neubelebung des akademischen Lebens zum Ehrendoktor ernannt; dasselbe tat vor einem Jahr die Universität Basel – wir hatten die Freude,

nach vielen Jahren mit ihm in unserem Riehener Haus Wiedersehen zu feiern. In seinem letzten Brief schreibt er, daß er mit Lotte, seiner aus Berlin stammenden Frau, nach Vermont, seiner engeren Heimat, in die Ferien gehe, um seine bevorzugte Tätigkeit als Holzfäller aufzunehmen. Seiner Klugheit und Großzügigkeit verdanken die Universitäten der Bundesrepublik sehr viel, auch später während seiner Funktion als rechte Hand McCloys in der Ford Foundation.

Auf der geplanten Deutschlandreise wollten wir zunächst Verwandte in Deutschland besuchen. Ruths Schwester lebte mit Mann und Tochter in Dessau; außerdem hofften wir in Deutschland selbst etwas über das Schicksal von Ruths Bruder zu erfahren, der nach Kämpfen an der russischen Front in den letzten Kriegstagen als „vermißt" gemeldet worden war. Leider blieben alle Bemühungen ergebnislos. Inserate in den verschiedensten Zeitungen brachten nur Enttäuschungen. Diejenigen, die sich meldeten, bezweckten mit ihren durchweg unwahren Angaben nichts anderes als die Übersendung von „Care-Paketen", zu denen wir natürlich nur zu gern bereit waren, in der Hoffnung, etwas Greifbares zu erfahren. Es war uns zunächst nicht in den Sinn gekommen, daß jemand dieses Warten auf eine hoffnungsvolle Nachricht in so übler Weise mißbrauchen würde. Von meinen Verwandten waren noch meine Schwester und ihr Mann, eine Tante, ein Vetter und zwei Cousinen in Deutschland.

Eine medizinische Wochenschrift hatte meine New Yorker Adresse publiziert. Als Folge davon erhielt ich eine große Anzahl von Briefen, die mich meist beglückwünschten, daß ich nicht gestorben sei, wie die Münchener Medizinische einige Jahre zuvor angeblich publiziert habe. Diese, wie Mark Twain sagen würde, übertriebene Nachricht habe ich mit Wohlgefallen zur Kenntnis genommen. Damit war ich dreimal totgesagt worden; das erste Mal, als wir nach der Miage-Begehung nicht den Abstiegsweg beibehielten, den wir im Buch der Ausgangshütte angegeben, und nach einigen Tagen in Courmayeur erfuhren, daß wir als vermißt, wahrscheinlich als tödlich verunglückt gemeldet worden waren. Beim nächsten Male war es eine Istanbuler Zeitung, die mir, nach der Rückkehr vom Urlaub, mit der traurigen Nachricht präsentiert wurde. Und jetzt mit der letzten Todesmeldung – aller guten Dinge sind drei – habe ich hoffentlich die Anwartschaft auf ein langes Leben erworben.

Die Korrespondenz mit früheren deutschen Freunden und Bekannten ließ sich damals in drei Kategorien sondern: Briefe von denen, die bis zum Kriegsausbruch die Verbindung aufrechterhalten und die ihre Gegnerschaft zum Naziregime im Rahmen ihrer begrenzten Möglichkeiten bewiesen hatten. Dann waren solche, die um „Persilscheine" warben. Einige waren wegen ihres (höheren) militärischen Grades festgesetzt worden. Ein Unikum war – hoffentlich – ein Generaloberarzt a. D. aus dem Ersten Weltkrieg, der, später im Dienste des Berliner Gesundheitswesens, bei der „Machtübernahme" 1933 als Mitglied einer demokratischen Partei in die Wüste geschickt wurde. Da ich der meisten nazistische oder nichtnazistische Vergangenheit nicht kannte, mußte ich im Interesse der Glaubwürdigkeit solcher Bestätigungen zurückhaltend sein. Immerhin habe ich das Empfinden, manches Unrecht ausgeglichen zu haben. Am problematischsten waren jene, die – fast alle in gleicher Formulierung – mir dazu gratulierten, daß ich während der ganzen, „großen" Zeit fern von Deutschland gewesen sei. Mit dieser Feststellung war in der Regel eine Schilderung der augenblicklichen psychischen und physischen Misere im besiegten Deutschland begleitet. Ich erinnere mich, die gleiche gefühlsmäßige Reaktion auf Briefe schon einmal gehabt zu haben, knapp 20 Jahre zuvor: Unentwegte an der „Heimatfront" des Ersten Weltkrieges beglückwünschten uns, die wir in der zusammenbrechenden Front lebten, dazu, daß wir im Gegensatz zu ihnen doch eine so ausgezeichnete Verpflegung hätten.

Von K. H. Bauer hatten wir eine Einladung zum Besuch von Heidelberg erhalten; dazu kam die Aufforderung des Hamburger Erziehungssenators, ihn zu einer Besprechung aufzusuchen. Das ließ sich gut mit einem Besuch bei meinem Freund A. Lezius vereinbaren, der inzwischen chirurgischer Chefarzt am Lübecker Städtischen Krankenhaus geworden war.

Drei Jahre nach Kriegsende waren private Reisen nach Deutschland noch schwer oder unmöglich. Ich erhielt mehrere offizielle Aufträge, den aktuellen Stand der deutschen Chirurgie, die Wege zur Verbesserung ihrer Instrumentarien und Behandlungsmethoden zu untersuchen. Im besonderen war der National Council on Orthopedic Surgery an der Amputiertenversorgung interessiert. Bei der Vielzahl der Aufgaben war es nicht schwer, die Behörden davon zu überzeugen, daß ich von Ruth als „Sekretärin" begleitet sein müsse. Wir erhielten die Erlaubnis, in den von der Besatzungsmacht belegten Hotels zu wohnen und zu essen. In den ersten Julitagen trafen wir in Paris ein. Der Eindruck, den diesmal die Stadt machte, war nur noch eine blasse Erinnerung an die ville de lumière der Vergangenheit. Unsauberkeit und Mißmut waren dominierend. Die Militärbehörden, mit denen ich eines Freundes wegen zu tun hatte, schienen wie hypnotisiert von der Unbegrenztheit amerikanischer Möglichkeiten. Die Verhandlung war infolgedessen kurz und erfolgreich. Der Seelenzustand des Landes fand seinen Ausdruck an den Zollstationen der deutsch-französischen Grenze. Sie waren unbesetzt; die Zollbeamten streikten. Es war allerdings damals nicht viel zu schmuggeln. Dieses einzigartige Ereignis hat sich – wiederum in Frankreich – 20 Jahre später wiederholt, als im Juni 1968 de Gaulle, bis zu temporärer Hilflosigkeit schockiert, einen vorübergehenden, kaum glaublichen Zerfall der Staatsautorität erleben mußte.

Unser erstes Ziel war Heidelberg, wo wir von K. H. Bauer und seiner liebenswürdigen Frau in ihrem Hause untergebracht waren. Zu einem Symposium über „Krebsforschung" hatte zufällig in diesen Tagen Bauer die Nobelpreisträger G. Domagk, R. Kuhn, B. Rajewski und auch G. Stone von New Haven (USA) eingeladen. Es war eine bemerkenswerte Demonstration neuen wissenschaftlichen Lebens.

In Heidelberg traf ich R. Zenker, der – ein Studienfreund von Lezius – mir von München her bekannt war, als beide die Sauerbruchsche Vorlesung besuchten. Er wurde später Oberarzt der Kirschnerschen Klinik. Nach dem Tode seines Chefs, den er übrigens noch wegen einer Geschwulst, die sich als unentfernbar erwies, operiert hatte, wurde er chirurgischer Chefarzt am Städtischen Krankenhaus Mannheim. Er wohnte, als ich ihn wieder traf, noch immer in dem nahegelegenen Heidelberg. In bewundernswerter Weise hatte er es verstanden, mit völlig unzureichenden äußeren Mitteln 1948 eine Klinik aufzubauen, in der die wesentlichen chirurgischen Errungenschaften der Neuen Welt zur Geltung gebracht wurden. Bezeichnend für die materielle Notlage war seine Bitte an mich, ihm aus den Staaten eine Miller-Abottsche Sonde zur Darmabsaugung zu schicken. Er saß damals über der Neubearbeitung des Bauchabschnittes der Kirschnerschen „Operationslehre" und bemühte sich heldenhaft um die Beschaffung der neueren angelsächsischen Literatur. Kurz nachher ist er auf das Marburger Ordinariat berufen worden. Als E. K. Frey zurücktrat, konnten er und seine Frau Gabriele die erträumte Krönung der Karriere erleben, die Berufung nach München, der Heimatstadt beider. Zenker hält heute mit Recht eine Spitzenstellung in der Chirurgie – nicht nur der seines Vaterlandes – und auch gesellschaftlich ist sein schönes Haus an der Hauensteinstraße ein Sammelpunkt der Münchener und der chirurgischen Welt geworden.

In Hamburg suchte ich zunächst Konjetzny auf, der wieder in seiner Stellung als Klinikchef im Emeritus-Status tätig war. Bei einer Vorlesung vor klinischen Studenten in Heidelberg – der ersten in Deutschland nach 15 Jahren – hatte ich noch mit der Gewöhnung an englische Formulierungen, besonders der Fachausdrücke zu kämpfen. Als ich hier in Konjetznys Hörsaal sprach, ging es wesentlich besser. Am Schluß hatte ich wieder jenes Gefühl auch rhetorischer Befriedigung, die mir in Berlin die Vorlesung der „Allgemeinen Chirurgie" so angenehm gemacht hatte.

Die Unterredung mit dem Kultussenator Landahl, die dann während einer Abendeinladung bei meinem Freund aus der Freiburger Zeit, Wilhelm Küper, fortgesetzt wurde, bewegte sich von vornherein auf einer Basis, die nicht außer Bedacht ließ, daß Landahl persönlich Übles aus den Händen der Nazis erfahren hatte. Er verstand meine grundsätzlichen Bedenken, nach

Deutschland zurückzukehren, sehr gut, war aber enthusiastisch ob der großen Aufgabe, die gerade unter den besonderen Bedingungen des zerrütteten Deutschland für einen akademischen Lehrer sich biete, und gerade eben für jemanden, der durch die vergangenen Jahre nicht belastet war. Küpers Frau war das strahlende Clärle vom Feldbergerhof, der gute Engel aller hungrigen und minderbemittelten Studenten und Assistenten, die zum Skifahren oder Wandern von Freiburg in die Schwarzwaldberge kamen.

Es drängte uns indessen nach Lübeck zu Lezius. Axel war in seiner Arbeit am Städtischen Krankenhaus recht glücklich. Dort sah ich die ersten Fälle von akutem Darmbrand, der anscheinend mit Zuständen extremer Unterernährung verbunden war. Das Lübecker Team hat das Krankheitsbild monographisch bearbeitet und publiziert – gerade zur Zeit, als wegen der allgemeinen Besserung der Ernährungslage der Darmbrand aus den Hospitälern verschwand. Als Landahl mich über deutsche Chirurgen befragte, die für den Hamburger Lehrstuhl in Betracht kämen, hatte ich ihm an erster Stelle Axel genannt. Jetzt, da ich ihn in dieser ihm zusagenden beruflichen Umgebung sah und durch seinen internistischen Kollegen, Karl Hansen, von der befriedigenden Zusammenarbeit erfuhr, hatte ich Bedenken gegen die Empfehlung eines Wechsels.

Eine letzte Besprechung hatte ich noch mit H. H. Berg, der zu meiner Berliner Zeit Oberarzt von G. v. Bergmann und jetzt Direktor der Hamburger Medizinischen Universitätsklinik war. Es war sicher gut gemeint, als er die Barbareien der Nazis und ihre Rückwirkungen im akademischen Sektor zu bagatellisieren suchte.

Er konnte um so weniger überzeugen, als ich am Tage zuvor in einer Buchhandlung das Werk „Das Diktat der Menschenverachtung" von A. Mitscherlich und F. Mielke fand, das der Verkäufer unter dem Ladentisch hervorholte. Es war eine grausige Lektüre. Das Buch, dessen erste Ausgabe ohne jede Wirkung blieb – so „als ob es nie erschienen wäre" –, ist 1960 im Fischer-Verlag unter dem Titel „Medizin ohne Menschlichkeit" wieder herausgekommen. Es sollte jedem jungen Mediziner nahegebracht werden – nur schon um zu zeigen, bis zu welchem Grade von Erbarmungslosigkeit Ärzte sich erniedrigen können und welche Verbrechen durch das „Experiment am Menschen" begangen worden sind.

Die furchtbaren Geschehnisse haben gewisse Rückwirkungen auf die Betrachtung des Experimentes ganz allgemein gehabt.

Von Hamburg fuhren wir nach der Schweiz und machten zunächst in Zürich Station. A. Brunner war in den Ferien. Eine Hitzewelle von New Yorker Ausmaß trieb uns nach dem Engadin, wo wir in Sils Maria Unterkunft fanden. Der Wunsch nach kühlem Wetter war mehr als erfüllt. Die ersten Augusttage brachten Schneefall, das Hotel hatte nur ungenügende Heizungsmöglichkeiten. Mit Sauerbruch hatte ich verabredet, ihn am Ende des Monats in Zermatt zu treffen. Das Wiedersehen mit ihm – nach zehn Jahren – hatte durch den Briefaustausch besonders in den letzten drei Jahren glücklicherweise an Dramatik verloren. Er erschien äußerlich kaum gealtert und war auch in der Unterhaltung ganz wie früher (sprühend und strahlend). Erst im Laufe der weiteren Gespräche wurden weitreichende Gedächtnislücken offenbar, die er in seiner Art, jede Zwiesprache zu führen, mit konstruierten Geschichten überbrückte. In dem Buche „Das war mein Leben" findet sich gelegentlich die gleiche Verkleidung der Erinnerungsdefekte.

Er war jetzt emeritiert, aber – leider – immer noch in Privatkliniken tätig. Das Ausmaß der persönlichen Unzulänglichkeiten, die in den letzten Jahren der amtlichen Tätigkeit durch die Gefäßerkrankung verursacht waren, habe ich damals nicht erkannt; um so weniger, als sein physischer Zustand ausgezeichnet war. Wir machten einen Tagesausflug nach dem Gorner Grat und liefen vom Grat bis nach Zermatt zurück, ohne daß er Ermüdungserscheinungen hatte. Der Abstand, den er von seinen chirurgisch-wissenschaftlichen Arbeitsgebieten gewonnen, war für mich in den Tagen des Zusammenseins erschreckend. Er hat wohl meine Reaktion gespürt, denn bei der Abendunterhaltung kam er auf die zunehmende, nicht ungewollte Distanz zu sprechen, mit der er seit langem die Art des „wissenschaftlichen Betriebes" betrachtet. In dem Sauerbruch gewidmeten Kapitel bin ich darauf näher eingegangen. Seine Antwort auf meinen Vorschlag, daß er jede operative Tätigkeit von nun ab beiseite lassen sollte, war positiv – er hat sie trotzdem noch einige Zeit weitergeführt, anscheinend immer wieder veranlaßt durch den Inhaber einer Privatklinik.

Ich habe den Mann, der mein Leben entscheidend beeinflußt hat und den ich wie meinen Vater geliebt habe, nicht mehr wiedergesehen. 1965 besuchte ich in Wannsee die Stätte, an der man ihn zur Ruhe gebettet. Sein Geist hat ein halbes Jahrhundert erleuchtet. Er wirkt noch heute und wird es für lange Zeit tun.

Inzwischen hatte ich eine Nachricht des Hamburgischen Erziehungssenators erhalten, des Inhalts, daß die Fakultät mich erneut als Nachfolger von Konjetzny vorschlage und daß die Regierung mir jetzt zum zweiten Male die Annahme des Lehrstuhles anbiete.

Nach mehrmonatigem Überdenken sagte ich ab, und als dann Senator Landahl meine Meinung über die Besetzung des Lehrstuhles wissen wollte, empfahl ich Lezius, der berufen wurde und im November 1950 das Hamburger Ordinariat der Chirurgie übernahm.

Im nächsten Jahre (1949) war ich wieder in Deutschland und sprach auf Einladung von Frey vor dem Bayerischen Chirurgen-Kongreß. Es war für mich der erste Vortrag vor Fachgenossen in Deutschland, vereinfacht allerdings durch die vertraute Umgebung der Chirurgischen Universitätsklinik im Krankenhaus links der Isar. Ich sah Lebsche wieder; er widmete sich ganz seiner Privatklinik, die seinen Namen und seine Leistungen weit bekannt gemacht hatte. Nach einem kurzen Besuch bei Lezius in Lübeck brachte ich den Rest der Ferien im Suvretta-Haus (St. Moritz) zu. Einige Bergtouren zeigten mir, daß die Zeit für größere alpine Begehungen vorbei war, eine Feststellung, die sich nach der Krankheit der Jahre 1938 und 1939 voraussehen ließ. Als sie aber Tatsache wurde, waren die psychologischen Rückwirkungen recht bitter.

Von den Ärzten, die unter dem Druck des Hitlerismus in die Vereinigten Staaten einwanderten, haben eigentlich nur die Theoretiker Betätigungsmöglichkeiten erhalten, die ihren Leistungen und ihrer Begabung entsprachen. Das Glück, in befriedigende klinische Stellungen zu kommen, war nur wenigen Klinikern beschieden. So hervorragende Internisten wie E. F. Müller, R. Stern, H. Elias, R. Ehrmann, G. Rosenow blieben in der Hauptsache auf ihre Privatpraxis angewiesen.
Freundschaftliche Beziehungen verbanden mich mit Rudolf Stern. Die Trennung von ihm und seiner Familie machte uns später den Abschied aus Amerika schwer, um so mehr, als er an Kreislaufstörungen litt. Noch einmal konnte ich ihn sehen, als ich von Basel aus zu einer Operation für einige Tage in New York war. Sein Zustand hatte sich sichtlich verschlechtert; am 6. 11. 1962 starb er. Seinen Sohn Fritz, jetzt Seth-Low-Professor der neueren Geschichte an der Columbia University in New York, haben Ruth und ich immer als unseren zugewandten Sohn betrachtet, und der Enkel Freddy zählt sich zu unserer Freude auch schon zur Familiengemeinschaft. Er sieht Rudolfs Schwester ähnlich, für die ich einmal als junger Student von weitem schwärmte.
Otto Loewi begegnete ich, als er auf der Höhe von Erfolg und Ansehen stand. Auf der Woche der Schweizerischen Medizinischen Wochenschrift, die 1937 in Interlaken tagte, hatte er über die chemische Übertragung der Nervenwirkung gesprochen, Untersuchungen, die er 1920 begonnen und die ihm, zusammen mit Sir Henry Dale, 1936 den Nobelpreis eingebracht hatten. Bei der Unterhaltung – wir aßen mit unseren Frauen mehrfach zusammen – war er voll von Lebenslust, Witz und einer unnachahmlichen Art, die wissenschaftlichen Tagesereignisse wohlwollend zu kritisieren. Als wir ihn wiedersahen – in Woods Hole 1940 –, war er von den Nazis aus seinem Amte verjagt, seines Vermögens und des Nobelpreisgeldes beraubt, aus einer zweimonatigen Untersuchungshaft entlassen (wegen angeblichen Besitzes eines Radiosenders, der in einer Apparatur seines Laboratoriums vermutet wurde).

Nachdem die Gestapo alle bewegliche und unbewegliche Habe gestohlen hatte, wurde ihm die Erlaubnis zur Ausreise gegeben, mit der Verpflichtung, „keine Lehrtätigkeit im Ausland auszuüben". Seine Frau mußte noch „für einige Tage" zurückbleiben, da sie einen in Italien gelegenen Besitz, der seit 100 Jahren in ihrer Familie war, den Nazis überschreiben sollte. Die italienische Regierung, in guter Kenntnis der Gangster-Methoden ihrer deutschen Bundesgenossen, machte Schwierigkeiten, was zur Folge hatte, daß Frau Guida Loewi mit „Armenunterstützung" noch bis 1941 in Graz bleiben mußte, um mit ihrem Mann erst in Amerika vereinigt zu werden. Loewi wurde „Research Professor" an New York University, eine sehr geachtete, aber kümmerlich dotierte Stellung. Weder er noch seine Frau machten das geringste Aufheben aus der Notwendigkeit, in einer engen und kleinen Wohnung, ausgestattet mit Möbeln der Heilsarmee, unter größter materieller Einschränkung zu hausen. Als wir Loewi zum ersten Male in dieser armseligen Wohnung besuchten, war kein Wort der Klage zu hören. Diskussionsfreude und Witz waren unverändert, und es ist bezeichnend für seinen unverwüstlichen Optimismus, daß er gerade jetzt den *Vorteil* des Szenenwechsels besonders eindrücklich betonte. Er war eben 68 Jahre geworden; in Graz wäre er ungefähr an demselben Tage emeritiert worden, an dem er seine New Yorker Position antrat – eine Stellung, die er noch bis zum 82. Lebensjahr innehatte – geliebt und umhegt von Studenten und Assistenten des pharmakologischen Departments der Universität. Sein unwandelbares Interesse („das Gedächtnis ist eine Funktion des Interesses") an wissenschaftlichen Fragen, an politischen und akademischen Ereignissen lernte ich näher kennen, als ich durch die Operation seiner Frau in engere Berührung mit ihm kam. Er hatte recht aggressive Gegnerschaft erfahren, als die ersten Arbeiten über die chemische Übertragbarkeit der Herznervenwirkung erschienen waren. H. Bohnenkamp und später L. Asher lehnten die Theorie dezidiert ab. Vielleicht hat gerade diese negative Beurteilung, die bei einem so einfachen Experiment wenig abweichende Interpretationen hätte übriglassen sollen, ihn später besonders empfindlich gemacht gegen geringfügige Meinungsdifferenzen in dieser Frage. Das war um so erstaunlicher, als er sonst gerade darin von einer beispielhaften Großzügigkeit war. Von den chirurgischen Stoffwechselarbeiten – so modern zur Zeit seiner New Yorker Wirksamkeit – hielt er nicht viel, und er freute sich über die „Unbefangenheit" der Arbeiten, in denen die Eiweißsynthese aus verabreichten Aminosäuren als letzte Neuigkeit bewiesen wurde – ein Beweis, den er 1900 in seiner Habilitationsschrift und in einer Reihe ihr folgender Publikationen schon längst erbracht hatte.

Unnötig zu sagen, daß ein Mann mit Loewis wissenschaftlicher Vergangenheit und anhaltenden Aktivität viel „herumgereicht" wurde, um so lieber, als er unleugbare Freude daran hatte. Er entzog sich aber auch nicht der traurigen Aufgabe von Gedächtnisreden. So sprach er am Grabe von Leonor Michaelis, von Ulrich Friedemann. Zwei Rudolf-Schönheimer-Gedächtnisvorlesungen hat er eingeleitet. Die erste, der ich noch beiwohnen konnte, hat viele Erinnerungen aufgewirbelt. Ich hatte den genialen Biochemiker Schönheimer noch zwei Tage, bevor er sich das Leben nahm, besucht und ihn weniger deprimiert angetroffen als einige Wochen zuvor. Es waren zehn Jahre vergangen, daß ich seinetwegen einen Briefwechsel mit Aschoff hatte, der seinen Mitarbeiter Schönheimer für eine Stellung in Istanbul angelegentlich empfahl und dabei – mit vollem Recht – ihn als einen genialen Kopf bezeichnete, der jeder Universität, an der er wirkte, zur höchsten Ehre gereichen würde. Da Aschoff bei einem anderen hochqualifizierten Herrn der Freiburger Fakultät, für den er sich verwandte, eine ähnliche Formulierung benutzt hatte, beider Verschwinden aus Deutschland aber als nicht mehr diskutierbar betrachtete, fragte ich zurück, ob es nicht eher seine Aufgabe sei, in wohlverstandenem Patriotismus gegen die „Reinigung der Hochschule" zu protestieren. Das war im Anfang der nazistischen Verschmutzung des akademischen Lebens – zu einer Zeit also, da offene Gegnerschaft noch möglich, vielleicht sogar erwartet war.

Als Loewi von der Anfrage erfuhr, die ich wegen des Basler Lehrstuhls erhalten hatte, suchte er mich sofort auf und sagte: Das ist die Stadt meiner Freunde E. Rothlin und A. Stoll – zwei Männer, die, wie er sagte, in einer idealen Harmonie von Menschlichkeit und wissenschaftlicher Leistung nur Basel hervorbringen konnte. In der Tat hat er schon früher oft auf seine Freundschaft mit Rothlin Bezug genommen – in Dankbarkeit für die entscheidende Hilfe Rothlins bei der Befreiung von Guida Loewi aus den Klauen der Grazer Gestapo.

Ruth und ich sahen Loewi zum letzten Male, als er 1958 auf dem Wege von New York nach Wien in Kloten (Zürich) das Flugzeug zu wechseln hatte. Man hatte ihn zum Präsidenten des Ehrenkomitees beim 4. Internationalen Biochemie-Kongreß ernannt. Er war 85 Jahre, wie sein Gesicht, aber nicht sein immer noch lebhafter Geist verriet. Auf menschlichem Gebiet lag die Größe von Loewi in seiner Freude, anderen zu helfen, die Berufs- oder Schicksalsgemeinschaft mit ihm verbanden.

Bei dieser letzten Begegnung, bevor er nach Jahrzehnten Abwesenheit Wien wiedersehen sollte, erzählte er uns eines der kleinen Erlebnisse, deren Wiedergabe ihn nicht weniger amüsierte als seine Zuhörer: In der Nachkriegszeit war sein bescheidenes Heim in New York das Besuchsziel vieler österreichischer und deutscher Ärzte, die den Aufenthalt in den Staaten benutzten, um ihm ihre Sympathie zu zeigen. So erschien Mitte der fünfziger Jahre ein österreichischer Chirurg. Loewi öffnete die Tür und fragte den Besucher, der sich als früherer Schüler vorgestellt hatte, ob er Nazi gewesen sei. Zur

Überraschung von Loewi war die Antwort: „Ja, ich war Parteigenosse." Darauf Loewi zu seiner Frau: „Komm her, Guida; endlich sehen wir mal einen Nazi." (Die Dutzende von Deutschen und Österreichern, die ihn vorher besuchten, hatten sich immer sehr eilig als Nichtnazis bezeichnet.) Er hat sich dann mit dem ehrlichen Besucher sehr gut unterhalten.
88jährig starb er; seine Asche wurde in Woods Hole beigesetzt, dort, wo er als Gast der Biologischen Marine-Laboratorien fast jeden Sommer mehrere Wochen „Ferien" zubrachte, mit den zahlreichen Wissenschaftlern diskutierte, von den Laboratorien und der reichhaltigen Bibliothek ebenso angezogen wie von Woods Hole's Lage am Strand von Rhode Island.

Den Namen von Friedrich Wilhelm Foerster hörte ich zum ersten Male während des Ersten Weltkrieges aus dem Munde meines Kommandeurs, der als eine Art Pazifist in Oberstenuniform bezeichnet werden durfte. Den großen Einfluß, den er auf meine politische Entwicklung ausgeübt, habe ich schon erwähnt. Foerster lag ihm wohl nach Herkunft und Berufsstellung mehr als die anderen Friedensengel, wie er sie ohne satirischen Beiton nannte. Ich lernte Foerster in New York bei der Behandlung eines Mitgliedes seiner Familie kennen und war glücklich, als er öfters zu Unterhaltungen den Weg zu meiner Sprechstunde fand.
70 Jahre hindurch ist dieser Mann ein unverdrossener, hartnäckiger und selbstloser Kämpfer für das ethische Gesetz gewesen; er selbst, Urpreuße, war der Sohn des Astronomen und Direktors der Berliner Sternwarte, ein Großneffe von Moltke, dem Sieger der preußisch-deutschen Kriege von 1866 und 1870/71. Man hat einmal gesagt, daß die Unerschütterlichkeit, mit der Foerster auf allen Gebieten des Lebens bei Individuen und Völkern die Forderungen der Rechtlichkeit und Nächstenliebe durchzusetzen sich bemühte, etwas Preußisches an sich hatte. Auf der anderen Seite hatte das Preußen der Wilhelminischen Zeit mit seinem militärischen Protzentum, seiner hurrapatriotischen Phrase wenige so konsequente Feinde wie Foerster. So kam es, daß er als „Vaterlandsloser" verschrien und verfolgt, den größten Teil seines Lebens im Ausland zubrachte, unermüdlich mahnend und warnend. Die Professuren für Philosophie und Pädagogik, die er in Wien, München und Zürich innehatte, waren für die staatlichen Behörden, die ihn damit betraut hatten, in der Regel Anlaß von Peinlichkeiten, weil er unentwegt bei seinen Kassandrarufen verharrte. Die Reaktion aus Berlin blieb nicht aus. Diese Haltung ist um so bewundernswerter, als er während seines ganzen beruflichen Lebens mit finanziellen Unzulänglichkeiten zu kämpfen hatte. Sein Weg nach Amerika war ein Beispiel für die Schwierigkeiten, die ihm sein politisches Wirken eintrug. Die nazistische Regierung zögerte nicht, ihn der deutschen Staatsangehörigkeit zu berauben. Als das geschah, war er in

Frankreich. Paul Reynaud konnte ihm als Justizminister (1938) helfen, die französische Staatsbürgerschaft zu gewinnen. Dann kam 1940 der deutsche Einmarsch in Frankreich. Foerster floh in die Schweiz, in der Hoffnung, in dem Lande, in dem er 16 Jahre als Lehrer gewirkt hatte, ein Refugium zu finden. Er erhielt aber bald den Ausweisungsentscheid, der keine lebensgefährlichen Folgen hatte, da – eine geschichtliche Ironie – der portugiesische Präsident Salazar ihn einlud, sich in Portugal niederzulassen. Er wurde in Lissabon herzlich aufgenommen und konnte dort in Ruhe die Überfahrt nach Nordamerika vorbereiten. Die wirtschaftlichen Schwierigkeiten wurden in New York besonders groß. Die „Staatszeitung", eine deutsche Tageszeitung mit Nazisympathien (bis zum Kriegsbeginn), hetzte gegen ihn. Die grotesken Verleumdungen veranlaßten Foerster, gegen den Chefredakteur Ridder einen Prozeß anzustrengen. Die finanziellen Verluste, die er durch die Diffamierung erlitten, schlug sein Rechtsanwalt hoch an. Ridder gelang es aber, den Prozeßtermin immer wieder hinauszuziehen. Ich weiß nicht, ob es überhaupt zu einer gerichtlichen Entscheidung gekommen ist. Im Alter von 91 Jahren ist Foerster gestorben.

Das Eindrucksvollste an seinem Wesen waren, wenn man mit ihm ins Gespräch kam, das Feuer seiner Überzeugung und seine Ehrlichkeit. Ich glaube, daß er nie eine konventionelle Lüge über die Lippen gebracht hat. Gerade jetzt, da überall in Mittel- und Westeuropa die revoltierende Unruhe der Studenten nicht nur durch die Verzögerung einer Studienreform verursacht ist, sondern auch durch die lang und zunächst mit Erfolg ignorierte Umwälzung der gesellschaftlichen Verhältnisse, wäre ein Mann von der Art Foersters der richtige, sich als ein weiser und erfahrener Träger des ethischen Prinzips auf allen Gebieten des Lebens glaubhaft zu machen.

Die Stunden, da ich mit ihm sprechen durfte, waren immer anregend und fruchtbar. Vor mir liegt ein Brief, geschrieben am 13. 4. 1947, der einen Satz enthält, den ich als besondere Auszeichnung empfinde: „Ich kenne niemand in diesem Lande, mit dem ich mich so intim in bezug auf das politische Urteil verbunden fühle wie mit Ihnen." Die Betonung der Ethik, dieses viel mißbrauchten Begriffes, im Zusammenhang mit dem modernen Kriege, mag überraschen. Ich bin aber wie Foerster überzeugt, daß der Verfall der Ethik die Krankheit der heutigen Welt ist. Die Errungenschaften unseres technisierten Zeitalters haben meines Erachtens entscheidend dazu beigetragen, ethische Gesichtspunkte zu verdrängen. Am Beispiel der Kernwaffen haben wir es erleben müssen, wie problematisch das werden kann, was wir als naturwissenschaftlichen Fortschritt ansehen. Chemie und Bakteriologie sind gerade dabei, den grauenhaften Aspekt des modernen Krieges weiter zu verfinstern. Nachdem die erfolgreiche Erkennung und Bekämpfung von Infektionskrankheiten der Stolz des letzten Jahrhunderts war, ist jetzt eine ver-

borgene medizinische Forschung eifrig darum bemüht, die Keime der gleichen Krankheiten in möglichst virulenter Form zur „kriegsnotwendigen" Vernichtung von Leben brauchbar zu machen. Etwas Ähnliches gilt vom „chemischen" Krieg mit Nervengasen usw. Es hat fast den Anschein, als ob gerade der Siegeszug der Naturwissenschaften den Zusammenbruch einer ethischen Überlieferung verursacht, die in Jahrhunderten sich gebildet hatte.
Hier ist der Platz, ein Diktum zu zitieren, das von dem Mikrobiologen Hans Zinsser von Harvard in seinen Erinnerungen niedergelegt ist: „Wissenschaft – statt der Menschheit zu helfen in ihrem Kampf um Befreiung von Fronarbeit, Armut und Krieg – scheint heute eher dazu bestimmt zu sein, Materialismus, Haß und die Kräfte der Zerstörung zu verstärken. Und in ihren fundamentalen Aspekten wird die Wissenschaft – sie mag noch so tief in den Mechanismus der Natur und des Universums eindringen – niemals die letzten Probleme lösen oder den Hunger nach jenen ethischen Idealen befriedigen, der in der einen oder anderen Form ein angeborenes biologisches Attribut aller menschlichen Wesen ist – so stark wie der körperliche Hunger."

Eine Erscheinung von gleicher Charakterfestigkeit ist der Dichter Fritz v. Unruh. Ich lernte ihn in New York und später in Basel als Patienten kennen. Viel mehr zum Repräsentanten geschaffen als zum Vertriebenen, hat er ein großartiges Beispiel von Standhaftigkeit und Überzeugungstreue in den Widrigkeiten des Emigrantenlebens gegeben. Er war wie mein Schulkamerad Max Herrmann – Neisse ein Pazifist der ersten Stunde, und diesem Ideal hat er auch im fremden Land sein Leben untergeordnet. Als ob die Natur ihn Lügen strafen wollte, hat sie ihm noch heute, da er über 80 Jahre alt ist, das Äußere eines preußischen Generals gelassen – wie es seine Väter und Vorväter gewesen sind. Ich habe zweimal – vergeblich – versucht, das Friedens-Nobelkomitee für seine Kandidatur zu interessieren. Es gibt sehr wenige, die sich so – ich möchte sagen – militant seit 60 Jahren für die Sache des Friedens eingesetzt haben wie er, und das unter Opfern, die ihn zeitweise in stärkste physische Not gebracht haben.

Von Berlin über Istanbul nach New York hat der Geiger Bronislaw Huberman immer wieder den Weg zu uns gefunden. Ich hörte ihn zum ersten Male spielen, als ich Student in Breslau war. Die Faszination, die er auf Frauen ausübte, schien mir immer ein Attribut seiner Häßlichkeit zu sein, die ihm manchmal beim Konzert etwas Dämonisches gab.
Als ich ihn in Vertretung von Sauerbruch Ende der zwanziger Jahre in Berlins Westsanatorium sah, war er in jeder Hinsicht auf der Höhe von Leben und Leistung. Beeindruckt von der Blumenfülle in seinem Zimmer und den besorgten Telefonanrufen, die ich erhalten, fragte ich ihn nach

seinen amourösen Abenteuern: „Wenn ein Hundertstel von dem wahr wäre, was darüber kolportiert wird, wäre ich mehr als zufrieden." Nach einem Flugzeugabsturz, den er überlebte, kam er nach Istanbul, besorgt um die Wiederkehr seiner Handfertigkeit. Man hatte ihm eine Operation empfohlen. Sie erwies sich als unnötig. Es kam zu einer vollständigen funktionellen Restitution. Sein Leben in New York war durch depressive Zustände verdüstert; nur selten noch fand er die frühere Fähigkeit wieder, humorvoll und interessant von seinem Leben zu erzählen. Wie viele, welche die Antiklimax des Ruhmes erleben müssen, war er von der Furcht gepeinigt, daß seine Freunde ihr Interesse an ihm verlieren könnten. Für jedes Zeichen von Sympathie und für jede Minute, die man ihm und seinen Sorgen widmete, war er dankbar. Er starb auf seinem schönen Besitz am Genfer See. Selbst nach seinem Tode hat dieser rastlose Mann erst Monate später die Ruhe der Bestattung seiner Asche finden können.

Nach Basel

Basel hatte schon lange, bevor die Berufung erfolgte, in meinem Leben eine Rolle gespielt, obwohl ich von der Stadt vorher nur den Bahnhof und ein Hotel gesehen hatte.
Wie ich als frischgebackener Privatdozent zu Besuch nach Neisse kam, war mein Vater nicht recht glücklich über die neue Würde, die nach seinen Erfahrungen der Beginn von Enttäuschungen sei; aber schließlich meinte er, vielleicht sei ich doch ein Glückspilz, würde einmal Ordinarius werden – und dann könnte er nur wünschen, daß es Basel sei. In einem Brief, den er mir kurz darauf schrieb, findet sich noch einmal dieser Zukunftstraum.
Ein Besuch bei C. Henschen, dem damaligen Basler Ordinarius der Chirurgie, im Sommer 1933, hinterließ indessen keinen bleibenden Eindruck, vielleicht deswegen, weil ich schon völlig auf eine Trennung von Europa eingestellt war und die greifbare Nachbarschaft von Deutschland mich mehr beeindruckte als das Gefühl beruflicher und bürgerlicher Sicherheit, das Henschen, der übrigens in Zürich Sauerbruchs Oberarzt gewesen war, in den zwei Stunden des Besuches ausstrahlte.
In der Türkei las ich täglich von Basel; wir hielten die „Basler Nachrichten" als die unabhängigste Tageszeitung deutscher Sprache und wurden auf diese Weise, ohne es zu wollen, mit lokalen Ereignissen vertraut. Die Leitartikel von Albert Oeri, die später zum Teil in Buchform erschienen sind, waren imponierende Dokumente eines standfesten Demokraten bester Prägung.
Mit der Ablehnung des Hamburger Lehrstuhles war für mich eigentlich im Grundsätzlichen die Frage einer Rückkehr nach Europa erledigt. Wir richteten uns darauf ein, das New Yorker Leben so angenehm zu machen, als es die Berufsarbeit zuließ. Der lang gehegte Plan, in der Nähe von New York ein Landhaus zu kaufen, nahm Gestalt an. Der Besitz, den wir in der Nähe von Ardsley erwarben, war bezaubernd schön. In 50 Minuten Autofahrt über den Parkweg erreichbar, umfaßte er neben einem von unserem Vorgänger modernisierten weitläufigen Haus alles, was wir uns als ruhenden Pol einer neuen Heimat erträumt hatten. Der Kaufpreis war vielleicht zu hoch für unsere Verhältnisse, noch mehr die Unterhaltungskosten; aber solange meine beruflichen Einnahmen blieben, war wenig Anlaß für Bedenken vorhanden.
Indessen – derselbe Grund, der uns finanzieller Sorgen enthob, war es auch, der den Genuß des Besitzes einengte. Die Praxis steigerte sich bis an die Grenze meiner körperlichen Leistungsfähigkeit, und ich verbrachte die Wochenenden meist damit, das Schlafdefizit auszugleichen, das sich während der

Arbeitstage angesammelt hatte. Versuche, die operative und konsultative Tätigkeit einzuschränken, schlugen fehl.

Die Basler Berufungsfrage begann für mich im Frühjahr 1951 mit einer eigenartigen Episode: Eines Nachts mußte ich das Enkelkind eines befreundeten Arztes operieren, und als ich gegen zwei Uhr früh vom Spital nach Hause fuhr – eine halb durchwachte Nacht hinter mir und einen mit Operationen gefüllten Tag vor mir – kam mir plötzlich der Gedanke, wie schön es wäre, an einer kleinen Schweizer Universität, etwa in Basel, zu lehren. Ich wußte vom damaligen Basel wenig oder gar nichts – sicher nichts davon, daß der chirurgische Ordinarius, O. Schürch, krank war. Die Idee schien mir so absurd, daß ich, zu Hause angekommen, zu Ruth sagte, ich sei anscheinend stark überarbeitet, anders könne ich mir die unbegründete Gedankenverbindung mit Basel nicht erklären.

Drei Monate später erhielt ich einen Brief des Basler Dekans, der auf Schürchs Ableben Bezug nahm und fragte, ob ich ihn während der gerade beginnenden Sommerferien in Basel aufsuchen könnte. Der Brief wurde nach Hamburg weitergesandt, wo ich Vorlesungen als Gast von Lezius hielt. Wir hatten im Suvretta-Haus (St. Moritz) Zimmerreservationen gemacht. Basel war nicht weit vom Weg. Der Dekan, der Pädiater E. Freudenberg, hatte zum Mittagessen meine Frau, den Dermatologen W. Lutz (als Mitglied der Berufungskommission der Fakultät) und den Verwaltungsdirektor des Bürgerhospitals, G. Moser, eingeladen. Ich habe es als gutes Omen betrachtet, daß ich als erstem in Basel einem Mann von einer fast kindlichen Offenheit und Liebenswürdigkeit wie Lutz begegnet bin.

Der Dekan sprach kurz über die Verpflichtungen, die mit dem Lehrstuhl verbunden sind, über das komplizierte Berufungssystem und die Anstellungsbedingungen. Es war ein Samstag in den Sommerferien. Herr Moser führte mich dann durch das Bürgerspital. Von dem großzügig gestalteten Bau war ich tief beeindruckt, nicht weniger von der Sauberkeit, und ich halte noch jetzt, nachdem ich im Laufe meines Lebens unzählige Spitäler gesehen und zweimal selbst „gebaut" habe, das Basler Bürgerspital für das schönste und zweckmäßigste Krankenhaus, das selbst heute – mehr als 20 Jahre nach der Eröffnung des Neubaus – noch den Anforderungen der modernen Medizin und Krankenpflege genügt. Es wurde zum wesentlichen Teil in der Zeit des Zweiten Weltkrieges gebaut, und Moser war nicht nur an der Planung beteiligt; er hat auch die großen Schwierigkeiten überwunden, welche die Kriegszeit der Beschaffung von Baumaterialien entgegensetzte. Die Bewunderung, die ich für seine Energie und Arbeitskraft hatte, ließ es mich tief bedauern, daß nach vielen Jahren ernste Differenzen zwischen uns auftraten, die mich zu akzentuierter Stellungnahme zwangen.

Erst nachdem ich das Spital gesehen, schien mir der Ruf nach Basel überdenkenswert. Wie groß allerdings die Aussichten einer Berufung waren, konnte ich nicht abschätzen, um so weniger, als ich keines der Mitglieder der sogenannten Kuratel gesehen oder gesprochen hatte. Die Kuratel ist eine spezifisch baslerische Einrichtung. Sie besteht aus fünf angesehenen Bürgern, die durch ihre Stellung unabhängig von akademischer oder politischer Beeinflussung sind, und – damals zum mindesten – nicht Mitglieder einer Fakultät waren. Der Präsident der Kuratel, Fritz Hagemann, ist Rechtsanwalt (und Besitzer der Basler National-Zeitung), und für die medizinische Fakultät zuständig war A. L. Vischer, ein bekannter Gerontologe, aus einer der angesehenen Alt-Basler Familien stammend.

Die Kuratel ist zwischen Fakultät und Erziehungsdepartement (das kantonale Kultusministerium) geschaltet und kann in Berufungsfragen entscheidenden Einfluß ausüben, wenn seine Mitglieder die großen Möglichkeiten benützen, die ihre Unabhängigkeit ihnen in der Informationsfrage gibt.

Eine dritte Instanz, der sogenannte Erziehungsrat, ist eine politische Behörde, über deren Zweckmäßigkeit man streiten kann. Die akademischen Kliniker, deren Arbeitsstätte sich im Bürgerspital befindet, müssen außerdem vom Pflegeamt des Spitals bestätigt werden. Zweifellos trägt die Vielzahl der Gremien, die auf die Berufung Einfluß haben, nicht zur Erleichterung der Wahl bei, die dann vom gesamten Regierungsrat vorgenommen wird.

Die Einrichtung eines Kuratoriums nach Basler Muster scheint mir indessen für alle Hochschulen nachahmenswert zu sein. Im Laufe der Jahre hat sich ein bemerkenswerter Arbeitsmechanismus entwickelt, dessen Brauchbarkeit allerdings von der Persönlichkeit seiner Mitglieder abhängt. Der Präsident, der in vielen anderen Angelegenheiten der Universität offiziell und inoffiziell konsultiert wird, muß nach Entwicklung und Tätigkeit mit dem akademischen Leben vertraut sein und gesellschaftlich wie beruflich einen angesehenen und hohen Rang besitzen. Für die Mitglieder hat es sich als wünschenswert erwiesen, daß sie *nicht* den Fakultäten als Dozenten angehören. Sonst besteht die Gefahr, daß sie Sprachrohr der Fakultät werden, die ja der Kuratel bei jeder Berufung einen Vorschlag einreicht, und es kann eine wichtige Funktion der Kuratel werden, sich von dem Urteil der Fakultät unabhängig zu machen. Im allgemeinen wird es erwartet und auch praktiziert, daß die Kuratel keine anderen Kandidaten diskutiert als die, welche auf dem Fakultätsvorschlag figurieren. Es ist aber mehr als eine Zumutung, die Entscheidung der Kuratel dadurch vorwegzunehmen, daß nur ein Einervorschlag von der Fakultät eingereicht wird, wie es hin und wieder geschah. Die Gesichtspunkte, die für den Fakultätsentscheid maßgebend sind, berücksichtigen gelegentlich nicht das übergeordnete Interesse von Unterricht und Berufsführung. Es ist nicht ohne Bedeutung für die ganze Berufungsfrage, daß die beiden berühmtesten Mediziner schweizerischer Fakultäten, Theodor

Kocher – Bern und E. Bleuler – Zürich, gegen Willen und Vorschlag der Fakultät berufen wurden.

Als wir nach dem Basler Besuch in unser Zürcher Hotel zurückgekehrt waren, konnte ich innerlich noch keinen Standpunkt finden, außer dem, daß ich froh war, in New York gut etabliert zu sein.

Im Suvretta-Haus, unserem nächsten Ziel, erhielt ich einen Brief des Dekans, in dem er mich um einen Lebenslauf bat und mit Vorsicht hinzufügte, daß wahrscheinlich das Wintersemester hingehen würde, bevor eine Entscheidung reif sei. Einige Wochen später schrieb A. L. Vischer, daß er, als Mitglied der Kuratel, ebenso deren Präsident und einige Mitglieder der Expertenkommission mich kennenlernen möchten. Wir verabredeten das Treffen für die letzten Tage meines Urlaubes.

Inzwischen hatte ich Zeit, die Situation zu überdenken und mich über Basel und seine Fakultät zu informieren. Es war mir klar, daß die Übertragung des Ordinariates an einen Ausländer vielleicht innerhalb der Fakultät und in der Ärzteschaft Mißstimmungen auslösen würde. Kein einziger der chirurgischen oder internistischen Lehrstühle der Schweiz war damals mit einem Nichtschweizer besetzt; innerhalb der Basler Fakultät waren zum mindesten drei Anwärter vorhanden, die für qualifiziert angesehen wurden. Ich hatte Bedenken, zum dritten Male als „Fremder" in eine leitende Stellung zu kommen. Früher, in Istanbul und New York, war es eine Notlage, die alle Bedenken zum Schweigen brachte. Jetzt lagen die Dinge anders. Der einzige große Vorteil, den Basel bot, lag in der größeren Möglichkeit, wissenschaftlich zu arbeiten und in der Muttersprache zu lehren. Wirtschaftlich gesehen würde Basel für mich ein beträchtlicher Abstieg sein.

Es blieb mir auch zweifelhaft, ob ich mich in das Leben einer kleineren Stadt – zum ersten Male seit dreißig Jahren – einordnen könnte.

Als ich Ende August nach Basel ging, um mit Vischer zu sprechen, war ich eher skeptisch. Über die Stellung der Kuratel innerhalb der Universitätshierarchie erhielt ich divergente Auskünfte. Ihr Einfluß in Berufungsfragen wurde in der jetzigen Zusammensetzung als groß, ja ausschlaggebend geschildert, ohne daß die Machtfülle statutenmäßig zum Ausdruck kam. Vischer galt als die „graue Eminenz" der akademischen Personalpolitik auf medizinischem Gebiet. Die Berufungsvorschläge der Fakultät werden jeweils der Kuratel vorgelegt. Sie bestimmt eine aus anerkannten Fachleuten zusammengesetzte Expertenkommission, mit der sie dann den Fakultätsvorschlag berät. Für die Besetzung des chirurgischen Lehrstuhles waren unter anderen die Chefärzte der beiden konfessionellen Krankenhäuser Basels, F. Merke und C. F. Geigy, als Experten ausgewählt worden. Beide traf ich bei Vischer an. Es wurde kaum über die Berufungsfrage gesprochen. Man brach bald auf, da der Präsident der Kuratel uns erwartete. Die Vorstellung dort war kurz, die Aufnahme freundlich. Dann hatte ich noch Gelegenheit, mit Geigy ausführlicher zu sprechen. Die Unterredung legte den Grundstein zu einer nun 18 jährigen Freundschaft beider Familien. Geigy besitzt die seltene Kombination von unzerstörbarer Güte und Klugheit.

Merke hat in dem katholischen St. Claraspital in 35 Jahren aus relativ kleinen Anfängen ein chirurgisches Zentrum geschaffen, das im ganzen Lande und über seine Grenzen hinaus bekannt ist. Daß ein Mann von so ausgeprägter akademischer Eignung nicht auf einen Lehrstuhl seines Faches berufen wurde, lag an seinem unmißverständlich und mehrfach geäußerten Wunsch, in dem ihm liebgewordenen Arbeitskreis zu verbleiben. Für den Chirurgen Merke ist es von symbolischer Bedeutung, daß er als Bergsteiger „Alleingänger" war.

Vischer wollte, daß ich ihn vor meiner Abreise noch einmal aufsuchte. Ich hatte dafür nach meinem Tagesplan noch 30 Minuten Zeit. Es ist schwer, den ersten Eindruck zu übertreiben, den ich von dieser Unterredung mitnahm. Bezeichnend mag die Tatsache sein, daß ich Zeit und Zugabgang vergaß, während er von der Geschichte der Basler Universität erzählte, an deren Entwicklung Mitglieder seiner Familie nicht unbeteiligt waren. Sein Großvater hatte die Berufung des 25 jährigen Nietzsche erreicht, der übrigens dann später als ordentlicher Professor hier seine Doktorarbeit einreichte. Die Freundschaft mit A. L. Vischer und seiner Frau, die an jenen Tagen begann, ist eines der großen Geschenke des Schicksals, die Ruth und mir zuteil wurden.

Auf der Rückfahrt nach unserem Standquartier Zürich nahm zum ersten Male der Gedanke eines Tätigkeitswechsels wirkliche Gestalt an. Ich fragte mich, was *ich* Basel zu bieten hätte, um die Berufung eines Nichtschweizers auf einen klinischen Lehrstuhl zu rechtfertigen. Drei Jahre zuvor war ich in Deutschland und der Schweiz gewesen, um ein Bild von dem Leistungsstand des Faches zu gewinnen. Die Ergebnisse hatte ich in einem Gutachten zusammengefaßt, das, von einer privaten Institution angefordert, zu einem Artikel von E. D. Churchill (Harvard) Stellung nehmen sollte. Churchill ist, um das Absinken der deutschen Medizin zu erklären, weit in die Geschichte der europäischen Kultur zurückgegangen, von der er die heutigen Deutschen ebenso ausgeschlossen sieht, wie ihre Vorfahren, die Varus' Legionen im Teutoburger Wald vernichteten. Man kann diese Ausflüge ins Geschichtliche ignorieren. Auf fachlichem Gebiet machte Churchill aber einige bemerkenswerte Feststellungen: „Von der stürmischen Flut der kontinental-europäischen Wissenschaft, die in der Mitte des 19. Jahrhunderts ihren Anfang nahm und 1914 ihren Höhepunkt erreichte, ist jetzt (1945) nicht viel mehr übriggeblieben als ein ausgetrocknetes Flußbett." Als er 1944 in der Lage war, beim amerikanischen Vormarsch in Italien deutsche Feldlazarette zu sehen, war sein Urteil vernichtend: „Die Deutschen benützen noch die Behandlungsmethoden der Zeit des Ersten Weltkrieges. Bluttransfusionen als Routinemaßnahme waren so gut wie unbekannt; Chemotherapie wurde in systematischer Weise kaum benutzt. Die Behandlung von Frakturen war mehr als unzureichend, die medizinische Betreuung der einzelnen Verwundeten sehr oberflächlich." Churchill fand diese Beobachtungen später auch in einem der großen Lazarette Deutschlands selbst bestätigt. Unberücksichtigt gelassen wurde bei diesem summarischen Urteil indessen die Tatsache, daß er die Sanitätseinrichtungen der deutschen Armee zu einer Zeit besuchte, da der militärische und politische Kollaps drohte oder schon eingetreten war.

1948 und 1951 besuchte ich die deutschen Universitätskliniken. Das trübste Kapitel war in den deutschen und in den meisten schweizerischen Spitälern das Narkosewesen. Die Zustände waren 1948 genauso unbefriedigend wie 15 Jahre zuvor. Departements für Anästhesie – eine Selbstverständlichkeit in den angelsächsischen und skandinavischen Ländern – waren unbekannt. Die Intubationsnarkose wurde kaum benützt. Die Praxis der Allgemeinbetäubung blieb primitiv.

Bei vergleichender Beurteilung ließ sich feststellen, daß innerhalb dieser drei Jahre die Thoraxchirurgie in großen Kliniken ein wesentlich höheres Niveau erreicht hatte. Spezialabteilungen für Neurochirurgie schossen aus dem Boden, dank der Bemühungen von W. Tönnis, des Lehrmeisters so gut wie aller deutschen Neurochirurgen. Nur die Anästhesie blieb ein Stiefkind des Fortschrittes – mit der Begründung, daß man nicht noch ein Betätigungsfeld vom „Mutterboden der allgemeinen Chirurgie" abtrennen dürfe.

Unter dem Eindruck dieser vergleichenden Beobachtungen habe ich eine fruchtbare Betätigungsmöglichkeit in Basel nach zwei Richtungen gesehen: in der systematischen Entwicklung von Spezialabteilungen und in der Reform des studentischen Unterrichts, der im kontinentalen Europa immer noch – wie vor 40 Jahren – fern vom Krankenbett fast ausschließlich in der Form der magistralen Vorlesungen gegeben wurde.

Nach beiden Zielen hin in einer, wie ich glaubte, weitgehend unabhängigen Stellung wirken zu können, schien mir eine Änderung des Lebens wert zu sein, und ich kehrte nach New York zurück – eigentlich entschlossen, den Ruf nach Basel anzunehmen, wenn er kommen sollte. Und, wie um mir die Sinnlosigkeit des Entschlusses zu beweisen, zeigte sich die New Yorker Arbeit jetzt von ihrer verlockendsten Seite: der Zugang von Patienten, besonders der chirurgisch problematischen, war größer als je. Meine Mitarbeiter in Krankenhaus und Privatpraxis waren bemüht, mir die Arbeit zu erleichtern. Der schöne „Indian summer" (Herbst in New England) tat ein übriges, um die Idee des Abschiedes als unbedacht erscheinen zu lassen. Ich beschloß, die Entwicklung der Dinge fatalistisch zu betrachten. Erst als Ende November 1951 der Vorsteher des Erziehungsdepartements des Kantons Basel-Stadt vom Regierungsrat den Auftrag erhalten hatte, mit mir wegen der Berufung zu verhandeln, mußte definitiv Stellung genommen werden. Schwierig wurde die Entscheidung der Kinder wegen. Sie waren beide in Schulen, die sie liebten; ihre Kenntnisse der deutschen Sprache waren minimal. Sie hatten einen ihnen zusagenden Freundeskreis.

Auf der positiven Seite stand die Möglichkeit vermehrter wissenschaftlicher Tätigkeit; die Anforderungen der Praxis machten es in New York immer schwerer, zur Arbeit am Schreibtisch und in der Bibliothek zu kommen. Ruth fühlte, daß es besonders die akademische Aufgabe war, die mich faszinierte. Sie räumte psychologische Hemmnisse aus dem Wege, die sich aus einer ablehnenden Haltung der Kinder ergeben konnten, und wir beschlossen, daß ich noch vor Weihnachten 1951 zu der gewünschten Besprechung nach Basel fahren sollte.

In dem Erziehungsdirektor, Regierungsrat P. Zschokke, fand ich einen welterfahrenen, interessierten und humorvollen Mann, der wahrscheinlich erleichtert war, als ich keine anderen Forderungen stellte als die Konzession zur allmählichen Entwicklung von Abteilungen der chirurgischen Sonderfächer, beginnend mit Neurochirurgie und Anästhesiologie und die Rückführung der allgemein-chirurgischen Vorlesung in den Unterrichtsplan des Lehrstuhlvertreters. Aus unverständlichen Gründen war diese wichtige Vorlesung Objekt eines Extra-Lehrauftrages geworden – eine Verkennung der Erfahrung, daß die chirurgische Philosophie des Lehrstuhlinhabers in seiner Auffassung von der allgemeinen Chirurgie liegt.

Die Visite bei Vischer war wieder anregend und befriedigend. Ich traf kurz und der Reihe nach alle in der Klinik tätigen Assistenten. Gerade diese, wenn auch oberflächliche Bekanntschaft mit den Assistenten jüngeren und mittleren Alters bestärkte mich darin, auf die Bequemlichkeit zu verzichten, einen meiner bisherigen Mitarbeiter mit nach Basel zu nehmen.

Als Termin des Dienstantrittes wurde der 1. April 1952 vereinbart. Der Abschied von den Hospitälern, von Mitarbeitern und Freunden in New York gestaltete sich schmerzlicher, als ich geglaubt hatte. Geschah es in feierlicher Form, dann wurde es noch belastender. Einen gewissen Ausgleich fand ich darin, daß ich an die Sprechstundenräumlichkeiten noch für anderthalb Jahre gebunden war; wir behielten auch zunächst noch unseren Besitz in Ardsley – zur Sicherung eines Rückzuges. Die drei Monate, die mir noch bis zur Übersiedlung nach Basel blieben, waren vielleicht die anstrengendsten meines beruflichen Lebens. Ich verließ darum mit schwerem Herzen Mitte März – zunächst allein – New York.

Bei meiner Einführung sprach ich von den Rechten und Pflichten der Ärzte einer Universitätsklinik. Das schien mir im Beginn notwendig zu sein, weil auf dem europäischen Kontinent eigenartigerweise die Auffassung verbreitet war, daß im Krankenhaus das nordamerikanische System der aufgelockerten Disziplin sich durch Arbeitszeitbegrenzung im Sinne des Achtstundentages, dienstfreies Weekend und laxe Auffassung der persönlichen Verantwortung dokumentiere. In den folgenden Wochen stellte ich immer wieder fest, daß Wortkargheit mit mangelnder Entschlußfähigkeit verwechselt wurde; es dauerte einige Zeit, bis erkannt wurde, daß Anordnungen und Anregungen ernst gemeint waren, auch wenn sie nicht in hoher Lautstärke gegeben wurden. Auf der anderen Seite entbehrten die Vorstellungen von dem kollegialen, amerikanischen Dienstverhältnis zwischen Chef und Assistenten gelegentlich nicht der Komik.

Der Wechsel der Klinikleitung ist vom Assistentenstandpunkt aus unwillkommen. Es wird dabei leicht vergessen, daß auch der Chef, besonders dann, wenn er keinen seiner früheren Mitarbeiter mitbringt, einer noch delikateren Situation gegenüber steht. Die psychologische Seite des Zusammenfindens besitzt, wenn der neue Klinikleiter zunächst allein steht, gewisse Gesetzmäßigkeiten, die ich dreimal zu erfahren Gelegenheit hatte. So war es auch in Basel. Zuerst einmal der – ich möchte fast sagen – subcorticale Reflex, daß der „Neue" nur nicht glauben soll, er bringe etwas mit, was in der Klinik nicht schon vorher bekannt und – positiv oder negativ – gewürdigt worden sei. Diesem Ressentiment kann eine anerkennenswerte Loyalität zum Vorgänger zugrunde liegen.

Durch die früheren Erfahrungen belehrt, sah ich davon ab, besonders auf operativ-technischem Gebiet eine methodische Gleichschaltung zu verlangen. Sie stellte sich nach kurzer Zeit, wie gewöhnlich, von selbst ein.

Grade in der sachlichen Beeinflussung der Mitarbeiter tut sich für das akademische Auge ein Bild auf, in dem Erfahrung und Wunsch weit auseinandergehen: das Ziel der Universität ist die Förderung unabhängiger Denker. Das Schwergewicht einer für den Arbeitsmechanismus nützlichen Angleichung wirkt aber der geistigen und moralischen Unabhängigkeit entgegen. Es ist wohl die wichtigste und schwierigste Aufgabe der Hochschule, ein gesundes Gleichgewicht zu schaffen zwischen geistiger Leitung und dem Zugeständnis freier, geistiger Regsamkeit. In diese Überlegung sind selbstverständlich und wohl in erster Linie die wissenschaftlichen Arbeiten einbezogen. Ich habe mich in diesem Punkte immer an den Chirurgen Bigelow gehalten, der vor 100 Jahren den Satz niederschrieb: „Hervorragende Männer haben ihr Ziel verfolgt wegen des Anreizes, der vor ihnen lag, nicht wegen des Druckes, der hinter ihnen wirkte". Trotz des fehlenden Druckes haben sich während der fünfzehn Jahre meiner aktiven Basler Zeit zehn meiner Mitarbeiter habilitiert. Das ist nur ein Ausdruck der geistigen Regsamkeit, die den beruflichen Verkehr mit allen Oberärzten und Assistenten zu einem Quell steter Genugtuung machte – so ausgeprägt, daß ich am Tage der Emeritierung schreiben konnte: Ich darf meinen klinischen Mitarbeitern danken, daß sie die fünfzehn Basler Jahre mir zu einem bemerkenswert schönen Berufsabschluß gemacht haben. Und wenn ich heute, mehr als zwei Jahre nach dem Ende der Kliniktätigkeit, mit unverkennbaren Symptomen des Heimwehs an diese Zeit zurückdenke, dann steigen aus der Erinnerung besonders die täglichen „Rapporte" auf, bei denen Rede und Gegenrede einen beruhigenden Mangel an Ehrfurcht hatten.*

---

* In einem Bericht über „Erhofftes und Erreichtes" der Basler fünfzehn Jahre, der im Werden ist, wird auf Leistungen und Persönlichkeit der Mitarbeiter ausführlich eingegangen.

Medizinisches Studium und chirurgische Ausbildung

Die wichtigsten organisatorischen Aufgaben sah ich zunächst darin:
1. im studentischen Unterricht die Begegnung mit dem Patienten zu intensivieren;
2. die theoretische und praktische Ausbildung der Assistenten durch Konferenzen zu ergänzen, bei denen die Besprechung von Todesfällen eine besonders wichtige Rolle spielt;
3. die Einrichtung von Spezialabteilungen, zunächst der Neurochirurgie und Anästhesiologie, vorzubereiten;
4. die Zusammenarbeit mit den Inneren Kliniken zu verstärken.

Der Neuanfang in Basel stellte mich vor die Notwendigkeit, mir Gedanken über das Medizinstudium und die Ausbildung zum Chirurgen zu machen und Reformen anzustreben. Dieses Kapitel ist eine Zusammenfassung solcher Überlegungen zur kontinental-europäischen Studienreform; sie sind in mehreren Fachzeitschriften veröffentlicht worden.

Andrang zum Medizinstudium und Ärztemangel haben eine Art von Notzustand geschaffen. In einem Kolloquium über ärztliche Berufsführung (1968) wurde ich von meinen Hörern gefragt, wie ich mir die dringende Vermehrung von Studienplätzen vorstelle – unter Berücksichtigung der Tatsache, daß die Heranziehung von nichtakademischen Krankenhäusern zum klinischen Unterricht das Problem *nicht* löst, denn der Engpaß läge ja im Bereiche des *Vorklinikums*. Ein schnelles Ergebnis könnte dadurch erreicht werden, daß jedes theoretische Institut provisorisch (bis zur Fertigstellung eines zweiten Institutes) zwei Leiter erhält, sagen wir den Vormittags- und den Nachmittagschef; beide unterrichten die gleiche Studentenzahl, so daß Kursräume und Auditorien zweimal am Tage bis zur Kapazität ausgenützt sind. Vermehrung von Assistenten und Institutsangestellten und die Befriedigung ihrer räumlichen Bedürfnisse würde kein kostspieliges Unternehmen sein.

Der Vorschlag, solche Zwillingsinstitute einzurichten, wird wahrscheinlich wegen der erforderlichen Unterbringung zweier Chefs im gleichen Hause eine grundsätzliche Ablehnung erfahren und das in einer Zeit, da nur wenig hochqualifizierte Lehrer dieser Gebiete vorhanden sind.

Außerdem darf man daran denken, das akademische Jahr statt in Semester in *Trimester* aufzuteilen. Wenn man die jeweilige Unterrichtszeit nicht über zweieinhalb bis dreieinhalb Monate ausdehnt, hat dieser Vorschlag manches für sich.

Überall regt sich der Wunsch, das akademische *Studium* jeder Art zu *verkürzen*. Es ist nicht einzusehen, warum der Universitätsstudent und seine Lehrer eine fast sechsmonatige Ferienzeit haben sollen. Die Kliniker, die dieses Ferienmaß nicht kennen, haben gezeigt, daß sie trotzdem zu wissenschaftlicher Tätigkeit fähig sind. Praktische Kurse, die in den Ferien abgehalten werden (Krankenpflege, Praktikum), lassen sich auch im reduzierten Ferienplan unterbringen. Die Trimestereinteilung des Jahres stelle ich mir ungefähr so vor, daß
der erste Teil vom 15. April bis 30. Juni dauert,
der zweite Teil vom 1. September bis 15. Dezember und
der dritte Teil vom 1. Januar bis 31. März.
Wenn man Trimester an die Stelle der Semester setzt, kann das gesamte medizinische Studium (vorklinische und klinische) in viereinhalb statt in sechseinhalb Jahren abgeschlossen werden.
Den Vorschlag des Trimesters habe ich zum ersten Male 1955 und danach noch mehrfach publiziert. In den letzten Monaten ist er – anscheinend unabhängig von früheren Anregungen – an mehreren Stellen aufgegriffen worden. Es haben sich – wie gut begreiflich – unter den theoretischen Medizinern heftige Gegner gefunden. Ihre Argumente indessen stehen nicht auf der Höhe ihrer meist satirischen Ausdrucksschärfe. Der letzte Einspruch bestand in der Feststellung, daß der Versuch der Trimestereinführung bereits von den Nazis gemacht wurde. Ich habe dafür keine Beweisdokumente finden können, will es aber als gegeben annehmen. Der angebliche Mißerfolg des Unternehmens war vielleicht mehr auf die Kriegsverhältnisse als auf die Unzulänglichkeit des Planes zurückzuführen. Obendrein – niemand wird es bestreiten – haben sich leider viele intelligente Köpfe gerade auf akademischem Boden dem niederträchtigen Regime zur Verfügung gestellt.

Änderungen im medizinischen Unterrichtssystem sollen die Forderung beantworten, wie man Studium und Examina den *naturwissenschaftlichen* und technischen Fortschritten anpassen, aber auch ein *geisteswissenschaftliches* Gegengewicht schaffen kann durch stärkere Beachtung dessen, was man gemeinhin als Humanität bezeichnet.
Ich bringe diesen Punkt nur zögernd zur Diskussion. Wenn schon das Argument von der Bedeutung naturwissenschaftlicher Forschung für den medizinischen Fortschritt reichlich mißbraucht wird, dann geschieht das jüngstens noch mehr mit dem Begriff der Humanität. Man hat ein Recht, skeptisch zu sein gegen diejenigen, die ihre Humanität zu oft im Munde führen. Sie sind in der Krankenbetreuung oft Versager. Wahre Humanität liebt die tatkräftige Hilfe und *die* ohne das aufdringliche Selbstlob, das zwischen den Zeilen unverkennbar wird. Um nicht ungerecht zu sein: Das Laboratorium nimmt in der Dia-

gnostik und Verfolgung therapeutischer Ergebnisse heute einen so gewaltigen Raum ein, daß die Vernachlässigung der psychologischen Behandlung mehr als verständlich ist, und die mittelbaren Untersuchungen beanspruchen so viel Zeit und Kraft, daß häufig die direkte Verbindung mit dem Kranken zu kurz kommt. Während früher, als die Behandlungsmöglichkeiten unzureichend waren, der Arzt mehr Tröster als Heiler war, hat die heutige ärztliche Generation oft das Gefühl, daß mit erfolgreicher Beseitigung eines organischen Krankheitszustandes ihre Aufgabe erfüllt ist. Obendrein besteht bei dem ernsthaften Arzt eine instinktive Abneigung dagegen, mit jenen in einen Topf geworfen zu werden, die Mangel an Kenntnissen durch die Flut gemütvoller Redensarten zu überdecken suchen.

Trotzdem ist wahrscheinlich der neuralgische Punkt des heutigen Arzt-Patienten-Verhältnisses dieser mangelnde Kontakt, die immer stärker werdende Schwierigkeit für den Kranken, mit seinem Arzt über sein Leiden zu sprechen, ein Leiden, das mit Recht oder Unrecht sein Leben beherrscht. Und wenn man die vielgerühmten medizinischen Fortschritte, von denen die publizistischen Organe der ganzen Welt voll sind, wirklich bei Tag besieht, so wird einem klar, daß die seit der Jahrhundertwende dominierenden Todesursachen – Krankheiten von Herz- und Gefäßapparat, die bösartigen Geschwülste und die Straßenunfälle mit der fast gespenstischen Todesziffer ihrer Schädel-Hirn-Verletzungen – noch unbezwungen sind, ja, daß auf keinem dieser Gebiete hoffnungsvollere Aussichten bestehen, als es vor 30 Jahren der Fall war.

Gegen diesen Hintergrund zeichnen sich einige Möglichkeiten ab, schon frühzeitig den Studenten in den Eigenschaften zu schulen, die Voraussetzung jeder Heilkunst sind: Klugheit des Herzens, Takt, Mitgefühl und Aufopferungsfähigkeit.

Man hat die humanistische Bildung für eine solche Erziehung in Anspruch genommen und dabei wieder auf den Unterricht in den alten Sprachen als den besten Vermittler der Bildung hingewiesen. Ich bin ein sehr entschiedener Anhänger des humanistischen Gymnasiums wegen der alten Sprachen, die in ihm gelehrt werden, aber ich sehe ihren Wert nicht nur in der Vermittlung dessen, was gemeinhin als klassische Bildung bezeichnet wird; das kann gewiß auch in der Landessprache geschehen; auch nicht im Verständnis des Wertes der formalen Sprachschönheit – dazu kann der Unterricht niemals ausreichend und ausschließlich genug sein. Ein gewichtigeres Argument liegt schon in der Tatsache, daß die medizinischen Fachausdrücke einen lateinischen oder griechischen Kern besitzen. Diejenigen unserer Medizinstudenten, welche die antiken Wörter – und zwar zu Tausenden – auswendig lernen müssen, können sich Sinn und Entstehung aus eigenen Mitteln nicht verständlich machen. Man hat diesem Einwand entgegengehalten, daß die wissenschaftliche Sprache ihre Fremdworte ausmerzen soll. Das ist aus vielen Gründen ein törichtes Verlangen. Die internationale wissenschaftliche Verständigung wird durch Fachausdrücke lateinischer oder griechischer Provenienz ganz wesentlich erleichtert, ein entscheidend wichtiger Punkt angesichts des heutigen Tempos der wissenschaftlichen Forschungsarbeit.

Obendrein ist die lateinische Sprache beispielhaft für die Kürze, Klarheit und Logik von Ausdruck und Satz; kurz für die Disziplin des Denkens.

Dieser Exkurs gibt Gelegenheit, auf eine Änderung im Unterrichtsprogramm des humanistischen Gymnasiums hinzuweisen, die heute als Vorbildung für die meisten naturwissenschaftlichen und technischen Berufe wünschenswert erscheint:

Die wichtigsten medizinischen Errungenschaften der letzten zwei Jahrzehnte sind der Biochemie zu verdanken. Auf eine gründliche Ausbildung müßte darum das Schwergewicht des studentischen Unterrichtes gelegt werden. Es ist aber notwendig, daß die Basis dazu schon während der Gymnasialzeit geschaffen wird. Die Tradition des humanistischen Gymnasiums wird nicht verletzt, wenn einige Stunden des griechischen und lateinischen Unterrichtes der Chemie geopfert werden. Es gibt humanistische Gymnasien, in denen Chemie nicht Pflichtfach ist. Die Beibehaltung einer solchen Unterrichtspolitik muß über kurz oder lang diese ehrwürdige Unterrichtsstätte für das Studium der Medizin disqualifizieren (wie es bereits in Schweden der Fall ist).

Zu den Problemen der medizinischen Ausbildung gehören die *Schlußprüfungen*. Die Belastung der Kandidaten durch Examina in manchen der sogenannten kleinen Fächer ist unverhältnismäßig groß. Hier muß in relativ kurzer Zeit und darum um so anstrengender eine Unmenge von Gedächtniskram absorbiert werden, der erfahrungsgemäß ebenso schnell wieder vergessen wird. Ein anderer umstrittener Punkt betrifft das *schriftliche* Examen. Dabei denke ich nicht an das Niederschreiben der Krankengeschichte des „großen Falles", das gerade eben ein Urteil über die Erfassung *einer* Erkrankungsform gestattet, die obendrein und in der Hauptsache dann noch mündlich diskutiert wird. Es handelt sich vielmehr um die schriftliche Beantwortung von Fragen, die, vom Prüfungsausschuß vorher sorgsam ausgewählt und formuliert, den in Klausur befindlichen Examinanden vorgelegt werden. Wer das nordamerikanische Prüfungssystem nach dieser Richtung hin kennengelernt hat, weiß, daß es besser als das mündliche Examen dem wichtigen Zweck gerecht wird: unzureichende Kenntnisse aufzudecken, während wahrscheinlich mit der flexibleren mündlichen Befragung sich die Spitzenleistungen besser erfassen lassen. Worauf es aber in erster Linie ankommen muß, ist die Rückweisung jener, die für die ärztliche Tätigkeit noch nicht genügend ausgebildet sind. Außerdem schaltet die schriftliche Durchführung der Prüfung eine Reihe von psychologischen Faktoren aus, die – für den Studenten von Vorteil oder Nachteil – im Examen keinen Platz finden sollten. Es ist obendrein leicht, dem Prüfer gegenüber die Anonymität des Prüflings zu wahren. Schließlich ist es nicht der geringste Vorteil eines schriftlichen Examens, daß die Beurteilung des Kandidaten wesentlich weniger zeitliche und personelle Anforderungen stellt als das jetzt übliche Verfahren. Es wird durch diese Form der Prüfung vermieden, daß durch Warten ermüdete Kandidaten mit einem übermüdeten Prüfer konfrontiert werden.

Man hat die propädeutischen Examina (Botanik, Zoologie, Physik, Chemie) dazu benutzt, um die für das Medizinstudium „Ungeeigneten" zu eliminieren. Dieser ganze Eliminationsprozeß ist ein fragwürdiges Unternehmen. Wenn die Zurückweisung auf Grund ungenügender Leistungen in Botanik, Zoologie oder Physik erfolgt, ist die mangelnde Befähigung zum Arztberuf sicher *nicht* erwiesen. Die Verlustzahlen in beiden propädeutischen Examina werden – manchmal mit gewissem Stolz ob der Schwere der Prüfung – sehr hoch angegeben.

In der medizinisch-naturwissenschaftlichen Vorbereitungsperiode (Anatomie, Physiologie und physiologische Chemie) läßt sich ein wesentlicher Zeitgewinn dadurch erreichen, daß auf die anatomische Sezierübung verzichtet wird. Ich möchte glauben, daß die Demonstration von fertiggestellten Präparaten, die – eventuell aus plastischem Material hergestellt – unvergleichlich instruktiv sind und den Präparierkurs völlig zu ersetzen vermögen.

In manchen Anatomiesälen arbeiten heute 6–10 oder mehr Studenten am gleichen Präparat, das heißt einer engumgrenzten Körperregion.

Wichtig für den praktischen Arzt ist allein die topographische Anatomie. Sie wird, wie ein amerikanisches Beispiel zeigt, mit Vorteil auch am Krankenbett und im Sektionssaal des Pathologen unter Hinzuziehung von Anatomen und Klinikern gelehrt. Auf die prekäre Situation, in der sich seit vielen Jahren die anatomischen Institute befinden, ist immer wieder hingewiesen worden, zuletzt (Spiegel 1967) mit der Mitteilung abstoßender Einzelheiten.

Das *Unterrichtssystem*, das heute in den meisten kontinental-europäischen Ländern bevorzugt wird, leidet vom Standpunkt der klinischen Studenten gesehen an drei Nachteilen: dem Mangel an Berührung zwischen Patient und Student, an der Überlastung von Programm und Hirn der Studenten mit spezialistischem Wissensgut und an der fehlenden Einbeziehung krankhafter Zustände in den physiologischen und physiologisch-chemischen Unterricht der Vorkliniker. Am schwierigsten dürfte die Reform im letzten Punkte sein, da sie von den Lehrern der Physiologie, physiologischen Chemie und Pharmakologie klinische Erfahrungen fordert, die in ihrem Ausbildungsgang bis jetzt unberücksichtigt blieben. Die Übernahme der anderen Punkte in den

Lehrplan begegnet bei der überwiegenden Mehrzahl der Professoren keinen sachlichen Einwendungen mehr. Dagegen liegt eine gewisse grundsätzliche und mehr gefühlsmäßige Opposition deswegen vor, weil man die stärkere Betonung der praktischen Seite des Unterrichts gern mit dem Begriff des „angelsächsischen Systems" identifiziert, so ungefähr, als ob man die durch ein Jahrhundert bewährte Unterrichtsmethode durch eine, sagen wir, „amerikanische" ersetzen wolle. Auf dem Gebiet der praktischen Medizin hat man nicht gezögert, überall in der Welt die großen Fortschritte anzuerkennen, welche die nordamerikanische Medizin während der letzten Jahrzehnte erzielt hat. Eine Adoption der Änderungen im Unterrichtssystem, die sich an amerikanischen Universitäten bewährt haben, wäre also kein außergewöhnlicher Schritt. Das würde obendrein keinen vollständigen Bruch mit der Tradition bedeuten; denn die große klinische Vorlesung, welche nur auf dieser Seite des Ozeans für wichtig gehalten wird, sollte, wenn auch mit Abstrichen, erhalten bleiben. In diesem Zusammenhang mag die Tatsache versöhnend wirken, daß das nordamerikanische System in seinen Anfängen dem mitteleuropäischen der Jahrhundertwende nachgebildet war.

Man hat sich zur Verteidigung der heutigen mitteleuropäischen Hochschulorganisation gern auf die Tradition berufen. Aber Tradition ist nicht ein bequemes Festhalten am Alten; es gibt eine Tradition des Fortschrittes, der die europäische Wissenschaft in jener glanzvollen Periode von der Mitte des vorigen Jahrhunderts bis zum Ende der zwanziger Jahre sich verschrieb, jene Periode, die als das Goldene Zeitalter in die Geschichte der Medizin eingegangen ist.

Was hat sich bei Flexners Reform in den Vereinigten Staaten zugetragen? Ich glaube, das Wesentliche liegt darin, daß die verschiedenen mit der Gesundheitspflege und dem medizinischen Unterricht verbundenen Organisationen ständige, sehr ernsthaft arbeitende Ausschüsse gebildet haben, deren Aufgabe es ist, das Unterrichtsprogramm den medizinischen Fortschritten anzupassen, sowohl in der Ergänzung der Unterrichtssubjekte als auch ganz besonders in der Eliminierung obsolet gewordener Fächer und Themen. War in den USA schon von vornherein das Ausbildungsziel insofern modifiziert worden, als neben den Vorlesungen der Unterricht am Krankenbett eine besondere Betonung erfuhr, so wurde bald der großen klinischen Vorlesung ihre zentrale Stellung genommen. Ihr jetziges Überbleibsel ist das System der Ringvorlesungen, in denen von verschiedenen Fachvertretern das gleiche Thema behandelt wird; dabei bleibt der Diskussion durch die Studenten ein ansehnlicher Teil der Zeit reserviert.

Die Gründe, die von den Angelsachsen als Argument gegen die medizinische Vorlesung mitteleuropäischer Prägung angeführt werden, lassen sich in drei Punkten zusammenfassen:

1. Von der überwältigenden Zahl der Lehrer wird oft mit geringer direkter Beziehung zum vorgestellten Kranken Lehrbuchweisheit vorgetragen, die der Student ebensogut oder besser in seinen Lehrbüchern findet.
2. Das Praktizieren ist in den meisten Kliniken mit wenigen Fragen erschöpft, die von den Praktikanten in einer Fülle von Hemmungen wegen eines kritisch lauschenden Auditoriums nur unzulänglich beantwortet werden. Eine freie Diskussion wird selbst dann nicht angetroffen, wenn geringe Studentenzahl und die Neigung des Lehrers sie zu fördern erlaubten.
3. Den Hinweis, immer wieder von europäischer Seite vorgebracht, daß in der Erinnerung an die Studienzeit Form und Inhalt der Vorlesung bewährter Lehrer eine große Rolle spielt, beantwortet man damit, daß die Fähigkeit oratorischer und sachlicher Eindringlichkeit des Vortrages nur wenigen gegeben sei; Kliniker wie F. v. Müller, E. v. Bergmann oder Sauerbruch sind auch nach dieser Richtung seltene Erscheinungen gewesen.

Die Kritik hat ihre tiefe Berechtigung; die als Nachteil empfundenen Eigenarten lassen sich indessen korrigieren. Es ist meine Überzeugung, daß die *klinische Vorlesung* Wert besitzt, wenn sie, an Zahl reduziert, nicht die einzige Form klinischer Instruktion ist, ja, wenn sie zeitlich zugunsten des Unterrichts am Krankenbett zurücktritt.

Im wesentlichen kommt es auch hier auf die Wahrung der richtigen Proportionen an. Eine Auflockerung des patriarchalischen klinischen Unterrichts, wie er früher üblich war, drängt sich heute schon deswegen auf, weil kein Internist und kein Chirurg mehr in allen Zweigen seines Faches gleich kompetent sein kann.

Die Ergänzung in klinischer Praxis – meines Erachtens der integrierende Teil jeder Studienform – sollte für den Unterricht der großen klinischen Fächer in zweifacher Form geschehen.

1. als *klinische Visite* in *kleinen* Gruppen und
2. durch Perioden *mehrwöchigen vollen* Dienstes in Klinik bzw. Krankenhaus, hier betreut im Sinne von individueller Studienleitung – dem sogenannten Tutorsystem.

Während die Hörerzahl in allen klinischen Vorlesungen kaum einer Begrenzung bedarf, liegen die Verhältnisse bei den praktischen Übungen grundsätzlich anders. Eine Gruppe, die mehr als sechs Studenten umfaßt, macht den Zweck freier Diskussion am Krankenbett, an der sich alle beteiligen sollen, illusorisch.

Historisch gesehen hat auch an den mitteleuropäischen Universitäten der klinisch-akademische Unterricht im Krankensaal und am Krankenbett begonnen. Erst die ansteigende Zahl von Studenten verursachte den Wechsel der Szene.

Selbst mit Heranziehung älterer Assistenten kann eine große Klinik nicht mehr als 100 Studenten bewältigen, wenn eine zu starke Beanspruchung der Patienten vermieden werden soll. Viele Hunderte – eine Zahl, die an manchen Universitäten die klinische Vorlesung bevölkert – in dieser Form auszubilden, ist unmöglich. Es müssen in Großstädten dann andere qualifizierte Hospitäler, die über Dozenten verfügen, zum Unterricht herangezogen werden. In kleineren Universitätsstädten, in denen meist die notwendigen Voraussetzungen für eine Unterweisung außerhalb des akademischen Hospitals fehlen, wird sich eine Begrenzung der Studentenzahl nicht vermeiden lassen, es sei denn, man gewinnt die Verfügung über weitere Krankenbetten durch Heranziehung von Krankenhäusern eng benachbarter größerer Gemeinden, die erprobte Lehrkräfte besitzen.

Die gleichen Voraussetzungen gelten sinngemäß für die mehrwöchige Hospitalperiode des Unterrichts (sogenanntes Blocksystem). Sie wird zweckmäßig *nicht nur* ans Ende, sondern auch an den Anfang des klinischen Studiums gelegt, um schon frühzeitig den Studenten mit Patienten in Kontakt zu bringen und ihm die Bekanntschaft mit seiner späteren Berufsaufgabe und ihrer Verantwortungsschwere und -schönheit zu einem Zeitpunkt zu vermitteln, an dem viele Studenten durch die Masse der Theorie verzagt und vielleicht desinteressiert geworden sind.

Der Unterricht am Krankenbett wird es also mit zunehmender Studentenzahl notwendig machen, universitätsfremde Krankenhausabteilungen heranzuziehen. Wenn man sich bei ihrer Organisation auf den klinischen Teil des Studienprogramms beschränkt, werden die neuentstehenden Kosten mäßig sein – gewiß im gesunden Verhältnis zu dem Vorteil in praktischer Ausbildung, der zu erwarten ist.

Gegen den Unterricht im Blocksystem kann man einwenden, daß ein mehrwöchiger, permanenter Aufenthalt der Studenten in einer der großen Kliniken nicht viel anderes darstellt als eine Vorwegnahme der Assistentenzeit, mag sie obligatorisch oder freiwillig sein. Der Vergleich ist indessen nicht ohne weiteres erlaubt. Klinische Arbeit in so frühem Stadium des Studiums berechtigt die Studenten, von ihrem Lehrer eine konsequente Führung zu erwarten – im Gegensatz zu dem Status der Assistenten, die zu oft sich selbst überlassen bleiben. Daneben werden für die Gesamtzahl der Blockstudenten Konferenzen abgehalten, in denen wichtige allgemeine Fragen, wie Verhalten zu Kranken, Personal, anderen Ärzten usw., zu diskutieren sind. Der Student ist verpflichtet, von jedem „seiner" Patienten eine für die eigene Information bestimmte Krankengeschichte zu entwerfen und über das Krankheitsbild, das er vermutet und zu beschreiben hat, in der Bibliothek sich zu informieren. Ein besonders großer Vorteil wird – wenn die Studenten in der Klinik selbst wohnen – darin gesehen, daß sie auch nächtliche Notfälle erleben. Die Konsequenz, die sich aus der Einrichtung des Block-

systems für das Krankenhaus selbst ergibt, ist eine verstärkte Belastung der Assistenten, die unter Umständen dazu zwingt, zusätzliche Stellen zu schaffen.
Eine weitere Voraussetzung liegt in der Komplettierung der Bibliothek, in der Einrichtung angenehmer Lebensbedingungen für die jungen Mediziner, in musterhafter Arbeit des Laboratoriums der klinischen Chemie und in einer physisch und psychologisch störungslosen Verbindung mit der Pathologie.

Ich will noch einen Punkt kurz streifen, der in der Empfehlung des deutschen Wissenschaftsrates zur Neuordnung des Studiums der Medizin eine hervorragende Rolle spielt. Das ist die Ausbildung des *theoretischen Mediziners*. Es waren hauptsächlich die theoretischen Fächer, die ihren Nachwuchs aus einem Studiengang der theoretischen Medizin in der Weise rekrutieren wollen, daß der Student nach den vorklinischen Semestern nicht in die klinischen, sondern in die naturwissenschaftlichen Fächer übergeht, um sein Studium als „Diplombiologe" und Doktor der medizinischen Biologie oder der Naturwissenschaften abzuschließen. Es ist umstritten, ob in der Medizin Biologie ohne Kenntnis der klinischen Krankheitsbilder getrieben werden darf, und für den Studenten selbst wird dadurch die Möglichkeit eingeengt, sich als Arzt zu betätigen, wenn er von der theoretischen Wissenschaft enttäuscht sein sollte.
Die Fakultäten argumentieren, daß eingreifende Änderungen wohl überlegt sein müssen; demgegenüber steht die Tatsache, daß mit jedem Jahr Hunderte von Ärzten in die Praxis gelassen werden, deren studentische Ausbildung seit 30 Jahren als reformbedürftig bezeichnet werden muß.
Im Zusammenhang mit der Studienreform sind *Lehr- und Lernfreiheit* als gefährdet bezeichnet worden. Es ist ein mißliches Unterfangen, die Lehrfreiheit zum Diskussionsgegenstand zu machen. Im Rahmen des medizinischen Studiums betrachtet, verliert der Begriff seinen wesentlichen Inhalt, wie er etwa in der Freiheit der Meinungsäußerung, der Freiheit der Forschung und der Freiheit, ihre Resultate wahrhaftig darzustellen, besteht. Was uns hier vielmehr beschäftigt, ist die Notwendigkeit der Begrenzung des Unterrichtsstoffes auf Gebiete und Fragen, die für die Ausbildung des Studenten bei der zwangsläufigen Kürze der zur Verfügung stehenden Zeit wesentlich und wichtig sind.
Die Untersuchung und Besprechung am Krankenbett und in der Poliklinik bedarf nach dieser Richtung hin keiner besonderen Planung; die *klinische Visite* gibt, wenn keine einseitig spezialisierte Auswahl der Patienten vorhanden ist, die Gewähr, daß der Student Einsicht in den Durchschnitt der chirurgisch-diagnostischen und -indikatorischen Aufgaben gewinnt. Dagegen besteht in der großen klinischen Vorlesung die verständliche Neigung,

dem speziellen wissenschaftlichen Arbeitsgebiet der Klinik eine zu breite Darstellung zu geben, und dies zuungunsten einer gleichmäßigen Berücksichtigung der praktisch bedeutungsvollen Krankheitsbilder.
Die Lernfreiheit ist bei dem heutigen Ausbildungsziel nicht mehr als das Schlagwort eines Pseudoliberalismus. Man hat sie mit Recht als Pathologie der akademischen Freiheit bezeichnet. Es wäre töricht, dem Studenten, der eben mit den klinischen Fächern in Berührung kommt, die Wahl des Besuches der einen oder anderen Vorlesung oder Demonstration freizustellen. Wenn solche Selektion trotzdem unvermeidlich wird, so liegt es an dem hoffnungslos überlasteten Studienplan, den nicht wenige Fakultäten herausgeben. In früheren Zeiten, als eine gewisse Spezialisierung des Einzelnen schon während der Studienzeit geduldet und von einzelnen Fachvertretern sogar gefördert wurde, hatte der Begriff der Lernfreiheit noch einen gewissen inneren Gehalt. Heute, da Übereinstimmung darin herrscht, daß der Unterricht die Ausbildungsgrundlagen für den Allgemeinpraktiker schaffen soll, ist nichts so notwendig, als das Studienprogramm diesem Zweck entsprechend auszuarbeiten und es so zu begrenzen, daß es dem geistigen Fassungsvermögen und der physischen Kraft des Durchschnitts entspricht. Eine tägliche Unterrichtsdauer von zehn Studen, wie sie in manchen Programmen vorgesehen wird, ist aber ein Absurdum. Die Trennung in Hauptfächer (allgemeine und spezielle Pathologie, Innere Medizin, Chirurgie, Geburtshilfe, Kinderheilkunde, Psychologie und klinische Pharmakologie) und Nebenfächer muß wesentlich stärker betont werden, als es jetzt der Fall ist; dann ist es auch möglich, auf einem regelmäßigen Besuch der Unterrichtsstunden zu bestehen.
Das gilt auch für das klinische Staatsexamen. Aus der großen Zahl der Nebenfächer sollten für jeden Kandidaten zwei Fächer kurz vor Examensbeginn ausgelost werden, in denen er dann geprüft wird.
Man hat auf das Schlußexamen ganz verzichten wollen. Das wäre der ernsthaften Erwägung wert, wenn in jedem klinischen Semester und zwar in jedem der Hauptfächer kurze schriftliche Prüfungen abgehalten würden.

Die Ausbildung, die fast jeden *Chirurgen,* gebend und empfangend, lebenslang begleitet, hat in den letzten Jahren ein verändertes Gesicht erhalten. Zunehmende Spezialisierung innerhalb des Faches, erhebliche Vermehrung der Assistentenstellen auf der einen Seite, Assistentenmangel in gewissen Krankenhauskategorien auf der anderen Seite, fehlende Unterrichtsorganisation sind einige der Faktoren, die eine Betrachtung rechtfertigen. Nur mittelbar damit verknüpft ist die Zukunft derer, die nach den Jahren der Ausbildung zu selbständiger Tätigkeit qualifiziert werden. Auch das jahrhundertealte Problem der Abstimmung zwischen praktischer und forschender Tätigkeit hat neue Aspekte erhalten. Die Bewertung wissenschaft-

licher Arbeiten im Rahmen eines Urteils über Facharztbefähigung bedarf einer besseren Klärung. Es ist ein bedrückendes Gefühl für den werdenden Chirurgen, daß die heutige summarische Form der Spezialistenanerkennung wenig Auskunft über die Einzelheiten seiner Leistung gibt.
Die gewaltige Vermehrung von Kenntnissen und operativ-therapeutischen Möglichkeiten läßt immer wieder die Frage aufkommen, ob nicht eine erhebliche Verlängerung der Ausbildungszeit notwendig geworden ist. Ich möchte das verneinen, obwohl zweifellos vier bis fünf Jahre klinischer Lehrzeit nicht genügen, einen Allgemeinchirurgen in des Wortes weiter Bedeutung zu formen. In der Tat sind vielleicht 10 bis 15 Jahre Ausbildungszeit notwendig, um heute ein auf allen Gebieten des Faches theoretisch und praktisch erfahrener Chirurg zu werden. Diese Forderung, die etwas unrealistisch klingt, ist übrigens schon seit Jahrzehnten in den Universitätskliniken Mitteleuropas erfüllt worden. Die Oberarztstellen an diesen Instituten sind gerade unter dem Gesichtspunkt einer langen und vielseitigen Ausbildung geschaffen worden, und es wird nur wenig chirurgische Universitätsassistenten oder -oberärzte geben, die eine leitende Stellung nach kürzerer als 10- bis 15jähriger Lehrzeit erhalten. Gegen die allgemeine Anwendung eines solchen Erziehungsprinzips bestehen aber wichtige soziologische und ökonomische Bedenken. Die Zahl der Jahre des freien Erwerbs und der Selbständigkeit würden dann für den Chirurgen so erheblich reduziert, daß der Beruf einen wesentlichen Faktor seiner Anziehungskraft verlieren müßte. Die Vermehrung der großchirurgischen Aufgaben, die für die letzte Entwicklung unseres Faches charakteristisch ist, erfordert obendrein Abstriche am berufstätigen Lebensende wegen der schwierigen und körperlich anstrengenden Aufgaben der modernen Chirurgie.
Wenn man aber die zeitlichen Forderungen nicht vergrößern will, dann läßt sich ein gewisser Ausgleich durch *Intensivierung des Inhaltes der Bildungsjahre* erreichen. Und darin scheint mir die angreifbare Schwäche des heute üblichen Systems zu liegen: in der Tatsache eben, daß die praktische, klinische und operative Tätigkeit nicht überall ergänzt wird durch Seminare und Konferenzen, in denen das Tageswerk zusammengefaßt, geistig verarbeitet und in seiner prinzipiellen Bedeutung geordnet wird.
Es ist bekannt, daß unsere, der Älteren, chirurgische Lehrer sich wenig mit einem Assistentenunterricht in diesem Sinne abgegeben haben. Sie lehrten durch ihr Beispiel, also mehr durch Diffusion als durch Instruktion, oder, wie Halsted, einer der großen Erzieher der nordamerikanischen Chirurgie es einmal formuliert hat: „There are men who teach best, by not teaching at all" (Es gibt Männer, die am besten dadurch lehren, daß sie nicht (formal) lehren). Das ist gut und schön, solange, wie in alten Zeiten, die Zahl der Assistenten gering und ihre Berührung mit dem Chef und seinen Stellvertre-

tern täglich und intensiv ist. Aber ich weiß nicht einmal, ob es uns vor 50 Jahren nicht gutgetan hätte, wenn wir neben der täglichen Arbeit am Operationstisch noch systematischen Unterricht gehabt hätten, um die „Klinik und Technik der Schule" nicht nur durch Beobachtung, sondern auch durch das erklärende und begründende Wort zu erfahren. Gewiß ist der Operationssaal nicht der Ort solcher Auseinandersetzungen. Die Rücksicht auf Asepsis verlangt es heute mehr denn je, daß während der Operation im Saal selbst nur das Notwendigste gesprochen wird, eben das gerade, was die Durchführung des Eingriffes erheischt.

Gegenüber der begreiflichen Neigung zur Pflege chirurgischer Spezialfächer steht die Tatsache, daß bei weitem der größte Teil der Patienten in Krankenhäusern versorgt wird, die sich die Anstellung von Vertretern der Sonderfächer nicht leisten können. Im ganzen gesehen sind es auch relativ wenige Fälle, die so weit jenseits der Zuständigkeit des qualifizierten Allgemeinchirurgen liegen, daß ihre Überführung in eine Spezialabteilung sich aufdrängt, am ehesten noch auf den Gebieten Neurochirurgie und Thoraxchirurgie. Die mit ziemlich großer Publizität angestrebte Lösung, ortsfremde Spezialisten von Fall zu Fall heranzuziehen, krankt an einem Nachteil, der für die Entwicklung des Verantwortungsgefühls vom didaktischen Gesichtspunkt aus gefährlich ist: daß die Nachbehandlung der ständigen Überwachung durch den Operateur entraten muß.

Es ist darum Aufgabe der allgemein-chirurgischen Ausbildung, dem Assistenten eine nicht zu oberflächliche Kenntnis der Spezialfächer zu vermitteln. In dieser wichtigen Unterrichtsfunktion liegt ein wesentliches Argument gegen ihre vollständige Abtrennung und Verselbständigung.

Über das wünschenswerte Maß der praktisch-operativen Ausbildung herrschen Meinungsverschiedenheiten. Sicher ist häufige Assistenz eine unentbehrliche Lehrmethode der chirurgischen Technik. Ebenso sicher aber ist es, daß nur genügend umfangreiches Selbstoperieren diejenige praktische Erfahrung gibt, die zu unabhängiger Tätigkeit befähigt. Daß die Einführung in das ureigene Gebiet der Chirurgie schrittweise geschehen muß, daß Operationen, die für den Operateur neu sind, unter der Assistenz von Erfahrenen ausgeführt werden müssen, daß es eine wichtige Aufgabe von Chef und Oberärzten ist, sich immer wieder von dem störungslosen und korrekten Gang der Operationen zu vergewissern, brauchte keiner Erwähnung, wenn dieser Grundsatz nicht gelegentlich außer acht gelassen würde. Ein Facharztdiplom ist meines Erachtens wertlos, wenn seine Verleihung nicht die Durchführung einer gewissen Zahl und Art von Eingriffen zur Voraussetzung hat, eine Zahl, die nicht zu gering gehalten werden sollte; ihre Zuteilung ist eine Verpflichtung dessen, der für die Assistentenausbildung verantwortlich ist. Ob ein allfälliges staatliches Facharztexamen auch die Vornahme von Operationen umfassen sollte, ist eine offene Frage. Psychologische Momente sprechen dagegen; aber ich weiß nicht, ob sie so wesentlich sind, daß man auf eine wertvolle Sicherung gegen ungenügend ausgebildete Operateure verzichten sollte.

Am wenigsten Unsicherheit besteht hinsichtlich der Tätigkeit am Krankenbett. Sie ist das Fundament jedes Faches, in der Chirurgie nicht weniger wichtig als in der Inneren Medizin. Lanfranchis Wort, „daß keiner ein guter Chirurg sein kann, der nicht von der Inneren Medizin etwas versteht", bedarf einer Ergänzung dahin, daß die Chirurgie viel mehr als die interne Medizin mit Notzuständen sich auseinanderzusetzen hat, die häufig genug eine sofortige Entscheidung erfordern. Das Merkmal der Dringlichkeit prägt sich der direkten Beobachtung des Kranken stärker auf, als es die laboratoriumsmäßigen, mittelbaren Untersuchungen tun können. Das, was sorgfältig erhobene Vorgeschichte, was Fühlen und Sehen uns zeigen, muß für den Entschluß oft allein maßgebend sein. Auf diese Notsituation besonders hinzuweisen, scheint deswegen am Platz zu sein, weil wohl zu keiner anderen operativen Indikation mehr Erfahrung am Krankenbett gehört.

Wenn bisher viel von dem gesprochen wurde, was dem Assistenten geboten werden sollte, so liegt hier im Notdienst eine Gelegenheit vor, die reichlich vorhanden, aber nicht erschöpfend ausgenutzt wird. Es ist ein selbstverständliches ärztliches Gesetz, daß jeder Assistent, dem Kranke zur Behandlung und Pflege anvertraut sind, sich für ihr Wohlergehen Tag und Nacht verantwortlich fühlt. Im Interesse von beiden liegt es, daß der Patient bei plötzlich auftretenden Komplikationen von seinem Arzt auch nachts gesehen wird, schon aus psychologischen Gründen; denn der Stationsarzt steht von allen Ärzten dem Kranken am nächsten oder sollte es wenigstens tun. Solche Forderungen sind heute nicht populär; ich glaube aber, daß, wer die Chirurgie erwählt, vom ersten Tage seiner Ausbildung nicht nur mit den Freuden, sondern auch mit den Härten der Verantwortung bekannt gemacht werden sollte. Das war zur Zeit, als wir Älteren Assistenten waren, eine Selbstverständlichkeit. Warum sollte es heute nicht auch so sein? Die veränderten Verhältnisse haben an den Ausbildungsprinzipien und dem fundamentalen Verhältnis des Arztes zum Kranken nichts geändert.

Die unermüdliche Sorge um den Kranken ist zum mindesten in der Chirurgie die wirkungsvollste Form der Psychotherapie; sie läßt sich glücklicherweise ohne viele Worte durchführen; sie bietet gleichzeitig, vom Standpunkt der ärztlichen Erziehung aus gesehen, einen wertvollen Ausgleich gegenüber der Objektivierung des Krankheitsfalls, wie sie zwangsläufig im Wesen der Laboratoriumsdiagnostik liegt.

Die Rolle, die die *wissenschaftliche Arbeit* im Rahmen der Ausbildung spielen soll, läßt sich nur in allgemeinen Ausdrücken umschreiben. Sie hängt vom

Interesse des Institutsleiters, von den technischen Möglichkeiten experimenteller Forschung, von Wunsch und Eignung des einzelnen ab. Sicher besteht die Annahme zu Recht, daß wissenschaftliche Tätigkeit eine ausgeprägte Neigung und Begabung voraussetzt. Vielfältige Beispiele haben aber gezeigt, daß niemand seine Befähigung dazu kennt, es sei denn, er hat sie erprobt. Leider ist die Doktorarbeit in ihrer heutigen Form für diesen Test in der Regel unbrauchbar. Da die meisten Leiter chirurgischer Abteilungen von ihren Assistenten mit Recht verlangen, daß sie vor dem Antritt der klinischen Stellung in einem „theoretischen" Fach (Physiologie, Biochemie, Pathologie usw.) ein bis zwei Jahre zubringen, sollten sie in dieser Vorbereitungszeit zur Bearbeitung einer wissenschaftlichen Frage angehalten werden. Viele werden schon von den theoretischen Instituten mit dem Wunsch nach Fortsetzung der wissenschaftlichen Tätigkeit kommen. Andere mögen das Problematische vieler Krankheitsbilder oder operativ-technische Unzulänglichkeiten als Anreiz empfinden. Die literarische Arbeit hat aber neben der wissenschaftlichen noch eine andere erzieherische Seite: sie zwingt zur Klarheit des Ausdrucks und damit zur Klarheit des Denkens. Hier ist der Punkt, an dem die wissenschaftliche Tätigkeit tief in die chirurgische Praxis eingreift. Man darf erwarten, daß jemand, der Ideen und Schlußfolgerungen Ausdruck zu verleihen vermag, auch das Zusammenspiel therapeutischer Möglichkeiten in logischer Weise leitet. Wissenschaftliche Leistungen sind darum auch dann eine Empfehlung, wenn die Bewerbung um eine Stellung mit ausschließlich praktischen Forderungen in Frage steht.

Die Voraussetzungen, welche die einzelnen Klinik- und Krankenhauskategorien für die Ausbildung bieten, sind recht verschiedenartig. Die Assistenten der Universitätsinstitute und großen Krankenhäuser müssen aber damit rechnen, daß sie einmal in bescheideneren Verhältnissen zu wirken haben. Ein organisierter Austausch zwischen großem und kleinem Krankenhaus würde für beide Teile von Vorteil sein; es macht vielleicht für manche die Wahl eines kleinen Hospitals anziehender, ein Umstand, der den Assistentenmangel in diesen Häusern erleichtern könnte. Zugunsten der nichtakademischen kleineren Krankenhäuser spricht auch die Tatsache, daß in den letzten Jahren die Assistentenzahl in den Universitätskliniken in einem Maße zugenommen hat, daß eine auch nur annähernd befriedigende Ausbildung in praktischer Chirurgie kaum denkbar ist. Wenn zum Beispiel eine Klinik von 250 Betten 80 Assistenten hat und meist noch Patienten mit komplizierten Leiden, dann ist eine Ausbildung aller in operativer Technik unmöglich geworden. Eine andere Erschwerung – die in Amerika besonders auffällig geworden ist – mag auch für europäische Verhältnisse seit der Einrichtung von Lehrstühlen und Instituten der Experimentellen Chirurgie bedeutungsvoll werden. Das ist die Tatsache, daß in dem ersten Jahre der Ausbildungszeit die jungen Assistenten mit tierexperimentellen Arbeiten beschäftigt werden; sie erhalten ihre erste Anleitung in operativer Technik durch andere, im Laboratorium arbeitende Kollegen, die selbst noch Anfänger sind. J. Garlock, ein Chirurg mit außergewöhnlicher technischer Begabung, hat in seinem posthumen Werk „Surgery of the Alimentary Tract" die groben Manipulationen vieler der angehenden Operateure auf diesen Mißstand zurückgeführt.

Sir Heneage Ogilvie hat einmal mit prägnanter Kürze gesagt, daß ein Arzt, der Chirurg werden will, geeignet und ausgebildet sein und Bewährungsgelegenheit erhalten muß. Die beiden letzten Forderungen wurden diskutiert. Die Eignung steht an der Spitze der Forderungen.

Vor etwa vierzig Jahren – es war damals an der Sauerbruchschen Klinik in Berlin – wurde einem Arzt, der schon drei Jahre Assistent der Klinik war, eröffnet, daß er zur Chirurgie ungeeignet sei. Zu seiner Genugtuung – und zu unserem Mißvergnügen – war sein Verwandter ein einflußreicher Politiker. Er wandte sich beschwerdeführend an das Preußische Kultusministerium mit dem begreiflichen Hinweis, daß drei Jahre eine zu lange Zeit seien, um die Eignung zur Chirurgie zu erproben. Ich wurde in einer Art Sühnehandlung von W. Richter, dem unvergeßlichen Chef des Hochschulwesens im Preußischen Kultusministerium, gebeten, Kriterien herauszufinden, nach denen man möglichst schnell die Frage entscheiden könnte. Im Einverständnis mit Sauerbruch und Richter erweiterte ich die Untersuchung auf die Ausbildungsmethodik, wie sie von den verschiedenen Lehrern der Chirurgie empfohlen wurde. Das Ergebnis läßt sich kurz zusammenfassen: es war gleich Null. Selbst Kliniken, die ein gut ausgearbeitetes Pflichtheft ihren Assistenten in die Hand gaben, sagten darin so gut wie nichts über die Richtlinien der Auswahl und das System der Ausbildung.

Wenn man sich die Mühe macht, die jungen Assistenten nach den Gründen zu fragen, die sie zur Chirurgie geführt haben, findet man selten die Neigung zum Handwerklichen genannt. Die meisten sind in ihrer Studentenzeit von dem äußeren Bild einer Chirurgischen Klinik, den Operationen, dem mystischen Gewand der Operateure, den weitgepriesenen und offensichtlichen Erfolgen der Chirurgie ebenso stark beeindruckt worden wie von den Berichten über die astronomischen Einkommensziffern der Operateure. Die ersten Jahre der Assistentenzeit sind aber weit mehr mit klinischen Untersuchungen, Schreiben von Krankengeschichten und wissenschaftlichen Arbeiten ausgefüllt als mit operativer Tätigkeit. Nur ein sehr erfahrener Operateur ist in der Lage, die technische Kapazität der Ärzte zu beurteilen, die ihm beim Eingriff assistieren, und die Gelegenheit zu eigener operativer Arbeit ist in der Anfangszeit gewöhnlich so gering, daß eine Entscheidung über die manuelle Befähigung kaum möglich ist. Stellt es sich dann nach mehrjähriger Assistentenzeit heraus, daß der junge Operateur nicht über die notwendige Geschicklichkeit und Bewegungsdisziplin verfügt, dann ist es für die meisten schwer oder unmöglich, in einer anderen medizinischen Disziplin von neuem zu beginnen. Sie bleiben Chirurgen und vermehren die Kategorie der technisch Unbegabten.

Man sollte denen, die unser Fach wählen, zur Selbstprüfung das Studium der klugen Rede empfehlen, die R. Hutchinson 1938 vor den Studenten des London Hospitals hielt. Sie hat den Titel „Die sieben Gaben" (s. S. 388).

Was immer in den vorangehenden Zeilen gesagt wurde, sollte dem Interesse des chirurgischen Nachwuchses dienen. Ob die Methoden richtig sind, die hier diskutiert wurden, ob die von mir gesehenen Mängel wirklich wesentlich sind, bleibt eine offene Frage. Vieles, was hier besprochen, hat sich im angelsächsischen Ausbildungssystem bewährt.

Kritische Beleuchtung von Unvollkommenheiten wird von manchen als Beschmutzung des eigenen Nestes angesehen. Diese „Nesthygieniker", wie sie Walter Leonhard einmal genannt hat, vergessen, daß man überall lernen kann; aber man muß die Lücken kennen. Beispiel für das amerikanische Resident-System sind die deutschen Universitätskliniken gewesen. Halsted und Flexner – der fruchtbarste chirurgische Lehrer und der große Reformator des amerikanischen Universitätswesens zur Jahrhundertwende – haben daraus kein Hehl gemacht. Aber – man hat in den Staaten mehr Bedacht auf ständige Vervollkommnung der Methoden gelegt als in dem Lande, das vor fast hundert Jahren die Assistentenausbildung zum ersten Male systematisierte – nämlich Deutschland.

Man mag den Eindruck gewonnen haben, daß ich ein kritikloser Anbeter der nordamerikanischen Medizin bin. Das ist nicht der Fall. Ich kenne die dunklen Seiten sehr genau: zum Beispiel die den Studenten und Assistenten beigebrachte Vorstellung, daß alles, was in der Medizin wesentlich ist, auf nordamerikanischem Boden gewachsen ist, oft geäußert mit einer Selbstzufriedenheit, gegenüber der die viel gelästerten mitteleuropäischen Ordinarien fast bescheiden wirken. Die meisten der heutigen nordamerikanischen Arbeiten zum Beispiel enthalten – monoman fast bis zur Lächerlichkeit – nur amerikanische Literaturhinweise, eine Tatsache, die einen Modeamerikanismus auch in deutschsprachigen Veröffentlichungen ausgelöst hat.

Man muß aber die großen Leistungen der amerikanischen Kliniken auf dem Gebiet der studentisch-medizinischen und der chirurgischen Ausbildung anerkennen und sollte sie zum Vorteil einer *kommenden Generation* anwenden, für die ihre Lehrer verantwortlich sind.

In der letzten Zeit wird in den Streit der Meinungen über Universitätsassistenten und Dozenten der *Ordinarius* einbezogen – meist als der Nutznießer der Arbeiten seiner „Untergebenen", eben derer, die den akademischen „Mittelbau" bilden. Ich glaube, daß in den klinischen Fächern sehr wenige vom Mittelbau Grund haben, sich über die unrechtmäßige Aneignung ihrer wissenschaftlichen Produkte durch den Ordinarius zu beklagen. Viel eher werden sie im Laufe ihrer akademischen Entwicklung Opfer der Abneigung eines oder mehrerer Ordinarien, keineswegs immer dessen, der ihr „Chef" ist und der traditionsgemäß das Gutachten über ihre wissenschaftliche Eignung und die Qualität der Habilitationsarbeit abzugeben hat. In der Tat war der Habilitant bisher vollkommen den Ordinarien, die bei Fakultätssitzungen bestimmend sind, ausgeliefert.

Man wird mir entgegnen, daß im großen und ganzen gesehen das System sich bewährt hat. Schreiende Ungerechtigkeiten sind selten.

Es scheint aber an der Zeit zu sein, das Habilitationswesen von einigen Forderungen zu befreien, die sich heute als Fesseln erweisen. Die Fakultäten müssen gehalten werden, auch fakultätsfremde Gutachten einzuholen, wenn der Habilitant oder Mitglieder des Lehrkörpers es wünschen. Die zweite Änderung sollte darin bestehen, daß es nicht vom Fachordinarius abhängt, ob jemand zur Habilitation vorgeschlagen wird. Ich weiß, daß die Habilitationsordnung die Zulassung von solchen durchaus zuläßt, die „von außen" kommen, das heißt, die nicht Mitglieder der medizinisch-theoretischen Institute oder Universitätskliniken sind. Aber in der Praxis wird dieses Recht der Außenseiter weitgehend beschränkt, und das geschieht auch jetzt noch in der Voraussicht einer Studienreform, die, wenn sie wirklich einmal überall durchgeführt wird, ein Mehrfaches der heute tätigen Dozenten benötigt.

Unter Hinweis auf die Ergänzung des Lehrkörpers der Technischen Hochschulen wird mit zunehmender Intensität die Berufung Nichthabilitierter in Professuren diskutiert. Ich habe dort, wo es für die Besetzung naturwissenschaftlicher und medizinischer Lehrstühle geschehen ist, keinen Vorteil davon gesehen. Obendrein bedeutet es eine Entwertung der Habilitation und der nicht geringen Mühen, die mit einer Habilitationsschrift verbunden sind.

Kurz, was im akademischen Raum längst überfällig ist, das ist die Elimination des Abhängigkeitsverhältnisses der jungen Dozenten von ihrem Ordinarius – sei es in der Frage der Zulassung zur Dozentur, sei es für Promotionen im Fakultätsrahmen. Das Problem allerdings ist die Neuregelung. Wenn man der Fakultät und Universität ihr Selbstergänzungsrecht beschneidet – und es bestünde wenig Grund dazu –, dann läßt sich voraussehen, daß staatliche Instanzen in das entstandene Vakuum eintreten und politische Begründungen zur Geltung bringen.

Die Abhängigkeit der Assistenten und Oberärzte vom Instituts- oder Klinikdirektor hat dazu geführt, daß manche der Chefs ihr Amt absolutistisch führen. Das betrifft besonders die Kündigungen. Sie sollten von einer eingehenden schriftlichen Begründung begleitet sein.

Bei der hohen Einschätzung, die der „Professor" in der Bevölkerung genießt, ist die Verleihung des Titels eine (recht kostenarme) Geste der Dankbarkeit für jahrelange Unterrichtstätigkeit. Natürlich müssen gewisse Kriterien eingehalten werden, welche es verhindern, daß die Auszeichnung Objekt einer Protektionswirtschaft wird. Die Maßstäbe sind:
1. wissenschaftliche Tätigkeit seit der Habilitation
2. die Unterrichtstätigkeit
3. die Bewährung in praktischer Arbeit.

Für die Bewertung der drei Faktoren, unter denen die wissenschaftlichen Anstrengungen dominieren, sollten eindeutige Richtlinien geschaffen werden. Aufhören sollte in dieser Frage die Abhängigkeit des Dozenten vom Antrag und dem guten Willen der Fakultät. Das ist nur dann erreichbar, wenn wer immer sich im eben angedeuteten Sinne für qualifiziert hält, einen entsprechenden Antrag an die Universitätsbehörden zu stellen berechtigt ist.

In der großen Zahl kritischer Urteile, die sich – von außen gesehen – mit den Mängeln der heutigen Universität im mitteleuropäischen Raum beschäftigen, fällt auf den „Ordinarius" das Schwergewicht des Tadels – in der Verallgemeinerung unberechtigt, in einzelnen, eher seltenen Fällen mit Grund. Es ist die Schwäche der Universitätsverwaltung, daß sie in der Regel nicht in der Lage ist, den anmaßenden, selbstzufriedenen und tyrannischen Typ zur Ordnung zu rufen und ihn aus dem Hochschulbereich verschwinden zu lassen oder ihn – was ich bei rechtzeitiger Intervention für gut möglich halte – zu einer Änderung seines Auftretens zu veranlassen. Wie die Dinge jetzt liegen, hat keine Instanz der Hochschule genug Einspruchsmöglichkeiten, um das Aufkommen solcher Erscheinungen zu verhindern oder sie wirkungsvoll zu korrigieren. Eine Ablehnung der Universitätsautonomie, die übrigens in Deutschland und der Schweiz und auch in den Staaten nie in vollem Maße bestanden hat, darf damit begründet werden, daß solche Manifestationen von Machthunger eine entsprechende Zurückweisung erfahren sollten. Am Beispiel des lang verstorbenen Heidelberger Philosophen Kuno Fischer läßt sich zeigen, welche Vorstellung von der eigenen Bedeutung sich im Kopf eines Ordinarius festsetzen kann. Fischers Haus gegenüber war ein Neubau im Entstehen. Der Baulärm störte ihn bei seiner Arbeit. Er schickte zweimal einen Dienstboten zu den Handwerkern mit der Bitte, für Ruhe zu sorgen. Als auch der zweite Appell nichts nutzte, öffnete er das Fenster und rief mit Stentorstimme über die Straße: „Wenn Sie nicht sofort mit dem Lärm aufhören, werde ich den Ruf nach Berlin annehmen". Er ist übrigens nicht nach Berlin gegangen. Se non è vero, è ben trovato.

Die Empfindlichkeit der meisten Ordinarien gegen Kritik von Inhalt und Art ihrer Lehrmethode ist ein anderer Grund, der die Verbesserung oder Modernisierung des Unterrichts erschwert. Dafür ein Beispiel: Ein Kliniker stellte – wie er sein Lehramt übernommen hatte – fest, wie wenig seine klinischen Studenten in der Lage seien, ihre von der Vorklinikzeit stammenden physiologischen Kenntnisse auf Krankheitsbilder anzuwenden. Sein Wunsch war, den Unterricht im Sinne der „angewandten Physiologie" zu beeinflussen. Eine Diskussion der Sache erfolgte nicht, dagegen wurde nahezu einstimmig der Antrag des Dekans angenommen, den „oberen Behörden" das Befremden der Fakultät über die durch ein Fakultätsmitglied erfolgte Kritik des Unterrichts seiner Kollegen zum Ausdruck zu bringen.

Wenn bei Berufungen sich unsachliche Motive einschleichen, dann liegt das nicht an dem System, sondern an seiner mißbräuchlichen Anwendung. Ein Fortschritt würde die *Ausschreibung der Lehrstuhlvakanzen* bedeuten, wenn man unmißverständlich wissen läßt, daß der Lehrstuhl nur aus der Zahl der Bewerber besetzt wird. Ferner sollte man den Bewerbern aufgeben, über ihr wissenschaftliches und praktisches Werk einen Bericht mit nüchterner Einschätzung des Wertes der eigenen wissenschaftlichen Arbeiten einzusenden. Grundsätzlich neue Funde, Methoden und Konzeptionen werden in einem Eigengutachten besser zur Darstellung kommen als in dem Bericht der üblichen Berufungskommission, deren Sachkenntnis begrenzt sein mag. Auf diese Weise können auch die Kandidaten herausgefunden werden, die trotz hoher Qualifikationen im verborgenen blühen, weil sie keinen bekannten oder um sie besorgten Lehrer haben.

Die große Zahl hochspezialisierter Fakultätsmitglieder, die über *Berufungslisten* abstimmen, hat nur geringe oder keine Kenntnis vom Fach des zu Berufenden. Gerade das ist ein weiterer wichtiger Grund, um Vakanzen in diesen Stellungen auszuschreiben.

Die *Studenten,* die letzten Endes an der Beschleunigung aller Bemühungen um Änderung von Struktur und Unterricht schuld sind, haben durch die Art ihres Verhaltens Rätsel aufgegeben. Die Mittel, die sie besonders in Frankreich und Deutschland benutzt haben, um endlich die Aufmerksamkeit des ganzen Volkes auf die Mängel des Universitätswesens zu lenken, haben sie die Sympathien weiter Volkskreise gekostet. Das ist bedauerlich, denn die konservativen Hochschullehrer und -verwalter werden jetzt unterstützt von der Majorität der Bevölkerung, der jeder Enthusiasmus für eine kostspielige Reorganisation genommen ist. Man fragt sich, ob die politischen Ziele der Mehrheit der Studenten mit diesen Ereignissen etwas zu tun haben. Daß die Studenten bei der sogenannten Dreiervertretung in allen akademischen Fragen mitgehört werden und Stimmrecht haben sollen, klingt nach einer revolutionären Forderung. Soweit in diese oder irgendeine Funktion Berufungen, wissenschaftliche Pläne oder Lehrpläne eingeschlossen sind, wird die Teilnahme der Studenten im besten Falle eine Farce; im ungünstigen Falle führt sie wegen Mangels an Sachkenntnis zu einer Politisierung, die nicht weniger bedenklich wäre als die augenblickliche Erstarrung der Universität.

Ich habe mich in den letzten zehn Jahren häufig mit Studenten über ihre Sorgen unterhalten – besonders mitteilsam waren in diesem Punkt die Studenten aus der Bundesrepublik, die einen Teil ihrer klinischen Semester in Basel abmachten. Hier hörten sich die Motive des Wunsches nach Änderung anders an, als während der letzten Monate in der Presse zu lesen war. Was sie am stärksten beunruhigte, war die Unsicherheit ihrer kommenden wirtschaftlichen Situation. Sie sehen den Andrang zum Medizinstudium und fragen sich, wie sie bei der schon jetzt angeblich bestehenden Überproduktion an Ärzten ein befriedigendes Unterkommen finden können.

Man hört immer wieder Klagen über die Schwierigkeiten, am Wochenende und während der Nacht für Notfälle einen Arzt zu finden. Der Gedanke, daß im Hinblick auf den jetzigen Zustrom von Studenten und bei den großen Unterschieden in der Ärzteverteilung eine Art „Planwirtschaft" sich aufdrängt, spielt in den Überlegungen der deutschen Studenten eine größere Rolle als bei den schweizerischen. Das, was man in den USA provokativ als sozialisierte Medizin bezeichnet, hat in Großbritannien so weitgehend seine Bewährung erfahren, daß dort keine neue konservative Regierung es unternommen hat, eine Änderung dieses „Labourgesetzes" zu befürworten. Das gleiche gilt von den skandinavischen Ländern. Ich bin ein sehr entschiedener Anhänger des freien Berufes, glaube aber, daß Unzulänglichkeiten in der ärztlichen Versorgung von staatlichen Behörden beseitigt werden sollten, wenn der Einfluß der ärztlichen Standesvereinigungen nicht dazu in der Lage ist.

Das zweite Argument, das in den Unterhaltungen immer wieder zum Ausdruck kam, war bei den deutschen Studenten eine indirekte Antwort auf meine Frage, ob ihnen denn nicht das Gefühl der Achtung für ihren Lehrer verbiete, vulgär formulierte Vorwürfe in der Öffentlichkeit auszusprechen, ja, damit glänzen zu wollen. Die meisten verurteilten die Form, in der die Kritik ausgesprochen und demonstriert wurde; sie hielten aber an ihrer Berechtigung zu einer generell kritischen Stellungnahme fest.

Es muß nachdrücklich davor gewarnt werden, Änderungen der Universitätsstruktur zeitlich der Unterrichts- und Prüfungsreform vorhergehen zu lassen. Geschieht das, dann ist es nicht schwer, durch Strukturverordnungen den Ausdehnungsraum der Reform einzuengen.

Der Kreis schließt sich

Basel ist durch drei Eigenarten bekannt geworden: durch den Kreis seiner „alten Familien", die besondere Art des Humors und durch die enge Verbindung zwischen Bevölkerung und Universität.
Der Einfluß der „alten Familien" ist heute nicht mehr so, wie es früher gewesen sein soll, als der umfangreichste und wichtigste Teil des Handels bei ihnen lag. Das kommerzielle Schwergewicht ist im Laufe der letzten Jahrzehnte auf die chemische Industrie übergegangen, und nur das älteste Unternehmen, das von J. R. Geigy & Co. A. G., hat an der Spitze von Verwaltung und Geschäftsführung Mitglieder dieser sagenhaften Familienclans – der Koechlins und von Plantas. Wie in München, Hamburg usw. erschöpft sich im Laufe der Zeit eine solche wirtschaftliche und unternehmerische Prominenz, und die Enkel und Urenkel der großen Handelsherren spielen heute eine weit geringere Rolle. Dabei muß man allerdings sagen, daß in des Publikums Sicht „eine Rolle" zu spielen nie der Wunsch dieser früher Privilegierten war. Sie traten sehr bescheiden auf und tun es in ihren besten Vertretern noch heute, eine Tatsache, die in Lebensstil, Kleidung und Autos einen beredten Ausdruck findet.
Diese Zurückhaltung gilt nicht, wenn es sich um materielle Unterstützung von Notleidenden, von künstlerischen, religiösen und geisteswissenschaftlichen Projekten handelt. Es ist meist mehr ein Zufall, der davon Kenntnis gibt, daß ansehnliche Summen für solche Zwecke gespendet werden. Erstaunlich ist es, wie sie eine seltene Feinfühligkeit des sozialen Gewissens mit einer manchmal extremen Sparsamkeit in ihren täglichen Bedürfnissen und ihren Geschäften zu verbinden wissen.
Ihr Gewicht in politischen Fragen ist nicht groß. Sie sind wohl die *pièce de résistance* der liberal-demokratischen Partei; die Parteipolitik wird aber nicht von ihnen entschieden. Man hat den Eindruck, daß – wie auch in anderen Parteien – die Besten sich nicht in die vordere Linie der Politik begeben wollen.

Die Vorstellung, daß Ausgaben auf sozialem Gebiet unantastbar sind, ist in der Politik des Basler Großen Rates und der Exekutive fest verwurzelt. Während meiner Amtsperiode allein erhöhte sich das Haushaltsdefizit des Basler Bürgerspitals von 4,8 auf über 28 Millionen. Ansätze zur Sparsamkeit waren zu zaghaft, um Erfolg zu haben.
Die zweite Eigenheit, der Sinn für Humor – oder besser geistreichen Witz

oder Scherz –, hat wahrscheinlich ihre amüsanteste Form in der Fähigkeit, über sich selbst lachen zu können. Die Ironisierung der anderen kann auch boshaft sein, wenn sie nur mit Esprit geschieht. Diese beiden Fähigkeiten sind den Baslern (fast jeder Gesellschaftskategorie) bis zum heutigen Tage erhalten geblieben, allerdings nicht allen, die sich darin versuchen.

Die Verbindung zwischen Basels Bevölkerung und seiner Universität ist in der Tat etwas Einzigartiges. Ich spreche dabei nicht von den großbürgerlichen Stiftungen für wissenschaftliche oder Studienzwecke. Sie waren früher einmal für die Universität lebenserhaltend. Das hat sich jetzt geändert. Die finanziellen Bedürfnisse sind so groß geworden, daß ein erheblicher Teil der Steuereinnahmen des Kantons für den Unterhalt der Universität in Anspruch genommen wird, ohne daß bis zum Jahre 1966 der Bund einen Zuschuß geleistet hat. Diese materielle Großzügigkeit der kantonalen Regierung ist nur möglich bei einer Einwohnerschaft, die sich mit der Universität identifiziert. Wer den Umzug der Fakultäten gelegentlich des 500jährigen Jubiläums, die begeisterte Zuschauermenge und die Beteiligung der Bürger an den anderen Festveranstaltungen gesehen hat, bekam einen überzeugenden Eindruck der Verbundenheit. Dieses Zugehörigkeitsgefühl, das die Universitätsbehörden natürlich mit Bedacht pflegen, hat zu einem eigenartigen Dilemma geführt. Alljährlich findet in der Martinskirche die Feier des Dies academicus statt. So gut wie sämtliche Plätze werden dann von Angehörigen, Freunden und Bekannten der Dozenten besetzt. Die Studenten sind fast nur durch die Fahnenträger und andere Chargierte von Korporationen vertreten.

Von den studentischen Kollegen jenseits der Nordgrenze ist ja gerade für solche Veranstaltungen mit akademischem Ritus und akademischer Kleidung das Wort geprägt worden von den „Talaren mit dem Muff von 1000 Jahren". Der Basler Talar kann übrigens noch nicht viel Muff enthalten: er wurde erst 1938 eingeführt. Dem puritanischen Charakter des Basler Lebens entsprechend sind Talar und andere äußerliche Begleiterscheinungen dieser alljährlichen Feier recht anspruchslos – so sind auch die Stühle, auf denen in drangvoller Enge des Podiums die Fakultätsmitglieder für anderthalb Stunden Platz zu nehmen haben. Den Höhepunkt soll die Rede des jeweiligen Rektors darstellen. Ich glaube, man darf für diese Veranstaltung, die theoretisch die Möglichkeit gibt, zu allen Studenten zu sprechen, der neuen Bewegung eine Konzession machen und es den Studenten überlassen, Redner und Thema zu wählen. Dann natürlich würde es – in Basel – notwendig sein, von der ehrwürdigen Martinskirche in die Mustermesse umzuziehen.

Wenn der Nachteil des lebenslangen Verbleibens der Professoren an *einer* Universität zur Diskussion steht – ein sonst sehr seltenes Ereignis –, wird gerne auf Jacob Burckhardt hingewiesen, der wenig über Basel hinausgekommen ist, den Ruf auf Rankes Lehrstuhl in Berlin – damals die große

Stellung der Geschichtslehre im deutschsprachigen Raum Europas – abgelehnt hat und trotzdem wohl der bedeutendste Historiker seiner Zeit war und blieb – ein Mann, dessen Name noch immer den Glanz der Basler Universität ausmacht. Heute nach dem Tod von Karl Jaspers und Karl Barth fehlt Basel die Ausstrahlung eines Jacob Burckhardt, Franz Overbeck, Andreas Heusler, Wilhelm Wackernagel. Unter dem Einfluß der Erfahrungen zweier Weltkriege, in denen die deutsche Nachbarschaft eine zuletzt fast tödliche Bedrohung darstellte, hatte man die frühere Taktik der Lehrstuhlbesetzung verlassen; junge deutsche Wissenschaftler waren nicht mehr bevorzugt, wie es noch selbst auf klinischem Gebiet vor 1914 fast die Regel war. Nach dem Zweiten Weltkriege konnte man – soweit die Medizin betroffen ist – in den wissenschaftlichen Leistungen eine Umkehrung des Gefälles feststellen. Die Schweiz – nicht so stark abgeschlossen von der übrigen Welt und ihren wissenschaftlichen Fortschritten wie Deutschland – war auf fast jedem Gebiete der Medizin Deutschland voraus. Es war – von anderen, mehr politischen Gründen abgesehen – nur selbstverständlich, daß die Berufungen in den medizinischen Fakultäten fast ausschließlich an Schweizer Dozenten ergingen.

Der Gründer der Universität (und soweit ich weiß, auch der Ingolstadt-Münchener) war der Humanist Papst Pius II., der eine bewundernswerte Laufbahn hinter sich hatte, bevor er Papst wurde. Als er noch Aeneas Silvius Piccolomini hieß, hat man ihm auf dem Frankfurter Reichstag die Würde eines poeta laureatus verliehen für das Werk „Euryalus und Lucretia", eine Liebesgeschichte, die nach Aussagen der Kritiker in der Schönheit von Sprache und Empfindung Romeo und Julia oder Tristan und Isolde an die Seite gestellt werden könne. „Die Liebesnovelle des künftigen Papstes bezeugt erschütternd die Größe und Fehlbarkeit des Menschen", sagt Rüdiger. Er schreibt die Geschichte in der Form eines Berichtes an einen Freund; schon die Einleitung ist bemerkenswert: „Du verlangst von mir etwas, was meinem Alter nicht gemäß ist und auch für das Deine sich nicht schickt. Denn gehört es sich, daß ich bald als Vierzigjähriger eine Liebesgeschichte erzähle und Du mit 50 Jahren eine hören willst? Das ist doch eine Sache für zarte Herzen und junge Sinne; alte Leute (scil. die Vierzig- und Fünfzigjährigen) verstehen sich auf Liebesgeschichten höchstens so gut als Junge auf Weisheitslehren. Wenn Du über diesen Punkt etwas anderes berichtet liest, dann macht man Dir etwas weis."

Die modernen Gerontologen werden – wenn sie ein solches Geständnis lesen – stolz sein auf die Leistungen ihrer therapeutischen Bemühungen, nach denen die 70- bis 80jährigen der heutigen Zeit sich weigern, das für die eigene Person anzuerkennen, was über 40- bis 50jährige hier geschrieben steht. Von Aeneas Silvius stammt übrigens das schöne Wort „Mehr sein als scheinen", das in der Literatur gern auf einen preußischen Ursprung zurückgeführt wird.

Als vor zwei Jahren Jaspers' Buch „Wohin treibt die Bundesrepublik?" erschien, war es eigenartigerweise in der Buchkritik still, und die Antwort auf das Erscheinen des Buches gaben zunächst nicht die Rezensenten, sondern die Leser, welche das kleine Werk für viele Monate auf die Bestseller-Liste setzten. Im wesentlichen verleiht er seinem Zweifel an der neuen deutschen Demokratie Ausdruck. Das ist verständlich bei einem, der das Inferno des Nazismus als Ehemann einer Jüdin durchstehen und täglich sehen mußte, wie seine akademischen Kollegen sich der gelungenen Gleichschaltung erfreuten und ebenso wendig blieben, als es sich darum handelte, den Weg zurück zu finden, nachdem Demokratisierung das große Schlagwort geworden war.

Karl Barth – wie Jaspers seit Jahren emeritiert – ist in der Welt außerhalb Basels berühmter und bekannter gewesen als hier. Sonst wäre es kaum denkbar, und er sprach sich sehr bitter darüber aus, daß die Regierung (nicht die Fakultät) den von ihm favorisierten Nachfolger ignoriert hätte. Barth ist bis in sein hohes Alter – er wurde 82 Jahre alt – Gegenstand einer Unzahl von Ehrungen gewesen. Die schönsten aber sind zwei als Bestrafung gedachte Maßnahmen: 1. die Amtsenthebung von seinem Bonner Lehrstuhl (1934), weil er den Beamteneid verweigerte, und 2. die Aberkennung der Ehrendoktorwürde durch die theologische Fakultät der Universität Münster – eine bezeichnende Maßnahme des „Gleichschaltungs-Dekans" (wie Barth sich ausdrückte). Er erhielt diese Auszeichnung (Aberkennung der Ehrendoktorwürde) in ähnlicher Weise wie Thomas Mann, dessen Antwortbrief an den „unleserlichen" Dekan ein Obligatorium des Deutschunterrichts in allen deutschen Schulen werden sollte. Die offizielle Mitteilung der Nazi-Zeitungen lautete: „Die evangelisch-theologische Fakultät der Universität Münster hat dem Theologie-Professor Karl Barth den 1922 verliehenen Grad eines ‚Dr. der Theologie e. h.' wieder entzogen, und zwar mit der Begründung, daß er sich durch sein Verhalten des Tragens einer deutschen akademischen Würde unwürdig erwiesen hat."

Als mich einmal wegen eines mißverstandenen „Krebsmittels" der Reporter eines amerikanischen Magazins aufsuchte, berichtete er von einem lustigen Erlebnis mit Barth, der unerkannt im Autobus neben ihm saß. Als der Bus die Universität passierte, fragte der Reporter seinen Nachbarn: „Ist das die Universität, wo der berühmte Karl Barth lehrt?" – „Ja, hier lehrt Professor Barth." – „Kennen Sie ihn persönlich?" – „Ja – ich rasiere ihn jeden Morgen." Ich weiß nicht, ob diese hübsche Antwort Barths gedruckt wurde.

Die größten Bedenken, die Ruth und ich gegen die Rückkehr nach Europa hatten, waren verursacht durch die Umschulung unserer Kinder. Glücklicherweise wurde das nur ein Problem bei Renate, die siebzehn Jahre alt war und sich in der New Yorker Chapin School sehr wohl gefühlt hatte. Als meine Frau im Basler Mädchengymnasium vorsprach, wurde vereinbart, Renate versuchsweise in die Klasse zu nehmen, die ihrer amerikanischen entsprach. Nach einigen Wochen der Probe wollte man sie in die nächstniedere Klasse versetzen, mit der Begründung, daß sie wegen mangelnder Kenntnis der deutschen Sprache dem Unterricht nicht folgen könne. Wir hatten am Beginn des Krieges, als Renate sieben und unser Sohn Tim zwei Jahre alt waren, vermieden, mit den Kindern deutsch zu sprechen, da wir fürchteten, daß ein deutscher Akzent ihnen im Kreise ihrer Spiel- und Schulkameraden während der Kriegszeit Schwierigkeiten bereiten würde. Die Deutschkenntnisse der beiden Kinder waren in der Tat dem Nullpunkt nahe. Als ich dem Lehrer erklärte, daß Renate in der neuen Klasse zunächst genausowenig dem Unterricht folgen könne wie in der höheren, und daß es dann nur logisch sei, sie in die erste Primarschulklasse zu versetzen, schien er das einzusehen, verschanzte sich aber hinter eine Entscheidung des Lehrerkollegiums. Wir waren dann gezwungen, das Kind in die Genfer International School zu geben, in der Englisch Unterrichtssprache war. Dort bestand sie das sogenannte Cambridge-Abschlußexamen, legte an der Universität Basel das Latinum ab und studierte zunächst in Basel, dann an der School of Economics in London – aber nur für kurze Zeit. 1957 heiratete sie und lebt jetzt mit ihrem Mann und drei Kindern in London.

Zu den Erfahrungen mit der Mädchenschule standen die mit dem Humanistischen Gymnasium in angenehmem Kontrast. Man akzeptierte unseren Sohn für die gleiche Klasse, in der er in New York gewesen war, und machte uns darauf aufmerksam, daß es auch mit einem häuslichen Hilfsunterricht viele Monate dauern könne, bis er in der Lage sei, dem Unterricht zu folgen. Er sollte von sich aus sagen, wenn er sich imstande fühle, Fragen zu verstehen und zu beantworten. Diese Großzügigkeit wurde von allen Lehrern neun Monate hindurch geübt. Sie haben sich nicht getäuscht. Mit 18 Jahren bestand Tim das Maturitätsexamen, und da ich diese Worte niederschreibe, sitze ich am Schreibtisch unseres Tessiner Hauses, das er, als erste selbständige Berufsleistung, gebaut hat. Die Heirat mit Catherine Druey ist der Ausklang einer Schulfreundschaft. Sie haben dafür gesorgt, daß Ruth und ich wiederum viermal Großeltern wurden.

Im Frühjahr 1953 wurde ich von der Universität Liverpool eingeladen, die „Sir Mitchell Banks-Gedächtnisvorlesung" zu halten. Mit ihr wird alljährlich ein Lehrer der Chirurgie beauftragt. Als Thema hatte ich „The Romance of Thoracic Surgery" *(Der Roman der Thoraxchirurgie)* gewählt. Zu gleicher Zeit fand in Liverpool der Jahreskongreß der Gesellschaft der Thoraxchirurgie von Großbritannien und Irland statt.

Gerade als wir zur Reise nach Liverpool aufbrachen, kam ein Anruf von Hamburg mit der Mitteilung, daß mein Freund Axel Lezius einen Herzinfarkt erlitten hatte, ohne daß der Zustand zunächst als bedrohlich geschildert wurde. Auf der Rückreise besuchte ich ihn im Hospital; er hatte als einziges bedenkliches Zeichen stärkere Verwirrungszustände, allerdings bei hoher Temperatur. Fünf Tage später erlag er einem neuen Infarkt. In 30jähriger Freundschaft hat Axel mir auch in schweren Jahren eine Loyalität bewiesen, die, sehr zu meinem Leidwesen, keine Rücksicht auf seine eigene Karriere kannte. So bewarb er sich offiziell um eine Oberarztstelle an meiner Istanbuler Klinik (die türkische Regierung lehnte das Gesuch ab). Nach Kriegsende war er einer der ersten, von dem ich wieder hörte. Der Zufall wollte es, daß einer meiner New Yorker Assistenten als Sanitätsoffizier das Gefangenenlager versorgte, in dem Axel sich befand.

Die thoraxchirurgischen Leistungen wurden die Grundlage von Lezius' internationaler Statur. Sie haben ihn zu Vorträgen und Vorlesungen in fremde Länder geführt und ihm dort hohe Anerkennung eingetragen.

Die nachhaltigste Resonanz fanden indessen seine experimentellen Untersuchungen über die Verbesserung des insuffizienten Coronarkreislaufes, therapeutische Ziele, die mit doppelter Tragik verbunden waren. Anlaß zur Beschäftigung mit der Frage, die damals noch weitab vom chirurgischen Interesse lag, war wohl der frühe Tod seines Vaters, der einem Herzinfarkt zum Opfer fiel – ungefähr im gleichen Alter, in dem von der gleichen Krankheit sein eigenes Leben auf der Höhe der menschlichen und beruflichen Entfaltung ausgelöscht wurde.

Kurz zuvor war ich auf einem Kongreß in New York Zeuge einer denkwürdigen Ehrung, die ein Pionier der Thoraxchirurgie, Charles Bailey, in Worte faßte. Er sagte: „Ich glaube, daß ich mit allen Zuhörern einig bin, wenn ich den tiefen Eindruck in ein paar Worten wiedergebe, den Lezius' Ausführungen durch die Größe der verarbeiteten Erfahrungen und durch ihre nüchterne Sachlichkeit auf uns gemacht haben. Ich habe Lezius in seiner Arbeitsstätte wirken sehen, und nach dem, was ich dort beobachten konnte, gehört nicht viel Prophetengabe dazu, vorauszusagen, daß wir in den kommenden Jahren und Jahrzehnten noch viel von ihm hören werden."

Eine unbegreifliche Fügung hat diese Zukunftshoffnung zunichte gemacht. Die deutsche Chirurgie hat zu einer Zeit, da es für sie notwendiger war als je, einen Mann verloren, der im vollendeten Sinne ihr Botschafter in der internationalen Sphäre gewesen ist: ein ideenreicher und zuverlässiger Chirurg, der überall, wo er auftrat, die Herzen gewann durch die Einfachheit und Lauterkeit seines Wesens, durch die Ernsthaftigkeit seiner Bestrebungen und durch die heitere Empfänglichkeit für den guten Willen und die Leistungen anderer.

Die chirurgischen Aufgaben, die ihn reizten, zeigen gleichzeitig die Höhepunkte seiner Begabung: Lezius war ein Operateur von unvergleichlicher Geschicklichkeit. Unter seinen Händen schien auch der komplizierteste Eingriff leicht und einfach zu sein.
Die glänzenden Eigenschaften seines Charakters – seine Selbstlosigkeit, seine Loyalität, seine Hilfsbereitschaft, seine Lebensfreude, sein köstlicher Humor, gaben Frohsinn und Wärme denen, die ihm nahestanden: seiner Frau, seinen Kindern, dem kleinen Kreis seiner Jugendfreunde und seinen engeren Mitarbeitern. Allerdings – wer ihn erlebt hat, kann sich nicht vorstellen, daß er sich jemals mit einem schaffensarmen Leben abgefunden hätte. Und vielleicht ist darum das Schicksal nicht so hart gewesen, wie es uns erscheint. Vielleicht lag eine Gnade darin, daß dieses großmütige und lebenspendende Herz nicht in einem Zustand gebrochener Leistungsfähigkeit zurückgelassen wurde, daß es zu schlagen aufhörte, als die Aussicht völliger Wiederherstellung zu schwinden begann.

Anfang 1954 erhielt ich die inoffizielle Anfrage des Hamburger Dekans, ob ich an dem durch Lezius' Tod verwaisten Ordinariat interessiert sei. Wenige Tage später kam ein Ruf aus Wien. Der Direktor der Zweiten Chirurgischen Klinik, W. Denk, war emeritiert worden. Die Wiener Klinik hatte als die Wirkungsstätte von Billroth, Eiselsberg und Denk ein hohes chirurgisches Prestige.
Ich mußte mir zunächst darüber klarwerden, wieweit die Pläne für Reform von Klinikorganisation und Unterricht, die mir bei dem Entschluß zur Übersiedlung nach Basel vorschwebten, hier wirklich realisierbar waren.
Vor allem ging es an die Einrichtung von Spezialabteilungen. Im Gegensatz zu den angelsächsischen Ländern, in denen die Abspaltung der Sonderfächer vom Boden der Chirurgie sich langsam vollzog, stand man in Mitteleuropa vor einer Situation, die eine beschleunigte Entwicklung notwendig machte. Ophthalmologie, Hals-Nasen-Ohrenkunde, Gynäkologie, Orthopädie hatten sich von der Chirurgie in der zweiten Hälfte des vorigen Jahrhunderts getrennt. Spezialistische Untersuchungsmethoden, die besondere Übung erforderten (Augenspiegel, Endoskopie und endolaryngeale sowie endovesicale Eingriffe), und größere zeitliche Beanspruchungen standen am Quell der Teilung.
Die Neurochirurgie hatte in der Schweiz und Deutschland zwischen den beiden Weltkriegen schon den Beginn einer Spezialisierung erfahren. Aber die Spezialkliniken in Berlin und Zürich waren nur Tropfen auf dem heißen Stein. Der weit überwiegende Teil der Hirnchirurgie wurde von Allgemeinchirurgen gemacht, oft mit unzulänglicher Diagnose, Indikation und Erfolgsquote. Nachdem Cushings Prinzip des bewußt langsamen und schonenden

Operierens sich anscheinend als unerhört glücklich erwiesen hatte, lag schon aus zeitlichen Gründen dieses Operationsgebiet außerhalb der allgemeinchirurgischen Möglichkeiten.

Nicht immer haben indessen die Neurochirurgen alles Notwendige getan, um ihrem Fach die wünschenswerte Verbreitung zu verschaffen. Als ich in Basel mich um die von der Regierung zugesagte Anstellung eines Neurochirurgen bemühte, ließ ich aus Loyalitätsgründen den Antrag durch die Fakultät gehen. Während der Fakultätsberatung schlug der Neurologe vor, daß einer seiner neurochirurgisch kurz geschulten Assistenten die „kleine" Neurochirurgie machen sollte, und daß die Patienten der „großen" Neurochirurgie nach dem Zentrum einer anderen Stadt geschickt werden sollten. Meine Frage, ob man in diesem Zentrum von dem Plan wisse, wurde bejaht. Ich konnte mich nur darauf beschränken zu bemerken, daß es vielleicht „kleine Neurochirurgen" aber keine kleine Neurochirurgie gäbe, und daß sich ein „kleines" Leiden bei näherem Zusehen während der Operation als groß erweisen könne. Es stellten sich keine weiteren Erschwerungen ein.

Die neurochirurgische Tätigkeit wurde zunächst von W. Driesen übernommen, der heute Inhaber des Lehrstuhls seines Faches in Tübingen ist. Die Frage der spezialistischen Ausbildung war Jahre zuvor in New York im Rahmen unseres Krankenhauses ein Diskussionsobjekt geworden. L. Davidoff, ein Schüler Cushings, setzte sich dafür ein, daß eine gute neurologische und neurophysiologische Vorbildung wichtiger sei als die allgemein-chirurgische. Soviel ich weiß, hat sich in den Staaten diese Auffassung durchgesetzt, obwohl sie im Widerspruch zu Cushing steht. Nun war an der Medizinischen Klinik Max Klingler als neurologischer Spezialist angestellt. Seine Ausbildung hatte er u. a. bei dem hervorragenden R. Bing erhalten, der, in einer mehr als bescheidenen Stellung der Basler Medizinischen Poliklinik tätig, ein sehr bekanntes Lehrbuch der Neurologie verfaßt hat. Ich veranlaßte Klingler, zu Davidoff – New York und zu W. Tönnis – Köln zu gehen. Am 1. 1. 1955 trat er seine neue Stellung als Leiter der neurochirurgischen Abteilung der Klinik an. Er hat, zusammen mit seinem Oberarzt, André Lévy, der sich besonders für stereotaktische Operationen interessierte, der Basler Neurochirurgie eine geachtete Stellung verschafft.

Größer waren die Hindernisse, die der Etablierung einer Anästhesie-Abteilung in den Weg gelegt wurden. Wohl hatte W. Hügin als Fachanästhesist eine Oberarztstelle. Die Errichtung eines der Klinik angeschlossenen Departements wurde von Spitalverwaltung und Pflegeamt auf meine Anfrage hin als unnötig bezeichnet. (Ich wurde langsam allergisch gegen die Antwort: „Es ist bisher so gegangen, warum soll es nicht weiter so gehen.") Dann kam mir ein Zufall zu Hilfe. Alfred Gigon, Sekretär der Schweizerischen Akademie der Medizinischen Wissenschaften, fragte an, ob ich auf der nächsten Sitzung der Akademie über „Entwicklung von Anästhesie und Anästhesiologie und beider Einfluß auf den Fortschritt der Chirurgie" sprechen wolle. Ich sagte mit Vergnügen zu.

Wenn mit Recht betont wird, daß die großartige Entwicklung der operativen Technik in den letzten hundert Jahren ohne die *Schmerzstillungsverfahren* undenkbar wäre, dann muß man hinzufügen, daß sich die Chirurgie während einer langen Zeit als undankbarer Empfänger dieser Wohltat gezeigt hat. Vor mehr als hundertzwanzig Jahren hat J. C. Warren im Operationstheater des Massachusetts General Hospital in Boston zum ersten Male vor einem Auditorium von Ärzten eine Operation in Äthernarkose vorgenommen. Nach Schluß des Eingriffs wandte er sich an die versammelten Ärzte mit den Worten: „Das ist kein Humbug" („this is no humbug") – eine Feststellung, die man als die größte Untertreibung in der Geschichte der Medizin bezeichnen darf. Statt nun diese großartige Entdeckung praktisch und wissenschaftlich mit jedem personellen Mittel zu fördern, war im kontinentalen Europa bis vor kurzem die Durchführung der Allgemeinbetäubung den jüngsten und unerfahrensten chirurgischen Assistenten oder Allgemeinpraktikern überlassen, also Ärzten, die weder in der Pharmakologie narkotischer Substanzen noch in technischer Durchführung der Narkose eine mehr als oberflächliche Ausbildung erfahren hatten. Da obendrein dem werdenden Chirurgen das Narkotisieren nur als unliebsame Unterbrechung seiner klinischen und operativen Erziehung erschien, suchte er dadurch einen gewissen Ausgleich zu schaffen, daß er mit Augen und Aufmerksamkeit mehr im Operationsgebiet weilte als bei der Beobachtung des betäubten Kranken. Dieser bedauerliche Stand der Dinge führte zu einer erstaunlichen Entwicklung: Schwestern wurden zur Narkose herangezogen und lösten ihre Aufgabe meist besser als die chirurgischen Assistenten.

Narkoseschädigungen und -todesfälle konnten aber – wie die Verhältnisse nun einmal waren – weder in den Verantwortungsbereich der unausgebildeten Ärzte noch in den der Schwestern fallen. Es war darum nur logisch, daß der Gesetzgeber und -interpret den operierenden Chirurgen auch mit der Verantwortung für die Narkose belastet hat, wenn immer Zwischenfälle legale Konsequenzen hatten. Die Folge davon war, daß der Operateur seine Aufmerksamkeit zwischen Operationsfeld und Narkose teilen mußte, ein Zustand, der für die Durchführung beider Aufgaben nachteilig war.

In dem Wort „Narkosekunst" ist ein Begriff eingeschlossen, der der Anwendung von narkotischen Substanzen und Zufuhrapparaten eine subjektive Note gibt, welche die moderne Allgemeinbetäubung weit mehr als pharmakologische und technische Fortschritte beeinflußt hat. Der hohe Stand des Narkosewesens in den angelsächsischen Ländern ist in sehr weitem Maße den Ärzten zu verdanken, die das Spezialfach der Anästhesiologie begründet und gefördert haben, und denen, die es heute ausüben. Wer Sinn für Konjekturalbetrachtung hat, wird durch die Frage gefesselt, wieviel schneller sich die Chirurgie entwickelt hätte, wären die Vorteile einer solchen Spezialisierung eher zum Bewußtsein der Chirurgen gekommen.

Erst als in den zwanziger Jahren jetzt auch englische und amerikanische Kliniken der Brustchirurgie gesteigerte Aufmerksamkeit entgegenbrachten, bekam die Betäubungsfrage neue Aspekte. Man erkannte schnell die endotracheale Methode als die praktischste zur Aufrechterhaltung gleichmäßiger Beatmung bei eröffnetem Brustkorb. Einführung des Rohres in die Luftröhre und kontrollierte Beatmung waren anerkannt ärztliche Verrichtungen, deren Durchführung stärkere Anziehungskraft auf junge Mediziner ausübte. Sie sahen hier ein neues Gebiet mit Entwicklungsmöglichkeiten. Dem Chirurgen andrerseits wurde seine Abhängigkeit von einer störungslos arbeitenden Narkose im Brustkorb mehr als in jeder anderen Körperregion handgreiflich vor Augen geführt. Eine Zusammenarbeit zwischen Operateur und Anästhesist entwickelte sich, die einen erheblichen Anteil an den chirurgischen Fortschritten der letzten beiden Dezennien trägt. Ihr Opfer wurde allerdings die autokratisch dominierende Stellung des Operateurs; an der Operation und ihrem Ergebnis sind jetzt zwei Spezialisten beteiligt: beide Ärzte mit vergleichbarer Ausbildung und Intelligenz, deren Kenntnis und Werk sich ergänzen.

Jedem Narkotikum und jeder Zufuhrmethode ist eine Gefährdung allein durch die Anwendung eigen. Diese Gefahr kann nur ungenügend in allgemeinen Feststellungen formuliert werden; sie muß aber im präzisen Fall, d. h. beim Patienten, individuell einigermaßen abgeschätzt werden. Darin liegt eine wichtige Funktion des Narkotiseurs. In diesem Punkte gleicht seine Indikationsstellung der des Chirurgen, der nach Freilegung des Operationsfeldes genügend Ausbildung und Erfahrung haben soll, die ihm erlauben, jeden durch den pathologischen Befund gegebenen Eingriff mit ausreichender Geschicklichkeit durchzuführen.

Wenn man viele Jahre Anästhesisten am Werk gesehen hat, lernt man noch eine andere ihrer Eigenschaften hoch einschätzen. Da des Patienten Allgemeinzustand der Gegenstand ständiger Sorge des Anästhesisten ist, und da er darüber ein besseres Urteil hat als der vom Operationsfeld beanspruchte Chirurg, kann er, wenn notwendig, darauf hinwirken, daß eine zu tiefe Narkose oder eine übertriebene Lagerung des Patienten vermieden wird. Er hat als anerkannter und bewährter Spezialist seines Faches die Autorität, solche Fehler, die sich verhängnisvoll auswirken können, zur Beachtung des Chirurgen zu bringen.

Ich glaube, daß der Chirurg und seine Patienten allen Grund haben, die Weiterentwicklung der Anästhesiologie als vollwertiges ärztliches Spezialfach zu fördern, und daß organisatorische und ökonomische Schwierigkeiten überwunden werden müssen, die ihrem Ausbau entgegenstehen. Diese Schwierigkeiten sind gewiß nicht gering. Es ist kaum denkbar, daß kleine Krankenhäuser sich die finanzielle Extravaganz von adäquat besoldeten Narkotiseuren leisten können. Obendrein ist mit dem, was man gemeinhin unter festbezahlter Anstellung versteht, das Problem nicht gelöst. Es wird nicht gelingen, tüchtige und strebsame Assistenten für Anästhesiologie zu finden, wenn man ihnen nicht auch materiell die gleichen Entwicklungsmöglichkeiten gibt wie den übrigen Spezialisten der praktischen Medizin. Mit anderen Worten: man muß ihnen das Recht einräumen, eine Privatpraxis nach denselben Grundsätzen auszuüben, die für den Chirurgen maßgebend sind.

Vom praktischen Gesichtspunkt aus läßt sich eine befriedigende Versorgung der kleinen Krankenhäuser mit geschulten Narkotiseuren wohl nur in *der* Form durchführen, daß die klinischen Anästhesieabteilungen ihre Spezialisten im Bedarfsfalle den Chirurgen ihrer geographischen Umgebung zur Verfügung stellen.

Ich bin dem Vorsteher der Otorhinolaryngologischen Universitätsklinik E. Lüscher besonders dankbar gewesen, daß er sich zunächst als einziger Kliniker des Basler Bürgerspitals mit Wort und Tat für die Schaffung und Entwicklung der Anästhesieabteilung eingesetzt hat. Sonst war die Auffassung herrschend, daß die Verhältnisse der Schweiz, besonders die Kleinheit des Landes, die Entwicklung eines Spezialfaches unmöglich oder unnötig machten. Dabei ignorierte man die Tatsache, daß andere Staaten von gleicher Größe sich erfolgreich um die praktische Lösung des Problems bemüht hatten und daß hierzulande bereits eine Reihe ausgezeichneter Anästhesisten am Werk war, denen es nur an einer entsprechenden Einschätzung und an akademischer Anerkennung mangelte.

Das Dezennium, das der ersten Diskussion folgte, hat dank diesen Männern dem Fach eine Entwicklung gegeben, die alle, auch die optimistischsten Voraussagen in den Schatten stellte. Der Leiter des Anästhesiewesens der Basler Chirurgischen Klinik wurde 1957 als erster Privatdozent seines Faches habilitiert, sechs Jahre später wurde er Extraordinarius. Die Medizinischen Fakultäten von Zürich, Genf, Bern, Lausanne folgten. Das Fach ist also auf dem besten Weg zur akademischen Integrierung, und mit den Anästhesieabteilungen der ganzen Welt teilen die schweizerischen die Sorge, daß sie nicht entfernt die Zahl von Fachleuten auszubilden imstande sind, um die sie gebeten werden.

In den letzten Jahren wird – leider in steigendem Maße und mit zunehmender Häufigkeit – von Chirurgen Beschwerde darüber geführt, daß die Zusammenarbeit durch Selbstsicherheit der Anästhesisten erschwert werde. In der Tat war ich Zeuge eines Vortrages, dessen Wortführung und Inhalt nur als Zumutung bezeichnet werden kann. Es wäre tief bedauerlich, wenn solche Auslassungen Schule machten. An Anästhesisten ist im Krankenhausbereich ein ebenso großer Mangel wie an Schwestern. Die Ausnutzung dieser Tatsache durch manche Schwestern ist eine nicht mehr seltene Beschwerde.

Inzwischen – und das geschah noch vor meinem Ausscheiden aus dem Bürgerspital – wurde die Basler Anästhesiologie-Abteilung endlich völlig selbständig; sie verbleibt aus Zweckmäßigkeitsgründen in örtlichem Zusammenhang mit der Chirurgischen Klinik.

Die Einrichtung der *anderen Spezialabteilungen* vollzog sich, nachdem das Eis einmal gebrochen war, ohne größere Störungen: Es entstanden diejenigen für Chirurgie des Bewegungsapparates, für Gefäßchirurgie, urologische Chirurgie, Herzchirurgie, plastische Chirurgie, Kieferchirurgie. Für die Nierentransplantation wurde ein aseptischer Krankenraum geschaffen und der für die Transplantationschirurgie vorgesehene Oberarzt in England entsprechend fachlich vorbereitet. Während alle Abteilungsleiter im Laufe der Jahre im Hospital Betten für Privatpatienten und Räumlichkeiten für ihre private Sprechstunde erhielten, stellte die Abtrennung der Herzchirurgie, die sich besonders aus Gründen der zeitlichen Ausdehnung ihrer Operationen als notwendig erwies, ein besonderes Problem dar, dessen Lösung, soviel ich weiß, in Westeuropa noch nicht versucht worden ist. Da die Patienten dieser Abteilung nur sehr selten Privatpatienten sind, die für die ärztliche Behandlung selbst zu bezahlen vermögen, ist es nur logisch, daß der Abteilungsleiter ein „full-time"-Gehalt erhält, welches dem durchschnittlichen Einkommen der Leiter anderer Abteilungen entspricht. Damit ist aber nur ein Teil der materiellen Erfordernisse angedeutet. Die Herzchirurgie ist psychisch und physisch besonders anstrengend. Einen Weg zurück in die allgemeine Chirurgie mit ihren weniger konsumierenden Aufgaben gibt es für den Herzchirurgen nach einigen Jahren – sagen wir 15 bis 20 Jahren ausschließlicher Tätigkeit im Spezialfach – nicht mehr. Es muß also dafür Sorge getragen werden, daß nicht nur eine dem Gehalt angeglichene Altersversorgung gesichert ist; die *gleichen* Vergünstigungen müssen auch dann eintreten, wenn unabhängig von der Zahl der Dienstjahre der körperliche Zustand eine Fortführung der anstrengenden cardio-chirurgischen Tätigkeit nicht mehr erlaubt. Es gibt keine Sparte der Chirurgie, in der ein solcher Vorstoß so nötig und dringend wäre wie auf dem Gebiete der Herzchirurgie.

In der Feststellung des Emeritierungsalters kann eine Angleichung an nordamerikanische und britische Verhältnisse im Interesse der Hochschule liegen. Ich bin gewiß nicht von dem *überragenden* Wert der Weisheit des Alters überzeugt. In vielen Fragen – besonders solchen, die Universitätsreformen angehen – habe ich indessen erst in fortgeschrittenen Jahren genügend Reife gewonnen, um die Erfahrungen in mehreren Ländern zu einer abgerundeten Meinung formen zu können. Diese Beobachtung steht im Gegensatz zu der Diskussionsbemerkung, die ein Ordinarius in einem Schlußwort über die Hochschulreform gemacht hat. Es war zu der Zeit, als Rudi Dutschkes Formulierungen Aufsehen und Nachahmung hervorriefen. Sie lautete, wie die lokale Presse berichtete: „Veränderungen zum Guten sind in einer Fakultät vor allem dann möglich, wenn ein Zurücktretender absolut keine Kompetenzen für die Weiterentwicklung hat; meist kommt es besser heraus bei einem Todesfall." Man könnte dazu bemerken, daß es wohl ein neuer, aber kein guter Stil ist.

Als ich 1952 die Chirurgische Klinik in Basel übernahm, fehlte eine fruchtbare Zusammenarbeit mit der Inneren Medizin; persönliche Differenzen zwischen Chirurg und Internist hatten seit Jahren den gegenseitigen Austausch auf ein Minimum reduziert – eine im mitteleuropäischen Krankenhauswesen nicht seltene Erscheinung. Die Warnungen, die mir von Fakultätsmitgliedern zukamen, suchten die Schuld dieses bedenklichen Mißverhältnisses so gut wie ausschließlich bei Hans Staub, dem Internisten. Sein Name war aus seinen Arbeiten über den Kohlehydratstoffwechsel und Insulin international bekannt. Jetzt erst bekam ich ein volles Bild von der Vielseitigkeit seiner Arbeitsgebiete, seinem Sinn für patho-physiologische Probleme, dem Reichtum seiner experimentellen Ideen. Da er bei meinem Dienstantritt in den Ferien war, gab es der – glückliche – Zufall, daß wir uns bei der Konsultation am Bett eines meiner Patienten kennenlernten. Seine Gründlichkeit in der Untersuchung, seine kritische Bewertung von Laboratoriumsbefunden und seine glänzende Literaturkenntnis – alles das mit Wortkargheit vorgebracht – hinterließen mir einen tiefen Eindruck. Das Bild eines außergewöhnlichen Mannes, der – abhold jeder Phrase – mit scharfer Intelligenz die Resultate der Forschung ebenso klar sah wie ihre Lücken, wurde noch verstärkt durch seine Diskussionsbeiträge während der Staff-Meetings, besonders der Mortalitätskonferenz. Was immer er zu bemerken hatte – und es gab selten eine Todesfallbesprechung ohne seine Meinungsäußerung –, war wertvoll für die Erkenntnis von Irrtümern, von patho-physiologischen, besonders biochemischen Problemen des Leidens. Er gab uns, den Chirurgen, in seiner trockenen, manchmal von hintergründigem Humor belebten Art ebensoviel wie den eigenen Mitarbeitern. Obwohl ich fast täglich mit ihm beruflich zu tun hatte, gab es in den zehn Jahren gemeinsamer Tätigkeit nicht eine einzige Stunde der Disharmonie. In ärztlichen Diskussionen war er gewiß – und glücklicherweise – offen bis zur Rücksichtslosigkeit; er hatte aber auch – vielleicht nur auf beruflichem Gebiet – volles Verständnis für die gleiche Haltung des Partners. Und da die allgemein-kritische Einstellung und ihre Äußerung nur von dem Interesse am Wohl der Kranken diktiert waren, wurde es mir unbegreiflich, daß an einem Mann, der soviel Positives aufzuweisen hatte, nicht wenige wegen unbequemer Eigenarten Anstoß nahmen. Durch die Haltung Staub gegenüber ist auch mein Verhältnis zur Fakultät stark beeinflußt worden. Das blieb ein Nachteil für die Durchführung etwaiger Reformen in den beiden großen Kliniken des Bürgerspitals. Ich kann indessen nicht sagen, daß dadurch die Erreichung der akademischen Ziele beeinträchtigt wurde – bis auf einen Punkt, der zunächst eine geschlossene Gegnerschaft fand. Es war die Studienreform. Kurz nach dem Amtsantritt begann ich mit dem Gruppenunterricht, um die Studenten ans Krankenbett heranzuführen, mehr als es bei dem geläufigen Typ der Magistralvorlesung möglich war. Eine seit langem bestehende Kommission der Fakultät beschäftigte sich mit der Studienreform. Die großen Kliniken waren darin nicht vertreten. Da gesagt wurde, daß Änderungen in der Unterrichtsart nur auf eidgenössischer Basis möglich seien, wurde später eine Interfakultätenkommission bestellt, die nach Jahr und Tag einen Reformvorschlag ausarbeitete.

Nach Staubs Emeritierung haben andere Schicksalsschläge die letzten Jahre seines Lebens verdüstert. Er starb 1967 – am dritten Rezidiv eines Herzinfarktes, umsorgt von seiner Frau, die ihn mit letzter Hingabe gepflegt hatte.

Die große Lebensleistung Staubs, der mit der Entwicklung der Basler Medizinischen und Chirurgischen Klinik gleich eng verknüpft war, lag auf vielen Gebieten.

Wie wenige Kliniker auf dem Kontinent hat er der Ausweitung und Vertiefung des medizinischen Wissens und Handelns durch die Schaffung von Spezialabteilungen Rechnung getragen; beispielhaft hat er gezeigt, wie ein ideen- und kenntnisreicher Arzt, ein anregender und kritischer Chef das vereinigende Band um die Sonderfächer zu schlingen vermag. Damit hat er die befriedigende Lösung eines schwierigen klinischen und wissenschaftlichen Ausbildungsproblems gefunden.

Für uns Mitglieder der chirurgischen Klinik war die Zusammenarbeit eine Quelle eigener Leistungen geworden. Das Schönste über diese Arbeitsharmonie hat Staub in einem Artikel über „Nützliche chirurgische-internistische Kollaboration" gesagt: „Die Grenzen zwischen chirurgischen und medizinischen Abteilungen werden, was die ärztliche Tätigkeit anbelangt, zunehmend undeutlicher; sie befriedigen bald nur noch administrative Bedürfnisse. Aus dieser Situation zieht der Patient den größten Nutzen, und Fortschritte in der Erkenntnis lassen nicht auf sich warten."

Natürlich habe ich mich oft gefragt, welches die beherrschende Ursache des Einflusses war, den Staub medizinisch und menschlich auf unsere Klinik ausübte. Es sind wahrscheinlich gerade die Eigenschaften gewesen, die ihn den Anhängern konventioneller Glattheit und Selbstgefälligkeit verdächtig machten: seine Meinungsfreiheit, seine Offenheit in der Äußerung, seine Klarheit und Sauberkeit in der Zielsetzung, sein konsequenter und großzügiger Enthusiasmus für die naturwissenschaftliche Forschung und nicht zuletzt seine opferbereite Freundschaft für die, die ihm nahestehen durften.

Meiner Verbindung mit Staub verdanke ich eine hübsche Anekdote:

Zur Feier seines 70. Geburtstages hatten seine Mitarbeiter zu einem Symposium über „Bewußtseinsstörungen" ins Suvretta-Haus (St. Moritz) eingeladen. Die aktiven Teilnehmer gaben durch Namen und Herkunft Zeugnis von der weltweiten Anerkennung, deren sich das wissenschaftliche Werk des Jubilars erfreute. In wenigen einleitenden Worten versuchte ich sein Bild zu zeichnen, wie es ohne Superlative (die ihm verhaßt waren) möglich war. Einer der Referenten war der britische Neurologe Lord Russell Brain. Bei Tisch war er mein Nachbar; ich fragte ihn, ob sein Name (übersetzt: Gehirn) Einfluß auf seine Berufswahl gehabt habe. Seine Antwort: „Sie werden lachen – mein Vorgänger als Chef des Neurologischen Institutes war Henry Head (übersetzt: Kopf) – bekannt durch die Headschen Zonen."

Als jetzt die Beantwortung der beiden Berufungen fällig wurde, hat unsere interklinische Zusammenarbeit eine gewisse Rolle gespielt. Die Beantwortung der Hamburger Anfrage war durch widerstrebende Empfindungen erschwert. Schließlich entschied ich mich zu bitten, auf meine Nennung zu verzichten.

Der Wiener Ruf hat mir mehr Zweifel verursacht. Cushing hat einmal die Berufung auf den Wiener Lehrstuhl in der indirekten Nachfolge von Billroth als das „Blaue Band der Chirurgie" bezeichnet. Der Kultusminister H. Drimmel war zu einer Besprechung in Basel; ich sah ihn mehrere Male in dem hübschen Wiener Stadtpalais am Minoritenplatz, welches das Ministerium beherbergt. Es wurden Neubaupläne besprochen und skizziert. Die Unterhaltungen mit einzelnen Mitgliedern der Fakultät waren, auch unter Berücksichtigung des angeborenen Wiener Pessimismus, recht positiv. Ich mußte mir aber die Frage stellen, wie lange Zeit bis zur Fertigstellung eines Neubaus vergehen würde; ob ich nicht erst in Emeritierungsnähe die neue Klinik erleben würde. Die bestehende Klinik war nach jeder Richtung hin so veraltet, daß man die praktischen und wissenschaftlichen Leistungen bewundern muß, die unter Denks Leitung aus diesem Institut bis zuletzt hervorgegangen sind. Endlich gab den Ausschlag die Abneigung gegen eine neue Verpflanzung. Ich sagte schweren Herzens ab, wohl bewußt, daß ich auf die Krönung einer chirurgischen Laufbahn, die Nachfolge auf dem Lehrstuhl Billroths, damit verzichtete. Eine gewisse Genugtuung fand ich darin, daß ich, vom Minister gesprächsweise befragt, Hubert Kunz empfahl, den ich durch seine wissenschaftlichen Arbeiten, aber nicht persönlich kannte. Mein Urteil bestätigte nur die hohe Meinung, die Fakultät und Ministerium von ihm hatten.

Ich betrachte es als eine Gunst des Schicksals, daß ich später als Präsident der Deutschen Gesellschaft für Chirurgie ihm das Diplom der Ehrenmitgliedschaft überreichen konnte – eine besondere Auszeichnung, denn die Ehrenmitgliederzahl dieser Vereinigung ist auf zwölf beschränkt.

In Basel hatte ich von beiden Berufungen bis zur endgültigen Entscheidung keine offizielle Mitteilung gemacht. Ich hatte auch keine wichtigen Forderungen, außer solchen, wie die Klinikreorganisation – deren Lösung sich durchsetzen lassen würde – oder die Unterrichtsreform, die – wie man mir sagte – nur auf eidgenössischer, nicht kantonaler Basis erfolgen konnte, und schließlich die Änderung des Verhältnisses Staub – Fakultät, das außerhalb der Einflußmöglichkeiten der Erziehungsdirektion lag.

Lediglich A. Werthemann hatte aus dritter Quelle von dem Wiener Ruf gehört. Er fand sehr herzliche Worte für den Wunsch nach meinem Bleiben in Basel.

Als alles vorüber war, machte ich dem Vorsteher des Erziehungsdepartements, P. Zschokke, Mitteilung. Er war anscheinend erstaunt, daß ich ohne kostspielige Wünsche war. Als ein Student bei mir wegen einer Demonstration erschien, bat ich ihn davon abzusehen, da ich zu kurze Zeit im Basler Amt war. Am nächsten Vormittag erhielt ich im Beginn der Vorlesung von einer bildhübschen Studentin einen Blumenstrauß überreicht, mit einer kleinen Ansprache, die – wie ich dann entgegnete – aus solchem Mund zu hören, den Verzicht fast wert sei. Da gerade zur gleichen Zeit die Diskussion über die Bedeutung des gymnasialen Lateinunterrichtes für Mediziner begonnen hatte, schloß ich mit den Worten (von denen ich nicht weiß, ob sie mein eigenes Küchenlatein waren oder ob ich sie irgendwo aufgelesen hatte): Non est vita extra Basileam, Si est vita, non est ita.

Damit wurde Basel zum Ende meiner beruflichen Wanderungen. Eine weitere inoffizielle Anfrage löste keine Zweifel mehr aus. Es war ein Jahr später, daß eine München-Schweizerische Hochschulwoche in München stattfand. Sämtliche Schweizer Fakultäten waren vertreten. Um die Aufforderung zu einem Vortrag über ein allgemeines Thema in dem Münchener Universitätsgebäude zu überbringen, kam M. Westhues, der damalige Münchener Rektor, auch nach Basel und brachte die Sprache auf die Besetzung des durch E. K. Freys Emeritierung freiwerdenden Münchener Lehrstuhles der Chirurgie.

Für den Empfang beim Schweizerischen Generalkonsul hatten sich A. Marchionini und W. Bickenbach, der damalige Dekan, mit mir verabredet. Sie sprachen im gleichen Sinne. Ich machte sie auf mein Alter aufmerksam, und um den eigenen Seelenfrieden zu sichern, beschlossen wir endgültig den Bau eines eigenen Hauses – das ein Jahr später in Riehen bei Basel vollendet stand. Immerhin war es nach einem hektischen beruflichen Leben von fast 40 Jahren ein eigentümliches Gefühl, durch das Lebensalter an einen – den letzten – Wirkungsort fixiert zu sein. Die Tatsache, daß ich diese neue Situation selbst feststellte, hat ihr nichts von der Überraschung genommen. Im Hinblick auf den notorischen Wandertrieb der deutschen und Schweizer Ordinarien wird häufig der Verdacht geäußert, daß ihre Leistungen, besonders wissenschaftlicher Natur, nachlassen oder ganz aufhören, wenn sie endgültig wissen, daß sie für neue Berufungen außer Konkurrenz gekommen sind.

Die Tätigkeit im Bürgerspital brachte die Beziehungen zur Verwaltung zur ersten und einzigen Krise meiner Amtszeit, als einem der Oberärzte – ohne Rückfrage bei mir – von dem Verwaltungsdirektor gekündigt wurde, um ihn von der Nachfolge in der frei werdenden Stellung des Ersten Oberarztes (der gleichzeitig Stellvertreter des Vorstehers ist) auszuschließen. Da die Ärzte im allgemeinen froh sind, wenn sie mit Verwaltungsangelegenheiten nicht in Anspruch genommen werden, entwickelt sich in diesen Stellungen gelegentlich eine Art von kleinem Cäsar, der eine besondere Freude an Kompetenzübergriffen hat.
Die Kündigung mußte widerrufen werden. Die Frage aber bleibt: Wie können derartige Eigenmächtigkeiten vermieden werden, die zum mindesten eine erhebliche Störung der klinischen Arbeit bedeuten? Das amerikanische Beispiel weist für die Berufsausbildung auf den Vorteil der Errichtung einer nach akademischen Gesichtspunkten organisierten Schule der Krankenhausverwaltung hin. Man weiß aus Erfahrung, daß die Zusammenarbeit zwischen Ärzten und Administration am reibungslosesten funktioniert, wenn der Verwaltungsdirektor sich häufig in den Kliniken sehen läßt, ja, daß er – wie ich es erlebt habe – täglich erscheint, sich nach Wünschen und Beschwerden erkundigt oder sie selbst auf diesem Wege äußert. Dadurch wird auch der Austausch gereizter Briefe unnötig, die sonst ein Charakteristikum des Meinungsaustausches zwischen Chefärzten und Verwaltung zu sein scheinen.

Es ergab sich von selbst, daß ich durch meine Rückkehr nach Europa wieder mehr mit früheren Bekannten, Freunden und Mitarbeitern in Berührung kam. Wohl hatte ich Deutschland nach Beendigung des Krieges zweimal jeweils nur für einige Tage besucht; aber jetzt legte das Basler Amt eine grundsätzliche Stellungnahme nahe.
Aus dem Jahre 1954 datiert ein Brief, der sich mit diesem Problem beschäftigt, gerichtet an einen skandinavischen Freund, mit dem ich seit meiner Berliner Zeit in kaum unterbrochener Verbindung gewesen bin:

Es ist keine Ausrede, wenn ich Dir sage, daß ich fast zwei Wochen mit mir selbst zu Rate gegangen bin, bevor ich die Fragen Deines letzten Briefes beantworte. An Zeit und Gelegenheit zum Schreiben hat es mir nicht gefehlt;

seit 10 Tagen bin ich an der Côte d'Azur in den Ferien, liege in der Sonne und lausche dem Wellenschlag, laufe wohl auch mal etwas und bemühe mich sonst, die Chirurgie literarisch mehr von der feuilletonistischen Seite zu betrachten. Bei meinen innigen Beziehungen zum Füllfederhalter hat es mich fast etwas Überwindung gekostet, nicht mit Dir brieflich zu plaudern. Aber – dann schob sich immer wieder Deine Frage nach der Mentalität der heutigen Deutschen in den Vordergrund, und da Du glaubst, daß mein „abwägendes Urteil" (wenn es nur so wäre!) für Dich mehr wert sei als die Berichte, die nur in Schwarz oder Weiß malen, habe ich die Antwort immer wieder aufgeschoben – bis ich mich heute entschloß, Dich mit einer Art „wissenschaftlicher" Analyse zu beglücken.

Dazu gehört zunächst die Darstellung des begrenzten Beobachtungsmaterials, das mir zur Verfügung steht. Es sind die Männer meines Faches in Deutschland, mit denen ich in persönlichem Austausch stehe, die sehr differente politische Anamnesen haben; es sind ferner alte Freunde und Bekannte *außerhalb* der Berufsgrenze, unter denen allerdings die Unbelasteten bei weitem überwiegen – also eine Auswahl, die sich auf eine deutsche Minderheit beschränkt; es sind die Tageszeitungen, Magazine und Monatshefte, die ich, wenn immer möglich, recht gründlich studiere. Schließlich habe ich einige deutsche Städte besucht, meist zu Vortragszwecken, und habe ziemlich fleißig Gelegenheit gesucht, mit den Studenten und „dem Mann auf der Straße" zu sprechen. Also – das Ausgangsmaterial hat wohl bemerkenswerte Variationen, aber keine erhebliche Breite. Da Du aber in der Hauptsache an den neudeutschen akademischen Verhältnissen interessiert bist, mag es wohl genügen, um ein Urteil zu fundieren. Von den offiziellen und inoffiziellen Besuchern wird, wie Du schreibst, betont, daß der Nazismus in Deutschland keine Rolle mehr spielt. Selbstverständlich ist die Partei erloschen, und aussichtsreiche Versuche zur Wiederbelebung bestehen wohl nicht.

Aber, der Nazismus ist mit dem Begriff einer Parteizugehörigkeit eben nicht erschöpft. Es ist eine *Mentalität*, die von manchen, wenn auch sehr wenigen, liebevoll am Leben erhalten und gepflegt wird. Wenn noch bei meinem ersten Aufenthalt der Wunsch unverkennbar war, das nazistische Denken auszumerzen und zu unterdrücken, so hat sich das seit 1952 aus anderen Gründen etwas geändert. Die meisten derer, die suspendiert waren, wurden nach vollzogener Denazifizierung wieder eingesetzt, andere nach der Denazifizierung hinzugewählt.

In einer Streitschrift, die in Göttingen erschien, findest Du eine Apotheose des Mitleids mit den nach 1945 verfolgten Akademikern – verfolgt, weil sie aktive Nazis waren, aber kein Wort über die, die von 1933–45 davongejagt wurden. Sicher wird in den Fakultäten die Vergangenheit mit Bedauern, vielleicht mit Mahnungen des Gewissens gesehen und empfunden. Das

Bedauern betrifft den *verlorenen* Krieg, die Unfähigkeit der obersten Führung und die Hartnäckigkeit des „Durchhaltens", als keine Siegesaussichten mehr bestanden.

Die Zahl der Parteigenossen ist so groß gewesen, daß bei der Eliminierung aller, die Mitglieder der Partei oder ihrer „Gliederungen" waren, die Fakultäten praktisch ohne Lehrer geblieben wären. Es mußten also Konzessionen gemacht werden; die Neigung vieler zur Schadenfreude hat dazu geführt, daß als Folge von Denunziationen auch Männer mit geringerer Belastung nicht wieder in Amt und Würde eingesetzt wurden.

Die Charakterverkrüppelung, die der Nazismus zustande brachte, hat noch anderen Ausdruck gefunden: in der Verdächtigung von solchen, die, durch besondere äußere Umstände von der Parteimitgliedschaft ausgeschlossen, trotzdem aber im Amt geblieben waren. Meist handelte es sich um die Männer „nichtarischer" Frauen, selten einmal um einen Mann, der in seiner Aszendenz wohl einen Juden aufwies, diesen aber jenseits der Ahnenbegrenzung, die das Gesetz festgelegt hatte. Daß die Betreffenden gelegentlich Konzessionen den Nazis gegenüber gemacht, daß manche von ihnen bei anderer Konstellation mit Begeisterung Mitglieder der Partei gewesen wären, mag wahr sein. Aber – es wurde ihnen wohl nahegelegt, daß diejenigen, die durch ihre Frau „parteiunfähig" geworden, sich durch Scheidung von der Belastung befreien konnten. Wenn sie es nicht taten, so war das – unter den Bedingungen des Dritten Reiches gesehen – eine bemerkenswerte Charakterfestigkeit.

Ich kann aber nicht leugnen, daß ich selbst in Unterhaltungen, die manchmal recht ins Einzelne gingen, wenig von Nazi-Restzuständen habe feststellen können. Meine Kenntnis von solchen Schattenseiten ihrer Lehrer verdanke ich vielmehr der Unterhaltung mit Studenten (zum weit überwiegenden Teil Mediziner). Für die meisten von ihnen ist jeder, der aus dem Ausland kommt und das vorhitlerische Deutschland noch gekannt hat, ein Objekt stärkster Neugierde. Sie pflegten mich mit Fragen zu überschwemmen – besonders nach der Stellung der Studenten im Rahmen einer demokratischen Gesellschaft, ihre Beziehungen zu den Lehrern und nach dem Stand und Entstehungsmodus der großen wissenschaftlichen Leistungen, die jenseits des Ozeans vollbracht worden waren. An ihren Lehrern haben sie weniger die Rückständigkeit auszusetzen (die einzelne von ihnen übrigens für wesentlich größer hielten, als sie wirklich ist). Ihre Kritik gilt vielmehr dem politischen und menschlichen Versagen von Lehrern und Vätern während der Zeit des nazistischen Regimes. Sie beschäftigen sich sehr gründlich mit Publikationen ihrer Dozenten, in denen, wie ein Student sagte, „Weltanschauung vorkommt". So verdanke ich einem Hamburger Studenten die Kenntnis des schönen 1934 publizierten Satzes von „der neuen volksdurchseuchenden demokratischen Weltanschauung", den er mir gedruckt zeigte, ohne daß ich in der Lage gewesen bin, später die Druckschrift wieder zu finden. Natürlich vergleichen die Studenten diese Worte mit dem Bekenntnis zur Demokratie, das sie aus dem gleichen Munde heute hören. Es fehlt sehr merkbar jene Vertrauensbasis, die aus dem Gefühl der Ehrlichkeit und Wahrhaftigkeit entspringt. Obendrein beanstanden sie die betonte Distanz, welche die Lehrer einhalten – eine Tatsache, die wahrscheinlich nicht zum geringen Teil durch die Art des Unterrichtes (fast ausschließlich magistrale Vorlesungen) und durch die große und nicht begrenzte Zahl der Studierenden bedingt ist.

Wenn sich gegenüber der Zeit von 1947–1950 die Liberalisierung auf dem akademischen Sektor in Deutschland eher verzögert hat, so ist daran sicher nicht zum geringsten Teile die wirtschaftliche Besserung schuld, die erstaunliche Fortschritte macht. Es ist schwer, Zeit und Bereitschaft zur Selbstbesinnung zu haben, wenn das Verdienen groß geschrieben wird. Aus praktischen Erwägungen war der Marshall-Plan aber notwendig geworden, um die materielle Grundlage der Aufrüstung aus eigener Kraft zu schaffen. Daß diese Aufrüstung notwendig wurde, ist eine Folge der Stalinschen Drohungen. Es ist ein eigenartiges Paradoxon, daß das geschlagene Deutschland den wirtschaftlichen Aufschwung, der sich schon anzeigte, so indirekt eigentlich Stalin verdankt.

Heute, 15 Jahre nach der Abfassung dieses kursorischen Berichtes, hätte ich wenig zu korrigieren. In der Tat hat das deutsche „Wirtschaftswunder", das in seiner phantastischen Steigerung erst folgte, die „Bewältigung der Vergangenheit" eher verlangsamt. Die gleiche wirtschaftliche Blüte hat die Beziehungen zu den Vereinigten Staaten und – wenn auch weniger ausgeprägt – zu Großbritannien so weitgehend verbessert, daß eine ernsthafte Diskussion über die Schuld an Aufkommen und Entwicklung des Dritten Reiches nicht mehr möglich war – außer gelegentlich in den Prozessen gegen SS-Verbrecher. Aber – im Sinne einer Bewältigung der Vergangenheit lag auch die Auseinandersetzung auf Gebieten, die vom Strafgesetz *nicht* berührt wurden. Da ich annehmen durfte, daß man meine Intentionen richtig – d. h. im Interesse Deutschlands gelegen – beurteilte, habe ich in Vorträgen und Aufsätzen allgemeiner Thematik auch und gerade auf die große Bedeutung dieser imponderabilen Geschehnisse hingewiesen. Durch die Korrespondenz, die den meisten Publikationen dieser Art folgte, ließ sich erkennen, daß eine Erörterung gerade solcher im Grenzland der Berufsethik liegenden Probleme in ihrer Wichtigkeit und Absicht gut erkannt wurden.

Als mein Freund E. Salin 1962 seinen 70. Geburtstag feierte, veröffentlichte ich in einer ihm gewidmeten Festschrift einen Artikel: *„Der Eid des Hippo-*

krates in unserer Zeit", aus dem ich zur Verdeutlichung des Gesagten einige Sätze wiedergeben möchte:
Es war nicht nur die grandiose und neue Art wissenschaftlichen Denkens, die Hippokrates auszeichnete; der ethische Inhalt seiner Lehre hat sich durch die Jahrhunderte hindurch als etwas Beispielhaftes erhalten. Wenn man heute allenthalben alte Interpretationen des Eides wiederzubeleben versucht, so hat das seine besonderen Gründe: Jahrhunderte hindurch wurde der Inhalt der Eidesformel als etwas Selbstverständliches betrachtet, und man war davon überzeugt, daß die ethischen Vorschriften der medizinischen Praxis, wie sie von jeder ärztlichen Gesellschaft in ihre Statuten eingeschlossen sind, an Weite der Anwendung und an Tiefe der Wirkung den Eid des Hippokrates übertreffen. Erst die Verbrechen, wie sie von Ärzten selbst oder unter ihrer Leitung und Duldung im Reich des Nazismus begangen wurden, haben gezeigt, wie notwendig es ist, kommenden Generationen von Medizinern Inhalt und Bedeutung des Eides ins Bewußtsein zu rufen.
Die sonderbare Reaktion mancher diesen Missetaten gegenüber wird kraß beleuchtet durch das Verhalten von Mitgliedern staatlicher Behörden und akademischer Instanzen. Ein Psychiater, der seinen Namen wechselt, um sich der Verhaftung zu entziehen, wird von Regierungsvertretern gefördert, die seine Identität kennen; ein Pädiater mit der gleichen Vorgeschichte wird von einer medizinischen Fakultät empfohlen und vom Kultusministerium auf den Lehrstuhl der Universität berufen, obwohl allen sein Wirken während der Nazizeit bekannt war.
Diese Beispiele, die sich durch viele ergänzen lassen, sind hier nur genannt, um in grausiger Weise zu veranschaulichen, wie weit der Kern des hippokratischen Eides ignoriert wurde. In der Tat beschäftigen sich drei von sechs Teilen der Eidesformel mit der Verpflichtung zur Unterlassung aller Maßnahmen, die in gespenstischer Steigerung und Zahl von denjenigen begangen wurden, für deren Untaten nur die Beurteilung gefunden wurde, daß „keine rechtliche Möglichkeit und auch keine Veranlassung besteht – behördliche oder berufliche Maßnahmen einzuleiten".
Man hatte schon zu allen Zeiten versucht, den Eid des Hippokrates durch verbesserte, erweiterte und verfeinerte Forderungen zu ersetzen. Ein Beispiel ist der Basler Doktoreid aus dem Jahre 1570, der auf Theodor Zwinger zurückgeht; er beschäftigt sich allerdings weniger mit Einzelheiten des Berufsmißbrauches als mit der Dankbarkeitspflicht, die der Arzt seinen Lehrern gegenüber zeitlebens bekunden müsse – eine Forderung, die schon in der ersten Form sich findet, die aber der skeptische Basler für seine eigenen Schüler anscheinend mit besonderem Akzent ausgestattet wissen wollte.
In einer Göttinger Fassung aus dem Jahre 1827 findet sich ein Zusatz, der wohl selbstverständlich erschien, dessen Sinn aber mehr als hundert Jahre

später eine hintergründige Interpretation erfuhr: „Ich werde stets ... die Wohlfahrt des Staates vor Augen haben."

Das war die Begründung, mit der Ärzte – die Mehrzahl von ihnen ohne merkbaren Widerstand – Helfer einer Ideologie wurden, die sich moralisch auf der gleichen Ebene bewegte: die Sterilisation „zur Verhinderung erbkranken Nachwuchses". Man darf sich fragen, was angreifbarer ist: Die Bereitschaft, Eingriffe ohne Einverständnis des Operierten – gelegentlich sogar mit polizeilich-handgreiflicher Unterstützung – vorzunehmen, oder die wissenschaftliche Kurzsichtigkeit, die an erbbiologischen Zweifeln und – im Bereich der geistigen Störungen – an psychiatrischen Erfahrungen vorbeigeht. Vom manisch-depressiven Irresein z. B., dessen Träger zu Tausenden sterilisiert wurden, schreibt O. Bumke: „Wenn wir das manisch-depressive Irresein aus der Welt ausmerzen wollen, so würden wir uns so ziemlich um alles Schöne und Gute, um alle Farbe und Wärme, um sehr viel Geist und jede Frische in unserem Leben betrügen. Zum Schluß würden dann ein paar vertrocknete Bürokraten und die Schizophrenen übrigbleiben."

Es konnte nicht ausbleiben, daß ein solches Gesetz, von Ärzten zustimmend oder schweigend akzeptiert, zu politisch motivierten Mißbräuchen führte.

Im Antlitz dieser Vorgänge drängen sich zwei Fragen auf: Sind die Handlungen nur in einer Atmosphäre ethischer Verwilderung möglich und denkbar gewesen, die den Nazismus charakterisiert hat, oder muß man befürchten, daß der Stolz unseres medizinischen Zeitalters, das naturwissenschaftliche Denken, die moralische Seite der ärztlichen Berufsausübung so verflacht hat, daß jede Staatsideologie in den Medizinern widerstandslose Erfüllungsgehilfen findet? Ich möchte das letzte bezweifeln. Der Vorwurf, daß in der Behandlung der Kranken das Ärztlich-Menschliche zu kurz kommt, hat die Entwicklung der naturwissenschaftlichen Forschung auf ihrem ganzen langen Weg begleitet. Seit vielen Jahrzehnten spricht man in periodischer Wiederholung von einer Krise in der Medizin. Im Lager der Fachleute ist es eine Auseinandersetzung um geistes- oder naturwissenschaftliche Betrachtung der Medizin. Unter den Patienten und mehr noch unter ihren Angehörigen gibt es eine kleine, aber recht weit vernehmbare Gruppe, die für eine bessere psychologische Betreuung gern die Fortschritte naturwissenschaftlicher Forschung in Erkennung und Behandlung eintauschen möchte, wobei sie voraussetzt, daß Diagnose und Beeinflussung des organischen Anteils der Krankheit sehr viel einfacher ist und von jedem Arzte geleistet werden kann. Das ist falsch. Die großen Fortschritte auf naturwissenschaftlichem Gebiet haben durch das Überwiegen der Laboratoriumsuntersuchungen eine gewisse Entfremdung zwischen Krankem und Arzt gebracht. Aber gewiß ist es nicht naturwissenschaftliche Objektivierung gewesen, die den ärztlichen Untaten im Dritten Reich zugrunde lag. Die bestialischen Experimente am Menschen waren meist noch sinnlos, ihre Urheber also weit von dem entfernt, was man gemeinhin als Wissenschaftler bezeichnet.

Es kann aber der Humanisierung der medizinischen Wissenschaft nur dienlich sein, daß eine jahrtausendealte Überlieferung wie der hippokratische Eid wieder ein Kernpunkt des formellen Abschlusses des Universitätsstudiums wird. Wenn man schon eine feierliche Einführung der Studenten in die medizinische Fakultät für unnötig hält, dann sollte doch der Augenblick des Abschiedes dazu benutzt werden, den jungen Arzt auf die humanen Prinzipien der Krankenbetreuung zu verpflichten.

Die Verbindung mit den älteren Assistenten der früheren Sauerbruchschen Kliniken brachte sie gelegentlich als Gäste an die Basler Klinik. Daneben fanden sich andere Freunde früherer Jahre ein. Eine der profiliertesten Erscheinungen war der Medizinhistoriker H. E. Sigerist, der seinen Weg von Zürich über Leipzig nach Johns Hopkins (Baltimore-USA) genommen hatte.

Ich begegnete ihm zuerst in Sauerbruchs Haus in München. Nicht lange danach wurde er als Direktor des medizinisch-historischen Instituts nach Johns Hopkins berufen – eine Stellung, die durch die Verknüpfung mit dem Namen des Pathologen D. H. Welch berühmt geworden ist. Dort traf ich ihn gelegentlich eines Besuches wieder. Die nächste Begegnung war in New York, als ihm die New Yorker Academy of Medicine ein Abschiedsessen gab – er ging in seine Heimat zurück, anscheinend enttäuscht von seinem amerikanischen Wirkungskreis. Es ist tief bedauerlich, daß Basel von der einzigartigen Gelegenheit, Sigerist zu gewinnen, nicht Gebrauch gemacht hat. Wer einem der privaten Symposien beigewohnt hat, die Sigerist von Zeit zu Zeit veranstaltete, weiß den großen Verlust zu würdigen, den das Fach durch seinen 1957 erfolgten Tod erlitten hat.

George A. Mason, chirurgischer Chefarzt eines thoraxchirurgischen Hospitals in Newcastle-upon-Tyne (England), war einer der wenigen britischen Chirurgen, die mit der Tätigkeit der Sauerbruchschen Klinik durch persönliche Fühlungnahme vertraut waren. Eine hervorragende frühe Arbeit über Klinik und Behandlung des Lungencarcinoms stammt aus seiner Feder. Er besuchte öfters die Thoraxchirurgische Arbeitstagung, den deutschen Chirurgenkongreß. Er kam mit dem Brown's Club, einer Reisegesellschaft von Thoraxchirurgen, auch nach Basel; für einige Tage war er unser Hausgast, ein Mann, der die Gemütlichkeit liebt und durch seine füllige Figur dokumentiert. Anscheinend wirkten sich Besuchsreisen mit ihrer zwangsläufigen kulinarischen Beigabe besonders verhängnisvoll für sein Fettpolster aus. Evelyn, seine Frau, hatte ihm den Mahnspruch auf den Weg der Alleinreise gegeben: Wein, Weib, Gesang: ja. Aber keine Kartoffeln! Er zog die Kartoffeln vor.

Kurz nach meiner Übersiedlung kam Burghard Breitner aus Innsbruck mit den älteren seiner Mitarbeiter zu einem Operationstag nach Basel. Er verdient eine kurze „Rückblende":
Der Bayerische Chirurgenkongreß der zwanziger Jahre: das Thema „Kropf" wird diskutiert. Man streitet sich darum, wie groß die Menge Schilddrüsenhormon sein muß, um durch seine Giftwirkung die Basedowsche Krankheit zu erzeugen. Die anwesenden Ordinarien beherrschen den Kampf der Meinungen. Da meldet sich aus der entfernter sitzenden Schar der jungen Assistenten ein Herr aus Wien. H. E. Graser, der – wie es hieß – früher einmal die bayerischen Königstöchter am Kropf operierte, hatte sich eben geäußert. Der junge Mann nennt seinen Namen: Breitner. „Ich glaube, es kommt nicht so sehr auf die Menge des Schilddrüsenhormons an, sondern auch auf die Reaktionsweise des betreffenden Organismus." Graser deutet an, daß er den Sinn dieses Einspruches nicht versteht. Darauf Breitner: „Ich gebe Ihnen ein Beispiel aus dem täglichen Leben: Sehen Sie, Herr Geheimrat, mein Nachbar und ich trinken jeder eine Flasche desselben Weines; er ist am Schluß betrunken, und ich, weil ich mehr vertrage, merke die bekannten Erscheinungen der Weinseligkeit gerade nur in ihrer Andeutung – es kann aber auch umgekehrt sein!" Das war, wie ich glaube, das erste Auftreten Breitners nach seiner Rückkehr aus sibirischer Kriegsgefangenschaft, in der er freiwillig zwei Jahre länger verblieb, um die chirurgische Versorgung der Gefangenen sicherzustellen. Als er dann nach Wien zurückkehrte, war es ein Ereignis, an dem die ganze Stadt teilnahm. Er wurde von seinem Chef Eiselsberg am Bahnhof mit „dem Bruderkuß" (wie die Zeitungen schrieben) empfangen und zu vielen Vorträgen über seine sibirischen Erlebnisse aufgefordert – Bitten, denen er sehr gern nachkam; denn er war ein glänzender Redner, dem die Worte in eindrucksvollen Formulierungen leicht zuflossen.
In Boston (USA) hatte ich mehrfach Gelegenheit, mit einer Frau zu sprechen, die in die Geschichte der Gefangenenfürsorge des Roten Kreuzes als „Engel Sibiriens" eingegangen ist: Elsa Brandström. Sie war voll Bewunderung für Breitners Leistungen und sein Verantwortungsgefühl, das ihn veranlaßte, aus eigenem Entschluß in Sibirien auszuharren. Elsa Brandström, die Tochter des schwedischen Gesandten am Zarenhof in Petersburg, heiratete viele Jahre nach ihrer Rückkehr den sächsischen Ministerialrat Ulich, der nach 1933 aus politischen Gründen seinen Dienst quittierte. Er fand eine befriedigende Dozententätigkeit an der Harvard University. Seine Frau gründete in Boston ein Hilfswerk für Emigranten und hat bis zu ihrem Tod (1948) vielen das Einleben in die neuen Verhältnisse erleichtert. Die Tübinger juristische Fakultät verlieh Elsa Brandström 1927 das Ehrendoktorat. Die Laudatio hat einen Wortlaut, der für die Schwesterntätigkeit nicht schöner gewählt werden konnte und der mir der Inbegriff des Schwesternberufes zu sein scheint:

„Elsa Brandström, die dem Gebote des Herzens folgend, mutig für die Bedrängten eintrat und den Schwachen half, die das Recht der Menschlichkeit verteidigte gegen Gewalt, die Brücken schlug von Volk zu Volk und von Mensch zu Mensch, stärker als das Recht sie zu schaffen vermag."

Breitner ist auch außerhalb der chirurgischen Publizistik als Schriftsteller hervorgetreten. Er wurde Ordinarius in Innsbruck, überstand die Nazizeit ohne größere Konzessionen an den regierenden Pöbel, der sich in Österreich gewiß nicht zahmer aufführte als in Deutschland. Gerade seine Haltung in kritischer Zeit war der Grund, daß er zum österreichischen Bundespräsidenten vorgeschlagen wurde. Wenn man zu dieser Zeit durch Österreich fuhr, konnte man Breitner, vergnügt lächelnd, in und an jedem Bahnhofsgebäude auf Riesenplakaten sehen. Er unterlag bei der Wahl.

Sein Ende, wie sein Berufsbeginn, entbehrte nicht des Heroischen. Er wußte, daß er ein bösartiges Leiden hatte, dessen Wachstum sich durch gewisse Medikamente verzögern, aber nicht aufhalten ließ. Vier Jahre hat er unter klarer Kenntnis seines Schicksals gelebt und ärztlich gewirkt mit der gleichen Aufgeschlossenheit, Begeisterung und Hingabe, die seinen jungen Jahren eigen waren.

Es war eine Gnade, daß eine Herzattacke ihn dahinraffte und er nicht die Endphase seiner Krankheit erleben mußte. Einen letzten Freundschaftsdienst konnte ich ihm leisten, als der Verlag mich bat, ein Vorwort für seine Lebenserinnerungen zu schreiben.

Meine persönlichen Beziehungen zu den westdeutschen chirurgischen Universitätskliniken waren beeinflußt durch den Generationenwechsel. Seit dem Verlassen Deutschlands waren fast 20 Jahre vergangen. Von den sechzehn westdeutschen Lehrstuhlvertretern des Jahres 1933 waren nur noch drei im gleichen Amt. Alle drei schieden bald darauf aus. Von den Neuberufenen standen mir einige altersmäßig nahe, wie H. Hellner (Göttingen) und R. Wanke (Kiel). Mit E. K. Frey, W. Wachsmuth und H. Krauss war ich seit der Münchener Zeit befreundet. Von Frey ist schon vielfach die Rede gewesen. Obwohl er sich immer im Hintergrund gehalten, ist er die überragende Persönlichkeit der deutschen Chirurgen unserer Zeit geworden. Ich danke seinem auf Ausgleich bedachten Wesen viel, gerade in dieser Zeit der Rückkehr in den Interessenkreis der deutschen Chirurgie. In einer Periode, in der das Ordinariat heftigen, zum Teil begründeten Angriffen ausgesetzt ist, sollte sein Beispiel Schule machen.

Hermann Krauss, emeritierter Direktor der Chirurgischen Universitätsklinik in Freiburg, war noch als Student auf meiner Station in München tätig: frisch, lernbegierig, voll von Tatendrang und jene Liebenswürdigkeit ausstrahlend, die ihm überall die Herzen seiner Mitmenschen geöffnet hat. 1930, als aus der Berliner Klinik Sauerbruchs eine Assistentenstelle zur Besetzung

mit einem „vielversprechenden" Mann von außen verfügbar wurde, ging die Anfrage an Krauss. Er bewährte sich glänzend. Fünf Jahre später hatte ihn Sauerbruch für viele Wochen mit der ärztlichen Überwachung des schwerkranken Reichspräsidenten Hindenburg betraut, eine Aufgabe, deren Erfüllung Krauss' ärztliche, aber auch seine diplomatischen Fähigkeiten unter einen überall anerkannten Beweis stellten. Seine Berufung nach Freiburg koinzidierte mit meiner nach Basel. Wir konnten uns jetzt öfters sehen.
Werner Wachsmuth, nach dem Kriege Direktor der Chirurgischen Universitätsklinik Würzburg, hat schon im Beginn der Nazizeit die „Flucht ins Berufsheer" angetreten – nicht anders als Schürmann, dessen „innere Emigration" in die Pepinière (Kaiser-Wilhelms-Akademie zur Ausbildung der Sanitätsoffiziere) erfolgte.
Das erste Lebenszeichen von ihm erhielt ich in New York durch einen britischen Offizier; er hatte eine Zeitlang in dem Lager Dienst getan, in dem Wachsmuth Kriegsgefangener war. Er berichtete von einem Erlebnis:
Als Wachsmuth Chefarzt eines großen Lazarettes in Brüssel war (September 1944), hörte er, daß 5000 politische Gefangene (Belgier), die in Brüsseler Gefängnissen waren, als Geiseln nach Deutschland abtransportiert werden sollten. Zusammen mit dem damaligen deutschen Gesandten erreichte er die Annullierung des Befehls. Ein Artikel in einer belgischen Zeitung (1965) trägt die Überschrift „Der Deutsche, der 5000 Belgier rettete". Der Gesandte schließt seinen Bericht: „Ich dankte in bewegten Worten Dr. Wachsmuth und brachte zum Ausdruck, daß er damit vielleicht die größte Tat seines Lebens für die Menschheit und für Deutschland vollbracht habe."

Durch die Herausgabe eines Lehrbuches kam ich mit K. Voßschulte, dem früheren Oberarzt von E. K. Frey, in Verbindung. Es entwickelte sich eine Freundschaft, die mir viel gegeben hat.
Die erste Reise von Basel nach Berlin galt einem Vortrag vor der Medizinischen Gesellschaft und einer Vorlesung in der von F. Linder geleiteten chirurgischen Klinik der Freien Universität. Ich hatte lange geschwankt, ob ich den Einladungen Folge leisten sollte aus Furcht vor dem Wiedersehen mit einer Stadt, die ich geliebt und die jetzt noch immer mit den Trümmern – geistigen und physischen – der Nazizeit zu kämpfen hatte. Bei Ruth waren die Bedenken noch stärker. Das Widerstreben war unnötig. In den Teilen der Innenstadt, in denen wir uns aufhielten, existierte so gut wie nichts mehr vom Vorkriegs-Berlin. Es war unmöglich, sich in dem neuen Berlin zurechtzufinden. Das ließ Erinnerungen kaum aufkommen. Leider hatte ich nicht genug Zeit – und vielleicht auch zuviel Hemmungen –, die Charité zu besuchen, mit der mich so viele Erinnerungen verbanden. Das konnte ich zwei Jahre später nachholen, als ich in einem der beliebten „Fortbildungskurse für praktische

Ärzte" über Herzverletzungen zu sprechen hatte. Ich traf Herrmannsdorfer wieder, der seit einigen Jahren eine Halbseitenlähmung hatte, aber lebhaft und angriffslustig wie eh und je war. Es war erstaunlich, daß unter der Schädigung seine gedankliche Schärfe in keiner Weise gelitten hatte; er war, wie ich glaube, von allen Sauerbruchschen Assistenten der Klügste, hatte nur den Fehler, daß er von Chirurgie nicht allzuviel hielt. Felix schleuste mich durch die Kontrollen des Ostsektors der Stadt. Da stand ich vor der Charité, die gewiß nicht schöner geworden war nach über 30 Jahren der Trennung. Der Oberwärter des Laboratoriums, Gustav Kratzert, war der erste von der alten Garde, die mich begrüßte, dann kamen noch einige Pflegerinnen, die ich in ihrer Jugend Maienblüte gekannt hatte. Bauliche Veränderungen, noch vor dem Kriege ausgeführt, waren minimal. Ein Gang durch die Klinik ließ Hunderte von Bildern aus der alten Zeit wieder auferstehen. Ich sprach mit mehreren Assistenten, die in Felix' Dienstzimmer versammelt waren; sie äußerten sich frei über Vorteile und Nachteile ihrer Situation; nur in der Kritik der beruflichen Verhältnisse in der Bundesrepublik überwerteten sie das, was sie als nachteilige psychologische Wirkung des damals beginnenden Wirtschaftswunders ansahen.

Einige Jahre später (1963) hatte ich den Festvortrag zur Feier des 75jährigen Bestehens der Berliner Chirurgen-Vereinigung zu halten. Trotz der Mauer bestand anscheinend noch eine Verbindung zwischen den beiden Teilen der Stadt; denn der Vorsitzende der Westberliner Chirurgen-Vereinigung fragte, ob ich den gleichen Vortrag in der Charité halten wolle. Auch Linder, nun Direktor der Chirurgischen Klinik Heidelberg, hatte man zu einem Vortrag gebeten. Der Empfang in der Charité war durch die große Zahl der Chirurgen, die von auswärts gekommen waren, ein Ereignis, an das ich mit besonderem Vergnügen zurückdenke. Da auch Ruth im Hörsaal war, konnte ich der Verführung nicht widerstehen, in einigen Worten auf die schicksalsmäßige Bedeutung hinzuweisen, die dieser Hörsaal, in dem ich Ruth zum ersten Mal als klinische Studentin gesehen, für mich hatte.

Nach den Vorträgen waren wir mit einer größeren Zahl von Chirurgen Ost-Berlins zusammen. Ein Jahr darauf kam eine Aufforderung von der Chirurgischen Sektion der Gesellschaft für Klinische Medizin der DDR, auf ihrer nächsten Tagung ein Referat zu halten. Die Eröffnung der Sitzung war feierlich. Das Vortragsprogramm hatte ein hohes Niveau. 1965 war ich wieder in Berlin zu einem Vortrag vor dem Marburger Assistenten-Bund, konnte aber aus Zeitmangel nicht in den Osten der Stadt gehen.

1966 erhielt ich eine erneute Einladung von der Chirurgischen Sektion der DDR, und eine Mitteilung, daß die Medizinische Fakultät der Humboldt-Universität mir den Ehrendoktortitel bei dieser Gelegenheit verleihen werde. Die akademische Zeremonie würde im Hörsaal der Chirurgischen

Klinik der Charité stattfinden. Den Zusammenhang dieser Auszeichnung mit meiner alten Arbeitsstätte hatte ich aus sentimentalem Motiv besonders begrüßt, in der Hauptsache, weil sie den Wunsch der Verbindung zwischen der Humboldt-Universität und dem Westen zu erkennen gab. Ärzte und Akademiker sind, glaube ich, in hervorragendem Maße geeignet, den Ausgleich zwischen Ost und West zu unterstützen.

Ich darf es als eine glückliche Fügung des Schicksals betrachten, daß ich eigentlich niemals einen wirklichen Vorgesetzten gehabt habe. In der Schule hatten meine Lehrer wohl einige schrullige Eigenschaften, aber ich erinnere mich an keinen, der ein Regime der Furcht mit mehr als kurzfristigem Erfolg aufrechterhalten konnte. Im Kriege war ich als Truppenarzt natürlich dem Bataillons- oder Abteilungskommandeur unterstellt, aber mit der durch die Verhältnisse gegebenen Einschränkung, daß er von der Tätigkeit, die mir anvertraut war, noch weniger verstand als ich. Ich habe schon erwähnt, daß der Kommandeur, dessen Stab ich am längsten zugeteilt war, auf meine Weltanschauung einen nachhaltigen Einfluß gehabt hat – das gewiß fern vom Nimbus jeder Rangordnung. Wer meine Lehrer Aschoff und Minkowski gekannt hat, weiß, daß ihre fachliche Autorität groß genug war, um eine Betonung ihrer übergeordneten Stellung als lächerlich empfinden zu lassen. Und schließlich an Sauerbruchs Klinik – hier begegnete ich einmal in dem untersten Assistentengrad einem Mann, der Argumente medizinischer Art mit dem Spruch beendete, daß er bezahlter Assistent sei und ich noch nicht, also ordne er an – und damit Punktum! Unsere Arbeitsgemeinschaft endete nach zwei Wochen, als ich Kollegassistent wurde.
Da ich in der glücklichen Lage war, mich mit Sauerbruchs Werk zu identifizieren, bin ich nur in den ersten Jahren der Assistentenzeit dazu gekommen, mich über ihn als den Vorgesetzten zu ärgern. In allen späteren Stellungen war ich unabhängig und habe Korrekturen entweder durch eigene Einsicht (wie ich glaube) oder durch meine Mitarbeiter auf kollegialer Basis erfahren, obwohl ja gerade der Ordinarius – und ich bin es 24 Jahre gewesen – heute als der Ausbund eines Mannes geschildert wird, der Mangel an Kenntnissen durch Hinweis auf seine Gottähnlichkeit ersetzt.

Der Gedanke der Gründung einer zweiten Medizinischen Fakultät in München im Jahre 1966 wurde aus einer gewissen Zwangslage geboren; die ständig zunehmende Zahl von Medizinstudenten, die Notwendigkeit eines Numerus clausus für die Zulassung zum medizinischen Studium und die Unzulänglichkeit des Unterrichts durch Fehlen der Unterweisung am Krankenbett spielten die wesentliche Rolle. Die Heranziehung städtischer Krankenhäuser mit ihren Unterrichtsräumen in die bestehende medizinische Fakultät hätte ohne Schwierigkeiten und bei relativ kleinen zusätzlichen finanziellen Aufwendungen das Problem gelöst. Die Krankenhäuser rechts der Isar und in Schwabing verfügten über Kranke aller Art und über die notwendigen Lehrkräfte. Es war nur begreiflich, daß die älteren Chefärzte dann nicht nur im Unterricht, sondern auch in ihrer akademischen Einordnung unabhängig sein wollten. Die modernste Abteilung war die Chirurgische Klinik des Krankenhauses rechts der Isar. Bei der Einweihung des Neubaues hatte ich die Festrede über den „Geist des Krankenhauses" gehalten. Die Einladung erfolgte damals (1957) durch die Stadtregierung auf Anregung des chirurgischen Chefarztes, Georg Maurer, der einige Tage Gast der Basler Klinik gewesen war. Das Vorhandensein eines Hörsaales, die großen Möglichkeiten, an den Betten der 400 chirurgischen Patienten zu lehren, legten wohl jedem, der der Feier beiwohnte, den Gedanken der Integrierung des Hauses in die Reihe der akademischen Kliniken nahe. Jedenfalls sprach mich der damalige Ministerpräsident W. Hoegner darauf an.

1964, als ich Präsident der Deutschen Gesellschaft für Chirurgie war, bereitete Maurer als 2. Schriftführer der Gesellschaft den Kongreß vor – eine Funktion, die er mit seinem außergewöhnlichen Organisationsvermögen in jedem Jahr hervorragend erfüllte. Er fragte mich damals, ob ich bereit sei, meine Auffassung über die Heranziehung von nichtakademischen Krankenhäusern zum studentischen Unterricht im Falle einer Anfrage des Kultusministeriums zu vertreten. Da ich darüber schon mehrfach publiziert hatte, sagte ich zu, hörte aber zweieinhalb Jahre nichts mehr davon, bis 1966 der bayerische Kultusminister anfragte, ob ich bereit sei, dem Berufungsausschuß einer neu zu gründenden Medizinischen Fakultät an der Technischen Hochschule München beizutreten. Kurz vorher hatte der Bayerische Landtag dem ministeriellen Vorschlag der Fakultätsneugründung zugestimmt. Ich sagte zu. Der Minister hatte die Eröffnungssitzung des Berufungsausschusses für Anfang Oktober 1966 einberufen. Bei der Ankunft in München erfuhr ich, daß ich als sein ältestes Mitglied dem Ausschuß als Vorsitzender vorgeschlagen werden sollte. Über die Schwierigkeiten, die mit dieser Funktion verbunden sein würden, machte ich mir keine Illusionen. Ich sagte aber zu, nachdem ich mir hatte versichern lassen, daß eine Reform des Unterrichts mit der Neugründung verbunden würde. Die Tatsache, daß ich einer der ältesten Habilitierten der alten Münchner Fakultät (1926) war, konnte vielleicht dazu beitragen, die unausbleibliche Spannung zwischen der Universitätsfakultät und der neuen zu vermindern. Die alte Fakultät fühlte sich durch die Neugründung benachteiligt, da sie fürchtete, daß die weit fortgeschrittenen Pläne für die akademisch-klinischen Neubauten unter dem Einfluß der finanziellen Aufwendungen für das neue Projekt in der Ausführung verzögert oder annulliert würden. Zweifellos gehörte das Interesse des Kultusministers in besonderem

Maße der Fakultätsgründung. In diesem Punkte waren der Minister, L. Huber, und Maurer natürlich in voller Harmonie. Der Minister, wohl bewußt der Bedeutung dieser Neugründung, hat den Plan mit immer gleichbleibender Intensität verfolgt; obendrein war er – bei aller Überzeugung vom Primat der Politik – kein Mann, dem es an Eigenwilligkeit fehlte.
Die ersten Klärungen der Situation waren nicht ermutigend.

Ich hatte vorgeschlagen, die übliche Rundfrage bei den deutschen Lehrstuhlinhabern auf die Qualifikation der für die akademische Aufgabe vorgesehenen Chefärzte zu beschränken. Das hat die Majorität des Berufungsausschusses abgelehnt. Es wurde also um die Nennung von Ordinariatskandidaten gebeten, allerdings mit der Bitte, auch über die Eignung des betreffenden Chefarztes auszusagen. Eine Reihe der Befragten hat die Formulierung als unglücklich empfunden. Das konnte ich gut verstehen. Was ich aber nicht verstehen konnte, war der Vorwurf, daß sogenannte Hausberufungen und die Promotion von Chefärzten zu Ordinarien außerhalb des traditionellen Berufungswesens *„unakademisch"* seien. Ich will auf den Mißbrauch, der mit diesem Begriff getrieben wird, nicht eingehen. Zu häufig kommt es vor, daß der Ordinarius etwas als unakademisch brandmarkt, das seine Omnipotenz einschränken könnte. Es war amüsant, daß zwei Herren, die das Unakademische tadelten, auf Lehrstühlen saßen, die einst auf dem gleichen Wege entstanden, – horribile dictu – durch die Ernennung von Chefärzten desselben Krankenhauses. Dabei muß man wissen, daß in Deutschland alle medizinischen Fakultäten, die seit der Jahrhundertwende gegründet wurden, die in Aachen, Düsseldorf, Essen, Frankfurt, Hamburg, Köln, Lübeck, Mainz, Mannheim, durch die gleiche Art von „Hausberufung" entstanden sind.
Es war von vorneherein nicht anzunehmen, daß sich die Verhandlungen störungslos vollziehen würden. Einmal hatte ich die ganze Angelegenheit so satt, daß ich daran dachte, meinen Auftrag dem Staatsministerium zurückzugeben. Herr Ministerialdirektor Böck wird sich an sein seelsorgerisches, eineinhalbstündiges Telefongespräch erinnern, das am letzten Tage des Jahres stattfand. Bei Staatsminister Huber und bei Böck habe ich immer Unterstützung und Hilfe gefunden. Eine kritische Situation war eines Tages dadurch eingetreten, daß nach den umlaufenden Gerüchten die Zurückstellung des großen und dringenden Neubauprojektes der Universitätskliniken (in Großhadern bei München) Substanz anzunehmen schien. Der Berufungsausschuß mußte Wert darauf legen, daß die finanziellen Bedürfnisse der neuen Fakultät nicht auf Kosten der Zusagen gingen, die für den Klinikbau der alten gemacht waren. Der Minister erklärte die Bedenken für unbegründet. Er schien an derartige Gerüchtefabrikationen gewohnt zu sein. In der Tat begann der Bau zum gewählten Termin mit voller Intensität.

Nach vier Monaten konnten die ersten Empfehlungen des Ausschusses zur Besetzung von drei Lehrstühlen dem Ministerium übergeben werden. Als auch die Vorschläge für die restlichen klinischen Fächer ausgearbeitet waren, konnte die Aufgabe des Ausschusses als abgeschlossen betrachtet werden. Er wurde vom Minister, der eine sehr liebenswürdige Ansprache hielt, aufgelöst, nachdem kurze Zeit zuvor die „Fakultät für Medizin der Technischen Hochschule" in feierlicher Sitzung konstituiert worden war.

So gering die sachlichen Schwierigkeiten waren, die der Berufungsausschuß zu überwinden hatte, so unangenehm, zeitraubend und entmutigend waren die versteckten oder offenen Angriffe und Entstellungen, mit denen wir zu kämpfen hatten; ich schied aus der Arbeitsgemeinschaft mit dem Gefühl, daß ich – wie oft in meinem Leben – verantwortlich gemacht wurde für einen Erfolg, der in der Hauptsache der Hilfe der Mitglieder des Ausschusses zu verdanken ist. Das habe ich auszudrücken versucht, als ich von dem bayerischen Ministerpräsidenten Goppel den Bayerischen Verdienstorden überreicht erhielt.

Das Wesentliche der Neugründung schien mir die Reform des Unterrichts zu sein. Es werden nur 75 Studenten pro Semester angenommen; auf den Unterricht am Krankenbett wird überragender Wert gelegt; Studenten werden von ihren Professoren, den Oberärzten und Assistenten im Sinne des Tutorsystems betreut.

Zunächst war der Zulauf zur neuen Fakultät gering; denn die vermehrte Inanspruchnahme der Studenten, welche die neue Unterrichtsmethode mit sich bringt, wirkte eher abschreckend, im Vergleich zu den anderen medizinischen Fakultäten, die so gut wie alle am traditionellen Vorlesungssystem festhalten, das – bei der übergroßen Zahl der Hörer – das unbemerkte Fernbleiben von den Vorlesungen möglich machte. Schon ein halbes Jahr darauf, als sich das Ergebnis der methodischen Änderung herumgesprochen hatte, war die Anmeldeliste überzeichnet.

Einmal hatte ich an aufeinanderfolgenden Tagen Referate in räumlich weit getrennten Städten, Scheveningen und München, angenommen. Kurz vor der Landung in Frankfurt auf dem Rückflug von Holland fing ein Motor an, große Rauchmengen zu entwickeln. Die Maschine konnte aber ohne weitere Störung den Flugplatz erreichen. Die Passagiere wurden in ein anderes Flugzeug gebracht, und als wir in München ankamen, stellte sich heraus, daß man in Frankfurt vergessen hatte, das Gepäck umzuladen. Ich hatte keine Nachtsachen, bat meine Frau um eines ihrer Nachthemden und ging schlafen, nachdem ich das Frühstück für 7 Uhr bestellt hatte. Pünktlich kommt der Kellner mit dem Tablett ins Zimmer und macht ein Gesicht tiefsten Erschreckens. Erst jetzt merke ich, daß mein mit Rüschen besetztes Nachthemd der

Grund der Emotion ist. Wie ich ihm die Ursache dieser außergewöhnlichen Bekleidung erzählte, gesteht er mir, daß er sich dachte: „Die Transvestiten treiben es aber jetzt doch zu stark."

Die Deutsche Gesellschaft für Chirurgie spielte schon in meinen Kinderjahren eine Rolle. Beim Durchstöbern der Bibliothek meines Vaters fiel mir die „Geschichte der Chirurgie" in die Hände. Auf der ersten Seite stand: Der Deutschen Gesellschaft für Chirurgie von ihrem Ehrenmitglied gewidmet – und dieses Ehrenmitglied war der langjährige Sekretär der Gesellschaft, E. Gurlt. Bei dem hohen internationalen Ansehen, das die deutsche Chirurgie bis zum Ende des Ersten Weltkrieges hatte, wurden die Verhandlungen ihrer einzigen repräsentativen Gesellschaft überall mit Aufmerksamkeit verfolgt. Das Gewicht von Männern wie Langenbeck, Bergmann und Volkmann durfte nicht zum geringsten Teil damit begründet werden, daß sie langjährige Präsidenten der Gesellschaft waren. Als im Jahre 1921 der 46jährige Sauerbruch zum Vorsitzenden gewählt wurde, war das eine bis dahin für dieses Lebensjahr unerhörte Auszeichnung. Die demonstrative Anerkennung galt nicht nur seinen originellen chirurgischen Leistungen, sondern ebenso auch der Tatsache, daß er, der Berufung folgend, das friedliche und materiell gefestigte Zürich mit dem verarmten und politisch unruhigen München vertauschte.

Der erste Eindruck, den ich von einer Kongreß-Sitzung hatte – sie fand im Berliner Langenbeck-Virchow-Haus statt –, war unvergeßlich. Männer, deren Namen in der alltäglichen Diskussion immer wieder auftauchten, saßen am Präsidiumstisch – die meisten von ihnen wohl bewußt der historischen Rolle, die ihnen die Menge der Zuschauer zubilligte; 1923 hatte ich auf Wunsch von Sauerbruch meinen ersten Vortrag angemeldet und – nicht gehalten. Lexer war Präsident. H. Braun (Zwickau), der Pionier der Lokalanästhesie, ein Mitassistent meines Vaters aus der Hallenser Zeit, nahm sich besonders meiner an, und als wegen Zeitmangels mein Vortrag gestrichen wurde, sagte er mir eine „Vorzugsbehandlung" für das nächste Jahr – das Jahr seiner Präsidentschaft – zu. Erschreckt durch die Redegewandtheit der norddeutschen, besonders der Berliner Assistenten empfand ich die Streichung meines Vortrages als eine Erleichterung und nahm die Trostworte Sauerbruchs mit schlechtem Gewissen zur Kenntnis. Er war übrigens, solange ich mit ihm war, eigentümlich ambivalent der Deutschen Gesellschaft für Chirurgie gegenüber. Obwohl er ein beliebter Redner ihrer Kongresse war und häufig um Referate gebeten wurde, hatte er immer Vorbehalte. Auf der anderen Seite hatte er ein überfeines Empfinden für die Reaktion der Hörerschaft.

Hierher gehört ein Brief aus dem Jahre 1931, den Sauerbruch als Antwort auf die Anregung eines verdienten Chirurgen schrieb, durch die die Gründung einer in der Mitgliederzahl begrenzten Vereinigung vorgeschlagen wurde. Als nachahmenswertes Beispiel war auf einen nordamerikanischen Verein hingewiesen. Er habe eine Mitgliedschaft von nur 100, die durch Zuwahl (nicht durch persönlichen Antrag) ergänzt werde. Daneben gebe es das American College of Surgeons mit vielen tausend Mitgliedern. Zu der Zeit, als die Anfrage erfolgte, waren einige amerikanische Chirurgen in der Klinik zu Gast. Sauerbruch diskutierte mit einem die Frage solcher „Elitegesellschaften" und seine Erfahrung, daß durch diese selektive Vereinszugehörigkeit Überheblichkeiten gezüchtet würden. Da lachte der Amerikaner und sagte, er gehöre einer noch exklusiveren Chirurgenverbindung an, deren Mitgliederzahl auf 40 begrenzt sei (Society of Clinical Surgery). Nach längerem Hin- und Herüberlegen gab Sauerbruch eine Antwort, der in dieser Frage eine gewisse grundsätzliche Bedeutung zukommt (wiedergegeben von einem handschriftlichen Entwurf):

„... In einem stimme ich mit dem Inhalt Ihres Briefes überein: in der Beurteilung der wissenschaftlichen Norm der Kongresse. Sie ist in der Tat besserungsbedürftig. Aber, liegt es nicht an uns, die wir Vertrauensstellungen im Vorstand der Gesellschaft einnehmen, eine Änderung herbeizuführen? Mir widerstreben solche ,Vereine auf gegenseitige Anbetung'; sie verstärken die unerfreuliche Neigung zur Augendienerei und die schon bei Berufungen vielfach geübte Methode der geheimen Verabredung zur Förderung unserer Schüler auf dem Kompensationswege. Der Geist einer Elitezugehörigkeit, der auf diese Weise gezüchtet wird, verdirbt den Charakter, und ich kenne wenig abstoßendere Gewohnheiten als die mancher Chirurgen, von dem Piedestal einer gehobenen Vereinsstellung über die (in diesem Punkte) weniger Glücklichen zu spötteln. Nehmen Sie mir meine Absage nicht übel. Aber eine positive Antwort ginge gegen meine Überzeugung."

Die Zurückhaltung, mit der Sauerbruch die Entwicklung der Deutschen Gesellschaft für Chirurgie betrachtete, wurde zur vehementen Ablehnung, als Ende April 1933 der Jahreskongreß in Berlin stattfand. Des Vorsitzenden Bemerkungen zum „nationalen Umbruch", die er während der Präsidiumssitzung aussprach, bezeichnete Sauerbruch in ihrem wesentlichsten Inhalt als „kaltschnäuzigen Antisemitismus". Der Präsident war stolz darauf, daß die Anordnung des „Reichsgesundheitsführers" Conti in der Programmaufstellung den Forderungen der nationalen Revolution Rechnung zu tragen, schon *vorher* von ihm erfüllt war.

Obwohl Männer wie Kirschner, Guleke, Läwen und besonders Nordmann versuchten, den Einfluß des Nazismus zu reduzieren, konnte es z. B. Kirschner nicht verhindern, daß auf „seinem" Kongreß ein Oberleutnant Roßbach über den Luftschutz sich mit den Worten ausließ (gedruckt im Kongreßbericht): „Wir (der Nazi-Luftschutz) sind die einzigen, die den Spießer fassen. Uns kann er nicht entgehen; denn wir kriegen ihn, wo er sitzt: zu Hause an seiner Zei-

371

tung, an seinem Kaffeepott. Er muß ran, ob er will oder nicht. In der Partei ist der Spießer 110%, das wissen Sie; in der SA ist er nicht drin. Aber zu meckern versteht er überall." Der pöbelhafte Ton hatte inzwischen, wenn auch selten, in chirurgischen Zeitschriften Ausdruck gefunden. Ein Chirurg, der einen Vortrag über Endarteriitis obliterans, eine Blutgefäßerkrankung, hielt, schloß seine Ausführungen mit den Worten: „Zum Schluß noch eine Bitte: Sprechen Sie nicht von Buergerscher Krankheit. Wir Deutschen haben wahrhaftig keine Veranlassung, eine Krankheit nach einem amerikanischen Juden zu benennen, wenn sie schon Jahrzehnte vorher von einem deutschen Chirurgen beschrieben wurde" – so gedruckt im damals führenden Organ der deutschen Chirurgie.

Erstaunlich war es, daß die Vorsitzenden dieser Jahre in ihren Eröffnungsreden den Rückgang der originellen Leistungen der deutschen Chirurgie und die zunehmende Niveauminderung nicht erwähnten. Das trübe Erwachen kam 1945. In der Präsidenten-Ansprache des ersten Nachkriegsjahres sind bestehende Mängel angedeutet. Aber, es hätte der Sache gedient, wenn von einer so weit vernehmbaren Stelle einmal offen gesagt worden wäre, daß die nazistische Autarkie, Arroganz und Selbstgefälligkeit die deutsche Chirurgie aus ihrer Spitzenstellung entfernt hat.

In den nächsten Jahren rief ich mehrfach im Präsidium der Gesellschaft durch gedruckte und gesprochene Äußerungen Verstimmungen hervor. Weder in der Türkei noch in den Vereinigten Staaten hatte ich aber Zweifel daran gelassen, daß ich mich durch meine Lehrer mit der deutschen Chirurgie verbunden fühle. Um so stärker empfand ich ihren Abstieg während der Nazizeit, und noch mehr die staatlichen Eingriffe in die Berufsführung.

Ich will manche unerfreuliche Diskussion übergehen, die sich daraus ergab. Die Thematik war aber anscheinend „zeitgemäß", denn die Sonderabdrucke der Vorträge waren gewöhnlich in kürzester Zeit „vergriffen".

Für das Jahr 1963/64 wurde ich Präsident der Deutschen Gesellschaft für Chirurgie. Meinen Dank sagte ich den versammelten Chirurgen mit Worten, die besonders auf meinen Vater Bezug nahmen. „Ich hoffe sehr, daß ich das Vertrauen zu rechtfertigen in der Lage bin, das Sie mir entgegengebracht haben. Vielleicht darf ich noch auf einen Punkt mehr persönlicher Natur hinweisen. Als die Deutsche Gesellschaft für Chirurgie 20 Jahre alt war, wurde mein Vater ihr Mitglied, und als er 1928 starb, war ich bereits 6 Jahre ihr Mitglied." Ist schon die Vorbereitung des kommenden Kongresses auch dann mühsam, wenn man – wie ich – eine perfekte Sekretärin, E. Cron, hatte, so war die Belastung der vier Kongreßtage recht groß: durch den damals noch bestehenden Zwang, die Eröffnungsansprache im Frack zu absolvieren, durch die traditionell fixierte permanente Präsenz des Präsidenten als Verhandlungsleiter und nicht zuletzt durch sieben Reden allgemeinen Inhaltes, die der Präsident zu halten hat: am Vortage des Kongreßbeginns die Tischrede beim Rathausessen, zu dem der regierende Bürgermeister Münchens einlädt; sie soll – soweit das möglich – in humoristischer Form kurz den Lebenslauf des Sprechers skizzieren. Da ich viele drollige Szenen in meinem beruflichen Werdegang erlebt hatte, war es nicht schwer, dieser Forderung zu genügen. Am Nachmittag des gleichen Tages äußerten sich die ersten Zeichen einer fieberhaften Erkältung. Während der Eröffnungsrede am nächsten Vormittag kollabierte ich, brauchte aber die Rede nur für einige Minuten zu unterbrechen. Das war der erste, durch plötzliche Blutdrucksenkung hervorgerufene Zwischenfall nach meiner Assistentenzeit.

Die Ansprache des Präsidenten der Deutschen Gesellschaft für Chirurgie zur Eröffnung des Jahreskongresses erfolgt vor einem Publikum, dem auch offizielle Vertreter der Behörden und Hochschulen angehören. Es wird Wert darauf gelegt, daß aktuelle Probleme des Faches behandelt werden.

Im nächsten Jahr, als H. Krauss präsidierte, mußte ich mit ihm als stellvertretender Vorsitzender die viertägige Dunkelhaft (wie Bürkle de la Camp den Daueraufenthalt im meist wegen der Bildprojektionen abgedunkelten Kongreßsaal nennt) teilen. Aber – das war ein leichtes Amt.

Man darf sich fragen, ob die Kongresse großer medizinischer Gesellschaften mit einer gegen zweitausend zählenden Hörerschaft noch sinnvoll sind. Die zunehmende Spezialisierung wird als Argument dafür und dagegen angeführt. Durch die Zusammenfassung aller, auch der chirurgischen Spezialisten, soll die Verbindung zur allgemeinen Chirurgie aufrechterhalten werden, und damit – entsprechend der Vorstellung von Cushing – die Befruchtung auch der Sonderfächer mit allgemein-chirurgischem Gedankengut. Dabei wird übersehen, daß der wichtigste Mittler solcher Anregung die freie Diskussion ist, und sie gerade kommt zu kurz. Gleichgültig wie man das Technische der Aussprache gestaltet, die Größe von Räumen und Auditorium steht objektiv und subjektiv der Entwicklung einer Diskussion so stark im Wege, daß sie höchst selten befriedigt.

Die Einrichtung von Verhandlungen am runden Tisch mit vorher designierten Teilnehmern, die spezielle Themen erörtern, sollte einen Ausgleich geben. Damit ist schon der Weg beschritten zu der Art von wissenschaftlichen Zusammenkünften, den „Symposien", die mehr und mehr Vorrang gewinnen: die Behandlung spezialistisch abgegrenzter Fragen mit beschränkter und ausgewählter Teilnehmerschaft.

Gerade heute, da die unvermeidliche Zersplitterung sich täglich mehr bemerkbar macht, bleibt uns Alten eine heimweherfüllte Erinnerung an die Kongresse unserer jungen Jahre, als im Berliner Langenbeck-Virchow-

Haus unsere Lehrer – omniscientes – auf der Balustrade und den ersten Reihen saßen, eine Art Weltforum der Chirurgie darstellend. Eine der imposantesten Erscheinungen war James Israel, Langenbeck-Assistent, der bekannte Nierenchirurg. Groß und schlank, immer mit Gehrock und Zylinder angetan, undurchdringlich in seinen Gesichtszügen, gemessen, aber schlüssig und bestimmt in Wort und Schrift, hat er mit seinem Kopfnicken mir einmal, als ich während meines ersten Kongreßvortrages zu ihm hinsah, das Lampenfieber vertrieben. Wahrscheinlich waren sie – diese Autoritäten der zwanziger Jahre – in Kenntnissen und Urteil nicht weniger fehlbar, als wir es später gewesen sind. Eine Bewunderung, die von Herzen kam, hat uns das wenigstens nicht sehen lassen. Und wir waren glücklich mit ihnen und mit uns selbst.

Ich komme jetzt auf einen Artikel zu sprechen, den ich in Amerika verfaßte und im März 1944 veröffentlichte. Der kurze und anspruchslose Schriftsatz hat eine Reaktion ausgelöst, die heute nicht mehr zu verstehen ist. Man muß aber in Rechnung stellen, daß vor seinem Erscheinen bis dahin unvorstellbare Verbrechen bekannt geworden waren, für die „Auschwitz" ein Weltbegriff wurde. Eine Millionenzahl der Opfer eines Mordrausches wurde vermutet; schon seit Monaten waren Berichte über ärztliche, meist tödliche Experimente an Konzentrationslagerinsassen durchgesickert.

Der englische Titel des Artikels war:

„Post-War International Cooperation":

„Da die internationalen Organisationen von Medizinern sich unter den führenden Vorkriegsversuchen internationaler Zusammenarbeit befanden, wird es notwendig, die Ergebnisse zu prüfen und begangene Fehler zu erkennen. Wenn wir im kommenden Frieden die gleichen Irrtümer vermeiden wollen, müssen wir klar und furchtlos in der Verurteilung sein.

Die internationale Verständigung ist wahrscheinlich das größte unserer Nachkriegsprobleme. Sie ist deswegen die wichtigste Aufgabe, weil die großen Demokratien in der Vergangenheit nur mit erheblicher Verzögerung eingesehen haben, daß sie allein dann ihren eigenen beruflichen Idealen nachleben können, wenn sie in der Lage sind, die Entwicklung barbarischer Weltanschauungen unter ihren Nachbarn zu verhüten. Die Ära der ‚appeasement politic' (Befriedungspolitik) war charakterisiert durch die Vernachlässigung dieser fundamentalen Tatsache. Die Verantwortung für Verwirrung und Kurzsichtigkeit liegt nicht allein bei den politischen Führern, Diplomaten und den internationalen Wirtschaftsführern, wie manche von uns gern glauben möchten; die Verantwortung liegt auch bei den internationalen medizinischen Organisationen. In der Tat haben sie in der Vergangenheit versagt. Sie nahmen genauso teil am ‚appeasement' wie die Staatsmänner, welche die Politik geleitet haben. Zu oft nur haben Führer und Mitglieder der Vereinigungen sich eine Stellung weit erhaben über den politischen Kämpfen angemaßt. Sie sagten: Unsere Gesellschaften suchen nur wissenschaftliche Wahrheit. Wir haben mit Politik nichts zu tun. Die Wahrheit kennt weder Nationen noch Regierungssysteme.

Jetzt erst können wir klar erkennen, daß der Standpunkt: Laissez faire, laissez mourir teilhatte an der Tragödie unserer Tage.

Gewiß, der Zweck einer jeden internationalen medizinischen Vereinigung ist die Förderung der Wissenschaft. Aber, wenn man zurückschaut, kann man sich fragen, ob wirklich der Wissenschaft gedient war, als *internationale* Versammlungen von Medizinern abgehalten wurden in Städten und Ländern, deren Regierungsbehörden zur Zeit der Kongresse durch Konzentrationslager, Rassenverfolgung, Mord und Unterdrückung berüchtigt geworden waren. Es wäre besser gewesen, wenn man auf solche Kongresse ganz verzichtet hätte, statt durch ihre Abhaltung eine politische Philosophie zu ignorieren, zu deren Folgen es gehört, Wahrheit und Wissenschaft zu zerstören.

In den meisten Ländern gehört die Ausübung der Medizin zu den freien Berufen. Mit dieser Freiheit verbunden ist eine intellektuelle und materielle Unabhängigkeit, die dem Arzt einen erheblichen Einfluß in der Gesellschaft gibt. Kein Mediziner hat größere Möglichkeiten und Gelegenheiten, in diesem Sinne zu wirken, als der Chirurg. So groß und unvergleichlich ist das Vertrauen seiner Patienten, daß wir mit extremer Strenge und mit Recht *die* verurteilen, die es mißbrauchen. Aber, wir waren in der Vergangenheit zu duldsam, wenn es sich darum handelte, in unseren eigenen Reihen *die* zu verurteilen, die den Geist der Freiheit, Gerechtigkeit und Humanität auf sozialem und politischem Gebiet mißachteten.

Niemals zuvor hatten die freien Vereinigungen von Männern des ärztlichen Berufes größere Möglichkeiten, in diesem Sinn zu wirken, als gerade jetzt. Denken wir daran, daß die Fehler der Vergangenheit sich nicht wiederholen dürfen, daß wir mit den Fortschritten unserer Wissenschaft auch eine hohe moralische Verantwortung übernehmen."

Die Resonanz auf den Artikel war erstaunlich stark, obwohl er eigentlich nur Selbstverständlichkeiten enthielt. Zustimmung und Ablehnung hielten sich ungefähr die Waage. Bei denen, die sich damit einverstanden erklärten, wurde das bisherige Versagen internationaler Kongresse wesentlich schärfer getadelt, als ich es getan. Die Sympathie der Briefschreiber mit Italien stand im Kontrast zu einer wesentlich schrofferen Haltung gegenüber Deutschland und Österreich; den ablehnenden Briefschreibern war alles zu sanft ausgedrückt.

Wie so vieles hat der Krieg die Zusammenarbeit der internationalen medizinischen Gesellschaften nicht von ihren Mängeln befreit. Ansätze, eine Federation of Surgical Colleges zum Instrument der Kontrolle einer ehrenhaften Berufsausübung zu machen, haben versagt. Das nordamerikanische und britische Majorisierungsbedürfnis hat in diesem Falle verstimmend gewirkt; die Federation ist bedeutungslos geblieben; außerdem glaubte man unter dem Aspekt lokaler Rivalität eine Auswahl unter den Vereinigungen treffen zu dürfen.

1954 wurde ich für zwei Jahre Präsident des International College of Surgeons. Im September 1956 fand „mein Kongreß" in Chicago statt. Der Tag der Eröffnungsansprache der gut besuchten Zusammenkunft war mein 60. Geburtstag. Ich versuchte, den Sinn der Teilnehmer für berechtigte Kritik am eigenen Verhalten zu schärfen. Ein kleiner Abschnitt der Eröffnungsrede sei hier wiedergegeben:

„Vertrauensstellungen in unseren Berufs- und Fachorganisationen sind beliebte Basen von Manifestation der Herrschsucht.

Im Gestrüpp der Dutzende von Vorschriften über Berufsführung wird zu leicht übersehen, daß eigentlich nur drei Vergehen einen Chirurgen moralisch und ärztlich disqualifizieren: das sind fee-splitting, unsaubere operative Indikation und Vernachlässigung der Sorgfaltspflicht.

Die beiden letzten Vergehen sind eindeutig genug, um eine weitere Interpretation unnötig zu machen. Fee-splitting indessen wird gern allein vom merkantilen Standpunkt aus betrachtet; es ist ein gewissenloser Handel mit dem Leben und der Gesundheit des Patienten.

Die Verpflichtung sauberen Handelns den Patienten gegenüber umfaßt aber auch die Art technischer Gestaltung des Eingriffs. Die Betonung der überragenden Bedeutung des Teamworks läßt leicht die Tatsache vergessen, daß es *eine* Phase im komplexen Werk der Chirurgie gibt, bei der das Wesentliche vom Operateur allein abhängt, das ist der operative Akt selbst. Die Sicherheit, Zuverlässigkeit und Sauberkeit ist an seine technische Begabung, Erfahrung und Gewissenhaftigkeit gebunden.

Daß die erstrebenswerte Erfahrung nur durch jahrelanges und methodisches Training erreicht werden kann, brauchte bei der heutigen Verbreiterung und Vertiefung der chirurgischen Kenntnisse kaum einer Erwähnung. Auf dem europäischen Kontinent ist schon seit 70 Jahren die Zeit vorüber, da der Allgemeinpraktiker nach einer mehr oder weniger flüchtigen Berührung mit der Chirurgie gleichzeitig auch Operateur ist. Die Gründe scheinen zum Teil psychologischer Natur zu sein, teils solche falsch verstandener Liberalität der Gesundheitsbehörden; psychologisch deshalb, weil das heutige Resident-System mit seinem systematischen Training in den Staaten eigentlich erst seit wenig mehr als 30 Jahren existiert. Einzelne der Kritiker des operierenden Allgemeinpraktikers haben also selbst keine konsequente Ausbildung erfahren; ihre Autorität ist in diesem Punkte mehr Wunsch als Tatsache.

Im übrigen ist nicht einzusehen, warum die öffentliche Gesundheitsbehörde

nicht ebensogut die Lizenz zur Ausübung der Chirurgie geben sollte, wie sie z. B. die Lizenz zur Ausübung der Allgemeinpraxis erteilt. Die staatlichen Instanzen sind vielleicht objektivere Prüfer als private Examenskomitees.
Schließlich lassen Sie mich noch auf einen Punkt zu sprechen kommen, der durch Übertreibungen zu Sorgen Anlaß gibt: das sind die Fachkongresse. Ein Überfluß scheint hier den idealen Zweck zu ersticken. Die Überwertung der äußeren Aufmachung solcher Zusammenkünfte und – last not least – ihre ständig anwachsende Zahl ist geeignet, das legitime Ziel zu verwässern: nämlich die nüchterne und ernsthafte Erörterung theoretischer und praktischer Probleme unseres Faches. Der perpetuelle Kongreßreisende und -vortragende, versehen mit dem großzügigen Freipaß der Steuerbehörde, der Jahre hindurch die gleichen Vorträge mit leichten Variationen von sich gibt, ist ein Prototyp des modernen Kongreßbetriebes geworden. Die andere unerfreuliche Seite stellen die zeit- und kraftraubenden Diners und die gesellschaftlichen Unternehmungen dar – und als Spätfolge dieser Kongreß-Schaustellungen: die bilderbeladenen sensationsgierigen Reportagen über den Tagungsverlauf in der Tagespresse.
Nun noch einige Worte zum Daseinszweck des International College of Surgeons. Wir sind in erster Linie daran interessiert, das Leistungsniveau des durchschnittlichen Chirurgen zu fördern: wenn Sie so wollen, des „unbekannten Soldaten der Chirurgie", der für die Praxis unseres Faches immer noch der wichtigste ist. Die Kenntnis der Geschichte der Chirurgie ist ein guter Grund, um der Frage, ob die sogenannten „führenden Männer" Mitglieder unserer Gesellschaft sind oder nicht, wenig Bedeutung zuzumessen. In der Tat ist es eine alte Erfahrung, daß führende Erscheinungen sehr selten sind, wenn man sie nach vielen Jahren vom historischen Aspekt aus betrachtet."
Emil Ludwig hat in seinem Buch „Geschenke des Lebens" eine kleine Geschichte erzählt, die ich hier wiedergeben möchte: Als sein Vater, ein bekannter Augenarzt, einmal von einer Reise zurückkam, erzählte er von seinem Gespräch im Eisenbahncoupé. Ein preußischer General, sein Gegenüber, war bei Nennung eines Namens unruhig gworden: „*Helmholtz?*" sagte der Mann mit den roten Streifen. „Wer ist *Helmholtz?*" Seines Vaters Weltbild verdunkelte sich, er stammelte: „*Helmholtz!* Was – Sie kennen den berühmten Physiker nicht!" – „Berühmt?" entgegnete der Feldherr, „berühmt ist *Friedrich der Große*." Ludwig setzte hinzu: „Diese großartige Wahrheit riß mich aus mancherlei ehrgeizigen Träumen. Erst später erkannte ich, wie sich die Weisheit hier einmal einen preußischen General zum Sprecher ausgesucht hatte, und noch heute, wenn ich Literaten oder Abgeordnete, Ärzte oder Schauspieler von ihrem Ruhm besessen sehe, sage ich mir wortlos: Berühmt ist *Friedrich der Große!*"

Ehrenmitgliedschaften und Präsidentschaften in wissenschaftlichen Vereinigungen sind in der Regel Altersquittungen, die kurz vor und nach der Emeritierung sich zu häufen neigen. Ich machte keine Ausnahme in diesem Attribut vorgeschrittener Jahre. Vielleicht lag nur die Ehrenmitgliedschaft in der Mark-Twain-Gesellschaft (USA) jenseits des Herkömmlichen. Als eine besondere Anerkennung und als vollkommen überraschend empfand ich die Verleihung der Paracelsus-Medaille, die von der Deutschen Ärztekammer als die höchste Auszeichnung der deutschen Ärzteschaft bezeichnet wird.

Wandlungen der Chirurgie

Man hat sich daran gewöhnt, von „Kunst und Wissenschaft" der Chirurgie zu sprechen; der Ausdruck ist indessen eine Betrachtung wert. Auf medizinische Betätigung angewandt, haben sich die Bezeichnungen „ärztliche" und „chirurgische" Kunst und „Heilkunst" eingebürgert.
Während die *ärztliche Kunst* ganz allgemein diagnostische Fähigkeiten, Beurteilung der physischen und psychischen Widerstandskraft der Kranken, rationelle therapeutische Maßnahmen einschließt, ist das Wort *Heilkunst* zu einem schwer durchschaubaren Sammelbegriff geworden, der u. a. psychologisches Verständnis und die Gabe der Menschenbehandlung und -beeinflussung umfaßt. Indessen besteht schon in der sprachlichen Formulierung fast überall eine feine Differenzierung: man geht bei der Bezeichnung der Betätigung mit dem Ausdruck „Kunst" sehr liberal um, scheut sich aber, den, der die Kunst ausübt, mit der gleichen Begriffsweite als Künstler zu bezeichnen. Wir sagen wohl von Zehntausenden, daß sie die *Kunst der Chirurgie* praktizieren, würden aber kaum damit einverstanden sein, sie alle chirurgische Künstler zu nennen. Mit Recht wird dieser Ausdruck vorbehalten für die wenigen, die das naturgegebene artistische Aggregat besitzen: die konstrukive Phantasie. In der Tat wird in der Chirurgie die Definierung einer künstlerischen Betätigung in der Regel auf den operativen Akt angewandt. Es ist schwer, einzusehen, warum eine handwerkliche Leistung ein Kunstwerk darstellen soll, die Tausenden mit unterschiedlicher manueller Begabung bis zu ziemlich gleichmäßigem Endergebnis vermittelt werden kann.
Subtile und sorgfältige Technik ist das, was der modernen Operation ihr Gepräge gibt; die einzige Berührung, die sie bei ihrer Durchführung mit den Prinzipien der Kunst hat, liegt darin, daß man, um nochmals eine Formulierung Liebermanns anzuwenden, verstehen muß, wegzulassen, das heißt, daß das Ziel der Korrektur oder der Entfernung von Gewebsteilen mit einem Minimum an Manipulationen, einem Minimum an roher Kraft und Schädigung gesunder Substanz erreicht werden soll.
Vielleicht darf man eine künstlerische Ingredienz in dem sehen, was gemeinhin als *Intuition* bezeichnet wird. Diese blitzartige Assoziation sensueller Eindrücke – denn mehr ist es wohl nicht – verleiht dem, der sie besitzt, die Fähigkeit, die Schwere eines Zustandes, drohende Komplikationen und ihre Prognose gefühlsmäßig zu erfassen, ohne daß er der exakten Befunde von physikalischen und chemischen Untersuchungsmethoden zu bedürfen glaubt.

Zweifellos liegt hier eine primäre Begabung vor, die unter dem Gewicht der Erfahrung sich übt.

Die *Konzeption eines operativen Aktes* ist den wenigen Pfadfindern unseres Faches vorbehalten. Die erdrückende Mehrzahl der Chirurgen übt ihre Tätigkeit mit einem gewissen Maße von Handfertigkeit recht schematisch aus; der Erfolg des Eingriffes indessen und die Befriedigung, die der Patient durch das Resultat erlangt, ist weitgehend unabhängig von der Originalität des technischen Weges. Kurz – die Kunst der Chirurgie ist, wenn man sie zu analysieren sucht, ein Wort der Gewohnheit von problematischem Inhalt, und es ist vielleicht an der Zeit, mit gefühlsmäßigen Übertreibungen aufzuräumen, die geeignet sind, unser Fach mit einem Mysterium zu umgeben.

Wie steht es nun mit der *Wissenschaft der Chirurgie?* Hier wird der naheliegende Fehler begangen, die staunenswerten Fortschritte unseres Faches als Ergebnis einer chirurgischen Wissenschaft darzustellen. Bei Betrachtung der chirurgischen Errungenschaften, die in den Laboratorien eines L. Pasteur und R. Koch, in den Arbeitsstätten der Chemiker vorbereitet wurden, zeichnet sich schon etwas ab, was in der heutigen Phase den chirurgischen Fortschritt beherrscht: die intelligente Anwendung der Ergebnisse der theoretischen Forschung.

Man kann leider nicht sagen, daß ihre große Bedeutung zunächst voll gewürdigt wurde. Im Gegenteil: die operative Technik drängte sich, historisch betrachtet, so weit in den Vordergrund, daß verständlicherweise das chirurgische Feld vom Operationsereignis beherrscht wurde.

Die Anfänge physiologischer Betrachtung operativer Probleme wurden im ersten Jahrzehnt dieses Jahrhunderts nur zögernd und ohne stärkere Resonanz gemacht. Sie sind an die Namen von Cushing und Sauerbruch geknüpft. Die Bedeutung ihrer Arbeiten, mit denen sie ein Feld operativer Betätigung neu bereiteten, lag nicht so sehr in der Originalität der Untersuchungen. Cushings Experimente über den Hirndruck sind nicht über Befunde hinausgekommen, die vor ihm schon die Königsberger Kliniker B. Naunyn und J. Schreiber erhalten hatten, und Sauerbruchs methodische Versuche zur Vermeidung der Folgen des „offenen Pneumothorax" knüpften an Verfahren an, die in physiologischen Laboratorien routinemäßig benutzt wurden, ja, die auf Vorschläge von Vesal (1514) zurückgehen.

Um das Neue, was die beiden brachten, würdigen zu können, muß man sich vergegenwärtigen, daß sie sich mit dem operativen Eingriff von anderen als morphologischen Gesichtspunkten aus beschäftigten. Bis dahin hatte man, soweit überhaupt die Folgen des chirurgischen Eingriffs berücksichtigt wurden, den Blick

1. auf die feingeweblichen Veränderungen konzentriert, die sich in der Heilungsperiode abspielten, und

2. auf Ursache und Mechanismus der infektiösen Vorgänge, die ins Operationsgebiet entweder vom Operateur oder von eröffneten, keimbeladenen Gewebsabschnitten hineingetragen waren.

Komplikationen, die ohne Evidenz lokaler Heilungsstörungen und ohne sofort nachweisbare organische Einwirkungen der Operation eintreten, wurden mit dem sehr wahllos angewandten *Begriff des Operationsschocks* oder mit der in wenigen dieser Krankengeschichten fehlenden Feststellung der Herzinsuffizienz erklärt.

Es war darum ein gewaltiger Schritt vorwärts, als die momentanen funktionellen Rückwirkungen der Operation in ihrer dramatischen Zuspitzung des sogenannten Schocktodes einer wissenschaftlichen Analyse unterzogen wurden. Zunächst beobachtete man rein physikalische Phänomene. Sie lagen dem chirurgischen Denken am nächsten. Cushing hat plötzliche Druckveränderungen als wichtigste Ursache des cerebralen Todes bei Eingriffen im Hirn erkannt und die praktischen Möglichkeiten untersucht, die zum mindesten die Plötzlichkeit des Geschehens vermeiden ließen; Sauerbruch war insofern nicht weniger glücklich, als die Besonderheit der Spannungszustände im Brustraum nicht nur eine experimentelle Erklärung der mechanischen Veränderungen zuließ, sondern auch ihre erfolgreiche Normalisierung.

Die Wandlung, welche eine solche Untersuchung des Operationsereignisses gezeitigt hat, ist uns heute im historischen Abstand so klar, daß man kaum Worte darüber zu verlieren braucht. Sie leitete die große Reformation der Hirnchirurgie ein und schuf die Basis für eine rationelle Thoraxchirurgie.

Die nächste Etappe beginnt mit den Bemühungen um die *Erkenntnis des Wundschocks*. Der Erste Weltkrieg hat – viel mehr als die tägliche Erfahrung im Operationssaal – die Augen der Chirurgie auf das Problem gelenkt, ohne daß die Massenbeobachtung dieses eigentümlichen und häufigen Zustandes mehr gezeitigt hätte als Beschreibungen von Symptomen und eine Flut von Hypothesen zu ihrer Erklärung, von denen keine einer gründlichen experimentellen Prüfung unterzogen wurde. So kam es, daß therapeutische Schlußfolgerungen ausblieben.

Es ist schwer, sich heute ein Bild zu machen von der historischen Entwicklung des Schockbegriffs. Gewiß sind die entscheidenden experimentellen Arbeiten in der Zeit vor und zwischen den beiden Weltkriegen erschienen. Sie haben aber zunächst wenig oder keine Aufmerksamkeit in der praktischen Chirurgie gefunden. Und wenn man den Werdegang selbst miterlebt hat, formt sich ein eigenartig interessantes Bild des Geschehens. Es ist hier so, daß ausnahmsweise einmal die praktische Beobachtung der theoretischen Fundierung vorausgeeilt ist. Sie begann mit der verbreiteten Benützung der *Bluttransfusion zur Beeinflussung des Blutungsschocks*. Aber schon vor dem Ausbruch des Zweiten Weltkrieges erkannte man die wohltätige Wirkung der

Transfusion bei *den* Kranken, die wohl einen großen Eingriff durchgemacht, aber kaum größeren Blutverlust erlitten hatten. Der Gedanke lag nahe, auch beim Schock, der *nicht* durch Blutung verursacht war, grundsätzlich zur Blutübertragung Zuflucht zu nehmen. Die theoretische Begründung dieser praktischen Erfahrung wurde eigentlich erst nachträglich von A. Cournand und seinen Mitarbeitern gegeben. Sie zeigten im Jahre 1943, daß es im Schock zu einem ungenügenden Rückfluß des Venenblutes zum Herzen kommt, damit zu gefährlich verringertem Auswurfsvolumen des Herzens. Die Verminderung der zirkulierenden Blutmenge kann bis zu 40 Prozent betragen, und der Vorschlag, das Blutvolumen in einem entsprechenden Ausmaß zu vermehren, war nur logisch.

Das *Plasma*, zuerst von russischen Autoren in die Schockbekämpfung eingeführt, war zunächst als Blutersatz gedacht. Erst bei kritischer Prüfung seiner Eigenschaften zeigte sich, daß sein Hauptwert bei den Zuständen liegt, die mit starker Bluteindickung einhergehen. Damit war die *Bedeutung des Eiweißstoffwechsels* ins chirurgische Blickfeld gerückt, dem automatisch das Studium des Wasser- und Salzhaushaltes chirurgisch Kranker folgte. Unter ihren Zeichen steht heute die Vor- und Nachbehandlung der Operierten. Von einer Stätte der Grundlagenforschung ist das biochemische Laboratorium zum integralen Teil der täglichen chirurgischen Praxis geworden. Sowenig Originelles Chirurgen auf diesem Gebiet geschaffen haben; sie haben Entscheidendes geleistet durch die intelligente Anwendung der Untersuchungsergebnisse von Physiologen und Biochemikern.

Das Studium des Wundschocks hat aber noch andere fruchtbringende Konsequenzen gehabt. Sie ergaben sich aus der Erforschung eines Zustandes, den wir als unbeeinflußbaren *Schock* bezeichnen. Keinem Kliniker konnte es entgehen, daß manche Kranken trotz systematischer Behandlung sich ihr gegenüber refraktär verhielten, obwohl bei ihnen die Ausgangswerte des zirkulierenden Blutvolumens nicht ungünstiger waren als bei denen, die auf die Behandlung prompt reagierten. Ein Unterschied in den beiden Gruppen bestand allenfalls darin, daß in der ungünstigen der Schockzustand schon *längere Zeit bestanden* hatte, bevor die bewährten Maßnahmen ergriffen worden waren.

Durch experimentelle Arbeiten, besonders die von J. Fine und seinen Mitarbeitern, wurde es klar, daß hier eine schwere Schädigung lebenswichtiger Organe vorlag, die ihrerseits wieder als Folge der ungenügenden Zirkulation im Schock aufgefaßt werden mußte.

Man fand zunächst tiefgreifende Funktionsstörungen der Leber, in manchen Fällen mit ausgedehnten Zellveränderungen; in anderen – zusätzlich oder allein – solche der Nieren, deren gewebliche Veränderungen so charakteristisch sind, daß man von einer „Schockniere" sprechen kann.

Der Weg, die Rückwirkungen der operativen Schädigung auf ferngelegene lebenswichtige Organe zu untersuchen, hat sich als fruchtbar erwiesen. Die Einbeziehung des *innersekretorischen Drüsensystems* bezeichnet diese letzte Phase. Sie wird eingeleitet von H. Selyes Arbeiten über die Reaktion der Nebennierenrindensubstanz auf verschiedenartige körperliche Schädigungen, die unter dem Begriff des „stress" zusammengefaßt wurden; hämorrhagischer und traumatischer (durch Blutverlust oder Verletzung verursachter) Schock gehören dazu. Man braucht sich nicht mit der schematischen Einteilung von Selye in die verschiedenen Stadien (initiale Alarmreaktion, Adaptation, Erschöpfung) einverstanden zu erklären, um die Bedeutung seiner Untersuchungen anzuerkennen.

Damit ist die große und offene Frage der Rolle von selbständiger wissenschaftlicher Forschung in der Chirurgie angeschnitten. Sehr wenig Neuland ist zu erwerben auf operativ-technischem Gebiet. Es ist eigentlich nur im Bereich der Chirurgie des Herzens, daß sich noch lockende taktische Aufgaben stellen. Die Organtransplantation wird in diesem Zusammenhang gern als neues Problem genannt. Ihre operativ-technische Seite ist, soweit es die Nierenüberpflanzung angeht, schon seit 50 Jahren gelöst. Völlig offen ist aber die Frage der Immunreaktion (mit der Gefahr der Abstoßung des Transplantates).

Um so verlockender liegt das weite Feld der *Grundlagenforschung* offen, und in der Tat hat sich im letzten Jahrzehnt das Schwergewicht wissenschaftlicher Arbeit der Kliniken nach der angewandten Physiologie und der Biochemie hin verlagert. Es ist das Bedenken geäußert worden, daß durch diese Entwicklung die klinische und operative Ausbildung der angehenden Chirurgen zu kurz kommt, und daß bei der Auswahl der leitenden Chirurgen akademischer Institute eine gefährliche Überbewertung der Laboratoriumsarbeiten die entscheidende Rolle spielt. Ich habe den Eindruck, daß es nicht schwer ist, eine solche Tendenz, wo immer sie in Erscheinung tritt, zu korrigieren. Schwieriger wird es schon sein, eine hastige und kritiklose Übertragung der experimentell gewonnenen Ergebnisse auf die Praxis der Chirurgie zu verhindern.

Bei der Schilderung des veränderten Bildes der Chirurgie habe ich mich bisher auf das beschränkt, was wir als chirurgische Wissenschaft – gewiß nur in ihren Anfängen – bezeichnen dürfen.

Eine gewaltige Hilfe ist der modernen Chirurgie durch Errungenschaften gekommen, an deren Entwicklung und Ausbau sie weitgehend unbeteiligt ist: durch die verfeinerten Betäubungsmethoden und durch die Chemotherapie. Der Nutznießer aller Fortschritte ist die operative Technik geworden – obwohl sie – für sich allein betrachtet – die geringsten Änderungen erfahren hat.

Ich brauche nicht die Eingriffe zu nennen, die den Stolz der heutigen Chirurgie bilden. Es sind Operationen von einem Ausmaß, das noch vor 50 Jahren unmöglich schien. Ihre *zeitliche* und *örtliche* Ausdehnung hat Grenzen überschritten, die früher für unüberwindbar galten. Die Technik konnte sich von diesen beiden Faktoren weitgehend unabhängig machen und die Entwicklung ins Subtile ohne Hemmungen verfolgen.

Schon hier aber sehen wir bedenkliche Übertreibungen. Früher wollte ein Chirurg den anderen durch die Kürze der *Operationszeit* übertrumpfen, heute durch ihre Länge. Das Cushingsche Prinzip des langsamen Operierens hat im Bereich der Schädelhöhle seine Berechtigung erwiesen. Es bedeutet aber einen Mißbrauch neugewonnener Möglichkeiten, das Operationstrauma unnötig zu verlängern. Warum sollte das Teamwork, das in der klinischen Arbeit sich hervorragend bewährt hat, plötzlich im Operationssaal seine Bedeutung verlieren? Das Zusammenspiel zwischen Operateur und Assistenten ist bei den größeren Aufgaben der heutigen Chirurgie noch notwendiger als früher. Je glatter es sich abwickelt, um so weniger Zeit wird vergeudet, und es ist absurd, anzunehmen, daß z. B. eine Operation, die acht Stunden dauert, den Kranken nicht mehr schädigen sollte als die gleiche, die in zwei Stunden durchgeführt wird. Von ausschlaggebender Wichtigkeit wird aber die Operationszeit in der *Chirurgie des Alters*. Da mit der Erhöhung der menschlichen Lebenserwartung in steigendem Maße große Eingriffe beim Greis vorgenommen werden müssen, gehört meines Erachtens die Erziehung zum schnellen Manipulieren in das Trainingsprogramm des Chirurgen. Von der Steigerung der operativen Leistungen ist die medizinische Tagesliteratur voll, ja *zu* voll.

Gegenüber dem Empfinden letzter Vollkommenheit, das in den Berichten älterer Entwicklungsphasen dominierte, ist aber heute viel eher das Gefühl vorhanden und auch literarisch bemerkbar, daß noch mehr und Größeres zu erwarten ist.

Es ist unvermeidlich, daß die erhebliche Vertiefung und Erweiterung der Chirurgie bei der natürlichen Begrenztheit menschlicher Leistungsfähigkeit zu einer *Spezialisierung* führt. Ihre Gründe müssen realistisch betrachtet werden: Eine Ausbildung, die heute das gesamte Gebiet unseres Faches umgreifen soll, würde so lange Zeit beanspruchen, daß sie außerhalb der ökonomischen Möglichkeiten des durchschnittlichen Assistenten liegt, in der Hauptsache deswegen, weil die Jahre selbständiger Berufsbetätigung mit adäquater materieller Kompensation weiter verkürzt werden müßten. Darüber hinaus läßt das Gewicht der Nachdrängenden es nicht zu, eine Lehrzeit von 10–15 Jahren generell durchzuführen. Häufig ist es indessen nicht der Wille des Chirurgen, sondern ein einseitiges Krankengut, das ihn zum Spezialisten werden läßt. Gegenüber der großen Zahl von Patienten mit dem gleichen

Leiden, die ihn aufsuchen, kann der Wunsch nach Variation der chirurgischen Tätigkeit nicht mehr erfüllt werden. Hier spielt des *Publikums Sehnsucht nach dem Spezialisten* die dominierende Rolle. Sie beruht auf der Vorstellung, daß jemand, der eine Operation zum 1000. Male ausführt, qualifizierter für den Eingriff ist als jemand, der sie nur 100mal vorgenommen hat. Dieses *Mysterium der großen Zahlen* hat aber auch die wissenschaftliche Literatur in unserem Fach beeinflußt.

Im Zusammenhang mit dem Problem der Ausbildung wurde auch die personelle Eignung des einzelnen kurz gestreift. Ich möchte diesen Bemerkungen einen Antwortbrief folgen lassen, den ich am Beginn des Zweiten Weltkrieges in New York schrieb:
„Ihr Brief hat mich so spät erreicht, daß ich ernstlich zweifle, ob die Antwort bei Ihnen ist, bevor Sie sich für ein neues Spezialfach entschieden haben.
Obendrein ist es für mich unmöglich, Ihnen eine präzise Antwort auf die Frage zu geben, ob ich Ihnen zur Chirurgie raten kann. Sie haben sich meiner als eines Universitätslehrers erinnert, der Ihnen Begeisterung für die Chirurgie eingeflößt hat. Ich darf diese Anerkennung zurückgeben. Ich erinnere mich Ihrer sehr wohl als eines interessierten, kenntnisreichen Hörers, dessen Wissensdurst und lebhafte Aufmerksamkeit außergewöhnlich waren. Das war der Grund, daß ich nicht nur Ihren Namen im Gedächtnis behielt, sondern auch die äußeren Umstände, unter denen Sie in Ihrer Schweizer Heimat aufgewachsen sind.
Leider wird den jungen Ärzten, die die Absicht haben, sich der Chirurgie zu widmen, von ihren Lehrern nur selten mitgeteilt, was sie im chirurgischen Leben zu erwarten haben. Ich selbst habe diese Unterlassungssünde oft genug begangen, um zu wissen, daß das ein Unrecht ist; dem werdenden Chirurgen sollte die Möglichkeit gegeben werden, sich selbst – sagen wir – theoretisch zu prüfen, ob er seinem erwählten Spezialfach intellektuell, physisch und psychisch gewachsen ist.
Dieser Brief wird nichts anderes enthalten als ein Bekenntnis zur Person des Chirurgen. Ich weiß nicht, ob ich zu der Zeit, als ich Ihr Lehrer war, zu einer solchen Definierung fähig gewesen wäre. Es mag richtig sein – wie Sie selbst schreiben –, daß die Ausübung des Berufes in verschiedenen Erdteilen, unter wesensverschiedenen Völkern und in wechselnder Umgebung, die vom Freundlichen zum Indifferenten und Feindseligen alle Spielarten zeigte, mir einen besseren Einblick in die persönlichen Voraussetzungen gegeben hat, unter denen eine befriedigende Ausbildung des Chirurgen möglich ist.
Mein Rat erscheint Ihnen deswegen wertvoll zu sein, weil ich, wie Sie schreiben, ein ‚erfolgreicher' Chirurg bin. Hier muß ich Sie sogleich korrigieren. Ein

Chirurg ist im Spiegel seiner eigenen Kritik niemals erfolgreich; sicherlich nicht der einsichtsvolle Chirurg, der die Unzulänglichkeiten seines Faches und seiner eigenen Leistung so empfindet, wie sie empfunden werden sollen: als Vorwurf und Ansporn. Je älter ich werde, desto stärker fühle ich die Mißerfolge und leide unter den Grenzen, die unserer Leistung oder besser meiner Leistung gesetzt sind. Ich möchte fast sagen, daß ich verlernt habe, mich über die ‚Erfolge' zu freuen, weil Zeit und Gedanken beansprucht sind mit der Sorge um Patienten, deren Schicksal vorübergehend ungewiß ist oder deren Behandlung im Mißerfolg endet. Das ist eine schwere psychische Belastung; die Tage des Jahres, an denen die Sorge um das Ergehen irgendeines Patienten mich freiläßt, sind an den Fingern der Hand abzuzählen. Es wäre nur logisch, daß Sie mich fragen, ob ich in diesem Punkt vielleicht besonders empfindlich bin. Es ist schwer, in die Seele eines Menschen hineinzusehen, und viele Chirurgen werden es so handhaben wie ich, daß sie nur sehr selten ein solches Geständnis ablegen. Ich gehe noch weiter und stelle fest, daß meist die Sorge mit einem gewissen Schuldbewußtsein verbunden ist. Wer so unmittelbar Werkzeug der Behandlung ist wie der Chirurg, der kann sich, wenn er Selbstkritik besitzt oder sich bewahrt hat, nicht freimachen von der Vorstellung, daß im einen oder anderen Falle eine Änderung des technischen Vorgehens, die Unterlassung einer Operation den tödlichen Ausgang abgewendet hätte. Ich war nicht selten in der Lage, daß ich mir bittere Vorwürfe gemacht habe wegen eines Mißlingens, für das ich eine eigene Fehlentscheidung verantwortlich machte. Wer die Stunden der Verzweiflung nicht zu erleben imstande ist, ist meines Erachtens ungeeignet zum Chirurgen. Denn das in der Geschichte menschlicher Beziehungen unerhörte Vertrauen, das ein Kranker seinem Operateur entgegenbringt, *muß* kompensiert werden durch ein besonders ausgeprägtes Verantwortungsbewußtsein. Und dieser häufig mißbrauchte Begriff hat nur dann seinen richtigen Wert, wenn er die Frage der persönlichen Schuld einbezieht. Sie sehen also, daß die geläufige Vorstellung vom Chirurgen falsch ist. Er darf nicht der Mann sein, der gegen Mißerfolg abgebrüht ist und die quälenden Fragen nach dem Warum ausschaltet; er muß aber genug psychische Resistenz besitzen, um Dauerschäden, etwa im Sinne länger anhaltender Depressionen, zu entgehen. Dazu gehört ein hoher Grad seelischer Gesundheit – ein Faktor, dessen Erkenntnis glücklicherweise bei den meisten Menschen frühzeitig möglich ist.
Entschlußkraft zum Handeln, klare und überlegte Disposition in kritischen Situationen sind fast ausschließlich von diesen psychologischen Grundbedingungen abhängig. Es ist schwer, Angstvorstellungen in solcher Lage zu unterdrücken. Wer bei schwerer Blutung sich von dem Gespenst der tödlichen *Ver*blutung beherrschen läßt, verliert die Kontrolle über seine physischen oder besser nervös-muskulären Handlungen. In einem Augenblick, in dem

stärkste Konzentration auf das Wundgebiet und äußerste Präzision der Fingerarbeit notwendig ist, erschwert dann Zittern der Hand jede kontrollierte Bewegung.

Die physische Widerstandsfähigkeit ist ein weiterer wichtiger Faktor. Die anstrengenden ersten Jahre der Assistentenzeit sorgen in diesem Punkte für eine gewisse Auswahl. Allerdings halten junge Leute, die bei der eintönigen Arbeit des Hakenziehens nach langen Operationstagen bis zum Kollaps erschöpft sind, stundenlanges Operieren gut durch, wenn sie selbst aktiven Teil an der operativen Tätigkeit nehmen können. Das Moment der geistigen Spannung ist hier in der Lage, physische Unvollkommenheiten auszugleichen. Immer aber muß man daran denken, daß im späteren Leben Krankheiten, auch wenn sie lokal ausgeheilt sind, so erhebliche Einschränkungen der körperlichen Leistungsfähigkeit hinterlassen können, daß eine Aufgabe des anstrengenden Chirurgenberufes notwendig wird. In besonderem Maße gilt das von der physiologischen Leistungsverminderung, wie sie das Alter mit sich bringt. Chirurgen, die nach einem arbeitsreichen Leben jenseits des 70. Lebensjahres noch voll tätig sind, sind eher Glücksspieler als Helden. Technische Wendigkeit und Schnelligkeit der Reaktion sind in diesem Alter verlorengegangen. Sie mögen noch für Routinearbeit ausreichend sein; aber wer kann vor jedem Eingriff voraussagen, daß sich nicht unerwartet außergewöhnliche Situationen ergeben? Es liegt eine sonderbare Logik darin, daß z. B. hierzulande (in den USA) Chirurgen ihre offiziellen Krankenhausstellungen oft nach dem 60. oder 65. Lebensjahr aufgeben müssen, aber in der Privatpraxis jahrelang weiter tätig bleiben. So wichtig ein Gesetz wäre, das die Ausübung der Chirurgie durch junge Ärzte von gewissen staatlichen Prüfungen abhängig macht, so wichtig ist meines Erachtens ein Gesetz, das die operative Tätigkeit nach einer Altersgrenze hin limitiert. Für Sie sollte sich daraus die Erkenntnis ergeben, daß jeder Chirurg vor dem Erreichen des siebten Lebensjahrzehntes seine materielle Existenz gesichert haben sollte.

Die besondere Rücksicht, die unsere physische Gesundheit erfordert, verlangt, daß wir – nicht anders als vielleicht ein professioneller Sportsmann – unser ganzes Leben diesem Gesichtspunkt unterordnen. Dazu gehört eine vernünftige Begrenzung des gesellschaftlichen Lebens. Ein Chirurg muß nicht nur darum bemüht sein, ein Schlafdefizit zu vermeiden; er muß wegen unvorhersehbarer nächtlicher Konsultationen und Operationen eine Schlafreserve besitzen; und ich kann mir wenige der konventionellen Abendeinladungen vorstellen, bei denen der Reiz der Unterhaltung den Preis der Übermüdung durch ungenügenden Schlaf wert ist. Leider beurteilt gemeinhin der Gastgeber den Erfolg seiner gesellschaftlichen Anstrengungen nach der späten Stunde des Aufbruchs der Geladenen, statt sich bei berufstätigen Männern und Frauen mit dem Verbleiben bis, sagen wir, zehn Uhr, zufriedenzugeben, ohne daß er die tagsüber angestrengt Arbeitenden wegen ihrer Sehnsucht nach dem Bett zu Notlügen zwingt. Das gleiche Maßhalten – vielleicht noch ausgeprägter – sollte gegenüber dem Alkoholkonsum am Platze sein. Es ist ein Spiel mit der Gesundheit des Patienten, wenn der Operateur im Zustand des Katzenjammers einen Eingriff unternimmt.

Sie sehen, lieber Kollege, es sind viele Opfer, die der Beruf verlangt, eine nachhaltige Beeinträchtigung dessen, was allgemein unter dem Begriff von Lebensfreude und Lebensgenuß verstanden wird. Trotzdem: von allen menschlichen Beschäftigungen ist unsere die schönste, weil sie die menschlichste ist, und das gilt, wie ich es empfinde, in besonderer Weise für die Chirurgie."

Ich schließe mein Bekenntnis zum Beruf des Chirurgen und damit dieses Buch, das als Ganzes ein solches Bekenntnis sein soll, mit dem Hinweis auf die sieben ärztlichen Gaben, wie sie Hutchinson formuliert hat:

1. Die *gute Gesundheit,* das heißt eine Konstitution, die den Arzt befähigt, der Müdigkeit und der Anfälligkeit für Krankheiten zu widerstehen.
2. Das *Glück,* ein wichtiger Faktor, der zum Erfolg verhilft. Manche Leute verdanken in der Tat ihren ganzen Erfolg glücklichen Umständen. Wem aber die Gunst des Zufalls nicht lächelt, der soll wissen, daß harte Arbeit und Geduld viel davon zu ersetzen vermögen.
3. Der *Verstand*. Hutchinson fügt aber gleich bei: „Nicht zuviel davon", und setzt vorbeugend hinzu, daß, wenn er im Kopf zu kurz gekommen wäre, er diesen Mangel durch besonderen Eifer wieder wettzumachen versuchen sollte.
4. *Fassung*. Nur zu oft sieht der Arzt sich dringenden und schwierigen Situationen gegenüber. Ein gutes Maß von Gleichmut hilft ihm, sich vor der zermürbenden Wirkung all der Sorgen zu bewahren, denen er in der Praxis nicht entrinnen kann.
5. *Gerechtigkeitssinn,* vor allen Dingen gegenüber den Patienten, aber auch ebenso gegenüber sämtlichen Mitarbeitern, den Kollegen sowohl wie den Schwestern und Pflegern, und nicht zuletzt den Sinn dafür, was einem selbst recht und angemessen ist.
6. *Schönheitssinn*. Die Krankheit ist häßlich, und man braucht Freude und Sinn für Schönes als Ausgleich und Ausweg und als festigenden Einfluß.
7. Das wichtigste und beste Geschenk ist der *Humor*. Er wird dem Arzt helfen, die Irrungen nicht nur der Patienten, sondern auch ihrer Verwandten zu ertragen. Man wird dann aber auch Belustigung statt Unwillen empfinden über „die Anmaßungen der Kollegen" (Hutchinson).

Ausgestattet mit den drei letzten Eigenschaften, dem Sinn für Gerechtigkeit, für Schönheit und für Humor, wird man mit Gleichmut alle Rückschläge und

Enttäuschungen, alles Ermüdende und Häßliche tragen, das im Leben eines Arztes unvermeidlich ist.

Durch die Jahrhunderte hindurch ist für den guten Arzt bezeichnend gewesen seine *ständige Bereitschaft*, dem Kranken in Not und Sorge zu helfen. Für einzelne Disziplinen der Medizin, wie für die Chirurgie, gilt das in stärkerem Maße als für andere. Der individuelle Patient, der uns anvertraut ist, hat ein Recht auf unsere Anwesenheit und Hilfe, wenn kritische Situationen sein Leben oder seine Psyche gefährden. Eine solche Verpflichtung läßt sich nicht in die Fesseln eines Acht-Stunden-Tages oder einer Fünf-Tage-Woche pressen.

Arbeitsüberlastung und stete Verfügbarkeit werden für jemanden, der den ärztlichen Beruf liebt, tausendfach kompensiert durch die Befriedigung, welche die Erfüllung unserer Aufgabe uns schenkt. Und ich möchte mit einem Wort von Laurence Sterne schließen: „Wir lieben die Menschen weniger um des Guten willen, das sie *uns* tun, als um des Guten willen, das wir *an ihnen* getan haben."

Verzeichnis der Namen

Absolon, Karel B. 134
Adam, Hugo 37
Adams, William E. 285
Adenauer, Konrad 125
Ahlfeld, Friedrich 1843–1929 56
Alexander, John 1891–1954 190
Anderson, Marion 265
Angerer, Ottmar von 1850–1918 67
Arco-Valley, Anton von 1897–1947 82
Arel, Fahri 200
Arndt, Fritz 216
Aschoff, Ludwig 1866–1942 45, 46, 48–61, 115, 152, 153, 283, 284, 305, 366
Asher, Léon 304
Askanazy, Max 1865–1940 57
Aster, Ernst von 218
Atatürk, Mustafa Kemal Paşa 191, 192, 195, 196, 197, 200, 202, 203, 208, 209, 218, 219, 228
Auer, Erhard 82
Auerbach, Erich 218

Bacmeister, Adolf 283
Bailey, Charles Philamore 344
Bainbridge, William Seaman 234
Bamberg, von, Direktor der Charité 121
Banks, Mitchell 343
Bárány, Robert 1876–1936 70
Bardeleben, Heinrich Adolf von 1819–1895 94
Barth, Karl 1885–1968 341, 342
Bauer, E. 52
Bauer, Karl Heinrich 299, 300
Beattie, Direktor 290
Becherer, Walter 188, 189, 228
Becherer, Walter jr. 228, 229, 249, 298
Bechstein, Frau 159
Behring, Emil Adolf von 1854–1917 13, 15
Benedikt XV., Papst 87
Berg, Albert Ashton 1872–1950 234, 256
Berg, Hans Heinrich 130, 301
Berger, Erwin 37
Bergmann, Ernst von 1836–1907 14–17, 29, 94, 98, 129, 149, 325, 370
Bergmann, Ernst W. 248, 257, 283
Bergmann, Gustav von 1878–1955 42, 126, 129–131, 301

Berkay, Feyyaz 276
Berndorff, Hans Rudolf 173
Bickenbach, Werner 354
Bier, August Karl Gustav 1861–1949 94, 95, 97, 98, 100, 125–129, 134, 136, 137, 283
Bigelow, Henry Jacob 1818–1890 317
Biland, J. 84
Bilhan, Nebil 240
Billroth, Theodor 1829–1894 145, 146, 174, 345, 353
Bilsel, Cemil 217
Bing, Robert 1878–1956 346
Bischoff, Peter 151
Bismarck, Otto von 1815–1898 15, 24, 122, 153, 156
Bitschai, Jacob 1894–1958 221
Bleuler, Eugen 313
Bloch, Konrad 22
Böck, Karl 368
Bohnenkamp, H. 304
Bohr, Niels Henrik David 1885–1962 274
Bonhoeffer, Karl 1868–1948 97–99, 151, 152
Bopp 109
Borchard, August 118
Borchardt, Moritz 140
Borst, Hans Georg 116
Borst, Max 1869–1946 93, 104, 115, 116, 248
Bourbon-Parma, Sixtus von 264, 265
Bourbon-Parma, Xaver von 264, 265
Brain, Russell Walter 1895–1966 353
Bramann, Fritz Gustav von 1854–1913 16, 17
Brand, von geb. v. Bergmann, Frfr. 16
Brandström, Elsa
(siehe Ulich, geb. Brandström, Elsa)
Brauer, Ludolph 1865–1951 56
Braun, Heinrich 1862–1934 120, 283
Braun, Heinrich 370
Bredow, K. von 227
Breitner, Burghard 1884–1956 362, 363
Brickner, R. M. 271
Broch, Hermann 293
Brod, Max 293
Brunner, Alfred 72, 77, 177, 301

Bruns, Paul von 149
Buber, Martin 293
Bülow, Bernhard, Fürst von 264
Buerger, Leo 372
Bürkle de la Camp, Heinz 54, 373
Bumke, Oswald 1877–1950 45, 360
Bumm, Ernst von 1858–1925 89, 90
Bumm, von jr. 90, 103
Burckhardt, Jacob 1818–1897 340, 341
Busch, Adolf 287
Busch, Frieda 287

Carus, Carl Gustav 1789–1869 162
Castiglione, Arturo 1874–1952 236, 292
Chain, Ernst Boris 136
Chamberlain, M. 284
Chaoul, Henri 130, 159
Chiurco, Giorgio Albert 190
Churchill, Edward D. 234, 248, 249, 253, 314, 315, 325
Churchill, Mary 249
Churchill, Winston Spencer 213, 278
Clemenceau, Georges 264, 265
Cörper, Carl 125
Cohen, Dr. 37
Cohn, Ferdinand Julius 1828–1898 23
Cokkalis, Peter 222, 223
Conti, Dr. 183, 371
Corinth, Lovis 292
Cournand, André 382
Crafoord, Clarence 134, 170
Cron, Elisabeth
 (siehe Redli, geb. Cron, Elisabeth)
Cushing, Harvey 1869–1939 54, 70, 231, 234–236, 253, 255, 258, 345, 346, 353, 373, 380, 381, 384
Cutler, Elliott 1888–1947 253, 254
Czernin, Ottokar 1872–1934 264, 265

Dale, Henry Hallett 1875–1968 303
Danielsen, D. 29
Davidoff, Leo M. 258, 262, 280, 346
Dawson of Penn, Bertrand 128
De Crinis, Max 1889–1945 152
De Gaulle, Charles 299
Degenfeld, Heinrich 264
De la Camp, Oscar 54
Demuth, Geh.Rat 194
Denk, Wolfgang Karl Joseph 345, 353
De Quervain, Fritz 1868–1940 282
De Rochemont 287
Dessauer, Friedrich J. 1881–1963 215, 216
De Szent-Györgyi, Albert 224

De Talleyrand, Charles Maurice 1754–1838 21
De Vernéjoul, Robert 170
Dieffenbach, Johann Friedrich 1792–1847 94, 129
Dinter, Arthur 1876–1945 42
Dogliotti, A. Mario 1897–1966 170
Domagk, Gerhard 1895–1964 119, 135, 136, 300
Drew, Charles Richard 1904–1950 290, 291
Driesen, Wilhelm 346
Drimmel, Heinrich 353
Dschingis Khan 52
Du Bois-Reymond, Emil Heinrich 1818–1896 138
Dülfer 113
Dürer, Albrecht 1471–1528 36
Dürrenmatt, Friedrich 274
Duisberg, Carl 136, 180
Du Moulin Eckardt, Richard 1864–1938 214
Dutschke, Rudi 351

Edschmid, Kasimir 293
Edward VII. 21
Ehrmann, Rudolf 303
Eichendorff, Joseph von 22
Eicken, Carl von 97
Einstein, Albert 1879–1955 74, 160, 162, 274, 275
Einstein, Margot 274
Eiselsberg, Anton von 1860–1939 80, 345, 362
Eisenhower, Dwight David 278
Eisner, Kurt 1867–1919 82
Elbell, Chauffeur 180
Elias, Herbert 303
Elisabeth, Sr. 240, 246
Ellinger, Philipp 1888–1952 140
Enderlen, Eugen 1863–1940 47, 55, 56, 80, 91, 181
Epp, Franz 1868–1946 82
Eppinger, Hans 1879–1946 125
Erhard, Ludwig 214
Erler, Fritz 23

Fabricius, Wilhelm August Jul. 194, 226
Felix, Willy 100, 177, 365
Fermi, Enrico 1901–1954 274
Fichte, Johann Gottlieb 1762–1814 36
Fick, Wilhelm 100
Fine, J. 382
Fischer, Eugen 51, 52, 156
Fischer, Fritz 164

Fischer, Kuno 336
Flandin, Pierre Etienne 228
Fleming, Alexander 1881–1955 136
Flexner, Abraham 1886–1955 139, 195, 324, 334.
Florey, Howard Walter 1898–1968 136
Flügge, Karl 1847–1923 13
Flume, Werner 141
Foerster, Friedrich Wilhelm 306, 307
Foerster, Wilhelm Julius 306
Frangenheim, Paul 1876–1930 125
Frank, Erich 214, 215, 243
Franz, Hanne 113
Freudenberg, Ernst 1884–1967 311
Frey, Emil K. 59, 69–71, 100, 105, 110, 124, 150, 152, 171, 177, 235, 300, 303, 354, 363, 364
Frey, Li 71
Frey, geb. von Hösslin, Paula 70
Freytag, Gustav 1816–1895 43
Frick, Wilhelm 208, 215
Friedemann, Ulrich 1877–1949 305
Friedländer, Max 123
Friedrich, Paul Leopold 1864–1916 65, 81, 144, 147
Friedrich II. 1712–1786 (der Große) 156, 377
Friedrich III. 1831–1888 15–17
Friedrich, Adelheid Marie Luise, Kaiserin 1840–1901 15, 55
Frik, Karl 159
Fröhlich, geb. Nissen, Edith 237, 298
Fuad I. 220
Fulton, John Farquhar 1899–1960 236

Gähwyler, Max 86
Garlock, John H. 256, 333
Garrè, Carl 1857–1928 81
Gebhardt, Karl 84, 164
Geigy, Carl Felix 313, 314
Georg V. 128
Georg VI. 135
Gerhardt, Karl 1833–1902 15, 90
Gibbon, John Heysham jr. 284
Gigon, Alfred 223, 346
Gluck, Themistokles 1853–1942 15
Gocht, Hermann 1869–1938 140
Goebbels, Joseph 52, 123, 161, 181, 203, 206, 208, 213, 215
Göring, Hermann 46, 161, 167, 181, 188, 215
Goethe, Johann Wolfgang von 162

Goetze, Otto 68
Goldschmidt, V. Hs. 103
Goldstein, Kurt 292
Goppel, Alfons 369
Gordon, Charles George 22
Gordon-Taylor, Gordon 173
Gossmann, Walter 42
Graefe, Albrecht K. von 1828–1870 94
Gräfe, Karl Ferdinand von 1787–1840 129
Graewe, Richard 189
Graf, U. 35
Graham, Evarts Ambrose 1883–1957 134, 135
Graser, H. Ernst 68, 362
Gredig, Hotelier 80
Greim, R. 46
Grimm, Jakob und Wilhelm 293
Gritzka, Dr. 43
Gröber, C. 255
Gross, Dr. 163
Großherzogin von Baden 255
Groth, Paul H. von 103
Grzimek, Bernhard 22
Gürber, August 41, 42
Guleke, Nicolai 1878–1958 42, 371
Gumpert, M. 292
Gurlt, Ernst Julius 1827–1899 370
Gutleben, Friedrich Johann 64

Haberer-Kremshohenstein, Hans von 1875–1958 114, 125
Haecker, R. 59, 60, 62, 63, 65–67
Hagemann, Fritz 312
Hahn, Otto 1879–1968 268, 274
Haight, Cameron 134
Halstedt, William Stewart 1852–1922 329, 334
Hammerschmidt, Großvater Sauerbruchs 143, 144, 180
Hanfstaengl, Erna 83, 253
Hanfstaengl, Ernst Franz (Putzi) 83, 253
Hansen, Ada 63, 64
Hansen, Karl 301
Harms, Bernhard 138
Harrach, von 268
Hartshorne, Edward Yarnall jr. 296, 297
Hasenclever, Walter 293
Hassell, Ulrich von 1881–1944 170
Hauptmann, Gerhart 123
Head, Henry 1861–1940 353
Hedinger, Ernst 57
Heidegger, Martin 156
Heidrich, Albert 20

Heisenberg, Werner 160
Hellmann, Prof. 240
Hellner, Hans 363
Helmholtz, Hermann Ludwig von
  1821–1894 377
Henkel, Max 154
Henschen, Carl 1877–1957 310
Herrmann, Max 1886–1941 22, 23, 308
Herrmannsdorfer, Adolf 100, 365
Hershey, J. 274
Heubner, Wolfgang 159
Heusler, Andreas 341
Heydrich, Reinhard 164, 165
Heymann, Emil 54
Hildebrand, Otto 1858–1927 94, 95, 126, 145
Himmler, Heinrich 152
Hindenburg, von jr. 37
Hindenburg, Paul von 1847–1934 35–37, 167, 168, 213, 227, 364
Hippel, Ernst von 218
Hippokrates 460–377v. Chr. 358, 359, 361
Hirsch, Emanuel 156
Hirsch, Ernst E. 218
Hirsch, Martha von 173
Hirsch, Robert von 173
His, Wilhelm 1831–1904 144
Hitler, Adolf 21, 22, 32, 35, 36, 37, 42, 46, 52, 64, 79, 83, 84, 116, 123, 136, 156, 159, 161, 162, 163, 167, 168, 170, 181, 190, 191, 197, 203, 204, 208, 213, 215, 225, 227, 228, 237, 238, 239, 241, 243, 249, 260, 269, 270, 271, 288, 293, 303, 357
Hoche, Alfred Erich 1865–1945 50, 51
Hoegner, Wilhelm 367
Hoffmann-Fólkersamb, Dt. 202
Hoffmann, Karl F. 256, 260
Hoffmann, Max 1869–1927 82
Hohenlohe-Schillingsfürst, Alexander zu 1862–1924 157, 158
Honig, Richard 216
Horthy von Nagybànya, Nikolaus von 1868–1957 238
Hotz, Gerhard 91
Huber, Ludwig 368
Huberman, Bronislaw 308
Hügin, Werner 346, 349
Hünermann, Theo 97
Hunt, Reid 1870–1948 141
Hutchinson, Robert H. 1871–1960 334, 388

Igersheimer, Joseph 1879–1965 211, 243, 244

Ilsemann, Sigurd von 35
Inönü, Ismet 194, 219, 222, 228, 245
Irdelp, Neşet Oemer 192, 217
Irmgard, Sr. 236, 238
Iselin, Marc 191
Israel, James 1848–1926 374

Jackson, Robert H. 52
Jacobaeus, Hans Christian 1879–1947 266
Jacobsen, Arnold 248
Jaffé, geb. Nissen, Renate 7, 237, 240, 242, 244, 247, 287, 316, 342, 343
Jaspers, Karl 1883–1969 341, 342
Jehn, Wilhelm 59, 66, 67, 82, 90, 93, 132
Johnston, Albert C. 287, 288
Jores, Arthur 74, 76, 166, 167
Jossmann, Paul 152
Jüngkens, J. Ch. 94
Jung, Edgar 1894–1934 213

Kaempffert, Waldemar 135
Kafka, Franz 1883–1924 293
Kahler, Otto 97
Kallius, Erich 47, 181
Kardorff, Siegfried von 122
Kardorff von, geb. v. Oheimb, Katharina 122, 123
Karl IV. 264, 265
Karl 12, 112
Katzenstein, Moritz 1872–1932 119, 274
Kehr, Hans 1862–1916 18
Keller, Friedrich von 226
Keller, Gottfried 160
Kemaleddin, Sami 210
Kerssenbrock, Therese 264
Kessler, Gerhard 218
Kiefer, Chester 263
Kirschner, Martin 1879–1942 47, 80, 81, 114, 181, 300, 371
Klapper 237
Klein, Ewald 120
Klinge, Fritz 63
Klingler, Max 346
Koch, Robert 1843–1910 13, 14, 23, 380
Kocher, Theodor Emil 1841–1917 19, 313
Koechlin, Familien 339
Köhler, Wolfgang 1887–1967 140
König, Franz 94, 95
Körte, Werner 117, 118
Kokoschka, Oskar 293
Konjetzny, Georg E. 1880–1957 296, 300, 302
Konstantin, König 89

Kraepelin, Emil 1856–1926 104
Krampf, Franz 64, 100
Kratzert, Gustav 365
Krause, Fedor 1857–1937 54
Krauss, Hermann 177, 363, 364, 373
Kraut, Heinrich Albrecht 70
Krayer, Otto 140
Krehl, Ludolf von 13
Kretschmer, Ernst 1888–1964 51
Kries, Johannes Adolf von 1853–1928 51
Krönlein, Rudolf Ulrich 1847–1910 144
Kühlmann, Richard von 1873–1948 100
Kümmell, Hermann 1852–1937 283
Küper, Clärle 301
Küper, Wilhelm 300, 301
Küster, Ernst von 16, 55, 56
Küttner, Hermann 1870–1932 29, 56–59, 61, 62
Kuhn, Richard 1900–1967 300
Kuhnert, Hellmut 121, 183
Kunkel, Wolfgang 141
Kuntzen, Heinrich 113
Kunz, Hubert 353

Läwen, Arthur 371
La Guardia, Fiorello Henry 1882–1947 257
Landahl, Heinrich 296, 300, 301
Landauer, Gustav 1870–1919 82
Landsteiner, Karl 1868–1943 256, 262
Lanfranchi (Lanfranco) † 1315 331
Lang, Gustav A. 158
Langenbeck, Bernhard Rudolf von 1810–1887 37, 94, 98, 129, 149, 183, 370, 374
Langer, Elfriede 239
Langerhans, Theodor 1839–1915 144
Laurence, William 274
Lebsche, Max 1886–1957 53, 67, 68, 94, 150, 240, 284, 303
Leibniz, Gottfried Wilhelm 1646–1716 36
Lenard, Philipp 1862–1934 162
Lenin, Wladimir Iljitsch 1870–1924 207
Lenz, F. 52
Leonhard, Walter 334
Leriche, René 1879–1955 170
Lessing, Theodor 1872–1939 36
Lévy, André 346
Lewis, Sinclair 1885–1951 225
Lewisohn, Richard 256
Lexer, Erich 1867–1937 36, 50, 53, 54, 69, 97, 114, 129, 370

Lexer, Matthias von 53
Lezius, Albert (Axel) 1903–1953 241, 284, 299–303, 311, 344, 345
Lichtwitz, Leopold 1876–1943 190, 224, 225, 234
Liddell Hart, Basil H. 247
Liddell Hart, Kathleen 247
Liebermann, Max 80, 122, 123, 379
Liepmann, Wilhelm 215
Limburg-Stirum, F. W von 1835–1912 24
Linder, Fritz 364, 365
Linder, William 262
Lippmann, Walter 213
Lipsius 202
Loewe, Leo 262, 263
Loewenstein, Otto 268
Loewi, Guida 304–306
Loewi, Otto 1873–1961 224, 235, 303–306
Lubarsch, Otto 1860–1933 53, 152–154
Ludendorff, Erich 1865–1937 35, 36, 84, 232
Ludendorff, geb. von Kemnitz, M. 36
Ludwig, Emil 1881–1948 377
Lüscher, Erhard 349
Luther, Hans 1879–1962 64, 156
Luther, Martin 1483–1546 36
Lutz, Wilhelm 1888–1958 311
Lydtin, Kurt 240

Mackenzie, Morell 1837–1892 15–17
Maier, Hans 156
Maingot, Rodney 250
Makal, Mahmut 219
Malche, Albert 191, 192
Mann, Heinrich 1871–1950 293
Mann, Thomas 1875–1955 136, 241, 292, 342
Mannkopff, Emil Wilhelm 56
Marc, Wolrad 42
Marchionini, Alfred 354
Marckwald, Hans von 226
Mark Twain 298
Marshall, George Catlett 1880–1959 358
Marthchen 120
Martini, Capitano 190
Mason, Evelyn 361
Mason, George A. 361
Maurer, G. 242
Maurer, Georg 367, 368
Mayer, Arthur 284
Mayo, Charles Horace 1865–1939 232
Mayo, William James 1861–1939 232
McCloy, John Jay 297, 298

Medici, Marchesa 170
Meinecke, Antonie 297
Meinecke, Friedrich 297
Meissner, Otto 182
Meitner, Lise 1878–1968 268, 274
Menemencioglu, Numan 159, 193, 194, 200, 236
Merke, Franz 313, 314
Messer, August 1867–1937 159
Metternich-Winneburg, Klemens Wenzel Nepomuk von 1773–1859 203
Meyenburg, Hans von 57
Michaelis, Leonor 305
Middeldorpf, Konrad 100
Mielke, Fred 301
Mikulicz-Radecki, Felix von 174
Mikulicz-Radecki, Johannes von 1850–1905 19, 59, 62, 69, 102, 144–146, 172, 174
Minkowski, Oscar 1858–1931 45, 46, 102, 214, 366
Miquel, Johannes von 1828–1901 24
Mises, Richard Edler von 212
Mitscherlich, Alexander 164, 170, 301
Moltke, Helmuth von 1800–1891 198, 306
Moltke, Helmuth James von 1907–1945 225
Moran, Charles 278
Moser, Gottfried 311
Mozart, Wolfgang Amadeus 36
Müller, E. F. 303
Müller, Friedrich von 1858–1941 26, 55, 90, 91, 103, 254, 325
Munk, F. 1879–1950 15
Munthe, Axel 73
Murphy, John Benjamin 1857–1916 109
Musil, Robert 293
Mussolini, Arnaldo 105
Mussolini, Benito 105, 108, 190, 191, 239

Nadolny, Rudolf 226
Nakayama, Komei 285
Napoleon 31
Naunyn, Bernhard 1839–1925 102, 137, 380
Nazli, Königin 220
Nelson, Tim 247
Neugebauer, Julius 19
Neumann, Friedrich 156
Neumark, Fritz 213, 214
Nicolson, Harold 197
Nietzsche, Friedrich Wilhelm 1844–1900 36, 162, 314

Nissen, geb. Druey, Catherine 343
Nissen, D. 14
Nissen, Ferdinand 213
Nissen, Franz 5, 7, 11–23, 39, 40, 43, 57, 58, 59, 62, 63, 91, 93, 105, 112, 118, 119, 141, 151, 237, 248, 302, 310, 370, 372
Nissen, geb. Borchert, Margarethe 12, 19, 23, 118, 191, 248
Nissen, geb. Becherer, Ruth 7, 137, 154, 170, 185, 188, 189, 190, 192, 199, 205, 206, 220, 228, 240, 241, 242, 244, 245, 247, 261, 267, 287, 298, 299, 303, 305, 311, 314, 316, 342, 343, 364, 365, 369
Nissen, Timothy Oliver 7, 247, 249, 287, 316, 342, 343
Nize, L. 271
Noeggerath, Carl 50
Nordmann, Otto 118, 371
Norpoth, L. 157

Oeri, Albert 310
Oggioni, Andrea 113
Ogilvie, Heneage 333
Ohsawa, T. 285
Olschky, Familie 292
Omurtak, Salih 208, 209
Orth, Johannes 1847–1923 152, 153
O'Shaughnessy, Laurence 128, 250
Osler, William 1849–1919 236
Ossietzky, Carl von 136
Overbeck, Franz 1837–1905 341

Pacelli, Eugenio
  (siehe Pius XII., Papst)
Pahlewi, Schah Reza Khan 197
Papayoannou, Th. 220
Papen, Franz von 139, 182, 200, 203, 213, 226, 228
Pasteur, Louis 1822–1895 380
Perthes, Georg Clemens 1869–1927 80
Peter 34, 38
Petragnani, Giovanni 190
Phemister, Dallas B. 285
Piaz 112
Piccolomini, Aeneas Silvius
  (siehe Pius II., Papst)
Pinder, Wilhelm 156
Pius II., Papst 341
Pius XII., Papst 87
Planta, von Familien 339
Plato 427–347 v. Chr. 75
Prager, Willy 218
Price-Thomas, Clement 135
Pütter, Ernst 121

Rajewski, B. 300
Raiser, Ludwig 141
Ranke, Leopold von 1795–1886 340
Ranner, Xaver 236
Redli, geb. Cron, Elisabeth 372
Redwitz, Erich von 47, 173, 181
Rehn, Eduard 124
Reichenbach, Hans 1891–1953 216
Reiter, Melchior 140
Reynaud, Paul 307
Ribbentrop, Joachim von 203
Richter, Werner 1887–1960 95, 99, 124, 128, 129, 138, 296, 297, 333
Ridder, Chefredakteur 307
Rienhoff, William F. jr. 134
Rilke, Rainer Maria 212
Ritter, Gerhard 21
Roberts, J. E. H. 128, 247
Robinson, James H. 288
Röhm, Ernst 213, 215, 227
Römisch, Wolfgang 85
Röntgen, Wilhelm Conrad 1845–1923 88
Röpke, Wilhelm 1899–1967 214
Rössle, Robert 1876–1956 154
Romberg, Ernst von 92
Roosevelt, Eleanor 265, 273
Roosevelt, Franklin Delano 1882–1945 213, 265, 269, 272–275, 278
Roosevelt, Theodore 1858–1919 230
Rosenberg, Alfred 123, 161, 162
Rosenberg, Frédéric Hans von 1874–1937 226
Rosenow, G. 303
Rosenstein, Paul 169
Rosenthal, Felix 46
Rosin, Arthur 292
Rosin, Elvira 292, 293
Rossbach, Oblt. 371
Rost, Georg 50
Rothlin, Ernst 305
Rowohlt, Ernst 293
Rüdiger, Horst 341
Rüstow, Alexander 212–214 227
Rüstow, Dankwart Alexander jr. 213
Ruppanner, Ernst 1876–1951 103, 143, 181, 183, 192
Rusk, Dean 279
Russell, Bertrand Arthur William 216
Rust, Bernhard 161, 188, 208

Saglam, Tevfik 192

Salazar, Antonio Oliveira 307
Salin, Edgar 85, 86, 214, 358
Saucken, Reinhold von 226
Sauerbruch, geb. Schultz, Ada 110, 111, 172, 242, 243
Sauerbruch, Ernst Ferdinand 1875–1951 5, 7, 19, 25, 31, 35, 36, 37, 46, 53, 55, 56, 58–73, 79, 80, 82–95, 97–107, 109–111, 114–120, 122–126, 128–131, 133, 134, 136, 137, 140, 143–180, 181–184, 186–189, 192–194, 200, 220, 227, 231, 232, 233, 240–243, 245, 247, 248, 250, 253–255, 283–285, 296, 300, 302, 308, 310, 325, 333, 361, 363–366, 370, 371, 380, 381
Sauerbruch, Friedel 154, 172
Sauerbruch, Margot 242, 243
Saydam, Refik 193, 194, 245–247
Scudder, John 290
Selye, Hans 383
Seou, Dr. 285
Serkin, Rudolf 287
Shakespeare, William 143
Sherman, General 259
Shirer, William Lawrence 163, 168, 225
Siedamgrotzky, Kurt 95, 110
Sigerist, Henry E. 1891–1957 361
Sjollema, geb. Becherer, Ulla 199, 298
Skorzeny, Otto 239
Smith, Monroe und Isabel 288
Smithwick, Reginald H. 280
Sonntag, W. 119
Spee, Maximilian von 107
Spengler, Oswald 1880–1936 79
Spitzer, Leo 218
Spranger, Eduard 159
Sultan Vahdetdin 195, 197, 201, 204, 208, 219, 220
Szilard, Leo 1898–1964 274

Schacht, Hjalmar 64
Scharf, Kapitän 237
Schaudinn, Fritz Richard 1871–1906 15
Scheidegger, Siegfried 154
Schenk, Manfred 64
Schjerning, Otto von 69
Schiffmann, Albert 261
Schiller, Friedrich von 1759–1805 36
Schiller, Ursula 222
Schirokauer, A. 155
Schleich, Carl Ludwig 1859–1922 14, 16
Schleicher, Kurt von 139, 227
Schmidt, Generalarzt 121

Schmidt, Georg 69
Schmidt, Joseph 227
Schmieden, Victor 80, 283
Schnitzler, Eduard (Emin Pascha) 1840–1892 22
Schönheimer, Rudolf 305
Schreiber, Julius 1848–1932 380
Schubert, Franz 36
Schürch, Otto 311
Schürmann, Paul 189, 364
Schulemann, W. 22
Schultz, Hugo 111
Schumacher, E. D. 63, 85
Schwamberger, Emil 119
Schwartz, Philipp 191–194, 218
Schwarzschild, Leopold 1892–1950 160
Schwörer, Victor Fr. 48

Stalin, Joseph 205–207, 249, 270, 273, 358
Staub, Hans 1891–1967 224, 351–354
Stern, Freddy 303
Stern, Fritz 303
Stern, Rudolf A. 303
Sterne, Laurence 1713–1768 389
Sternheim, Carl 293
Stierlin, Eduard 63
Stöckel, Walter 1871–1961 56, 97, 99, 128, 151, 171
Stoll, Arthur 104, 305
Stone, G. 300
Stone, Lotte 298
Stone, Shephard 297
Straßer, Gregor 215
Strassmann, Fritz 268, 274
Stratton, Henry 225, 281, 283
Straub, Walther 50, 51
Streicher, Julius 52
Stromeyer, Georg Friedrich 1804–1876 37, 149
Stroomann, G. 137
Strupp, Karl 218

Teleki von Szék, Pál 1879–1941 238
Thannhauser, Siegfried 1885–1962 190, 249, 254, 255
Thierack, Otto Georg 170
Thoma, Ludwig 1867–1921 35
Thompson, Dorothy 225
Thorek, Max 1880–1960 234
Thorwald, Jürgen 176
Tönnis, Wilhelm 315, 346
Toker, A. Burhanettin 200
Torek, Franz 260
Trent, J. 135

Trotzki, Leo Davidowitsch 204, 207
Tschulok, Sinai 191
Tucholsky, Kurt 140

Uebelhoer, Oskar 100
Ulich, geb. Brandström, Elsa 362, 363
Ulich, H. Robert 362
Unruh, Fritz von 308

Vanghetti, Giuliano 1861–1940 147
Varus 314
Vesal, Andreas 1514–1564 236, 380
Victoria, Königin v. England 1819–1901 15
Virchow, Rudolf 1821–1902 15, 16, 52, 152, 153
Vischer, Adolf L. 312, 313, 314, 316
Vogeler, Karl 125
Volkmann, Richard von 1830–1889 17, 370
Voltz, Prof. 110
Voßschulte, Karl 364

Wachsmuth, Werner 363, 364
Wackernagel, Wilhelm 1806–1869 341
Waksman, Selman Abraham 136, 248
Wangensteen, Owen H. 281
Wanke, Robert 363
Warren, John Collins 1778–1856 253, 347
Wegelin, Carl 175
Weinreich, Max 52
Weizsäcker, Carl Friedrich von 216
Welch, D. H. 361
Werfel, Franz 202, 293
Werle, E. 71
Wernicke, Adolf 38
Werthemann, Andreas 154, 354
Westhues, M. 354
White, W. L. 287, 288
Wien, Wilhelm 1864–1928 103
Wiener, Alexander Salomon 262
Wieting, Julius 196
Wilhelm II. 1859–1941 17, 24, 34, 35, 87, 89, 123, 230, 265
Willstätter, Richard Martin 1872–1942 102, 103
Wilson, Woodrow 1856–1924 231, 278
Winternitz, Prof. 238
Wölfflin, E. 88
Wolf, J. E. 242
Wolff, Kurt 292, 293
Wolff, P. O. 223
Woroschilow, Kliment Yefremovich 205

Wulff, Hans 168, 170
Wundt, Wilhelm 1832–1920 144

Yalman, Ahmed Emin 202

Zenker, Gabriele 300
Zenker, Rudolf 300
Zinsser, Hans H. 1878–1940 24, 139, 308

Zita, Kaiserin v. Österreich-Ungarn 87, 264
Zschokke, Peter 316, 354
Zuckmayer, Carl 287
Zweig, Arnold 293
Zweig, Stefan 23
Zwinger, Theodor, 359